U0880186

为思维而教

——和易以思：学生成长性思维的培育

陈利斌　主　编
陈惠莲　副主编

文匯出版社

本书编委会

主　编　陈利斌

副主编　陈惠莲

编　委　张　琼　何雅琴　薄云峰

返璞归真：创建新优质学校
——关键领域的突破："为思维而教"

陈利斌

2017年以来，长江二中又进入了"区新优质学校"创建的新阶段。学校以"和易以思：普通初中培育学生成长性思维"为新优质学校创建的突破口，返璞归真，抓住学校教育改革的普适性问题，按照办学规律，开展静悄悄的教学改革，使学校呈现出高成长性发展态势。教师教学获奖喜人，学生全国与市区级获奖频繁，长江二中已经成为周边百姓信赖的家门口的好学校，得到师生、家长的广泛认同。

一、学生实在的发展：新优质学校建设的期待

（一）抓住学校发展的瓶颈

新优质学校建设需要抓住关键，我们在访谈调查（定性）与问卷调查（定量）的基础上确定了指向学校办学的根本问题——学生基本成长的问题。

《中共中央国务院关于深化教育改革和全面推进素质教育的决定》中明确指出全面推进素质教育，"以培养学生的创新精神和实践能力为重点""激发学生独立思考和创新的意识""培养学生的科学精神和创新思维习惯"。创新人才的培养是国家对教育的殷切期望，培养学生的创造性思维和创新能力是教师的职责所在，教师应该为整个社会负责，为学生的终身发展负责。

在学习讨论中，我们的教师认识到教师决不能把学生当接收器、复印机了，必须从发展学生的思维入手，在传授知识的同时，在教给学生"使用知识""欣赏知识"的过程中发展学生的思维创新能力。大家热烈议论现实中学校教育达到这个目标了吗？我们发现教学过于注重传授知识，而忽略了对学生思维能力的培养，培养学生思维只是挂在教师嘴上的口号。在访谈中，我们发现很多教师不懂得什么是思维，有关思维的基本理解也一片模糊。这就引起了我们的深思，不懂思维的教师怎么可能去培养学生的思维能力？这个问题其实就是一般学校常见的问题，越是想把学校成绩抓上去，越是落到知识教学的窠臼，这就是一个我们应该面对的现实。

长江二中位于淞南镇镇域，当年作为一所动迁工程的配套学校，是为了解决本地居民入学困难而开办的；目前除了本地居民，还涌入了大量借居在淞南的崇明户籍学生（约占1/4）和外省务工人员子女（约占1/4），这些变化给学校的发展带来了新的问题。这些学生以及家长的教育观念比较陈旧，努力学习知识而忽视学会学习，更缺乏发展思维的学习观念。正是这样的学情，常使我们的教师烦恼，到底怎样才能教好我们的学生呢？

（二）明确新优质学校发展的主题

我们为了避免新优质学校建设项目上的决策盲目性，走出会议室、走出拍脑袋说了算的情况。我们组织了全校性的“学生思维现状调查”。我们从2017年11月开始组织长江二中学生思维现状的大调查。本项调查在长江二中六、七、八、九4个年级进行，调查样本采取全校100%学生整体抽取。本次调查共发出调查问卷793份，回收793份，回收率100%，有效卷100%。本项调查问卷是根据我们长江二中学生思维发展状况的5个维度——思维品质、思维过程、思维形式、思维方法、思维态度进行设计的，分5个维度、18个因子、49个子因子来设计，由98道题组成。

该项调查报告显示，本校学生思维品质较为薄弱，特别是在学习中思维的灵活性、批判性、独创性，包括反思能力、迁移能力，所占百分比较低。调查报告也显示本校学生思维过程方面的概括能力、揭示关系等是最弱的，有70%左右的学生在这些方面不足。本校学生思维形式的演绎推理能力不强，甚至有20%的学生无法根据信息进行推理。在思维方法上，数据也提示，本校学生横向思维的能力不强，全校只有48%左右学生具备。调查显示，本校学生思维上普遍比较注重结果，而不是注重思维本身的发展。据此，我们必须改变常谈思维，却难以真正落实发展学生思维的境况。

调查也显示了教学中学生思维培养的缺失，源于知识教育下的现实困惑：重视显性知识传递，忽视隐性知识传播；重视知识讲授，忽视技能培养；重视“知识人”的培养，忽视“创新者”的熏陶。究其症结，在于知识的目标容易细分，能明确界定，而思维能力的目标往往比较笼统；知识的目标能落到实处，而能力的培养却无从着手。长期以来传统教学因其程式固定、机械切割与统一答案，抹杀个性而僵化思维认识、简化思维形式、剥夺思维过程，使学生思维几乎成了“学的荒地”，忽视了思维发展的目标。

新优质学校的建设方向必须正确把握，也要正确确定建设的内容，才能有效实现新优质学校的建设。教学要向思维培养转型，这成为长江二中教学改革的迫切任务。同时我们认识到贯彻核心素养教育，培养学生思维能力是十分重要的抓手。思维作为一种品质和能力，是人的智力的核心，是学生核心素养的重要内容。《中国学生发展核心素养》总体框架六大核心素养中明确提出了“科学精神”的理性思维、“批判质疑”的独立思考、“勇于探究”的创新思维等。这是当前中考改革导向的一个重点。我国核心素养的主要研究专家林崇德指出：“教育是作用于思维发展的决定因素……并能促进教学质量的提高。”杜威曾经说过：“学校所能做和需要做的一切，就是培养学生思维的能力。”学生应该为发展自己的思维而学，教师为发展学生的思维而教，学校培养能够独立思考的创造者，这成为我们新优质学校创建的主题。我们以“以学生为本”的理念为引导，以“为思维而教”提高课堂教学的有效性为抓手，以校本研修为保障，打造一所能提供优质教育资源、能促进师生持续发展的新优质学校。

二、关键领域的突破——“为思维而教”

（一）建构思维培养的框架，明确项目具体任务

我们针对当前教师习惯于知识教授，而忽视或者缺乏能力培养学生良好的思维品质，特别是批判性思维，要重点解决促进核心素养中的学生思维能力的发展问题。提出了以我国古代《学记》中“和易以思”经典教育思想与当代思维科学融合的新“成长性思维”，使“和易以思”的思维培养方法论指向思维培养内容，并在这个基础上，依托“和易以思”课堂，通过优化与发展学生思维方式、思维方法与思维过程，从而达到提高学生思维能力，实现学生思维品质的提升，形成培养学生“成长性思维”的“和易以思”课堂教学模式，使课堂教学的改革有一个着力点。

我们通过“和易以思：普通初中培育学生成长性思维”课题，使常见的教育内容（培养学生思维）成为可真正具体落实到课堂教学中，不再是口号式的套话。改变日常教学中思维培养被淹没在知识传授中的境况，跳出思维培养停留在空洞的套话中。我们学校教师在原先的教学备课的教学目标中很少涉及思维培养，即使个别提到也是十分空洞，例如只是“提高思维能力”。经过三年来的努力，教师们在备课中都能依据学科体质，从思维方法、思维形式与思维过程的思维能力与思维品质上提出“思维能力表现”确立教学中的思维目标，并采取相应教学方式落实思维目标。我们建构了基于“和易以思”课堂下的学生“成长性思维”培养的框架，以“和易以思”课堂的“易：和谐的教学氛围”为主，结合“和：善喻的课堂教学方式”实践研究，关注思维态度的转变与发展，并对“和易以思”整体上融合对学生成长性思维培养的促进。

在教学思维培养上的问题，我们从学校实际情况出发制定实施方式。本校学生从总体上讲在思维方法上发散性思维与聚合性思维相对薄弱。在思维形式上，概念的理解，特别是概念的内涵与外延的把握上存在思维困难；在思维过

程上，揭示关系、概括与综合能力薄弱明显；在思维态度上，思维的情绪表现与思维独立性态度薄弱。这些因素综合表现为在学生的思维品质上灵活性的迁移能力弱，独创性、批判性的反思能力弱这样的状况。为此我们将这些问题进行了梳理，并作为研究内容的重点突破点：思维方法、思维形式、思维过程、思维态度、和思维品质。

这样的整体框架有利于新优质学校项目的合理性，以正确的项目设计引导积极的实践，把握成长性思维发展的导向，重点突破，从而使初中学生思维培养的整体性与校本性相结合。

（二）从成长性思维着眼，转变师生的成长观

在新优质学校创建中，我们依托“成长性思维”项目转变师生的成长观。成长性思维不仅是涉及教学，而且更是关乎教育。我们常听到教师对学生学习的埋怨，存在着“没有进步”的矛盾。我们着力解决影响学生主动学习的内驱力，即思维的态度。我们的思维现状调查提示本校相当一部分学生在课堂上的思维态度不够积极，遇到问题喜欢跟着老师或别人的思路走。调查建议教师在课堂教学中，要注重改变学生等待教师传授知识的思维方式，着力营造宽松、平等、和谐的课堂教学氛围，让学生自由探讨，自己发现并大胆提出问题、揭示问题。为此，我们本着通过成长性思维，确立学生与教师的思维是可以发展的观念，增强师生的成长性思维，转变固定思维，从而促进师生成长。同时，我们着力于通过运用成长性思维促进学生思维能力与品质发展的动因。

我们针对当前学生思维培养中的把思维本体的发展与思维态度的提升割裂的现象，建构一种新的培养学生思维的模式。这种模式要把思维的这两个维度融合起来，从而培养学生的核心素养。以我国关于思维的“和易以思”传统经典教育思想与现代思维科学的融合，继承与发扬我国优秀的教育思想和方法，创新成长性思维模式，激励学生在学习中做出积极的改变，同时引导教师以一种新的思维方式看待学习，增强学生积极发展的内部动力，培养学生的成长性思维，最大限度地开发每一个学生的潜能，真正促进学生的健康、积极成长。建构一种适宜学生思维发展的“和易以思”教学模式，使课堂教学的改革有一个着力点。

（三）从思维要素着手，培养学生科学的思维能力

我们在新优质学校创建中，在对思维的价值认同基础上，提出了思维要素的成长性，从而使成长性思维在课堂教学中的运用具有可操作性。我们紧紧抓住思维内容方面的三个维度（思维方法、思维形式、思维过程）和思维态度方面的三个维度（参与性、主动性、独立性）的培育与整合，对学生思维品质的形成与发展产生作用，实现“成长性思维”发展水平的三个维度八个方面品质，即思维

品质的反应维度(包括思维的速度、灵活、深度等)、价值维度(包括思维的独创性、批判性等)、整体维度(包括思维主动性、系统性、独立性等)的整体提升。我们结合校情，分析与把握成长性思维的要素，并且切切实实开展紧抓成长性思维的发展要素，开展学生思维培养的教学实践。

我们在三年中，除了第一年的项目设计、申报区级重点课题、组织全校性学生思维现状调查与开展“和易以思”系列培训外，根据设计，按照成长性思维的四个维度要素，分五个阶段组织实施：

1. 2018.9—2019.1 开展学生思维方法培养的教学实践；

2. 2019.2—2019.7 开展学生思维形式培养的教学实践；

3. 2019.9—2020.9 开展学生思维过程培养的教学实践；

4. 2020.9—2020.12 开展学生思维态度培养的教学实践；

5. 2021.1—2021.3 开展“和易以思”成长性思维培养的整体教学总结。

每个阶段都精心安排，培训学习—先行试点—案例总结—面上铺开—全面总结五个步骤。项目的每个阶段推进中我们做到了：

1. 培训与学习相结合。专家讲座内容具体指导教学操作，教研组学习内容明确、具体，使教师关于思维问题的学习有针对性，学以致用。

2. 理论指导与教学实践相结合。我们将每一个思维维度细化为一项项具体的子因子，例如思维形式，从思维的概念、判断、推理、想象等四个方面着手；思维方法主要从发散性思维、聚合性思维、辩证性思维、创造性思维、直接性思维等方面着手。这样的做法便于教师把握，思维培养的内容具体化，便于观察教学实效，避免了把培养思维变成喊口号。

3. 先行试点与全面铺开相结合。“为思维而教”对于教师来说是很陌生的，他们习惯了知识的传授。为此我们组织先行试点，集体备课、全教研组听课、课后议课评课、分享思维培养经验，然后在这基础上形成案例。这些案例汇编形成案例集，例如《“和易以思：普通初中培育学生成长性思维的循证研究”系列之一》《“和易以思：普通初中培育学生成长性思维的循证研究”系列之二》，后来将每个阶段案例汇编公布在校园网上。

4. 专家指导与教师实践相结合。在每个阶段的实践中，专家全程参与，从课前备课、听课评课、案例撰写指导、案例面批修改等，这样有利于教师教学在理论指导下的改进，促进了教师的教学思维。

5. 教学经验总结与群体分享相结合。我们每一实践阶段之末，都组织思维培养教学的经验总结，这样对思维教学实践中认真而有成绩者通过大会交流给予肯定，我们发现这些交流的教师感到十分荣光，认真准备，起到了又一次提炼自己的教学实践的作用，促进了他们的自我成长。

举例说明：我们依据项目方案开展成长性思维发展的第一项教学实践，先以各教研组开展“思维方法培养”的先行实践教学研究课，教研组教师与专家一起听课、评课，讨论如何依据学科特质开展思维方法的培养。例如，地理教师何雅琴通过教学实践归纳出了“总分总思维训练法”、数学教师周怡提炼出了“顺逆交互法”、英语教师徐健提出了“短剧训练法”、教师朱碧珺的“语言框架法”、语文教师赵辛钰的“多角度分析法”、化学教师李红的“类比思维训练法”、语文教师葛珮的“张弛有道法”等，都成为有效培养学生思维的训练方法。然后由先行试验教师写出教学案例，并在专家的指导下不断修改教学案例，形成教学分析、教学目标、教学内容、教学方法统整下发展学生的思维品质。通过这一轮的教学实践，本校的教师真正搞清楚了什么是“思维方法”，什么是“思维训练方法”，正如有的教师说“让我们教师在提高学生思维品质上豁然开朗”。在这基础上，通过一个学期的教学实践，我们教师积累了不少好的教案，编辑了《“和易以思：普通初中培育学生成长性思维的循证研究”系列之一——学生思维方法训练的教学案例与叙事故事》，为第二轮教学实践提供了经验。学校又组织本项目的第二轮教学实践，这次是以教研组为单位，全体教师开展发展学生成长性思维（思维方法）实践课。这样我们学校积累了思维方法训练的二十余法。我们做到了全校教师一人一节课、一人一案例，使新优质学校创建项目真正成为全校师生共同参与的项目，成为师生共同的行动。

我们就是以“五个阶段五个结合”，从思维要素着手，培养学生科学的思维能力，使项目实实在在地不断推进取得实效，因为项目的成效来自过程。

（四）为师的思维能力，保障学生思维能力的发展

在新优质学校建设中，需要教师转变自己的理念和思维，从旧有的传递为主的教育思维转变为以创新为主的教育思维，从为知识而教到为思维而教。如果教师不思考，我们的学生也不会思考。真正的教育变革并不在于理论与口号的新颖和前卫，重要的是在于教师日常教育实践、教育经验、教学思想，尤其是思维方式的不断改变。不少教师缺少积极的思维，例如，在教研活动中提到为什么备课中三维目标要分开表达，常会得到的回答竟然是：“这是教研员要求的。”这样的回答说明了不少教师缺少按照教育规律来进行独立思维的能力。我们针对教师思维的现状，缺乏独立思维的态度，满足于参与教研的布置，教学缺乏系统思维，教学目标与教学过程缺乏逻辑性等提出“五个思维”：教学思维、系统思维、价值思维、开放思维、独立思维。在整个新优质学校建设中贯穿了让教师学会“五个思维”。首先要从教师的教学思维改造入手，才有可能实现真正的学生思维培养。我们常说一些教师不注重学生的思维发展，其实正是教师更缺乏良好的思维能力。只有让教师学会思维，才能教会学生思维，教会

学生创造。

首先，我们开展了系列培训学习，系列培训由三个部分组成：

第一部分："和易以思"成长性思维的总论，从总体上帮助教师从系统思维角度把握"和易以思"与成长性思维，形成整体理解项目的价值、整体框架与实践形态。

第二部分："和易以思"成长性思维的实践，从教学实践角度帮助教师运用教学思维、独立思维、开放思维来开展思维培养的教学实践。

第三部分：教育科研方法，从教学实践与教育科研上帮助教师运用价值思维、教学思维来开展思维培养的教学实践总结，形成教学研究成果。

三结合聚焦实践转变与提升教师教学思维，践行为思维而教。在本项目推进中，我们的一个有效的做法是教师、领导与专家三结合，形成合力，聚焦教师教学思维的转变。学校领导以教育思维、系统思维、开放思维在项目推进中到位，参与项目的全过程，项目定位与选题、项目设计与实施、课堂听课与评课、组织交流与研讨活动等等，紧紧抓住项目方向、项目的顶层设计、项目队伍的组织，让教师们感到学校领导把新优质学校创建与统领性项目是当回事的，是真干实抓的。学校聘请了王钰城所长全程参与指导、开设专家讲座，让教师们了解将要研究的内容和方向，再由点到面，滚雪球式在教师教学中全面铺开。我们还充分尊重专家，发挥专家的专业能力，在课题的设计、课题的实施与项目的管理上充分听取他们的意见。更重要的是组织专家到第一线指导。我们的专家一对一、面对面、手把手地指导教师教学实践与教育研究。专家在引领中着重改变教师的教育、教学观念的思维定式，着重改变教师的案例、文章中常表现出来的套话、时髦话，与项目无关的"优美话语"，引导教师们环绕统领性项目的主题，实实在在地开展教师实践研究。因此，我们在项目实施中不断地把学习培训与教学实践紧密结合，体会到经常按照项目开展情况进行主题培训的重要性。通过教师与专家的互动，拓展了教师的视野，转变了教师的教学思维，也为教师的思维成长构建实践锻炼的平台。

我们以"三借"为主实施专家的项目管理：一是专家引领——"借脑"，丰富教师的专业知识获取，教师用理论来反思自己的教学行为及效果。二是专家示范——"借势"，增强教学实践与科研知识的分享。通过专家的指导为教师提供一条看得见、摸得着的可以改变自己教学行为的方法。三是专家指导——"借力"，通过专家指导，促进实践研究的经验固化，以及运用与创新学生思维培养的经验。这"三借"助推了一批中青年教师的成长。

同时，学校在项目实施中，注意积累教师的教案、实践经验，注意对教师的实践、主题研究进行总结与反思，使这些教学素材转化为案例，发挥项目组教师的智慧，重视实践成果。我们在项目实施中抓住项目的组织、流程、绩效和管理四个密不可分的环节。通过流程和相应的管理机制明确项目管理的具体操作；通过绩效持续评估进行项目管理工作，寻找改进点，进行有效激励，并通过项目管理落实实施的载体，并固化运作过程。

教师的教学思维转变很重要地表现在感悟了不同学科思维方法的培养。现在我们的教学立足于学科思维的感悟，掌握学科思维的基本方法。充分挖掘各门学科教学内容中蕴含的思维方法，教师们在解读教材时依据学科的特性充分把握学科知识与技能中所蕴含的思维培养点和其内容，以及可以采取的培养方法。更要关注设计不同学科的教学内容与方法，开展与学科思维相对应的学习方法指导，让每一节课、每一次练习都有着丰富的思维活动，成为领略学科思维魅力的意义之旅。

三、新优质学校创建中的协同改进行动

（一）师资队伍的适应性建设

打造一支良好的师资队伍是新优质学校创建的目标之一，也是新优质学校创建的手段与途径。学校认真制订了“十三五”教师专业发展规划，制定了详细的《上海市长江第二中学“十三五”教师培训工作实施细则》。以提高课堂教学的有效性为抓手，以校本研修为载体，努力建设一支师德高尚、爱岗敬业、业务精湛、善于合作、勇于创新、乐于学习的师资队伍，让教师在构建“具备德业兼修特质的学习型组织”的过程中成为“自我教育自我发展自我实现的学习型”教师。

学校的教师培训主题清晰，贴合实际，我们以本校为研修基地，把研修与教育教学、科研活动紧密结合起来，以提高教师教育教学能力水平。学校从实际出发，以本校教师专业发展中存在的问题、学校发展中出现的问题为中心，设计和开发提高教师素质的课程。在研修内容的选择、研修时间的安排、研修方式的确定等方面直指学校的教育教学实际过程，与教师的实际工作相伴同行，以解决问题为研修的归宿。同时全员培训落实，彰显实效，示范引领。对于我们这样一所普通的学校而言，教学质量始终是必须常抓不懈的中心工作，校本研修工作也应着力围绕此中心展开。为此，在平时实践体验类的培训中，我们的做法是以区级重点课题《和易以思：普通初中培育学生成长性思维的循证研究》为依托、紧紧围绕日常教学，以落实对学生思维能力提升为目的，聚焦课堂。

在新优质学校建设中，我们不仅建立骨干教师培养制度、评选制度、考核制度和档案制度，强化对培养对象的跟踪、培养、检查、考核力度，还搭建了“三个平台”：以“和易以思课题”为平台，提升素养；以“淞南镇名师工作室”为平台，

专家引领；以“校际联动”为平台，提资增效。开展骨干教师的示范课和专题讲座，利用校本研修时间，举行一次专题讲座或一次汇报课，3位区学科带头人连续两年在暑期校本培训活动中，给全校教师作了高质量、高水平的讲座培训。7位区级教学能手在“十三五”期间为各层面的教师作各种类型的讲座、公开课共20多次，教师们受益匪浅。不仅如此，我校骨干教师根据自身的优势和特点，多次开设区级讲座和业务汇报，充分发挥了骨干教师的示范引领和辐射作用。我校青年教师徐敩进来时是数学教师，我们针对他有较强动手能力的特点，让他转行教劳技，请我校退休的优秀劳技教师带教，给他搭建外出学习机器人项目培训的机会，现在他的教学得到学生的认可，带领学校的机器人社团，还是区劳技学科的青年骨干教师。在“科教杯”上海市初中劳技教师说课活动中荣获三等奖，在2019年上海市中小学中青年教师教学评选活动中荣获二等奖。

我们通过“和易以思：普通初中培育学生成长性思维”这个项目与整个学校的师资队伍建设工作有机结合。在创建新优质学校的工作中，我们不断以稳定的层层推进的机制，组织起了教师全员参与的格局。首先以思维调研这项任务，组织起学校的精英，不仅出色地完成预定任务，而且这些教师也实实在在地得到了专业能力上的提升。因此他们不因多花了时间与精力而埋怨，反而主动要求第二项任务，参与先行教学实践。在此基础上，形成了先行实践团队，扩大了成员，各研组都有教师参与。在先行实践之后，全校参与就水到渠成。我们感到，不是教师不愿意参加统领性课题，问题在于任务应该是教师们真正能感到有助于他们的专业发展了，而且是他们能参与，他们有所适从，可以参与其中。因此项目的每一步，学校都是先学习培训，然后组织先行，再扩大到全校，这样学校可以对完成每一项任务积累经验、积累样例，为教师们提供范例。

学校秉持新优质学校创建必须坚持惠民性，即让学校所有各方，学生得到发展，教师专业成长，家长对学校办学满意。因此，我们必须在新优质学校建设过程中，不断总结经验，不断发扬勤业教师的事迹，让为学校付出辛劳的教师感到自我实现的荣誉感、成功感。例如，何雅琴老师每周课时多，但是不仅高质量完成调研任务，起了很好的带头作用，而且在教学实践中，又起了示范作用，她的案例与方法案例成为样本。对这样的教师，我们充分尊重其出色的表现，给予展示能力的机会，提高其教师中的职业地位。这才是优秀教师所需要的，这不是用奖金可以调动的积极性。

我们着力以提高教研活动质量推进教研组建设。学校每学期确定研究方向，定期开展“和易以思”教学研讨课周，以教研组为单位，请组内比较成熟的优秀教师先试上，课后在专家老师指导下，组内教师围绕课上所研究思维的方式展开说课评课活动。说课评课活动是最能碰撞出火花的环节，一节课的说课评课，往往会花好几个小时的时间，可老师们却好像还意犹未尽，深刻了解了这种思维方式如何在课堂上落实。有一次理化教研组进行思维方法培养教学实践课听评课教研活动，整个活动过程中老教师的中肯而犀利的评论、年轻教师的谦逊而敏锐的发言，和而不同，体现了独立思考的精神与能力追求教学的实在，使在场的专家大为感叹，“长江二中的教研活动这种局面很少见”，据说此后在不同场合做报告时以此为案例介绍。

在新优质学校建设中，对教师队伍的培养，我们坚信“学而不思则罔，思而不学则殆”，仅是上课而不思，只能是原有水平或者低水平的反复。我们以“和易以思，可谓善喻矣”，引导教师“道而弗牵则和，强而弗抑则易，开而弗达则思，和易以思，可谓善喻矣”。要求教师引导学生明白道理，但决不牵着学生的鼻子，这样学习才会融通；严格要求学生，但决不使学生感到压抑，学生才会感到和悦；启示问题决不把最终结果端给学生，则能引发学生思考。我们坚持了师生的“和易以思”，促进了师生关系融洽，学生爱学、会学、能学；教师善思、善喻、善研。只有引导教师发现自己的教学、解释自己的教学、改进自己的教学，直至欣赏自己的教学，才能真正提高自己的专业水平。我们在组织教学实践之后，教师都要根据自己的教学与听评课的建议写出案例、叙事故事或者经验总结。我们从不同学科、不同年级，将理论联系实际、运用，旨在提高教师的教学思维能力，达到“和易以思”的学习环境。取得了一些实践研究成果，汇编了《和易以思课堂建构的校本培训课程》，积极影响促进了我校教师的专业发展。

（二）学校管理的适应性转变

“一个民族想站在科学的最高峰，就一刻也不能没有理论思维。”习近平总书记强调，将理论思维创造性地具体化为辩证思维、系统思维、战略思维、历史思维、底线思维等形式。我们学校从适应新阶段的新优质发展，加强学校领导力，特别是校长的领导力。在新优质学校建设中，我们学校领导以教育思维、系统思维、开放思维在项目推进中开展顶层设计，以项目提升学校办学品质。学校领导坚持以科研引领新优质学校建设，积极申报区级重点课题，并以此有序、科学地以“和易以思：普通初中培育学生成长性思维”课题为抓手，推进新优质学校创建。我们新优质学校建设各项工作到位，切实落实；学校领导参与项目的全过程，项目定位与选题、项目设计与实施、课堂听课与评课、组织交流与研讨活动等等，紧紧抓住项目方向，项目的顶层设计、项目队伍的组织，同时学校制订计划分步实施，系统总结，形成了可复制经验。我们已经完成了30万字的《和易以思：学生成长性思维的培育》的专著，包括理论阐述10万字与案例等20万字。同时，学校加强了教师领导力的建设，在新优质学校建设中教师应该成为一个思想者，教师要让三尺讲台光芒闪耀，思想是教师的灵魂，教师最需要的是思想。我们提升教师领导力，促进全体教师专业发展。我们认为教师领导力的实践有助于走出教师发展的精英路线，教师领导力是促进全体教师专业发展的关键，我们强调以学科为载体提升教师课程领导力，有利于促进课程教学水平。我们在新优质学校建设中"确立人人都应该成为课程领导者"的观念，让我们的教师增强教师领导者的角色功能，在课程教学工作、学校工作参与决策、新教师的指导、教师专业活动、教育科研等中发挥更多影响，表现出越来越强的教师领导力。例如在新优质学校创建中，有好几位教师担任了校级干部与中层干部，也有一些教师成为区级、校级骨干教师。

四、新优质学校创建的成效

三年来在新优质学校建设中，学校呈现了高成长性发展。学校紧紧抓住教学的核心目标，实现"为思维而教"，学校教学质量稳步上升。从2017年以来中考的高中达线率逐年提升：2017年为70.37%；2018年为89.44%；2019年为77.01%；2020年为79.21%。2020年度，各年级绿色指标测试、中考成绩、年级均分都超过全区平均分，这是一个新的突破。学校、教师在课程建设、课堂实效、教科研能力上都有了极大的飞跃。我校荣获2017、2018学年度上海市安全文明校园；2017—2018年度（第十九届）宝山区文明单位称号。《新民晚报》报道《长江二中培养学生"六艺"，鼓励多维发展——教育要让孩子觉得自己行》。

教师专业能力获得显著提升。学校的语文教研组和音体美教研组被评为区第八届优秀教研组、语文和体育两门学科被区命名为"万名教师提质工程学科基地"、政史地教研组和语文教研组被评为宝山区教育系统巾帼文明岗、数学教研组被评为宝山区青年文明号。骨干教师梯队基本形成，我校荣获上海市园丁奖2人、上海市普教系统名校长名师培养工程"种子计划"人选1人、全国优秀科技辅导员2人、宝山区"青年五四奖章"1人、宝山区"十佳青年"1人、区级骨干教师11人、校级骨干教师26人。学校与教师教科研能力明显提高。区级重点课题《课堂知识管理下的教师专业再成长图谱的校本研究》于2018年成功结题。目前两个宝山区区级重点课题《和易以思：普通初中培育学生成长性思维的循证研究》和《基于初中生"具身认知"特征的数学实验学习的实践研究》正在结题，6个宝山区区级一般课题正在进行之中。教师教学水平逐步提升，三年来有42人次获得教学奖项。郝楠老师在"2019年春全国初中英语前沿课堂观摩研讨会"上执教七年级《基于语篇的语言知识》，获得与会专家和教师一致好评，荣获一等奖；在宝山区第十一届、第十二届中青年教师教学评选活动中，我校有10多位老师在区域层面脱颖而出，角逐区级奖项，最终有8位教师获得区级一、二、三等奖；张艳老师的《平行四边形的判定》荣获2015—2016年度

“一师一优课，一课一名师”活动宝山区优课评比二等奖；有7位教师在“长三角千所项目结对学校2018年中小学微课评选活动”中荣获奖项；30位教师在“宝山区区本优质资源采集展评活动”中荣获奖项；张鹤等老师开发的《武术》校本课程，在宝山区“百门”优质校本课程评比中，被评为区优质校本课程。

学生在三年来成长进步显著：2018年中学生参加全国、市区各类学科竞赛，获全国各类奖项14人次，获上海市各类奖项76人次，获区各类奖项106人次。在科技方面，获得市级一至三等奖达49人次，艺术方面获市级奖项4个，区级10项；在体育方面，获得全国一等奖13人，市级团体奖项2项，个人奖项34项。2019年中学生参加全国、市、区各类学科竞赛，获全国各类奖项29人次，获上海市各类奖项64人次，获区各类奖项128人次。在科技方面，获得市级一至三等奖达20人次，区级40人次；在艺术方面，获市级奖项1个，区级44项；在体育方面，获得全国一等奖24人，市级团体奖12项，个人奖33项。2020年中学生参加全国、市、区各类学科竞赛，获全国各类奖项5人次，获上海市各类奖项25人次，获区各类奖项81人次。在科技方面，获得全国一等奖等5项，市级一至三等奖达9项，区级34项；在艺术方面获金、银、铜奖项20余项。

五、新优质学校建设的经验与展望

1. 新优质学校建设的任务与项目要做价值判断

教育公平的核心是教育过程的平等，办好每一所家门口的学校，提供教育质量不断进步的教育。教育公平的追求应该是教育结果的平等，办好人民满意的教育，建好人民满意的学校。我们学校选择学校教育教学中最为普遍，而又是没有落实的问题——学生核心素养中重要的组成部分——思维的培养。新优质学校的价值取向是指向学生的发展的新优质。这就是我们学校寻找新优质学校建设突破口的出发点。我们坚信，每个学生都是重要的，每个学生都是平等的，学校要落实全纳。这是我们找准新优质学校建设突破口的前提条件，也是新优质学校创建中要探索的课题。

在学校办学理念的选择、教育项目的确定、教育举措的实施中应该表现出责任意识，将学校的使命融入学校的各项任务与工作之中，将学校办学理念内化为全体成员所共享，把学生培养好，这就是学校办学的最大的特色。特色不是奇、不是脱离教育、教学最有价值的学生学习，搞一些偏门的“人无我有”。教育的重要基本规律就是遵循学生的身心发展规律，同时教育有着基本内容，这不是以人的意志转移的。我们坚信，按照教育规律把学校最基本的办学工作做深做透，就是学校的个性、特色。特色不能脱离学生发展需要，更不能无选择地强加给学生。我们认为新优质学校的办学特色应该与学生发展相一致，满足学生健康成长的需要。

这就是我们学校以“和易以思：普通初中培育学生成长性思维”作为主项目开展新优质学校创建的价值判断依据。这是一个师生中普遍存在的问题，又是现代社会需要的人才的基本品质，更是学校、家庭与社会中处处时时存在着的问题。我们探索这样具有普遍意义的教育教学问题作为新优质学校建设的主项目充满信心。

2. 新优质学校建设的实施要聚焦坚持数年必有成效

新优质学校建设不是一蹴而就的，需要我们在做出正确的价值判断以后，聚焦在目标任务与关键项目上，坚持数年必有成效。我们学校三年来静悄悄地进行课堂变革，没有喧哗，没有鲜花，只是默默耕耘，但是看到学生的成长我们感到十分欣慰。

我们坚持创建的全体性、全面性。项目本身的价值决定了项目实施的全体性，我们的主项目实施必须惠及全体学生。教师的认同决定了能否全员参与新优质学校的创建，能否学校各教研组参与学校的整体性项目。我们通过加强教师领导力，保障全体领导与教师参与，协调校内各部门的组织领导力。只有通过全体成员的参与，共同努力，才能实现完成新优质学校创建的目标与主项目。我们坚持创建的全面性，学生的发展是整体性的，因此学校的各学科都要通过学生成长性思维的培养加强学科建设，同时通过各学科培养学生的成长性思维，促进学生的全面成长。每门学科质量提升了，才有学校的整体办学水平。正是基于每门学科的高质量建设，才能为学生在德智体诸方面全面发展。

我们以三项原则的贯彻保障新优质项目的实施：

1. 目标导向原则

我们以新优质学校建设方案中确定的目标与任务作为导向，形成实施框架，明晰新优质学校建设的主项目与其他工作之间的关系，明确学校各个层次的领导职责与具体阶段任务。这样使我们的创建工作能紧扣目标与要求，确立目标所引领的内容与方法，方向性强，任务与目标清晰，可以主动地规划其实现目标的措施。我们贯彻目标导向原则的做法是确立总体的目标，以此形成分解的目标，确定任务与举措，并作为工作的评价标准。

2. 关键突破原则

这是新优质学校建设中的关键问题，以重点的主项目为重点，推动学校整体发展。我们通过调研发现师生中普遍存在思维培养与发展的问题，是影响师生成长的关键问题，于是我们把这个问题作为区级重点课题推进，并以此推进教师队伍建设，进而推进保障上述两个问题的学校领导力问题。这是一关键问题带出了学校发展的关键链。我们在主项目上集中人力、集中资源解决关键问题，采取重点突破举措，并且在每个阶段也确立工作任务，以重点任务为抓手落实工作节点。我们抓住关键问题破解难题，取得全局性推动，促进新优质学校建设的整体发展。

3. 经验提炼原则

在新优质学校创建中，我们不仅重视学校在这方面工作的总结反思，而且也注意教师在实施学生成长性思维培养方面的教学经验，及时推广与鼓励。我们重视课题实践研究中的教学案例，以科研的方法对实践与经验进行分析、总结，形成规律性认识。经验提炼原则促进了我们重经验、重总结，有充分的实例支撑我们的实践，形成可复制的经验。

教育的使命：教会学生思维

陈惠莲

一、培养善于思维的人是教育的使命

“为什么我们的学校总是培养不出杰出的人才？”著名科学家钱学森振聋发聩的诘问叩问在教育者的心头。无论培养学生创造能力的口号喊得有多么响，我们不得不承认这个事实，那就是，我们目前在实际教育工作中对学生创新能力的培养是不足的。学生学习中存在着不善于抽象概括，不善于发散迁移，不善于发问提问，不善于策划建模，不善于创新创造，不善于总结反思。针对这些问题，为思维而教，改变为知识而教，需要教师拥有教学智慧，教会学生思维。尽管思维问题是老生常谈，经常可以在教师的备课里或者讲话中见到听到“发展学生思维能力”，但是根据我们的调查与平时的接触，发现教师对于思维缺乏科学的把握，缺乏思维培养应有能力，这是令人遗憾的现实。

1999年《中共中央国务院关于深化教育改革和全面推进素质教育的决定》中提出了全面推进素质教育，“以培养学生的创新精神和实践能力为重点”，“激发学生独立思考和创新的意识”“培养学生的科学精神和创新思维习惯”。2020年《中共中央国务院关于深化教育教学改革全面提高义务教育质量的意见》中关于提升智育水平中提出了“着力培养认知能力，促进思维发展，激发创新意识”。上海市《关于贯彻〈中共中央国务院关于深化教育教学改革全面提高义务教育质量的意见〉的实施意见》中更明确提出“以考查学生思维的深刻性、灵活性、独创性为重点”。

教学生学会思维，也是教育最有资格承担的使命。学校教育除了教给学生必要的知识，更重要的是培养学生思维能力，特别是创造性思维。学校教育培养出来的学生是不是人才，一个很重要的标准就在于学生会不会思维，特别是创造性思维。思维是个人知识的源头活水，思维能够产生新知识，没有思维，个人知识是僵化的，就像孔子所说的学而不思则罔的状态。正因为如此，许多中外知名的教育家都非常重视思维教育，认为思维的培养应当是学校教育的重要任务，对于学校教育忽视和压抑受教育者思维的发展的行为更是不能容忍。对此，教育家赫钦斯曾说："教育不是要复制学生毕业后所需的经验，它应当使学生致力于培养思维的正确性，作为达到实际智慧即理智的行为的一种手段。"《学会生存》也把教育的任务表述为："保持一个人的首创精神和创造力量……密切注意每一个人的独特性，而不忽视创造。"可见，当今的教育要解决的最重要的问题就是如何培养出具有创造力的人才，这就要求将教会学生思维放在学校教育的第一位，使得每个受过教育的学生在面对问题时，都知道如何用科学的方法进行思考，最终找到解决问题的办法。总之，教育的终极目标应该是教会学生思维，特别是如何进行创造性思维。而且不是针对个别学生的精英教育目标，而是面对所有学生，是为提高大众生存和发展能力服务的。任何一门学科都对学生思维能力的培养具有特殊的作用。不同学段、不同学科，面对不同学生，教师都必须在教学中落实学生思维能力的培养，为思维而教。

在世界各国教育目标中，最为一致，也最重要的一条就是"培养学生独立人格和批判性思维能力"。由此可见，课堂应该充分尊重学生个性，注重对学生思维能力的培养。思维能力是学习能力的核心。改革教学必须找准思维方式存在的问题，追根溯源，才能选择正确的改革方向、选用科学的改革策略。

二、继承与创新，建构"成长性思维教育"

学生应该为发展自己的思维而学，教师为发展学生的思维而教。教育的最终目的是培养能够独立思考的创造者。孔子曰："学而不思则罔，思而不学则殆。"精辟地阐明了学与思不可分割的关系。教师决不能再把学生当接收器、复印机了，必须从发展学生的思维入手，在传授知识的同时，教给学生"使用知识""创造知识"，发展学生的思维能力。为此我们学校提出了继承我国优秀的教育传统思想"和易以思"，吸收了"成长性思维态度"，完整地形成了学生"成长性思维"发展模式，推动我们学校的"成长性思维教育"。

思维既构成着教育，也依赖着教育。从某种意义上说，思维其实就是一种程序性知识。换句话说，教会学生思维，就是要让学生"知道怎样思维"，让学生掌握作为一种"非言语程序性知识"的思维，而不是把有关思维的定义、概念、特性等陈述的知识传递给学生。在教育中，学生程序性知识的获得不一定要从理论的讲解和灌输开始。在教育中，思维的教必须强调学生自己自觉主动对思维实践的经常性参与。我国著名心理学家朱智贤等人专门通过实验研究来揭示教育在思维发展中的作用，结果证明，"教育是作用于思维发展的决定因素"。为思维而教，即遵循学生的思维规律，教在学生思维的愤悱处，帮助学生积累思维活动经验，培育学生的思维品质、综合素养。

为知识而教无法适应当今教育的发展趋势，为思维而教才是核心。知识本身是存在价值的，但是当知识可以发挥出其价值的时候，那么知识在这方面的价值才是课堂教学应该重视的。在解决问题的过程中知识得以运用，这时知识将发挥它的思维训练价值。当今知识经济和信息化社会的发展对人们思维能力、创新能力的要求越来越突出，然而知识教学在这方面的弊端也就越来越明显，因而从传统教学走向思维教学在我国是迫在眉睫的事情。

杜威的名言："思维需要细心而周到的教育的指导，才能成功实现其机能。"教育的使命为思维而教。只有承认思维与思维的价值，才会使我们有积极的培养学生思维能力的行动。人类生活和学习的质量取决于思维的质量。人们已经普遍地承认，共同因素是迁移的基础。如果我们的头脑没有抓住并且掌握这些共同的因素，那么任何迁移的发生将仅仅是盲目的、纯粹偶然的。"思维即是一种自觉地理解共同因素的过程"，思维是使迁移成为可能的因素，是控制迁移的因素。培养思维能力是教育的使命，但是思维的价值不会自动地成为现实。

三、多种路径提高学生良好思维品质

杜威强调："尽管一切思维的结果都归结为知识，但是知识的价值最终还是服从于它在思维中的应用。"杜威更明确地指出："持久地改进教学方法和学习的唯一直接途径，在于把注意集中在严格要求思维、促进思维和检验思维的种种条件上。思维就是明智的学习方法……就是在教学过程中明智的经验的方法。"（杜威.民主主义与教育[M].王承绪，译.北京：人民教育出版社，1990.）学生的思维培养的重要渠道是课堂中的教与学，而不同的学科在培养学生的思维上既有共性也有着不同。我们在狠抓思维要素的这个共性问题时，还紧紧抓住不同学科的培养学生思维的不同之处，这样使思维培养更科学、更有实效。

美国哲学家和教育家马修·李普曼（Matthew Lipman）在《教育中的思维》（*Thinking in Education*，1991）一书中提出，以对话的方式促进思考、思维是教育过程的核心、立足儿童经验促进思维与教学主题的相遇，其重要指向在于为思维而教，尤其强调重塑学校教育实践，追求教育从标准范式走向反思范式；关注思维发展，力求从单一走向多维，关注学生的批判性、创新性、关爱性思维的培养。李普曼明确提出了儿童应该具备和培养的三大关键思维（批判性思维、创新性思维、关爱性思维），尝试性地提出了运用群体探究，将学生学习过程中的情感体验（emotive experience）、心理行为（mental acts）、思考技巧（thinking skills）和非正式谬误（informal fallacies）整合到一起的方法，以协调一致的方法来改进推理和判断。[Matthew Lipman: Thinking in Education (2nded) [M]. Cambridge: Cambridge University Press, 2003: 6.]思维是人的核心要素，只有思维得到了培养和发展，智能的提高才有可能。从另一个角度来讲，真正的人的培养，完善人格的养成，也都包含着一个前提，就是思维能力的发展。一个真正的、完整的人，一个有人格的人，首先必须是一个会思维的人。在课堂教学中，让学生在掌握知识的基础上，思维得到发展，是培养创新人才的前提和关键。

我们在培养学生思维教学实践中强调了依据不同学科作为载体进行学生思维培养。我们遵循“语言是思维本身的要素，思想是生命表现的要素；语言是思想的直接现实”，在不同学科中借助不同的学科语言进行思维培养。我们在项目推进中通过各学科结合自己的学科知识特点，让学生都能参与思维活动，并在这过程中学会思维，提升思维品质。在各学科学习中让学生的思维“看得见”。在不同学科中采用不同的多元的表现方式，表达思维的过程和结果，为后续开展互动交流来深化思维提供生成性学习资源。让学生在学科学习活动中连续思维，引导学生凭借已知的知识，探究未知的问题，形成思维的连续活动，让学生的思维步步逼近，层层深入；或者让学生“举一反三”“触类旁通”，促进发散或迁移，让学生在主动思维的过程中学习各学科知识、生成智慧。

我们通过在不同学科的思维培养中培养学生的主动思维、系统思维、独立思维的品质，也培养了学生思维的速度、灵活、深度等思维反应品质，更培养了学生思维的独创性、批判性等思维价值的关注。我们在基于不同学科中培养学生思维的同时关注了促进学生跨学科思维的融通。各门学科思维虽有着不同的特性，但被学生理解掌握后其实质是综合融通的。首先，学科间融合。学校中的学科学习不是孤立进行的，常常需要与其他学科发生关联。从课程视角而言，更需要提升教师的培养学生思维的高度与视域，例如何老师的历史课就从社会背景综合的高度设计历史学科思维培养的课型。其次，超学科的融合，引导学生在思维过程中把学科与生活融合。

四、教师要首先学好思维

拿破仑曾经说过，世界上有两种东西最有力量，一是宝剑，二是思想，而思想比宝剑更有力量。思想是客观存在反映在人的意识中经过思维活动而产生的结果，思想力是产生正确思想以及运用思想的能力。教学要成功必须依靠思想力强的教师，也就是思维能力是教师成功的基石。要培养学生的思维能力，首先教师要学会思维，提高教师的思维能力。这是一个学校办学中常被忽视的问题，一定程度上讲，师资队伍的质量问题并不在于学历，现在教师都具有必要的学历；也不在于教学的基本能力，这些问题一般经过多年的教学生涯，教师基本上都有所掌握。但是教师的思想力缺失是一个严重问题。

于漪老师曾讲了这样一件事，其有个学生是《解放日报》的记者，她的孩子上小学二年级，做练习写道“水很活泼”，老师打了个叉。他妈妈说“你是对的，不要改”，小孩子非要改，哭了，因为被扣掉了两分。他妈妈没有办法，只好叫他照标准答案改。这要的是两分，毁的是孩子的灵气。“水很活泼”，多好的句子，尽管孩子不知道用了什么修辞手法，但他的观察、他的感受是多么灵动啊！我们就在追求标准答案的不经意中把它扼杀了。按照所谓的“标准”教书的教师是典型的缺乏思维能力的教师，没有思想的教师是学生的悲哀。教师在传授知识培养能力的同时，要为学生打好精神底子。如果仅仅告诉学生“有了分数就有了一切”，那是多么庸俗啊！

教师思想力是教书育人专业水平的重要标志，人之所谓人就是有思想，思想需要思想去引导，灵魂需要精神去孕育。理性的教育需要有思想力的教师，有思想力的教师首先是一个思维敏捷、思路开阔、思辨力强、创新思维强的教师。思想力强的教师才能超越技能型的教学，走向培养人才的教育。优秀教师，要注意发展教学智慧。教育是让人变得聪明和有教养，教育者自己要变得聪明一些。老师们要多动脑筋，做一个智慧型的教师。什么是科学精神？我以为，就是怀疑精神、批判精神、分析精神和实证精神。谁都不独立思考，每个人就丧失了自我。

教育的本质是发展学生的思维。德国物理学家劳厄说：“重要的不是获得知识，而是发展思维能力。教育无非是将一切已学过的东西都遗忘时所剩下来的东西。”思维能力与思维品质薄弱的教师不可能培育出有思想的下一代，培养出创造性人才。教师的工作是精神世界的工作，教师必须首先学会思维，具有独立思考、批判性思维与创性思维、积极的思维态度。教师自身必须掌握相应的教育思维、教育艺术和教学方法，必须以深厚的文化底蕴和良好的思维品质去影响学生。智慧的教师善于思考，把握教育规律，研究学生，解释微观细节。智慧的教师具有灵活变通、机智深邃的灵性，具有不断开拓创新的精神和能力；智慧的教师勤奋学习，善于动脑子、出点子，不断追求育人完美的教师。只有这样的教师，才能培养学生高品质的思维能力。

最后，与大家分享于漪老师的一段话：“我想到多少年来教给学生的一句话：知识就是力量。但是，现在恐怕还要信奉：思维才有力量！”

目　录

第一章 核心素养培养与思维发展

第一节　发展思维：核心素养培养的重要任务

一、发展思维是社会发展需要

（一）要站上世界顶峰，特别需要创新思维

1999年《中共中央国务院关于深化教育改革和全面推进素质教育的决定》提出全面推进素质教育，“以培养学生的创新精神和实践能力为重点”“激发学生独立思考和创新的意识”“培养学生的科学精神和创新思维习惯”。2011年《国家中长期教育改革和发展规划纲要》又提出全面实施素质教育，“努力培养造就数以亿计的高素质劳动者、数以千万计的专门人才和一大批拔尖创新人才”“探索发现和培养创新人才的途径”。可见，创新人才的培养是国家对教育的殷切期望，培养学生的创造性思维和创新能力是教师的职责所在，教师应该为整个社会负责，为学生的终身发展负责，学校应是塑造学生个性、发展学生能力的场所，不是生产相同规格型号“产品”的车间。教师决不能再把学生当接收器、复印机了，必须从发展学生的思维入手，在传授知识的同时，在教给学生“使用知识”“欣赏知识”的过程中发展学生的思维创新能力。孔子就说过：“学而不思则罔，思而不学则殆。”精辟地阐明了学与思不可分割的关系。学生应该为发展自己的思维而学，教师为发展学生的思维而教。教育的最终目的是培养能够独立思考的创造者。

中华民族想站上世界顶峰，特别需要创新思维。因为从整个人类社会发展的历史来看，每次进步都是创新驱动的，而创新则是靠每个人的创新思维实现的。教育是个人社会化的主要工具，学校教育则是教育最重要的一部分，因而培养创新思维的重任更多是由学校承担的。

现实中，学校教育达到这个目标了吗？教育现在过于注重传承知识，而忽略对于创新思维的培养，教育既能培养人的创新思维，更会压抑人的创新思维，而我国当前的教育明显更多压抑了学生创新思维。教育现在更多的是为现有的知识体系服务，为学生生存提供了必要手段，在这方面教育取得了巨大成功。然而它也限制了学生潜能发展，特别是面对挑战，需要创新的时候，教育常常是无力的。这个似乎是教育长久以来的难题。本来继承和创新应该是教育的两大重要功能，二者应该互相支撑，但是教育总是很难处理好二者之间关系。不

是偏向继承，就是倒向创新，但更多时候，教育强调的是继承，多以保守的身份出现，难以处理好二者之间的关系。在学校教育中，继承和创新的矛盾更多表现为传授知识和发展思维的矛盾，即教育是为了传授给学生知识，更是为了发展学生思维。

关于这一个问题最著名的讨论是“钱学森之问”。

2005年，温家宝总理在看望钱学森的时候，钱老感慨说：“这么多年培养的学生，还没有哪一个的学术成就，能够跟民国时期培养的大师相比。”钱老又发问：“为什么我们的学校总是培养不出杰出的人才？”（贺迎春：秦亚青回应“钱学森之问”：真正的大师敬畏学问，人民网，2014.7.29.）2010年5月4日，温家宝总理来到北京大学，与同学们共度五四青年节。一位学生向温家宝总理提出应如何理解钱学森关于中国大学为什么培养不出杰出人才的问题。温家宝说：“钱学森之问对我们是个很大的刺痛，也是很大的鞭策。”温家宝总理认为：大学改革要为学生创造独立思考、勇于创新的环境。大学还是应该由懂教育的人来办。教育家办教育不是干一阵子，而是干一辈子。（温家宝：钱学森之问对我是很大刺痛，央视网，2010.5.5.）“钱学森之问”是关于中国教育事业发展的一道艰深命题，需要整个教育界乃至社会各界共同破解。

“钱学森之问”之所以一直难以得解，始终成为困扰我们的一个大问题，中国教育迫切需要的是调整我们学校学生学习体系，让孩子真正明白学习是为了什么，先把学习的目标明确，把人的问题搞清楚，学习到的东西才有意义，否则，不过是学习的机器和工具，考试的利器罢了，算不得大师，做不得杰出的人才！我们更应该学习经典，让学生深切把握到我们民族的根本哲学思维，须知一个国家的成就最高在这个民族的文化，在其哲学思维，因为这个国家的文化思维决定了这个国家的高度，决定了它其他各方面的成就，我们如果不能深切掌握到这个根本，就盲目学习工具性知识，最后也只能在工具上这个高度，达不到大师的级别，哪能出杰出的人才呢！

清华大学经济管理学院院长钱颖一曾说：“我想其中有一个关键问题，我们对教育，从认知到实践，都存在一种系统性的偏差，这个偏差就是我们把教育等同于知识，并局限在知识上。”在传统教育中，教师传授知识是本职工作，学生学习知识也是他应该做的，高考考试也是考知识，考重要的知识点，这是高考的基本内容。所以知识就几乎成了教育的全部。“知识就是力量”这句话深入人心。知识当然很重要，知识就是力量，知识能改变命运。但是创新人才的教育仅仅靠知识积累就可以吗？答案是否定的。[“为什么我们的学校总是培养不出杰出人才？”看清华教授钱颖一如何回答“钱学森之问”，www.sohu.com/a/209867066_185253]

（二）教育必须超越知识的传授

思维作为一种品质和能力，是人的智力的核心，是人的智慧的集中体现。林崇德等专家通过专门的实验研究揭示了教育对思维的发展有着重大的作用，并指出："教育是作用于思维发展的决定因素，合理的适当的教育措施，把握客观诸因素的辩证关系，能挖掘小学儿童运算中思维品质的巨大潜力，并能促进教学质量的提高。"（朱智贤，林崇德.思维发展心理学[M].北京：北京师范大学出版社，1986.）大量的事实和科学研究成果已经证明了：思维是可以教会的，并且思维在教育教学中有着重要的意义。课堂是师生互动、生本互动最主要的场所，所以学生的思维训练场所主要是课堂，要想提高学生的思维能力，关键在于打造一个有质量的思维课堂。杜威曾经说过："学校所能做和需要做的一切，就是培养学生思维的能力。"（杜威著，赵祥麟，王承绪编译.杜威教育论著选[M].上海：华东师范大学出版社.）

教学仅仅靠知识积累是不够的，所以教学必须超越知识。这是教育的改革，特别是创新人才教育的重要出发点。爱因斯坦在1921年获得诺贝尔物理学奖后首次到美国访问，有记者问他声音的速度是多少。爱因斯坦拒绝回答，并说我不回答你这个问题，因为你可以在任何一本物理书中查到答案。接下来爱因斯坦说了句后来特别有名的话，他说："大学教育的价值不在于记住很多事实，而是训练大脑会思考。"这是将近一百年前的一句话。在当时，很多事实是从书中可以查到的。在今天，更多的事实可以上网查到。在未来，又有更多的知识和事实机器会帮你查到。所以这句话在当前和未来更值得深思。

其实，相似于"钱学森之问"，在20世纪也有一位英国人提出过。"钱学森之问"与"李约瑟之谜"一脉相承，它们都是对中国科学的关怀。1954年，李约瑟博士在《中国科学技术史》第一卷中提出一个严峻的问题："为什么近代科学、亦即经得起全世界考验并得到合理的普遍赞扬的伽利略、哈维、维萨留斯、格斯纳、牛顿的传统——这种传统注定会成为统一的世界大家庭的理论基础——是在地中海和大西洋沿岸，而不是在中国或亚洲其他任何地方发展起来呢？"这就是科技发展史上经典的"李约瑟之谜"，这个问题引起了各界广泛的关注与争论。以世界眼光和跨文化视野，观照近现代西方大国崛起之路，进一步审视"李约瑟之谜"的深层文化意蕴。正是古希腊哲人提出的主客二分宇宙图式，为西方近代科技播下了重视理性的第一粒种子；而他们倡导的"抽象构建概念—建构理论解释体系—逻辑推导演绎命题—归纳提炼客观规律—数学手段揭示质量关系"的认识路线，则构成了西方近代科技的逻辑起点。理性和逻辑，构成了西方近代科技诞生的文化母体。即使是在"千年黑暗"的中世纪，古希腊的理性文化依然得以延续：注重理性的柏拉图主义通过教父哲学得以延续，形式化公理演绎体系的研究范式经由阿拉伯文化得以复活，亚里士多德主义的经验科学和逻辑学则依赖经院哲学辩证法获得继承。此后，历经文艺复兴、宗教改革、科学革命和启蒙运动，近代欧洲的文化创新一浪高过一浪，最终实现了自身文明的涅槃重生，将源自古希腊的纯粹科学、理性实证和自由探索等传统融为一体并发扬光大，发展出数学与实验相结合的研究方法，并逐渐积淀为追求理性与规范、公平与宽容、批判与创新、效率与协作的近现代科技文化价值传统，成为人类文明中的优秀成果，极大地促进了科学发现和技术创新。相比之下，同一时期的传统中国，依然固守祖先2000多年前的大一统文化范式和农耕文明形态，未能实现自身文化的近代转型和变革，在近代化浪潮中的落伍，已然不可避免。（柯大文.破解“李约瑟之谜”[N]解放军报，2015-6-4.）对于“李约瑟之谜”的众多解释之一是东西方思维方式的差异。学者林鸿伟认为，或许正是由于这一差别，使得西方的新科学层出不穷，而东方总是跟在西方的后面模仿学习。逻辑思想是整个文明与科学的极其重要的理论基础。（1）东方思维方式通常不注意思维工具或手段的理性研究和系统锻造，而是注重工具的直接使用。西方思维则不同，他们固然注意术的研究，注意思维手段及其他手段运用的研究，更注重工具的系统的锻造。（2）东方思维方式在思维活动中往往表现出较强的功利主义，很少进行枯燥的纯理论研究。其功利主义太强，并和特定的政治伦理观点结合太紧密。而西方思维方式则相反。（3）东方思维方式中，更多地注意经验的简单总结和事物表面相似点的类比，而忽视了演绎和因果关系的探求，西方思维方式同样与之相反。二者显示了不同思维水平的深度和高度。（4）东方思维方式由于长期受封建专制统治的控制，往往注重对占统治地位的思想的诠释，而缺乏理性的创新精神。西方思维方式表现出较多的冲破框框的创新精神，他们较少有以权威为当然依据的思维定式，而较多有对权威的怀疑和挑战精神。（百度百科：李约瑟难题，baike.baidu.com/item/李约瑟难题/1920734? fr=aladdin）（林鸿伟：从先秦矛盾律思想的角度看东西方思维方式的差异及其影响，《哲学动态》1999年第3期）

（三）教育的要义是发展学生的思维

思维是人类认识世界、改造世界的最重要的主观力量，未来的竞争本质上是思维的竞争，人才竞争只是思维竞争的外显和物化。因此，教师的职责不仅仅是传授知识，更重要的是引导和启发学生的思维。思维训练也是教育工作的最终机理。

德国物理学家劳厄说：“重要的不是获得知识，而是发展思维能力。著名诺贝尔奖获得者、物理学家杨振宁告诉我们：“优秀的学生并不在于优秀的成绩，而在于优秀的思维方式。”华东师范大学陈玉琨教授说：“在课堂里.我们只注重学生的基本知识和基础技能，而忽视了对知识的运用能力尤其是高层次思维能力的发展。这样培养出来的学生没有‘后劲’，可以在考试成绩上越过人家，但一遇到实际问题就不行。”可见“为思维而教”应当成为每个教育实践者的重要理念。

有这么一个故事，说的是三个泥瓦工在砌一堵墙，一位哲人问三个人：“你们在干什么？”一个人说：“砌墙。”第二个回答：“盖一栋楼。”第三个人回答：“我们正在建设自己的家园。”哲人听后拍了拍第三个人的肩头说：“今后你将是幸运的。”果然，许多年以后，第一个人依然是泥瓦工，第二个人成了工程师，第三个人成了前两个人的老板。可见，思想有多远，人就能走多远！成就是否杰出，成绩是否优秀，不是看你记住了多少书本知识，而是看你有没有远大的理想，有没有明确的目标，有没有一流的思维习惯和行为习惯！

教育无非是将一切学过的东西都遗忘时所剩下来的东西，而学会学习与创新。明代著名的思想家、教育家陈献章说得好：“小疑则小进，大疑则大进，疑者觉悟之机也。一番觉悟，一番长进。”在竞争激烈的21世纪，瞬息万变的知识社会，思路决定出路，思维决定将来，没有良好的学习思维就无法适应激烈的社会竞争，学生对概念的认识、规律的掌握、知识的创新都源于自身学习思维的科学训练。学习思维的训练目的就是要挖掘大脑的无限潜能，培养多角度、多层次看问题的思维习惯，学习思维方法。学生要提高自身的思维能力，并不断运用到自己的思考实践中来。

我们可以从不同的科学教育中发现思维培养的价值。美国的科学教育的目的是养成科学素养，而我国的科学教育目标是培养科学素质。平常我们一般把科学素质和科学素养混为一谈，事实上二者是有区别的。科学素养更关注内在科学思维与科学精神的自然生成，而科学素质则更多侧重于外在科学知识与科学方法的理解与运用，二者在科学普及的层次上是有差别的。R. W. Bybee提出的科学素质连续谱论认为科学素质包含五个层级。(1) 科学文盲，有些人由于年龄、贫穷、生理和精神障碍等原因，对科学一无所知，或者所知甚少，如果他们被问及与科学或技术有关的问题，他们可能茫然不知。(2) 表层素质，即可能听说过某个科学词汇、问题或主题，但仅仅停留在表面。(3) 功能性的科学素质和技术素质，能够运用科学或技术术语，但仅仅限于某些特定的场合，如考试、读报、看电视，对该术语所处的学科背景缺乏了解，死记硬背一堆单词。(4) 概念性的和程序性的科学素质，能够了解某学科中的概念与该学科整体之间的关系，了解它与该学科的研究方法和探究过程之间的关系。(5) 多维度的科学素质，了解科学技术的哲学、历史和社会意义。如果以此为标尺，我国的科学教育目标基本上属于第三、四层次，而美国的科学教育目标则属于第五层次。从美国科学教育的具体内容以及基本要求来看，十分重视思维的培养，注重基本原理的掌握。针对以往学生把大多数时间耗费在学习具体的词汇与技巧上的弊端，更强调概念的基础性、概括性以及概念对思维技能培养的作用。注重科学思维习惯的养成。学习科学技术的目的，不仅仅是掌握一项征服自然、改造社会的强大工具，更重要的是，通过科学技术的学习，养成科学的价值观、科学的态度以及一些与科学、数学、技术有关的思维技能。（代建军、谢利民：中美科学教育目标的比较研究——基于《普及科学——美国2061计划》和我国《2049行动计划》的思考，《外国中小学教育》，2005年第9期）

二、核心素养与思维发展

（一）我国核心素养与思维培养

自20世纪90年代以来，“核心素养”就成为全球范围内教育政策、教育实践、教育研究领域的重要议题，国际组织与许多国家或地区相继构建学生核心素养框架。核心素养成为一个统率各国教育改革的上位概念，引领并推进课程教材改革、教学方式变革、教师专业发展、教学质量评价等关键教育活动。自1997年以来，国际经济合作与发展组织（OECD）、联合国教科文组织（UNESCO）、欧盟（EU）等国际组织先后开展关于核心素养的研究。受其影响，美国、英国、法国、德国、芬兰、日本、新加坡等国也积极开发核心素养框架。

《国家中长期教育改革和发展规划纲要（2010—2020）》提出，要“树立科学的质量观，把促进人的全面发展、适应社会需要作为衡量教育质量的根本标准”，促进人的全面发展、适应社会需要也应该作为开发学生核心素养框架的标准。核心素养是个人终身发展、融入主流社会和充分就业所必需的素养的集合，这些素养是在现代民主社会中，为儿童和成人过上有责任感和成功的生活所需要，也为社会应对当前和未来技术变革与全球化挑战所需要。开发核心素养的目的在于培养具有21世纪工作技能及核心竞争能力的人，确保学生在校所学的技能能够充分满足后续大学深造或社会就业的需求，成为21世纪称职的社会公民、员工及领导者。

在新一轮基础教育课程改革中，难以绕过“核心素养”这一重要问题。因为学校教育是面向未来的事业，国民核心素养的培育是至高无上的课题，核心素养指导、引领着中小学课程教学改革实践。没有核心素养，改革就缺了灵魂。2014年教育部印发《关于全面深化课程改革落实立德树人根本任务的意见》，提出“教育部将组织研究提出各学段学生发展核心素养体系，明确学生应具备的适应终身发展和社会发展需要的必备品格与关键能力”。历时多年，由以北京师大林崇德教授为首的专家团队开展中国学生发展核心素养的研究。“中国学生发展核心素养”框架中提出学生发展核心素养是指学生应具备的、能够适应终身发展和社会发展需要的必备品格和关键能力，综合表现为六大素养，具体为人文底蕴、科学精神、学会学习、健康生活、责任担当与实践创新。在这六大素养中直接与思维有关的有以下这些方面：

○“科学精神”中明确：

理性思维：崇尚真知，能理解和掌握基本的科学原理和方法；尊重事实和证据，有实证意识和严谨的求知态度；逻辑清晰，能运用科学的思维方式认识事物、解决问题、指导行为等。

批判质疑：具有问题意识；能独立思考、独立判断；思维缜密，能多角度、辩证地分析问题，作出选择和决定等。

勇于探究：具有好奇心和想象力；能不畏困难，有坚持不懈的探索精神；能大胆尝试，积极寻求有效的问题解决方法等。

○“人文底蕴”中明确：

人文积淀：具有古今中外人文领域基本知识和成果的积累；能理解和掌握人文思想中所蕴含的认识方法和实践方法等。

审美情趣：具有艺术知识、技能与方法的积累；能理解和尊重文化艺术的多样性，具有发现、感知、欣赏、评价美的意识和基本能力；具有健康的审美价值取向；具有艺术表达和创意表现的兴趣和意识，能在生活中拓展和升华美等。

○“学会学习”中明确：

勤于反思：具有对自己的学习状态进行审视的意识和习惯，善于总结经验；能够根据不同情境和自身实际，选择或调整学习策略和方法等。

○“实践创新”中明确：

问题解决：善于发现和提出问题，有解决问题的兴趣和热情；能依据特定情境和具体条件，选择制订合理的解决方案；具有在复杂环境中行动的能力等。

技术运用：理解技术与人类文明的有机联系，具有学习掌握技术的兴趣和意愿；具有工程思维，能将创意和方案转化为有形物品或对已有物品进行改进与优化等。

上述中国学生发展核心素养的框架所提出的核心素养与思维品质有着密切关联，有着很多内容。这充分表明了思维品质在核心素养中的重要地位，也表明了学生发展中思维培养的重要性。本课题把课堂教学的指向“(以)思”，特别是培养学生良好的思维品质，充分体现了核心素养的育人要求，强调思维品质与“独立思考”。

（二）国际关于素养与思维培养

当前世界教育发达国家无不以实现公民素养的内涵为旨归。不仅我国对学生思维培养重视，而且国际上对核心素养中的思维品质也十分重视。公民关键能力（Key Competences）是公民素养的核心表征，代表着一个社会所有公民必须具备的基础、必要、重要的统整能力。OECD在1997年底开始进行一项名为“能力的定义与选择：理论与概念的基础”（DeSeCo）的大型研究计划。根据DeSeCo计划的观点，所谓公民关键能力指的是一个人在特定的情境中，能成功地满足情境中的复杂要求与挑战，顺利执行生活任务，强调个体在复杂环境中，如何借由自我特质、思考、选择及行动，来获致成功生活或健全社会的理想结果。仔细审视OECD公民关键能力，可发现其强调超越知识和技能，强调关键能力的综合运用；凸显反思精神，关注个人道德和智能的成熟。认为反省必须运用后设认知技能、创造力及批判力，不仅涉及个人如何进行思考，也包括个人如何建构其思想、感受，以及与社会相关的整体生活经验。欧盟2005年发表的《终身学习核心素养：欧洲参考架构》正式提出终身学习的八大核心素养：母语沟通，外语沟通，数学能力及基本科技能力，数位能力，学会如何学习，人际、跨文化与社会能力及公民能力，创业家精神和文化表达。同时提出贯穿于八大核心素养之中的共同能力，如批判性思维、创造力等。（钟启泉：核心素养的“核心”在哪里，中国教育报，2015.4.1）2010年3月，新加坡教育部颁布了新加坡学生的“21世纪素养”框架，其中，批判性、创新性思维，包括合理的推理与决策、反思性思维、好奇心与创造力、处理复杂性和模糊性。

美国“21世纪素养”框架以核心学科为载体，确立了三项技能领域，每项技能领域下包含若干素养要求。（1）学习与创新技能。包括批判性思维和问题解决能力、创造性和创新能力、交流与合作能力。（2）信息、媒体与技术技能。包括信息素养、媒体素养、信息交流和科技素养。（3）生活与职业技能。包括灵活性和适应性、主动性和自我指导、社会和跨文化技能、工作效率和胜任工作的能力、领导能力和责任能力。[张义兵.美国的“21世纪技能”内涵解读——兼析对我国基础教育改革的启示[J].比较教育研究，2012，(5).]

美国在1985年提出了“2061计划”，这是美国基础教育改革工程。“2061”计划旨在提高人们在科学、数学和技术方面的素养，以帮助人们生趣盎然地、负责任地和富有成效地生活。在一种科学、数学和技术气息日益弥漫的文化氛围里，科学素养使公民具有必需的理解能力和思维习惯，使他们能够紧跟世界发展形势，大致知道自然和社会的转行情况，批判性地和独立地思考，对事件的不同解释加以辨认和权衡并提出协调方案，敏锐地处理那些有关证据、数字、模型、逻辑推理和不确定性的问题。“科学的思维习惯能够帮助各界人士明智地处理问题，这常常包括取证、定量分析、逻辑推理和不确定分析。没有批判性思维和独立思维的能力，公民就很容易成为教条主义者和胡言乱语的骗子们的牺牲品，用简单方法解决复杂问题。”“一般说来，除非公众具有科学、数学和技术知识与科学探索的思维方法，否则就无法实现利用科学和技术增强生命力。”“‘2061计划’：面向全体美国人的科学”强调运用科学知识和科学思维方法处理个人和社会问题。

全国科学技术教育委员会的建议形成了这一份报告，共12章，包括四大范畴：科学的能动作用、科学世界观、科学观点和科学思维习惯。报告中有关科学思维习惯是如下阐述：纵观历史，人类一直关注一代又一代的思维习惯传承：共同的价值观、态度及思维方式。考虑到科学和技术对当代生活的各个方面均有越来越大的影响，科学素养方面的思维习惯传承则包括具备一定的科学价值观、态度、和思维模式。因此，美国全国科学技术教育委员会建议修改小学和中学教育，使之确保全体学生毕业时能够：

在科学、数学和技术实践中形成一些固有的价值观，尤其是在论证时使用论据和逻辑推理方面；以真诚、坦率、求索的态度面对新概念；持怀疑的态度评价公开宣布的理论与论证。

明智、理性地确信科学能动的社会利益——信念是建立在人们运用知识和技术的基础上，建立在继续发展新知识和技术的需求基础上。

理解科学和数学，能处理定量的事物、批判性思考、准确评判及运用常规工具和仪器（包括计算器和电脑）。

掌握计算技能，包括一定的迅速准确心算的能力；用纸笔和计算器计算的能力；适当估计大致答案及检查其他计算方式的合理性的能力。

具备操作与观察能力，着重正确使用测量仪器的能力；运用计算机储存和寻回信息的能力；运用普通手工工具的能力。

具备沟通能力，包括口头、笔头清楚表达基本思想、指示和信息的能力、用表格和简单图表组织信息的能力及绘制粗略图表的能力。有效沟通还包括阅读和理解刊登在通俗出版物及广播媒介上的科技新闻的能力。

具有批判性反应技能，能谨慎判断广告商、社会名人、组织、娱乐业及新闻媒体的言论，尤其是在他们披着科学外衣的时候，能详细审视他们的论断，从而更少地受偏见及经济学原则的影响。（“《面向全体美国人的科学》报告概要”http://www.360doc.com/content/12/0809/23/153944_229317813.shtml）

全国科学技术教育委员会的建议涵盖了一系列广泛的学科主题，其中很多已常见于中学课本中（例如物质结构、细胞基本功能、疾病预防、传播技术，以及数字的不同用途），但处理这些主题的方式在以下两个方面与传统方式不同：其不同之一，在于弱化传统上各学科之间的分类界限，强化相互间的联系。比如，能量转换发生在物理、生物和技术系统，进化改变出现在星球、生物和社会中。不同之二，相比传统的科学、数学和技术课程，要求学生记忆的内容细节少了许多，强调的是理解概念和掌握思维技能，而不是专业词汇和记忆的过程。不仅深入浅出地阐述所选概念，而且为进一步学习打下持续的基础。细节被视作提高的手段，而不是必需，学生只需理解大致的概念。比如，全国科学技术教育委员会认为，基本的科学素养包括，了解活细胞的主要功能是根据DNA分子的编码指令聚集蛋白质分子，但不必记忆"核糖体"或者"脱氧核糖核酸"这样的术语。全国科学技术教育委员会的建议中还有些学校课程中不常见的主题，包括科学事业的本质，以及科学、数学及技术之间及它们与社会体系之间大体上有怎样的联系。委员会还要求学生了解科学技术史上的重大事件，以及贯穿所有科学思维方式的重大的概念性理论。

我们可以清晰看到国际上都十分重视核心素养中的思维品质，而且把思维品质融合在各种核心素养之中。为了更好地评估和培养学生的创造性思维，经济合作与发展组织确定在PISA 2021中增加对创造性思维能力的评估。今天的学生都要为未来服务，他们需要使用新技术以解决新问题，还可能到现在尚不存在的职业岗位上工作，将面临许多未知的挑战。创造性思维作为21世纪年轻人发展必备的能力，可以帮助他们适应不断变化的世界、应对未知的挑战。国际学生评估项目（PISA）一直关注15周岁学生应对未来挑战所需的各种关键能力。从2000年开始，PISA就对解决问题的能力、信息素养、合作能力及全球素养等进行测量。从2015年开始，OECD教育研究与创新中心（Centre for Education Research and Innovation）就对11个参与国家和地区展开了持续性的创造性思维教学与评价的探索。2017年，OECD提出在2021年的PISA测试中增加对全球学生创造性思维（creative thinking）的评估。OECD于2019年4月发布了《PISA2021创造性思维评估框架草案（第三版）》，明确了创造性和批判性思维的准则，对学生创造性思维能力的评估提出了更细的要求。PISA2021创造性思维评估框架倡导的发散思维能力、问题解决能力、创新能力、批判质疑和探索等能力，也为我国学科素养培养提供了重要借鉴，它能为我国培养学生的创造性思维、提升个体的核心素养提供许多可参考的建议。为了培养高质量、高素质创新型人才，在高考与中考改革中已经凸显了对学生的创造性思维与发现问题、解决问题能力的考查。课堂教学要着力培养学生的思维能力，尤其要加强学生的创造性思维培养。

第二节 现实惊醒：学生思维培养的严重缺失

一、“为知识而教”阻碍培养创新人才

当今教育最为深刻的危机之一，就在于知识占据了至关重要的地位，培养和塑造“知识人”成为根深蒂固的教育理念，始终指导和制约着教育的实践。然而教育的最终目的不是培养鹦鹉学舌式的模仿者，而是要培养能够独立思考的创造者。

传统教育的弊端之一是培养不会思维的受教育者。中国的传统教育，一个最重要的特征就是重视基础知识的传授和技能训练，而把思维培养放在了次要地位，特别是忽视创造性思维培养。在应试教育思想指导下，以考试作为教育的出发点和落脚点，只重知识传授而忽视了创造性思维培养。这就使得学生更多的是在死记硬背和题海战术中度过的，压抑了学生创造性思维。总的来说，我国的教育注重的是传授已有知识，对于培养学生的创新思维严重不足。曾有人这样概括我国的教育：小学是听话教育，初中和高中是分数教育，大学教育是知识教育。这种说法虽然有些片面，但也从一个方面反映了我们的教育从小学到大学都没有培养学生良好的思维能力，特别是创造性思维。在沉重的课业负担下，学生的课内课外时间都被排得满满的，严重抑制了学生的思考空间，扼杀了他们发展创造性思维的可能性，学生学会的只是机械接受现成的知识。长期以来，书本就是权威，容不得半点怀疑，这就使得学生丧失思考愿望，在读书、做题和考试中走向机械与平庸。

21世纪是知识大爆炸的时代，知识总量以几何级数增加，而这与学生有限的学习时间之间产生了矛盾。纵观当今世界各国的教育都面临着学习内容不断膨胀，学生不堪重负的问题，学习内容过多无法全面展开认知过程，从而妨碍学生对学习的知识透彻地理解，对知识只能“生吞活剥”，导致教学质量下降。面对当今知识大爆炸、生产力飞速发展的时代，过于强调传承的教育对于这个时代表现出了很大的不适应。传统的讲授式教育更适合过去知识更新速度较慢的时代，当时以继承为主的教育很好地扮演了知识传承者的角色，为文明的延续和时代的发展做出了很大贡献。在各国综合国力竞争日益激烈的今天，竞争的实质就是人才的竞争，创造力人才的核心素质。创新已经到了关系民族生死存亡的程度，没有创新就意味着落后于这个时代，在与各国的竞争中败下阵来。为知识而教面临着严重的困境。首先，随着知识的发展，“为知识而教”这一传统的教育目标渐渐遭遇了尴尬。因为知识的更新或者说过时的周期越来越短了。20世纪90年代以来，每隔4年就有75%的知识需要更新。在此情景下

为知识而教的教育目标即便达成了，也只是为着短暂的未来做了一件昙花一现的事情。而过分重视继承的教育是与创新背道而驰的，为知识而教与基础教育目标的长期性发生了冲突，教育需要改弦更张，谋求为思维而教。正如著名的思维训练专家爱德华·德波诺所指出的那样，即使我们能够掌握全部过去的知识，但对未来的知识知之甚少，这就需要思维。时代呼唤教育改革，时代呼唤教育能培养出创新性人才。学会创新思维：时代的呼唤。

二、缺失思维培养的“学的荒地”

从教学现状来看，教师教学注重具体的知识传授，而忽视知识的系统把握，造成知识结构紊乱，造成了“高分低能”现象，影响学生对数学学科的把握。也有相当一部分教师，受传统教学方法的束缚，教育方法陈旧，教学上采取灌输式，讲得过多过滥，知识缺乏结构性和知识把握肤浅性导致学生学习迁移能力低下，更无探究性学习能力，不能适应学生创新精神的培养。

在学科知识不断增长的条件下，教师为了让学生掌握越来越多的知识，教学中忽略了思维方法的培养，偏重于解题方法的培养，造成了学生“考完就忘”的结果。改变从解题出发，开展引导学生从知识结构出发的教学，发展思维能力，增强学习迁移能力，是教学改革的一种有价值的选择。因此，解决知识扩容和学习时间有限的矛盾、解决学习的肤浅性、思维的简单僵化，借鉴美国“2061计划”提出的“讲得少是为了讲得更好”的观念，改变原先的烦琐教学方法，变革学生学习方式，以促进学生探究性学习习惯的培养和学习能力的提高，已成为教学改革亟待解决的问题。

知识的获得与创新更有赖于思维能力的发展。思维水平的高低，必然影响到掌握知识的质量与速度，必然影响到知识的应用水平和创造力。现实问题的解决需要掌握思维技能。现实问题是复杂的、混乱的和顽固的，其结构性比较差。如果说对于结构良好的问题，可以清晰而具体地列出一步步的解决方案，那么结构不良的问题则不易处理。何况现实问题（包括实验室里的问题与日常生活中的问题）通常没有单一的标准答案，甚至究竟什么是正确答案也很不清晰。为着学生的未来甚至当下发展的教育，需要培养学生应对现实问题挑战的能力，而这种能力就是解决现实问题的思维与探究技能。每个儿童都有创造的天赋，但是创新精神、创造能力是需要教育引导和发展的。因为每个孩子来到这个世界，对这个世界满眼都是好奇，他需要教育来呵护和引导这份好奇，这份好奇便是每个人最可贵的创造性天赋，没有对这个世界的好奇，一个人便失去了创造的最大动力。但是传统的重视传承的教育缺失在扼杀这份好奇，在机械的记忆、背诵和考试中，学生失去创造欲望。学校迫于考试压力，沦为机械传授知识的场所。思维教育在学校教育中所处的地位越来越低。学校不仅要保护学生的创造的兴趣，教育还需要教会学生如何进行创造性思维，如何进行创新，在教育过程中发掘学生的创造潜能，切实发展学生创造能力。

长期以来传统教学因其程式固定、千文一面、机械切割、肢解文本与统一答案，扼杀个性而僵化思维认识、简化思维形式、剥夺思维过程，使学生思维几乎成了“学的荒地”，导致课堂教学夯实了知识的根基，忽视了思维发展的目标。很多教师认为学生只要记住课本内容，能在测验中取得高分，就说明他已经掌握了知识，对内容的关注使讲解法理所当然得到青睐。讲解法主张思维的被动性，被动性与高品质思维是对立的，被动性不仅表示缺少判断和理解，也表示好奇心的减弱，从而使学习成为一桩苦差事而索然无味。这样的教学成了学生思维的屠宰场。

学生思维培养的缺失，源自知识教育下的现实困惑：重视显性知识传递，忽视隐性知识传播；重视知识讲授，忽视技能培养；重视“知识人”的培养，忽视“创新者”的熏陶，究其症结，在于知识的目标容易细分，能明确界定，而思维能力的目标往往比较笼统；知识的目标能落到实处，而能力的培养却无从着手。

传统教学的错误预设混淆思维过程的逻辑与思维结果的逻辑。作为思维结果的逻辑与作为思维过程的逻辑是有区别的。传统教学重视作为结果的逻辑，原因就在于认为逻辑的系统的表述，并非个人思维的结果，它是由别人做出来并以完成的形式提供出来，与求得这种形式的过程无关。用外在的知识的逻辑代替了学生内在的思维的逻辑，用别人的思维结果的逻辑代替了学习者个人的思维过程的逻辑。我们常可以发现课堂里发现教师不允许“时间差”的“思维差”，不允许学生有思维的时间，即时答对或者直接答对被认为是好学生，而学习过程中需要花时间思维或者出差错，或者非标准答案，就认为学习上有问题。着重现象发生在公开课上特别多，经常排练标准答案，以免学生出错。教师不给学生时间差，导致没有“思维差”。教师提出很多令学生“一触即发”的问题，就好像只要稍微动动鼠标，屏幕上就有了反应一样。一方面，教师不容学生思考；一方面学生也不假思考。试想，这时学生还有什么发展可言？教学过程不是那么行云流水，那么顺利，或者出现“意外”，让学生在学习的前后有真正的进步、有所获，在学会思维上有发展。

三、教学方式阻碍学生思维发展

教学中还流行着一种形式对话阻碍学生思维发展。传统教学提问更多是形式对话，教师提出问题，学生解答，常常以取得答案为满足，而不是引起疑难。有这么一个例子：一位语文老师课堂上问小学生：“雪融化之后是什么？”话音刚落，一位学生站起来，富有诗意地回答说：“雪融化后是春天！”照理说，老师应当为学生具有丰富的想象力而鼓掌喝彩，但是老师却一本正经地说：“错，正确的答案是——雪融化后是水。”老师的一个“错”字好比刽子手里的那把砍刀，把孩子的想象力给扼杀了；老师的一个“正确答案”犹如拘禁囚犯的那间监狱，把孩子的想象力给禁闭了。雪融化后是什么呢？其答案不应当是唯一的。这位天真活泼的小学生的完全出人意料的答案，真是一个富有个性、想象力和求异思维的答案。然而在我们的课堂上，这样的回答因与标准答案不一致，而常会受到教师的批评和否定。在我们的教育中，教师掌握着对与错的准则，标准答案具有不容置疑的权威，学生则在日复一日的重重束缚下渐渐收起了想象的翅膀，不再有自己的思考和思维。于是课堂上，“雪融化之后是什么”的正确答案也就只有一个。这样的教育教学方式将孩子活跃、灵动的思维强行压制到固定的模具当中，从而形成服从权威的思维定式，从此不敢思考，不愿思考，问题意识也随之缺失。而学生失去了问题意识，就很难再焕发出想探究的内心状态。那么，纵然有再多的苹果落地，也不会引发万有引力的联想；再司空见惯的茶壶煮水，也无法产生蒸汽动力的念头。正所谓无磐石阻遏，如何成激流。

中学莘莘学子苦苦追寻的就是标准答案，劳苦而功高的教师们的谆谆教导也全是为了学生们能够写出标准答案。思想政治老师会教学生记住知识要点、答题要领、时事新闻等；语文老师会教学生记住诗词古文、经典名篇、布局谋篇等；英语老师会教学生记住单词短语、语法知识、写作技巧等；数学老师会教学生记住公式定理、答题步骤、解题妙招等；科学老师会教学生记住元素符号、化学方程、典型例题等……总之，在学生们十几年的读书生涯里，他们除了背还是背，除了记还是记。这样的教与学完全忽视了发展学生的思维，特别是辩证思维、批判性思维与创造性思维。语文教师不敢引领学生独特地解读文本与社会，因为害怕脱离主题思想；英语教师不敢让学生疯狂地学习英语与语言，因为生怕影响教学质量；数学教师不敢放手让学生推理与论证，因为担忧降低课堂效率；科学教师不敢组织学生自主探索与发现，因为惧怕危害升学考试。因此，学生养成了全盘接受的习惯，缺乏辩证思考；养成了懒于思考的习惯，缺乏求异思维；养成了哑巴英语的习惯，缺乏语言表达能力。学生养成了刻苦学习拼时间的题海战术的习惯，死记硬背的习惯，缺乏思维习惯，缺乏探索发现的意识。

其实，并非教师们没有意识到这个问题的存在，有关中国教育创造力匮乏的诘问早已成为人尽皆知的顽症。几乎所有教师都希望改变这一现状，并不断地进行探索。然而，由于教师对思维教学和创造力培养的问题往往停留在一种感性、经验的状态，因此难以站在整体、科学的层面来系统地认识和理性地思考，进而找到相应的实践性的有效策略。他们常常困惑于如何改善自己的思维，如何教会学生思维，如何让提高教育的创新价值从理念转化为行动，并落实到具体的课程开发和课堂教学上、观念上。每个人的行为方式受其内在心智模式的影响，这种影响难以分辨，却是根深蒂固的。正如哈佛大学的阿吉瑞斯教授所言：“虽然人们的行为未必总是与他们所拥护的理论一致，但他们的行为必定与其所使用的理论（心智模式）一致。”因此，对于教师来说，长期的教学经验和应试的教育环境促使教师的心智模式仍旧停留在为知识而教的阶段，尽管他们并不否认教会学生思维的重要性，但在教学实践当中，真正的思维教学从来都没有实现。

第二节　调研提示：教学的思维培养转型

一、学生思维发展调查研究设计与实施

学校的学生思维发展状况调查是为了在把握学生思维发展的现实基础上，发现学校教学上学生思维培养的长处与不足，以便改进与优化我们课堂教学中学生思维的培养。

我们根据当代教育对学生学习能力的要求，基于成长性思维的视角，从思维本体与思维态度两个方面及五个维度——思维品质、思维过程、思维形式、思维方法、思维态度编制了“学生思维发展框架”。每一维度再选择若干因子考量，这些因子具有代表性、基础性，通过这些因子大致可以反映上述维度的特征。本调查表分5个纬度18个因子49个子因子来设计，共有98道题组成。

1. **思维品质**　从思维的深刻性、灵活性、独创性和批判性四方面来考察，也就是思维品质的四个子因子。思维的深刻性可以从学生揭示事物本质的能力、预见事物发展进程的能力和因果关系把握的能力来分析；思维的灵活性可以从起点灵活（可以从不同的角度、方向思考面临的问题）、过程灵活（遇到难以逾越的障碍可以绕道而行）、知识的迁移能力三个方面来调查研究；思维的独创性则从独特性（有自己见解，自主判断，不随意附和别人意见。思维的结果不论是概念、结论都有自己的独到之处）、新颖性来研究；思维的批判性可以从学生的质疑能力和反思能力来考察。也就是思维的品质从四个子因子和十个子因子来考察分析。

2. **思维过程**　这个维度从分析与综合、比较与分类、抽象与概括、具体化四

方面研究。分析与综合从分解整体、确定联系、整体认识三方面加以分析；比较与分类从对比异同、分门别类、揭示关系三方面分析；抽象与概括从抽出本质特征、概括能力、综合结果三方面分析；具体化从引证实例、应用原理两方面分析。也就是思维过程从4个因子11个子因子来考察分析。

3. **思维形式** 从概念、判断、推理和想象四方面研究。概念从概念的形成、概念的运用、概念的内涵和概念的外延四方面调查。判断从判断的标准、合理性两方面调查。推理从演绎推理、归纳推理、类比推理、直觉推理四方面调查。想象从有意想象和无意想象两方面调查。因此，思维形式从4个因子和12个子因子来调查分析。

4. **思维方法** 从发散性思维、聚合性思维、辩证思维三方面研究。发散性思维从横向思维、纵向思维、逆向思维三方面加以分析；聚合性思维从求同性、程序性、比较性三方面分析；辩证思维从对立统一、事物普遍联系、动态发展三方面分析。因此思维方法从3个因子9个子因子来考察分析。

5. **思维态度** 从思维参与度、思维主动性、思维独立性三方面研究。思维参与度从参与频率、情绪状态表现两方面加以分析；思维主动性从一题多解（选择最好的方法）、对知识的追问（多问几个为什么）、反思监督自己的思维是否正确三方面加以分析；思维独立性从独立见解能力、对别人见解的态度两方面加以分析。也就是思维态度从3个因子7个子因子来考察分析。问卷设计框架见下表：

学生思维发展现状调查问卷

维　度	因　子	子　因　子	题　数	因子题数
思维品质	深刻性	揭示本质能力	2	6
		预见发展进程	2	
		因果把握能力	2	
	灵活性	起点灵活	2	6
		过程灵活	2	
		迁移能力	2	
	独创性	独特性	2	4
		新颖性	2	
	批判性	质疑能力	2	4
		反思能力	2	

（续表）

维　度	因　子	子　因　子	题　数	因子题数
思维过程	分析与综合	分解整体	2	6
		确定联系	2	
		整体认识	2	
	比较与分类	对比异同	2	6
		分门别类	2	
		揭示关系	2	
	抽象与概括	抽出本质特征	2	6
		概括能力	2	
		综合结果	2	
	具体化	引证实例	2	4
		应用原理	2	
思维形式	概念	概念的形成	2	8
		概念的运用	2	
		概念的内涵	2	
		概念的外延	2	
	判断	判断的标准	2	4
		判断的合理性	2	
	推理	演绎推理	2	8
		归纳推理	2	
		类比推理	2	
		直觉推理	2	
	想象	有意想象	2	4
		无意想象	2	

（续表）

维　度	因　子	子　因　子	题　数	因子题数
思维方法	发散性思维	横向思维	2	6
		纵向思维	2	
		逆向思维	2	
	聚合性思维	求同性思维	2	6
		程序性思维	2	
		比较性思维	2	
	辩证思维	对立统一思维	2	6
		事物普遍联系思维	2	
		动态发展思维	2	
思维态度	思维参与度	参与频率	2	4
		情绪状态表现	2	
	思维主动性	一题多解	2	6
		对知识的追问	2	
		反思监督自己的思维	2	
	思维独立性	独立见解能力	2	4
		对别人见解的态度	2	

问卷采用情境题进行测试。通过一定的情境中的学生选项，可以折射出被测试学生的真实情况，被测试学生不易猜测出题目测试的意图，以便测试可以相对可靠些。每一因子设计两道情境题，以便相对减少测试结果的误差。

我们组织了全校四个年级全体学生参加了这次无记名问卷调查，以便取得大样本，较为全面、可靠地获得相关信息，可以更好地分析各年级学生思维发展的状态。调查抽样采取100%抽取。本次调查共发出调查问卷793份，回收793份，回收率100%，有效卷100%。

二、学校学生思维发展现状调查报告

本项调查研究形成了总报告——《长江二中学生思维发展状况调查报告》

与五个分报告。

○ 调查报告1：

长江二中学生思维发展状况——思维品质研究报告

上海市长江第二中学　陈慧莉

本报告为宝山区“智慧传递”新优质学校创建项目“基于教师课程领导力提升的“和易以思”课堂建构的实践研究”的调查研究之一，即对长江二中学生思维状况——思维品质现状作的调查研究。

一、问题的提出

为了解我校学生思维发展现状，发现问题，找出原因，以便为有针对性地开展“基于教师课程领导力提升的“和易以思”课堂建构的实践研究”这一教育科研课题提供依据。把课堂教学的价值指向“以思”，特别是培养学生良好的思维品质，充分体现了核心素养的培育要求，强调“独立思考”，在促进学生一般思维的基础上发展学生的高级思维。

二、调查研究方法

本项调查问卷是根据我们长江二中学生思维发展状况思维品质这个纬度来设计的。我们认为思维的品质可以从思维的深刻性、灵活性、独创性和批判性四个方面来考察，也就是思维品质的四个子因子。思维的深刻性可以从学生揭示事物本质的能力、预见事物发展进程的能力和因果关系把握的能力来分析；思维的灵活性可以从起点灵活（可以从不同的角度、方向思考面临的问题）、过程灵活（遇到难以逾越的障碍可以绕道而行）、知识的迁移能力三个方面来调查研究；思维的独创性则从独特性（有自己见解，自主判断，不随意附和别人意见。思维的结果不论是概念、结论有自己的独到之处）、新颖性来研究；思维的批判性可以从学生的质疑能力和反思能力来考察。也就是思维的品质从一个维度四个子因子和十个子因子来考察分析。

本项调查问卷依据上述理论分析，一个维度四个因子十个子因子来设计，共有十道问题组成。

本项调查在长江二中六、七、八、九四个年级进行，调查抽样采取100%抽取。本次调查共发出调查问卷793份，回收793份，回收率100%。

三、结果分析

（一）关于长江二中学生思维品质深刻性的分析

思维的深刻性指善于透过纷繁的现象发现问题本质的思维品质，它可以通过三种能力来体现：1. 揭示本质能力即透过现象看本质的能力；2. 预见能力即预见事物的发展进程的能力；3. 因果关系把握能力。我们通过以下题目来检测。

1. 人群中衣着华丽、前卫时尚的人说明（　　）

A. 他家境富裕　　B. 不一定家境富裕，注重穿着

C. 富裕又爱面子　　D. 他挣钱一定多

选项	百分比						
	全	男	女	九	八	七	六
A	9.96%	11.65%	8.14%	12.33%	8.76%	7.48%	11.72%
B	73.27%	70.15%	76.64%	74.66%	74.23%	71.03%	73.64%
C	15.26%	16.5%	13.91%	12.33%	16.49%	19.63%	12.13%
D	1.51%	1.7%	1.31%	0.68%	0.25%	1.87%	2.15%

从数据分析显示，我校有9.96%的人选择了A；1.51%的人选择了D，基于以上两个数据分析我校有1/10的学生在思维的深刻性中揭示事物本质的能力存在问题——认识事物浮于表象；从男女生在本题的选项比例中看，女生76.64%选B，男生70.15%选B，说明女生揭示事物本质的能力比男生略高；从年级比较来看高年级同学揭示事物本质的能力略高于低年级同学。

2. 天气预报可能阴天，出游准备中你认为一定要准备的物品是（　　）

A. 防雨工具　　B. 爱吃的零食

C. 喜欢的漫画　　D. 游戏机

选项	百分比						
	全	男	女	九	八	七	六
A	93.06%	92.60%	93.18%	91.78%	92.78%	94.86%	92.47%
B	4.04%	3.16%	4.99%	4.64%	4.23%	3.27%	4.6%
C	1.01%	0.97%	1.05%	0.52%	16.49%	1.4%	0.42%
D	1.89%	2.91%	0.79%	2.06%	0.25%	0.47%	2.51%

从数据分析显示我校93.06%的学生在本题中选择A，这说明我校绝大部分学生在思维深刻性中的预见能力较好，尤其是对日常生活的管理预测

较好；从年级比较看七年级同学的预见能力高于其他年级同学。这可能和七年级同学良好的班级纪律有关，七年级同学整体学习目标较为明确，班风良好。

3. $\angle 1+\angle 2=90°$ $\angle 3+\angle 2=90°$ 所以（ ）

A. $\angle 1=\angle 3$ B. $\angle 1+\angle 3=90°$

C. $\angle 1=\angle 2$ D. $\angle 1$大于$\angle 2$

选项	百分比						
	全	男	女	九	八	七	六
A	85.75%	85.92%	85.56%	94.52%	90.72%	88.32%	74.06%
B	8.45%	8.25%	8.66%	2.74%	6.7%	7.48%	14.23%
C	3.53%	3.64%	3.41%	2.05%	0.52%	3.27%	7.11%
D	2.27%	2.18%	2.36%	0.68%	2.06%	0.93%	4.6%

本题正确答案为A。数据显示我校九年级学生有94.52%的人选择了正确的答案，而我校六年级同学有1/4以上的人选错了答案，根据数据说明对于数学运算中的因果把握能力低年级学生明显较差，在今后的学习当中教师应着重对六年级学生数学因果关系思维能力的培养和提高。

（二）关于长江二中学生思维品质的灵活性的分析

灵活性是指认知过程的灵活性和知识迁移的灵活性，灵活性可以从三个方面显示出来：1. 起点灵活即可以从不同的角度、方向思考面临的问题；2. 过程灵活即遇到难以逾越的障碍可以绕道而行；3. 知识的迁移能力包括各学科知识的灵活运用。

4. 你认为下面哪一句是正确的（ ）

A. 森林破坏会导致水土流失 B. 听到乌鸦叫必定要倒霉

C. 出门遇红灯万事不顺 D. 听到喜鹊叫肯定有好事

选项	百分比						
	全	男	女	九	八	七	六
A	91.42%	91.26%	91.16%	93.84%	93.81%	89.72%	89.54%
B	1.51%	1.46%	1.57%	1.37%	0%	2.8%	1.67%
C	1.39%	2.18%	0.52%	2.74%	0.52%	1.4%	1.26%
D	5.67%	5.1%	6.3%	2.05%	5.67%	6.07%	7.53%

本题正确答案为A，从数据分析显示我校女学生有91.16%的正确率，我校男生有91.26%的正确率。根据数据说明在思维品质灵活性中的起点灵活这个方面男生对事物起点灵活性的领悟略高于女生。

5. 碰到一道难题怎么也解不出时你会(　　)

A. 可能先前的解法有问题　　B. 找同学，给予启发

C. 坚持思考，也一定要想出来　　D. 找老师请教

选项	百分比						
	全	男	女	九	八	七	六
A	31.02%	28.16%	34.12%	42.47%	27.32%	30.37%	27.62%
B	18.92%	18.69%	19.16%	23.97%	20.62%	14.02%	18.83%
C	19.92%	23.06%	16.54%	8.9%	21.65%	20.09%	25.1%
D	30.14%	30.1%	30.18%	24.66%	30.41%	35.51%	28.45%

数据显示我校学生在思维品质的灵活性中的过程灵活这个子因子中，只有1/3的学生会反思自己之前的解题思路，并从数据中可以看到女同学的反思34.12%比男同学28.16%高出6个百分点，最高年级同学42.47%比低年级同学27.62%的反思能力高出20个百分点左右。从数据中还可以看出我校学生在寻求他人帮助的过程中有30.14%的同学会想到找老师帮助，有18.92%的人会想到同学。从中可以看出我校学生遇到难以逾越的障碍时，会选择多种途径和帮助突破障碍，但仅有19.92%坚持独立思考的选择，也反映出我校学生自我反思能力不强，依赖性较强。

6. 当数学老师在黑板上讲的例题以不同的形式出现在考卷上时，我(　　)

A. 运用老师讲的基本原理思考，但是较费劲

B. 用以前看到过的方法尝试做一做

C. 只能做出和老师讲的一模一样的题目

D. 认真做，不着急

选项	百分比						
	全	男	女	九	八	七	六
A	27.87%	24.76%	31.23%	28.08%	22.68%	31.78%	28.45%
B	29.26%	27.67%	30.97%	24.66%	32.99%	25.7%	32.22%
C	3.28%	3.88%	2.62%	3.42%	2.58%	2.34%	4.6%
D	39.6%	43.69%	35.17%	43.84%	41.75%	40.19%	34.73%

数据显示我校27.87%的同学面对不同形式的数学题时，会运用老师讲过的基本原理思考；29.26%的同学会选择用以前看到的方式动手做一做。说明这一部分学生在思维品质灵活性中知识的迁移能力较强，不畏惧思考的过程，勤于动脑，勇于尝试。但也有3.28%的同学选择只能做出老师讲解的原题，说明也有少部分同学学习死板或学习懈怠。同学对于知识的迁移能力较弱，学习过于死板。

（三）关于长江二中学生思维品质的独创性的分析

思维品质的独创性是人类思维的高级形态，是智力高级的表现，它是在新异情况或困难面前采取对策和独特、新颖地解决问题的过程中表现出来的智力品质。独创性可以从三个方面显示出来：1. 独特性，有自己见解，自主判断，不随意附和别人意见；2. 新颖性，思维有新想法、新结论、新观点；3. 质疑能力，对别人的观点等发表不同意见，提出怀疑、求证、辨明。

7. 老师给你一项任务后，你会（　　）

A. 听听爸妈的想法　　B. 听同学的想法

C. 自己想一想　　D. 听听好朋友的想法

选项	百分比						
	全	男	女	九	八	七	六
A	17.78%	19.66%	15.75%	19.86%	16.49%	20.57%	15.62%
B	7.06%	6.8%	7.35%	9.59%	7.73%	7.01%	5.02%
C	64.82%	62.38%	67.45%	57.53%	64.95%	62.15%	71.55%
D	10.34%	11.17%	9.45%	13.01%	10.82%	10.28%	8.37%

数据显示我校有64.82%的学生完成任务过程中会尊重自己的想法，说明我校学生思维的独特性较强，具备独立思考的能力，六年级71.55%的同学会选择自己想法，说明在新时代的新一代中，孩子们个性日益突出，越来越有自己的见解和主张。

8. 当老师提问时，你喜欢回答什么样的问题（　　）

A. 书上有现成答案的　　B. 简单的是非判断题

C. 开放性的问题　　D. 容易回答的

选项	百分比						
	全	男	女	九	八	七	六
A	8.45%	8.98%	7.87%	8.22%	11.86%	7.48%	6.69%
B	7.19%	7.52%	6.82%	8.22%	9.28%	5.14%	6.69%

（续表）

选项	百分比						
	全	男	女	九	八	七	六
C	61.29%	66.02%	56.17%	56.16%	53.61%	66.82%	65.69%
D	23.08%	17.48%	29.13%	27.4%	25.26%	20.56%	20.92%

数据显示我校61.29%的学生喜欢开放性的问题，说明在思维品质的新颖性方面孩子们喜欢有挑战性或允许有不同见解的问题，尤其是在六七年级66.82%的同学喜欢开放性的问题，说明低年级同学思维比较活跃，容易接受新观点、新见解。23.08%的同学选择容易回答的问题，说明我校还有一部分同学在思维的新颖性方面失去活力，懒于思索，只等着老师提供现成答案，学习被动。女生29.13%的同学选择容易回答的问题，比男生17.48%要高出11个百分点，说明女生在发散性思维上比男生差一些。

（四）关于长江二中学生思维品质的批判性的分析

是对日常问题有价值的识别和评价的方法，它包括：1. 质疑能力即对别人的观点等发表不同意见，提出怀疑、求证、辨明；2. 反思能力是对自己思维的过程、思维结果进行再认识的检验过程。思考过去的事情，从中总结经验教训。

9. 在课堂上当你发现老师解题的方法没有你的简便时你会（　　）

A. 毫不犹豫地举手说出自己更好的答案

B. 给老师面子就用老师的答案

C. 不敢挑战老师的权威

D. 回家去父母商量后再说

选项	百分比						
	全	男	女	九	八	七	六
A	73.01%	73.06	72.97%	72.6%	72.16%	73.83%	73.22%
B	9.96%	10.68%	9.19%	11.64%	10.31%	10.28%	8.37%
C	10.34%	10.68%	9.97%	11.64%	13.92%	7.01%	9.62%
D	6.68%	5.58%	7.87%	4.11%	3.61%	8.88%	8.79%

数据显示我校有27%的学生不敢当堂提出自己更好的解题思路，数据说明我校学生缺乏质疑的勇气和对自己能力的信任，有1/10的学生为了给老师面子

明知有错也要用错误的答案。说明我校部分学生缺乏自我思考的能力容易人云亦云。

10. 我在做题目时会及时验算吗？（　　）

A. 从不　　B. 偶尔

C. 经常　　D. 有时

选项	百分比						
	全	男	女	九	八	七	六
A	5.17%	6.8%	3.41%	8.9%	5.67%	2.8%	4.6%
B	24.34%	25.73%	22.83%	28.09%	27.32%	21.5%	22.18%
C	58.51%	57.28%	59.84%	52.05%	57.73%	64.02%	58.16%
D	11.98%	10.19%	13.91%	10.96%	9.28%	11.68%	15.06%

数据显示我校学生有58.51%的学生在做完题目后会及时验算，这说明他们在学习中具备反思能力，但也有41.5%的学生不会及时验算题目，说明我校有近一半的学生学习的主动性不强，在思维中缺乏总结、归纳、汲取经验教训的能力。从年级数据来看，七年级64.02%学生的验算反思能力较强，九年级52.05%学生的验算反思能力较差。为何年级越高反思能力越差？这是否和我们的应试教学有关呢？

四、讨论

（一）总结

思维是人脑对客观现实概括和间接的反映，它反映的是客观事物的本质及其规律性联系，思维是人类认识的高级阶段，它是在感知基础上实现的理性认知形式。思维的品质反映个体智力或思维水平的差异。初中阶段以抽象思维的培养为主。思维品质的调查便是在此基础上建立的。

（二）分析

1. 通过调查发现，我校学生在思维品质的深刻性这个因子中，全校学生百分比普遍较高，均在90%以上，尤其九年级学生的百分比均在94%以上，略高于其他年级，这表明在长江二中学生思维品质的大致情况较好，思维的深刻性较好，善于透过现象抓住事物的本质；对于事物的预见能力较强，把握因果关系的能力较好。九年级学生的思维深刻性明显高于低年级。说明我校学生在老师长期的知识教育下，对各学科基础知识的掌握状况比较好。

2. 通过调查发现，我校学生在思维品质这个维度上的批判性的因子中，学生的反思能力——“经常检验反思的全校比例为58.51%”所占百分比较低，这表明我校学生在学习中自我检验自我反思这方面的能力较弱。独立思考问题的能力比较欠缺，从年级差别看，七年级64.02%的比例高于全校7个百分点，这说明七年级学生在全校学生中其反思能力要强于其他年级。这可能和七年级教师在课堂中能够鼓励学生思考的氛围有关联。

3. 通过调查发现，我校学生在思维品质的灵活性这个因子中，学生的知识迁移能力中——仅有“27.87%的同学面对不同形式的数学题时，会运用老师讲过的基本原理思考”，这表明学生在知识的迁移和灵活运用的能力方面较差；说明我校学生在学科知识的学习中过于死板，不会将学科知识整合利用起来。这是否也提醒各学科老师在教学的过程中不要仅仅从自己的学科出发，偶尔也要注重知识的关联性和发散性。从年级差别看，七年级31.78%的比例也比全校高了4个百分点，这说明七年级学生对知识的迁移和灵活运用略好于其他年级。

4. 通过调查发现，我校学生从性别角度看，男生、女生思维过程中各因子表现不均衡。其中，在思维品质独特性这个因子中差距最大，在追求题目的新颖性与单一性中，女生29.13%的同学选择容易回答的问题，比男生17.48%要高出11个百分点，说明女生在思维的创新上比男生差一些，比较循规蹈矩，因循守旧，缺乏挑战的勇气和能力。教师在课堂中是否可以对女生给予更多课堂提问和回答问题的机会，并及时给予鼓励和肯定？

5. 通过调查发现，我校学生在思维品质的独创性中九年级57.53%、八年级64.95%、七年级62.15%、六年级71.55%，数据表明年级越高的学生在思维品质的独特性中分数越低，说明高年级同学在学习思维的过程中逐渐丧失了自己的见解和自己的判断，越来越多只是附和别人意见，这是否是教师应式教育的结果呢？这又是否会影响学生长期的思维发展呢？

（三）建议

基于以上讨论分析提出建议：

1. 改变学习方法，变被动学习为主动学习，提高学习兴趣与自信能力。

2. 改革课堂教学，激发学生精神动力，努力让课堂迸发五彩的魅力光芒，让学生感知快乐的心理体验，从而推动学生自主学习、主动发展、创新发展的改革行动。

3. 转变教师的教育观念，教师在传授学科知识的同时建立和谐的教学氛围。指导鼓励学生讨论、交流，让学生自由探讨，积极思维，大胆提出问题，揭示问题。

○ 调查报告2：

学生思维发展状况——思维过程方面调查报告

上海市长江第二中学　何雅琴

本报告为宝山区“智慧传递”新优质学校创建项目“基于教师课程领导力提升的“和易以思”课堂建构的实践研究”的调查研究之一，即对长江二中学生思维状况——思维过程现状做的调查研究。

问题的提出

为了解我校学生思维发展现状，发现问题，找出原因，以便为有针对性地开展“基于教师课程领导力提升的“和易以思”课堂建构的实践研究”这一教育科研课题提供依据，把课堂教学的价值指向“以思”，特别是培养学生良好的思维品质，充分体现了核心素养的培育要求，强调“独立思考”，在促进学生一般思维的基础上发展学生的高级思维。2018年1月，我们对本校793名学生进行了问卷调查。

调查研究方法

本项调查问卷是根据我们长江二中学生思维发展状况的五个维度——思维品质、思维过程、思维形式、思维方法、思维态度来设计的。这份问卷研究报告是思维发展状况中思维过程这个维度的分析。我们认为学生思维过程这个维度可以从：分析与综合、比较与分类、抽象与概括、具体化四方面研究。分析与综合从分解整体、确定联系、整体认识三方面加以分析；比较与分类从对比异同、分门别类、揭示关系三方面分析；抽象与概括从抽出本质特征、概括能力、综合结果三方面分析；具体化从引证实例、应用原理两方面分析。也就是思维过程从4个因子11个子因子来考察分析。

本项调查问卷依据上述理论分析，分4个因子11个子因子来设计，由22道问题组成。问卷设计框架见下表：

维度	因　子	子因子	题　数	因子题数	百分数	题　号
思维过程	分析与综合	分解整体	2	6	6.1%	21—26
		确定联系	2			
		整体认识	2			

（续表）

维度	因　子	子因子	题　数	因子题数	百分数	题　号
思维过程	比较与分类	对比异同	2	6	6.1%	27—32
		分门别类	2			
		揭示关系	2			
	抽象与概括	抽出本质特征	2	6	6.1%	33—38
		概括能力	2			
		综合结果	2			
	具体化	引证实例	2	4	2.0%	39—42
		应用原理	2			

本项调查在长江二中六、七、八、九四个年级进行，调查抽样采取100%抽取。本次调查共发出调查问卷793份，回收793份，回收率100%，有效卷100%。

结果分析

一、关于学生分析与综合的分析

分析是思想上把事物的整体分解为各个部分、个别特性或个别方面。综合是在思想上把事物的各个部分或不同特性、不同方面结合起来。我们通过子因子分解整体、确定联系、整体认识三方面加以分析检测。

1. 关于学生分解整体的分析

分解整体指在头脑中把事物的整体分解为各个组成部分，或者把整体中的个别特性、个别方面分解出来。

被测对象	检　测　内　容	
全体被测学生	21. 你在学校与老师、同学沟通，基本上是（　　）	比　例
	A. 看心情，心情好就多说一些，心情不好，少说一点	25.09%
	B. 别人问什么，我就回答什么	18.92%
	C. 想到哪里说到哪里，没有重点	9.33%
	D. 慢慢讲，先在脑子里整理清楚	46.66%

（续表）

被测对象	检测内容	
全体被测学生	22. 期末考试马上来临，你准备在双休日开始复习，你会（　　）	比例
	A. 把复习内容罗列出来，制订双休日复习计划	50.32%
	B. 把以前做的试卷拿出来看一遍	37.7%
	C. 觉得时间短，复习的内容多，无从下手	6.43%
	D. 大量做题	5.55%

21题	全体男生	全体女生	六年级	七年级	八年级	九年级
A	24%	26%	21%	27%	25%	29%
B	20%	17%	25%	18%	18%	12%
C	11%	8%	8%	6%	12%	12%
D	44%	49%	45%	50%	45%	47%
22题						
A	50%	51%	52%	58%	43%	46%
B	37%	39%	36%	29%	47%	40%
C	8%	5%	5%	7%	7%	8%
D	6%	5%	7%	6%	4%	6%

第21、22题考察学生思维活动的过程中，会不会把事物整体分解为各个部分或各个方面，是否具有分析能力。这两题选择D项和A项只有45%～50%的学生，这说明学生把事物的整体分解为各个组成部分的能力不强。

22题B项占35%～40%左右，表明有很大一部分学生把整体分解为各个组成部分的能力较弱。值得关注的是七年级此题此项占29%，低于全校学生和其他年级学生。八年级占47%，明显高于其他年级和全校学生。上述数据表明，本校学生分解整体的能力整体不足，尤以八年级最弱。

2. 关于学生确定联系的分析

确定联系指分解出来的各个部分或者个别特性在客观了解的基础上确定它们之间的相互联系。

被测对象	检测内容	
全体被测学生	23. 这次期末复习，我拿到发下来的练习卷，我（　　）	
	A. 只关心卷子分数，看看有没有比我低的同学	10.47%
	B. 重新算一下分数，觉得自己不会考得这么低	10.34%
	C. 看看哪些是失误造成，哪些是没有掌握的	73.64%
	D. 认定了这个分数，就等着老师来分析	5.55%
	24. 期中试卷发下来，如果没有考好，你（　　）	
	A. 认为自己比别人反应慢，别人聪明	6.94%
	B. 认为别人在外面补过课，成绩当然好	3.91%
	C. 认为自己也努力的，但是不知道为什么成绩不好	26.99%
	D. 我会想自己是因为上课不听，还是基础知识不扎实，还是解题思路不够灵活	62.17%

23题	全体男生	全体女生	六年级	七年级	八年级	九年级
A	14%	7%	11%	9%	14%	6%
B	12%	8%	10%	10%	11%	9%
C	66%	82%	73%	74%	70%	79%
D	8%	3%	5%	6%	5%	6%
24题						
A	9%	4%	8%	8%	4%	7%
B	5%	3%	3%	4%	6%	3%
C	28%	26%	30%	28%	29%	18%
D	58%	67%	59%	61%	61%	71%

第23、24题考察学生思维活动的过程中，会不会把分解出来的各个部分或者个别特性在客观了解的基础上确定它们之间的相互联系的能力。这两题选择C项和D项有70%～80%和60%～70%的学生，这说明学生确定联系的能力较强。

第23、24题全校男生C项和D项占65%和58%左右，全校女生C项和D项占82%和66%左右，表明女生的确定联系的能力高于男生。根据年龄来分析，九年级C项和D项占78%和71%高于全校学生和其他年级学生。数据表明学生确定联系的能力与性别、年龄有关系，女生更强，年龄大的更强。

3. 关于学生整体认识的分析

整体认识指对分解出来的各个部分或者个别特性在客观了解的基础上确定它们之间的相互联系。

被测对象	检测内容	
全体被测学生	25. 在备课时，下列要素哪一个更重要（　　）	
	A. 教学方法更重要	58.76%
	B. 教学过程更重要	23.08%
	C. 教学目标更重要	7.69%
	D. 教学过程更重要	10.47%
	26. 阅读一篇文章时，你会关注（　　）	
	A. 作者表达什么	62.17%
	B. 描写是否细腻	20.18%
	C. 字数的多少	2.65%
	D. 开头结尾是否吸引我	15.01%

25题	全体男生	全体女生	六年级	七年级	八年级	九年级
A	58%	60%	59%	59%	51%	67%
B	25%	21%	23%	24%	30%	12%
C	7%	8%	9%	9%	5%	8%
D	10%	11%	9%	8%	13%	13%
26题						
A	59%	65%	60%	65%	58%	66%
B	21%	19%	18%	23%	21%	18%
C	3%	2%	3%	2%	4%	1%
D	16%	14%	18%	10%	18%	14%

第25、26题考察学生思维活动的过程中，会不会把分解出来的各个部分或者个别特性在客观了解的基础上确定它们之间的相互联系，即是否具备整体认识的能力。这两题选择A项的有57%～60%和59%～65%左右的学生，这说明近一半学生有整体认识的能力。

第25、26题八年级学生选择A项的有51.03%和57.73%，低于全校学生水平。九年级学生选择A项的有67.12%和66.04%，高于全校学生和其他年级。数据表明学生整体认识的能力年龄大的更强一些。

二、关于学生比较与分类的分析

比较是在思想上把对象和现象的个别部分、个别方面或个别特征加以对比，确定被比较对象的共同点和区别点及其关系。我们通过子因子对比异同、分门别类、揭示关系三方面加以分析检测。

1. 关于学生对比异同的分析

学生对比异同指确定对象之间差异点和共同点，明确特征。

被测对象	检测内容	
全体被测学生	27. 对于老师的提问，我（　　）	
	A. 没听到老师问了什么，对于同学的回答也没有理睬	5.3%
	B. 没听懂老师的提问，所以也听不懂同学的回答	5.8%
	C. 能听懂老师的提问，但是同学的回答我关注对与错	38.59%
	D. 能听懂老师的提问，对于同学的回答我关注有什么差别	50.32%
	28. 当有两道很相似的题目出现时，我（　　）	
	A. 认为是老师出错了题目，两道题都做了	8.07%
	B. 审题以后发现是有差别的	60.78%
	C. 认为出这两道题是老师让我们巩固巩固	28.37%
	D. 认为这两道题是一样的，布置做两道题是浪费时间	2.77%

27题	全体男生	全体女生	六年级	七年级	八年级	九年级
A	7%	4%	7%	3%	4%	8%
B	7%	4%	8%	6%	6%	1%
C	38%	39%	41%	34%	43%	36%
D	48%	53%	45%	57%	47%	54%
28题						
A	9%	7%	9%	8%	7%	8%
B	57%	65%	56%	61%	65%	62%
C	29%	27%	32%	30%	24%	26%
D	4%	1%	3%	1%	4%	4%

第27、28题考察学生思维活动的过程中，会不会确定对象之间差异点和共同点，明确特征，即是否具备对比异同的能力。这两题选择D项和B项有46%～54%和57%～64%左右的学生，数据表明近一半学生具备对比异同的能力。

第27、28题全校全体女生选择D项和B项的占53%和65%左右，高于全校学生。根据年龄来分析，六年级学生选择D项和B项占44.77%和56.49%，低于全校学生和其他年级学生。数据表明学生对比异同的能力与性别、年龄有关系，女生更强，年龄小的更弱。

2. 关于学生分门别类的分析

学生分门别类指根据对象的共同点和差异点的特征，把它们区分为不同类别。

被测对象	检测内容	
全体被测学生	29. 如果老师给你布置了很多任务，你（　　）	
	A. 认为太烦琐，要求老师说得明白点	6.56%
	B. 把任务分类，按照不同的方法完成	48.93%
	C. 尽力去完成，尽心尽力就可以了	41.49%
	D. 集中精力做好一两件，其他就放弃了	3.03%

（续表）

被测对象	检测内容	
全体被测学生	30. 当你拿到一道数学文字内容比较多的题目时，（　　）	
	A. 这么长啊，有点烦	10.21%
	B. 边读边分离已知条件与未知，做标记	65.32%
	C. 先读一遍，没有搞懂，有点急	11.35%
	D. 反复读，有点思路，但是还是无从下手	13.11%

29题	全体男生	全体女生	六年级	七年级	八年级	九年级
A	8%	5%	5%	6%	6%	10%
B	46%	52%	48%	59%	42%	45%
C	41%	42%	44%	34%	46%	43%
D	5%	1%	3%	2%	6%	2%
30题						
A	12%	9%	13%	8%	8%	12%
B	62%	69%	65%	71%	59%	66%
C	13%	10%	11%	9%	15%	10%
D	13%	13%	11%	13%	18%	11%

第29、30题考察学生思维活动的过程中，会不会根据对象的共同点和差异点的特征，把它们区分为不同类别，即是否具备分门别类的能力。这两题选择B项有46%～52%和62%～68%左右的学生，数据表明近一半学生具备分门别类的能力。

第29、30题全校女生选择B项的占51.97%和68.77%，高于全校学生。全校男生选择B项的占46.12%和62.14%，低于全校学生。数据表明，学生分门别类的能力，女生强于男生。

七年级学生选择B项的占58.88%和70.56%，高于全校学生和其他年级学生。八年级学生选择B项的占42.27%和58.76%，低于全校学生和其他年级学生。数据表明七年级学生的分门别类能力明显强于八年级学生。

3. 关于学生揭示关系的分析

学生揭示关系指根据事物不同类别，揭示出它们之间的关系。

被测对象	检测内容	
全体被测学生	31. 你是这样阅读一篇短篇小说的（　　）	
	A. 从头到尾读，读不懂就反复读	33.8%
	B. 特别关注好词好句	14.63%
	C. 特别关注情节	30.39%
	D. 关注主题及其表达	21.19%
	32. 当你和同学小组讨论，如果你是小组代表发言者，你（　　）	
	A. 把每个同学的发言记录下来，逐一汇报	26.86%
	B. 把小组公认好的发言和大家交流	30.9%
	C. 认为自己的发言好，和大家交流	5.8%
	D. 把不同的发言分类综合，作简要发言	36.44%

31题	全体男生	全体女生	六年级	七年级	八年级	九年级
A	32%	35%	36%	36%	35%	27%
B	15%	15%	17%	18%	11%	10%
C	32%	29%	30%	25%	32%	36%
D	22%	21%	17%	22%	22%	27%
32题						
A	30%	24%	32%	32%	19%	21%
B	31%	31%	36%	20%	35%	34%
C	8%	4%	5%	6%	8%	4%
D	32%	42%	26%	43%	39%	42%

第31、32题考察学生思维活动的过程中，会不会根据事物不同类别，揭示出它们之间的关系，即是否具备揭示关系的能力。这两题选择D项有20%～26%和31%～42%左右的学生，数据表明学生揭示关系的能力很弱。根据数据提示，全校学生及各年级学生，全校男生、女生选D所占的百分比都很低。特别是六年级学生，由于年龄较小，第31、32题选D项的只占16.74%和25.94%左右。这提示年龄小的学生揭示关系的能力更弱一些。

三、关于学生抽象与概括的分析

抽象是在思想上抽出同类事物的本质特征，舍弃非本质特征的思维过程。概括是在思想上把同类事物的本质特征加以综合并推广到同类事物的思维过程。我们通过子因子抽出本质、概括能力、综合结果三方面加以分析检测。

1. 关于学生抽出本质的分析

学生抽出本质指在分析、综合、比较的基础上抽取同类事物共同的、本质的特征，舍弃同类事物的非本质特征。

被测对象	检测内容	
全体被测学生	33. 下面哪一组是同类的（　　）	
	A. 小鸡、小猫、小鱼	24.46%
	B. 潜水艇、宇宙飞船、航空母舰	30.26%
	C. 英国人、美国人、上海人	33.54%
	D. 车子、房子、票子	11.73%
	34. 当你要写一篇命题作文时，往往（　　）	
	A. 把事先准备好的套用上去，基本不修改	7.44%
	B. 先抓紧时间写一篇再说	7.06%
	C. 梳理一下自己现有的素材，选择符合题意的内容	78.44%
	D. 认真地思考文章的开头	7.06%

33题	全体男生	全体女生	六年级	七年级	八年级	九年级
A	25%	24%	21%	25%	28%	26%
B	28%	33%	34%	26%	28%	33%
C	35%	32%	37%	35%	34%	26%
D	13%	11%	9%	14%	10%	15%
34题						
A	10%	5%	10%	6%	7%	8%
B	9%	5%	9%	7%	7%	5%
C	73%	84%	74%	80%	79%	82%
D	8%	6%	8%	7%	7%	5%

第33、34题考察学生思维活动的过程中，会不会在分析、综合、比较的基础上抽取同类事物共同的、本质的特征，舍弃同类事物的非本质特征，即是否具备抽出本质的能力。这两题选择B项和C项的有27%～32%和74%～80%左右的学生，数据表明近一半学生具备抽出本质的能力。

第33、34题全校女生选择B项和C项的占32.88%和83.99%，高于全校学生。全校男生选择B项和C项的占27.91%和73.3%，低于全校学生。数据表明，学生抽出本质的能力，女生强于男生。

九年级学生选择B项和C项的占32.88%和81.51%，高于全校学生和其他年级学生。数据表明九年级学生的抽出本质的能力略高于其他年级学生。

2. 关于学生概括能力的分析

学生概括能力指在分析、综合、比较的基础上梳理现象，聚焦关键。把同类事物的本质特征加以综合并推广到同类事物的思维过程。

被测对象	检测内容	
全体被测学生	35. 你认为下面哪一句话是正确的（　　）	
	A. 婴儿、童年、少年、青年都是人	14.63%
	B. 小车、公交汽车、地铁、长途汽车都是公共交通	34.17%
	C. 图书、小说书、杂志、报纸都是书	25.73%
	D. 男人、女人、学生、老师都是人	25.47%
	36. 当你看到一个故事，你想转述给同学听，你会（　　）	
	A. 梳理故事，认真地把时间、地点、人物、事件等讲清楚	42.5%
	B. 把时间、地点、人物、事件讲好后，再说作者写这个故事的意图	25.47%
	C. 把自己感兴趣的片段讲给大家听	26.23%
	D. 按顺序，先看到的先讲	5.8%

35题	全体男生	全体女生	六年级	七年级	八年级	九年级
A	18%	11%	15%	13%	12%	19%
B	33%	35%	37%	33%	38%	27%

（续表）

35题	全体男生	全体女生	六年级	七年级	八年级	九年级
C	21%	31%	26%	25%	21%	32%
D	28%	23%	22%	29%	29%	23%
36题						
A	43%	42%	41%	51%	35%	43%
B	26%	25%	25%	26%	27%	25%
C	25%	27%	30%	20%	28%	27%
D	6%	6%	5%	3%	10%	5%

第35、36题考察学生思维活动的过程中，会不会在分析、综合、比较的基础上梳理现象，聚焦关键。把同类事物的本质特征加以综合并推广到同类事物，即是否具备概括能力。这两题选择B项的有30%～36%和24%～26%左右的学生，数据表明学生的概括能力很弱。值得注意的是无论男生、女生还是各年级学生，概括能力都比较弱。

3. 关于学生综合结果的分析

学生综合结果指在分析、综合、比较的基础上，把事物的共同点、本质特征综合起来。

被测对象	检测内容	
全体被测学生	37. 当你要在全班竞选班长，你（　　）	
	A. 以激情发言，上台后以激情取胜	17.02%
	B. 了解其他竞选人，对自己竞选有利的优点多讲点	41.36%
	C. 准备好稿子，优点、缺点都说了一下	29%
	D. 认为自己不一定选上，谦虚一点，以获取同情分	12.61%
全体被测学生	38. 当你面临撰写一份探究报告时，你往往是（　　）	
	A. 把同组同学的结论放在一起	34.05%
	B. 根据自己的想法写一点	18.41%

（续表）

被测对象	检　测　内　容	
全体被测学生	C.通过流程图把探究的框架梳理好	40.48%
	D.网上搜索一下，复制粘贴	7.06%

37题	全体男生	全体女生	六年级	七年级	八年级	九年级
A	18%	15%	20%	20%	13%	13%
B	37%	46%	40%	38%	43%	47%
C	28%	30%	28%	31%	27%	30%
D	17%	8%	13%	11%	16%	10%
38题						
A	37%	31%	41%	35%	34%	21%
B	19%	18%	15%	14%	21%	25%
C	36%	45%	36%	44%	37%	47%
D	8%	6%	7%	7%	8%	7%

第37、38题考察学生思维活动的过程中，会不会在分析、综合、比较的基础上，把事物的共同点、本质特征综合起来，即是否具备综合结果的能力。这两题选择B项和C项的有38% ～ 45%和36% ～ 44%左右的学生，数据表明学生综合结果的能力比较弱。

第37、38题全校女生选择B项和C项的占46.19%和45.41%，高于全校学生的百分比。全校男生选择B项和C项的占36.89%和35.92%，低于全校学生。数据表明，学生综合结果的能力，女生强于男生。

九年级学生选择B项和C项的占46.58%和46.58%，高于全校学生和其他年级学生。数据表明九年级学生的综合结果的能力略高于其他年级学生。

四、关于学生具体化的分析

具体化指通过抽象的概括而获得的概念、原理、理论返回到具体实际，以加深、加宽对各种事物的认识。我们通过子因子引证实例、应用原理两方面加以分析检测。

1. 关于学生引证实例的分析

学生引证实例指通过抽象的概括而获得的概念、原理、理论引证具体事例来说明理论问题。

被测对象	检测内容	
全体被测学生	39. 当你拿到一道证明题目时，你（　　）	
	A. 按照老师的证明步骤	22.32%
	B. 多读题目，运用所学概念或公式解题	61.92%
	C. 多读题目看这道题的答案	7.44%
	D. 老师分析好后，我再把老师的分析写出来	8.32%
	40. 实验课上，你比较喜欢（　　）	
	A. 老师边讲边演示	14.88%
	B. 老师演示后，我自己动手做实验，得出实验结果	70.74%
	C. 老师边讲边演示，得出实验结论	11.48%
	D. 老师直接叫我们看书本上实验，书本上得出的结论	2.9%

39题	全体男生	全体女生	六年级	七年级	八年级	九年级
A	27%	17%	27%	23%	18%	20%
B	56%	68%	55%	62%	65%	68%
C	9%	6%	8%	8%	9%	4%
D	8%	9%	10%	7%	8%	8%
40题						
A	18%	11%	18%	9%	20%	12%
B	67%	74%	71%	80%	64%	65%
C	11%	12%	9%	7%	12%	21%
D	4%	2%	3%	3%	4%	2%

第39、40题考察学生思维活动的过程中，会不会通过抽象的概括而获得的概念、原理、理论引证具体事例来说明理论问题，即是否具备引证实例的能力。这两题选择B项的有56%～67%和65%～75%左右的学生，数据表明近一半以上的学生具备引证实例的能力。

第39、40题全校女生选择B项的占67.98%和74.28%，高于全校学生的百分比。全校男生选择B项的占56.31%和67.48%，低于全校学生。数据表明，学生引证实例的能力，女生强于男生。

2. 关于学生应用原理的分析

学生应用原理指通过抽象的概括而获得的概念、原理、理论应用一般原理去解决特殊问题。

被测对象	检测内容	
全体被测学生	41. 预习时如果遇到一道应用题，你会（　　）	
	A. 只能从生活经验来思考	6.94%
	B. 应用题只能先从实践角度思考	7.94%
	C. 寻找与生活的联系，运用已学过的知识试着解题	62.17%
	D. 尽量看例题怎么解，看不懂留心明天老师的讲解	22.95%
	42. 家里要装修粉刷房间墙壁，需要计算人工费，你会（　　）	
	A. 按照市场经验，二室一厅的价格	17.65%
	B. 按照优惠打折最大的，选用施工单位	22.07%
	C. 按照房屋的长与宽的面积，计算价格	34.8%
	D. 按照房间的空间大小，计算价格	25.47%

41题	全体男生	全体女生	六年级	七年级	八年级	九年级
A	10%	4%	7%	5%	9%	8%
B	9%	6%	11%	7%	6%	6%
C	60%	64%	57%	64%	68%	60%
D	21%	25%	24%	25%	17%	26%
42题						
A	19%	16%	19%	14%	17%	21%
B	25%	19%	25%	24%	22%	16%
C	34%	36%	36%	35%	38%	28%
D	22%	29%	20%	28%	23%	35%

第41、42题考察学生思维活动的过程中，会不会通过抽象的概括而获得的概念、原理、理论应用一般原理去解决特殊问题，即是否具备应用原理的能力。这两题选择C项的有60% ～ 64%和28% ～ 36%左右的学生，数据表明近一半的学生具备应用原理的能力。

第41、42题八年级学生选择C项的占68.04%和38.14%，高于全校学生及各年级学生的百分比。数据表明，八年级学生应用原理的能力较强。

讨论

通过对本项调查的结果分析，长江二中学生在思维过程这个维度上的发展状况分析如下：

1. 本调查显示学生分解整体的能力不强，全校只有45% ～ 50%的学生具备。这说明我们教师要指导学生分析时要把事物的整体分解为各个组成部分，或者把整体中的个别特性、个别方面分解出来。鼓励学生积极思维，敢于表达。

2. 本调查显示本校学生确定联系的能力较强，占70% ～ 80%和60% ～ 70%。值得关注的是从性别上分析，全校男生此项占65%和58%左右，全校女生占82%和66%左右，表明女生确定联系的能力高于男生。根据年龄来分析，九年级占78%和71%高于全校学生和其他年级学生。数据表明学生确定联系的能力与性别、年龄有关系，女生更强，年龄大的更强。数据提示我们在课堂教学中，我们要多关注低年级学生，多关注男生，加强这方面的训练。

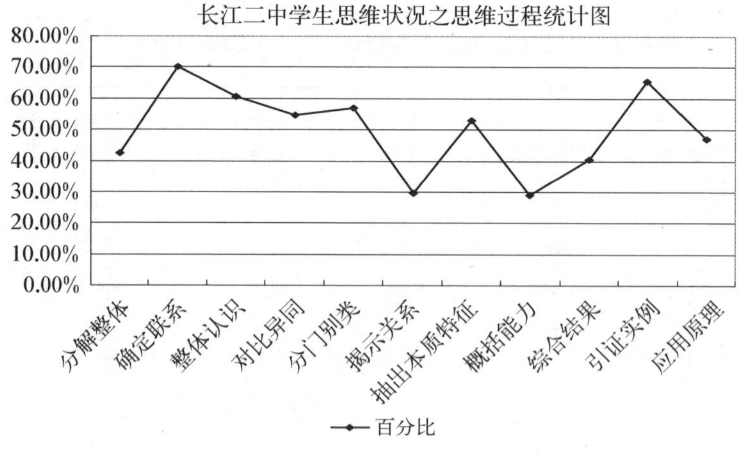

3. 本调查显示学生揭示关系的能力很弱，只占25% ～ 35%左右。根据数据提示，全校学生及各年级学生，全校男生、女生所占的百分比都很低。特别是六年级学生，由于年龄较小，此项只占16.74%和25.94%左右。这提示年龄小的学生揭示关系的能力更弱一些。数据提示我们教师要转变教育观念，多鼓励学生讨论交流，引导他们根据事物不同类别，揭示出它们之间的关系。

4. 本调查表明学生的概括能力很弱，只占26% ～ 30%左右。值得注意的是，无论男生、女生还是各年级学生，概括能力都比较弱。这就要求我们教师在教学中，指导训练学生在分析、综合、比较的基础上梳理现象，聚焦关键。在布置作业中，概括能力的题型有针对性地加强。

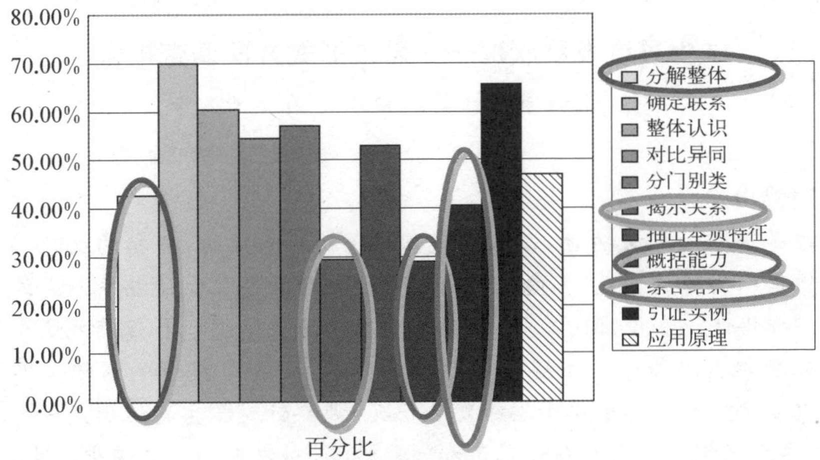

5. 本调查显示学生综合结果的能力比较弱，只占40%左右，全校女生此项占46%左右，高于全校学生的百分比。全校男生选择此项占36%左右，低于全校学生。九年级学生此项占46.58%，高于全校学生和其他年级学生。可见，学生综合结果的能力，女生强于男生。高年级学生的综合结果的能力略高于其他年级学生。这提示我们，本校学生在分析、综合、比较的基础上，把事物的共同点、本质特征综合起来的能力有待加强。我们教师要创设和谐的教学氛围，不能让课堂成了教师唱“独角戏”的舞台。多给学生自由支配的时间和空间，提高学习的积极性，鼓励个性的张扬。

综上表明，我校学生的思维过程中分解整体、确定联系、揭示关系、概括能力、综合结果五方面的维度偏弱，没有表现出很强的分析、综合、比较、分类、抽象、概括能力。基于调查结果，研究认为，

1. 改变学习方法，加强思维方法的训练，提高学习兴趣与自信能力。

2. 转变教师的教育观念，教师在传授学科知识的同时建立和谐的教学氛围。指导鼓励学生讨论、交流，让学生自由探讨，积极思维，大胆提出问题，揭示问题。

3. 提高学生学习的积极性，张扬他们的个性。只要学生能学会的，就让学生去学。只要学生能动手的，就让学生去动手。只要学生能思考的，就让学生去思考。只要学生能讨论的，就让学生去讨论。只要学生自己能得出结论的，就让学生自己去得出结论。

○ 调查报告3：

学生思维发展状况——思维形式方面调查报告

上海市长江第二中学　周　怡

问题提出

思维是人脑的一种功能，是人脑对客观事物的间接的、概括的反映。思维形式是思维借以实现的形式，其包括概念、判断、推理和想象。这些基本思维形式可以为人们提供认识和论证的工具，帮助人们准确地表达思想和正确地认识客观世界。因此当学生思维形式出现了问题或能力不足，会直接影响到学生思维的发展。所以要了解长江二中学生思维发展状况，需要针对学生思维形式进行调查研究，寻找学生思维形式上存在的不足和问题，并针对发现的问题提出解决之道，从而培养和提高学生的思维能力，提升学生的思维水平，促进学生思维的发展。

调查研究方法

对长江二中学生思维形式的调查研究分别从“概念”“判断”“推理”“想象”四个因子进行，再将“概念”分为“概念的形成”“概念的运用”“概念的内涵”“概念的外延”四个子因子；将“判断”分为“判断的标准”“判断的合理性”两个子因子；将“推理”分为“演绎推理”“归纳推理”“类比推理”“直觉推理”四个子因子；将“想象”分为“有意想象”和“无意想象”两个子因子。思维形式部分问卷结构如下表所示：

因子名称	子因子名称	所在题号	占总题数的百分比
概念	概念的形成	43，44	8.16%
	概念的运用	45，46	
	概念的内涵	47，48	
	概念的外延	49，50	

（续表）

因子名称	子因子名称	所在题号	占总题数的百分比
判断	判断的标准	51,52	4.08%
	判断的合理性	53,54	
推理	演绎推理	55,56	8.16%
	归纳推理	75,58	
	类比推理	59,60	
	直觉推理	61,62	
想象	有意想象	63,64	4.08%
	无意想象	65,66	

如上表所示，为了问题的客观性，每个子因子都分别设置了2道题，因此概念部分共有8道题；判断部共有4道题；推理部分共有8道题；想象部分共有4道题，因此思维形式维度共计24道题。

调查结果分析

一、关于长江二中学生"概念"调查结果的分析

概念是指事物的本质属性在人脑中的反映的思维形式。概念的形成与运用是概念学习过程中重要的两个思维过程，而概念的内涵和外延则是概念的两个基本特征，在这一部分中将从"概念的形成""概念的运用""概念的内涵""概念的外延"四个方面进行分析。

（一）关于关于长江二中学生"概念的形成"情况的分析

概念的形成是指通过一定的方法抽取事物或者现象的共同本质属性，并以概念形式表述的思维过程。第43、44题就是对学生"概念的形成"进行的测试。

第43题：今天要讲新的概念，你会（　　）

A. 认真听老师讲解新概念含义的部分，记住新的概念

B. 认真听老师讲解例题的部分，学会解题

C. 认真观看探究活动，不发表意见

D. 积极参与探究活动，了解新概念如何形成

选　　项	A	B	C	D
全校	52.21	20.43	7.94	19.42
男	52.43	18.2	9.22	20.15

（续表）

选　项		A	B	C	D
女		51.97	22.83	6.56	18.64
六年级	全	51.88	22.59	5.44	20.08
	男	54.55	19.83	5.79	19.83
	女	49.58	25.21	5.04	20.17
七年级	全	58.88	14.95	6.07	20.09
	男	59.48	15.52	4.31	20.69
	女	58.16	14.29	8.16	19.39
八年级	全	49.48	22.68	10.82	17.01
	男	48.15	20.37	12.04	19.44
	女	51.16	25.58	9.3	13.95
九年级	全	46.58	21.92	10.96	20.55
	男	43.28	16.42	19.4	20.9
	女	49.37	26.58	3.8	20.25

（1）整体情况分析

本题有19.42%学生选D，在新概念学习过程中，是能够参与探究活动，了解新概念如何形成的。数据表明，目前长江二中有80.58%的学生是接受性学习，而非探索性学习。

（2）年级、性别差异分析

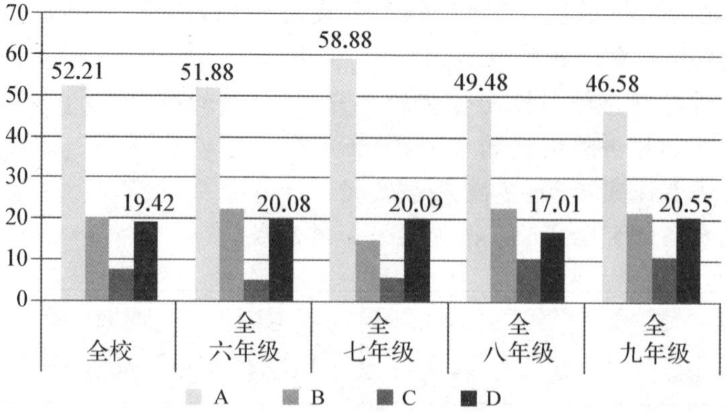

图43-1　第43题各年级完成情况

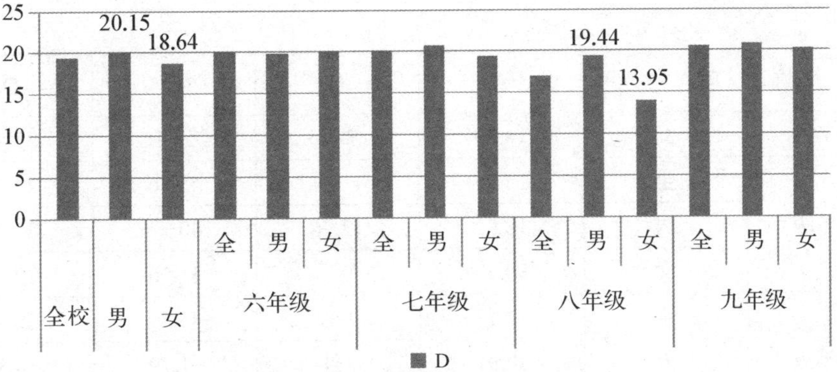

图43-2 D选项的男女生情况

如图43-1，选D的八年级学生比例最低，比其他三个年级低了3%，说明八年级学生中探究性学习的学生比例相对较少。选A的七年级学生比例最高，高出学校平均水平6.67%，说明七年级学生中以记忆概念方式来学习新概念的学生比例较高。

如图43-2，各年级选择探究性学习的男女生比例基本相同，但是八年级女生比例比男生低5.45%，显然，八年级探究性学习学生比例低于其他年级的主要原因是八年级的女生选择探究性学习的比例少。

第44题：对于新学学习概念时你会（　　）

A. 阅读书上的文字来记住概念

B. 学习概念主要是记住概念

C. 通过一些例子、符号或是图形来帮助自己记住新概念

D. 利用新旧知识的联系来帮助自己记忆新概念

选　项		A	B	C	D
全校		16.39	10.34	46.78	26.48
男		19.66	10.92	40.53	28.88
女		12.86	9.71	53.54	23.88
六年级	全	19.25	12.13	45.61	23.01
	男	27.27	10.74	34.71	27.27
	女	11.76	13.45	56.3	18.49
七年级	全	14.02	7.94	50	28.04
	男	13.79	8.62	45.69	31.9

（续表）

选　　项		A	B	C	D
七年级	女	14.29	7.14	55.1	23.47
八年级	全	14.95	11.34	45.36	28.35
	男	18.52	12.96	40.74	27.78
	女	10.47	9.3	51.16	29.07
九年级	全	17.12	9.59	45.89	27.4
	男	17.91	11.94	41.79	28.36
	女	16.46	7.59	49.37	26.58

（1）整体情况分析

本题选C的学生有46.78%，选D的有26.48%，共计73.26%，说明长江二中大部分学生能够通过一定方法抽取事物或现象的共同本质属性来学习概念，而不是依靠记忆文字来学习。

（2）年级、性别差异分析

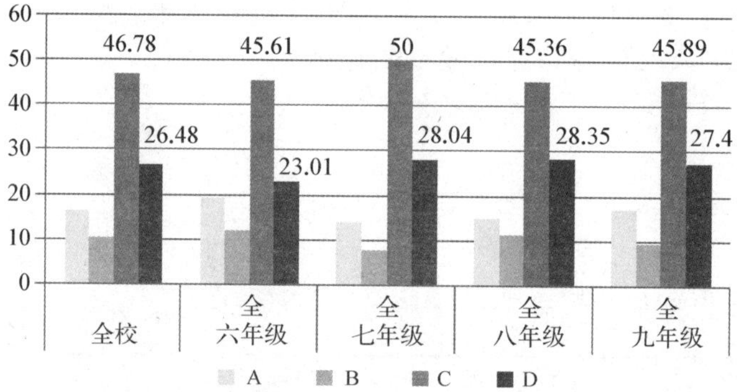

图44-1　第44题各年级完成情况

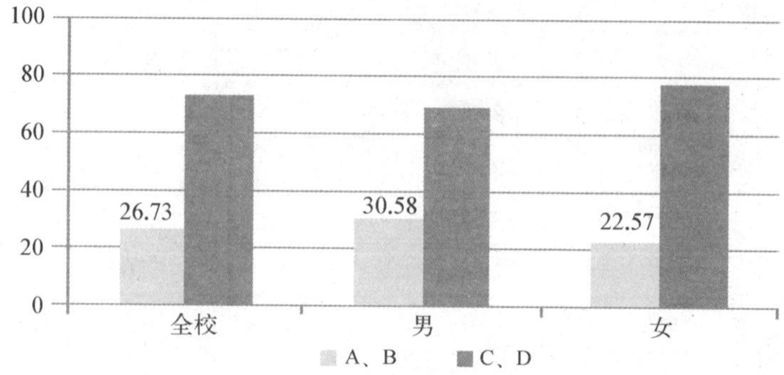

图44-2　第44题男女生情况

如图44-1，六年级选C或D有68.62%，七年级有78.04%，八年级有73.71%，九年级有73.29%，数据显示七年级学生比例比六年级高9.42%，比八年级高4.33%，比九年级高4.55%，说明七年级的学生能够更好地进行和完成对“概念形成”的学习。

如图44-2，可以看到选A或B的男生高于女生8.01%，且四个年级都呈现出相同的男女生差异。说明在概念形成学习过程中，选择机械性方式记忆概念的男生比例高于女生。

（二）关于“概念的运用”的分析

概念的运用是指概念从一般到个别的过程就是概念的运用过程。第45、46题就是对学生“概念的运用”进行的测试。

第45题：当有同学有不会做的题目来问你的时候，你会（　　）

A. 告诉他花时间搞清楚有关的知识　　B. 告诉他，你是怎么做的

C. 告诉他，他错在了什么地方　　D. 告诉他多花时间再认真做一遍

选项		A	B	C	D
全校		23.46	30.01	39.22	7.31
男		26.21	27.18	38.59	8.01
女		20.47	33.07	39.9	6.56
六年级	全	24.69	24.69	42.68	7.95
	男	27.27	23.14	41.32	8.26
	女	21.85	26.05	44.54	7.56
七年级	全	25.23	20.09	42.99	11.68
	男	27.59	23.28	38.79	10.34
	女	22.45	16.33	47.96	13.27
八年级	全	20.1	40.21	35.05	4.64
	男	22.22	32.41	39.81	5.56
	女	17.44	50	29.07	3.49
九年级	全	23.29	39.73	33.56	3.42
	男	28.36	32.84	31.34	7.46
	女	18.99	45.57	35.44	0

（1）整体情况分析

本题有69.23%的学生选了B或C，说明有较多的学生能够很好地进行概念

的运用，帮助同伴解决问题和发现同伴的错误。

（2）年级、性别差异分析

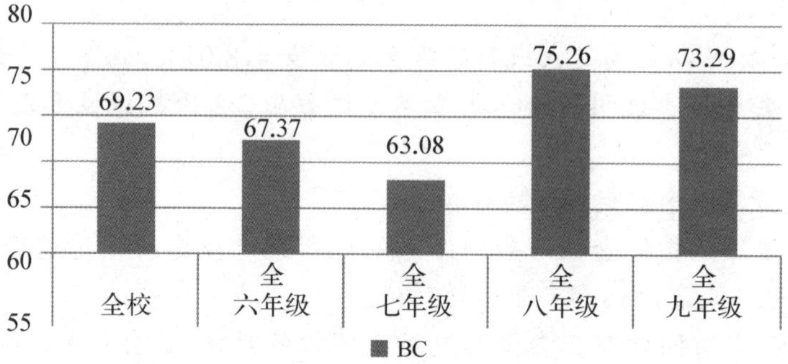

图45-1 第45题各年级B、C选项情况

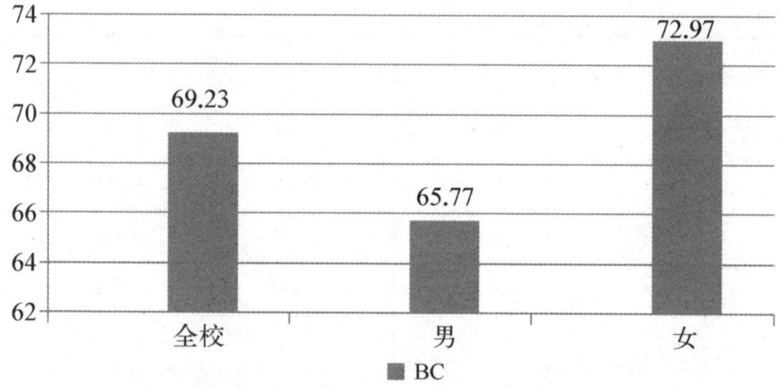

图45-2 第45题全校男、女生情况

如图45-1，选B或C的六年级学生有67.37%，七年级有63.08%，八年级有75.26%，九年级有73.29%，高年级比低年级高出9.05%，说明高年级的概念运用意识和能力高于低年级。

如图45-2，可以看到选B或C的男生比例都比女生低7.2%，说明男生概念的运用意识与能力明显不如女生。

第46题：当你想利用乐高部件搭建一辆汽车模型的时候，你会（　　）

A. 找来图纸，按照图纸上的步骤，一步一步进行搭建

B. 不用图纸，自己可以更快地搭建新的汽车模型

C. 先不看图纸，当遇到问题时照着图纸搭建

D. 参照图纸，注意图纸中对于部件结构的搭建方法，然后搭建自己的汽车模型

选　项		A	B	C	D
全校		39.47	9.71	14.12	36.7
男		37.14	13.35	15.53	33.98
女		41.99	5.77	12.6	39.63
六年级	全	44.77	9.62	11.3	34.31
	男	40.5	13.22	13.22	33.06
	女	48.74	5.88	10.08	35.29
七年级	全	33.18	10.28	11.21	45.33
	男	33.62	13.79	14.66	37.93
	女	32.65	6.12	7.14	54.08
八年级	全	41.75	11.86	17.01	29.38
	男	43.52	12.96	12.96	30.56
	女	39.53	10.47	22.09	27.91
九年级	全	36.99	6.16	19.18	37.67
	男	26.87	13.43	25.37	34.33
	女	45.57	0	13.92	40.51

（1）整体情况分析

本题选B、C、D的学生共有60.53%，说明大部分学生有运用概念进行再创造的意识、自信和能力。在这些学生中有36.7%的学生选D，能基于已有知识进行再创造，而不是盲目地进行改造。

（2）年级、性别差异分析

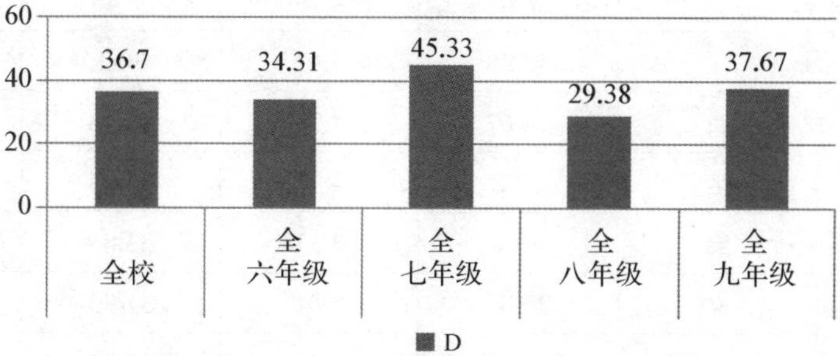

图46-1　第46题各年级D选项情况

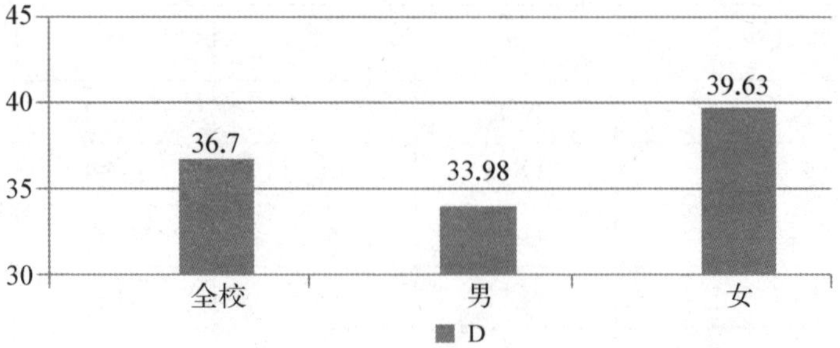

图46-2　第46题全校男、女生情况

如图46-1，选D的六年级学生有34.31%，七年级有45.33%，八年级有29.38%，九年级有37.67%，数据显示七年级的学生比例最高，比学校总体高8.63%，而八年级的学生比例最低，比学校总体低6.32%，说明七年级的学生能够更理性地进行概念的运用。

如图46-2，选D的女生比例高于男生5.65%，说明在概念的运用过程中女生比男生理性。

（三）关于"概念的内涵"的分析

概念的内涵是指概念所反映事物的本质属性的总和。第47、48题就是对学生的"概念的内涵"进行的测试。

第47题：鱼是指"适应水中生活的一类动物"。那么海马是不是鱼类呢？你认为（　　）

A. 像鲫鱼、鲤鱼体表都有鳞片，海马没有鳞片，所以它不是鱼

B. 海马是马的一个种类

C. 海马、海豹、海狮都是同一类动物

D. 海马像鲫鱼、鲤鱼一样能生活在水中，所以它是鱼

选　项		A	B	C	D
全校		28.63	4.79	33.17	33.42
男		32.28	4.61	30.1	33.01
女		24.67	4.99	36.48	33.86
六年级	全	27.2	3.77	33.05	35.98
	男	28.1	3.31	33.88	34.71
	女	26.05	5.04	31.93	36.97
七年级	全	28.04	5.61	30.37	35.98

（续表）

选　项		A	B	C	D
七年级	男	29.31	5.17	28.45	37.07
	女	26.53	6.12	32.65	34.69
八年级	全	24.23	5.15	35.05	35.57
	男	31.48	3.7	25.93	38.89
	女	15.12	6.98	46.51	31.4
九年级	全	37.67	4.79	34.93	22.6
	男	46.27	7.46	32.84	13.43
	女	30.38	2.53	36.71	30.38

（1）整体情况分析

本题有33.42%的学生选择了正确的D，明确鱼的概念内涵，掌握了鱼的本质属性，说明长江二中大部分学生不能很好地把握概念的内涵。

（2）年级、性别差异分析

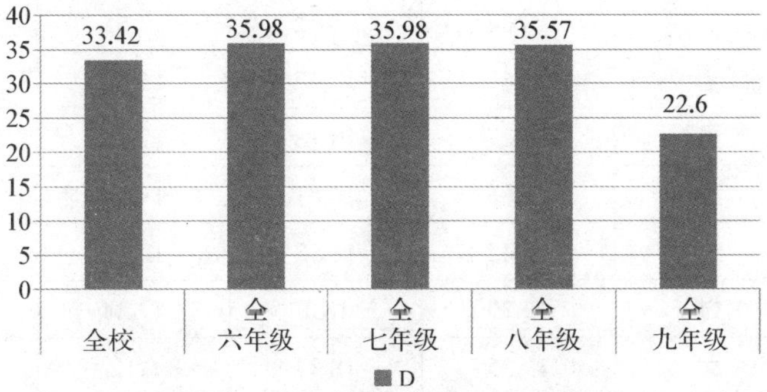

图47-1　第47题各年级D选项情况

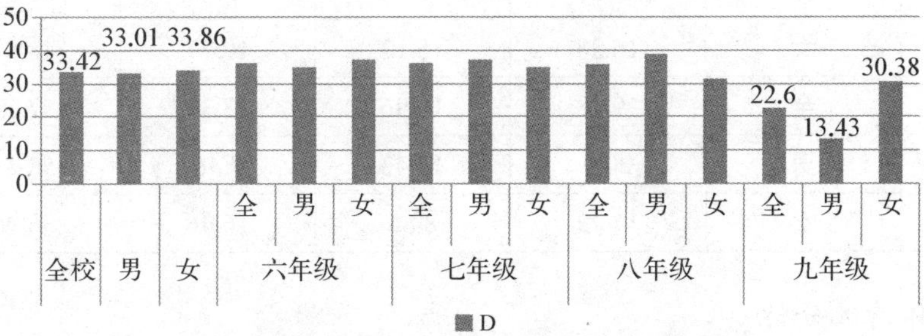

图47-2　第47题D选项男女生情况

选D的六年级学生有35.98%，七年级有35.98%，八年级有35.57%，九年级有22.6%。数据显示九年级选D的比例是最低的，比学校平均水平低10.82%。说明九年级的学生没有抓住概念的本质，从一些个别特征出发来判断，反而没有选择正确的答案。

如图47-2，全校选择D选项的男女生比例基本相同，九年级选择D选项的男生比例特别低，仅有13.43%，因此九年级选择D选项的学生比例低主要原因是男生对鱼的概念内涵把握不好。

第48题：对于新学的概念，你能（　　）

A. 从新概念的文字上理解概念的内涵

B. 从新概念的字义上理解概念的内涵

C. 从新概念的文字内涵上理解概念内涵

D. 从新概念所涉及的事物本身角度去理解概念性质

选　项		A	B	C	D
全校		20.05	16.02	14.5	49.43
男		21.36	16.75	15.29	46.6
女		18.64	15.22	13.65	52.49
六年级	全	24.69	17.57	15.48	42.26
	男	27.27	18.18	17.36	37.19
	女	21.85	16.81	14.29	47.06
七年级	全	15.42	18.22	12.15	54.21
	男	13.79	18.1	17.24	50.86
	女	17.35	18.37	6.12	58.16
八年级	全	20.1	15.46	17.53	46.91
	男	23.15	15.74	15.74	45.37
	女	16.28	15.12	19.77	48.84
九年级	全	19.18	10.96	12.33	57.53
	男	20.9	13.43	7.46	58.21
	女	17.72	8.86	16.46	56.96

（1）整体情况分析

本题中有49.43%的学生选择了D选项，说明只有不到一半的学生会借助概念的外延来帮助自己理解概念的内涵。

（2）年级、性别差异分析

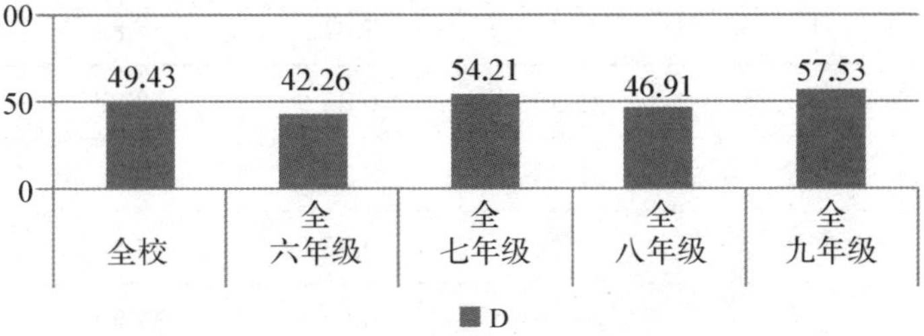

图48-1 第48题各年级D选项的情况

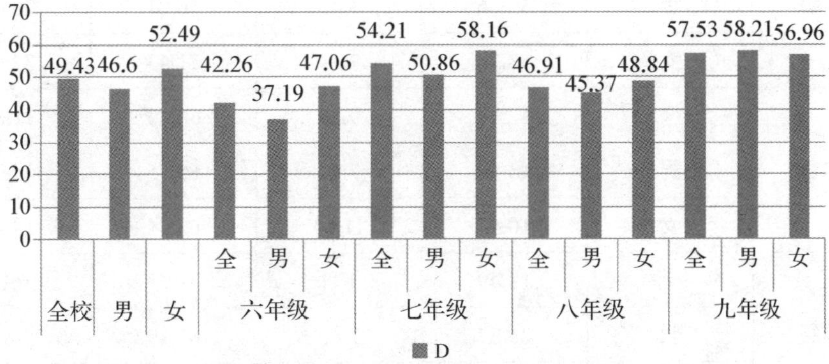

图48-2 第48题D选项男女生情况

选D的六年级学生有42.26%，七年级有54.21%，八年级有46.91%，九年级有57.53%，由数据说明，七年级和九年级有更多的学生会借助概念的外延来帮助自己理解概念的内涵。

如图48-2，全校选D的女生比例高于男生5.89%，且除九年级外，其他各年级都是女生比例高于男生，因此本校女生更会利用概念的外延来帮助理解概念的内涵。

（四）关于“概念的外延”的分析

概念的外延是指具有该概念所反映的本质属性的一切事物。第49、50题就是对学生的“概念的外延”进行的测试。

第49题：你认为等腰三角形与等边三角形的关系是（　　）

A. 它们都是三角形，是不同的两个三角形

B. 等腰三角形都是等边三角形

C. 等边三角形都是等腰三角形

D. 等腰三角形不都是等边三角形，等边三角形也不都是等腰三角形

选　项		A	B	C	D
全校		26.48	6.94	48.3	18.28
男		29.37	7.04	47.82	15.78
女		23.36	6.82	48.82	21
六年级	全	31.38	8.37	36.4	23.85
	男	35.54	9.92	35.54	19.01
	女	26.89	6.72	37.82	28.57
七年级	全	39.25	5.14	29.44	26.17
	男	39.66	3.45	36.21	20.69
	女	38.78	7.14	21.43	32.65
八年级	全	12.37	9.28	66.49	11.86
	男	13.89	7.41	65.75	12.96
	女	10.47	11.63	67.44	10.47
九年级	全	18.49	4.11	71.23	6.16
	男	25.37	7.46	61.19	5.97
	女	12.66	1.27	79.75	6.33

（1）整体情况分析

本题有48.3%的学生选择了正确的C，说明大部分学生没有正确理解和掌握等腰三角形的概念的内涵与外延。

（2）年级、性别差异分析

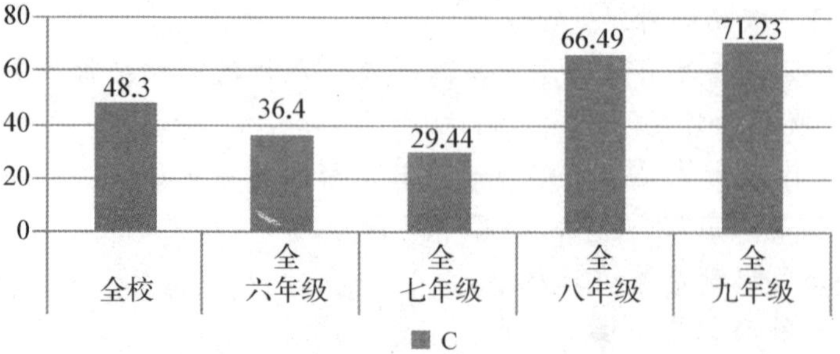

图49–1　第49题各年级选项C的情况

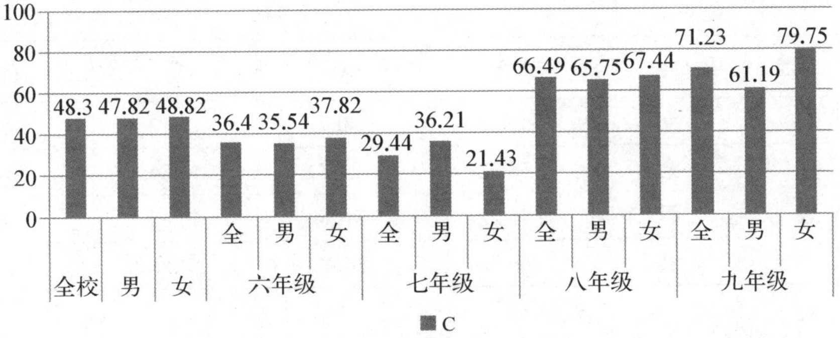

图49-2 第49题C选项男女生情况

如图49-1，八、九年级学生选C的远远高于六、七年级，这说明，随着年龄的增长学生对于这一概念的内涵和外延的理解会有很明显的提高。其中七年级选C的比例最低，说明七年级学生对本概念的理解存在内涵与外延上的模糊。

如图49-2，全校选C的男女生差异不大，女生仅高于男生1%，但是七年级的女生比例比男生低14.78%，九年级女生比例比男生高18.56%，七年级和九年级的男女生在此概念的内涵与外延的把握上存在很大差异。

第50题：对于新学的概念，你会用什么方法加深对它的理解（　　）

A. 找尽可能多的例子使概念具体化　　B. 多做题，强化训练

C. 把概念的文字背出来，记住　　D. 反复读课本上的概念

选　项		A	B	C	D
全校		50.95	30.26	13.11	5.67
男		50	31.07	12.38	6.55
女		51.97	29.4	13.91	4.72
六年级	全	43.93	32.22	17.57	6.28
	男	42.15	35.54	14.88	7.44
	女	45.38	28.57	21.01	5.04
七年级	全	58.88	28.5	6.54	6.07
	男	55.17	31.9	6.9	6.03
	女	63.27	24.49	6.12	6.12
八年级	全	45.36	31.96	15.98	6.7
	男	50	25	16.67	8.33

（续表）

选　　项		A	B	C	D
八年级	女	39.53	40.7	15.12	4.65
九年级	全	58.22	27.4	11.64	2.74
	男	55.22	31.34	10.45	2.99
	女	60.76	24.05	12.66	2.53

（1）整体情况分析

本题有50.95%的学生选A，说明超过半数的学生懂得利用概念的外延来帮助理解概念，有30.26%的学生选B，这部分学生表示习惯于概念的运用角度来强化概念的理解。仅有18.78%的学生选C或D，采用强行记忆的方法来理解概念。由数据可见用强行记忆的方法来理解和记住概念的学生还是占少数，但依然存在。

（2）年级、性别差异分析

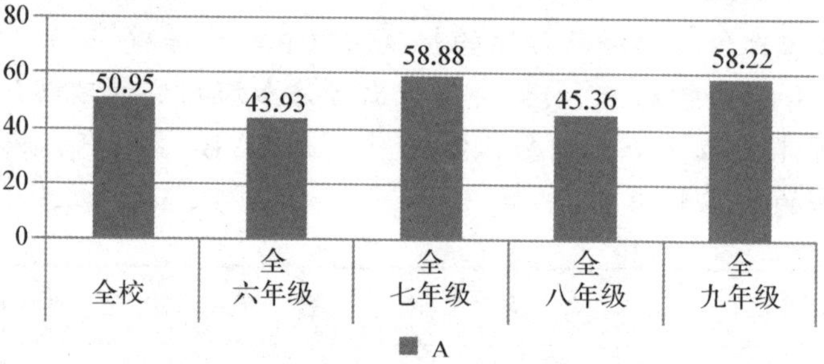

图50-1　第50题各年级A选项情况

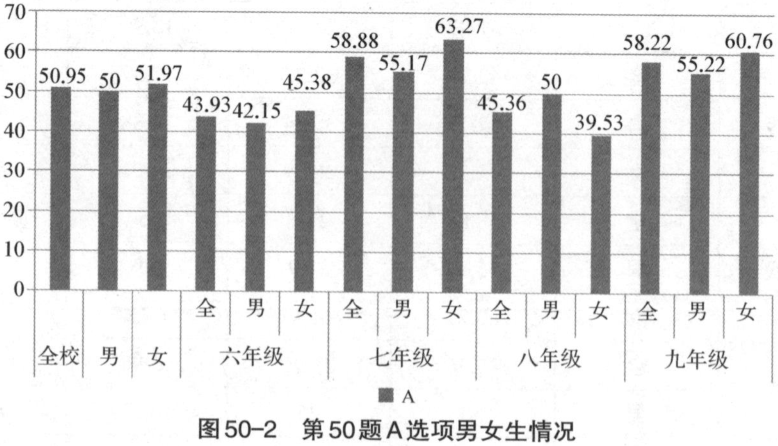

图50-2　第50题A选项男女生情况

选A的六年级学生有43.93%，七年级有58.88%，八年级有45.36%，九年级有58.22%，由数据可以看到，其中七、九两个年级的学生比例最高且相近，都高于六、八年级14%左右，七年级和九年级的学生能更好地把握概念的内涵与外延来理解概念。

如图50-2，全校男女生没有明显差异。六年级中选A的女生比例高出男生3.23%，七年级是女生高出男生8.10%，八年级是女生低于男生10.47%，九年级是女生比男生高出5.54%，说明七年级和八年级的男女生之间发展不均衡，存在很大差异。

二、关于“判断”的分析

判断是对于思维对象有所肯定或否定的思维形式，是思维的基本形式之一。判断的标准和判断的合理性直接影响着判断的结果，因此在这一部分中将从“判断的标准”和“判断的合理性”两个方面进行分析，每个方面设置有两个问题，因此“判断”这一维度中共计4道问题。

（一）关于“判断的标准”的分析

判断的标准是指对思维对象进行肯定或否定的标准。第51、52题就是对学生的“判断的标准”进行的测试。

第51题：班委改选，老师组织大家民主无记名投票，你会（　　）

A. 不选总是对大家管头管脚的同学，要选脾气好、好商量的同学

B. 根据改选标准，选举自己不愿选的

C. 认为改选标准不合理，选成绩好的同学

D. 认为改选标准是一刀切的，应该灵活，按照自己标准选

选项		A	B	C	D
全校		16.9	9.46	11.98	61.66
男		20.39	11.65	12.62	55.34
女		13.12	7.09	11.29	68.5
六年级	全	20.5	10.04	15.48	53.97
	男	21.49	10.74	19.01	48.76
	女	19.33	9.24	12.61	58.82
七年级	全	14.49	7.94	10.75	66.82
	男	17.24	10.34	11.21	61.21
	女	11.22	5.1	10.2	73.47

（续表）

选　项		A	B	C	D
八年级	全	18.04	11.34	14.43	56.19
	男	25.93	12.96	12.04	49.07
	女	8.14	9.3	17.44	65.12
九年级	全	13.01	8.22	4.79	73.97
	男	14.93	13.43	4.48	67.16
	女	11.39	3.8	5.06	79.75

（1）整体情况分析

本题有9.46%的学生会根据既定标准进行判断，而90.54%的学生会根据自己的意愿对标准进行自我修改或是完全按照自己的标准进行投票。这说明在某一特定条件下，学生不会严格按照既定标准做出判断，个人意愿的驱使左右还是非常明显的。

（2）年级、性别差异分析

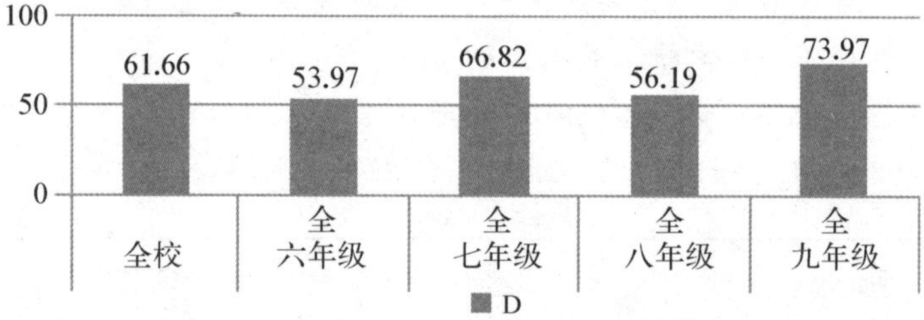

图51-1　第51题各年级D选项的情况

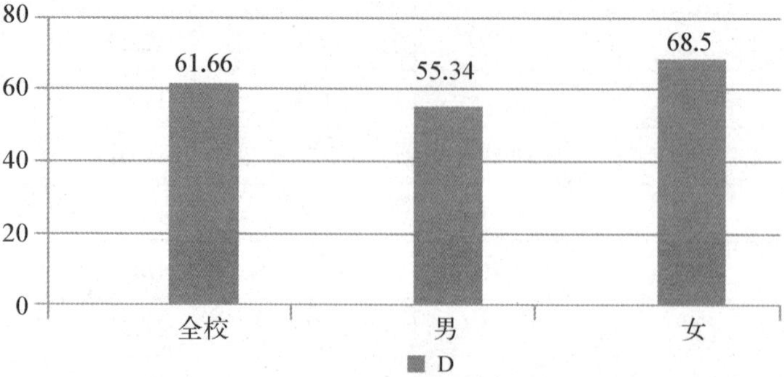

图51-2　第51题D选项男女生情况

如上图所示，选D的六年级学生有53.97%，七年级有66.82%，八年级有56.19%，九年级有73.97%，由此可见，七年级和九年级的学生更容易根据自己的意愿修改判断的标准。

选D的女生有68.5%，男生有55.34%，女生高于男生13.16%，由此可见，女生更容易根据自己的意愿修改判断的标准。

第52题：在期中考试中，班级里的一位同学取得了很大的进步，你会认为(　　)

A. 是老师每天盯着他做题，他才会取得进步的

B. 他在老师的帮助和自己的努力下取得了进步

C. 除了学校的学习，他一定还在外面上补习班

D. 他这次是运气好，遇到的都是他会做的题目，才会考得好的

选　项		A	B	C	D
全校		7.06	76.8	11.22	4.92
男		8.98	72.09	11.65	7.28
女		4.99	81.89	10.76	2.36
六年级	全	6.69	78.24	11.3	3.77
	男	9.92	71.9	14.05	4.13
	女	3.36	84.87	8.4	3.36
七年级	全	5.14	77.57	11.21	6.07
	男	5.17	75	10.34	9.48
	女	5.1	80.61	12.24	2.04
八年级	全	8.76	73.71	13.4	4.12
	男	10.19	73.15	10.19	6.48
	女	6.98	74.42	17.44	1.16
九年级	全	8.22	77.4	8.22	6.16
	男	11.94	65.67	11.94	10.45
	女	5.06	87.34	5.06	2.53

(1) 整体情况分析

本题有76.8%的学生选B，这部分学生能将个人学习的内因与外因作为判断的标准，说明全校大部分学生能较好地设定判断的标准。

（2）年级、性别差异分析

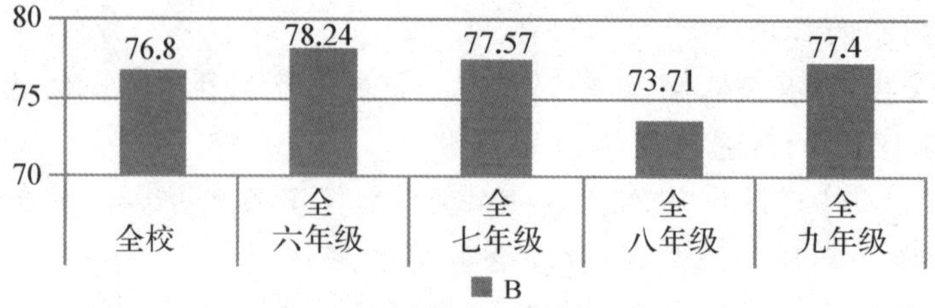

图52-1 第52题各年级B选项的情况

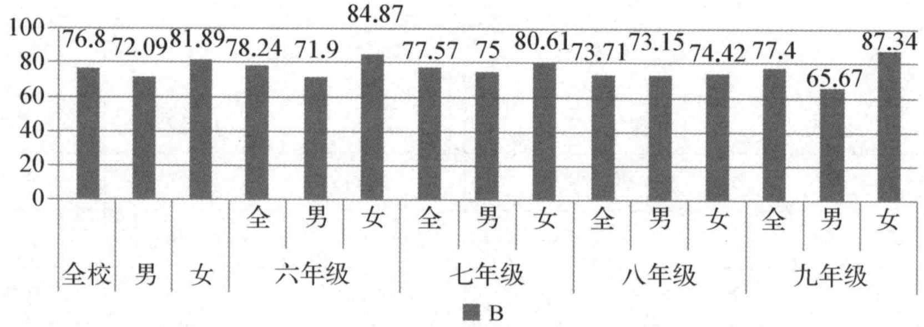

图52-2 第52题B选项男女生情况

六年级选B的学生有78.24%，七年级有77.57%，八年级有73.81%，九年级有77.4%，除八年级的学生比例较低外，其他年级基本相同，说明八年级的学生在判断标准的设定上略显不足。

如图52-2，选B的女生高于男生9.80%，造成此结果的主要原因是六年级和九年级的男女差异太大，六年级的女生比例高于男生12.97%，九年级的女生高于男生21.67%，因此六年级和九年级的判断标准存在明显的男生与女生的不均衡性。

（二）关于“判断的合理性”的分析

判断的合理性是指判断过程和判断的方法的合理性。第53、54题就是对学生的“判断的合理性”进行的测试。

第53题：你认为下列哪一句是对的（ ）

A. 我们国家的国旗是红色的，这句没问题

B. 红色的旗子都是国旗，这句话不对

C. 有很多国家的国旗是红色的，这句话不对

D. 我国的国旗上不只有红色，这句不对

选　项		A	B	C	D
全校		39.22	43.13	9.08	8.58
男		39.56	41.26	10.19	8.98
女		38.85	45.14	7.87	8.14
六年级	全	35.98	43.1	7.95	12.97
	男	35.54	38.02	6.61	19.83
	女	36.13	47.9	10.08	5.88
七年级	全	35.05	46.26	11.21	7.48
	男	32.76	48.28	14.66	4.31
	女	37.76	43.88	7.14	11.22
八年级	全	41.75	42.27	9.28	6.7
	男	41.67	42.59	10.19	5.56
	女	41.86	41.86	8.14	8.14
九年级	全	47.26	39.73	7.53	5.48
	男	55.22	32.84	8.96	2.99
	女	40.51	45.57	6.33	7.59

（1）整体情况分析

本题有43.13%的学生选B，说明大部分学生的判断是不合理的。

（2）年级、性别差异分析

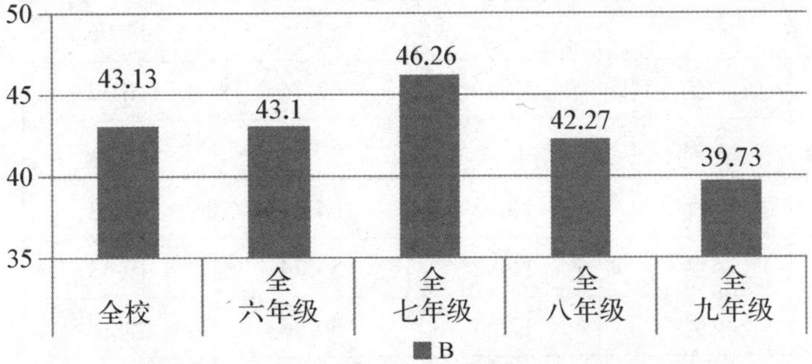

图53-1　第53题各年级选择B选项的情况

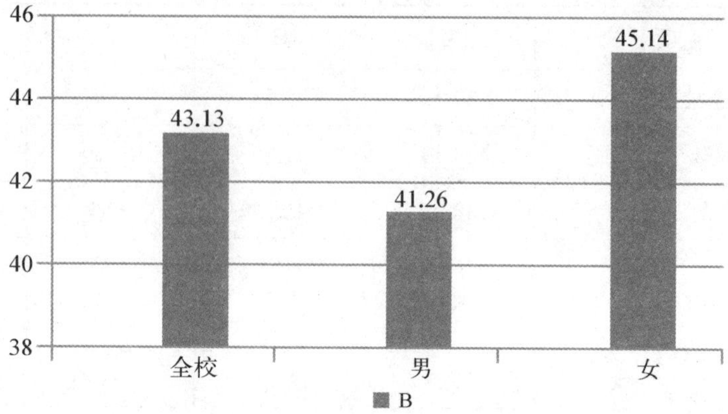

图53-2　第53题B选项男女生情况

选B的六年级学生有43.1%，七年级有46.26%，八年级有42.27%，九年级有39.73%，其中七年级正确率最高，九年级正确率最低，九年级比七年级低了6.43%，说明七年级学生在这一问题中的判断合理性更强。

如图53-2，选B的女生比例高于男生3.88%，说明女生判断的合理性要比男生强。

第54题：一位同学量一间房间的面积，你想他会采用哪一方法（　　）

A. 先量一根木棍的长度，然后用木棍量长与宽

B. 用一把卷尺，直接丈量长与宽

C. 用一把制作精良的一米尺丈量长与宽

D. 因为自己脚长度是一定的，用自己的脚步丈量长与宽

选　　项		A	B	C	D
全校		15.89	55.23	18.28	10.59
男		18.45	53.16	19.42	8.98
女		13.12	57.48	17.06	12.34
六年级	全	13.39	62.76	16.32	7.53
	男	15.7	60.33	18.18	5.79
	女	10.92	64.71	15.13	9.24
七年级	全	16.82	53.74	19.63	9.81
	男	17.24	50.86	23.28	8.62
	女	16.33	57.14	15.31	11.22

（续表）

选 项		A	B	C	D
八年级	全	16.49	51.03	21.65	10.82
	男	19.44	50	20.37	10.19
	女	12.79	52.33	23.26	11.63
九年级	全	17.81	50.68	15.07	16.44
	男	23.88	49.25	13.43	13.43
	女	12.66	51.9	16.46	18.99

（1）整体情况分析

本题有55.23%的学生选B，这一部分学生选择了最为合理的一种方法。说明有大部分学生的判断缺乏合理性。

（2）年级、性别差异分析

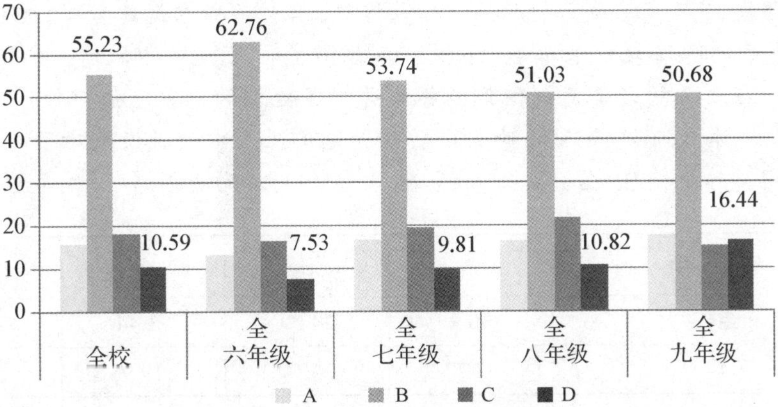

图54-1 第54题各年级完成情况

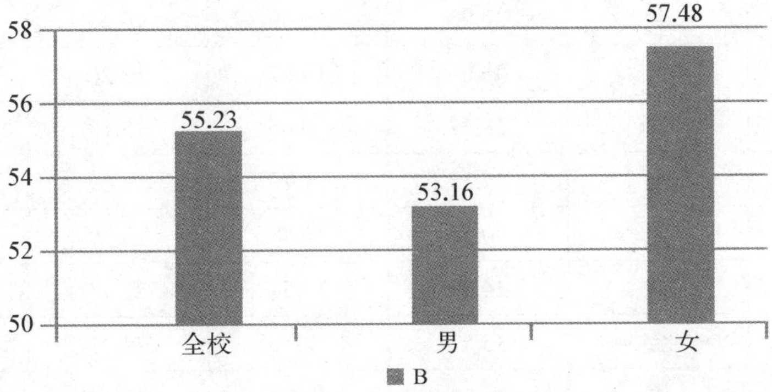

图54-2 第54题B选项男女生情况

如图54-1，选B的六年级学生有62.76%，七年级有53.74%，八年级有51.03%，九年级有50.68%，可见高年级选B的学生比例比低年级少。而选D的学生比例是高年级比低年级高，这说明高年级的学生的判断合理性反不如低年级的学生。

如图54-2，全校选B的女生比例高于男生4.32%，说明女生的判断合理性略高于男生。

三、关于“推理”的分析

推理是从一个或几个已知判断推出新判断的思维形式，是思维的基本形式之一。推理主要有演绎、归纳和类比，而直觉是对创造性思维的活动起着极为重要的作用。因此这一部分将分为演绎、归纳、类比、直觉四个方面来进行分析，每个方面设置了两个问题，共计8个问题。

（一）关于“演绎推理”的分析

演绎是指从一般到个别，通过推导，将理论、原理运用于具体。第55、56题就是对学生的“演绎推理”进行的测试。

第55题：甲、乙、丙三个人在一起做作业，有一道数学题比较难，当他们三个人都把自己的解法说出来以后，甲说：“我做错了。”乙说：“甲做对了。”丙说：“我做错了。”在一旁的老师看到他们的答案并听了他们的意见后说：“你们三个人中有一个人做对了，有一个人说对了。”你认为他们三人中到底谁做对了？（　　）

A. 甲　　　B. 乙　　　C. 丙　　　D. 无法判断

选　项		A	B	C	D
全校		30.9	24.09	21.44	23.58
男		32.77	23.54	19.9	23.79
女		28.87	24.67	23.1	23.36
六年级	全	30.96	22.59	16.32	30.13
	男	33.06	19.83	17.26	29.75
	女	28.57	26.05	15.13	30.25
七年级	全	27.57	31.78	18.69	21.96
	男	30.17	34.48	16.38	18.97
	女	24.49	28.57	21.43	25.51
八年级	全	35.57	22.16	24.23	18.04
	男	35.19	19.44	23.15	22.22

（续表）

选 项		A	B	C	D
八年级	女	36.05	25.58	25.58	12.79
九年级	全	29.45	17.81	30.14	22.6
	男	32.84	17.91	25.37	23.88
	女	26.58	17.72	34.18	21.52

（1）整体情况分析

本题有21.44%的学生选了正确的C。说明本校学生的演绎推理能力存在不足。

（2）年级、性别差异分析

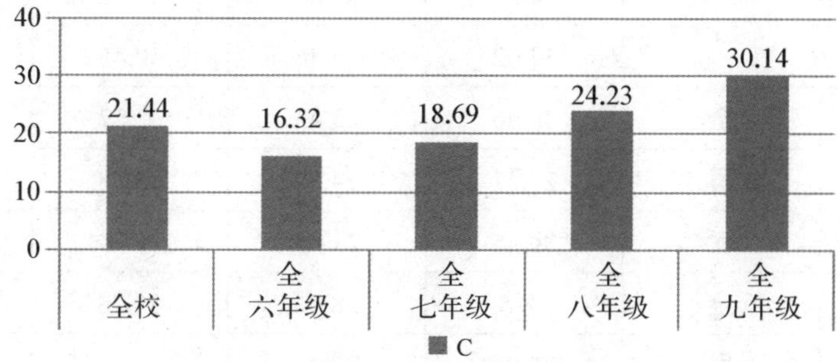

图55-1　第55题各年级C选项情况

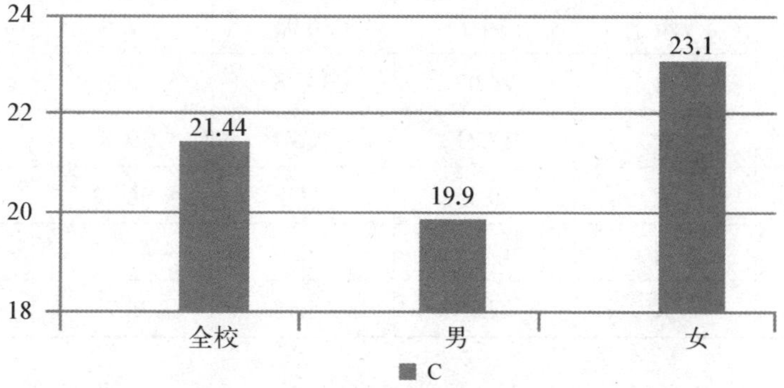

图55-2　第55题C选项男女生情况

选C的六年级学生有16.32%，七年级有18.69%，八年级有24.23%，九年级有30.14%，可见高年级学生的演绎推理能力比低年级的学生强，因此可以推断随着年龄的增长，学生的演绎推理能力会增强。

选C的男生有19.9%，女生有23.1%，女生高于男生3.2%，说明就本题而言，女生的演绎推理能力比男生强。

第56题：运动场上将要进行100米决赛，参加决赛的有1号、2号、3号、4号、5号、6号6位同学。运动场外甲、乙、丙三个人在讨论谁会得冠军，甲说：4号、5号、6号都不可能得冠军。乙说：冠军不是1号就是2号。丙说：冠军绝对不会是3号。比赛结束后，甲、乙、丙三人中只有一个人的看法是正确的，请问谁是100米赛的冠军？（　　）

A. 1号　　B. 2号　　C. 3号　　D. 5号

选　项		A	B	C	D
全校		28.12	27.24	32.41	12.23
男		24.51	28.88	34.22	12.38
女		32.02	25.46	30.45	12.07
六年级	全	30.96	23.43	32.22	13.39
	男	27.27	24.79	33.88	14.05
	女	34.45	21.85	31.09	12.61
七年级	全	28.5	28.04	31.78	11.68
	男	25.86	28.45	36.21	9.48
	女	31.63	27.55	26.53	14.29
八年级	全	29.9	30.93	29.9	9.28
	男	24.07	34.26	30.56	11.11
	女	37.21	26.74	29.07	6.98
九年级	全	20.55	27.4	36.99	15.07
	男	17.91	28.36	37.31	16.42
	女	22.78	26.58	36.71	13.92

（1）整体情况分析

本题有32.41%的学生选了正确的C，数据再次说明了本校学生演绎推理能力存在严重不足。

（2）年级、性别差异分析

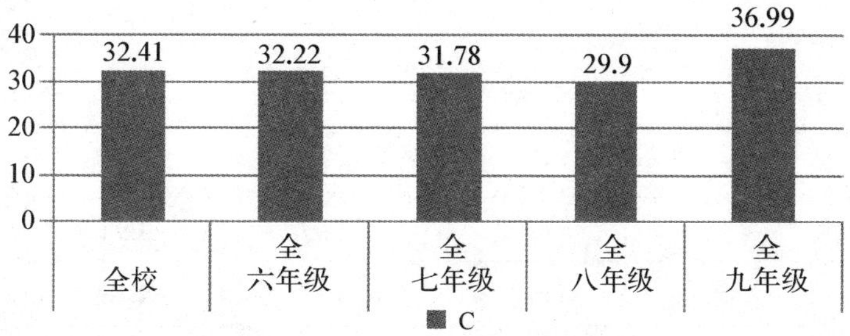

图56-1 第56题各年级C选项情况

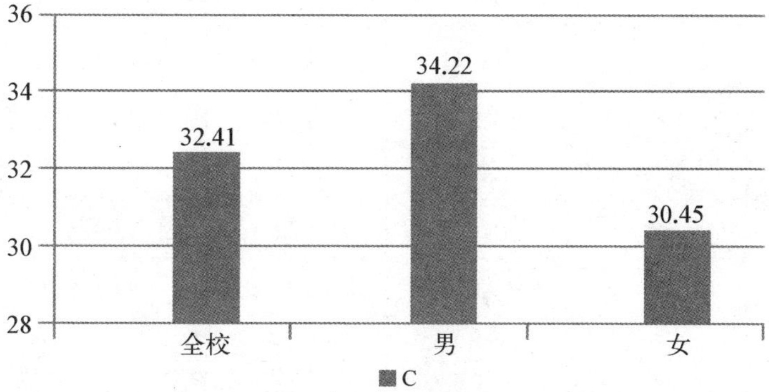

图56-2 第56题C选项男女生情况

选正确C的六年级学生有32.22%，七年级有31.78%，八年级有29.9%，九年级有36.99%，各年级之间差异不大，仍是九年级的演绎推理能力最强。

如图56-2，选C的男生比例比女生高3.77%，就本题而言，男生的演绎推理能力高于女生。综合第55题和第56题的情况来看，男女生之间的演绎推理能力不存在明显差异。

（二）关于“归纳推理”的分析

归纳是指从事实出发，加以概括，从而揭示观察到的事物之间的关系，得到一般结论。第57、58题就是对学生的“归纳推理”进行的测试。

第57题：根据以下五幅图，你觉得第6幅图应该是（　　）

A.  B.  C.  D. 

选　项		A	B	C	D
全校		5.67	4.92	3.66	85.75
男		8.01	6.07	3.4	82.52
女		3.15	3.67	3.94	89.24
六年级	全	6.69	4.18	4.18	84.94
	男	10.74	4.96	3.31	80.99
	女	2.52	3.36	5.88	88.24
七年级	全	4.21	3.74	5.14	86.92
	男	6.03	4.31	4.31	85.34
	女	2.04	3.06	6.12	88.78
八年级	全	5.67	7.22	3.09	84.02
	男	7.41	8.33	4.63	79.63
	女	3.49	5.81	1.16	89.53
九年级	全	6.16	4.79	1.37	87.67
	男	7.46	7.46	0	85.07
	女	5.06	2.53	2.53	89.87

（1）整体情况分析

本题有85.75%的学生选择了正确的D，本题的图形的变化规律并不难发现，但是仍有14.25%的学生没有能够正确根据图形规律正确做出归纳推理，说明这部分学生对于较为单一变化的规律的题目也存在困难。

（2）年级、性别差异分析

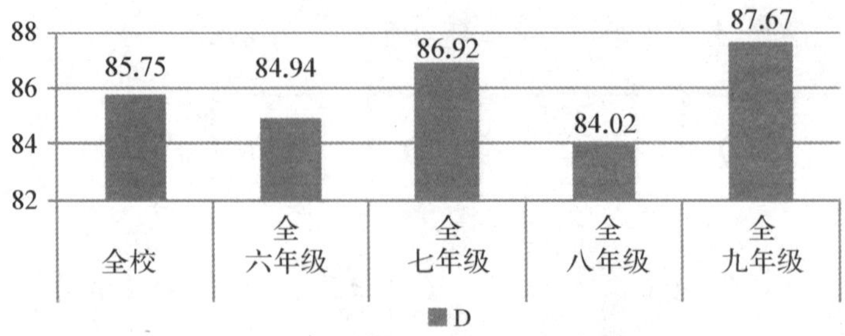

图57–1　第57题各年级D选项情况

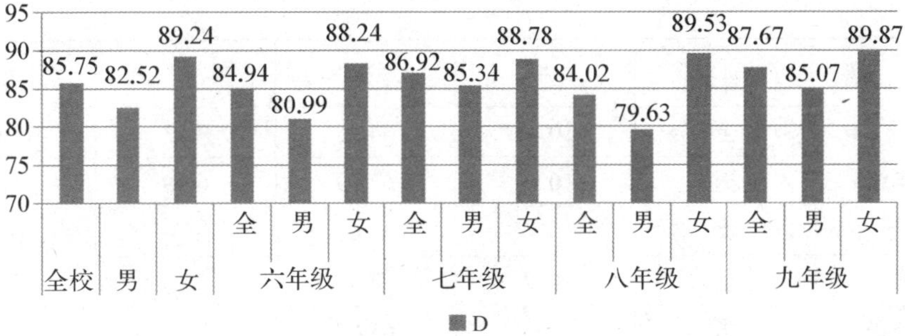

图57-2 第57题D选项男女生情况

选择正确D的六年级学生有84.94%，七年级有86.92%，八年级有84.02%，九年级有87.68%，就本题而言，各年级归纳推理能力无明显差异，但是八年级的正确率是四个年级中最低的，说明八年级的归纳推理能力较弱。

如图57-2，选择正确的男生比例比女生低6.72%。其中六年级男生低于女生7.25%；七年级男生低于女生3.44%；八年级男生低于女生9.9%；九年级男生低于女生4.80%，其中六年级和八年级男女生归纳推理能力差异较大。

第58题：根据以下五幅图，你觉得第六幅图应该是(　　)

选　　项		A	B	C	D
全校		9.71	67.72	9.33	13.24
男		11.17	66.5	9.71	12.62
女		8.14	69.03	8.92	13.91
六年级	全	11.72	64.44	11.3	12.55
	男	15.7	64.46	11.57	8.26
	女	7.56	63.87	10.92	17.65
七年级	全	7.94	70.56	10.75	10.75
	男	8.62	68.1	12.07	11.21
	女	7.14	73.47	9.18	10.2

（续表）

选　　项		A	B	C	D
八年级	全	10.31	64.95	7.73	17.01
	男	10.19	67.59	6.48	15.74
	女	10.47	61.63	9.3	18.6
九年级	全	8.22	72.6	6.16	13.01
	男	8.96	65.67	7.46	17.91
	女	7.59	78.48	5.06	8.86

（1）整体情况分析

本题有67.72%的学生选了正确的B，本题相对于第57题的难度有明显的增加，图形变化规律较为复杂，存在多种图形同时变化的规律，因此选择正确选项的人数减少在预料之中。

选A的有9.71%，选C的有9.33%，选D的有13.24%，其中选D的答案和正确答案最为接近，只有一个图形符号的变化规律推理出错了，而A和C都是三个图形符号的变化规律推理出现了错误，说明有19.14%的学生存在归纳推理能力的严重不足。

（2）年级、性别差异分析

选D的六年级学生有64.44%，七年级有70.56%，八年级有64.95%，九年级有72.6%，由数据可以看到七年级的归纳推理能力与九年级只相差2.04%，比八年级高5.61%，说明七年级的归纳推理能力较好，不但与九年级相近，还高于八年级。而八年级的归纳推理能力仅比六年级高出0.5%。

如图58-2，高年级选错误选项A和C的学生比例比低年级低，由此推断存在严重归纳推理困难的学生随着年龄的增长会逐渐改善。

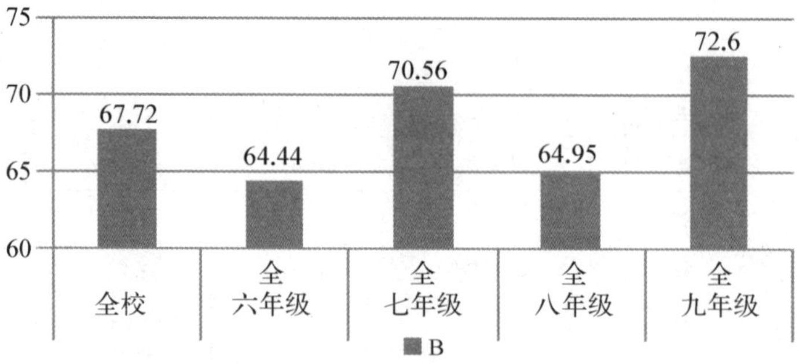

图58-1　第58题各年级B选项情况

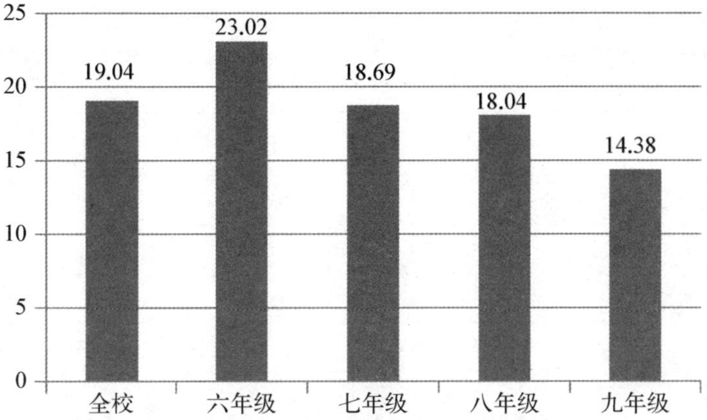

图58-2 第58题各年级A和C选项情况

如图58-3，全校选B的男生比例低于女生2.53%。但各年级的情况并不相同，六年级的男生比例高于女生0.57%，七年级的男生比例低于女生5.37%，八年级男生比例高于女生5.96%，九年级男生比例低于女生12.81%，其中九年级的男女差异最大。九年级女生的正确率较其他年级有较明显的提高，但是九年级男生的正确率较其他年级没有明显提高，可见九年级男女生的归纳推理能力发展不均衡。

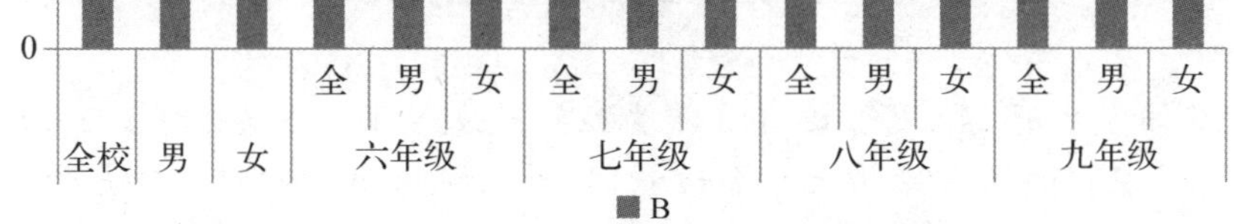

图58-3 第58题全校及各年级男女选择B选项的情况

（三）关于“类比推理”的分析

类比是指根据两个或两类对象有部分属性相同，从而推出它们的其他属性也相同的推理。第59、60题就是对学生的“类比推理”进行的测试，在难度上，第59题高于第60题。

第59题：请你选出与“公鸡打鸣：天亮”类同的选项（　　）

A. 孔雀开屏：求偶　　　　　B. 蜘蛛结网：捕食
C. 天狗吞月：月食　　　　　D. 蚂蚁搬家：下雨

选　　项		A	B	C	D
全校		11.73	5.55	24.97	57.76
男		11.89	5.34	26.21	56.55
女		11.55	5.77	23.62	59.06
六年级	全	12.55	5.44	23.43	58.58
	男	16.53	6.61	23.14	53.72
	女	8.4	5.04	23.53	63.03
七年级	全	8.88	5.14	27.1	58.88
	男	6.03	6.03	25.86	62.07
	女	12.24	4.08	28.57	55.1
八年级	全	11.34	6.19	26.29	56.19
	男	12.96	3.7	26.85	56.48
	女	9.3	9.3	25.58	55.81
九年级	全	15.07	5.48	22.6	56.85
	男	11.94	4.48	31.34	52.24
	女	17.72	6.33	15.19	60.76

（1）整体情况分析

本题有57.76%的学生选择了正确的D，说明本校学生的类比推理能力不强。

选C的学生有24.97%，这部分学生显然是发现了“公鸡打鸣”与“天亮”之间的联系，且C的语言结构上与题设相同，唯一被学生忽略的是“天狗”并不是真的狗，所以相对A、B的错误，选C的学生的类比推理能力是高于选A、B的学生的。由此可见，存在严重类比推理问题的学生占到17.28%。

（2）年级、性别差异分析

如图59-1，各年级选D的学生比例基本相同，没有明显年龄的差异，但八年级的正确率是最低的，说明八年级的类比推理能力最弱。

如图59-2，七年级选A和B的学生比例最低，因此就本题而言，七年级的类比推理能力存在严重不足的学生比例最低，九年级最多。

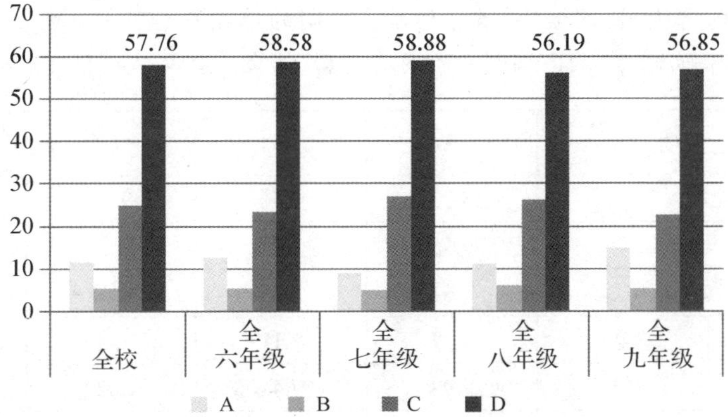

图59-1 第59题各年级完成情况

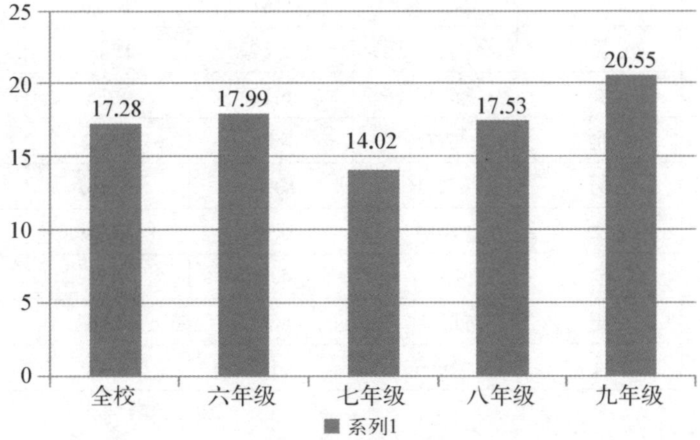

图59-2 第59题各年级A和B选项情况

选择正确选项的女生比例比男生高2.51%，说明本校女生类比推理能力略高于男生。

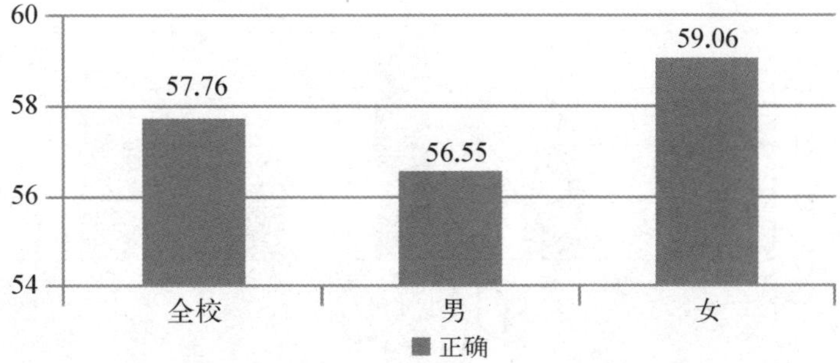

图59-3 第59题全校及各年级男女生完成情况

第60题：请你选出与“汽车：运输”类同的选项（　　）

A. 渔网：编制　　B. 编制：渔网　　C. 捕鱼：渔网　　D. 渔网：捕鱼

选　项		A	B	C	D
全校		8.83	6.56	9.96	74.65
男		9.95	7.77	11.17	71.12
女		7.61	5.25	8.66	78.48
六年级	全	8.37	7.11	10.46	74.06
	男	9.92	7.44	13.22	69.42
	女	6.72	6.72	7.56	78.99
七年级	全	7.48	5.61	10.28	76.64
	男	7.76	5.17	12.07	75
	女	7.14	6.12	8.16	78.57
八年级	全	7.73	8.76	10.82	72.68
	男	7.41	10.19	9.26	73.15
	女	8.14	6.98	12.79	72.09
九年级	全	13.01	4.11	7.53	75.34
	男	17.91	8.96	8.96	64.18
	女	8.86	0	6.33	84.81

（1）整体情况分析

本题有74.65%的学生选择了正确选项，有25.35%的学生类比推理错误，其中存在严重类比错误的是选B和C的学生，共有16.52%，与第59题的数据17.28%基本相同。说明确实有不到16%～17%的学生在类比推理上存在严重能力不足。

（2）年级、性别差异分析

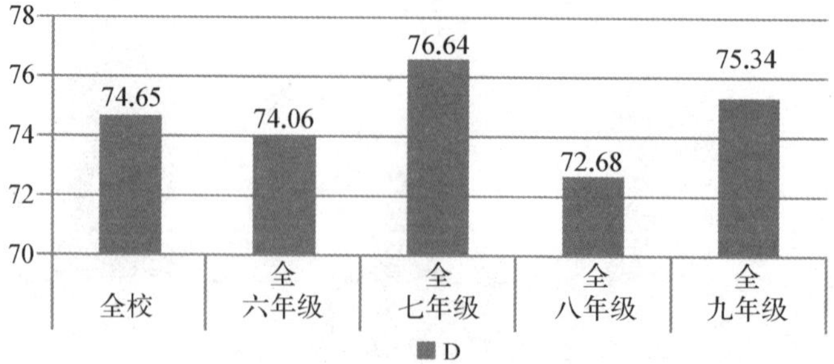

图60-1　第60题各年级D选项的情况

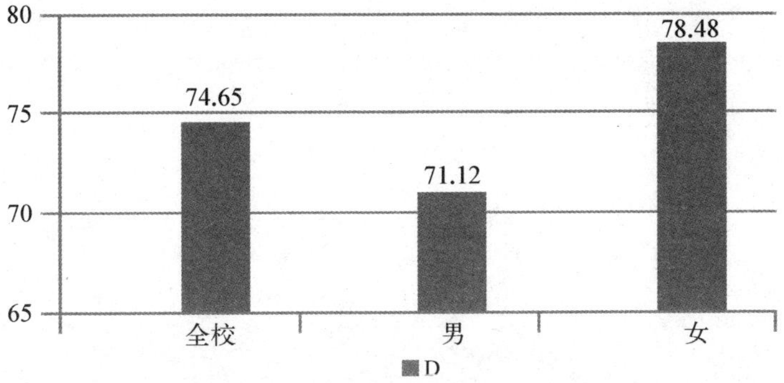

图60-2 第60题D选项男女生情况

如图60-1，选择正确的D的六年级学生有74.06%，七年级有76.64%，八年级有72.68%，九年级有75.34%，各年级差异不大，但其中七年级正确率最高，八年级的正确率最低，说明七年级的类比推理能力较强，而八年级的类比推理能力最弱。

（3）性别差异分析

如图60-2，选择正确的D的男生有71.12%，女生有78.48%，女生高于男生6.36%，数据再次说明女生的类比推理能力高于男生。

（四）关于"直觉推理"的分析

直觉是指对一个问题未经逐步分析，仅依据内因的感知迅速地对问题答案做出判断、猜想、设想，或者在百思不得其解之中，突然对问题有"灵感"和"顿悟"，甚至对未来食物的结果有"预感""预言"等。第61、62题就是对学生的"直觉推理"进行的测试。

第61题：有人问：一个西瓜切三刀，最多可以切成几块？我会（ ）（直觉）

A. 找个西瓜来，任意切三刀　　B. 找个西瓜来，从不同角度切三刀

C. 画一个草图，算出三刀8块　　D. 估计从三个方向切8块

选　项		A	B	C	D
全校		12.36	21.94	46.66	19.04
男		12.86	20.39	47.57	19.17
女		11.81	23.62	45.67	18.9
六年级	全	12.97	26.78	41.84	18.41
	男	14.05	23.97	42.15	19.83
	女	12.61	29.41	41.18	16.81

（续表）

选　项		A	B	C	D
七年级	全	10.28	23.83	45.33	20.56
	男	10.34	25.86	46.55	17.24
	女	10.20	21.43	43.88	24.49
八年级	全	10.31	23.71	50.00	15.98
	男	10.19	18.52	52.78	18.52
	女	10.47	30.23	46.51	12.79
九年级	全	17.12	8.9	52.05	21.92
	男	19.4	7.46	50.75	22.39
	女	15.19	10.13	53.16	21.52

（1）整体情况分析

本题有19.04%的学生选D，表明这部分学生可以通过直觉推理出正确的结果。有46.66%的学生选C，表明这部分学生需要依靠外界辅助手段才能进行合理的推理。有34.3%的学生选了A、B，表明了这部分学生必须要借助实物进行观察才能得出结论。由以上数据说明，本校学生绝大多数的学生还是需要凭借实物或是一些辅助手段，通过观察、分析等思维活动才能做出判断和猜想，单凭借个人的直觉无法做出判断。

（2）年级、性别差异分析

如图61–1，选D的六年级学生有18.41%，七年级有20.56%，八年级有15.98%，九年级有21.92%，数据显示九年级选D的比例最高，八年级的比例最低，说明八年级学生的直觉推理能力最弱。

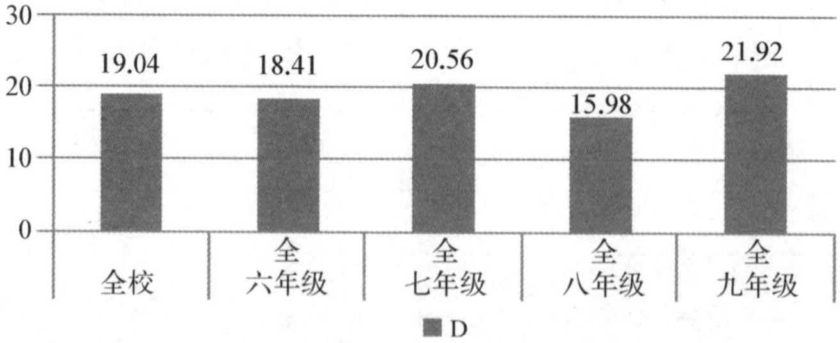

图61–1　第61题各年级完成情况

如图61–2，选A和B的六年级学生有39.75%，七年级有34.11%，八年级有34.02%，九年级有26.02%，数据显示高年级需要凭借实物来观察、分析的学生比例比低年级少，由此推测随着年龄的增长，学生会逐渐摆脱对实物的依赖。

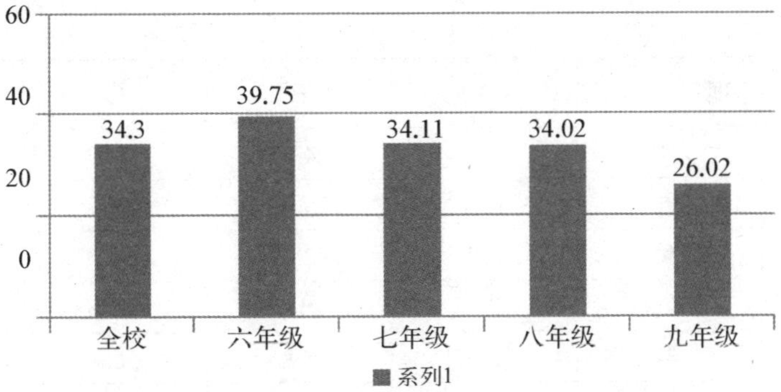

图61-2 第61题各年级A和B选项情况

如上图所示，男生选D的比例为19.17%，女生比例为18.9%，数据显示，本校男女生直觉推理无明显差异。七年级的女生选择正确的D的比例为24.49%，是各年级男女生比例最高的。可见七年级女生的直觉推理能力较强，而八年级女生的直觉推理能力是最弱的。

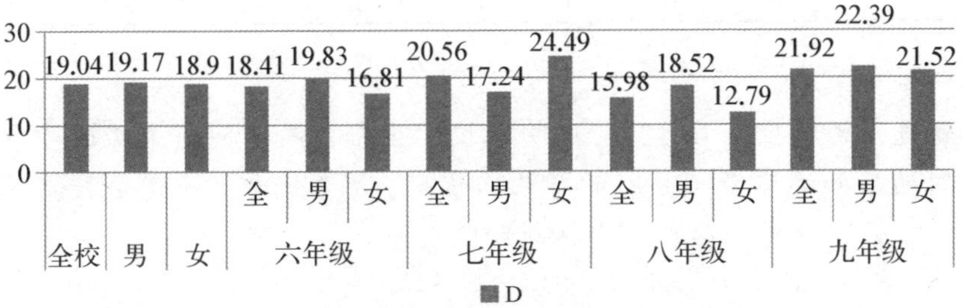

图61-3 第61题全校及各年级男女生选择D选项的情况

第62题：你去书店买书，看到一本包装精美的书，你会(　　)

A. 这么漂亮的封面，可能会是本不错的书吧

B. 拿起书翻到开头，看看

C. 拿起书翻到目录，看看究竟有些什么内容

D. 拿起书看看封面，放下

选　　项	A	B	C	D
全校	10.72	21.44	64.44	3.4
男	12.14	22.82	61.17	3.88
女	9.19	19.95	67.98	2.89

（续表）

选项		A	B	C	D
六年级	全	9.21	24.27	64.02	2.51
	男	12.4	25.62	58.68	3.31
	女	5.88	22.69	69.75	1.68
七年级	全	10.75	21.5	63.08	4.67
	男	12.07	25.86	56.9	5.17
	女	9.18	16.33	70.41	4.08
八年级	全	12.89	19.07	64.95	3.09
	男	12.96	18.52	64.81	3.7
	女	12.79	19.77	65.12	2.33
九年级	全	10.27	19.86	66.44	3.42
	男	10.45	19.4	67.16	2.99
	女	10.13	20.25	65.82	3.8

（1）整体情况分析

本题选A的学生有14.12%，说明本校学生中对一个问题未经逐步分析，仅依据内因的感知迅速做出判断的学生占少数，大部分学生还是会搜集信息，在做了初步了解和分析之后再做出判断和决定。

（2）年级、性别差异分析

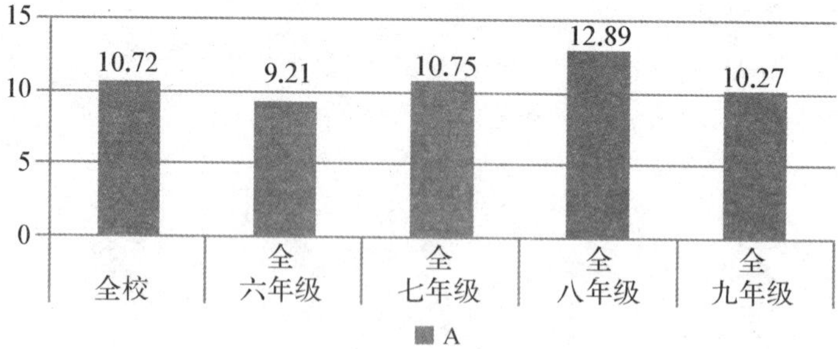

图62-1 第62题各年级完成情况

如图62-1，选A的六年级学生比例有9.21%，七年级有10.75%，八年级有12.89%，九年级有10.27%，可见选A的八年级学生比例最高，说明八年级的学生在进行直觉推理的过程中会较盲目。

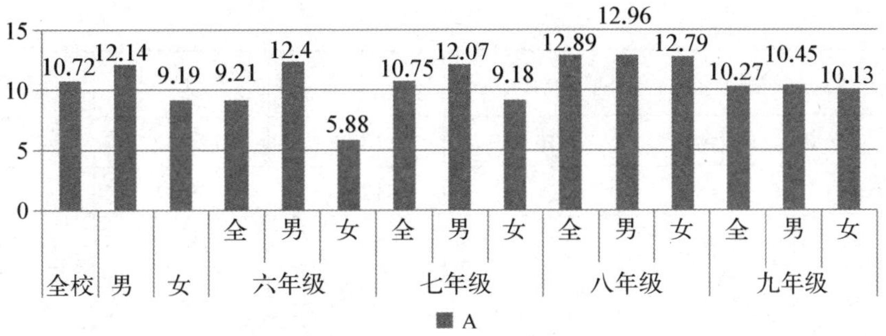

图62-2 第62题A选项男女生情况

如图62-2，选A的男生比例高于女生，可见在此问题中女生运用直觉推理比男生更理性。

四、关于因子“想象”的分析

想象是在人脑中对已有表象进行加工改造而创造新形象的思维形式。想象可分为有意想象和无意想象两种不同类型的想象。因此本部分将从“有意想象”和“无意想象”两个方面来进行分析，每一部分设置两道问题，共计4道问题。

（一）关于“有意想象”的分析

有意想象是有预定目的、自觉进行的想象。第63、64题就是对学生的“有意想象”进行的测试。

第63题：老师朗诵诗句“朝辞白帝彩云间，千里江陵一日还，两岸猿声啼不住，轻舟已过万重山”时，你会（ ）

A. 认真听老师朗诵，注意老师的语音语调

B. 随着老师的朗读，描绘诗中提到的事物

C. 根据诗句的表述，描绘出诗句中的场景

D. 根据诗句，描绘出作者当时写诗的心情

选　　项		A	B	C	D
全校		33.54	16.9	26.99	22.57
男		33.25	16.02	26.94	23.79
女		33.86	17.85	27.03	21.26
六年级	全	37.24	20.08	21.76	20.92
	男	38.02	18.18	23.14	20.66
	女	36.13	21.85	20.17	21.85

（续表）

选　　项		A	B	C	D
七年级	全	36.92	13.08	24.77	25.23
	男	31.03	12.93	29.31	26.72
	女	43.88	13.27	19.39	23.47
八年级	全	29.9	19.07	26.8	24.23
	男	34.26	15.74	25	25
	女	24.42	23.26	29.07	23.26
九年级	全	27.4	14.38	39.04	19.18
	男	26.87	17.91	32.84	22.39
	女	27.85	11.39	44.3	16.46

（1）整体情况分析

本题有67.46%的学生选B、C、D，根据诗句不同程度地进行了想象。其中有22.57%的学生选D，这部分学生根据诗句进行更深入的想象。由数据可以看到，大部分学生能根据文本自觉进行有意想象，而能够进行较为深入想象的学生只有22.57%。

（2）年级、性别差异分析

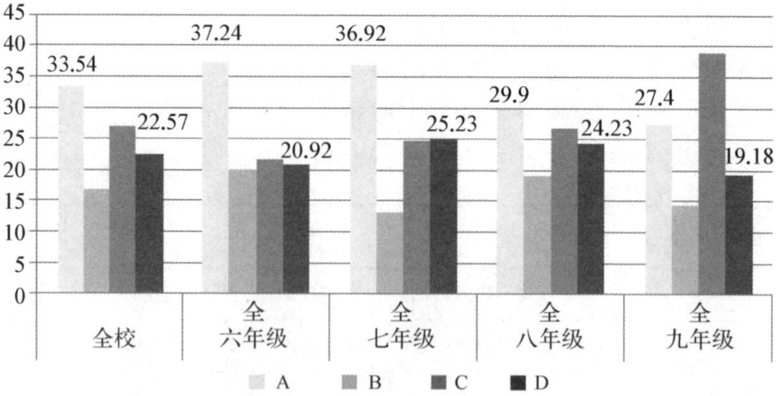

图63–1　第63题各年级完成情况

如图63–1，选A的六年级学生比例有37.24%，七年级有36.92%，八年级有29.9%，九年级有27.4%，数据显示，高年级不会进行有意想象的学生比例比低年级低，可见随着年龄增长，不会进行有意想象的学生比例在减少。选D的六

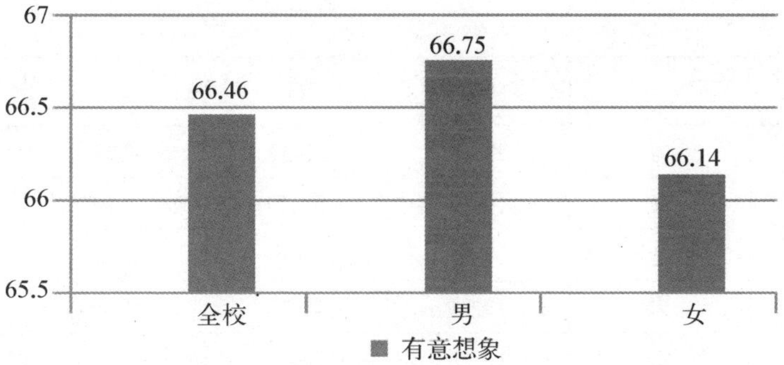

图63-2 第63题全校男女生完成情况

年级学生有20.92%，七年级有25.23%，八年级有24.23%，九年级有19.18%，可见七年级能够进行更深层次的有意想象的学生比例最高，说明七年级进行有意想象的能力最强。

如图63-2，选B、C、D的男生有66.75%，女生有66.14%，说明在有意想象能力上男、女生无明显差异。

第64题：每一次听别人故事，你会（　　）

A. 安静听完故事，知道情节

B. 不由自主地在脑海中描绘出故事中的情景

C. 觉得讲故事的人的语言很优美

D. 会随着故事情节的发展而将自己置身于故事情节中

选　项		A	B	C	D
全校		24.97	47.41	4.79	22.82
男		28.16	44.66	6.31	20.87
女		21.52	50.39	3.15	24.93
六年级	全	26.78	46.86	5.86	20.5
	男	30.58	43.8	8.26	17.36
	女	22.69	49.58	3.36	24.37
七年级	全	27.57	44.86	3.27	24.3
	男	30.17	44.83	3.45	21.55
	女	24.49	44.9	3.06	27.55
八年级	全	25.26	48.97	4.12	21.65

（续表）

选　项		A	B	C	D
八年级	男	29.63	45.37	4.63	20.37
	女	19.77	53.49	3.49	23.26
九年级	全	17.81	50	6.16	26.03
	男	17.91	44.78	10.45	26.87
	女	17.72	54.43	2.53	25.32

（1）整体情况分析

本题有47.41% 的学生选了B，有22.82%的学生选了D，说明有70.23%的学生能够根据环境或一些看到的听到的内容进行自觉的有意想象。

（2）年级、性别差异分析

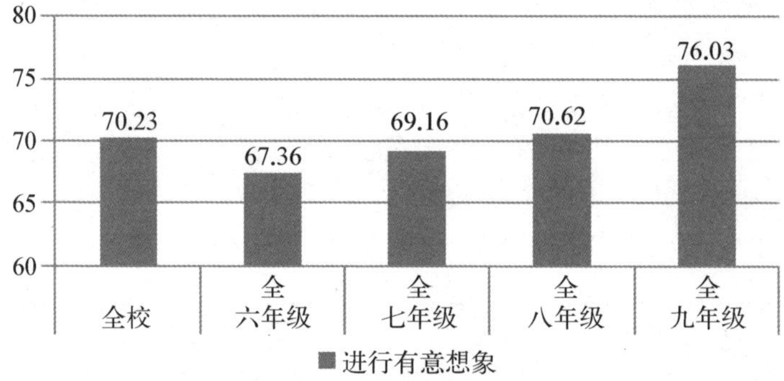

图64-1　第64题各年级B、D选项的情况

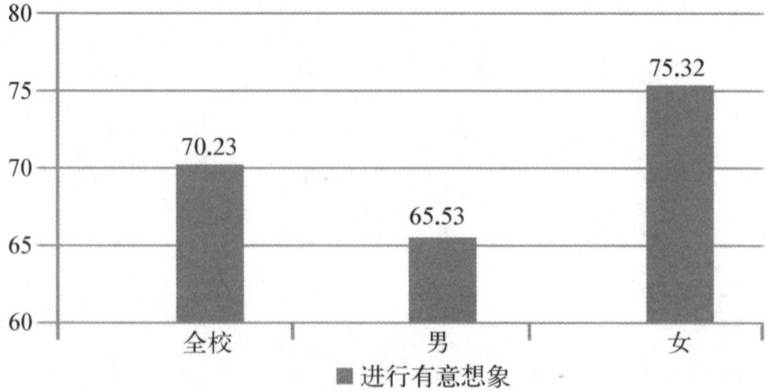

图64-2　第64题全校男女生完成情况

如图64-1，选B和D的六年级学生比例有67.36%，七年级有69.16%，八年级有70.62%，九年级有76.03%，可见进行有意想象的高年级学生比例高于低年级学生，由此推出学生的有意想象意识和能力是会随着年龄的增长而增强的。

如图64-2，能够进行有意想象的男生有65.53%，女生有75.32%，女生高于男生9.79%，说明女生有意想象的能力和意识高于男生。

（二）关于“无意想象”的分析

无意想象是没有特定目标的、不自觉的想象。第65、66题就是对学生的“无意想象”进行的测试。

第65题：傍晚当你路过一栋房子，看到里面亮着灯，你会（　　）

A. 看一眼继续向前走　　B. 想天快黑了

C. 想着快点回家　　D. 想着房子多舒适

选　项		A	B	C	D
全校		46.66	10.97	36.95	5.42
男		46.36	12.38	35.44	5.83
女		46.98	9.45	38.58	4.99
六年级	全	42.26	7.53	41	9.21
	男	42.15	4.13	43.8	9.92
	女	42.86	10.92	37.82	8.4
七年级	全	48.6	9.81	36.92	4.67
	男	44.83	14.66	35.34	5.17
	女	53.06	4.08	38.78	4.08
八年级	全	46.91	13.92	34.54	4.64
	男	49.07	15.74	30.56	4.63
	女	44.19	11.63	39.53	4.65
九年级	全	50.68	14.38	33.56	1.37
	男	52.24	17.91	28.36	1.49
	女	49.37	11.39	37.97	1.27

（1）整体情况分析

本题有5.42%的学生选D，所以本校仅有极少数的学生会在这样的环境下进行无意想象，说明学生集中注意力的能力普遍很强。

（2）年级、性别差异分析

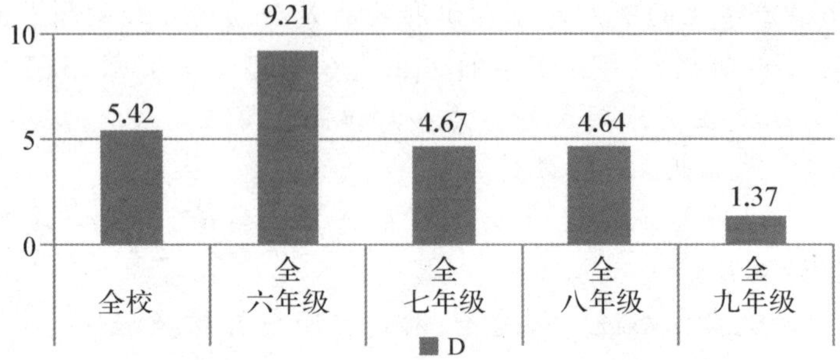

图65-1　第65题各年级完成情况

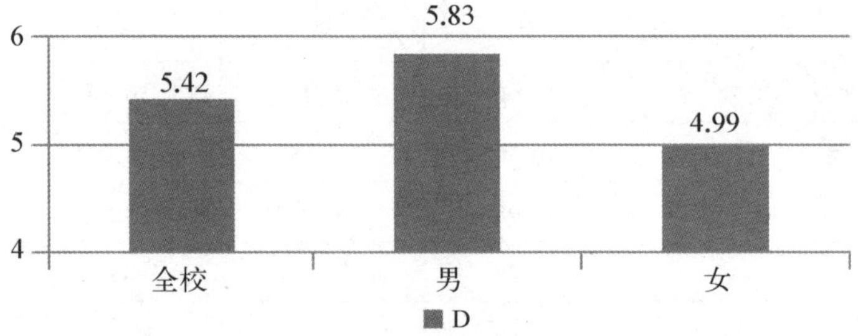

图65-2　第65题D选项男女生情况

如图65-1，选D的六年级学生有9.21%，七年级有4.67%，八年级有4.64%，九年级有1.37%，可见选D的高年级学生比例要比低年级低，因此说明随着年龄的增长，学生的无意想象意识逐渐单薄，说明学生的注意力随着年龄的增长逐渐增强。

如图65-2，选D的男生有5.83%，女生有4.99%，说明男女生注意力无明显差异。

第66题：当你抬头看见天上一朵朵的白云，你常常会（　　）

A. 静静地看那些白云　　B. 觉得有的白云像一只兔子，有的像条龙，等等

C. 感叹这样的天气真好　D. 看一眼就低下头继续做自己的事

选　项	A	B	C	D
全校	15.89	39.34	31.78	12.99
男	14.32	35.44	33.98	16.26

（续表）

选　项		A	B	C	D
女		17.59	43.57	29.4	9.45
六年级	全	12.55	41.84	31.38	14.23
	男	14.05	36.36	33.06	16.53
	女	10.92	47.06	30.25	11.76
七年级	全	13.55	46.26	25.7	14.49
	男	11.21	44.83	28.45	15.52
	女	16.33	47.96	22.45	13.27
八年级	全	18.56	39.18	31.96	10.31
	男	14.81	36.11	34.26	14.81
	女	23.26	43.02	29.07	4.65
九年级	全	21.23	25.34	41.1	12.33
	男	19.4	16.42	44.78	19.4
	女	22.78	32.91	37.97	6.33

（1）整体情况分析

本题有39.34%的学生选B，所以39.34%的学生会在这样的环境下会进行无意想象，说明本校学生注意力还是较强的。

（2）年级、性别差异分析

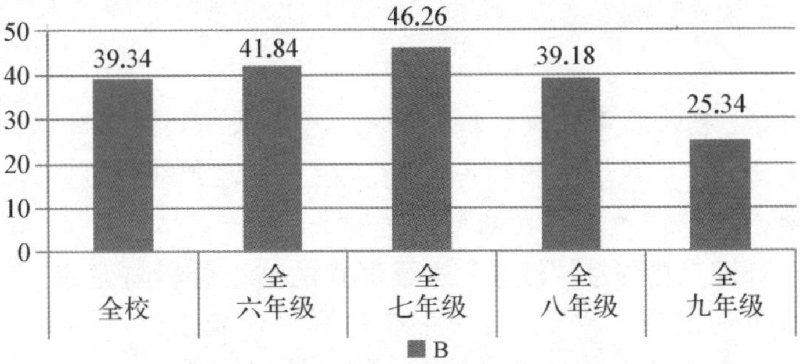

图66-1　第66题各年级B选项的情况

如图66-1，选B的六年级学生比例有41.84%，七年级有46.26%，八年级有39.18%，九年级有25.34%，数据显示随着年龄的增长，学生的无意想象的意识

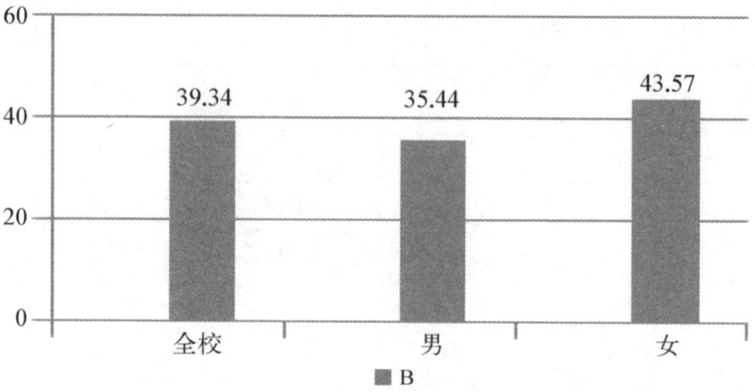

图66-2　第66题B选项男女生情况

在逐渐淡薄，再次说明了本校学生的注意力随着年龄的增长在不断增强。

如图66-2，女生选B的比例比男生高8.07%，说明女生的注意力低于男生。

调查结论分析与建议

首先根据思维形式维度各子因子完成情况绘制的折线图如下图所示：

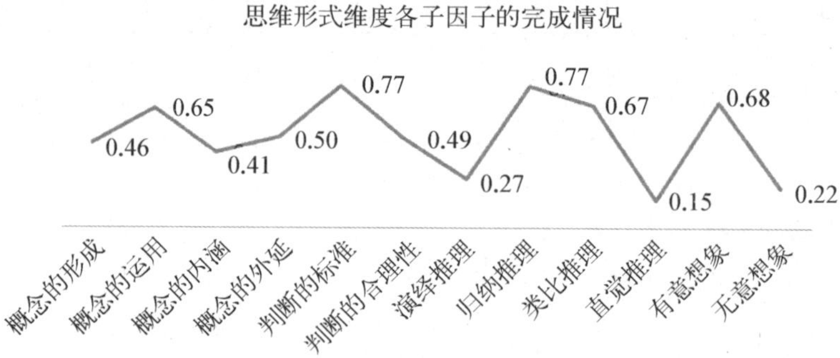

如上图所示，长江二中学生在概念的形成、概念的内涵与外延、判断的合理性上存在较大问题，而在演绎推理和直觉推理上存在严重问题。下面将本次调查中发现的学生思维形式上存在的问题进行分析。

一、关于长江二中学生“概念”思维形式的结论分析与建议

概念是基本的思维形式之一，但是长江二中学生在概念形成、概念的内涵和概念的外延上存在很大的不足。例如，全校有80.58%的学生属于接受性学习方式，其中八年级接受性学习的学生比例较多，而且八年级男女生差异较大，主要是接受性学习的女生比例较大。学生普遍属于接受性学习方式的现象，教师平时“重结果，轻过程”“重分析，轻实验”，忽视概念的引入、概念形成的过程，而直接讲授概念，讲授理解，运用概念需要注意的问题，再进行大量的练习，通过练习纠正学生对于概念的错误理解。此外，对于许多概念教学中配备的实验，被老师的讲解所代替，做实验变为说实验，这种教学方法对应试比较有用，但由于违反了学生认知规律，忽略学生心理、思维发展，导致学生思维能力不足。因此建议在日常的教学中教师应当正确把握概念表现的不同方面，充分展现概念的形成过程，从而帮助学生自主建构概念，全面认识概念，这样才能使学生真正理解概念。

在对概念的内涵与外延的调查中发现，长江二中学生存在很大的不足，例如各年级有为数不少的学生仅关注概念中的文字，只有45%的学生能够较好地理解和区分概念的内涵与外延，除此以外，七、八、九年级都出现了较大的男女差异。概念的内涵与外延对于正确认识概念、理解概念、明确概念、掌握概念、准确地运用概念和提高建立新概念的能力都有着重要的作用。因此我们必须重视学生目前出现的问题，在日常的概念教学中要“抓内涵、重外延”，例如教学上运用概念的分类和比较的方法，提高学生对概念的认识和识别度，引导学生明白概念的主要特征，充分理解概念的内涵；了解概念所包含的对象，清楚识别其外延，这样才能为学生的概念学习打下坚定的基础。

二、关于长江二中学生“判断”思维形式的分析结论

判断能力是逻辑思维能力的重要组成部分，因此我们在教学中应当重视提高学生的判断能力。但在对判断的调查中发现，长江二中学判断标准的随意性很强，尤其是女生，会受个人内因影响对判断的标准进行修改，而且各年级都存在个别判断标准片面和不切实际的不合理性。作出准确判断的关键是正确认识事物，并分清界限，不能模棱两可，一旦判断不当，会导致运用的失误。因此概念是判断的基础，日常教学中可以从指导学生正确掌握概念及概念适用的范围入手，教育学生注意判断的前提与条件，注意问题研究的场合与范围等。

三、关于长江二中学生“推理”思维形式的分析结论

由此次调查发现，长江二中学生演绎推理能力和直觉推理能力严重不足，归纳推理和类比推理能力普遍较强。其中演绎推理能力仅仅有21%，很低，低年级的演绎推理能力更弱，男女生差异不明显。本校学生演绎推理能力的低下，应当引起我们对日常教学的反思。

演绎推理是指从一般到个别，通过推导，将理论、原理运用于具体。基础知识是学生进行分析问题、解决问题的工具，因此没有系统的知识的掌握做前提，任何思维活动都是难以进行的，所以培养和提高学生的演绎推理能力首要是重视基础知识的教学。其次在此基础上进行适当的推理机能的训练，以探索三角形全等的条件为例，教师引导学生，通过实验猜想归纳得到两个三角形全等的

条件后，在对概念的应用上，教师要让学生独立思考，引导学生分析题意，找出已知、未知，学生口述推理过程，教师再板演推理过程，同时强调书写格式的规范，强调说理的严谨性。我们应当知道，学生的演绎能力不是靠教师的讲授得来的，而是在学生“做”中“悟”出来的，在知识应用的过程中，强调说理的规范性和逻辑的严密性，逐步培养学生的演绎推理能力。

长江二中学生的直觉推理能力只有15%，学生普遍需要借助外界辅助手段或是实物进行观察、分析才能做出判断，其中七年级女生的直觉推理能力最强，而八年级女生的直觉推理能力最弱。其次通过调查也发现随着年龄的增长，需要凭借实物来观察和分析才能进行判断的学生比例在减少。

直觉思维在培养学生创造力和创新意识方面有着重要的作用，所以我们在教学中应当注意强调直觉的价值，重视学生直觉的发展。丰富的知识积累是直觉思维产生的源泉，所以我们首先还是要夯实基础知识。猜想可以激发人的创造性思维，例如数学教学中“先猜后证”就是很好的探究方法，所以为了提高学生的直觉，教师应当改变教学方式，倡导学生去积极主动猜想，给予学生猜想的机会和时间，扩大学生思维的空间，在教学中发展学生的想象力，增强学生的想象力，逐步改善学生的直觉水平。作为教师要允许学生犯错，如果学生犯了错，千万不要去指责学生猜错了，但一定要去探究学生为什么会猜错，我们应当认识到虽然直觉不一定是正确的、可靠的，但它的确是弥足珍贵的，是我们的学生严重缺失的。

长江二中有18%左右的学生归纳推理能力不足，存在很大困难，但从各年级数据的变化可以看到，随着年龄的增长，情况会有所改善。此外归纳推理能力上，男女的差异并不明显，且无特定的差异规律。

长江二中大部分学生具备类比推理的能力，其中大约有13%的学生存在严重问题。两道题都显示七年级的正确率高于其他三个年级，而八年级都略低于其他三个年级。此外女生的类比推理能力情况也略好于男生。

虽然长江二中学生的归纳推理能力和类比推理能力没有想演绎推理能力和直觉推理能力一样有严重的能力缺失，但是也都没有达到80%的能力水平，因此在日常的教育教学中仍需要加强对学生能力的培养。在课堂教学中，教师不能禁锢学生活跃的思维，束缚学生丰富的想象力，要鼓励学生大胆猜想，在条件允许的情况下，给予学生充足的时间去思考、交流，活跃学生的思维。

四、关于长江二中学生“想象”思维形式的分析结论

想象具有随意性和不随意性，即无意想象和有意想象。无意想象是简单的初级想象，是无一定目的，不自觉的想象，例如学生在课堂上注意力不集中，思想开小差就是无意想象占据了学生当时的心理。而有意想象是根据一定目的，自行地进行思维活动。有意想象的激发和培养是学生产生学习兴趣的原动力，是提高高效课堂的关键因素，同时也有助于学生养成良好的有意想象的习惯，因此对于初中生，我们应当注意培养学生的有意想象，合理地利用和控制学生的无意想象。

由此次调查发现，长江二中大部分学生可根据文本自觉进行有意想象，能够进行较深层次想象的学生有22.57%。学生的有意想象能力会随着年龄的增长不断提高，其中七年级学生的有意想象能力较强。本校学生整体无意想象意识淡薄，说明了学生整体注意力较集中。而且随着年龄的增长，无意想象的意识在逐渐淡薄，说明随着年龄的增长，学生的注意力在不断增强，而女生的注意力略低于男生。

传统的教学方式中，学生是被动的接受者，这样的教学方式束缚了学生的思维，使学生产生视觉和听觉的疲劳，学生的有意想象逐渐减弱，课堂效率低下，因此要摆脱这样的局面，作为教师一定要转变教学方式，例如我们可以通过创设问题情境，提高学生有意想象，采用辅助教学设备激发学生的有意想象，还可以用艺术性的语言，激发学生的有意想象，同时要让学生有学习的成功体验，为学生营造一个民主的课堂氛围，这样可以保持学生的有意想象。

通过本次对长江二中学生思维形式的调查研究，令我们深刻认识到，教学的最终目的是将知识发生和发展的逻辑过程，通过教师实施的教学过程转化为学生的思维过程。因此我们的课堂教学必须充分暴露思维过程，让学生参与教学实践活动，揭示其中隐含的学科知识和思想，才能有效地发展学生的思维，提高学生的思维品质。任何思维能力的培养都不是一蹴而就的，也不是我们教师能教给学生的，而是需要学生自己在不断思维运用和练习过程中"悟"得的。因此我们要不断更新我们的教学理念，改变和完善我们的教学方式和方法，营造教与学和谐的关系，在课堂上重视和发挥"思"的生态作用，促进长江二中学生思维的发展和提高。

讨论

通过对本项调查的结果分析，长江二中学生在思维方法这个维度上的发展状况分析如下：

1. 本调查显示学生横向思维的能力不强，全校只有48%左右学生具备。但是值得关注的是七年级中有55%左右的学生具有横向思维的能力，远远超出其他年级8～9个百分点。这说明在实际课堂教学中，七年级学生的横向思维能力发展得比较好。反映了七年级教师有意或无意地在培养学生的横向思维能力。

2. 本调查显示学生纵向思维的能力比较强，占68%。这得益于在课堂上，绝大多数教师能把纵向思维能力与教学内容相结合，提高学生的思维品质。值得关注的是从性别上分析，全校男生此项占63%左右，全校女生占73%左右，远超男生10个百分点，表明女生推断事物下一步趋势的能力高于男生。数据表明纵向思维能力与性别有关系，女生这方面的思维能力更强。根据年级来分析，七年级占73%左右，高于其他年级学生。数据再一次表明七年级的发散性思维能力是比较优异的。数据提示我们在课堂教学中，教师应该进一步帮助学生纵观事物历史，立足事物目前状态，推断出下一步的发展趋势。

3. 本调查显示学生的逆向思维能力很弱，只占大约30%左右。根据数据提示，全校学生及各年级学生，全校男生、女生所占的百分比都很低。特别是六年级学生，由于年龄较小，此项只占25%左右。数据显示高年级的逆向思维能力比低年级的学生要高，表明逆向思维能力随年级上升而提高。数据提示我们，专制课堂是导致单向思维的主因。在这种课堂中，学生的思维受到严重的限制，要知道被动接受知识是擦不出创新花火的。

4. 本调查表明学生求同性思维能力很弱，只占34%左右。值得注意的是无论男生、女生还是各年级学生，解决问题的能力都比较弱。但是通过各年级的数据分析显示，九年级同学相对于其他三个年级在解决问题方面的能力稍强。究其原因，可能是在课堂上，教师忽视了对某一结论的演绎、概括和总结。没有真正地让学生根据具体的例子来概括总结，而是直接把结论告诉学生，再进行机械的操练，本末倒置。数据表明随着年龄的增大，学生找到解决问题办法的能力也会随之提高，但在提高的过程中，需要我们教师在平时的课堂中，多布置一些任务，多给予一些自主学习的时间，充分调动学生的学习积极性，让学生自己找到解决问题的办法或相关的结论。

5. 本调查显示在辩证思维能力方面，高年级学生普遍高于其他年级学生10～15个百分点。究其原因，高年级学生在思想政治课上，学习过唯物辩证法，并能够初步把这种能力迁移到实际问题中去，但低年级的学生没有系统上过思想政治课，故此项能力比较弱。因此日常教学中，我们往往不无遗憾地发现，相当一部分学生辩证思维能力远远不能适应学习的需要，他们容易静止地、孤立地、片面地分析问题。这就要求我们在课堂上，从低年级开始就应该学习辩证思维的各种形式，这样到了高年级时，辩证思维能力才能迅速发展，直至接近成熟。

○ 调查报告4：

学生思维发展状况——思维方法方面调查报告

上海市长江第二中学　徐　健

本报告为宝山区“智慧传递”新优质学校创建项目“基于教师课程领导力提升的“和易以思”课堂建构的实践研究”的调查研究之一，即对长江二中学生思维状况——思维方法作的调查研究。

一、问题的提出

为了解我校学生思维发展现状，发现问题，找出原因，以便为有针对性地开展“基于教师课程领导力提升的“和易以思”课堂建构的实践研究”这一教育科研课题提供依据，把课堂教学的价值指向“以思”，特别是培养学生良好的思维品质，充分体现了核心素养的培育要求，强调“独立思考”，在促进学生一般思维的基础上发展学生的高级思维。2018年1月，我们对本校793名学生进行了问卷调查。

二、调查研究方法

本项调查问卷是我们根据长江二中学生思维发展状况的五个维度——思维品质、思维过程、思维形式、思维方法、思维态度来设计的。这份问卷研究报告是思维发展状况中思维方法这个维度的分析。我们认为学生思维过程这个维度可以从发散性思维、聚合性思维、辩证思维方面研究；横向思维、纵向思维、逆向思维方面加以分析；求同性、程序性、比较性方面分析；对立统一、事物普遍联系、动态发展的思维方法方面分析。也就是思维方法从三个因子九个子因子来考察分析。

本项调查问卷依据上述理论分析，分三个因子九个子因子来设计，由18道问题组成。问卷设计框架见下表：

维度	因　子	子因子	题数	因子题数	百分数	题　号
思维方法	发散性思维	横向思维	2	6	5.1%	67～72
		纵向思维	2			
		逆向思维	2			
	聚合性思维	求同性思维	2	6	5.1%	73～78
		程序性思维	2			
		比较性思维	2			
	辩证思维	对立统一思维	2	6	5.1%	79～84
		事物普遍联系思维	2			
		动态发展思维	2			

本项调查在长江二中六、七、八、九四个年级进行，调查抽样采取100%抽取。本次调查共发出调查问卷793份，回收793份，回收率100%%，有效卷100%。

三、结果分析

（一）关于长江二中学生思维方法中发散性思维的分析

发散性思维是指大脑在思维时呈现的一种扩散状态的思维模式，它可以通过三种能力来体现：横向思维能力；纵向思维能力；逆向思维能力。我们通过下列三道题目来检测。

1. 横向思维能力

横向思维能力是指一种打破逻辑局限，将思维往更宽广领域拓展的前进式思考模式，在解决问题过程中，不断改进思维，使问题得到更好的解决。

67. 假如你负责班级黑板报的设计，你会（　　）

A. 套用已有的一种设计方案　　B. 套用已有的几种设计方案

C. 自己设计一种方案　　D. 自己设计几种方案

选项	全	男	女	九	八	七	六
A	8.58%	10.44%	6.56%	8.22%	10.31%	7.48%	8.37%
B	23.96%	25%	22.83%	27.4%	27.32%	20.09%	22.59%
C	18.66%	18.69%	18.64%	17.12%	15.98%	17.29%	23.01%
D	48.8%	45.87%	51.97%	47.26%	46.39%	55.14%	46.03%

本题考察学生在思维活动中，会不会将思维往更宽广领域拓展，思维能否不断被改进。数据显示，在全年级中，第四选项占48.8%，表明全校将近有一半的学生能用横向思维法进行思考问题。从男女生在本题的选项比例中看，女生的横向思维能力比男生略高；从年级比较来看，七年级学生的横向思维能力比其他三个年级的学生高出8～9个百分点

2. 纵向思维能力

纵向思维能力是指遵循由低到高，由浅入深的思维原则，并推断一下步发展趋势的思维能力。

69. 当你完成一个劳技作品后，你会（　　）

A. 扔到一边，不去管它

B. 粗加工一下，使它美观一些

C. 粗加工一下，使它实用一些

D. 精加工一下，使它既美观又实用

选项	全	男	女	九	八	七	六
A	8.7%	10.19%	7.09%	12.33%	9.28%	7.01%	7.53%
B	11.48%	12.62%	10.24%	9.59%	15.46%	9.35%	11.3%
C	11.48%	13.59%	9.19%	11.64%	13.4%	9.81%	11.3%
D	68.35%	63.59%	73.49%	66.44%	61.86%	73.85%	69.87%

本题考察学生在思维活动中，是否具有推断下一步发展趋势的能力。数据显示，在全年级中，第四选项占68.35%，表明全校2/3的学生纵向思维能力比较强。从男女生在本题的选项比例中看，男女生在第四选项的占比分别是63.59%和73.49%，女生超过男生10个百分点，表明女生推断事物下一步趋势的能力比男生要强。从年级比较看，七年级同学的纵向思维能力高于其他年级同学。

3. 逆向思维能力

逆向思维能力是指从对立的、完全相反的角度去思考问题的能力。

70. 如果你现在正在画一条蛇，不小心多画了一条腿，不会（　　）

A. 重新画　　B. 修改一下　　C. 放弃不画了　　D. 将错就错，画壁虎

选项	全	男	女	九	八	七	六
A	51.58%	51.94%	51.18%	47.95%	42.78%	54.67%	58.16%
B	13.75%	15.05%	12.34%	15.07%	16.49%	9.35%	14.64%
C	3.91%	4.37%	3.41%	2.74%	6.19%	4.67%	2.09%
D	30.77%	28.64%	33.07%	34.25%	34.54%	31.31%	25.1%

本题考察学生在思维活动中，是否能从对立的、完全相反的角度去思考问题。数据显示，在全年级中，第四选项仅占30.77%，表明全校超过2/3的学生的逆向思维能力比较弱。从男女生在本题的选项比例中看，男女生在第四选项的占比分别是28.64%和33.07%，表明女生的逆向思维能力较强。从年级比较看，高年级，学生的逆向思维能力比低年级的学生高，表明逆向思维能力随年级的上升而提高。

（二）关于长江二中学生思维方法中聚合性思维的分析

聚合性思维是指从已知信息中产生逻辑结论，从现成资料中寻求正确答案的一种有方向、有条理的思维方式，它可以通过三种属性来体现：求同性、程序性、比较性。我们通过下列三道题目来检测。

1. 求同性思维

求同性思维能力是指从现成资料中找到解决问题的办法或答案的思维

能力。

74. 不约而同与下面哪个成语意思相近？（　　）

A. 志同道合　　B. 异曲同工　　C. 约定俗成　　D. 同道中人

选项	全	男	女	九	八	七	六
A	36.57%	37.14%	35.96%	30.14%	35.57%	41.59%	36.82%
B	34.55%	33.74%	35.43%	39.04%	31.96%	34.11%	34.31%
C	16.9%	16.75%	17.06%	19.86%	14.95%	17.29%	16.32%
D	11.98%	12.38%	11.55%	10.96%	17.53%	7.01%	12.55%

本题考察学生在思维活动中，能否具有找到解决问题办法或答案的能力。数据显示，在全年级中，第二选项仅占34.55%，表明全校将近2/3的学生的求同思维能力比较弱。从男女生在本题的选项比例中看，男女生在第二选项的占比分别是33.74%和35.43%，表明男女生的求同思维能力差距不大。从年级比较看，九年级的学生的求同思维能力比其他年级的学生要高。

2. 程序性思维能力

程序性思维能力是指在解决问题的过程中，操作的程序，先做什么，后做什么，按照严格的程序，使问题的解决有章可循。

75. 当你写一篇短文时，你会（　　）

A. 先列提纲　　B. 边思考边动笔写

C. 先动笔写再想内容　　D. 把背的类似作文写上去

选项	全	男	女	九	八	七	六
A	47.41%	45.63%	49.34%	47.95%	38.14%	49.07%	53.14%
B	39.34%	38.59%	40.16%	41.1%	45.36%	38.79%	33.89%
C	8.45%	9.22%	7.61%	8.9%	10.82%	6.07%	8.37%
D	4.79%	6.55%	2.89%	2.05%	5.67%	6.07%	4.6%

本题考察学生在思维活动中，是否具有有章可循地解决问题的思维能力。数据显示，在全年级中，第一选项占47.41%，表明全校将近一半的学生在解决问题时，知道先做什么后做什么，有一定程序性。从男女生在本题的选项比例中看，男女生在第一选项的占比分别是45.63%和49.34%，表明男女生的程序性思维能力差距不大。从年级比较看，八年级的学生的程序性思维能力比其他年级

的学生要低得多，仅占38.14%，比最高的六年级53.14%低了足足15个百分点。

3. 比较性思维能力

比较性思维能力是指对寻求到的几种解题途径、方案、措施或答案，通过比较，找出较佳的途径、方案、措施或答案的能力。

76. 整个班级的歌唱水平比较低，请选一种符合他们特点的歌曲（　　）

A. 激昂澎湃，音调较高的歌曲　　B. 清缓舒和，音调较低的歌曲

C. 音调适中，起伏不大的歌曲　　D. 音调适中，起伏较大的歌曲

选项	全	男	女	九	八	七	六
A	12.23%	12.62%	11.81%	13.7%	12.37%	9.81%	13.39%
B	20.81%	22.57%	18.9%	13.01%	23.2%	18.22%	25.94%
C	59.39%	56.31%	62.73%	64.38%	54.64%	64.02%	56.07%
D	7.57%	8.5%	6.56%	8.9%	9.79%	7.94%	4.6%

本题考察学生在思维活动中，会不会通过比较，找到解决问题的较佳办法。数据显示，在全年级中，第三选项占59.39%，表明全校将近2/3的学生能在现有的几种方案中，通过比较寻找一个比较合适的方案，比较性思维的能力比较强。从男女生在本题的选项比例中看，男女生在第一选项的占比分别是56.31%和62.73%，表明女生的比较性思维能力要比男生强。从年级比较看，九年级和七年级的学生具有比较性思维能力的同学分别占64.38%和64.02%，比其他年级的学生要高，其中八年级仅占54.64%，比七、九年级低了10个百分点。

（三）关于长江二中学生思维方法中辩证思维的分析

辩证思维是指以变化发展视角认识事物的思维方式，它可以通过三种思维方式来体现：对立统一思维方式；事物普遍联系的思维方式；动态发展的思维方式。我们通过下列三道题目来检测。

1. 对立统一思维方式

对立统一思维方式指在思考问题时，既要认识事物之间相互排斥又要认识事物之间相互联系（也可相互转化）的思维方式

80. 你如何看待性格内向的同学？（　　）

A. 内向的同学一定不爱讲话

B. 内向的同学一定不活泼

C. 内向的同学一定不热情

D. 内向的同学也可能变得外向

选项	全	男	女	九	八	七	六
A	14.63%	16.5%	12.6%	8.22%	13.92%	15.89%	17.99%
B	6.43%	8.5%	4.2%	3.42%	9.79%	2.8%	8.79%
C	6.05%	7.52%	4.46%	5.48%	9.79%	4.67%	4.6%
D	72.89%	67.48%	78.74%	82.88%	66.49%	76.64%	68.62%

本题考察学生在思维活动中，是否认识到事物之间既相互排斥又相互联系。全年级中，第四选项占72.89%，表明全校超过2/3的学生的对立统一的思维能力比较强。从男女生在本题的选项比例中看，男女生在第二选项的占比分别是67.48%和78.74%，表明女生的对立统一的思维能力要比男生高出12个百分点，男女生之间的差距比较大。从年级比较看，九年级学生的对立统一的思维能力比其他年级的学生要高很多。

2. 事物普遍联系的思维方式

事物普遍联系的思维方式是指考虑事物内部要素之间相互联结、依赖、影响、作用等关系的思维方法。

82. 老师讲到食物链时，说到了一个地方蝗虫泛滥，你认为原因是什么？（　　）

A. 蝗虫繁殖能力太强　　B. 蝗虫的食物：青草多了

C. 麻雀少了　　D. 不清楚

选项	全	男	女	九	八	七	六
A	31.4%	32.77%	29.92%	23.29%	28.87%	30.84%	38.91%
B	19.04%	22.57%	15.22%	20.55%	18.56%	23.36%	14.64%
C	45.52%	41.02%	50.39%	52.05%	47.94%	40.65%	43.93%
D	4.04%	3.64%	4.46%	4.11%	4.64%	5.14%	2.51%

本题考察学生在思维活动中，是否能联系问题内部的各个要素之间的关系。数据显示，在全年级中，第三选项占45.52%，表明全校将近一半的学生能用事物普遍联系的思维方式去看待事物。从男女生在本题的选项比例中看，男女生在第三选项的占比分别是41.02%和50.39%，表明女生的事物普遍联系的思维能力要比男生高出9个百分点，男女生之间的差距比较大。从年级比较看，九年级学生的事物普遍联系的思维能力比其他年级的学生要高。

3. 动态发展的思维方式

动态发展的思维方式是指一种运动的、调整性的、不断择优化的思维活动。

84. 在学习中，你会(　　)

A. 以稳定的学习方法　　B. 根据学习情况做调整

C. 采用大家的学习方法　　D. 成绩不好调整自己的学习方法

选项	全	男	女	九	八	七	六
A	23.83%	25.73%	21.78%	17.12%	19.59%	28.97%	26.78%
B	45.65%	41.5%	50.13%	56.16%	52.58%	38.79%	39.75%
C	8.07%	9.47%	6.56%	6.16%	8.76%	6.54%	10.04%
D	22.45%	23.3%	21.52%	20.55%	19.07%	25.7%	23.43%

本题考察学生在思维活动中，是否具有不断优化和调整的思维方式。数据显示，在全年级中，第二选项占45.65%，表明全校将近一半的学生能用动态发展的思维方式去解决问题。从男女生在本题的选项比例中看，男女生在第二选项的占比分别是41.5%和50.13%，表明女生的动态发展的思维能力要比男生高出9个百分点，男女生之间的差距比较大。从年级比较看，高年级学生的动态发展的思维能力比低年级的学生要高。

四、讨论

通过对本项调查的结果分析，长江二中学生在思维方法这个维度上的发展状况分析如下：

1. 本调查显示学生横向思维的能力不强，全校只有48%左右学生具备。但是值得关注的是七年级中有55%左右的学生具有横向思维的能力，远远超出其他年级8～9个百分点。这说明在实际课堂教学中，七年级学生的横向思维能力发展得比较好。

2. 本调查显示学生纵向思维的能力比较强，占68%。值得关注的是从性别上分析，全校男生此项占63%左右，全校女生占73%左右，远超男生10个百分点，表明女生推断事物下一步趋势的能力高于男生。数据表明纵向思维能力与性别有关系，女生这方面的思维能力更强。根据年级来分析，七年级占73%左右，高于其他年级学生。数据再一次表明七年级的发散性思维能力是比较优异的。数据提示我们在课堂教学中，我们要多关注男生，加强这方面的训练。

3. 本调查显示学生的逆向思维能力很弱，只占大约30%左右。根据数据提示，全校男女生所占的百分比都很低。特别是六年级学生，由于年龄较小，此项只占25%左右。数据显示高年级的逆向思维能力比低年级的学生要高，表明逆向思维能力随年级上升而提高。数据提示我们教师应该在备课以及上课过程中，适度地增加学生逆向思维的训练，重点培养全体学生的逆向思维能力。

4. 本调查表明学生能够找到解决问题和办法的能力很弱，只占34%左右。值得注意的是无论男女生还是各年级学生，解决问题的能力都比较弱。但是通过各年级的数据分析显示九年级同学相对于其他三个年级在解决问题方面的能力稍强，这就说明随着年龄的增大，学生找到解决问题办法的能力也会随之提高，但在提高的过程中，需要我们教师在平时的课堂中，多布置一些任务，多给予一些自主学习的时间，充分调动学生的学习积极性，把学习中的问题和困难逐一解决。

5. 本调查显示学生对立统一的辩证思维能力比较强，占73%左右，全校女生此项占78%左右，高于全校学生的百分比。九年级学生此项占83%，高于全校学生和其他年级学生。可见，学生对立统一的思维能力，女生强于男生。高年级学生高于其他年级学生。这提示我们，随着年龄的增大和知识面的扩大，学生看待事物越来越趋于理性和全面，这就要求我们教师在课堂上，要以身作则，不要片面看待事物，不要片面对待学生。

○ 调查报告5：

学生思维发展状况——思维态度方面调查报告

上海市长江第二中学　张　琼

问题的提出

本报告为宝山区“智慧传递”新优质学校创建项目“基于教师课程领导力提升的“和易以思”课堂建构的实践研究”的调查研究之一，即对长江二中学生思维状况——思维态度现状作的调查研究。

我们认为学生的思维态度，折射出的是学生在课堂中对学习所持的一种心理倾向，虽然它是一种主观的东西，但它可以通过学生的行为外显出来，并对学生思维发展起到很大的促进作用。

在以往研究学生思维状况的调查中，很少有关于学生思维态度方面的调查，所以本次调查研究具有开创性的意义。同时，通过调查我校学生思维态度状况，以便发现问题，找出原因，为有针对性地开展“基于教师课程领导力提升的“和易以思”课堂建构的实践研究”这一教育科研课题提供依据。为此，2018年1月，我们对本校793名学生进行了问卷调查。

调查研究方法

本项调查问卷是根据我们长江二中学生思维发展状况思维态度这个维度来设计的。我们认为学生思维态度这个维度可以从：思维参与度、思维主动性、思维独立性方面进行调查研究。思维参与度从参与频率、情绪状态表现方面加以分析；思维主动性从一题多解（选择最好的方法）、对知识的追问（多问几个为什么）、反思监督自己的思维是否正确方面加以分析；思维独立性从独立见解能力、对别人见解的态度方面加以分析。也就是思维态度从三个因子七个子因子来考察分析。

本项调查问卷依据上述理论分析，分三个因子七个子因子来设计，由14道问题组成。问卷设计框架见下表：

<table>
<tr><th>维度</th><th>因 子</th><th>子 因 子</th><th>题数</th><th>题数</th><th>百分数</th><th>题目占比</th><th>题 号</th></tr>
<tr><td rowspan="7">思维态度</td><td rowspan="2">思维参与度</td><td>参与频率</td><td>2</td><td rowspan="2">4</td><td rowspan="2">28.6%</td><td rowspan="2">4.1%</td><td rowspan="2">85—88</td></tr>
<tr><td>情绪状态表现</td><td>2</td></tr>
<tr><td rowspan="3">思维主动性</td><td>一题多解</td><td>2</td><td rowspan="3">6</td><td rowspan="3">42.8%</td><td rowspan="3">6.1%</td><td rowspan="3">89—94</td></tr>
<tr><td>对知识的追问</td><td>2</td></tr>
<tr><td>反思监督自己的思维</td><td>2</td></tr>
<tr><td rowspan="2">思维独立性</td><td>独立见解能力</td><td>2</td><td rowspan="2">4</td><td rowspan="2">28.6%</td><td rowspan="2">4.1%</td><td rowspan="2">95—98</td></tr>
<tr><td>对别人见解的态度</td><td>2</td></tr>
</table>

本项调查在长江二中六、七、八、九四个年级进行，调查抽样采取100%抽取。本次调查共发出调查问卷793份，回收793份，均有效，回收率达100%。

结果分析

一、关于学生思维参与度的分析

思维参与度，也就是调查学生在课堂教学活动中，思想和感情的投入状态。我们通过子因子参与频率、情绪状态表现方面加以分析检测。

1. 关于学生参与频率的分析

85. 课堂上，对于老师提出的问题，我（　　）

A. 每次都能积极举手发言

B. 有把握的，我就举手；没有把握的，不举手

C. 老师提的问题，我没有兴趣回答

D. 我不举手，但是对于老师提的问题，我是思考的

选项	全	男	女	九	八	七	六
A	25.85%	28.4%	23.1%	21.92%	18.56%	31.78%	28.87%
B	46.78%	45.63%	48.03%	44.52%	48.97%	39.25%	53.14%
C	7.82%	8.74%	6.82%	6.16%	12.37%	5.61%	7.11%
D	19.55%	17.23%	22.05%	27.4%	20.1%	23.36%	10.88%

86. 课堂上，对于老师提出的问题，你举手通常是因为（　　）

A. 我相信自己能回答正确

B. 我举手，老师也不一定叫到我

C. 我想引起老师的注意，答对与否没有把握

D. 别人都举手，我也举

选项	全	男	女	九	八	七	六
A	75.16%	72.82%	77.69%	68.49%	69.59%	79.44%	79.92%
B	9.46%	10.19%	8.66%	17.12%	11.34%	5.14%	7.11%
C	9.46%	11.17%	7.61%	4.79%	10.31%	10.75%	10.46%
D	5.93%	5.83%	6.04%	9.59%	8.76%	4.67%	2.51%

学生的参与频率，我们是通过调查学生在课堂教学活动中回答老师提问时的举手频率来检测。第85题考察学生在课堂中的举手情况，第86题进一步考察学生举手的原因。在课堂中教师提出问题以后，学生的举手一般是表示自己要回答问题。举手频率可以反映学生在一节课中是否专心听讲、思维是否积极。

第85题选择A项“每次都能积极举手发言”的学生只有25.85%，选择D项“我不举手，但是对于老师提的问题，我是思考的”占19.55%，两者加起来也只有45.40%，不到被测学生数的一半，数据显示我校学生总体上在课堂上的思维态度不够积极。按年级情况来看，九年级有49.32%，八年级有38.66%，七年级

有55.14%，六年级有39.75%，数据提示全校学生中，七年级学生课堂表现最好，而六、八年级学生课堂表现欠佳。

另外，特别值得关注的是第85题选择B项"有把握的，我就举手；没有把握的，不举手"占46.78%；第86题关于举手的原因，选A项"我相信自己能回答正确"占全体被测学生数的75.16%，数据说明我校学生在课堂上特别关注结果——自己的回答是否正确，而不是注重课堂学习研讨交流这个过程，这会导致教师难以及时了解学生学习中的"相异构想"，无法及时纠错，也就无法有效提高课堂教学效率。

2. 关于学生情绪状态表现的分析

87. 上课铃声响了(　　)

A. 我马上回到座位上，做好上课的准备工作

B. 等老师进入教室，我才安静下来，做上课的准备工作

C. 等老师开始上课了，我才寻找课本

D. 上课开始了，我都不知道老师讲了啥

选项	全	男	女	九	八	七	六
A	81.59%	77.67%	85.83%	79.45%	78.35%	81.31%	85.77%
B	11.1%	13.35%	8.66%	12.33%	13.92%	11.21%	7.95%
C	5.17%	7.04%	3.15%	5.48%	5.15%	5.14%	5.02%
D	2.14%	1.94%	2.36%	2.74%	2.58%	2.34%	1.26%

88. 课堂上，我通常是这样的(　　)

A. 课堂上兴奋度随着学习内容变化

B. 兴奋度随着教室氛围变化

C. 感兴趣的我就听一点，没有兴趣的不听

D. 一上课，就期盼快点下课

选项	全	男	女	九	八	七	六
A	61.41%	55.1%	68.24%	59.59%	55.67%	64.02%	64.85%
B	24.46%	28.64%	19.95%	26.71%	26.8%	24.77%	20.92%
C	9.33%	11.17%	7.35%	9.59%	11.86%	7.48%	8.79%
D	4.79%	5.1%	4.46%	4.11%	5.67%	3.74%	5.44%

心理学研究发现，学习时的情绪状态对学习结果有很大的影响。第87、88题就是考察学生在上课中的情绪状态，从而推测学生的听课效率。

第87题选择A项“我马上回到座位上，做好上课的准备工作”的学生占全体被测学生数的81.59%；第88题选择A项“课堂上兴奋度随着学习内容变化”的学生占全体被测学生数的61.41%。数据表明我校学生在上课时的情绪状态比较好，只要注意培养和提高学生的思维品质，学习结果肯定会有大幅度提高。

第87题选择A项的女生占全体被测女生数的85.83%；第88题选择A项的女生占全体被测女生数的68.24%；而第87题选择A项的男生占全体被测男生数的77.67%；第88题选择A项的男生占全体被测男生数的55.1%。数据显示，女生学习时的情绪状态，优于男生。

另外，值得关注的是第88题选择D项“一上课，就期盼快点下课”的学生占全体被测学生数的4.79%，说明这部分学生存在着厌学情绪。

二、关于学生思维主动性的分析

思维的主动性是指学生在学习中拥有主动的目的，能形成自己主动的想法。我们通过子因子一题多解（选择最好的方法）、对知识的追问（多问几个为什么）、反思监督自己的思维是否正确方面加以分析检测。

1. 关于学生一题多解（选择最好的方法）的分析

89. 对于老师布置的回家作业，你（　　）

A. 不管对错，快点完成　　B. 做完验算一下，看看是否正确

C. 选择最简便的方法解答　　D. 按照老师教的方法解题

选项	全	男	女	九	八	七	六
A	7.82%	8.98%	6.56%	8.22%	7.73%	6.54%	8.79%
B	38.97%	42.48%	35.17%	36.3%	36.6%	43.46%	38.49%
C	23.96%	22.09%	25.98%	23.97%	26.29%	21.03%	24.69%
D	29.26%	26.46%	32.28%	31.51%	29.38%	28.97%	28.03%

90. 当你要到南京路去，你会（　　）

A. 在路上问一下路人，最方便

B. 在网上搜索一下可能的路线与方法

C. 在地图上熟悉一下路径

D. 按照以前去过方式去

选项	全	男	女	九	八	七	六
A	12.11%	14.56%	9.45%	13.01%	11.86%	12.62%	11.3%
B	59.02%	55.1%	63.25%	65.07%	59.28%	54.21%	59.41%
C	19.67%	20.63%	18.64%	15.07%	18.56%	25.23%	18.41%
D	9.21%	9.71%	8.66%	6.85%	10.31%	7.94%	10.88%

思维的主动性不仅仅是学生学习态度的问题，更是一种学习能力的问题，它指学生在面对具体事物或问题时候，拥有主动的目的，形成主动想法的能力，通俗讲就是做事的主动性和创新性等。它有很多方面的表现，第89、90题考察学生遇到具体问题时能否一题多解，主动选择最好的方法。第89题选择C项“选择最简便的方法解答”的只占全体被测学生数的23.96%；第90题选择C项“在地图上熟悉一下路径”的也只占全体被测学生数的19.67%，都不到四分之一。数据表明我校学生的思维主动性能力较弱，态度也不够积极，遇到问题喜欢跟着老师（权威）或别人的思路走。因此，在今后的课堂教学中，建议教师要让学生“自主学习”，注重培养学生思维的主动性，使他们形成学习的兴趣，才能达到老师教得不累、学生学得不累的境界。

2. 关于学生对知识的追问（多问几个为什么）的分析

91. 对于发下来的错题，你是这样订正的（　　）

A. 借同学的本子参考一下，订正

B. 发现不会订正，等老师讲解再说

C. 抓紧订正，订正后交给老师批阅

D. 不急于订正，先发现错误的原因

选项	全	男	女	九	八	七	六
A	10.84%	13.11%	8.4%	16.44%	12.37%	10.75%	6.28%
B	20.43%	20.15%	20.73%	19.18%	25.26%	16.36%	20.92%
C	29.63%	27.43%	32.02%	21.92%	24.23%	31.31%	37.24%
D	39.09%	39.32%	38.85%	42.47%	38.14%	41.59%	35.56%

92. 当同学问你一个你也不懂的问题，你通常的做法是（　　）

A. 告诉他我也不懂，就算了　　B. 和他一起探讨，直到搞懂为止

C. 问问其他同学问题的答案　　D. 请教老师比较好

选项	全	男	女	九	八	七	六
A	11.35%	13.11%	9.45%	15.07%	12.37%	8.88%	10.46%
B	49.18%	49.27%	49.08%	43.15%	44.33%	51.87%	54.39%
C	14.5%	12.14%	17.06%	15.75%	21.13%	13.08%	9.62%
D	24.97%	25.49%	24.41%	26.03%	22.16%	26.17%	25.52%

第91、92题考察学生在思维活动过程中，会不会对所学的知识多问几个为什么，也就是考察学生的求知欲望。第91题选择D项“不急于订正，先发现错误的原因”的只占全体被测学生数的39.09%；第92题选择B项“和他一起探讨，直到搞懂为止”的也只占全体被测学生数的49.18%。数据表明我校学生学习思维不够积极主动，求知欲望也不强。因此，我们要想提高教学效果，必须注意激发学生的求知欲，使学生对学习过程本身发生兴趣，从而提高学习的效果。

3. 关于学生反思监督自己的思维是否正确的分析

93. 假设老师布置一道讨论题，你通常（　　）

A. 想到后快速回答

B. 想一下，组织一下语言，发表意见

C. 思考一下，组织语言表述，再想想，再发表意见

D. 只要自己认为有把握，就发表意见

选项	全	男	女	九	八	七	六
A	10.09%	13.83%	6.04%	8.9%	10.82%	10.28%	10.04%
B	23.71%	25.49%	21.78%	24.66%	25.26%	21.5%	23.85%
C	54.48%	49.03%	60.37%	54.79%	52.06%	57.94%	53.14%
D	11.73%	11.65%	11.81%	11.64%	11.86%	10.28%	12.97%

94. 对于老师的提问，你会（　　）

A. 对自己的回答想一想，可能再次举手发言

B. 自己思考后的发言，不会错

C. 同学对我的回答不同意，我很生气

D. 同学同意我的回答，我很自豪

选项	全	男	女	九	八	七	六
A	69.48%	65.05%	74.28%	78.77%	64.43%	71.03%	66.53%
B	15.38%	16.75%	13.91%	9.59%	19.59%	14.49%	16.32%
C	5.55%	7.04%	3.94%	4.79%	8.25%	4.67%	4.6%
D	9.58%	11.17%	7.87%	6.85%	7.73%	9.81%	12.55%

第93、94题考察学生思维活动的过程中，会不会反思监督自己的思维是否正确。第93题选择C项“思考一下，组织语言表述，再想想，再发表意见”占全体被测学生数的54.48%；第94题选择A项“对自己的回答想一想，可能再次举手发言”占全体被测学生数的69.48%。数据表明我校学生初步具备反思监督自己的思维是否正确的能力。

第93题选择C项的女生占全体被测女生数的60.37%；第94题选择A项的女生占全体被测女生数的74.28%；而第93题选择C项的男生占全体被测男生数的49.03%；第94题选择A项的男生占全体被测男生数的65.05%。数据显示，学生反思监督自己的思维是否正确的能力，女生强于男生。

三、关于学生思维独立性的分析

思维的独立性是指善于独立思考，决不盲从、人云亦云，更不迷信权威。我们通过子因子独立见解能力、对别人见解的态度方面加以分析检测。

1. 关于学生独立见解能力的分析

95. 在课堂上，你有没有发现过有老师讲错的时候？（　　）

A. 常会发现老师的错误

B. 别的同学指出了，我才发现

C. 别的同学指出了，我还是没有发现

D. 我从不怀疑老师讲的还会有错

选项	全	男	女	九	八	七	六
A	46.28%	44.17%	48.56%	59.59%	48.97%	54.67%	28.45%
B	35.06%	33.98%	36.22%	31.51%	33.51%	29.91%	43.1%
C	7.69%	9.22%	6.04%	4.79%	9.28%	8.41%	7.53%
D	10.97%	12.62%	9.19%	4.11%	8.25%	7.01%	20.92%

96. 课堂上遇到老师讲错了，你会怎么做？（　　）

A. 我能确定是老师讲错了，并向老师指出

B. 要是有其他同学也发现了，我才讲出来

C. 即使老师讲错了，我也不敢指出

D. 我从来没有遇到过老师有出错的时候

选项	全	男	女	九	八	七	六
A	63.3%	62.62%	64.04%	67.12%	54.64%	68.69%	63.18%
B	18.03%	17.48%	18.64%	17.81%	25.77%	14.49%	15.06%
C	11.1%	11.41%	10.76%	11.64%	14.43%	9.35%	9.62%
D	7.57%	8.5%	6.56%	3.42%	5.15%	7.48%	12.13%

第95、96题考察学生课堂上是否敢于指出老师的错误，提出自己的见解。第95题选择A项“常会发现老师的错误”占全体被测学生数的46.28%；第96题选择A项“我能确定是老师讲错了，并向老师指出”占全体被测学生数的63.3%。数据表明我校学生初步具备独立思考的能力，能提出自己的见解，不迷信权威。

第95题九年级学生选择A项的有59.59%，而六年级学生选择A项的只有28.45%，数据表明随着年龄的增长，学生自己提出见解的能力也逐步增强。

2. 关于学生对别人见解的态度的分析

97. 课堂上，讨论交流的时候，你会（　　）

A. 敢于发表不同的见解

B. 没有自己的判断，人家怎么说，我也怎么说

C. 有不同见解，不好意思讲出来

D. 先听人家的见解，觉得有道理，附和一下

选项	全	男	女	九	八	七	六
A	60.4%	60.19%	60.63%	60.96%	53.61%	62.62%	63.6%
B	8.58%	11.89%	4.99%	9.59%	10.82%	6.07%	8.37%
C	14.63%	13.11%	16.27%	17.12%	18.04%	11.21%	13.39%
D	16.39%	14.81%	18.11%	12.33%	17.53%	20.09%	14.64%

98. 老师读了一篇作文范文，你（　　）

A. 以后就照着范文写

B. 老师读的范文不错,还是照着自己的思路写

C. 范文好,但不是自己的,只能参考

D. 学习范文的词语用得好,句子写得好的地方

选项	全	男	女	九	八	七	六
A	6.31%	8.25%	4.2%	6.16%	7.22%	4.67%	7.11%
B	15.01%	16.02%	13.91%	8.22%	19.07%	16.36%	14.64%
C	36.07%	34.71%	37.53%	39.73%	34.54%	30.84%	39.75%
D	42.62%	41.02%	44.36%	45.89%	39.18%	48.13%	38.49%

第97、98题考察学生在思维活动中,会不会盲从、有没有自己的独立见解。第97题选择A项“敢于发表不同的见解”占全体被测学生数的60.4%;第98题选择D项“学习范文的词语用得好,句子写得好的地方”占全体被测学生数的42.62%。数据表明我校半数左右的学生能注意学习别人的长处,同时又不盲从。

讨论

1. 调查发现,我校学生在课堂上主动性思维能力较弱,遇到问题喜欢跟着老师或别人的思路走,因此课堂教学中如何培养学生的“问题”意识显得尤为重要。建议教师在课堂教学中放手让学生“自主学习”,要注重改变学生等待教师传授知识的思维方式,着力营造宽松、平等、和谐的课堂教学氛围,让学生自由探讨,自己发现并大胆提出问题、揭示问题。

2. 调查发现,我校学生已经初步具备独立思考的能力,能提出自己的见解,不迷信权威,而且随着年龄的增长,学生自己提出见解的能力也逐步增强。但同时数据提示,我校学生的创新思维能力不强。因此,建议教师要以很宽容的心态,去营造一个有利于培养学生创新能力的环境和氛围,尝试构建各学科创新学习的课堂教学模式,形成一套创新学习的评价体系。

3. 调查发现,我校学生学习上普遍比较注重结果,而不是注重学习讨论交流的过程,这跟我校教师传统的教学观相关,教师普遍把学生的学习看作是知识的吸收过程,虽然许多教师知道学生存在着各种各样的错误认识,但为了赶教学进度,往往把正确的概念直接传授给学生,他们认为这样一来,学生的错误认识就会自然地被纠正过来,这显然是一种错误的观念。建议教师在课堂中,要注重了解学生在学习中的“相异构想”,关注“相异构想”的发现与解决,进行“因材施教”才能有效提高课堂教学效果。

4. 调查发现，由于学校德育教育比较注重学生行为规范的养成，所以学生在上课时的情绪状态表现普遍比较好，但这只是表面的现象。数据提示学生思维态度不够积极主动，求知欲望也不强。因此建议教师要提高课堂教学效果，必须注意激发学生的求知欲。在课堂教学中，为了唤醒学生的好奇心、求知欲，并使其保持觉醒的状态，教师应时时关注引起他们兴趣的事物，关注令他们吃惊的事，关注他们的想法和发现，只有使学生对学习过程本身发生兴趣，从而才能提高学习的效果。

调查发现，全校学生中七年级学生课堂表现最好，其次是九年级，而六、八年级学生课堂表现欠佳。因此建议六年级和八年级的班主任要狠抓学风，从培养学生的学习习惯入手，而不是忙着抓学科成绩，否则事倍功半。

三、调研提示：教学的思维培养转型

学校曾组织了全校规模的学生思维现状调查。我们原创地设计了学生思维框架中的第五块——学生的思维态度，包括思维活动参与度、主动性与独立性三个维度六个方面。

调查发现，本校学生在思维态度这个维度上，独立思考的能力以及课堂中思维的情绪状态表现得相对较好，超过半数。但是，数据提示课堂上的思维态度不够积极，遇到问题喜欢跟着老师或别人的思路走。建议教师在课堂教学中，要注重改变学生等待教师传授知识的思维方式，着力营造宽松、平等、和谐的课堂教学氛围，让学生自由探讨，自己发现并大胆提出问题、揭示问题。

调查发现，全校学生中七年级学生课堂的思维表现最好，其次是九年级，而六、八年级学生课堂思维表现欠佳。因此建议六年级和八年级的班主任要狠抓学风，从培养学生的思维习惯入手，而不是忙着抓学科成绩，事倍功半。

调查显示，本校学生思维上普遍比较注重结果，而不是注重学习讨论交流的过程。数据提示教师在课堂中，要注重了解学生在学习中的“相异构想”，关注“相异构想”的发现与解决，进行“成长性思维”培养，才能有效提高课堂教学效果。

数据显示了本校学生思维发展上存在的问题，以及年级中的不均衡性，尤其在思维方法上的发散性思维；思维形式上的概念与推理；思维过程上的抽象与概括、比较分类；思维态度上的思维独立性与参与度以及思维品质上的灵活性、独创性与批判性较弱。总体显示学生思维发展和社会发展与科学技术发展所要求的具有主体创新能力的人才培养还存在差距，需要转变学校教师的教学观念，从提高教师自身思维能力着手，落实到转变教学方式，真正实现以思维为教之上。

调查报告显示了本校的“学生思维发展框架”与“成长性思维”理论互为循证。同时，调研提示我们的教学要向思维培养转型。

（一）转换教学理念，重视思维教学

旨在培养学生思维能力的教学，应当以此目标为基础，建构一整套的教学理念和相适应的教学策略，特别是要克服传统的讲授式教学的缺陷，重视对话式教学，激发学生思考的兴趣，教会学生如何思考和探究。行为的转变始于理念的转变，僵化的讲授式教学首先需要理念的革新。讲授式教学虽然并不必然导致僵化的知识传承，但不可否认，当今我国的基础教育，讲授式教学正成为学校教育僵化的一个帮凶。因而为了培养学生创新思维，学校教育需要“对话式教学”，对话教学提高了学生地位，更有利于学生的独特性。当然这里我们并不是要完全否定讲授式教学，它也应该在课堂中有一席之地，但不能成为唯一的形式。奥苏贝尔曾经雄辩地指出：接受学习并不一定导致无意义的学习，发现学习也并不一定等同于有意义学习。把接受学习完全等同于无意义学习是错误的。课堂应该充满多样的教学形式，而不只是某一种教学形式的天下。

在教育教学的过程中“授人以渔”，而不仅仅“授人以鱼”是每一个教育工作者的追求。当教育教学真正成为教师个体充满智慧的活动，他们会更加重视培养学生的思维能力，会鼓励学生大胆的求异思维，会欣喜地企盼“雪融化之后是……”穷出不尽的精彩的答案。

（二）让学科教学成为思维培养的载体

“思维是特定的，而任何学科都可以是理智的。”这就是杜威对思维与学科关系的表述。如果说身体的成长需要人体内的器官对于食物养分的加工和吸收，那么思维的成长则是由于合乎人的思维规律的教材的展开，思维代表着这样一种能力，它能从杂乱无章的生活中根据特定事物的暗示，在逻辑指引下，贯穿并联结成一体。因此，所有学科，不管是数学、物理、化学，还是英语、历史、地理，必须具有促进这种思维形成的功能。它的素材和结构必须为思维的形成服务，必须有引导学生积极探索和反省的作用。因为每种学科都有发展思维的作用，但也有难以克服的缺陷和不完整性，在克服这种缺陷和不完整性的过程中，切记不要把教育当成培养百科全书式学生的灌输活动。但专门学科发展的思维课程经常会面临另外的困境，即机械化地跟着学科的内容结构进行。因为机械化记忆，纯粹模仿，模式化练习，可能对于记忆学科知识最有效果，但是这对于学生反省思维的伤害是致命的，而且会让学生对于思考失去兴趣。学生不知道如何运用思维能力掌握与运用学科知识，而专注于忽视思维活动获得分数，这都是对思维能力发展的致命伤害。

大量显而易见的事实和科学研究成果已经证明了：思维是可以通过多种灵

活多变的方式教会的，并且思维在教育教学中有着重要的意义。哈佛大学的戴维·玻金斯说："日常思考，就像日常走路一样，是我们自然拥有的本领。但是良好的思维，就像百米赛跑一样，是一种技术运动。短跑运动员接受训练，学会怎样去跑百米赛。而良好的思维是良好教育的结果，它需要大量的训练。"适应新时代教学的要求，必须运用心理学和教育学原理，将学科教学与思维培养有机结合，改变知识课堂中学生思维缺乏的现象，是十分重要的。

（三）提高教师的思维能力，培养会思维的学生

世界上唯一不变的事物就是变化的本身。教师必须意识到时代在变革而教师要主动积极跟上这个变化。作为教师，我们有责任让自己真正成为"思考的一代"。如果我们不思考，我们的学生也会不思考。真正的教育变革并不在于理论与口号的新颖和前卫，重要的是在于教师日常教育实践、教育经验、教学思想，尤其是思维方式的不断改变。不少教师缺少积极的思维，例如，在教研活动中提到为什么备课中三维目标要分开表达，常会得到的回答竟然是"这是教研员要求的"。这样的回答说明了不少教师缺少按照教育规律来进行独立思维能力。首先要从教师的教学思维改造入手，才有可能实现真正的学生思维培养。我们常说一些教师不注重学生的思维发展，其实正是教师更缺乏良好的思维能力。

教师以何种方式进行教学，对于学生的思维发展具有举足轻重的作用，总体说来，教师常以"假设—检验"的试错的反省性思维教学，要么是以无意识的习惯性思维进行教学。如果一个教师的教学是由自己的习惯性思维控制，那么他的课堂必然充满各种盲目的行动和盲从的信念，指望这样能发展学生的思维简直是一句空话。

一个能发展学生思维的教师，自己首先是思维能力很强的教师。教师的教学应该是在教中不断学，独立解读教材而不是教学参考书的应声者，批判性地吸收听到看到的教学方式。只有在教师努力转变自己的习惯思维的过程中，教学观念才会相应转变，并在实践中体现出来，进而对学生产生潜移默化的影响。教学中教师要成为教学创意设计师，要研究学生，要创造性地解读和使用教材，不要迷信教材与教参，应有自己的思考。不要不加思考地照搬教学程式与方法。例如流行一时的"十六字英语教学法"就是违背外语学习的基本规律，把个人母语扫盲的方法套用到外语教学中。究其原因提出这个英语教学法的人本身没有英语教学背景，从事母语扫盲工作，以虚假宣传误导教师与家长的这个伪教学法最终被淘汰了。教师要善于学习，首先要善于独立思考，学会按照事物规律逻辑思维辨别真假。

课堂教学的目的不仅仅是教给学生必要的知识，重要的是在教授学生必要知识的同时发展学生的思维，让课堂成为发展学生思维的乐园。培养学生思维能力要贯穿在每一节课的各个环节中。不论是课堂教学的导入学习、教学新知还是巩固阶段，都应该合具体学习内容有意识地培养学生的思维能力，培养学生思维的敏捷性、深刻性与创新性。思维发生于疑惑.是一个不断提问、不断解答、不断追问、不断明朗的过程。这就要求教师要善于设计引发思考的问题，问题常是学习的起点，是思维的主线，是交流的载体。问题可以引领学生主动思维，对学生认知的激活，萌发思维灵感。思维不是由教学教会的，思维更多的是学生在思维活动的经常性参与中，不断地思考、体悟和积累，依靠自己这些思维活动经历，通过思维感悟内化为经验，从而逐渐掌握应该怎样思维。当教师的思维模式变了，心智模式变了，可以相信学生的“思维模式”也一定会发生变化，学生的思维能力也一定会得到更好提高，教育一定会成为一种充满智慧的活动。作为一名老师如果能够更好地引领着学生去思考，不同层次的学生在各自思维品质的基础上都能够得到更大的发展，如果学生在经历良好的思维培养后，能本质地看问题，努力探索、发现周围世界的规律，那这便是我们教学的最大收获。

教师要为思维而教，首先要转变观念，反身自己思维能力，特别是教学思维能力，发现自己思维能力上的不足，才能关注自己的思维能力的培养，关注自己教学的逻辑，才能实现为思维而教。我们应该开设培养教师的思维课程，运用学习、教研、实践三位一体的教学思维培训方式，提升教师的思维能力与思维品质。近几年，我们看到了这方面的不少努力和变化，这些变化说明培养学生思维能力越来越受到人们的重视，人们已经感受到，这个创新为王的时代需要大量创造性人才，教育在这个时代起到的作用，不仅是传递知识，更重要的是教会学生如何创造知识。如何完成这一时代交付教育的使命，不仅需要课程改革与教材的更新，更需要教师转变自己的观念和思维，从旧有的传递为主的教育思维转变为以创造为主的教育思维。只有这样，才能教会学生思维，教会学生创造。总之，从为知识而教到为思维而教，从观念、课程和教师等方面都还要付出更多的努力。

第四节　教学行动：为思维而教

一、以思维为核心的教学

正如杜威所说：“思维力的诸如此类的价值，也许可以归纳入约翰·斯图尔特·穆勒的下述一段引言之中：‘进行推理诚可谓生活中的大事。人人都需要每一天、每一小时和每一刻对自己并未直接观察到的事情加以推断，这并不总是为了增加自己的知识，而是因为这些事情本身重要，关系到自己的利益或职业。地方司法官、军队指挥官、领航员、医生或农艺师所承担的任务就是要对所见所闻作出判断，而采取相应措施……他们在这方面做得是好还是不好，决定着他们本职工作的优劣。只有在这方面，他们得不停地动脑筋。’”杜威还指出：“倘若一个人没有这样的态度和习惯，那么不论他见闻多广，他也不是一个真有教养的人。他缺乏基本的思维素质。这种习惯并不是与生俱来的（不论想要有这些习惯的愿望多么强烈）。自然环境和社会环境又不足以迫使人们养成这种习惯，因此教育有重大责任为培养它们创造条件。培养这些习惯，就是思维训练。”（杜威：我们如何思维，新华出版社，2015.10）这些论述培养人的思维，使其成为真正有教研的人。

我们教什么？是知识，还是思维？传统的教学一直被认为是传递知识的事业，我们一直沿袭着这种传递教学观。过分看重知识而忽视思维能力的培养，教师过多控制了学生的思维而剥夺了学生自由发展的精神空间。英国著名哲学家、思想家培根的名言“知识就是力量！”（Knowledge is power），被不少人误解为简单的“知识”，其实培根的这句话意为知识能够丰富人的思想，能够让人更聪明。我们获得知识，通过思考，就能解决我们以前所不知道的很多问题，这时候，知识就是力量的一种。更有不少人忽略了培根这句话完整的表述：“知识就是力量，但更重要的是运用知识的技能。”很显然，后面这句话才是培根要重点强调的，这也和他的哲学思想相吻合。其真实的含义，可以通过他所使用的比喻，清楚地看到这一点。他说蜜蜂采蜜，原料来自花圃、田间的花丛，蜜蜂采集到花粉后，必须经过自己的加工制作，才能造出香甜可口的蜂蜜。人的认识也一样，原料只能通过感官从外界获得，但这还不等于已经获得真正的知识，人还必须通过自己的大脑，把这些从外界获得的材料，“加以改变和消化而保存在理智中”，这样才能形成真正的知识。也就是说知识要通过思维才能变成解决实践的力量。这位一生追求真理的思想家和现代实验科学的真正始祖一生竭力主张、提倡新方法，认为一切知识来源于感觉，科学在整理感性材料时，用归纳、分析、比较、观察和实验的方法科学地整理感性材料。从古今中外来看，为知识而教根深蒂固，而为思维而教一直在呐喊。

为思维而教就是要“少一点，好一点”。“少一点”即针对目前教学内容过多过滥，许多知识点如蜻蜓点水式接触一下，真正理解、把握的却不多，造成“全面的肤浅性”，学生思维“交通阻塞”，学生不堪重负，难以跟上科学和技术迅猛的发展。美国“2061”计划中指出：“学校讲授得少是为了讲得更好些。集中在较少的主题上，教师能按不同的背景将概念渐渐地引入，并随着学生不断成熟，逐步加以强化和扩展，他们能够领会到更深刻的知识内容，从而加深理解。这种方法同那种学生表面上学得挺多而实际上吸收到的少的方法相比，学生毕业时洞察力要丰富得多，理解要深刻得多。”同时还指出，为了确保所有学生具有科学基础知识，必须减少教学内容的绝对数，更多地注重科学、数学和技术之间的联系。培养科学的思维方法“好一点”，即以质胜量，提升学生思维能力。“好一点”是指教学内容不在于量，而在于质。学得过多不如宁愿少学一点、学得扎实一点。因此，在“少一点”的基础上，提出“好一点”的教学思路，引导学生提高探究性学习的能力。“好一点”就是要求教学上在“通用概念”上下功夫，在知识结构上进行迁移，在思维能力上进行训练。在课堂教学中培养学生把握基本知识结构和把握科学思维方法的能力。

开发学生多种智能的潜力，要求课堂教学要贯彻以思维为核心，“为思维而教”的理念。在当今时代，创新精神和创新能力的要求使我们必须将人的智能发展提到相应的高度。思维是智能的核心要素，只有思维得到了培养和发展，智能的提高才有可能。从另一个角度来讲，真正的人的培养，完善人格的养成，也都包含着一个前提，就是思维能力的发展。一个真正的、完整的人，一个有人格的人，首先必须是一个会思维的人。在课堂教学中，让学生在掌握知识的基础上，思维得到发展，是培养创新人才的前提和关键。

怎样培养出杰出的人才呢？当今教育最为深刻的危机之一，就在于知识占据了至关重要的地位，培养和塑造“知识人”成为根深蒂固的教育理念。然而，真正重要的不是知识数量的多少，而在于把握核心知识，善于运用知识。唯有当知识被用来开启心智，知识被用于解决实践问题的时候，知识才能够转化成为人生智慧的力量。而当知识仍然充塞着教育的全部，占据着教育的中心之时，智慧便只能被驱赶或冷落在边缘，偶尔成为教育者口中的套话，却无法通过实践内化到学生的生命之中。为思维而教更应作为创新时代的主要教育目标。在对创新越来越重视的全球化时代，学校应为提高学生的思维能力而教，进行多种形式的思维教育。进行思维教育应从教学理念、课程设置和教师反思性思维三方面进行革新。

德国物理学家劳厄说：“重要的不是获得知识，而是发展思维能力。教育无非是将一切已学过的东西都遗忘时所剩下来的东西。”这绝不是否定知识，而是强调只有将知识化为能力，才能成为有用的东西。古往今来许多成功者既不是那些最勤奋的人，也不是那些知识最渊博的人，而是一些思维敏捷、最具有创新意识的人，他们懂得如何去正确思考，他们最善于利用头脑的力量。为思维而教，就是把发展学生思维能力作为教育教学的一个重要目标，在教学过程中着力帮助学生掌握思维方法，培养思维品质，提高思维能力。教会学生思维，帮助学生学会观察问题、分析问题、解决问题、表达问题，要求教师自身有思想、有智慧，确立“为思维而教”的理念。培养学生的思维能力，不能简单地依赖于解题训练、作业讲评，教师必须把发展学生思维能力作为培养目标、教育目标。

二、让培养学生的思维不要成为一句空话

“为什么我们的学校总是培养不出杰出的人才？”世纪老人振聋发聩的诘问仿佛达摩克利斯之剑悬在每个教育者的心头。无论培养学生创造能力的口号喊得有多么响，我们不得不承认这个事实，那就是，我们目前在实际教育工作中对学生创新能力的培养是不足的。学生学习中存在的主要问题有：不善于抽象概括，不善于发散迁移，不善于发问提问，不善于策划建模，不善于创新创造，不善于总结反思。针对这些问题，为思维而教，改变为知识而教，需要教师拥有教学智慧，教会学生思维。尽管经常可以在教师的备课里或者讲话中提到“发展学生思维能力”，或者是老生常谈，但是根据我们的调查与平时的接触发现，教师对于思维缺乏科学的把握，思维培养缺乏应有的能力。这就是令人遗憾的现实。

为思维而教，就是把发展学生思维能力作为教育教学的一个重要目标，在教学过程中着力帮助学生掌握思维方法，培养思维品质，提高思维能力。教会学生思维，帮助学生学会观察问题、分析问题、解决问题、表达问题，要求教师自身有思想、有智慧，确立“为思维而教”的理念。培养学生的思维能力，不能简单地依赖于解题训练、作业讲评，教师必须把发展学生思维能力作为培养目标、教育目标。思维能力不是一个空虚的概念，而是由确定的规定性，是人们思维活动的思维方法、思维形式与思维过程的个性心理特征，包括理解力、分析力、综合力、比较力、概括力、抽象力、推理力、论证力、判断力等能力。思维能力的稳定综合表现出来的特性就是思维品质。思维能力是整个智慧的核心，是参与、支配着一切智力活动。一个人聪明不聪明，有没有智慧，主要就看其思维能力强不强。要使自己聪明起来，智慧起来，最根本的办法就是培养思维能力。

思维是可以发展的，这是由其构成的要素决定的。思维的方法、思维的形式与思维过程是可以通过学习、训练发展的，那么思维能力是可以发展的。抓住思维的上述三个方面进行有系统的培养，学生的思维品质一定能够提升。人们要智慧起来，最根本的办法就是发展思维能力。

思维能力培养的主要目的是改善思维品质，提高学生的思维能力，只要能实际的教育教学活动关注思维的培养，把握住思维能力训练，坚持思维长期培养，引导学生进行有的放矢的努力，就能顺利地卓有成效地形成形成良好的思

维品质。思维并非神秘之物，尽管看不见，摸不着，来无影，去无踪，但它却是实实在在有特点、有品质的普遍心理现象，又是贯穿在师生整个教育、教学的全过程之中。

杜威曾指出："思维需要细心而周到的教育的指导，才能成功实现其机能。"教育的使命为思维而教，但绝不能成为一句空话，要切实转变为知识而教的顽固的观念与教学习惯，积极地依据思维活动的规律，从思维的组成要素、思维能力与品质，依托学科特质进行思维训练。遵循"语言是思维本身的要素，思想是生命表现的要素，语言是思想的直接现实"。在不同学科中借助不同的学科语言进行思维培养。在数学学科中，我们借助数学语言进行思维，数学语言可分为抽象性数学语言和直观性数学语言，包括数学概念、术语、符号、式子、图形等。数学语言又可归结为文字语言、符号语言、图形语言三类。我们在教学中注重把一个抽象的内容转化为具体的或形象的内容；把用符号语言或图形语言表述的关系转化为文字语言的形式，或把文字语言表述的关系转化为符号或图形语言，或把三种语言表述的定义定理公理翻译成自然语言以方便理解。在培养学生数学思维时重视从书面数学语言中获得意义的心理活动过程，包括感知、理解等一系列心理活动以及分析、综合、推理、判断、归纳、演绎等一系列思维活动。在美术学科中教师借助色彩、线条、造型等美术语言培养学生的美术思维；在音乐学科中借助旋律、节奏与强弱等音乐语言培养学生的音乐思维，借助力量、速度与技巧等体育语言培养学生的体育思维，通过培养学生的直接思维提高学生的英语语言能力。

思维培养的路径是多元的，除了学科教育之外，还应该在生活与学习中，培养学生良好的道德思维，培养学生的道德判断能力，依据真善美道德标准进行独立的道德判断，学会辨别是非、辨别善良与邪恶、辨别真假丑美，提高道德认知水平，并在生活中自觉地践行。学校还可以开设专门的思维训练课程，让学生学习思维方法、思维形式与思维过程。学校更应该创设有利于学生发展思维能力的环境，营造宽容的环境鼓励学生创新思维，鼓励学生独立思考，鼓励学生批判性思维。

三、为思维而教，教师先学会思维

（一）为思维而教，让学生学会思维

学生学会思维是人类发展的必然，也是教育的基本使命，这是因为人之所以为人的缘故。为知识而教不能适应当代科学技术迅猛发展、知识经济社会已经降临的社会发展，只有善于思维的人，才是具备智慧的人，才能创造知识，推动人类社会不断前进。

思维能力获得的难度要求为思维而教。思维能力是一种复杂的能力，与掌握知识相比，难度更大。思维能力更多的是个人的一种心理个性倾向，不易被直接观察。思维方法、思维形式、思维过程一般带有较高的概括性，因此要使这样的思维方法、形式与过程成为支配学生认知行为的力量，成为学生的自觉行为，需要经过长期的训练。思维能力的形成有赖于学生的知识和智力基础，有赖于运用知识分析和解决问题的思维活动的实践。思维能力不会自然而然地得以形成与发展。需要对学生进行有意识的思维训练，培养他们良好的思维习惯，形成高思维品质。

思维能力的可训练性已经成为不争的事实，为思维而教是可见成效的。一些教育学家和心理学家通过大量试验与论证表明思维具有可训练性。爱德华·德波诺指出，思维不同于智力，智力通过思维而得以发挥，思维作为一种能力可以被直接传授。思维能力的获得有一个从不自然到自然的过程。从思维方法、思维形式、思维过程方面入手去训练思维，就能把神秘莫测的思维具体化，以至思维可以通过教学直接传授。经过专门训练，学生是能够发展思维能力的。这就意味着为思维而教是有意义的。

为思维而教，教师还存在着一个教学观念的转变，从习惯了传统的为知识而教到为思维而教的蜕变。教学首先要透过知识，引导学生参与展开思维，在学生思维活动中让学生学会思维。思维不是直接可以教思维规则或方法而掌握的，必定是学生在思维活动中学会的。因为思维是人个体身上的心理倾向，在生理、心理的变化基础上内化而成的脑活动的结果。思维不是由教育教会的，思维能力更多的是学生在自觉主动思维活动经常性参与中，在自己学习中不断探索、体悟和积累，依靠这种摸索和体悟所得进行内化，从而逐渐掌握应该怎样思维。

教师可以通过适当的途径与方式，训练促进学生的思维活动，并在学生思维活动中，让学生掌握良好的思维方法、思维形式与思维过程，从而增强思维能力，提升思维品质。

（二）教师首先要提升思维能力

《中共中央国务院关于深化教育教学改革全面提高义务教育质量的意见》在提升智育水平上提出“着力培养认知能力，促进思维发展，激发创新意识”。上海市《〈关于深化教育教学改革全面提高义务教育质量的意见〉的实施意见》的“深化教育内涵发展，促进义务教育提质增效”中提出“引导学生学会创意，提升创新创造能力。以考查学生思维的深刻性、灵活性、独创性为重点，加强考试命题改革”。这些关于教学的要求，对于不少教师来说要求是很高的，例如思维的深刻性、灵活性、独创性都是相当一部分教师的弱项，教师的思维能力与思维品质与当今教育发展的需要还有相当距离。不少教师满足于学历，而缺少智慧；满足于教学套路，而缺少教学思维（教学逻辑）；满足于教知识，而缺乏育人的思考；满足于上课，而缺乏教学适应学生的教学创新。经常可以听到教师说“三维目标分开写是教研员要求的”“备课上突出单元教学设计淡化课时设计是参考书上写的”，这些教师就是缺少教学的独立思考，缺少运用自己的思维来判断是否合理，是否合乎规律，难以正确地理解与解决教育、教学实际问题。

“为思维而教”，首先要改变教师的思维，教师应该有良好的思维品质。一个能发展学生思维能力的教师，自己首先必须具有较强的思维能力。教育家于漪在《思维才有力量》一文中指出：“我经常参加上海市教师的培训和评选工作，有一个问题让我非常焦虑：无论是特级教师的评定还是基地学员的遴选，从书面的表达以及面试来看，老师们最缺失的不是教学的技能技巧，而是思想与批判性思维。”我们常碰到教师说，“我不会搞科研”。什么是教学科研？最通俗的话就是动动脑子上好课。科研能力薄弱实际上就是反映这部分教师的思维能力薄弱。“我会上课，就是不会写（科研）文章”。写文章最基本是写什么与怎样写，也就是要有清晰的思路，有逻辑地表达。其实上述这句话暴露了这类教师缺乏良好的思维能力。思维能力不足的教师上课（教学）思路与教学的把握会怎样，不言而喻。缺乏教学逻辑，缺乏以正确的思维方法、思维形式进行教学思维的教师，能真正意义上上好课吗？没有创新精神与创新思维的教师，能培养出有创新思维的学生吗？在这种情况下不是不可能出现有创新思维的学生，但绝对不是这类教师培养出来的，而是其他有创新思维的教师或者家长等其他人。只有在教师努力转变自己的固定思维的过程中，不断学习思维，学习教学思维，发展自己的成长性思维，教学观念才会相应转变，并在教学实践中体现出来，进而对学生的思维产生潜移默化的影响。教师要“善喻”，成为教学创意设计师，要观察与思考学生，要创造性地解读和使用教材，设置生成性的教学方案，给学生留下更多的时间和空间去思考。教师不要迷信教材，迷信教参，迷信好为人师的“专家”，应该有自己的独立思考。课堂教学的目的不仅仅是教给学生必要的知识，更重要的是在教授学生核心知识与必备技能的同时发展学生的思维，让课堂成为发展学生思维的乐园。

培养学生思维能力要贯穿在整个教育教学之中，贯穿在每一节课中，贯穿在每一节课的各个环节中。不论是开始的导入，教学新知，还是巩固学习，都要注意结合具体的内容有意识地进行思维培养，培养学生思维的深刻性、灵活性和独创性等。只有教师真正掌握了思维，具有良好的思维品质，才可能为思维而教，在教学中关注学生的思维重于为知识而教学。思维起源于疑惑，教师要善于对所接触到的教学现象进行思考，开展不断提问、不断解答、不断追问、不断明朗的思维活动，才能提升教师自身的思维能力。教师要设计出优质问题，首先需要改变自己的思维习惯，变“解惑”为“思辨”，变“消事”为“惹事”，最大限度地激发学生的思维冲突，让学生“真动脑、动真脑”，在高层次思维问题解决中发展低层次思维，而不是在低层次思维问题解决中积累高层次思维。孟子曰:“贤者以其昭昭使人昭昭，今以其昏昏使人昭昭。”(《孟子·尽心下》)教师应该以其昭昭使学生昭昭，自己先学好思维，让学生学会思维。要想我们的学生能有独立思考的能力，教师要立着教书。真正优秀的教师应当无一例外是思想者。培养独立思考的一代，是教育最重要的任务。中国需要大批有独立思考精神的教师。教师自己应当先学会读书，善于思考。

当教师的思维模式变了，心智模式变了，我们就有理由相信能力学生的“思维模式”与“心智模式”也一定会发生变化，学生的思维能力也一定会得到更好发展，教育一定会成为一种充满智慧的活动。作为一名老师，应该能够更好地引领着学生去思考，让不同层能力次的学生在各自思维品质的基础上都能够得到更大的发展，如果使学生在经历良好的思维教育后，能本质地看问题，努力探索，更富有智慧，会创造与发现，这是我们教学的最大的收获。

第二章 “和易以思”下的成长性思维

教育中的思维培养问题一直是人们关注的问题，似乎是一个老生常谈的问题，却是一个教师很模糊的问题。“为知识而教”与“为思维而教”在观念上与实践上存在着争论。随着社会与科技发展，创新精神与创新能力人才需求凸显出来，教育培养学生思维能力，特别创新思维显得十分重要。在这样的时代背景与教育发展要求下，我们学校开展了成长性思维的培养。

关于思维教学，正如叶澜教授指出：“课堂教学过程的研究并不是一个新的理论话题，历史上有过传统教学论与现代教学论的激烈争辩，如今又有以‘后现代’为其总称的多种教学论流派的风起云涌。这些都为我们重建课堂教学观提供了丰富的思想资源。”（“新基础教育”论，2006.9）为此，本项目从传统教育思想“和易以思”以及现代提出的“成长性思维”两个方面展开文献研究，从而把握学生思维培养的发展脉络与现状，探索培养的有效方式，以期建构“成长性思维”培养的理论构想与实践形态。

第一节 “和易以思”思维教育思想

一、“和易以思”的深邃教育意义

（一）“和易以思”的“善喻”

“和易以思”见诸我国最早的教育理论著作《学记》。《学记》是中国古代一篇教育论文，是古代中国典章制度专著《礼记》(《小戴礼记》）中的一篇，是世界历史上最早专门论述教育和教学问题的著作。一般认为是中国战国晚期思孟学派的作品，其作者可能是孟子的学生乐正克。它是中国先秦时期教育思想和教育实践的概括和总结，系统而全面地阐明了教育的目的及作用，教育和教学的制度、原则和方法，教师的地位和作用，教育过程中的师生关系以及同学之间的关系，比较系统和全面地总结和概括了中国先秦时期的教育经验。它是中国古代也是世界上最早一篇专门论述教育、教学问题的专著，因此有人称它为“教育学的雏形”。

《学记》有一段十分重要的论述：“君子既知教之所由兴，又知教之所由废，然后可以为人师也。故君子之教，喻也。道而弗牵，强而弗抑，开而弗达。道而弗牵则和，强而弗抑则易，开而弗达则思。和易以思，可谓善喻矣。”意为“君子不但懂得教学成功的经验，又懂得教学失败的原因，就可以当好教师了。”所以说教师对人施教，就是启发诱导。诱导而不牵拉，劝勉而不压制，开启而不封闭。诱导而不牵拉，则学习融通；劝勉而不强制，学生才能感到安易；启发而封闭，学生才会自己积极思维。这段教育论述突出了教育的本义在于“善喻”教会学生思考，而不是仅传授现成知识。告诫教师只有善于晓喻让人明白道理，知道教育之所以兴盛的原因，也明白教育之所以衰落的道理，然后就可以为人师表了。

“道而弗牵，强而弗抑，开而弗达”，强调了教师在教学过程中要注意启发诱导。引导学生却不硬牵着他们的鼻子走，不去强迫学生服从，这样才能使师生之间和悦相亲。引导而不强制，师生教与学才会融通。对学生严格要求，但却不要压抑其个性与需求，只有这样才能使学生感到学习虽有压力但却容易达到目标。教师严格而不压抑，学生学习起来才会感到安易，得以充分发展。启发与引导学生打开思路，但不将结论和盘托出，不要急于提供现成的答案，才能养成学生独立思考的习惯。这启发我们在教学中必须充分调动学生的积极性，鼓励学生积极思考，科学地引导学生学习。简而言之，教师的教学应该引导学生明白道理，但决不牵着学生的鼻子，这样学习才会融通；严格要求学生，但决不使学生感到压抑，学生才会感到和悦；启示问题决不把最终结果端给学生，则能引发学生思考。

“和易以思，可谓善喻矣。”更是强调引导学生明白道理，但决不牵着学生的鼻子，学习才会融通；严格要求学生，但决不使学生感到压抑，学生才会感到和悦；启示问题决不把最终结果端给学生，则能引发学生思考。这样学生的学习方式融通（和）、师生关系融洽（易），使学生独立思考（以思），才算善于教导。这就“和易以思，可谓善喻矣”。“和易以思”简明扼要地概括了“善喻课堂教学”的三维结构及其本质特征——和：和谐的教学氛围；易：善喻的课堂教学方式；思：启思益智的思维活动，从而达到高质量的思维品质培养。能做到学生学习融通，师生关系融洽，并能独立思考，可以说是做到了善于启发诱导了。

“和易以思”关乎教之兴与废。“故君子之教，喻也”——高明教师的教学，在于善于引导——“和易以思，可谓善喻矣”。如何做到“善喻”——“道而弗牵，强而弗抑，开而弗达”，即道，引导，而不强制灌输，追求明理融通；强，关心，而不压服管制，追求自强和悦；开，启示，而不直接替代，追求独立思考。教学在于“道”自然本然，讲究规律；也在乎“易”平易正直、易恬和悦、易中其心。

“君子之教，喻也”。强调了高明的老师善于用启发的方法教育学生。这样“君子既知教之所由兴，又知教之所由废，然后可以为师也”。

“和易以思”作为教育的重要原则，对现实仍然很有意义。它强调“君子既知教之所由兴，又知教之所由废，然后可以为师也"。对教师的教提出了基本要求，按照学生的认知规律实施教学，才是真正意义上的教师。这段"和易以思，可谓善喻"的论述，虽时隔2 000多年，但是对今天的教育仍富有现实意义，蕴含着我国优秀的传统教育思想。"和易以思"课堂建构，使课堂教学的改革有了一个着力点。继承与发扬我国优秀的教育思想和方法，使课堂成为支持学生发展的师生学习共同体，有利于促进学生的高品质思维的发展。

（二）"和易以思"的教育价值

我国"教圣"孔子在《论语·述而》中有过非常明确的阐述："子曰：不愤不启，不悱不发。举一隅，不以三隅反，则不复也。"孔子认为，"教导学生，不到他想弄明白而不得的时候，不去开导他；不到他想出来却说不出来的时候，不去启发他。教给他一个方面的东西，他却不能由此而推知其他三个方面的东西，那就不再教他了"。

"易思维"（或易简思维）源于《易经》，"和思维"是从《易经》的"尚中"与《中庸》的"中和"价值理念发展而来。儒家讲求中和，中庸之道经过数千年的历史积淀，甚至内化成了中华民族的性格特征；道家无为而治，主张不逆道妄为，顺应自然、效法自然；墨家兼爱非攻，反对不义的战争，这种古老思想穿越千年，成为21世纪世界大多数维的产物，其思想历久弥新。因此，在教育中遵循"教育之道"，运用和易思维，尤其需要在学生中重建和易思维方式，让和易思维发扬光大，拓展"和易以思"内涵。

由此可见，"和易以思"是我国优秀的经典教育思想，这对当前培养关键能力有着浓重的价值。我们对"和易以思"归纳为以下四个方面的价值：

1.《学记》的"和易以思"是我国优秀的教育思想

田奇述指出，"和易教育思想"来自我国最早的教育理论著作《学记》中"善喻"的论述。它是关于促进师与生、教与学关系的和谐，促进学生发展、变化的教育思想。《学记》不仅提出了"和易教育思想"，而且还描述了"和易以思"的课堂教学策略。探究"和易教育思想"的渊源，研究和易教育的发展趋势，对我们构建和易教育，具有深远的历史意义和积极的现实意义。（田奇述：让"和易教育思想"放光芒，教育实践与研究，2014年第26期/A）我们应该继承我国优秀的教育思想，发扬"以学生为本"的教育理念，结合当代教育的情境，建构以"和易以思"的课堂，促进师生融洽，学习安易，学生独立思考，做到善于诱导。

2.《学记》的"和易以思"作为教育的重要原则，对现实仍然很有意义

在两千多年前，还没有提出以学生为本的教育思想，还没有出现"启发式教学"这个概念，但是《学记》就明确指出了"道而弗牵；强而弗抑；开而弗达"，即师生融洽才能学习安易，学习安易才能有学生的独立思考，这是难能可贵的。

博士生导师张传燧指出，“和易以思”，简明扼要地概括了有效课堂教学的三维结构及其本质特征——和：和谐宽容的师生关系；易：愉悦融洽的师生关系；思：启思益智的思维活动。

3.“和易以思”体现素质教育的价值

张传燧、丁伟平认为：“借鉴现代相关教学理论和我国古代教育经典《学记》‘和易以思’的教学思想所蕴含的传统教育智慧来建构有效课堂教学模式，是培养学生核心素养的紧迫需要。”（张传燧、丁伟平：“和易以思”：有效课堂教学模式的特征及其构建策略——基于学生发展核心素养培养的视角，教育科学研究2018.08）田奇述认为，《学记》中的“开而弗达”思想可以用“先学后教”“少教多学”现代自主学习理念进行解读。“和易以思”倡导教学直抵思维核心，并通过“自学自思”“展学赏思”教学环节，让“思”落地生根。（田奇述：“和易以思”教学新论，江西教育，2017.12）

把课堂教学的价值指向“以思”，特别是培养学生的良好的思维品质，充分体现了核心素养的培育要求，强调“独立思考”。在促进学生一般思维（思维活动形式、思维种类、思维特点、思维品质）的基础上发展学生的高级思维发展，特别是独立思考与创新思维。“和易以思”的本义就在于课堂教学关注学科的育人价值，关注学生的思维发展，关注学生的独立思考。如何进行学生核心素养的培养，最终还是要落在学科核心素养的培育上。学科教学，特别是课堂教学，是基本路径，关注课堂教学中培育核心素养是必然之路。“和易以思”课堂教学要指向学科核心素养：关注学生的思维品质和思维过程。

4.“和易以思”应该形成教学模式

《学记》不仅对“和易”进行了定义，还提出了“和易以思”教学模式。这一模式体现了“师生融洽”“教学民主”“乐学善思”的和易教育思想主张。《学记》携带着原始文化基因，为适应现代教学，还要对“和易以思”进行新解读，对“和易以思”课堂进行改造，打造出具有“和易”特质的教学课堂。（田奇述：“和易以思”教学新论，江西教育，2017.12）这个观点与本课题建构“和易以思”课堂相一致，本课题对“和易以思”课堂模式做出自已的构想，使和易以思的“以思”指向性更明确。“和易以思”倡导教学直抵思维核心，并通过“学与思”“思与做”教学环节，让“思”落地生根。

5.“和易以思”新内涵——强调对思维本身的发展

随着思维科学的发展，“和易以思”应该有新的内涵。“‘和易以思’的‘思’还可以指思维或思想。思维是人脑对客观现实的概括和间接的反映；思想是客观存在反映在人的意识中，经过思维活动而产生的结果，是人类一切行为的基础。学校教育，思维不能缺席，思想不能缺钙，思考要成为一种习惯。这样，学生的学习过程才会有积极思考相随，有自主思维相伴，滋长思想相生，直抵和易思维核心。”（田奇述：“和易以思”教学新论，江西教育，2017.12）人类的思维方式在不断发展，系统综合性、动态开放性和自觉创新性是和易思维方式的基本特征，运用不走极端的现代和易思维方式，即使出现错误，也会把损失降到最低点。当人类的基本思维方式发生改变的时候，在此基础上建构的教育大厦，必然要发生革命性的裂变和系统性的重构，只有这种改变才能培养出适应未来发展的具有现代思维方式的人。（田奇述：“和易以思”教学新论，江西教育，2017.12）建构一种适宜学生思维发展的“和易以思”教学模式，使课堂教学的改革有一个着力点。

二、“和易以思”下的成长性思维

我们的研究在于探索传统教育思想与当代思维模式的融合，如何增强学生成长性思维，转变固定思维，并在这个基础上，如何依托“和易以思”课堂，通过优化与发展学生思维方式、思维方法与思维过程，从而达到提高学生思维能力，实现学生思维品质的提升，从而形成培养学生“成长性思维”的“和易以思”课堂教学模式。

“和易以思”与“成长性思维”有着关联性。“和易以思”是思维培养的方法论，“和与易”是支持学生达到“思”，是条件，“思”是结果。成长性思维，强调思维是可发展的，要改变固定思维模式，要养成成长性思维模式。“故君子之教，喻也”“和易以思，可谓善喻矣”，这些论述阐述思维通过“善喻”是可以发展的。正是基于这样的内在逻辑，我们开展了“和易以思：学生成长性思维的培育”。

1. 把课堂教学指向“（以）思”，特别是培养学生良好的思维品质，充分体现了素养教育的培育要求，强调思维品质与“独立思考”。《中国学生发展核心素养》总体框架六大核心素养中明确提出了“科学精神”包括“理性思维”逻辑清晰，能运用科学的思维方式认识事物、解决问题、指导行为等；“批判质疑”，能独立思考、独立判断；思维缜密，能多角度、辩证地分析问题，做出选择和决定等；“勇于探究”，能不畏困难，有坚持不懈的探索精神；能大胆尝试，积极寻求有效的问题解决方法等。

2. 在教育的主渠道——课堂中实施“和易以思”，以切实提高学生的思维品质与能力。本课题的学生思维现状调查报告显示，本校学生思维品质较为薄弱，特别是在学习中思维的灵活性、批判性、独创性，包括反思能力、迁移能力所占百分比较低。调查报告也显示本校学生思维过程方面的概括能力、揭示关系等方面最弱的，有70%左右的学生这些方面不足。本校学生在思维形式的演绎推理能力不强，甚至有20%学生无法根据信息进行推理。在思维方法上，数据也提示，本校学生横向思维的能力不强，全校只有48%左右学生具备。调查显示，本校学生思维上普遍比较注重结果，而不是注重思维本身的发展。据此，我们必须改变老生常谈思维，却难以真正落实发展学生思维的境况。

3. 以“和易以思”与“成长性思维”的思想与方法，解决影响学生主动学习的内驱力，即思维的态度。上述的思维现状调查的数据提示本校学生相当一部分学生在课堂上的思维态度不够积极，遇到问题喜欢跟着老师或别人的思路走。调查建议教师在课堂教学中，要注重改变学生等待教师传授知识的思维方式，着力营造宽松、平等、和谐的课堂教学氛围，让学生自由探讨，自己发现并大胆提出问题、揭示问题。这就是我们提出运用“成长性思维”促进学生思维能力与品质发展的动因。

4. 针对当前学生思维培养中的把思维本体的发展与思维态度（思维哲学观念）的提升割裂的现象，建构一种新的培养学生思维的模式。这种模式要把思维的这两个维度融合起来，这就需要我们教学探索与研究，我们试图通过本课题研究，探索如何以我国关于思维的“和易以思”传统经典教育思想与当今国外关于思维模式的融合，继承与发扬我国优秀的教育思想和方法，借助“成长性思维”模式，激励学生在学习中做出积极的改变，同时以一种新的思维方式看待学习，增强学生积极发展的内部动力，培养学生的成长性思维，最大限度地开发每一个学生的潜能，真正促进学生的健康、积极成长。建构一种适宜学生思维发展的“和易以思”教学模式，使课堂教学的改革有一个着力点。

三、“和易以思”课堂的实践研究

我们通过本课题的研究，探索传统教育思想与当代思维模式的融合，如何增强学生成长性思维，转变固定思维，并在这个基础上，如何依托“和易以思”课堂，通过优化与发展学生思维方式、思维方法与思维过程，从而达到提高学生思维能力，实现学生思维品质的提升，形成培养学生“成长性思维”的“和易以思”课堂教学模式。

（一）研究思路

1. 课题的理论思路

基于“和易以思”课堂下的学生“成长性思维”的培养，最终促进学生思维品质的提升。

2. 课题的实践思路

课题以“总—分—总”的实践循证思路推进。

循证实践研究一：以“思维要素的成长性”维度，依据教师对思维培养的实践难易度，逐一从思维方法，然后思维形式，最后从思维过程分别开展对思维品

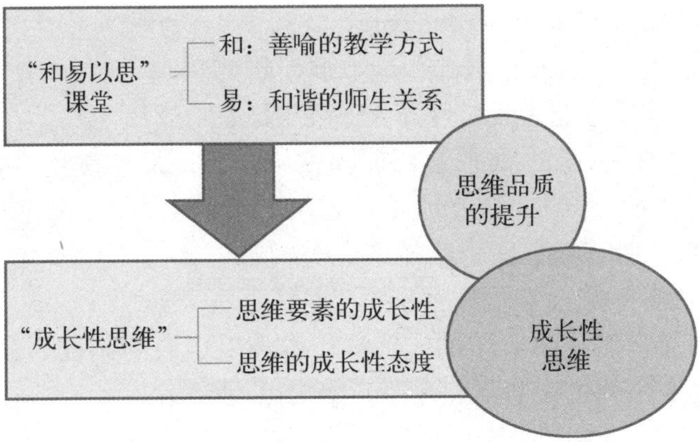

质培养的落实。

循证实践研究二：以“和易以思”课堂的“易：和谐的教学氛围”为主，结合“和：善喻的课堂教学方式”实践研究，关注思维态度的转变与发展，并对“和易以思”整体上循证对学生成长性思维培养的促进。

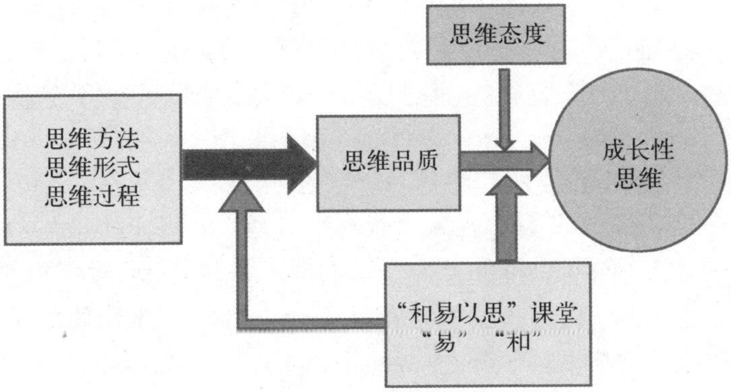

3. 课题的研究方法思路

本课题主要采用以基于证据的实践的循证研究。我们在课题研究中主要步骤：首先，建立循证的参照标准，如“和易以思”课堂的基本标准，成长性思维要素框架。其次，在各项实践研究中，收集证据，应充分关注证据客观性与正确性。然后对证据进行评估，并从评估中获得基于“和易以思”课堂的学生成长性思维培养的一些结论、观点等认识。

（二）研究内容

1. 关于“成长性思维”的对照证据研究

（1）长江二中学生思维现状调查研究，以使本课题循证研究具有针对性。

（2）成长性思维的概念、内涵的研究。

（3）初中学生的“成长性思维”基本框架研究。

拟从两个维度（思维的成长性态度、思维要素的成长性）、四个方面（思维形式、思维方法、思维过程、思维态度）建构，并以思维品质的深刻性、灵活性、独创性、批判性、系统性五个方面建立成长性思维的发展水平评估的基准。

2. 关于“成长性思维”培养的循证实践研究

（1）思维的成长性态度研究

- 依据不同学生具体情境的成长性思维态度培育的循证研究
- 不同学生个体固定思维消解与转化的循证研究

（2）思维要素的成长性研究

- 依据学科特质学生**思维方法运用**的循证研究
- 依据不同学生思维活动倾向的**思维形式发展**的循证研究
- 依据不同学习内容的**思维过程优化**的循证研究

（3）“成长性思维”系统发展的研究

- “成长性思维”发展的证据研究

学生“成长性思维”发展应该以其构成要素发展而发展，每个思维要素（上述思维的两个维度的四个方面，更具体为子因子）都是可以观察、信息可以收集。对于“成长性思维”发展的证据收集与评估，依据证据规范与质量要开展研究。

- “成长性思维”品质的三维度分类的研究

拟把思维品质的六个方面形成“成长性思维”发展水平的三个维度：成长性思维的反应维度（包括思维的速度、灵活等）、整体维度（包括思维深度、系统性等）、思维价值维度（包括思维的独创性、批判性等）。本项研究是为实践提供更清晰的证据收集导向。

- “成长性思维”品质的三维度分类在课堂教学中运用的循证研究。这是本课题循证研究的重点。

3. “和易以思”课堂教学的循证研究

（1）“和易以思”与“成长性思维”的关联性研究

“和易以思”是思维培养的方法论，“故君子之教，喻也”“和易以思，可谓善喻矣”，以达到学习融通（和）、师生融洽（易），使学生“以思”，即成长性思维，具有研究的整体性价值。成长性思维在本课题中具有了思维实体内涵，是思维的具体内容。本课题要研究怎样的“和易以思”课堂可以促进学生“成长性思维”。

（2）“和易以思”课堂的对照证据研究

拟验证“和易以思”课堂对照证据的基本要求，即建立“和易以思”课堂基本要求（标准）：

○ 善喻的课堂教学方式 （和）

○ 和谐的教学氛围 （易）

○ 高质量的思维品质培养 （思）

（3）“和易以思”课堂的循证实践研究

以“和易以思”课堂标准引导“和易以思”课堂建设的实践，成为“基于证据的实践”。

○ 要点一：和：学习融通为和，以激发学生自主学习的教学为操作点。

○ 要点二：易：师生融洽为易，以教师课堂行为生态化为操作点。

○ 要点三：思：善喻导思为以思，以“经历”“思考”“活动”“再创造”基本元素构成“思考链”为操作点。

本项研究的难点在于研究“和易以思”课堂时，不能脱离成长性思维的培养，即在本课题“和易以思”研究的指向是“成长性思维”。但是教师一般来说在初次研究这些问题是很容易顾此失彼，造成偏离课题研究目标。

（三）研究方法

1. 文献资料法

检索与整理关于“成长性思维”“和易以思”等的相关资料，通过文献研究把握国内外关于思维科学发展以及实践成果，明确这两个概念、内涵，以及研究动态，明晰研究思路，为本课题研究提供可资借鉴的认识。

2. 循证研究法（evidence-based research）

本课题以循证研究开展“以证据为基础的实践”，我们针对学生成长性思维培养的具体问题，根据所提供的最佳证据，确定实践路径与教学评估。在本课题研究中，首先，基于证据，确定成长性思维培养的具体方式，并对是否实现预设的思维培养目标通过证据来进行评估。本课题循证实践的框架体系主要包括四个方面：① 理论证据，即成长性思维的基本认识与成长性思维发展的基本内容与要求为实践提供依据。② 实践者的实践。实践者针对学生成长性思维的具体问题，对照成长性思维的基本要求（最佳证据），结合自己的个人经验采取实践决策并完成实践过程。③ 学生的主动参与。根据研究证据与实践者的建议，学生积极地参与到成长性思维发展的过程中，及时反馈实践结果，与实践者共同完成实践过程。④ 管理者的协调。管理者根据循证实践的需要，协调研究者、实践者、学生三者之间的关系，适当地调控研究者的研究方向，规范研究证据，将各方有机地整合在一个框架体系中，为实践领域中应用研究成果、缩短研究与实践的距离架设了一座沟通的桥梁。在研究中，关注与实践相关的最佳证据。本循证实践将研究证据按其所使用的方法的“科学性”程度进行分级，大样本、多中心的随机控制试验所获得的证据级别最高，准实验研究、相关研究及质化研究获得的证据次之，专家意见与个人经验位居最后。只有在高等级证据缺失的情况下，才考虑采用低等级的证据。注意对“成长性思维”培养过程中学生思维行为表现的观察，把握学生在不同学科、不同情境中的具体表现，为循证研究提供具体、可靠的信息，保证循证研究的客观性与正确性。

3. 个案研究法

通过“成长性思维”的“思维态度”与“思维品质”两个维度实施的个案、研究，探索基于“和易以思”的通过“思维方法”“思维形式”“思维过程”优化与发展“思维品质”实现方法，找出“成长性思维”不同方法的特点与差异，形成一定量的个案，以获得规律性的认识。按照思维活动的范畴进行案例研究，形成案例群，使研究成果更具有操作性。

（四）课题创新之处

1. 本课题的**新意**在于关注我国优秀的传统教育思想的发掘与当代有价值的思维科学研究成果运用的融合，是常见的教育内容（培养学生思维）成为可真正具体落实到课堂教学中，不再是口号式的套话。

2. 本课题的**创新之处**在于对德韦克的Growth Mindset的价值认同基础上，提出了思维要素的成长性，从而使成长性思维在课堂教学中运用具有可操作性，成了两个维度、四个方面的成长性思维发展内容与以三个维度六个方面思维品质发展水平来评估成长性思维，从而形成较为系统的成长性思维培养与评估的基本框架。因此，本课题不盲目照搬国外教育理论，而是结合国内研究、校情，丰富与发展了“成长性思维”的理论，使之更实在、更有用。

3. 本课题的**实践创新**在于把我国经典的“和易以思”教育思想转化为可以操作的实践，融合“新成长性思维”，使“和易以思”的思维培养方法论指向思维培养内容，明确了“和易以思”课堂模式，推动课堂教学的改革与优化。

第二节　我国优秀传统教育思想视角下的思维培养

一、孔孟关于思与学的精辟论述

“学而不思则罔，思而不学则殆”出自《论语·为政》，为孔子所提倡的一种学习方式，阐述了学与思的关系。“学而不思则罔，思而不学则殆”意为“只学习而不思考，就会迷惑不解；只思考而不学习，就会在学业上陷入困境”。“学而不思则罔”说明学习而不思考，人会被知识的表象所蒙蔽，死记硬背而不思考不理解，就做不到活学活用、融会贯通，即使记忆力再好，成绩也不会太好。一味读书而不思考，就会因为不能深刻理解书本的意义而不能合理有效利用书本的知识，甚至会陷入迷茫。“思而不学则殆”说明思考而不学习，则会因为疑惑而更加危险，只是思考而没有学习的行动，即使逻辑思维能力再强也会因为知识积累的匮乏而限于空想失败。学习知识不理解，不面对现实问题则知识无用，面对现实问题不总结，不学习知识则问题不能解决。如果一味空想而不去进行实实在在的学习和钻研，则终究是沙上建塔，一无所得。告诫我们只有把学习和思考结合起来，才能学到切实有用的知识，否则就会收效甚微。孔子认为，在学习的过程中，学和思不能偏废。他指出了学而不思的局限，也道出了思而不学的弊端。主张学与思相结合。只有将学与思相结合，才可以使自己成为有道德、有学识的人。这种思想在今天的教育活动中有其值得肯定的价值。这句话，我们可以看作是孔子所提倡的学习方法。一味读书而不思考，只能被书本牵着鼻子走，就会被书本所连累，从而受到书本表象的迷惑而不得甚解。所谓尽信书则不如无书。而只是一味埋头苦思而不进行一定的书本知识的积累，进而对知识进行研究推敲，也只能是流于空想，问题仍然不会得到解决，也就会产生更多的疑惑而更加危险。只有把学习和思考结合起来，才能学以致用。

孔子曰：“吾尝终日不食，终夜不寝，以思，无益，不如学也。”（《论语·卫灵公篇》）孔子的这句话说明学与思的辩证关系，特别强调了实实在在学习的重要性。思考是要以学习和实践作为基础的，如果没有学习和实践就去思考，只能徒劳无益。孔子的学生、春秋末期思想家、教育家子夏曾曰：“博学而笃志，切问而近思，仁在其中矣。”（《论语·子张》）博览群书并广泛学习，而且能坚守自己的志向，恳切地提问，多思考当前的事，仁德就在其中了。

孟子曾曰：“心无官则思，思则得之，不思则不得也。”（《孟子·告子上》）他在这里强调了思维的重要作用。古人所说的“心”，与我们今天所说的心脏是两个概念。孟子认为，耳目是不会思考的器官，因此，不能光用眼睛看、耳朵听。那样做很容易被事物的假象所蒙蔽。“心”是思考的器官，对看到的、听到的事物要多想一想。只有经过思考，才会有心得体会，才会透过事物的表面而深入理解它的实质。懒于思索，不肯思索，是绝对不能有所得的。

这些论述都是强调学习与思考相结合的重要性。西方的哲人康德说过：“感性无知性则盲，知性无感性则空。”与孔子的这句“学而不思则罔，思而不学则殆”可以说是惊人般一致。可见人类在知识的认知和获取上，不论地域、种族如何差异，其根本性的原则往往是一致的。学与思相结合，只重于学习而不注重思考，就有可能遭到蒙蔽而陷于迷惑；只重思考而不注重学习，就有可能因误入歧途而招致疲乏及危险。专靠学习、取法前人，而不加上自己的分辨、判断就容易遭到前人的思想蒙蔽及限制。前人的思想固然有很多是珍贵正确的，但也可能有一些不正确的，另外还有一些问题可能是前人尚未有解答的，因此如果受到前人的思想的蒙蔽及限制，就难免陷入迷惑之中了。相反地，有许多问题前人已有解答，然而他们在解答的过程中，曾误入歧途，历经千辛万苦才得到正确的解答。如果专靠自行思索而不知取法前人，则有可能像前人一样误入歧途，导致虚掷精力的危险。

二、《易经》的经典思维模式

《易经》，是阐述天地世间万象变化的古老经典，是博大精深的辩证法哲学书。《易经》蕴含着朴素深刻的自然法则和和谐辩证思想，是中华民族五千年智慧的结晶。《易经》认为天地万物都处在永不停息的发展之中，其阐述的就是这个“自然而然”的规律，这个规律被称为“道”。万事万物的发展皆有“定数”与“变数”，定数有规可循而变数无规可循；定数中含有变数，变数中又含有定数，无论定数还是变数其大局皆不变。

《易经》阐述了经典的思维模式，悟透《易经》这四大思维，其他的思维模式就容易融通了。易学的思维模式作为东方哲学的基础之一，为人类研究世界，生活解惑提供了一个很好的途径。清《四库全书总目提要·易类》曰“《易》之为书也，推天道以明人事者也”，其中的“天道”是指自然事物的规律，所谓“人事”是指人类社会的规律。由于人类社会在本质上是实践的，因此“人事”就是指人类社会的实践规律。实践是主体和客体的对立统一，所谓主体是指从事着实践活动和认识活动的人，所谓客体是指实践活动和认识活动所指向的对象。

《周易》的思维方式是实践的。《易经》中阐述了三大原则：不易、变易、简易。不易：就广义来说，就是宇宙间存在的客观规律。客观规律是永远不会改变的。客观规律是不以人们的意志为转移的客观存在。变易：《易经》告诉我们世界上的一切事物都在发生着变化，没有一样东西是不变的。智慧的人不但知变，而且能适应这个变。简易：宇宙间的任何事物，有其事必有其理，有这样一件事，就一定有它的原理，不易是相对的，变易是绝对的，简易是说宇宙间的万事万物都是简简单单的。只有“不易”的存在，才会有客观规律的形成；人们才能够认识世界，认识客观规律，利用客观规律来服务于我们人类。只有“变易”的存在，人类和社会才会向前发展，才会使我们的思维更加活跃。只有“简易”的存在，我们才不会把宇宙中的事物看得太复杂、看得高不可攀，才能解放我们的思想，让我们轻装上阵，轻轻松松、简简单单地去看世界。“所谓和易思维，是指世界矛盾的两个方面总是相互依存、相互转化的，在其相互依存和转化的过程中，如果在二元或多元思维中，用平衡或协调的力量，拿捏事物变化、发展的精髓，采取求优求简的举措，容纳差异，肯定多元价值，就形成了以简择优、求易向和的独特思维方式。”和易思维是变化观、矛盾观及中和观的具体化。和易思维有因子关联式、审辨反思式、批判取舍式、综合渗透式、整体融通式等5种方式。“易思维”（或易简思维）源于《易经》，“和思维”是从《易经》的“尚中”与《中庸》的“中和”价值理念发展而来。儒家讲求中和，中庸之道经过数千年的历史积淀，甚至内化成了中华民族的性格特征；道家无为而治，主张不逆道妄为，顺应自然、效法自然；墨家兼爱非攻，反对不义的战争，这种古老思想穿越千年，成为21世纪世界大多数维的产物，其思想历久弥新。因此，在教育中遵循“教育之道”，运用和易思维，尤其需要在学生中重建和易思维方式，让和易思维发扬光大，拓展“和易以思”内涵。（田奇述：“和易以思”教学新论，江西教育，2017.12）这段论述表明“和易以思”不仅是思维原则论，也会随着教育发展，“和易以思”其自身内涵越来越丰富，更关注思维自身的要素发展。这为本课题把成长性思维融入“和易以思”提供了佐证。

三、“传道受业解惑”的思维意蕴

唐代文学家韩愈《师说》说“师者，所以传道受业解惑也。人非生而知之者，孰能无惑？惑而不从师，其为惑也，终不解矣”，指出“传道受业”一定要关注解惑，解惑不是简单给予答案，而是重在解惑的过程，即解决疑惑问题思维。可是不少教师只关注了前面四个字“传道受业”，而忽视了后面两个字“解惑”。“传道受业解惑”是教育内容与形式的统一，可惜不少教师至今还理解不了这个体现我国优秀教育思想的论述。韩愈在《师说》一文中将教师的职责归为“传道受业解惑”，意指教师于学生而言是知识的传授者，发挥着答疑解惑的作用。而在教学与培养目标从知识取向到能力立意的新课改进程中，传授知识退居次位，培养学生思维成为教师教学的当务之急。这即是从“为知识而教”转变为“为思维而教”。

“传道”意为让人知晓宇宙万物的本原、本体。《易·系辞上》：“一阴一阳之谓道。”韩康伯注：“道者，何无之称也，无不通也，无不由也，况之曰道。”《老子》：“有物混成，先天地生……吾不知其名，字之曰道，强为之名曰大。”“传道”更是指让人把握事理、规律。《易·说卦》：“是以立天之道曰阴与阳，立地之道曰柔与刚，立人之道曰仁与义。”《邓析子·无厚》：“夫舟浮于水，车转于陆，此自然道也。”“受业”中“业”应该解释为“一切行为、言语、思想”，“受业”传授学生“一切行为、言语、思想”的业，即让学生学会做事。“传道受业”意为教做人（明明德），明道理明规律明事理；教做事，掌握做事的方法。在教人做人做事过程中，“解惑”就是给予解决问题或者疑惑的指点，启发思考问题想出解决的办法，“解惑”就是解决问题的思维过程。“传道受业解惑”不是简单传授知识，而是强调了思维“基于知识”并超越了知识思维之所以能够对客观世界做出间接的、概括的反映，是以所积累的知识经验为基础的，而不断地解决问题。思维的最终目的也不停留于知识，而在于使问题得以解决，做出有所创新的发现。知识本身并没有力量，只有适当地使用知识、以知识作为基础来解决问题才可能实现知识的力量。显然，适当地使用知识、以知识作为基础来解决问题也就是一种基于知识的思维能力，是一种基于知识的智慧。这就是“传道受业解惑”的智慧所在。

“传道受业解惑”的思维观，强调了思维能力的发展取决解惑的水平，思维能力的培养和发展也不能离开主体的解惑活动。知识构成了思维的基础，掌握知识的多少，知识积累的厚薄，在一定限度内影响着思维能力的发展。但知识渊博和学富五车绝不意味着思维能力高人一筹，即知识的多少不能成为衡量思维能力强弱的标准。更重要的是对知识的理解、运用和转化的能力。当学生进入使用知识的状态时，学生将在获得知识的同时发展相关的思维能力。教育需要同时在两个支点上努力：既需要尽可能地让学生积累必要的知识，同时又需要引导学生不断地开展积极的思维活动进行解惑，生成智慧。

第三节　国际教育家关于思维培养的论述

一、古希腊“三贤”的思维观念

古希腊著名哲学家柏拉图和老师苏格拉底，学生亚里士多德并称为希腊三贤，他们都对思维做出了重要的论述。苏格拉底明确提出“认识你自己”。“人在何种意义上可以称之为人”，成为哲学的永恒主题。在苏格拉底看来，人之所以为人，是因为人能思维。因此，要真正认识一个人，必须把人当作有思想、有理性的动物看待。苏格拉底第一次提出把人看作是能动的主体，肯定了人的理性、心灵的重要地位，把心灵、理性看作人之所以为人的根据。苏格拉底要求追求真理，寻找本质，要求人们不要依赖感觉，而要凭借心灵、思维，进入“纯粹的、永恒的、不朽的以及不便的事物领域”（柏拉图：苏格拉底的最后日子——柏拉图对话集，上海三联书店，1988年）柏拉图曾指出：“思维是灵魂的自我谈话。”柏拉图把精神当作世界的本质，把哲学进一步导向理性世界。理性部分主管人的聪明程度，因为它着眼于整个灵魂而进行预想，它的基本职能是“发号施令”。

在柏拉图看来，人要认识世界，只凭感觉是不行的，因为感觉不是知识，只凭感觉也得不到知识。心灵必须通过理性，运用思维，以思维为工具，才能在认识过程中获得真知。而教育的作用就是要使心灵排除外部世界纷纭莫测的干扰，使心灵超越感性事物，转向善，转向真理，去认识理念世界。柏拉图指出了每门学科对于发展抽象思维的意义。亚里士多德本着“吾爱吾师，吾更爱真理”的精神对柏拉图的一些基本理念既有继承又做了大量的修改，使逻辑学更为详细完善，成为一个专门的学科。亚里士多德之所以对逻辑极为重视，是因为他将逻辑学视为一种获得真正知识的重要工具。亚里士多德认为，思维就是推理的或科学的论证。推论由判断组成，判断由表述中的概念所构成。知识需要依靠思维来寻求，逻辑学由此而成为一种关于正确思维的科学。亚里士多德还特别重视三段论的论证方式。这种演绎的或三段论式的逻辑是一切思维运动的基本形式。在他看来，所有有确切根据的或科学的论证永远采取三段论式的形式。这是追求真理的方法的最有效逻辑。

二、文艺复兴后哲人的思维论述

文艺复兴以后，人类社会迎来了一个理性和启蒙的时代。从18世纪后期开始，德国人的精神生活产生了一种深刻的变化，以强烈思辨色彩的古典哲学运动和文学上的狂飙突进为标志的独立化、自由化运动成为德意志文化的主流，并影响到这个时期往后，被认为是一个自由和独立思考时代的到来，人类理性一度在理想和行动的领域得到了极大的伸张。康德认为，仅仅知觉时空中的对象不能产生知识，必须对对象加以联系、联结、思考或思维，这就需要知性。如果没有一个综合的、能思维的心灵，即知性或理智，知识或判断是不可能的。康德已经认识到，思维不仅需要有来自知觉的感受性，更重要的是，它还具有自身的能动性和自发性。另外，同亚里士多德一样，康德也把对思维的考察归于逻辑。因为思维实质上就是判断，因此，人思考的方式就是他做出判断的方式。要认识思维就需要通过发现判断的方式，而这正是逻辑的使命。比康德稍后的黑格尔则指出，为了探索事物的性质、缘由和根据，发现事物的存在基础或本质以及目的，靠天才的艺术直觉或某种神秘的方式，是不可能实现的。只有一个有效的方法，那就是严格的思维。黑格尔把经由康德揭示，又被费希特和谢林所运用的思维由简单抽象概念到复杂丰富概念直至总念（notion）的运动，提升到了辩证的方法的高度。思维的辩证运动指的是思维在逻辑上的自我展开。它是一个过程，在那里，差异和区别、矛盾和对立不仅被识别，而且被消融和保存下来。要成为思想家，就需要让他的思维在这样的逻辑进程中发展，因为，这是事物所固有的发展的重演，只有这样，人才能自由、自主地思维他的思想。尼采认为，苏格拉底的影响笼罩着世世代代，直至今日。自苏格拉底时代以来，人们相信科学至上，知识万能，思维能洞悉事物的本质。思维“基于知识”并超越了知识，思维之所以能够对客观世界做出间接的、概括的反映，是以所积累的知识经验为基础的。

黑格尔的“思维和存在具有同一性”，概括起来就是：思维是存在的本质，一个事物的存在只有符合思维才具有实在性；思维不断地在存在中实现自己，使存在同自己相符合。具体来说，从认识论意义上，即从人的认识发展过程方面说，思维和存在的同一性是指我们头脑中的思维能够把握事物的本质，并且凡是我们头脑中认为是合理的（即符合“客观思想”）思想，都必定能够实现，使存在和我们的思想相一致、符合。而在本体论看来，所谓“真实的现实性就是必然性，凡是现实的东西，在其自身中是必然的”。

文艺复兴时期欧洲著名人文主义者、教育家依拉斯谟（Erasmus，1469—1536）指出：“人如果不通过哲学的理性教育和对语言的学习，将是一种比畜生还要低下的造物，这是毫无疑问的。”（E. J.鲍尔：教育史中的主要潮流，1962）他进一步指出，教育就是要把人们引向知识、忠实和独立判断，并认为独立判断要比知识更加重要。依拉斯谟对思想的培养与独立思维的培养上升到了人之所以为人的高度，强调了独立思考比知识更重要。

英国现代实验科学始祖培根认为打破人类认识道路上的这些“假象”，解放人们的理解力，“用真正的归纳来形成观念和公理，无疑是逐步消除假象的适当补救法”（北京大学哲学系编译：16—18世纪西欧各国哲学，三联书店，1958）这对当时脱离实际和经验、崇尚书本确实是个沉重打击，为科学实验与抽象思维发展起了推动作用。

世界著名物理学家爱因斯坦曾经说过：“我们创造世界的过程也是一个我们如何思考的过程，要想改变世界，必须先改变我们的思。”他还指出，“发展独立思考和独立判断的一般能力，应当始终放在首位，而不应当把获得专业知识方在首位。”（赵中立、许良英：纪念爱因斯坦译文集，上海科学技术出版社，1979）爱因斯坦指出：“思维世界的发展，在某种意义上说，就是对惊奇的不断摆脱。”随着时间推移，知识越丰富，当初的难题就会变得简单，人总是对新生的难以理解的事物感到惊奇，当对一个事物失去这种感觉的，就是完全理解的时候。摆脱惊奇的感觉，就是失去惊奇的感觉，就是思维发展的结果。

三、杜威关于思维的教育论述

著名教育家杜威十分重视教育中的思维问题，在其名著《民主主义与教育》《我们怎样思维》里有许多重要的关于思维的论述。首先杜威指出“要细说思维的重要性，那将会是荒唐可笑的。人的传统定义就是‘有思维能力的动物’。将思维列为人与鸟兽的根本区别，肯定是有道理的。对我们来说，更合适的问题是：该怎样思维，回答这一问题后，我们就会看到，思维需要得到什么样的训练，才能收到它的功效。”（杜威：我们如何思维，新华出版社，2010.1）

杜威论述了思维的四个价值：一是思维是避免单纯冲动或单纯惯动的唯一方法；二是通过思维，人们还想出和安排出各种人为的标志，来提醒大家预见到各种后果，以及获取或避免这些后果的方式。思维这一特征使野人区别于野兽，思维的特征又使文明人区别于野人。三是思维还会给自然的事件和物体赋予很不相同的地位和价值，远远不同于那些无思维力者对它们的感受。杜威指出：“思维力的诸如此类的价值，也许可以归纳入约翰·斯图尔特·穆勒的下述一段引言之中：‘进行推理诚可谓生活中的大事。人人都需要每一天、每一小时和每一刻对自己并未直接观察到的事情加以推断，这并不总是为了增加自己的知识，而是因为这些事情本身重要，关系到自己的利益或职业。’”（ibid）比穆勒更早的一位学者约翰·洛克（1632—1704）阐述过思维对于生活的重要性和训练思维的必要性，以便通过思维得到尽量好的效果和防止最坏的结果。思维的力量能让我们摆脱对于本能、欲望和因循守旧的屈从，但也有可能让我们出错失误。它使我们高于禽兽，但也有可能让我们干出禽兽由于其本能限制而干不出的蠢事。理性超越日常生活的感觉，若要寻求精神道德与伦理，就要回到理性思维。尤其面对未来的生活，人们尚未经验到，更需要理性来理解与想象。

杜威认为：“就学生心智而论，学校为学生所能做或需要做的一切，就是培养他们思维的能力。对于这一点也没有足够的理论上的认识。”（杜威：民主主义与教育，人民教育出版社，2001.5第二版）杜威曾指出：“在理论上，没有人怀疑学校培养学生优良思维习惯的重要性。但是事实上，这个看法在实践上不如在理论上那么为人所承认。”尖锐地指出学生思维培养的问题无论在理论上还是实践上都没有得到应有的充分的重视。至今还有不少教师把三维教学目标分开撰写，没有得到严肃地纠正，杜威在1916年就指出：“在各个不同的教学的教学目的之间，把整个教学分割开来，例如分成技能的获得（如阅读、拼字法、写字、图画和背诵）、知识的掌握（如历史和地理）和思维的训练，这种做法是三个目的都不能有效地达到。”他认为，如果思维不和提高行动的效率联系起来，这种思维就是有毛病的。如果所获得的技能没有经过思维，就不了解使用技能的目的。脱离深思熟虑的行动的知识是死的知识，是毁坏心智的沉重负担。

杜威强调了思维较于知识的重要性，指出：“尽管一切思维的结果都归结为知识，但知识的价值最终还是服从它在思维中的应用。因为我们并不生活在一个固定不变的和完结了的世界，而是生活在一个向前发展中的世界，在这个世界上，我们的主要任务是展望未来，而回顾过去——一切知识和思想不同，它是回顾过去的——它的价值在于使我们可靠地、安全地和有成效地去应付未来。”杜威强调思维是教育过程的核心。在杜威看来，“尽管一切思维的结果都归结为知识，但是知识的价值最终还是服从于它在思维中的应用”。杜威直截了当地指出：“持久地改进教学方法和学习方法的唯一直接途径，在于把注意集中在严格要求思维、促进思维和经验思维的种种条件上。思维就是明智的学习方法，这种学习要使用心智，也使心智获得报酬。”（杜威：民主主义与教育，人民教育出版社，2001.5 第二版）“相信思维的力量，保持思维的完整性，不受外部的诱惑或专横的限制。”（杜威：我们如何思维，新华出版社，2010.1）

杜威认为，“思维起源于疑难”，就是说人在生活中遭逢难题而从事解决，才进行思维，不是为思维而思维和为真理而真理的。真理和生活需要分不开，探求真理不能脱离实践经验。杜威认为思维的起点是经验，乃是生活的历程，我们不断记录过去，运用理性思维，往前进取，推想并预测将来。由经验抽象出来的原理原则，可帮助我们从未来的结果，反省过往经验，而于此刻采取行动。这就是思维的目的：预测未来、反省过去，解决问题、采取行动。杜威还说：“一个孩子（或是成人）碰到问题时，如果他之前从未有过任何相似的经验，那么要求他思维，是完全没有用的。”换言之，对于杜威而言，没有经验，何来思考？杜威的认识论应用在教育上，便是“教育即生活、即生长、即经验改造”；应用在教学上，便是“从做中学”。

杜威指出：“思维便是准确地、审慎地把所做的事和它的结果联结起来。它不仅表明这两者之间的联系，而且指出联结的详细情况。它使联结的各个环节以关系的形式显露出来。当我们要决定某一已完成的行动或即将完成的行动的意义时，就产生了对思维的刺激。”因此他对教学中如何培养学生的思维做了阐述，“教学的各个过程，它们在培养学生优良的思维习惯方面做到什么程度，就统一到什么程度。我们谈到思维的方法，这话固然不错，但是重要的是我们要知道，思维就是有教育意义的经验的方法。因此，教学法的要素和思维的要素是相同的。这些要素是：第一，学生要有一个真实的经验的情境——要有一个对活动本身感兴趣的连续的活动；第二，在这个情境内部产生一个真实的问题，作为思维的刺激物；第三，他要占有知识资料，从事必要的观察，对付这个问题；第四，他必须负责有条不紊地展开他所想出的解决问题的方法；第五，他要有机会和需要通过应用检验他的观念，使这些观念意义明确，并且让他自己发现它们是否有效。”

杜威对培养良好的思维习惯提出了看法：“要以真诚、活泼和开朗的态度接受那些确有根据的结论，并在个人工作习惯中掌握适当的方法，对自己遇到的各种问题进行相应的探索和分析。倘若一个人没有这样的态度和习惯，那么不论他见闻多广，他也不是一个真有教养的人。他缺乏基本的思维素质。这种习惯并不是与生俱来的（不论想要有这些习惯的愿望多么强烈）。自然环境和社会环境又不足以迫使人们养成这种习惯，因此教育有重大责任为培养它们创造条件。培养这些习惯，就是思维训练。”还指出，“现在，教育工作不仅要将人们一些自然的倾向转变成训练有素的思维习惯，而且还要教育人们抵制社会上的不良风气，改变已经形成的错误思维习惯。”

杜威把培养学生的优良的思维习惯提到极其重要的地位，认为对学生的心智来说，学校所能做和必须做的一切，就是培养学生的思维的能力，改进教和学的方法的唯一直接途径，就是把注意力集中在促进思维和检验思维的种种途径上。

英、美等许多国家在20世纪60年代就掀起了一项“思维教学运动”，一大批著名的心理学家、教育家都投入到这一运动之中，并且编制了不少有影响的思维训练教材，“教育史上，在思维的教学与问题解决方面，人们从未显示出如此大的兴趣”。（郭红霞、唐晓鸣：为思维而教——兼谈思维教学的价值和方式，教育探索，2009.3）

第四节 思维的生理心理学机制

一、思维的大脑机制与脑科学

当宇宙飞船在星际空间进行着精密的科学考察时，我们对自己的脑子仍是不甚了了，也没有改造它的手段。我们的感觉、知觉、学习、记忆和思维的能力与千百年前的古代人的能力并无显著改进。世界上有许许多多的科学家正在辛勤地探索着脑的秘密，人类期望着在这方面能有所突破，那将会给人类带来巨大的利益：我们将大大提高自己活动的能力，更有效地控制人类的行为，消除智力方面和精神方面的病患，创造更为先进的技术，改造世界，改造自然，大大提高人类物质生活和精神生活的水平。脑科学研究将有助于我们阐明学习记忆的物质基础，从而提高人类大脑获取信息、存储信息和提取信息的效率，用化学药物控制人的情感生活和意识状态，大脑模拟把人的智力活动对象化，用人工智能扩大人的能力。

脑科学，狭义地讲就是神经科学，是为了了解神经系统内分子水平、细胞水平、细胞间的变化过程，以及这些过程在中枢功能控制系统内的整合作用而进行的研究。广义的定义是研究脑的结构和功能的科学，还包括认知神经科学等。人工神经网络具有脑的一些基本性质，如能够学习和记忆，神经元之间的连接强度具有“用进废退”的可塑性、细胞的集合由连接强度达最大值的细胞组成，可以从事某一模式的学习和记忆，并形成交替集合从事概念的抽象、部分输入就能激活整个细胞集合等。大脑的主要构建元素从被称为神经元的脑细胞开始。大脑中的化学过程通过神经元发出信息，神经元决定了大脑的思维过程。神经胶质细胞存在于大脑的神经元之间。教育家马克·特雷德韦尔（Mark Treadwell）指出，神经胶质在产生思维的过程中与神经元和激素发生化学反应。运动神经元在我们的肌肉中产生动作，感觉神经元连接到我们的五种感觉。

脑神经系统的运行机理机制，单从解剖学——细胞和组织，以及分子生物学的分子层次，是解释不了的。必须从N维思维的生物场层次来解释。O维思维——认识思维：O维思维只看一点，对某一事物的认识和了解。一维思维——联想思维：一维思维看一线。二维思维——直线思维：不单对某一事物的认识和了解，还要将一系列相关的事物联系起来看。三维思维——整体思维：看整体，不单看事物的一个层面，还要历史地看，从横、纵、竖整体地看事物。四维思维——跳跃三维世界的思维：是从两个世界看事物，把两个三维空间世界整合在一起，来研究物质的运动与变化。N维思维——宇宙思维：是从整个宇宙看问题。进一步了解、认识和掌握N维几何学，是人类思维意识和科学理论的一次大革命。

脑神经系统对外信息搜集，是通过眼耳鼻舌身，这五个器官的末梢神经原的蛋白质——线粒体，所具有的百分之五十的碳构架，形成的生物场，与外界物质信息场共振而收集。其中极大部分信息，是通过眼睛——视觉和耳朵——听觉而收集。人的大脑这部“生物计算机”，对外界事物的信息储存多了，上升为“意识”；小脑中心处理器，对意识排列整理叫作“思”；在排列整理过程中去粗取精进行筛选叫作“虑”；意识通过“思”“虑”上升为“知识”；个体人利用自己的知识反过来认识、辨别和改造客观事物的能力就是“智力”。人的脑之中：小脑是中心处理器；大脑皮层细胞是存储器；大脑的绝大部分是神经纤维，起沟通联络工作。当人处于常态时，有意识驱动小脑正常工作，通过神经纤维，将大脑皮层细胞的存储信息，有章有序地提出来排列组合，这就是有意识思维。

我们要从原子和粒子层次上对人类“思维”形成的机制和过程来探索。大分子蛋白质、核糖、脂质之中，占大多数的碳元素的结构构架、共价电子运行所形成的生物场，以及酶素对大分子结构构架搭建机制，进行深入研究，在原子、粒子更深层次上解释生命现象意义重大。在此，向研究生命科学的人们抛砖引玉。大脑皮层神经细胞对信息的储存记忆，单从细胞层次、分子层次很难解释。

和各个感觉器官的解码一样，只能从原子、粒子层次才能说明。大脑皮层不同区域神经细胞内蛋白质结构构架不同，占百分之五十的活性炭结构构架的共价电子运动，形成不同频率的生物场。来自不同感觉器官神经解码，破解的不同频率的信息，先是变成不同频率的电脉冲，通过相应的传导神经，到达相应的大脑皮层神经细胞受体，神经细胞受体接到不同频率的电脉冲，开启神经细胞壁通道，转运和激活相关酶素，搭建起相对应的蛋白质构架，形成相对应生物场，实现信息存储和记忆。

小脑就是中心处理器，大脑皮层神经细胞就是“存储器”，那么连接小脑与大脑皮层神经细胞的神经纤维，就是计算机的“连接线”。这部计算机，除了具有自我意识的驱动能力、分辨处理能力，还有眼、耳、鼻、舌、身对外事物信息的收集能力。目前人工制作的智能计算机很难达到如此功能。当高级生命体——人的大脑进化到一定阶段，首先开始了对大脑皮层神经细胞对外界事物的信息储存，标码命名形成语言，随后对语言刻画形成文字。当人类创造了语言和文字后，为人类智慧的扩充和发展奠定了基础。人的大脑就是一部完整的“生物计算机”。21世纪以来，随着生物技术的发展，2000年美国加利福尼亚大学洛杉矶分校的科学家根据生物大分子在不同状态下可产生有和无信息的特性，研制出分子开关（molecular switches）。2001年世界首台可自动运行的DNA计算机问世，并被评为当年世界十大科技进展。2002年，DNA计算机研究领域的先驱阿德勒曼教授利用简单的DNA计算机，在实验中为一个有24个变量、100万种可能结果的数学难题找到了答案，DNA计算机的研制迈出了重要一步。2002年11月22日出版的《自然》杂志上，以色列科学家宣布研制出一种由DNA分子和酶分子构成的微型“生物计算机”，一万亿个这样的计算机仅一滴水那样大，运算速度达到每秒10亿次，准确率为99.8%。

二、近现代心理学视域下的思维

符兹堡学派的思维理论。1879年德国心理学家冯持在莱比锡大学建立了第一个心理实验室，其主要研究方法是内省法或自我观察法。人的内部心理活动可以靠自我观察来研究。他企图找出心理的基本元素：感觉、知觉、意象、情绪、意志等。但受到思维问题的困扰，而把思维划入人类文化发展史中去。他的《民族文化》一书是其代表作。冯特的学生屈尔佩认为把思维排斥在心理学研究之外是不对的。1900年他带领一部分人研究联想，并逐渐形成符兹堡学派。在联想实验中他们发现了既不是感觉，也不是意象，也不是感情的“纯粹思维”活动，并称此为“无意象思维”。与此同时法国的比纳和美国的伍德沃斯也依据实验主张“无意象思维”的存在。符兹堡学派是当时思维问题研究的新生力量，故又被称为“思维心理学派”。

联想主义学派的思维理论。联想主义者用思维的规律和观点来描述思维现象。他们认为：心理事件是对某种形式的刺激的反应。一件事的思想作为刺激引起另一件事，然后这一件又引起再一件思想就是联想的链索，以线性的方式活动着的。詹姆斯用“意识流”来描写这个特性。许多联想心理学家企图用联想律，对全部的思维、问题解决和创造发明活动加以说明。

桑代克将猫放在问题箱心所做的“尝试与错误的学习”的实验，是用联想方法解决问题的典型实验。他忽视观念的作用，强调情境和反应之间的“联结”，认为动物是以“试误”方式解决问题的。联想主义是对思维理论有重要影响的学派。这一学派最感兴趣的研究课题有概念形成、问题解决等。

格式塔派的思维理论。格式塔派是从符兹堡学派分化出来的。威特海默著有《创造性思维》一书，把格式塔的学习原理应用于人类的创造性思维，并建议通过整体来研究这种思维。这一学派既研究儿童解决问题的思维，也研究了恩格斯、爱因斯坦等思想家、科学家的思维问题。

行为主义的思维理论。格式塔派在德国产生的同时，在美国兴起了行为主义。华生是该学派的创始人，他认为：“思维是无声的语言，而语言是出声思维。”“思维是一种内隐的反应。”后来他又提出，“思维不光是喉头发声器官的运动，还包括全身运动。例如手势、姿态、表情、内脏运动等。”他还认为，“创造性思维是比较复杂的无声语言过程。”行为主义强调语言和思维的关系，并从条件反射的角度研究了创造思维、再现思维，这对程序教学、信息加工、人工智能有影响。

认知心理学的思维理论。认知心理学（cognitive psychology）解释人类思维的一种新观点是信息加工的理论。广义指研究人类的高级心理过程，主要是认识过程，如注意、知觉、表象、记忆、创造性、问题解决、言语和思维等。狭义相当于当代的信息加工心理学（information processing psychology），即采用信息加工观点研究认知过程。认知心理学家关心的是作为人类行为基础的心理机制，其核心是输入和输出之间发生的内部心理过程。但是人们不能直接观察内部心理过程，只能通过观察输入和输出的东西来加以推测。所以，认知心理学家所用的方法就是从可观察到的现象来推测观察不到的心理过程。有人把这种方法称为会聚性证明法，即把不同性质的数据会聚到一起，而得出结论。而认知心理学研究通常要实验、认知神经科学、认知神经心理学和计算机模拟等多方面的证据的共同支持，而这种多方位的研究也越来越受到青睐。认知心理学家们通过研究脑本身，想来揭示认知活动的本质过程，而非仅仅推测其过程。最常用的就是研究脑损伤病人的认知与正常人的区别来证明认知加工过程的存在及具体模式。根据纽厄尔、I. C. 肖和A. 西蒙提出的人的思维是有一定的目的，在一定的心理结构中进行的信息加工的过程的看法，一台计算机内部程序化的信息加工运算，可比作人脑内部的思维过程。人类的复杂行为是由法则和程序估计出来的，而不是简单地由一个“刺激-反应”所引起的。当然，计算机是人设计制造的并受人操纵的，它解决问题的程序只能部分解释人类的思维活动。人类的思维还受情绪、动机影响，人还可以同时思考几件事，这是计算机无法比拟的。

苏联的思维心理学理论。维果茨基主要研究儿童发展与教育心理，着重探讨思维和语言、儿童学习与发展的关系问题。其主要著作有《思维与语言》。他认为心理过程分高级与低级两部分，思维是一种高级的心理机能，词是社会历史文化的承担者，由于词的作用，思维活动带有随意性。他认为，语言是人类为了组织思维而创造的一种最关键的工具，概念和知识都寓于语言之中。语言是思考与认知的工具。鲁宾斯坦认为作为过程的思维与作为活动的思维是思维心理学研究的基本对象思维。思维表现为过程，其进行的规律性便提到首要地位；当从主体和主体解决任务方面考察的时候，思维主要表现为活动。这二者是同一思维现象的两个方面。作为活动的思维的程序过程（分析、综合、抽象、概括）外，还表现为动机、定式、个人对周围世界的关系。

三、成长性思维的脑科学解释

思维活动产生于思维的生理机制。许多实验资料表明神经元在神经回路中的活动是有层次性的。不同层次的活动，进行着不同水平的分析、综合、抽象、概括，从而构成人们对客观事物的认识从感性到理性过程的神经基础。大脑额叶皮层神经回路具有进行高度抽象和概括的功能。

思维活动同感知过程不同，它是和人的言语活动，即第二信号系统密切联系的分析综合活动。人的感知活动虽也有言语活动为中介，但主要是第一信号系统为主的反射活动，而思维过程则是两种信号系统的协同活动，是以第二信号系统为主的分析综合活动。

美国心理生物学家斯佩里博士通过著名的割裂脑实验，证实了大脑不对称性的“左右脑分工理论”，因此荣获1981年诺贝尔生理学或医学奖。裂脑人的研究表明：左右大脑对于语言性和非语言性信息的处理能力是不完全相同的。对于多数右利手来说，左脑对于语言性信息的处理能力较强，右脑对于非语言性信息的处理能力较强。根据这种差别，可以判定，一般人左脑在抽象思维方面占优势，而右脑则在形象思维方面占优势。神经心理学的研究发现，脑局部损伤部位不同，会产生不同的思维障碍。

认知神经科学为解读成长性型思维提供了坚实基础。相关研究表明，人的毕生发展期间，正常大脑具有根据经验与学习而重组神经路径的终身能力，即大脑具有可塑性。大脑可塑性，通常指中枢神经系统改变其现有结构和功能的生理机制或过程以应对环境变化（如经验、学习、训练或受伤）的能力，其机制包括形成更多新的神经元、胶质细胞和突触，以及加强现有神经元之间的连接等。近年来大量的脑科学研究结果表明，大量的练习和不断的努力会加强神经联结。反复练习不仅能让人在某一方面的技能表现得更加出色，而且可以带来大脑结构的变化。例如：智力水平可以通过练习得到提升（Ramsden et al.，2012）。一些实验研究发现，短时间密集的知识学习，如针对某一门考试进行为期三个月的紧密复习，就能使大脑部分区域的灰质得到显著增加（Draganski et al.，2006）。

此外，脑科学还为具有成长性思维的人在错误中的学习和成长提供了科学依据。脑电实验表明，具有成长性思维的孩子在完成任务中出错时，会分配更多注意力给自己犯错的任务，及时改进，并在后续的任务中提升正确率（Schroder et al，2017）。之前的研究已在成年人身上证实这一现象（Moser et al.，2011）。不仅如此，研究也证实了接受挑战、迎难而上可以带来更多的大脑变化。正如著名脑科学家阿诺德·沙伊贝尔（Arnold Scheibel）认为的，“最重要的是积极地进入你所不熟悉的领域”，因为“任何在智力上具有挑战性的事情都有可能成为树突生长一类的刺激，而树突的生长则意味着它可以增加你的大脑的‘计算储备’”。研究表明，那些处在“舒适区”之外并不太远的“学习区”中的挑战与任务，最能促进大脑的变化。

向学生传授大脑具有可塑性等相关知识，对培养学生的成长性思维具有至关重要的作用。布莱克韦尔（Blackwell）等人发现，仅仅教授学生一些基本的大脑可塑性知识，就可以帮助学生建立一种“相信自己的努力可以带来改变”的成长性思维，并给学生的学业表现带来显著的提升（Blackwell，Trzesniewski & Dweck，2007）。

当代神经生物学研究表明：“如果将这样的神经元反应看成是对环境中存在某一事物的报告，那么，我们会乐于相信，这些神经元正是主观经验的基础。”所有关于外部世界的信息在感觉感受器既已存在，但感觉信号只有经大脑皮层细致出路后，才能被感知为具有意义、真实的物体。自上而下的输入沿由前至后的方向运行，参与注意、学习，以及在不存在刺激时对早期呈现的图像的回忆。（Nicholls，J. G：From Neuron to Brain，fifth edition，神经生物学：从神经元到脑，科学出版社，2014，10，P568）研究表明：“伴随这种自后向前转换的是一股反向的信号流。这类输入（谓之自上而下）有三个功能：将注意集中于一个预期的刺激位置或显著的物体特征；激活对图像的回忆；了解倾向于依次出现的视觉图像之间的关联。视觉、触觉、听觉以及其他感觉加工的信号流抵达海马（hippocampus），在那里，经验以情景的形式存储起来，而每一情景包含所有该事件的感觉模态的信息。”（ibid，549）

现代脑科学实验也越来越先进，有着更多的实证研究。例如功能性核磁共振成像（fMRI）使执行认知作业时健康受试者的大脑活动可视化。通过一个称为血流动力学反应（hemodynamic response）的过程，血液流向活动的神经元和星形胶质细胞的速度要比不活动的细胞的来得高，以此证明脑的功能状态。（ibid，559）我们正在走进脑科学时代，揭示产生感知、情感和意识的脑区结构和功能（功能定位、认知、运动、情感、学习，思维、直觉、自我意识），阐明脑通信功能，语言信息在脑神经网络中表达的机制，人类获得语言能力的过程、语言、思想和智力之间的关系，使我们的智慧越来越发达，脑健康水平越来越高。

四、思维与语言的协调发展

语言、言语与思维有密切的联系。语言、言语是人类交流的工具，也是思考的主要工具，是思想的直接现实。语言是由一定的词语（含词形、词音、词义）和语法结构、语法规则组成的人们表达交流思想的工具；言语是运用语言表达交流思想的过程。言语不是空洞的声音流，而是有确定意义与内容的心理现象；言语的意义（词义和句子的意义）就是思维的内容，就是人们的思想观念；语法结构和语法规则也是人类思维逻辑规律的具体表现。语言是思维的物质载体，人们借助语言进行思维，这是由于语言本身具有公开性决定的。人们依托不同文字语言、色彩语言、音乐语言等进行思维。思维能够对语言进行完善，梳理言语的表达。人类思维的过程需要语言，思维的成果需要语言表达出来。语言也离不开思维，因为构成语言的词汇和语法规则是思维的结果。词语正是概括的思维或概念。

个人思维水平的差异也直接影响言语水平的不同。因此，没有思维活动也就没有言语活动。其次，语言、言语为思维提供最合适、最恰当的刺激信号。人们要进行间接、概括的抽象逻辑思维更需要借助语言。语言和言语是思维最合适的“物质外壳”，思维必须依靠词语与言语表现，思维的最后结果都必须以词语作为它的承担者。虽然人们并非全部用词语来思考，有时用科学记号（如数理化公式、数字、音符、钟声、灯光符号、旗语、乐队及交通指挥等），但这些符号只是语言的辅助形式，若离开了语言、言语，人们的思想就无法清晰准确地表述。个体语言掌握和言语的运用，在人的思维发展中起重大作用。实践证明言语训练能促进人的思维和思维品质的发展。

但语言、言语和思维不能等同。第一，思维是人脑对客观现实的间接的、概括的反映，是一种包含物质内容的心理现象。而语言是由一定的物质形式与概括的内容所构成的信息符号系统。它是一种包含精神内容的物质形象，是思维的物质外壳或思想的直接现实。这是思维和语言的根本区别。第二，思维及思维的基本形式（概念、判断、推理）是客观现实本质特性及规律的反映，思维与客观事物的关系是反映与被反映的关系，思维与客观事物之间有必然联系；语言、言语只是客观事物的标志、符号，语言同客观事物的关系是标志与被标志的关系，它和客观事物之间没有必然联系，只是代表思维来反映客观现实。第三，外部语言是人们交流思想的工具，而在个人头脑中进行的思维却不能与别人交流。思维是精神现象，不具有物质性，而语言是其物质外衣，具有一定的物质性（词形、词音），所以二者不能混淆。内部言语具有发音器官隐蔽性的特点。人在默默思考时，并不发出声来，它的肌肉组织仍在活动并向大脑皮层发送动觉刺激。但是这种内部语言不等于思维。第四，语言、言语中的词汇与思维中的概念，也并不完全等同或同一。同一概念可由多个不同词汇来标志，如以治病为职业者称医生、医师、大夫、郎中等；同一个词汇可表达不同概念，如“仁”既代表果实概念，又可代表道德概念；另外，有的虚词并不表示概念。思维与语言、言语常出现矛盾现象。人们在用语言材料表达思想时，会出现词不达意、心口不一的现象。如果语言、言语与思维是等同或同一的，就不会出现这种情形。第五，语法规则和思维规律也不是等同的。各个民族语法规则虽有共性，但其差别性十分明显；而不同的民族之间，思维的规律虽有某些差异，但其有共同规律性是主要的。

语言的发展水平标志着思维的发展水平，同时语言的发展也能促进思维的发展。因此我们的教育、教学中要充分利用语言与思维的关系，借助语言充分发展学生的思维。但是思维和语言又不是等同的，它们有各自的相对独立性和特殊规律。语言思维是人类特有的意识形式，但它并不排斥人类直观思维、动作思维和其他特殊类型思维。思维决不能以赤裸裸的形式存在，它从一开始就有着物质的联系，任何类型的思维都有其物质外壳。因此我们要充分发展学生的抽象思维、形象思维、直觉思维、运动思维等多元思维形式。

第三章 成长性思维的基本认识

第一节　成长性思维的概念与内涵

一、成长性思维的概念

（一）思维的基本理解

“思维”一词在英语中为thinking，在汉语中，“思维”与“思考”“思索”是同义词或近义词。《词源》中说：“思维就是思索、思考的意思。”思维科学认为，思维是人接收信息、存贮信息、加工信息以及输出信息的活动过程，而且是概括地反映客观现实的过程，这就是思维本质的信息论观点。

从生理学上讲，思维是一种高级生理现象，是脑内一种生化反应的过程，是产生第二信号系统的源泉。所谓第二信号系统，是以语言作为刺激的反应系统，与第一信号系统——以电、声、光等为感官直接接收的信号作为刺激的反应系统相区别。

思维是人脑对客观现实概括的、间接的反映，是对事物本质和规律性的联系的反映。人的思维过程具有间接性和概括性的重要特征。从思维的本质来说，思维是具有意识的人脑对客观现实的本质属性、内部规律的自觉的、间接的和概括的反映。思维是认识的理性阶段，在这个阶段，人们在感性认识的基础上，形成概念，并用其构成判断（命题）、推理和论证。

人之思维的过程，也就是信息内容处理的过程，其中包括对信息的接受、加工、储备、传递的过程。通俗地说，思维就是人认识事物的思考过程，以及思考后得出的理论认识思想。学习知识，巩固知识和运用知识都离不开思维，思维是一个由具体到抽象，由现象到本质，由外在到内隐的过程。思维是一个由多种因素构成的动态系统，思维对象、思维主体和思维活动是思维中最基本和最主要的三个要素。思维对象是思维活动的原材料；思维主体是具有认识能力及相应思维结构的人。

20世纪下半叶以来，语言学、逻辑学、脑科学、心理学、信息学、人工智能等学科都从不同的角度对思维进行了研究。人类对于思维的探索从来就没有停止过，思维在我们生活中的重要性日益突出。

思维是智力的最高级和最核心的部分。智力包含思维，思维是智力中的灵魂。“偏重知识记忆而忽视对学生的思维与创造能力的培养，一直是学校教育为人所诟病的缺失之一。因此从全人教育取向教育心理学的观点言，如何培养学生的思维与创造能力，自应列为讨论的主题之一。”（张春兴：教育心理学，东华书局，1997.3）教育绝不仅仅是灌输知识，它承担的更重要任务是去激发学生的思维兴趣，改善学生的思维品质，提升学生的思维能力。孩子们是不容易被阻止思考的，事实上，我们最珍贵的回忆往往是那些我们自己思考的时刻，当然，这不是因为教育制度，但在某些情况下，加强孩子的思考应该是首要的学校的工作，而不仅仅是偶然的结果。

（二）“成长性思维”的提出

“成长性思维”（Growth Mindset）由卡罗尔·德韦克（Carol S. Dweck）于2006年提出，发表在《*Mindset: The New Psychology of Success*》一书中。在该书中，德韦克提出了两种思维模式，即成长性思维模式与固定性思维模式（fixed Mindset）。拥有成长性思维模式的人，认为个体的能力能够通过自身的努力得到提升，每个人也都可以通过努力和个人经历来改变与成长，并要求人们改变固定性思维模式。

德韦克是人格心理学、社会心理学和发展心理学领域的杰出研究者，曾任哥伦比亚大学威廉·兰斯福德心理学教授，现任斯坦福大学心理学教授，也是美国艺术与科学院院士。其研究成果获得了世界广泛的赞誉，她的学术专著《自我理论：动机、人格和发展的角色》被世界教育协会命名为年度好书。2006年，罗尔·德韦克出版了《*Mindset: The New Psychology of Success*》（中译本：《思维模式：新的成功心理学》《终身成长：重新定义成功的思维模式》《终身成长》《看见成长的自己》等），提出了两种思维模式，即固定性思维模式和成长性思维模式。比尔·盖茨也撰文推荐，累计印量180万册，产生了很大影响。由于成长性思维对教育的巨大意义，德韦克2017年12月荣获首届全球最大的教育单项奖——“一丹奖”。该项突破宗教、种族、国家限制，选择“全球对教育最好的研究成果”，号称教育界的诺贝尔奖。这意味着成长性思维被认为是近几十年来教育学术领域最伟大的、最值得应用推广的研究成果。

德韦克在针对数百名学生进行七项试验后，得出了一个异于以往、非常清晰的结论：对孩子的智力水平进行表扬，会损害他们学习的动力和表现。原因是，评价孩子的智力和天赋，会让孩子更执着于展现自己的智力和天赋。这无异于告诉孩子：如果成功意味着聪明，那么失败则意味着愚蠢。那么，此后，一旦遇到棘手的问题，他们害怕失败，害怕被人冠以愚蠢的“罪名”，便会选择逃避、回避。认为人的成功是由天赋和智商决定的，并对挑战性的任务持逃避的心态。德韦克将这种思维模式定义为固定性思维模式。与之相反，还有一种思维模式——成长性思维模式。上述那些被肯定了“很努力”，并此后乐于接受挑战有难度的新任务的学生，拥有的就是成长性思维模式。他们相信，每个人都可以通过努力和个人经历来改变和成长。

德韦克的成长性思维模式（growth mindset）是在社会认知领域研究的成果基础上，提出的较为完善的一种成就目标理论。（陈琦，刘儒德．当代教育心理学［M］．北京：北京师范大学出版社.2012.229.）德韦克的研究是针对个体能力增长观（incremental view of ability）的研究，她把人们对于能力不同的内隐观分为两大类：固定性思维模式（fixed mindset）与成长性思维模式（growth mindset）。相较于将智力和能力视为一成不变的“固定性思维模式”，相信智力和能力可改变、可培养的“成长性思维模式”更看重努力而非聪明的作用，是学生积极发展的内部动力（Dweck，2006）。

（三）关于成长性思维与固定性思维

1. 关于“成长性思维模式”

拥有成长性思维（growth mindset）的人，认为个体的能力能够通过自身的努力得到提升。他们认为自身的能力不是不可变的，就算是天才也需要努力才能有所成就。他们坚信通过一段时间努力学习、工作，自身的能力能够得到提高，或者是变得擅长做之前不擅长的事情。所以在学习与生活中，他们更喜欢富有创造性和挑战性的事物，喜欢学习新的知识与技能。他们相信努力可以激发自身的潜能，并能源源不断地将它转化为成功。（卡罗尔·德韦克．心理定向与成功［M］．北京：人民邮电出版社，2007.12.）

成长性思维模式认为，人的能力是可以通过努力来培养的。即使人们在先天的才能和资质、兴趣或者性情方面有着各种各样的不同，每个人也都可以通过努力和个人经历来改变和成长。对于成长性思维模式者来说，失败虽然很痛苦，但不会给失败下定义，也不会被失败下定义，他们会把失败当成拓展、经历和经验，他们会认为改变和成长有很多种可能，通往成功的道路自然也就有很多条。

德韦克认为，成长性思维是为了个人的良好发展，而不是为了争第一，变成最优秀的。成长性思维模式关注走到更高更远的地方，但并没有想过要攀上顶峰。顶峰是很多固定性思维模式者渴望达到的地方，却是很多成长性思维模式者的工作激情带来的副产品。

2. 关于“固定性思维模式”

固定性思维（fixed mindset）指学生的一种心理状态，认为人的智力因素是一个不变的常数。成长性思维则认为人的智力和能力会随着努力的增加不断提高，最后成功。成长性思维的学习者勇于探索，把失败看作成功的必由之路。固定性思维的学习者会把失败悲观地归结于个人能力的缺失，为防止被认为能力差，会尽量少地或者根本不去付出努力。（张志娟：美国中小学课堂学习的特点及启示，现代中小学教育，2018.7）Erisson和Pool发现有目标的长期训练能够改善人的智力。（Erisson A, Pool R. Peak: Secrets from the new science of expertise[M]. NewYork, NY: Houghton Mifflin Harcourt Publishing Company, 2017.）

拥有固定性思维模式的人，则倾向于认为个体的能力是不可变的，会更相信天赋论的观点，认为努力地去做某件事情，是因为没有做该事情的天赋。在日常的生活与学习中，他们不喜欢失败所带来的威胁感，所以更喜欢选择做一些自己擅长的事情，以避免失败的可能性，认为一两次的失败会决定一个人本身的好坏。他们讨厌付出努力，更加认可依靠天赋获得的成功，而不是依靠后天努力获得的成功。（卡罗尔·德韦克：心理定向与成功[M].北京：人民邮电出版社，2007.12.）在固定性思维模式中，所有的一切都是为了结果。如果你失败了，如果你不是最好的，那一切都是白费力气。成长性思维模式能让人们在不计成果的情况下去评估自己所做的事。他们会着手处理问题，计划新课题，致力于重要的工作。也许他们最终没有找到解决问题的办法，但他们深度工作的热情和积极性也会有着深远的意义。

固定性思维模式认为，成功是由天赋和智商决定的，相信才能是一成不变的。固定性思维模式让你更关心别人如何看待你；成长性思维模式让你更关心你是否提高自己。固定性思维模式者只会对反映其能力高低的反馈展现出兴趣。脑波显示，他们在被告知自己的答案是对是错的时候注意力非常集中，但他们在得到可以帮助他们学习的信息时没有展现出一丝兴趣。即使他们的答案错了，对正确答案也毫不关心。只有具备成长性思维模式的人，才关注可以提高他们知识水平的信息。对他们来说，学习才是第一要务。成长性思维模式者并不仅仅需求挑战，他们还会在挑战中成长；固定性思维者只对尽在掌握的事情感兴趣，如果事情变得具有挑战性——当他们感觉不到自己聪明且富有天赋的时候，就会丧失兴趣。对于固定性思维模式者而言，失败会从一种行为（我失败了）转变成一种身份（我是一个失败者），对其影响可能是永久性的、散不去的创伤。固定性思维模式者不会从失败中，学习并纠正自己的失败。相反，他们可能只是去尝试着修复自己的自尊。他们修复自尊的方式，无外乎两种。一种是，他们会去找比自己还差的人；一种是去责备他人或者找借口。他们就会主动逃避挑战性较强的任务，去做那些较为容易、他们认定自己能胜任的事情。根据德韦克的研究，美国有多达40%的学生具有这种“固定性思维”。

（四）成长性思维的概念

成长性思维的积极意义在于作为一种思维的哲学，肯定了学生的思维态度

（思维方式）将影响学生的智力与能力的发展，乃至人的发展。我们还认为成长性思维从教育范畴看，还应该关注思维本身的成长性，即思维本身也具有成长性。思维的发展以思维品质为标志，思维品质的发展又以思维方式、思维方法与思维过程这些要素的发展为支撑。

据此，本课题所指称的成长性思维是指以积极的思维态度，通过思维方式、思维方法与思维过程的培养与优化，促进思维能力发展，实现思维品质的不断成长的一种思维模式。成长性思维是一种以思维可塑性为核心信念的系统的思维模式，强调思维能力是可以通过努力学习和练习得到不断发展的。

"成长性思维"有着丰富内涵，我们认为成长性思维不只是对人生应该用发展的思维方式看待，而且应该包括思维本身是可以发展的，思维的方法、思维的形式、思维的过程与思维的态度都可以影响思维品质的形成与发展。因此我们认为借鉴Dweck、Carol的"成长性思维"的学术用语，用思维科学充实与丰富其内涵，做出新的概念界定，并在这方面进行实践的循证。

我们认为"成长性思维"有着其合理的、积极的价值。"成长性思维"是关于如何看待人生发展的思维哲学，认为每个人都有无限可能，并认为"成长性思维"与"固定性思维"具有转化性。"成长性思维"价值在于承认思维的成长性。"成长性思维"提示了可以借鉴其"对人生的成长性"。我们认为，思维也存在成长性这个问题，我们要解决当前学生思维培养中把思维本体发展与思维态度（思维哲学观念）的提升割裂现象，建构一种新的培养学生思维模式。成长性思维"相信智力和能力可改变、可培养的成长性思维是学生积极发展的内部动力"这与当前的课程教学改革方向是一致的，特别是与绿色指标所强调的学生的"学习动力"相吻合。

成长性思维相信智力和能力可改变、可培养的成长性思维是学生积极发展的内部动力。具有成长性思维的人勇于直面挫折、善于自我管理。向学生传授大脑具有可塑性等相关知识，对培养学生的成长性思维具有至关重要的作用。创建以学生为核心的学校成长性环境，培养学生的成长性思维，最大限度地开发每一个学生的潜能，真正促进学生的健康、积极成长。

二、成长性思维的内涵

成长性思维对学生的发展具有重要意义。美国教育史上曾对IQ非常重视，觉得学生智能决定学习成绩。斯坦福教授Dweck根据多年研究，开创性地提出了固定性思维和成长性思维的差别，推动了学习科学中研究非智力因素的一场革命（Dweck C W, Walton G M, Cohen G L. Academic tenacity: Mindset and skills that promotelong-term learning[M]. Seattle, WA: Gates Foundation, 2014)。归纳起来，我们认为“成长性思维”的内涵有着四方面：

1.“成长性思维”是关于如何看待人生发展的思维哲学

“成长性思维”能帮助人们在生活中作出积极的改变，同时以一种新的方式看待世界。卡罗尔·德威克是动机和人格心理学方面的顶尖专家，她在二十多年的研究中发现，我们的思维并不是一个次要的性格怪癖：它创造了我们整个精神世界。它解释了我们是如何变得乐观或悲观的。它塑造了我们的目标，我们对工作和关系的态度，以及我们如何抚养孩子，并最终预测我们是否会实现我们的潜力。

《Mindset: The New Psychology of Success》一书中介绍：“Dweck demonstrates that growth mindset unfolds in childhood and adulthood and drives every aspect of our lives, from work to sports, from relationships to parenting. She reveals how creative geniuses in all fields-music, literature, science, sports, business-apply the growth mindset to achieve results. Perhaps even more important, she shows us how we can change our mindset at any stage of life to achieve true success and fulfillment. She looks across a broad range of applications and helps parents, teachers, coaches, and executives see how they can promote the growth mindset. Highly engaging and very practical, Mindset breaks new ground as it leads you to change how you feel about yourself and your future.”这段话意为，德韦克证明了，成长性思维在童年和成年时期展现，驱动着我们生活的方方面面，从工作到运动，从人际关系到养育子女。她揭示了音乐、文学、科学、体育、商业等各个领域的创造性天才如何运用成长心态来取得成果。也许更重要的是，她向我们展示了如何在人生的任何阶段改变我们的心态，从而获得真正的成功和实现。她浏览了广泛的应用程序，并帮助家长、教师、教练和高管了解如何促进他们的成长心态。高度吸引力和非常实用，心态开辟了新的领域，因为它引导你改变你对自己和未来的看法。

德韦克指出，所有人在生命之初都有着成长性思维。事实上，婴儿是成长性思维的典型。他们不在乎自己说的话是否有意义，因为正在说话。如果他们走了几步之后摔倒了，他们会立刻站起来，因为他们正在学习走路。“是什么终结了这种生机勃发的学习状态?”德韦克指出，“是固定思维模式。一旦孩子们能够评价自我，有些孩子会变得惧怕挑战。他们害怕自己不够聪明。”采取成长性思维的人能够沉着应对挑战，他们不怕失败或难堪，而是专注于成长的过程。

2.“成长性思维”认为：每个人都有无限可能

“相信智力和能力可改变、可培养的成长性思维是学生积极发展的内部动力。培养学生的成长性思维，最大限度地开发每一个学生的潜能，真正促进学生的健康、积极成长。”（梅海燕等：基于脑科学的成长性思维培养发展每一个学生的潜能，中小学管理，2018.06）固定性思维模式妨碍人的发展和改变。成长性思维模式是改变的起点，但你也必须作出判断，对什么样的事情付出努力并带来改变才是最有价值的。（炫先森：《终身成长：重新定义成功的思维模本式》感悟，www.douban.com/note/654569371/，2018-01-23。）

杰明·布鲁姆是一名杰出的教育研究人员。他对120名杰出的成功人士进行了研究。他们的职业分别是钢琴家、雕塑家、奥运会游泳运动员、世界级网球运动员、数学家以及神经学家。这些杰出的成功人士，在童年时期并不出色，也没有表现出任何明显的天赋，更无法凭当时的能力看到未来的成就。是后来，他们通过持续不断的动力和投入，加上旁人对他们学习上的支持，带领他们登上顶峰的。布鲁姆总结说，经过40年对美国以及国外的校园学习的透彻研究发现，如果说一个人能学会什么东西，那么世界上其他人也都可以学会，只要在此前和当下给他们提供适当的学习条件。

优秀的教师相信人的智力和才能是可以成长和发展的，他们会创建一个充满信任、摒弃评判的学习氛围。这种氛围就是“我会来教你”，而不是“让我来评判你的能力”。

3. 两种思维模式的不同导致不同的行为模式

固定性思维模式让你更关心别人如何看待你；成长性思维模式让你更关心你是否提高自己。成长性思维模式者并不仅仅需求挑战，他们还会在挑战中成长；固定性思维者只对尽在掌握的事情感兴趣，如果事情变得具有挑战性——当他们感觉不到自己聪明且富有天赋的时候，就会丧失兴趣。固定性思维模式者只会对反映其能力高低的反馈展现出兴趣。脑波显示，他们在被告知自己的答案是对是错的时候注意力非常集中，但他们在得到可以帮助他们学习的信息时没有展现出一丝兴趣。即使他们的答案错了，对正确答案也毫不关心。只有具备成长性思维模式的人，才关注可以提高他们知识水平的信息。对他们来说，学习才是第一要务。

人与人之间的性格、能力、面对困难和挑战的反应有很大不同，这些不同并非与生俱来、不可改变，而是基于不同的思维方式造成的。固定性思维模式认为，成功是由天赋和智商决定的，相信才能是一成不变的。成长性思维模式认为，人的能力是可以通过努力来培养的。即使人们在先天的才能和资质、兴趣或者性情方面有着各种各样的不同，每个人也都可以通过努力和个人经历来改变与成长。

对于固定性思维模式者而言，失败会从一种行为（我失败了）转变成一种身份(我是一个失败者),对其影响可能是永久性的、散不去的创伤。固定性思维模式者不会从失败中学习并纠正自己的失败。相反,他们可能只是去尝试着修复自己的自尊。他们修复自尊的方式,无外乎两种:一种是,他们会去找比自己还差的人;一种是去责备他人或者找借口。而对于成长性思维模式者来说,失败虽然很痛苦,但不会给失败下定义,也不会被失败下定义,他们会把失败当成拓展、经历和经验,他们会认为改变和成长有很多种可能,通往成功的道路自然也就有很多条。

4.“成长性思维”与“固定性思维”并存下的选择

在《Mindset: the new psychology of success》一书中有这样一段话:“Dweck has found that everyone has one of two basic mindsets. If you have the fixed mindset, you believe that your talents and abilities are set in stone-either you have them or you don't. You must prove yourself over and over, trying to look smart and talented at all costs. This is the path of stagnation. If you have a growth mindset, however, you know that talents can be developed and that great abilities are built over time. This is the path of opportunity-and success.”这段话意为,德韦克发现每个人都有两种基本心态。如果你有固定的心态,你相信你的天赋和能力是坚固如石的——不管你有没有天赋。你必须一遍又一遍地证明自己,不惜一切代价努力让自己看起来聪明和有才华。这就是停滞之路。然而,如果你有一种成长心态,你就会知道天赋可以发展,伟大的能力会随着时间的推移而建立。这是机遇和成功的道路。

根据德韦克的调查结果显示,很多人身上都带有这两种思维模式的成分,甚至是同一个人在面对不同事情的时候,他的思维模式也会是不同的。([美]卡罗尔·德韦克:心理定向与成功[M].北京:人民邮电出版社,2007.12.)人与人之间的性格、能力、面对困难和挑战的反应有很大不同,这些不同并非与生俱来、不可改变,而是基于不同的思维方式造成的。

实际上,每个人的确可以在不同的领域展现出不同的思维模式。比如,我可能认为我的美术才能是固定的,但智商是可以发展的;我认为我的个性是固定的,但创造力是可以发展的。在某一个领域里,你持有哪种思维模式,那么这种思维模式就会影响你在这个领域内的发展。很重要的是,你要了解固定性思维模式的缺点。可能在某个领域,你因为低估了自己的才能而失去了好机会;而在另一个领域,由于自认为天赋可以带领自己走向成功,反而破坏了成功的可能。

三、“成长性思维”的借鉴与发展

文献研究表明,“成长性思维”的文献主要集中在近几年中发表的,而且数量很少。文献基本上是对“成长性思维”作介绍，是德韦克的关于成长性思维的复述。关于“成长性思维”的文章大都只提及成长性思维与固定性思维，没有更多内容。关于“成长性思维”的文著其他领域的为多，并且主要是关于人生的态度，主要从人生的积极态度视角上改变非认知因素，从德韦克的成长性思维出发，论述人生如何成功。这表明关于“成长性思维”实质性的研究极少，有价值的实践更少。同时，文献研究也表明，成长性思维的教与学方面研究需要深入。

以关键词“成长性思维”在2018.9.11 20：44检索CNKI，找到结果为1篇文献。我们又以主题词“成长性思维”检索，找到结果为34篇文献。但经过筛选，只有7篇文章涉及“成长性思维”。

1. 肖明：“习题溯源，培养学生成长性思维——以东南亚的东北季风为例”，中学地理教学参考，2018(13)。

文章介绍，斯坦福教育理念中有一种“成长性思维”概念，这种思维能力区别于传统的仅满足于知识的识记和内在逻辑的理解与思考，其更强调学生在学习过程中积极主动地获得知识的经历和感受。文章认为，学生成长性思维的培养是课堂教学的目标和难点之一，以一道课堂习题为例，分析教师该如何利用习题还原原始问题，培养学生的成长性思维。

2. 方兆玉：斯坦福大学数学教育教授乔·博勒(Jo Boaler)成长性思维至关重要，上海教育，2014(35)。

文章是《环球教育时讯》采访曾任国际妇女数学教育协会主席乔·博勒的报道。博勒认为，成长性思维的民主之处在于对于低水平和高水平的学生都同样适用。近年来，其和美国的一些学校合作建设“成长性思维”学校，安排教师阅读德韦克的书籍，破除不同学业水平的学生之间的壁垒推进“数学民主”的课堂。

3. 李建成：努力比天赋更重要，江苏教育，2018(03)。

近千字的读后感，介绍美国斯坦福大学心理学教授卡罗尔·德韦克(Carol Dweck)关于“成长性思维”(growth mindset)的研究文章：拥有成长性思维的孩子一致认为，“努力”比“天赋”更重要。在遇到困难和挑战时他们更加乐观积极，他们相信，自己的不懈努力能够帮助自己克服困难，最终走向成功。

4. 张志娟(大学)：美国中小学课堂学习的特点及启示，现代中小学教育，2018(07)。

文章从课堂教学非认知角度涉及成长性思维，指出“美国教育史上曾对IQ非常重视，觉得学生智能决定学习成绩。斯坦福教授Dweck根据多年研究，开创性地提出了固定性思维和成长性思维的差别，推动了学习科学中研究非智力因素的一场革命。固定思维指学生的一种心理状态，认为人的智力因素是一个不变的常数。成长性思维则认为人的智力和能力会随着努力的增加不断提高，最后成功。成长性思维的学习者勇于探索，把失败看作成功的必由之路。固定性思维的学习者会把失败悲观地归结于个人能力的缺失，为防止被认为能力差，会尽量少地或者根本不去付出努力。"

5. 余玲艳，代建军（大学）：深度阅读教学视域下语文教师的关键能力：内涵与结构，教育理论与实践，2017年第37卷第29期。

文章认为，依据教师行为对阅读教学深度的直接关切性，语文教师关键能力分为内生能力群和外生能力群两大部分。内生能力群包括通识胜任力、学科整合力和成长性思维。文章认为，成长性思维与固定性思维相对，是指教师在教学过程中坚信头脑是可塑的，智力或聪明可以通过后天努力获得的一种思维模式。在深度阅读教学过程中，成长性思维的价值具体体现在对阅读教学的监控力和执行力上。成长性思维统领下的教学监控力指教师对与深度阅读教学活动相关的各要素及其变化情况以积极的态度审视、科学合理的归因，并进行有效评价和反馈的能力。

6. 梅海燕等的"基于脑科学的成长性思维培养发展每一个学生的潜能"。（中小学管理·2018/06，系国家社会科学基金重大项目"流动背景下处境不利儿童青少年发展教据库建设及积极发展体系研究"阶段性成果之一）该文认为，相信智力和能力可改变、可培养的成长性思维是学生积极发展的内部动力。具有成长性思维的人勇于直面挫折、善于自我管理。向学生传授大脑具有可塑性等相关知识，对培养学生的成长性思维具有至关重要的作用。

7. 王陈丹的"华中师大一附中成长性思维模式美术教学实验研究"。（华中师范大学美术学院，2017年5月）该文认为，艺术知识素养是可以提高的，学习艺术的态度也是可以改变的，而影响着它们改善、提高的重要因素就是思维模式：学生面对美术学习的思维模式，以及教师面对美术教学的思维模式。笔者提出将教育心理学成就动机理论下的成长性思维模式与高中美术教学实践相结合，以期改善、解决高中美术教学有效性偏低、学生缺乏美术学习动力等问题。

在检索中，我们发现有文章除其标题涉及"成长性思维"，全文完全未涉及"成长性思维"。

我们学校确立的"成长性思维"的创新之处：

1. 德韦克提出的成长性思维主要认为，成长性思维模式是指人的智力和能力可以改变并加以培养，它更看重努力而非聪明的作用，即人在先天资质不同、性情不同的客观条件下，通过自身努力或人生历练，能够培养和改变个人的能力。我们学校主张的成长性思维强调思维态度直接有些思维活动，以思维可以发展的积极思维态度去学习思维，从思维方法、思维形式与思维过程上增强思维能力，提高思维品质，从而实现思维的成长。这不仅超越了停留在观念上，更是从思维本身的成长上实现思维的成长，这丰富了成长性思维的内涵。

2. 本课题的新意在于关注我国优秀的传统教育思想的发掘与当代有价值的思维科学研究成果运用的融合，使常见的教育内容（培养学生思维）可真正具体落实到课堂教学中，不再是口号式的套话。

3. 本课题的创新之处在于对德韦克的"Growth Mindset"的价值认同基础上，提出了思维要素的成长性，从而使成长性思维在课堂教学中运用具有可操作性，形成了两个维度、四个方面的成长性思维发展内容与以三个维度六个方面思维品质发展水平来评估成长性思维，从而形成较为系统的成长性思维培养与评估的基本框架。因此，本课题不盲目照搬国外教育理论，而是结合国内研究、校情，丰富与发展了"成长性思维"的理论，使之更实在、更有用。

4. 本课题的实践创新在于把我国经典的"和易以思"教育思想转化为可以操作的实践，融合"新成长性思维"，使"和易以思"的思维培养方法论指向思维培养内容，明确了"和易以思"课堂模式，推动课堂教学的改革与优化。

本课题的关键点：

1. 在于把握"和易以思"作为思维培养的方法论，如何指导"成长性思维"的培养。

2. "成长性思维要素"的逐一培养（研究过程决定的）与思维整体发展（思维品质）之间在实践上的把握。因此本课题在研究内容上以"总—分—总"的研究思路推进。

3. 本课题的难点在于理论上与实践上真正把握"和易以思"与"成长性思维"的内在联系，并在实践中落实对照证据研究与实践循证研究。但是教师一般来说在初次研究这些问题时很容易顾此失彼，造成偏离课题研究目标。

本课题针对当前学生思维培养中的把思维本体的发展与思维态度（思维哲学观念）的提升割裂的现象，建构一种新的培养学生思维的模式。这种模式要把思维的这两个维度融合起来，这就需要我们教学探索与研究，我们试图通过本课题研究，探索如何以我国关于思维的"和易以思"传统经典教育思想与当今国外关于思维模式的融合，继承与发扬我国优秀的教育思想和方法，借助"成长性思维"模式，激励学生在学习中作出积极的改变，同时以一种新的思维方式看待学习，增强学生积极发展的内部动力，培养学生的成长性思维，最大限度地开发每一个学生的潜能，真正促进学生的健康、积极成长。建构一种适宜学生思维发展的"和易以思"教学模式，使课堂教学的改革有一个着力点。

第二节　成长性思维的特征与结构

一、成长性思维的特征

成长性思维具有以下四个特点：

（一）多元性

一般认为思维是人脑对客观现实概括的、间接的反映，是对事物本质和规律性的联系的反应。而人之思维的过程，也就是信息内容处理的过程。其中包括：对信息的接受、加工、储备、传递的过程。通俗地说，思维就是人认识事物的思考过程，以及思考后得出的理论认识思想。德韦克提出的成长性思维主要是关于思维的观念，强调要以发展的态度看待智力与能力。我们提出的"成长性思维"主张成长性思维的多元结构，不仅指思维认知，也关注思维过程，而且更指向思维的观念态度。从认知、情意、行为三个维度上建构成长性思维，即思维本身有着其思维方法、思维形式的认知活动，也有着思维活动的过程展开，还有着思维的观念、态度与情感。这些思维要素建构了成长性思维结构，形成了成长性思维的功能。

（二）需要性

成长性思维取决于个体成长的需要，个体不可缺少的普遍的生理和社会需求。它不是某一社会文化所特有的，而是人类共同具有的。成长需要指由个体自身健康成长和自我实现趋向所激励的需要。它是在低层次的基本需要得到满足后出现的高层次的心理需要，故又称之为超越性需要。包括马斯洛需要层次论中所指的七层的上面三层，即认知需要、美的需要和自我实现需要。马斯洛认为，一个自我实现者的基本需要如果得到了满足，不再被基本需要驱动，那么，他就会被高级的需求驱动——成长性需要。成长性需要同基本需要有很大差异。马斯洛说，基本需要是肯定可以达到厌烦的程度，但你绝不会厌烦成长，永远不会。马斯洛认为每个人都有一种在日常生活中成长性价值的内在需求，我们的高级需求和动机是有生物学基础的，即每个人都有对美、真理、政治等高级价值的本能需求。缺乏存在性价值如同缺少维生素一样也会导致疾病。如果这种成长性需要被剥夺或受伤害,就会引起情感上的问题。

从马斯洛的需要层次理论看,成长性需求也是人的一种本能需求,所以师生成长中应该激发师生成长性思维,促进教与学的发展需求,激发师生的内在生命价值和生命活力。因此我们提出的成长性思维的一个明显特点是强调了思维需要积极的思维态度与发展性的思维观念,缺少了这些思维的情意要素,师生的思维难以发展,同时师生的这种思维发展观念与积极态度来自于对思维活动本身的需求,正是这种强烈的高品质思维的需求,才能激发积极的思维态度。

(三)发展性

成长性思维强调思维是可以发展的,这表现在思维活动本身可以发展,思维方法、思维形式都可以通过学习,不断获得与发展。在《思维模式:新的成功心理学》中阐述了一个事实:在长达几十年对不同年龄组的美国学生进行调查访谈后,德韦克发现,只要学生具有或转向她所称之为的“成长性思维”,即相信头脑是可塑的,智力或聪明是可以通过后天努力获得的,他们就能够在工作和学习中表现得更加得心应手,在面对挫折或困境时也更为乐观,更容易找到应对之策。与此相对的是,那些具有“固定性思维”的学生则倾向于在失败或犯错时主动放弃,认为“我天生不是这块料”。下次,他们就会主动逃避挑战性较强的任务,去做那些较为容易、他们认定自己能胜任的事情。这说明成长性思维的明显特征是思维可以发展,思维可以促进人的发展,但是前提是成长性思维。

爱德华·德波诺所指出的那样,思维不同于智力,智力通过思维而得以发挥,思维作为一种技能可以被直接传授。[E. de Bono (1983). The Direct Teaching of Thinking as a Skill. PhiDelta Kappan, V01.64.]思维技能是操作性的技能,思维技能的获得有一个从不自然到自然的过程。思维能力是一种复杂的能力,与掌握知识相比,难度较大。首先,思维能力更多的是个人的一种内部倾向,不易被直接观察。思维方法一般带有较高的概括性,因此要使这样的方法成为支配学生认知行为的力量,成为学生的自觉行为,需要经过长期的训练,有赖于运用知识分析和解决问题的实践,所以,思维能力不会自然而然地得以改进,需要对学生在思维能力上加以训练,为思维而教是可见成效的。从思维方法、思维形式、思维过程等方面入手去训练思维,就可以把思维培养具体化,学生是可以提高思维能力的。

(四)转化性

德韦克还指出,“自己已经具备成长性思维,而且一直都有”这是一种误解。

她发现，人们经常会把成长性思维与灵活、开明、乐观这些品格混在一起。然而，实际上，每个人都同时具有固定性思维和成长性思维，这种情况会随着经历的变化而变化。“纯粹”的成长性思维是不存在的。在某一个学科、领域里，你持有哪种思维模式，那么这种思维模式就会影响你在这个学科、领域内的发展。因此，成长性思维的转化表现在两个方面：

一是由固定性思维向成长性思维转化。本杰明·布鲁姆是一名杰出的教育研究人员。他对120名杰出的成功人士进行了研究。他们的职业分别是钢琴家、雕塑家、奥运会游泳运动员、世界级网球运动员、数学家以及神经学家。这些杰出的成功人士，在童年时期并不出色，也没有表现出任何明显的天赋，更无法凭当时的能力看到未来的成就。后来，他们通过持续不断的动力和投入，加上旁人对他们学习上的支持，带领他们登上顶峰的。这表明这些成功人士摆脱了固定性思维，以成长性思维对待自己的人生。

二是由成长性思维向固定性思维转化。我们可以发现有这样的人，急切地盼望成功，认为通过自己努力可以提高自己而获得成功，而他们在成功后感到的不仅是自豪，还会产生一种优越感，因为成功意味着他们固定不变的个人能力比其他人要强，于是不再努力，自以为自己有天赋能力强，固步自封。这里面隐藏了一个问题：如果成功后你会变成一个自以为是的人，固定性思维就固化了。

由此可以看出，固定性思维与成长性思维可以互为转化，人的高低表现也不是一成不变、不能转化的。因此最重要的是培养一种成长性思维，让学生认识到高表现是努力的结果，而非天资聪颖。固定性思维通常认为智力为固定值，引导学生进入一种只是看起来聪明的模式。这种状态下的学生会回避挑战，在困境中易于言败，认为努力毫无意义，会自动屏蔽具有建设性的批评意见，对他人的成功，也会觉得备受威胁。而成长性思维认为智力可以发展，激发学生们的求知欲。这种心态下学生乐于接受挑战，在逆境中坚持前行，认为努力是成为强者的必经之路，他们在批评中成长很快，被他人的成功经验鼓舞并从中学习。我们应该引导与教会学生把自身存在的固定思维转化为成长性思维。

二、成长性思维的基本结构

我们运用理论研究方法与要素结构分析方法对成长性思维的要素结构进行分析与架构，形成了“长江二中校本的学生成长性思维培养框架”。

（一）成长性思维整体结构框架

成长性思维整体结构框架由两个方面、四个维度的成长性思维发展内容与以三个维度八个品质发展水平构成的成长性思维。

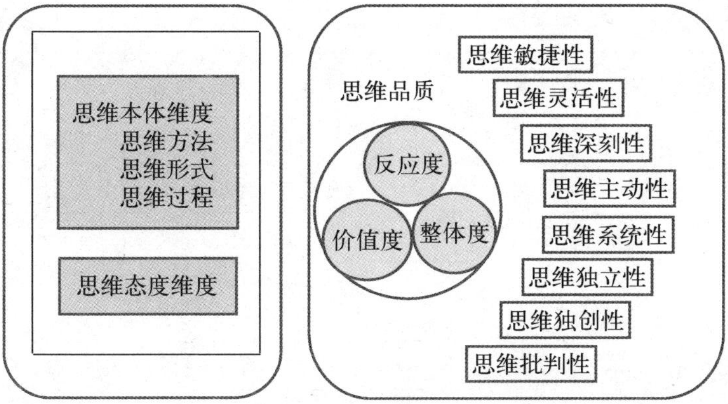

"成长性思维"以思维本体的三个维度（思维方法、思维形式、思维过程）与思维态度维度的整合对思维品质的形成与发展产生作用，实现"成长性思维"发展水平的三个维度八个方面品质，即思维品质的反应维度（包括思维的速度、灵活、深度等）、价值维度（包括思维的独创性、批判性等）、整体维度（包括思维主动性、系统性、独立性等）的整体提升。

（二）成长性思维的要素结构框架

成长性思维由5个方面要素构成，每个要素方面各有3～5个因子组成，共计22个因子。这些因子的选取是为了便于教师在思维教学与学生在思维学习时把握主要的思维问题，并不意味着是思维的全部，特别是我们常可以见到对各种思维方法的提法。

序	维　度	因　子	主　要　表　现
1	思维品质	反应	敏捷性、灵活性、主动性
2		整体	系统性、独立性、深刻性
3		价值	独创性、批判性
4	思维方法	发散性思维	横向思维法、纵向思维法、逆向思维法
5		聚合性思维	求同思维法、集中思维法
6		直觉思维	直觉判断、直觉想象、直觉启发
7		创造性思维	新颖思维、独特思维、综合思维
8		批判性思维	客观性、反思性、
9	思维形式	概念	概念形成、概念理解、概念运用
10		判断	直言判断、联言判断、选言判断、假言判断、负判断、模态判断

（续表）

序	维　度	因　子	主　要　表　现
11	思维形式	推理	演绎推理、归纳推理、类比推理　直觉推理
12		想象	有意想象、无疑想象、创造想象、
13		联想	有意想象、创造想象
14	思维过程	分析与综合	分解整体、个别（客观）认识、确定联系、完整认识
15		比较与分类	对比异同、明确特征、分门别类、揭示关系
16		抽象与概括	抽查本质特征、舍弃非本质特征、形成概念
17		具体化	抽象具体、引证实例、应用原理
18	思维态度	思维参与性	思维参与积极、思维情绪饱满
19		思维主动性	自主思维活动、思维交流活跃、思维善用性
20		思维独立性	自主思维过程、自主思考结果

三、“三维度”成长性思维品质

如果说智力与能力是属于个体心理特征，思维是智力与能力的核心，那么反映思维个性特征的思维品质就体现了每个学生思维能力上的差异。研究思维品质可以揭示思维能力的发展状态，研究学生的思维品质可以针对不同思维能力的学生做到因材施教，使思维能力有所差异的学生各得其所，都有所进步。

思维品质是指思维的个体特点及其表现，实质是人的思维的个性特征。思维品质是人的思维的个性特征，反映了每个人个体智力或思维水平的差异。良好的思维品质是发展智力的突破点，是提高教学质量的重要途径。人们在思维活动过程中表现于不同方面的特点及其差异，就构成其思维品质。思维品质反映了每个个体思维水平的差异，主要包括深刻性、灵活性、独创性、批判性、敏捷性和系统性等方面，它们之间是相互联系、密不可分的。思维品质的提升是通过思维方法、思维形式的发展、思维过程的改善与思维态度的优化而不断增强的。思维品质是思维培养的结果，是我们教育教学的重要目标，是核心素养的重要组成部分。

我们在思维培养的实践中建构了思维品质的三维度模型：

（一）思维的反应维度

思维反应维度主要指人们在思维过程中表现出来的思维反应水平。思维活动敏捷性、灵活性与主动性就表征了思维活动的反应状况。

1. 思维的敏捷性

思维敏捷、反应灵活是思维的品质之一。敏捷性是指思维活动的反应速度和熟练程度，它反映了智力的敏锐程度。思维的敏捷主要表现在两个方面：一是思维的流畅，它要求从一个已知信息立即想出尽可能多的思维目标，为高质量思维提供选择创造条件；二是思维的变通，它要求能随机应变，不断开拓新的思路，寻求新的方法，不为某种思维习惯和思维模式所束缚：三是思维的直觉，它要求能根据直观感觉当即作出判断，要求不经过逻辑推导，在非自觉的情况下就能做出正确的反应。有了思维敏捷性，在处理问题和解决问题的过程中，能够适应变化的情况来积极地思维、周密地考虑、正确地判断和迅速地做出结论。比如，思维敏捷的人的问题思考较快，反应速度快；相反，有的人往往迟钝，反应缓慢，也就是思维的速度不同的人反应是不一样的。

思维敏捷的人善于迅速地发现和解决问题，可以表现在用词的流畅性、观念的流畅性、表达的流畅性和联想的流畅性等方面。思维敏捷性的人常常显出多谋善断，反应迅速，应变果断，即使在某种紧急情况下，也能积极地进行思维，周密地考虑，正确地判断，迅速地作出决定。

思维的敏捷性在一定程度上还表现在一个问题出现后，能不能马上把它与以往的知识、信息和经验联系起来，能不能很快从其他貌似不相关的问题中寻找相关的因素并从中获取启示，得到解决问题的方法，这实际上反映了一个人的思维是否敏捷。苏联心理学家哥洛万斯和斯塔林茨做过实验：任何两个概念都可以经过三四个中介概念使之联系。如，圆柱体和长方形是两个不同的那物，但通过一定的媒介完全可以构成相关的事物：圆柱体—圆柱表面积—圆柱的侧面积—长方形。在平常的教学中，教师可以出些不相关的概念或者条件，要求学生通过快速的中介联结，以培养他们的联系能力，提高思维敏捷性。

培养思维的敏捷性应注意熟能生巧，熟练掌握在思维过程中运用思维方法、思维方式，鼓励学生课堂听讲主动思维，把课堂接受知识的过程变成思维训练的活动。教师要鼓励学生有意识地限定时间完成学习任务。

2. 思维的灵活性

思维灵活性是思维的品质之一，灵活性是指思维活动的灵活程度，善于根据客观实际情况的变化而及时改变原来的工作计划或解决问题的思路，并提出新的符合实际情况的思路和方案的思维特征。它的特点包括：一是思维起点灵活，即从不同角度、方向、方面，能用多种方法来解决问题；二是思维过程灵活，从分析到综合，从综合到分析，全面而灵活地做“综合的分析”；三是概括—迁移能力强，运用规律的自觉性高；四是善于组合分析，伸缩性大；五是思维的结果往往是多种合理而灵活的结论，不仅仅有量的区别，而且有质的区别。灵活性反映了智力的“迁移”，如我们平时说的，“举一反三”“运用自如”等。灵活性强的人，智力方向灵活，善于从不同的角度与方面起步思考问题，能较全面地分析、思考问题，解决问题。

思维的灵活性表现为：不囿于过时的方案，而善于根据实际情况的变化灵活地改变原有的方案，采用新的方法、途径去解决问题。因为客观事物总是处于不断运动、变化之中。一切都以时间、地点和条件为转移。所以需要人们的思维活动具有高度的灵活性以适应人们的生存与发展。

思维的灵活性决定于高级神经活动过程的灵活性，但这种灵活性不是固定不变的，而是能够通过教育或自我教育的作用，得到发展或发生变化的。思维的灵活性也受制于个体已有的定型。如有的人在生活中总是反复使用一种固定不变的方式去处理问题，便会形成某种定型，阻碍思维的灵活性得到发挥。“因地制宜”“量体裁衣”是思维灵活性的表现，而“削足适履”“按图索骥”则是思维缺乏灵活性的表现。思维的灵活性与思维的深刻性相结合，就表现为机智、敏锐、富有独创性。

3. 思维的主动性

思维的主动性是思维的重要品质，思维的态度决定人生的高度。当我们开始以积极的思维方式，以主动思维积极解决各种问题与任务，我们便开始走向成功。人们可以新的角度来看待这些经验，从不同的角度重新审视每一个经验，寻找新的教训去增强自己能力。思维的主动性促进积极思考，激发积极的进取态度。思维的主动性更是成长性思维的重要特征。在面对挫折或困境时也更为乐观，更容易找到应对之策。与此相对的是，那些具有“固定性思维”的学生则倾向于在失败或犯错时主动放弃，认为“我天生不是这块料”。下次，他们就会主动逃避挑战性较强的任务，去做那些较为容易、他们认定自己能胜任的事情。

思维的主动性常与思维定式相对应。心理定式指心理上的“定向趋势”，它是由一定的心理活动所形成的准备状态，对以后的感知、记忆、思维、情感等心理活动和行为活动起正向的或反向的推动作用。思维定式（Thinking Set）也称“惯性思维”，在环境不变的条件下，思维定式使人能够应用已掌握的方法迅速解决问题。而在情境发生变化时，它则会妨碍人采用新的方法。消极的思维定式是束缚创造性思维的枷锁。先前形成的知识、经验、习惯，都会使人们形成认知的固定倾向，从而影响后来的分析、判断，形成“思维定式”——即思维总是摆脱不了已有“框框”的束缚，表现出消极的思维定式，要以主动的思维冲破思维定式。

主动思维对问题解决有着积极的一面，而消极的思维定式容易使我们产生思维上养成一种呆板、机械、千篇一律的习惯。当新旧问题形似质异时，或者当问题的条件发生质的变化时，消极的思维定式会使人们墨守成规，难以涌出新思维，造成知识和经验的负迁移，要克服传统定式、书本定式、经验定式、名言定式、从众定式和麻木定式的消极作用。要改变思维定式的消极需要有思维的自觉性，克服习惯性思维。

思维的主动性在很大程度上体现为学生在解决问题时思维的多向性，在教学中设计一些多结论、多途径的开放性问题，有利于激活学生的思维，广开学生的思路。由于开放性问题结构不完整，思路不明确，解题途径有多条，思考容量大，可培养学生从多方向、多角度认识问题和解决问题的习惯，有助于学生积极主动思维习惯的形成。排除学生思维定式的干扰，从而提高学生思维的主动性。培养学生的积极思维要关注培养学生乐意接受挑战和积极应对学习过程中遇到的种种困难，引导学生积极钻研问题、发现规律，培养学生以创造性为主的主动性思维能力。

学生通过对思维方法的不断掌握、积累和熟练运用，逐渐产生思考问题的敏感性，进而能够迅速抓住问题的实质，找到解决问题的方法和途径。这种思维活动就是典型的主动性思维。许国泰先生认为"用神奇的大脑思考大脑的神奇，才能结出新的、奇特的果实"。因此，我们要充分挖掘和努力开拓大学生的主动性思维空间，提升他们的思维能力。主动性思维活动是一种精神行为，受知识、智力、兴趣、意志、情感及性格等诸多因素的影响，将主动性思维训练与能力培养有机结合、相辅相成。

（二）思维的整体维度

思维的整体维度主要指人们在思维过程中能抓住问题的各个方面，又不忽视其重要细节的思维品质，表现出来的思维的系统性、深刻性与独立性。思维的整体性强调考虑问题总是从整体出发，能够很好地处理整体与局部关系。思维的整体性表现关注思维活动，关注事物之间的联系与区别，整体与局部的关系，纵横联系，形成以系统的思维习惯关注事物的整体结构，把握事物的关联、核心和本质。

1. 思维的系统性

思维系统性是思维的高阶品质，是思维活动的整体性、完整性与逻辑性的反映。思维的系统性是指思维活动的有序程度，以及整合各类不同思维方式的能力品质的反映。思维系统性体现了思维活动是把思维对象当作一个整体加以思考的思维习惯，表现出思维活动从整体出发，先综合，后分析，最后复归到更高阶段上的新的综合，具有整体性、综合性、定量化和精确化的特征。思维系统性品质注重从结构和功能的统一性上去把握事物的整体效应；从物质系统内部诸要素的相互联系和相互作用中，从它与外界环境的相互关系中，把握物质系统的整体结构。

思维系统性首先体现在思维的整体性上。思维首先要有明确的思维对象，如果只是各种杂乱无章的条件反射或紊乱的想法，没有指向性，不能在大脑中形成一个完整的映像，就难以系统思考问题。思维活动中从事物的整体的要素、属性和功能，依据相互联系、相互作用的方式教学思考。通过对系统要素的思维方式分析中间环节，再回到系统综合的出发点。

思维系统性表现为从系统的结构去思考系统的整体功能，所形成的思维结果系统化，不是杂乱无章的，形成思维的系统最优结构。在头脑中把思维指向的重点放在结构上，在此基础上，再考察中心要素与其他要素的联系，形成系统的优化结构。思维系统性品质表现在思维的综合性上，在思维时能否综合思考、考察和处理问题，把综合贯穿于思维逻辑进程的始终，在综合的指导和统摄下进行分析，然后再通过逐级次综合而达到总体综合，而不是孤立的、静止的分析习惯，使分析和综合相互融合"同步"进行，每一步思考都顾及综合、映现系统整体。具有这种思维品质才能使人们站在全局的高度上，系统地综合地考察事物，着眼于全局来认识和处理各种矛盾问题，达到最佳化的总体目标。

思维的系统性本质上更是思维逻辑性的体现。没有思维逻辑性本质上是没有真正的思维。思维的逻辑性强调思维活动应遵循逻辑的方法和规律，按照逻辑的程序进行。思维的逻辑性来自客观现实变化的规律性。它反映出思维是一种抽象的理论认识。思维的逻辑性主要表现在思维过程能遵循严格的逻辑规则，按照逻辑顺序。无论是思维的过程，还是思维的形式、方法，总是有根有据，条理分明，层次清晰，前后连贯一致，不自相矛盾、混乱、跳跃或含糊不清。人们的思维主要是依赖语言的高级抽象的理性思维。它要求思维主体自觉地遵循思维的规律来进行，能够使概念明确，判断恰当，推理合理，思维的结果正确。

2. 思维的独立性

思维独立性是思维的品质之一。所谓思维的独立性是指善于独立思考，遇事总要问一个为什么，善于用自己的头脑去思考，决不盲从、人云亦云，更不迷信权威。思维独立性的人具有善于独立地发现、分析和解决问题的思维特征。思维的独立性表现为一个人能够独立地进行思考，不容易受他人的暗示和影响，对别人提出的原理和结论，不盲目接受，而要经过自己的独立思考和评价，创造性地去认识现实，寻求解决问题的新途径和新方法，从而提出新的解释和结论。

思维独立性表现为善于根据客观标准，从实际出发，严格地、科学地、批判地看待自己和别人的观点，严密而细心地权衡正、反两方面的理由和假设，并从各方面来检查这些理由和假设，以明辨是非。缺乏思维独立性和批判性的人，往往思维具有惰性、依赖性、因袭性和固执性。思维独立性强调不是人云亦云、盲从迷信，也不自以为是、固步自封。思维独立性以思维的批判性为前提，离开了根据客观标准而进行的"独立思考"，就会迷失方向。一个人假如偏听偏信，就会误事。有的人思维依赖性较强，不善于独立思考，常依赖别人，习惯靠别人，当遇君子，如临贵人；当遇小人，顷刻覆亡。

具有思维独立性的学生不满足于成年人对事物现象的描绘和解释，不轻信别人或书本上的现成结论，而是喜欢独立地探索事物的根源，敢于发表独特的见解。独立性思维的人不易受他人的影响，有较强的独立提出和实施行为目的的能力，其思维反映其行为价值的内在稳定性，遇事有主见，有成就动机，不依赖他人就能独立处理事情，积极主动地完成各项实际工作的思维方式。独立思维者有自己独立的思想，会努力践行自己的想法，去证明自己思维结果的正确性。当一个人有了独立思想，他就不会轻易受人蛊惑。会主动学一些对自己有用的知识和技能，从而去完善自己，使自己可以很好地适应社会、适应人群。

3. 思维的深刻性

思维的深刻性是指善于透过纷繁的现象发现问题本质的思维品质。思维的深刻性是指思维活动的抽象程度和逻辑水平，涉及思维活动的广度、深度和难度，表现为能深刻理解概念，分析问题周密，善于抓住事物的本质和规律。思维的深刻性体现在人们在感性材料的基础上，经过思维过程去粗取精，去伪存真，由此及彼，由表及里，在头脑里即产生一个认识过程的突变，产生了概括，进而抓住事物的本质、整体与内在联系，认识事物的规律性。个体在这个过程中，表现出深刻性的差异。

思维的深刻性集中地表现在善于深入地思考问题，抓住事物的规律和本质，预见事物的发展进程。人类的思维主要是言语思维，是抽象理性的认识。个体在这个过程中，表现出深刻性的差异。思维的深刻性集中表现为在智力活动中深入思考问题，善于概括归类，逻辑抽象性强，善于抓住事物的本质和规律，开展系统的理解活动，善于预见事物的发展进程。超常智力的人抽象概括能力高，低常智力的人往往只是停留在直观水平上。

培养思维的深刻性应鼓励学生追根究底，凡事都要先问为什么，坚决放弃死记硬背。鼓励学生积极开展问题研究，按时写小论文，养成梳理思路与深钻细研的习惯。

（三）思维的价值维度

1. 思维的独创性

思维的独创性即思维活动的创造性。思维的独创性是人类思维的高级形态，是思维的高价品质。它是在新异情况或困难面前采取对策，独特地和新颖地解决问题的过程中表现出来的思维品质。任何创造、发明、革新、发现等实践活动都是与思维的独创性联系在一起的。思维的创新性是人们在探索未知领域的过程中，充分发挥认识的能动作用，突破固定的思维通道，以灵活、新颖的思维方式和多角度探求事物运动内部机理的思维特征。思维的创新性的本质在于求新，而不是重复，不是墨守成规。

思维的独创性强调思维的创新精神，不满足于已取得的经验，奇异、求变，表现为创造性地提出问题和解决问题。在实践中，除善于发现问题、思考问题外，更重要的是要创造性地解决问题。人类的发展和科学的发展，要有所发明，有所发现，有所创新，都离不开思维的独创性品质。

思维的独创性，突出地表现出三个特点：一是独特性，它具有个性的特点，自觉而独立地操纵条件和问题，找出解决问题的关系、层次和交结点；二是发散性，它从某一给定的信息中，产生各种各样的为数众多的信息，即找出两个或两个以上的可能的答案、结论、方案或假设，等等，可见它的活动方式的复杂和结构的复杂；三是新颖性，它的结果，不论是概念、理解、假设、方案或是结论，都包含着新的因素，它是一种探新的思维活动。新颖程度是思维独创性的最重要的指标，但是，这种新颖性，不是脱离实际的、荒唐的，而是具有一定的社会价值的。

思维的独创性源于主体对知识经验或思维材料高度概括后集中而系统的迁移，进行新颖的组合分析，找出新异的层次和交结点。概括性越高，知识系统性越强，伸缩性越大，迁移性越灵活，注意力越集中，则思维的独创性就越突出。人们在日常生活和工作中，正是借助思维的独创性，适应千变万化的现实世界。培养学生思维的独创性要重视加强思维的独立性，保持应有的好奇心，增强问题意识，在课堂听讲和读书学习中，注意发现问题，提出问题。

2. 思维的批判性

"批判的"（critical）源于希腊文kriticos（提问、理解某物的意义和有能力分析，即"辨明或判断的能力"）和kriterion（标准）。从语源上说，该词暗示发展"基于标准的有辨识能力的判断"。思维的批判性作为一个思维品质是思维的重要特征之一。思维的批判性是指根据客观标准进行思维并解决问题的思维品质。思维具有批判性的人，有明确的是非观念，善于根据客观指标和实践观点来检查、评价自己和他人的思维活动及结果。

具有思维的批判性的人善于从实际出发，严格地根据客观标准评价和检查自己和他人的思维成果。思维的批判性要求通过一定的标准进行思维，进而改善思维，是合理的、反思性的思维特征，是十分重要的思维品质。思维的批判性是思维活动中独立发现和批判的程度的表现。做一个墨守成规的跟随者，或者做一个独立的思考者和发问者，是思考过程中的一个重要品质。思维的批判性来自于对思维活动的各个环节和各个方面进行调整和纠正的自我意识。它具有分析性、战略性、全面性、独立性和正确性。只有思维的批判性，人类才能对思维本身有自我认识，即既认识客体，又认识主体，在改造客观世界的过程中改造主观世界。

在现代社会，批判性思维被普遍确立为教育特别是高等教育的目标之一。是循规蹈矩、人云亦云，还是独立思考、善于发问，这是思维过程中一个很重要的品质。思维的批判性品质，来自于对思维活动各个环节、各个方面进行调整、校正的自我意识。它具有分析性、策略性、全面性、独立性和正确性等五个特点。正是有了批判性，人类才能够对思维本身加以自我认识，也就是人类不仅能够认识客体，而且也能够认识主体，并且在改造客观世界的过程中改造主观世界。

思维的批判性.这是指思维活动中善于严格地估计思维材料和精细地检查思维过程的智力品质。它的特点包括：(1) 分析性。在思维过程中不断地分析解决问题所依据的条件和反复验证业已拟定的假设、计划和方案。(2) 独立性。不为情境性的暗示所左右，不为已有想法所左右，按照正确的逻辑思维追求合乎规律的认识或者结论。(3) 全面性。在思维活动中善于客观地考虑正反两方面的论据，认真地把握课题的进展情况，随时随地坚持正确计划，修改错误方案。(4) 反思性。在思维活动中“能动、持续和细致地思考任何信念或被假定的知识形式，洞悉支持它的理由以及它所进一步指向的结论”。

第四章　学生成长性思维方法的培养

第一节　成长性思维方法的发展

一、思维方法的概念

思维方法(The thingking method)是看待事物的角度、方式,它对人们的言行起决定性作用。思维方法是人们通过思维活动为了实现特定思维目的所凭借的途径、手段或办法,也就是思维过程中所运用的工具和手段。思维方法属于思维方式范畴,是思维方式的一个侧面,是思维方式具体而集中的体现。

思维方法是人们通过思维活动为了实现特定思维目的所凭借的途径、手段或办法,也就是思维过程中所运用的思维工具和手段。思维方法属于思维方式范畴,是思维方式的一个侧面,是思维方式具体而集中的体现。思维方法表面上具有非物质性和物质性。这种非物质性和物质性的交相影响,“无生有,有生无”,就能够构成思维方式演进发展的矛盾运动。思维方法是由诸层次、诸要素构成的复杂系统。按其作用范围的不同,可以把思维方法划分为三大层次:一般的思维方法、各门具体科学共同的思维方法和各门科学所特有的思维方法。

思维方法是由诸层次、诸要素构成的复杂系统。按其作用范围的不同,可以把思维方法划分为三大层次:一般的思维方法、各门具体科学共同的思维方法和各门科学所特有的思维方法。

思考问题的根本方法,包括线性思维方式与非线性思维方式两大类型。形式逻辑是线性思维方式,对称逻辑属于非线性思维方式。也可以称为思维的方法论。具体的逻辑——形式逻辑不能成为思维方式,只有整体的逻辑——对称逻辑才能成为思维方式。如果把具体的逻辑——形式逻辑作为思维方式,将陷于形而上学的思维方式,用形而上学的思维方式看问题只能得出片面的结论。

任何思维方法都是主观性和客观性的辩证统一。其辩证关系具体表现在:

1. 思维方法归根结底是客观事物之间的关系和规律的反映。

2. 思维方法的发展受到社会实践的规模和水平、实践方式的发展程度等客观条件的制约,并随着社会历史实践的发展而发展。

3. 思维方法的选择和评价具有客观性,这种客观性在于思维方法的适用性,即思维方法是否与认识对象和实践对象相一致、相适应。

二、思维方法的意义

思维方法是思维的主要组成部分，是我们成长性思维的重要部分。思维方法是思维主体对思维对象进行加工制作的方式、工具和手段。在教育部考试中心《中国高考评价体系》中也有明确体现，并被升华为“思维方法是认知加工的关键构建，是个体在信息时代所必须具备的核心认知品质，也是未来社会人才所需要的终身素质”。因此，基于思维方法培养的教学是当今课程教学改革的重要内容。

在思维活动中，思维方法具有十分重要的作用。思维活动是一个由多种因素构成的动态系统，思维对象、思维主体和思维方法是思维活动中最基本和最主要的三个要素。思维对象是思维活动的原材料；思维主体是具有认识能力及相应思维结构的人；思维方法是思维主体对思维对象进行加工制作的方式、工具和手段。在思维活动中，思维方法具有十分重要的作用。它构成了思维主体和思维对象发生联系的中介和桥梁。没有科学的思维方法，人们的思维活动就不能顺利进行并取得成效。

在当前教学中教会学生思维方法是十分重要的。在学科教学中教师追求标准答案，或者教师的答案，抹杀学生的发散性思维现象很普遍。教师的教学思维方法也不能满足“为思维而教”，把握各种思维方法以适应透过教学内容让学生掌握各种思维方法，特别是创新思维方法。其实在学科课程中有很多可以培养学生发散性思维、辩证思维等的内容，但是我们不少教师缺乏把握这些的能力。教师擅长把握教材的知识点，而缺乏透过教材发现培养学生思维方法的教学内容，或者设计利用知识点培养学生思维方法的教学方法或者主动作业。因此，为思维而教首先可以从培养学生的思维方法着手。

三、培养学生的思维方法的实务

学生的思维方法的培养要通过具体的思维方法，透过课程内容加以培养，才能落实。我们在课题研究中，从六个思维方法着手并着重展开。

（一）逻辑思维的培养

逻辑思维主要指遵循逻辑规则，将思维内容联结、组织在一起的方法，常称它为“抽象思维”（Abstract thinking）。逻辑思维是逻辑思维的表现形式，是从概念出发，通过分析、比较、判断、推理等形式而得出合乎逻辑的结论。逻辑思维是建立在现成的知识和经验基础上的，离开已有的知识和经验，逻辑思维便无法进行。逻辑思维的方法，主要是逻辑中的比较和分类、分析和综合、抽象和概括、归纳和演绎，逻辑思维一般是单向的思维，总是从概念到判断再到推理，最后得出结论。逻辑思维严格按照逻辑进行，思维的结果是合理的，但可能没有创新性。

逻辑思维是一种确定的而不是模棱两可的，前后一贯的而不是自相矛盾的，有条理、有根据的思维。在逻辑思维中，要用到概念、判断、推理等思维形式和比较、分析、综合、抽象、概括等思维方法，而掌握和运用这些思维形式和方法的程度，也就是逻辑思维的能力。

逻辑思维要严格按照逻辑进行思维，要遵循逻辑规律，这主要是形式逻辑的同一律、矛盾律、排中律等，违背这些规律，思维就会发生偷换概念，偷换论题、自相矛盾、形而上学等逻辑错误，认识就是混乱和错误的。

在教学中常见的培养学生的逻辑思维方法：

假设法。假设法就是对于给定的问题，先做一个或多个假设，然后根据已知条件来分析，如果与题目所给的条件矛盾，就说明假设错误，然后再用其他的假设。

排除法。排除法：已知在有限个答案中，只有一个是正确的，对于一个答案，不知道它是否正确，但是知道这个答案之外的其他答案都是错误的，所以推断这个答案是正确的。柯南·道尔小说中的著名侦探福尔摩斯说过："当排除了所有其他的可能性，还剩一个时，不管有多么的不可能，那都是真相。"

反证法。反证法是"间接证明法"一类，是从反面角度的证明方法，即肯定题设而否定结论，从而得出矛盾。具体地讲，反证法就是从反论题入手，把命题结论的否定当作条件，使之得到与条件相矛盾，肯定了命题的结论，从而使命题获得了证明。常见步骤：第一步：假设命题结论不成立，即假设结论的反面成立；第二步：从这个命题出发，经过推理证明得出矛盾；第三步：由矛盾判断假设不成立，从而肯定命题的结论正确。

（二）发散性思维

发散思维（Divergent Thinking），又叫辐散思维、求异思维。由美国心理学家J. P.吉尔福特作为与创造性有密切关系的重要思考方法而提出。这种思维活动是人们在思维过程中不受任何框框的限制，充分发挥探索性和想象力，从标新立异出发，突破已知领域，无一定方向和范围，从一点向四面八方想开去。然后，再把材料、知识、观念重新组合，以便从已知的领域，去探索未知的境界，从而找出更多更新的可能答案、设想或解决办法。例如："你能想出纸有多少用途？""汽车与火车究竟有多少方面相似？"通过对这类问题的回答，可以得到回答的数量、灵活程度和新异的成分。从这里可以看出，当问题存在着多种答案的可能性时，才能发生发散思维，它在创造性思维活动中具有重要作用。

在教学中，教师要善于培养学生从一个目标出发，沿着各种不同的途径去思考，多方位、多角度、多层次去思考，如"一题多解""一事多写""一物多用"等方式。

1. 多角度思维

要培养学生善于多角度思维，从多个不同的角度思考问题，不同的角度有不同的发现。运用横向思维法，思考对象从横的方向，依照其各相关部分与特点进行思考，从而找出有待于进一步完善的部位，确定如何改进的思考。运用纵向思维法，思考对象从纵的发展方向上，依照其各个发展阶段进行思考，从而设想，推断出下一步的发展趋向。运用逆向思维法，不采用人们通常思考问题的思路，而是反过来，从对立的、完全相反的角度去思考问题。从多个不同的角度思考问题，不同的角度有不同的发现。事例：有个小男孩说："苹果里有颗五角星。"这让人难以理解，小男孩把苹果横放在桌上，然后拦腰切开，就会发现苹果里有一个清晰的五角形图案。

2. 侧向思维

侧向思维法就是思考问题时，不从正面角度，而是将注意力引向外侧其他领域和事物，从而受到启发，找到超出限定条件以外的新思路。事例：一百多年前，奥地利的医生奥恩布鲁格，想解决怎样检查出人的胸腔积水这个问题，他想来想去，突然想到了自己父亲，他的父亲是酒商，在经营酒业时，只要用手敲一敲酒桶，凭叩击声，就能知道桶内有多少酒，奥恩布鲁格想：人的胸腔和酒桶相似，如果用手敲一敲胸腔，凭声音，不也能诊断出胸腔中积水的病情吗？"叩诊"的方法就这样被发明出来了。

3. 非线性思维

思维方式无非线性与非线性两种。线性思维方式有助于深入思考，探究到事物的本质。非线性思维方式有助于拓展思路，看到事物的普遍联系。非线性思维是为了更好地进行线性思维即深入了解事物的本质。线性思维方式是目的，而非线性思维方式是手段。从思维上讲，非线性思维使用的是人的右半脑，从层次上讲，非线性思维更多的是在人的潜意识里完成的。潜意识的活动更接近客观事物，更真实，更接近道。线性思维，是一种直线的、单向的、单维的、缺乏变化的思维方式，非线性思维则是相互连接的，非平面、立体化、无中心、无边缘的网状结构，类似人的大脑神经和血管组织。线性思维如传统的写作和阅读，受稿纸和书本的空间影响，必须以时空和逻辑顺序进行。非线性思维则如电脑的RAM（Random Access Memory），突破时间和逻辑的线性轨道，随意跳跃生发，又如HTML提供超越时空限制的网状连接路径。

在教学中，我们不仅要关注线性思维，而且更要关注非线性思维。在数学中一元一次方程式线性方程，方程中的X与Y是异议对应的；而一元二次方程就是非线性的，其图像呈U形。在语文写作中，我们也可以运用非线性思维，例如，传统的线性写作，是一种依序的模式，打开文档从第一页第一行开始往下撰写，直至文章的末端；非线性的写作模式，则无视文章的先后次序，以文中诸要点为核心向外论述、延伸，作家写作时也可以随时在不同要点间来回跳跃，待所有部分完成，最后再加以合并润饰。这就是一种非线性的写作技巧。

（三）聚合性思维

聚合性思维，也称收敛思维，是指在解决问题的过程中，尽可能利用已有的知识和经验，把众多的信息和解题的可能性逐步引导到条理化的逻辑序列中去，最终得出一个合乎逻辑规范的结论。聚合思维也是创新思维的一种方法，与发散思维不同，发散思维是为了解决某个问题，从这一问题出发，想的办法、途径越多越好，总是追求还有没有更多的办法。而收敛思维也是为了解决某一问题，在众多的现象、线索、信息中，向着问题一个方向思考，根据已有的经验、知识或发散思维中针对问题的最好办法去得出最好的结论和最好的解决办法。学生在学校里的学习、考试，大都是靠聚合思维进行的，在一定程度上，学生学习水平的优劣，与他们的聚合思维水平关系密切。

教师在教学中要注意培养学生从已知信息中产生逻辑结论，从现成资料中寻求正确答案的一种有方向、有条理进行聚合思维。在学生学习中常用的，从多种答案中选择出一个正确答案；从多种方案中选取一种最佳方案；依靠许多信息归纳出一个正确结论等都是运用聚合思维法。在应用聚合思维方法时，一般要注意三个步骤。第一步是收集掌握各种有关信息。采取各种方法和途径，收集和掌握与思维目标有关的信息，而资料信息愈多愈好，这是选用聚合思维的前提，有了这个前提，才有可能得出正确结论。第二步是对掌握的各种信息进行分析清理和筛选。这是聚合思维的关键步骤。通过对所收集到的各种资料进行分析，区分出它们与思维目标的相关程度，以便把重要的信息保留下来，把无关的或关系不大的信息淘汰。经过清理和选择后，还要对各种相关信息进行抽象、概括、比较、归纳，从而找出它们的共同特性和本质的方面。第三步是客观地、实事求是地得出科学结论，获得思维目标。

在教学中我们要抓住聚合思维的三个特征培养学生的聚合思维：

1. 同一性：求同思维

聚合思维的同一性是指它是一种求同性，即找到解决问题的办法或答案。求同思维是基于同一性，是指从现成资料中找到解决问题的办法或答案的思维能力。如果同一现象在不同的场合出现，而在各个场合中只有一个条件是共同的，那么这个条件就是这一现象的原因。

2. 程序性：程序思维

聚合性思维的程序性是指在解决问题的过程中，操作的程序，先做什么，后做什么，按照严格的程序，使问题的解决有章可循。程序思维就是在解决问题的过程中，操作的程序，先做什么后做什么，按照严格的程序，使问题的解决有章可循。

3. 比较性：比较思维

聚合性思维的比较性是指对寻求到的几种解题途径、方案、措施或答案，通过比较，找出较佳的途径、方案、措施或答案。通过比较思维对寻求到的几种解决途径、方案、措施或答案，通过比较，找出较佳的途径方案、措施或答案的方法。如果一种现象在第一个场合出现，在第二个场合不出现，而这两个场合只有一个条件不同，那么这个条件就是这个现象的原因。

（四）系统思维的培养

系统思维是原则性与灵活性有机结合的基本思维方式。系统思维，简单来说就是对事情全面思考，不只是就事论事。系统思维是把想达到的结果、实现该结果的过程、过程优化以及对未来的影响等一系列问题作为一个整体系统进行研究。只有系统思维，才能抓住整体，抓住要害，才能不失原则地采取灵活有效的方法处置事务。客观事物是多方面相互联系、发展变化的有机整体。系统思维就是人们运用系统观点，把对象的互相联系的各个方面及其结构和功能进行系统认识的一种思维方法。整体性原则是系统思维方式的核心。这一原则要求人们无论干什么事都要立足整体，从整体与部分、整体与环境的相互作用过程来认识和把握整体。系统思维具有整体性、结构性、层次性、开放性、发展性等特征。系统思维的整体性是思维活动中把系统作为一个整体具有超越于系统内个体之上的思维特征。系统思维的结构性特征是指思维活动时以系统内相互关联的个体按一定的结构框架存在进行思考。系统思维的层次性特征是思维活动时把系统与系统内的要素的关系分层次的、分模块性进行思维。系统思维的开放性特征是指思维活动时以系统作为一个整体又会与其他系统相互关联相互影响，系统是随时演变的，与相对外部系统进行交互的思维。

在教学中我们要抓住课程内容积极培养学生的系统思维：

1. 教师要从整体结构上发展学生的系统思维。教师尽管从知识的部分组织教学，但是必须从整体上培养学生把握各部分知识，并借助部分与整体关系，培养学生的系统思维。例如：生命科学课程中人的生理系统知识应该让学生形成一个知识图谱：人体由八大系统组成，即运动系统、神经系统、内分泌系统、循环系统、呼吸系统、消化系统、泌尿系统、生殖系统。其中的消化系统又由消化管和消化腺这两个子系统组成。其中的消化管又由口腔、咽、食管、胃、小肠、大肠这些更小的系统组成，其中的小肠又由十二指肠、空肠、回肠这些更小的系统组成。

2. 教师要从层次结构上发展学生的系统思维。教师在教学中要关注知识的动态变化，从关系中把握知识的性质、特征、结构等。例如数学学科中的平面四边形，应该要求学生对四边形、平行四边形、长方形、正方形、菱形从角和边的关系与变化上系统化，形成一个关于四边形的关系链，从而形成有关四边形的图式。

3. *教师要从知识连续性上发展学生的系统思维*。教师要克服知识的碎片化教学，只注重知识点而忽视知识链与知识网络。知识是由有限个或无限个知识“点”组成的。一条直线作为一个系统，可以看成由无数个点所组成的，这无数个点就是这个系统中的成员，所以学生学习的内容是一个无限大的系统。实数作为一个系统，可以看成由无数个数字组成的，这无数个数字就是这个系统中的成员，所以这个系统是一个无限大的系统。教师在处理教学内容时，要关注知识的连续性，例如物理学科的重量与质量要注意其联系与区别，数学学科中的sin与cos、tg与ctg之间的关联。化学中的酸碱教学时，要关注学生所学酸与碱之间的酸性或者碱性强弱度等性质的变化中建构系统的有关酸与碱知识体系。教师要善于把所教的知识技能等串起来，形成链状与网上的完整的知识体系。

（五）创新思维的培养

创新思维是指为了一定的目的和任务，运用一切已知信息，开展能动的思维活动，产生某种新颖、独特、有社会或个人价值的，以一定形式存在的成果的思维方法。创新思维对思维灵活性、独创性等思维品质要求很高。

创新思维的主导成分中的灵活性，不仅要求对信息刺激能很流畅地做出反应的能力，而且能随机应变，表现出思维的灵活性。创新思维的方法，主要是一种猜测、想象和顿悟。创新思维则是从猜测、想象出发，没有固定的思维方式，虽然也需要知识和经验作为基础，但不完全依赖知识和经验。创新思维一般没有固定的程序，其思维方式大多都是直观、联想和灵感等。

创新思维的重要品质是独创性，对信息刺激能作出不寻常的反应，具有发散的新奇成分。创新思维是在突破现成答案中寻找新的解决方法或者答案。思维结果的新颖性，没有现成的可供借鉴的解决问题方案，必须将已有知识经验进行改组和重建，创造出不同寻常的思维成果。创新思维的思维方向则是很多的，结果也是多样性的。创新思维活动既然不是按照常规的逻辑进行，其结果往往不合常理，但其中却有新颖性的结果。创新思维的综合性表现在各种形式的思维有机结合，相互促进，相互补充，使人的创造思维活动富有活力。

在教学中，教师要特别重视学生创新思维的培养：

1. 激发学生的能动思维的好奇心

教师要关注培养学生的求知欲，调动学生的思维的积极性和主动性，是帮助学生形成与发展创新思维的重要条件。学生的学习动机和求知欲、学习的积极性和主动性，不会自然涌现，它取决于教师所创设的教学情境，教师要以“和易以思”的善喻来引导学生的思维。创设启发式的教学情境式，创设问题的情境能调动学生思维活动的积极性和自觉性，使学生的学习过程成为一个积极主动的探索过程。

2. 教师教学中要“善喻”，多用启发式教学

教师要少用注入式教学，避免学生所进行的学习完全依赖教师的讲解被动地学，无法激发学生的创新思维。通过教师的“善喻”，学生的学习不仅能获得现有的知识和技能，还能进一步探索未知的新情境，发现未掌握的新知识，甚至创造前所未有的新事物。启发式教学可以采用不同的方式进行，如“发现法”“研究法”“解决问题法”等，例如，在物理学科中教有关“阿基米德定律”时，教师做这样的引导：教师问学生：“木块放在水里为什么总是浮在水面上？铁块放在水里为什么总是下沉？”学生会说：“因为铁比木重。”教师接着问：“那么1公斤的铁块和1公斤重的木块都放在水里，为什么铁块沉下去了，木块却浮上来了呢？”这时教师趁学生产生疑惑时追问“钢铁巨轮很重，为什么能浮在水面上？”这一串问题，激发学生对“因铁重而下沉”产生了怀疑。通过引发学生对知识的疑惑，激发学生的求知欲，引导学生积极思维寻找答案，很好地培养和发展了学习的创新思维。

3. 培养发散思维和聚合思维综合运用

一个创造性活动的全过程，要经过从发散思维到聚合思维，再从聚合思维到发散思维，多次循环才能完成。教师在培养学生的创新性思维时，既要注重培养学生的聚合思维，又要下功夫培养学生的发散思维。例如教学中可以采用“头脑风暴”方法，训练学生的发散思维与思维的灵活性。在进行疾风暴雨式的思维训练时，学生像夏天的暴风雨一样，快速抛出自己的回答或者观点，不能迟疑，也不要考虑质量的好坏或数量的多少，评价在结束后进行。反应越快越多，表示思维越灵活，也会显示独创水平，可以促进学生创新思维的发展。

4. 增强成长性思维态度，提升学生创新精神

创新思维的发展不仅受到学生创新思维方法的训练，而且也受思维态度的影响。具有主动、独立的思维态度的学生容易发展创新思维，研究显示，凡是具有高度创造性的儿童与成年人，在其早年的家庭经验中，都具有充分的独立与自由，有较多的积极问题的机会，而那些屈服在父母威势底下的儿童，很容易接受权威性的主张，行为循规蹈矩，避免尝试新的经验，更不会有什么创新的思维活动。

（六）辩证思维的培养

辩证思维是反映和符合客观事物辩证发展过程及其规律性的思维。辩证思维正是以世间万物之间的客观联系为基础，而进行的对世界进一步的认识和感知，并在思考的过程中感受人与自然的关系，进而得到某种结论的一种思维。对客观辩证法和认识过程辩证法的一定程度的认识和运用。辩证思维的特点是从对象的内在矛盾的运动变化中，从其各个方面的相互联系中进行考察，以便从整体上、本质上完整地认识对象。辩证思维运用逻辑范畴及其体系来把握

具体真理。辩证思维既不同于那种将对象看作静止的、孤立的形而上学思维，也不同于那种把思维形式看作是既成的、确定的形式逻辑思维。

辩证思维模式要求观察问题和分析问题时，以动态发展的眼光来看问题。辩证思维最主要的特征是，事物普遍联系的观点、发展变化的观点和对立统一的观点。只有坚持辩证思维方法，才能实现由感性认识到理性认识的飞跃。在对感性材料进行思维加工时，必须要展开归纳和演绎、分析和综合、抽象与具体等思维活动在各学科教学中要透过教材开展辩证思维的培养。

1. 掌握对立统一的思维

这是辩证思维的基本思维方法。辩证思维强调以矛盾的对立与统一，动态发展与普遍联系展开思维活动。事物以及事物之间都包含着矛盾性，事物矛盾双方又统一又斗争推动事物的运动、变化和发展。例如：内因与外因、偶然与必然、现象与本质、普遍与特殊、相对与绝对。这些辩证关系在各学科中普遍存在，例如，历史学科中历史事件与历史人物应该从内因与外因及其联系上分析。物理、化学学科学习中要让学生学会透过现象看本质。道德育法律课程教学时，关于理想与现实的矛盾，要关注把理想转化为现实，从而使人奋进。

2. 掌握质量互变的思维

量变到质变是辩证思维的主要思维方法。事物、现象由于内部矛盾所引起的发展是通过量变和质变的互相转化而实现的。例如：学习水的三态变化，应该让学生明确水的固态、液态与气态，随着温度的变化由量变到质变，形成三态。

3. 掌握否定之否定的思维

辩证思维强调事物的发展是通过自身的辩证否定实现的。这种思维方法强调事物发展的前进性与曲折性的统一，事物的发展不是直线式前进，而是螺旋式上升的。否定之否定规律的思维方法对人们正确认识事物发展的曲折性和前进性，具有重要的指导意义。事物是肯定方面和否定方面的统一。教学中要善于利用所教的知识融合辩证思维的否定之否定思维方法。让学生运用否定之否定来分析思考与学习，掌握否定之否定促进事物的转化与进步。例如环境保护教学中，学习禁塑令就是一个很好的否定之否定思维。由于承载物品的器具，例如铁制的、木制的等不方便被否定，产生了塑料制承载器具，被广泛应用。但是人们发现塑料的危害环境保护，因此塑料承载器具应用受到限制，乃至逐步在一定范围禁用，再次被否定，通过这样的否定之否定，木制的承载器具就重新应用，以及其他更合理的材质的承载器具会发明，社会生活就进步了。通过否定之否定思维的培养让学生学会以辩证思维看待事物、看待学习知识，认识到所学知识涉及的事物从低级到高级、从简单到复杂的周期性螺旋式上升和波浪式前进的发展过程，体现出事物发展的曲折性。经过否定之否定，事物运动就表现为一个周期，在更高的阶段上重复旧的阶段的某些特征，出现新成分。否定就是创新，否定之否定就是不断创新，要培养具有创新精神与能力的学生，必须培养他们具有否定之否定的思维方法。

第二节　成长性思维方法的培育案例

○ 课例1：

世界第一经济大国——美国

上海市长江第二中学　何雅琴

一、教学分析

（一）教材分析

《世界第一经济大国——美国》是《地理》（沪教版）六年级第一学期“世界分国篇”西半球国家典型代表。书中设置了“领土组成”“典型的移民国家”“优越的自然条件”“地区分工明显的农业”“依托现代科学技术的工业”“汽车轮子上的国家”“世界能源消费大国”“著名城市和风景名胜”这几部分内容。传统的教学方式就是按照教材编排的顺序依次讲解这些知识。我们往往会忽略这些知识背后的思维是什么、如何提升思维能力、这些思维还能用在哪些方面。反复研读教材后，设计了两课时学习《美国》。

第一课时的重点难点就是“讨论美国成为农业大国的条件”。这是一个比较复杂的问题，要想解决这个复杂的问题：

1. 把它先分解成若干与之紧密联系的简单问题

美国发展农业的水资源状况
美国发展农业的热量状况
美国发展农业的耕地状况
} 自然条件怎么样？
美国发展农业的技术状况——技术条件怎么样？
} 提高学生分类归纳能力

2. 再选择与“水资源、耕地、热量、技术”相关的地理事物——“美国河流、湖泊、降水、海陆位置、地形、纬度位置、机械化程度”情况。通过分析，写出证明以上地理事物都具备的依据，提高学生确定联系的能力。

3. 通过学习单形式展现探究形式，也是思维可视化在本节课中的运用。学习单是思维可视化的一种呈现形式，特别强调提炼概括和归纳总结，一般可以将纯文字学习内容精简到原来信息量的10%～20%。这不但减轻了大脑的识记负担，而且把学习内容的要点、结构及内在联系都呈现出来，一目了然，这可以让学生获得良好的学习体验，并且能大大提高学习效能。

（二）学情分析

学生经过一个学期的学习，特别是在学习了日本、印度、埃及、德国、俄罗斯以后，初步掌握了学习国家地理的办法，掌握了一定的读图、看图、分析图片的能力，能从地图中提取需要的信息。

初中学生是抽象思维能力迅速发展的时期，在地理教学中，不但要教会学生掌握和运用地理知识，更重要的是要教会学生获得地理知识的逻辑思维方法。所以，本节课为了设计符合学生逻辑思维的教学，让他们听得懂，记得牢，表达得清楚明白。在"讨论美国成为农业大国的条件"这个复杂问题时，按照"总分总思维训练法"来学习。先从结论开始叙述，提出核心观点"为什么"—分解罗列(归纳各因)—确定联系(执果索因)—设计形式(由因推果)—归纳概括核心观点，梳理笔记。学生通过这种方式思考，在反复练习的过程中，就会掌握这种逻辑思维方法，从而提高思维能力。

二、教学目标

1. 观看星条旗，阅读美国政区图、世界政治地图，知道美国的领土组成，提高识图、析图、知识迁移的基本技能，明确地图上信息与美国领土之间的关系，增强确定联系的能力。

2. 根据活动单提示，探究美国成为农业大国的条件。讨论交流阐述"为什么能成为农业大国"，一一列出理由，提高归纳能力；整理多个理由，一一分类，提高比较能力；深究原因，写出能够证明理由的依据，知道地理位置、地形、水资源等自然条件与技术条件同农业生产之间的相互关系，提高分析能力。用综合法梳理核心观点，完成笔记。

3. 通过"总分总思维训练法"，理解各地理要素之间内在的关联性，提高逻辑思维能力。

三、思维培养思路

思　维　过　程			举例说明	思维能力	逻辑思维 推理路径
执果索因	总	从结论开始叙述，提出核心观点"为什么"	美国为什么能够成为农业大国	独立思考能力	拿着结果找原因

（续表）

<table>
<tr><th colspan="3">思 维 过 程</th><th>举例说明</th><th>思维能力</th><th>逻辑思维推理路径</th></tr>
<tr><td rowspan="4">执果索因</td><td rowspan="4">分</td><td rowspan="2">分解罗列（归纳各因）</td><td>多个理由阐述“为什么”（归纳法——列出）</td><td>归纳能力</td><td rowspan="2">分析比较已有知识新学知识</td></tr>
<tr><td>整理多个理由（比较法——分类）</td><td>分析比较能力</td></tr>
<tr><td>确定联系（执果索因）</td><td>深究原因（分析法——写出能够证明理由的依据）</td><td>确定联系的能力、分析能力</td><td rowspan="2">新旧知识形成关联</td></tr>
<tr><td>设计形式（由因推果）</td><td>通过学习单形式展现探究形式（综合法）</td><td>综合能力</td></tr>
<tr><td>由因推果</td><td>总</td><td>归纳概括核心观点</td><td>尝试写笔记（综合法）</td><td>综合能力</td><td>得出因果关系结论</td></tr>
</table>

四、教学流程

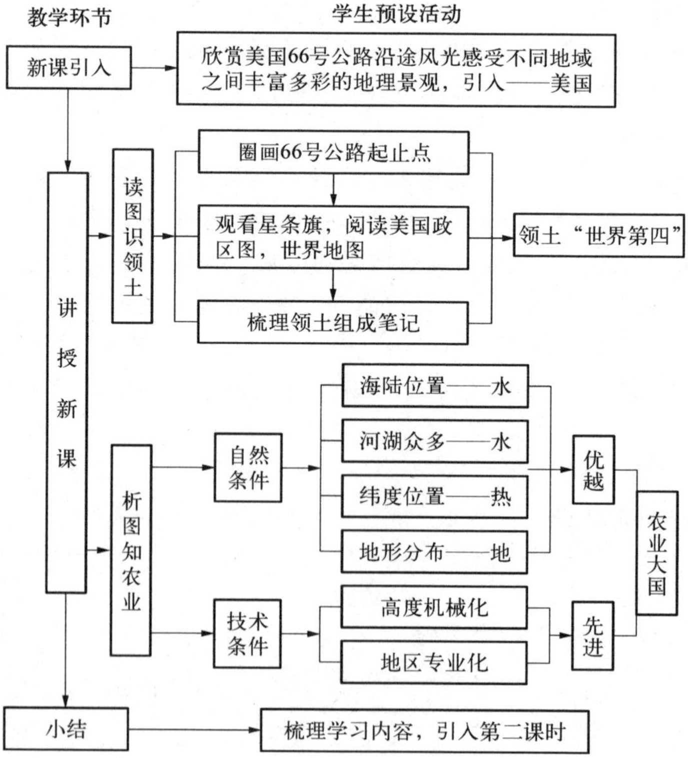

五、教学过程

导入：

师：今天我们将共同学习这样一个国家：

位于西半球　　可以看到各种肤色的居民

农业大国　　经济发达　　诺贝尔奖获得者最多

乡村音乐独具特色　　动画制作精良，吸引大小朋友的眼球

生：通过关键词，心里揣摩这是哪一个国家。

师：出示《汽车总动员》图片

生：基本猜到美国，大部分学生可以脱口而出。

师：《汽车总动员》就是讲述发生在美国66号公路上的精彩故事。接下来，我们就跟着John Denver（约翰·丹佛）的《*Take Me Home Country Roads*》一起欣赏66号公路沿途的风光。

生：欣赏66号公路沿途风光。

师：从地图上我们看到这条全长3 943千米（上海到乌鲁木齐的距离）的公路呈对角线分布，从美国中西部伊利诺伊州的芝加哥一路横贯到加利福尼亚州洛杉矶的圣塔蒙尼卡。

师：请同学们在地图册P24圈画起点芝加哥，终点洛杉矶。

生：圈画

师：（指图）这条公路跨了美国8个州，那美国到底有多少个州呢？美国国旗中藏着答案。

师：展示美国国旗

师：美国国旗中的“13”和“50”分别代表什么？

生：交流。有的学生预习过书本，能够说出“13”代表美国最初独立的13个州，“50”代表现在的50个州。

师生一起梳理美国领土组成

板书：

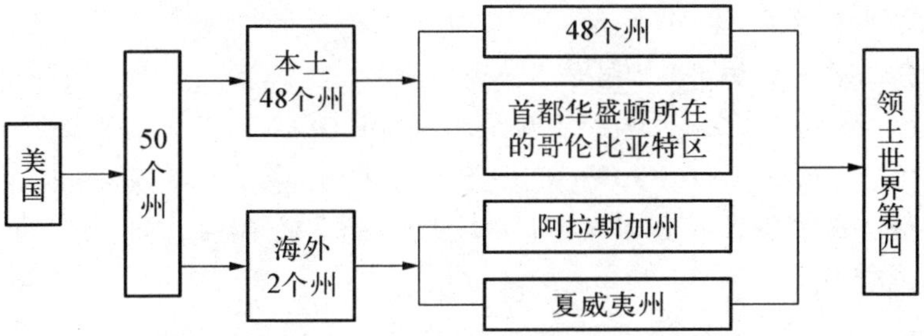

[设计意图：知道美国的领土组成，提高识图、析图、知识迁移的基本技能，明确地图上信息与美国领土之间的关系，增强确定联系的能力。]

师：美国国土辽阔，驾车驰骋在历史悠久的66号公路上，各具特色的景致让人流连忘返。放眼望去，可见到一望无际的玉米田。玉米田说明这里发展农业。那美国农业发展的水平怎么样呢？

师：PPT出示表格——世界最大农产品出口国。

师：美国成为世界农业大国的条件是什么呢？

师：提示：我们先思考一下发展农业需要具备哪些自然条件？

生：耕地、水源、热量。

[设计意图：分解罗列。对于教材中某些抽象复杂，难以解释说明的现象，或某项内部包含环节较多，综合性较强，知识面牵连较广的事物，依据其内在规律，将其起始因素、中间过程、最后结论或其各种属性、各个部分和方面，一个一个地按其内在联系，用文字形式细细排列讲解，其好处是铺路搭桥，学生易于理解吸收。]

师：我们接下来就来证实美国是否已经具备了这些自然条件。

帮助学生一起梳理以下表格

知识点	地理事物		证明依据
水资源	河流、湖泊、降水、海陆位置	具备？→	河湖众多 受海洋影响，降水丰富
耕地	地形		平原为主
热量	纬度位置		大部分北温带
技术	机械化		教材补充

[设计意图：确定联系。对分解罗列出来的地理知识要认真、仔细地逐一分析、判断和比较，选择出一个或几个与之相关有联系的地理事物，再通过分析法使这些地理事物之间相关联，写出能够证明理由的依据。]

有了证明理由的依据，我们又将通过什么形式来探究呢？

师：设计活动单。

生：学生完成活动单（见附录“任务单”）

生归纳：降水丰富，五大湖和密西西比河纵贯南北，为农业发展提供了水资源。

生归纳：美国本土位于北纬30°～50°之间，光热资源丰富。

生归纳：美国平原占全国一半；耕地约占世界的10%，居首位，为农业发展提供了耕地资源。

师：美国优越的自然条件，为农业生产提供了得天独厚的条件。（板书）

如今，美国的农业已经发展到这个状态了吗？

生：阅读活动单的补充材料。（见附录"任务单"）

师：根据材料1、2的提示，我们知道了美国农业的发展不仅依靠优越的自然条件，还因为这里有先进的技术和管理，实现了农业生产的高度机械化和地区专业化。

师生归纳：可见，美国具备了优越的自然条件，先进的技术条件，成为世界农业大国。

[设计意图：设计形式。布鲁纳认为"认知是一个过程，而不是一个结果"，他强调学生的学习不是把结果记录下来，而是学生主动参与知识建构的过程。所以我们在设计"学习任务单"时教会学生带着任务，从地图中去获取信息。有意识地教会学生拿到一幅图，必须先要读懂（识），然后分析图中表达了哪些地理信息（析），最后让学生描绘出来（绘），这是形成空间观念、巩固所学、提高读图能力的三个递进环节。

在上述证明的依据一一分析出来后，体现出地理学科的特色，设计了"学习任务单"。]

板书：

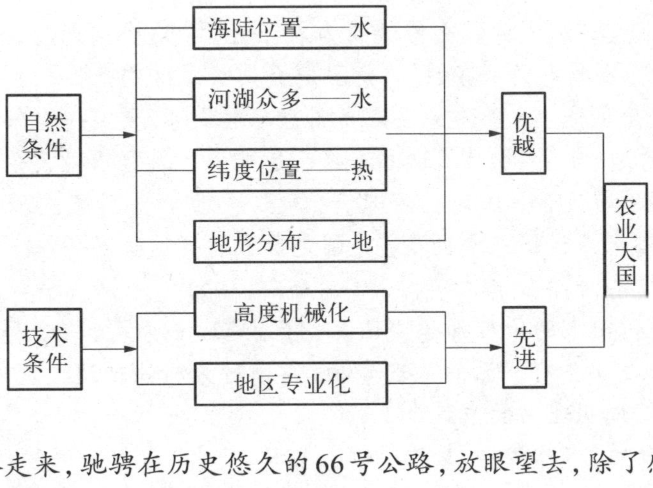

师：一路走来，驰骋在历史悠久的66号公路，放眼望去，除了感受到美国国土的辽阔、农业的发达，我们还可以见到很多。

在我们的生活中，随时都可以接触到美国元素，请大家课后思考，"我们身边的美国影子"下节课交流。

六、教学反思

1. 思维结构化

结构化思维就是根据某种限定的规则、规律进行有序思考的思维模式，目的是为了解决问题。

本节课的重点难点就是“讨论美国成为农业大国的条件”。要想解决这个复杂的问题，必须根据地理知识认知的一般规律，把它先分解成若干与之紧密联系的简单问题，按照循序渐进、由易到难、由近及远、由简单到复杂的原则逐个进行学习，并讲清它们相互间的联系，再在此基础之上进行归纳、综合，最终得出结论。这就体现了思维的结构化“总分总思维训练法”。

1）分解罗列

对于教材中某些抽象复杂，难以解释说明的现象，或某项内部包含环节较多，综合性较强，知识面牵连较广的事物，依据其内在规律，将其起始因素、中间过程、最后结论或其各种属性、各个部分和方面，一个一个地按其内在联系，用文字形式细细排列讲解，其好处是铺路搭桥，学生易于理解吸收。

这个就需要我们学生对系统的地理知识有一个了解。系统的地理知识是地理事实材料同地理概念、原理有机结合的整体。在系统的地理知识的整个结构和人们认识的结构中，地理事实材料处于基础的地位。地理事实材料包括许多国家、地区和各种各样的地理事物，其范围十分广阔，而且都是各具特色的实体。学习地理是离不开这些事实材料的。

例如，在回答“美国为什么能够成为农业大国”这个问题时，我们把它分解成“农业发展需要具备哪些条件”“美国是否具备了这些条件”这两个问题。学生在回答第一个问题“农业发展要具备哪些条件”时，要有一个知识储备，要知道“水资源、耕地、热量、技术”这些都将会影响一个地区农业发展的水平，而这个储备在学习《印度》一课时已经具备，只要帮助学生回忆、归纳、罗列即可。在此基础上，再来探讨第二个问题“美国是否具备了这些条件”。

2）确定联系

对分解罗列出来的地理知识要认真、仔细地逐一分析、判断和比较，选择出一个或几个与之相关有联系的地理事物，再通过分析法使这些地理事物之间相关联，写出能够证明理由的依据。

例如，在罗列了“水资源、地形、气候、热量、技术”这些知识点后，我们就要认真仔细地逐一判断，选择出与“水资源、地形、气候、热量、技术”相关的地理事物。

然后，再通过分析“美国河流、湖泊、降水、海陆位置、地形、纬度位置、机械化程度”情况，写出证明以上地理事物都具备的依据。

有了证明理由的依据，我们又将通过什么形式来探究呢？

3）设计形式

布鲁纳认为“认知是一个过程，而不是一个结果”，他强调学生的学习不是把结果记录下来，而是学生主动参与知识建构的过程。新课程观念下的有效教学就是要转变学生的学习方式，转变以往的单一、被动的学习方式，提倡和发展多样化的学习方式，特别提倡自主、探索、合作与实践的学习方式。并且学习的核心是“学习的参与”，不是教师给学生什么，更重要的是教师怎样引导学生的学习。

而“学习任务单”强调任务驱动、问题导向，尤其是强调把教学重点、教学难度及其他知识点化为问题，意在让学生在解决问题的追求中达成学习目标。学生在探究知识发生的过程中，掌握了科学的思维方法。基于以上，我认为“学习任务单”的形式对于提高学生逻辑思维的效益更大。

但是，在中学地理教学中，读图困难，读图能力低，恰恰是学生学习地理的“拦路虎”，读图能力的高低成为学生能否学好地理的关键。所以我们在设计“学习任务单”时教会学生带着任务，从地图中去获取信息。有意识地教会学生拿到一幅图，必须先要读懂（识），然后分析图中表达了哪些地理信息（析），最后让学生描绘出来（绘），这是形成空间观念、巩固所学、提高读图能力的三个递进环节。

如果把读图能力比喻成“宝藏”的话，那么里面的珍宝不是教师一件一件拿出来展示给学生，而应该引导学生完成“识”“析”“绘”这一项项的任务，主动参与、自主协作来提升学生的读图能力。学生完成任务的过程是学生学会学习，实现对所学知识的意义建构，并且始终处于主体地位。

例如，在上述证明的依据一一分析出来后，体现出地理学科的特色，设计了“学习任务单”。（见附录）

最后，教会学生用综合法梳理核心观点。

初中学生是抽象思维能力迅速发展的时期，在地理教学中，我们不但要教会学生掌握和运用地理知识，更重要的是要教会学生获得地理知识的思维方法。而“总分总训练法”就是在整个的教学中，把“海陆位置、河湖众多、纬度位置、地形等自然要素与农业生产之间的相互关系”为主线，使学生在领会知识的同时，重点分析、归纳、概括的逻辑思维方法的学习融合于潜移默化之中。教学中，通过阶梯设问，层层深入。教师做示范，设计学习单，引导学生通过这种方式去思考，最后梳理笔记。学生在反复练习的过程中，就会掌握这种逻辑思维方法，从而提高思维能力。

2. 思维可视化

思维可视化就是把学习过程中的思考方法和思考路径通过图示呈现出来。思考方法主要包括在学习过程中常用的抽象、概括、分类、分析、综合等逻辑思考的方法，还包括发散、聚合、递进、抽具象转化等思考方式。思维路径主要指思考过程中的思维发展线索。本节课可以通过图表来体现思维的可视化。（见上“思维培养思路”）

在传统教学模式中，“知识加工”和“问题解决”的思考过程往往不可见，而且教师和学生都更多关注答案，忽视答案的生成过程。然而，学生思维的发展并不来自于“答案的累积”，而来自于“生成答案的思维方法和过程”。“答案的累积”只是增加学生的“感性答题经验”，而不能提高学生的“理性解题能力”，所以当题目或题型一变，学生便无法应对，因为“感性经验”对不上号了。

因此，要提高教学效能，我们就必须变“强调答案”为“强调答案的生成过程”，变“依靠感性经验答题”为“运用理性思考解题”，而这就要求我们必须要把“看不见的”思维的过程和方法清晰地呈现出来，以便更好地理解、记忆和运用。

本节课通过“总分总训练法”，符合学生的逻辑思维趋势，所以他们听得懂，记得牢，表达得清楚明白，把“看不见的”思维的过程和方法清晰地呈现出来。

这样，既传授了知识，又教给学生分析问题的方法，起到了知识传授与能力培养同步进行的教学效果，使原来纠缠不清的问题变得条理分明，能化整体为部分，化笼统为具体，化抽象为形象。

附：

《探究美国成为农业大国的条件》学习任务单

自然条件探究：

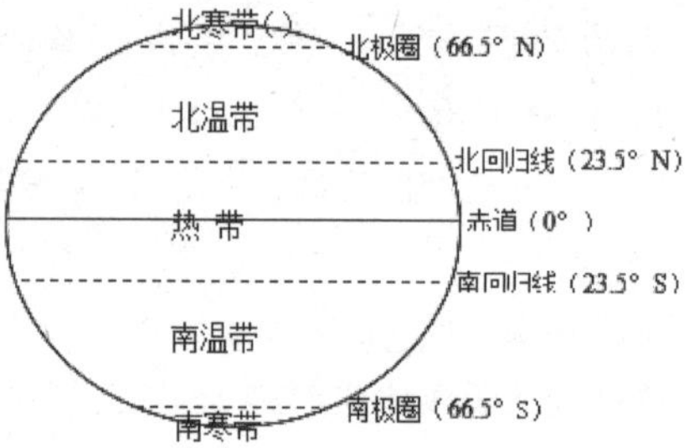

五带的分布

图 1

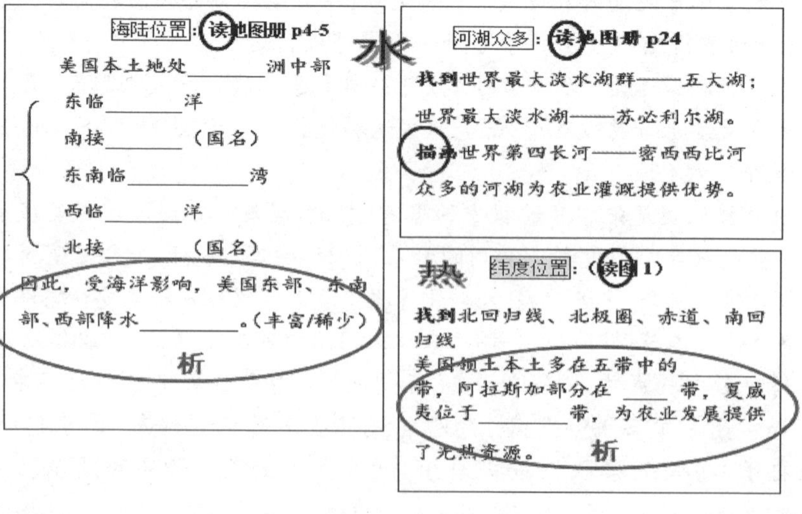

地形分布 **读地图册p24** 地

- **东部**低缓山脉______________（名称）并**圈划**
- **中部**宽广平原______________（名称）并**圈划**
- **西部**高大的山系______________（名称）并**圈划**

可见，美国地形南北纵列分布，占本土面积一半的是__________（地形名称），为农业提供了__________资源，这个资源的面积居世界首位。

析

技术条件探究：

补充材料：

材料1：农业机械化使1个美国农民养活130人

农业机械化对美国农业生产率的提高影响非常深远。1900年，美国农民占全美总劳动力的38%，由于农业机械的创新，到21世纪初，农民在美劳动力总数中只占不到3%。

例如，19世纪末，要生产3500升玉米需要花费35至40小时的播种和收获劳动。而100年以后，生产同样数量玉米仅需2.7小时。现在，美国农民是坐在带有空调的舒适的驾驶舱中，**听着音乐干农活**。

在人类历史长河中，农业就意味用牛、马和骡子拉犁，耕种土地，用牛、马车装载收获物，而其中70%的收获物要用来喂养牛马等役畜。播种、除草、收获、脱粒及打包等都要依靠人类的体力劳动。

但是美国机械工程师们发挥其**聪明才智**，一直在对农机具不断**创新**，使这些农机具用起来更得心应手。拖拉机引发了农业机械的革命———拖拉机牵引犁进行耕地，带动了播种机、中耕机、收割机、摘棉机、脱粒机、割草机和打包机等农业机械。

材料2：农业专业化使美国农业产量大效率高

美国农业生产因地制宜，发挥地区优势，实现了地区生产-专业化，形成了一些农业带。美国平原广阔，平原面积占全国总面积50%以上．耕地广大，耕地面积约占世界耕地面积的10%。专业化发展使农业生产效率高，产量大。美国畜牧业以养牛为主，居世界前列，目前，2个人就可以养2万头牛，1个人可照料10万只鸡。

○ 课例2：

长方体中平面与平面位置关系的认识

上海市长江第二中学　徐　莹

一、教学分析

（一）教材分析

教材里对长方体中平面与平面位置关系的认识一共安排了两课时，分别学习长方体中平面与平面垂直以及平行的位置关系。第一课时也就是本节课主要学习长方体中平面与平面垂直的位置关系。设置了“平面与平面之间有哪几种不同的位置关系”“长方体中平面与平面垂直的位置关系及其相关规律”“掌握检验平面与平面是否垂直的三种常用方法”几个内容。

虽然本节课主要研究的是长方体中平面与平面垂直的位置关系，但从知识的完整性上说，需要先理解平面与平面之间有哪几种不同的位置关系，同时也能帮助学生明确我们研究长方体中平面与平面位置关系的主要线索。从生活中的具体实例出发，通过对“平面与平面之间有哪几种不同的位置关系”的思考，在这个过程中，可以培养学生理解如何对事物进行分析，掌握通过比较将不同的平面位置关系分门别类；长方体中平面与平面垂直的位置关系及其相关规律的探究，通过具体实物感知，体验平面与平面垂直的关系，增加学生对两个平面垂直的直观印象，并在此基础上进行问题的思考和对长方体中面与面垂直的相关规律的归纳，培养学生总结归纳的能力和空间想象力；通过类比检验直线与平面是否垂直的三种常用方法的思维方式，掌握检验平面与平面是否垂直的三种常用方法，可以培养学生演绎推理的能力。

（二）学情分析

1. 学生虽然具备一定的生活经验，知道一些立体图形，对长方体也有一定的感性认识，但长方体是空间图形，而六年级的学生对空间的感受不明显，缺乏一定的空间想象力，对长方体的进一步理解其实是有困难的，这也就造成了学生在本节课中对于在长方体中寻找现成的合页型折纸来检验平面与平面是否垂直有一定困难。因此在解决长方体相关问题的时候，要给予学生更多的直观感受，借助学生自备的模型，牙膏盒、铅笔盒，教室等日常生活中常见的长方体来进行感受，从直观到抽象，逐步地培养学生的空间观察和想象力。

2. 在“长方体的再认识”这一章节中，因为学生在本节课之前已经学习了长方体的元素、长方体直观图的画法，以及长方体中棱与棱、棱与平面位置关系的认识，因此可以采取类比的思想方法，对长方体中平面与平面位置关系的认识进行学习。比如在学习检验平面与平面是否垂直的三种常用方法时，就可以类比检验直线与平面是否垂直的常用方法来进行研究。

3. 本次执教班级学生经过初中一年左右的培养，能够进行团队合作，乐于表达。一部分学生能够有条理地思考，能较为简明清晰地表达思考过程，这就为以小组讨论的形式学习知识提供了可能性。采取小组讨论方式学习，有利于调动每一位学生学习的积极性，以生助生，培养学生积极的探究态度。

二、教学目标

1. 学生观察生活中实例，小组讨论“平面与平面的位置关系有哪几类”，比较分析垂直与相交，理解垂直是相交的一种特殊情况，增强学生分析比较、分类和形成概念的能力；观察长方体，理解平面与平面垂直的位置关系，并会用符号语言进行表示，提高空间想象力，以及准确转化文字语言和符号语言的能力。

2. 学生能够熟练判断长方体中平面与平面是否垂直，找出与长方体中一个已知平面垂直的平面，通过小组讨论对长方体中平面与平面垂直的相关规律进行归纳总结，增强学生总结归纳的能力和空间想象力。

3. 学生通过类比“检验直线与平面是否垂直的三种常用方法”，掌握“检验平面与平面是否垂直的三种常用方法”。利用这三种检验方法的实验操作，掌握如何使用这三种常用方法来检验平面与平面是否垂直，又有怎么样的局限性；理解这三种方法为什么可以检验平面与平面垂直的本质；能在长方体中找出现成的检验平面与平面垂直的合页型折纸，在类比中培养学生演绎推理的能力和空间的想象力。

三、教学思路

1. 通过教师提问“平面与平面之间有哪几种不同的位置关系”引发学生思考，学生借助身边的实物以及小组讨论的方式，探究平面与平面之间有哪几种不同的位置关系。在这个过程中，学生个体对不同的面与面的位置关系进行比较，小组同伴之间还会对彼此之间不同观点有一个比较的思维过程，进而进行相异构想的交流，比较相同与差异，进而准确分类，明确平面与平面有两种位置关系——相交、平行，再利用动态图的演示进一步理解垂直是相交的一种特殊情况，有效地提高学生学习的参与度、积极性以及思维的主动性，增强学生分析比较、分类和形成概念的能力。

2. 利用层层递进的问题链，引发学生思考，并总结归纳——问题1:“在长方体ABCD-EFGH中面CDHG与面ABCD有怎样的位置关系?”问题2:“是否还有其他平面与面CDHG垂直呢?”问题3:“同桌两位学生开展互问互答，指出与长方体中一个已知面垂直的面有哪些。”问题4:“根据刚才的题目和互问互答活动，你能得到哪些结论?”通过层层递进的问题，引导学生不断一层层深入思考，自然而然地归纳总结出长方体中面与面垂直的相关规律，提高学生归纳推理的能力。

3. 通过类比“检验直线与平面是否垂直的三种常用方法”得到“检验平面与平面是否垂直的三种常用方法”，并且在这个过程中，学生对检验平面与平面垂直的三种常用方法进行实验操作，而教师通过有效的提问来引导学生在实验操作的过程中观察操作方式、产生的现象等，从而发现问题、解决问题，最终归纳结论——知道这三种常用方法是什么；掌握如何使用这三种常用方法来检验平面与平面是否垂直，又有怎么样的局限性；理解这三种方法为什么可以检验平面与平面垂直的本质；能在长方体中找出现成的检验平面与平面垂直的合页型折纸。在实验操作中解决问题，增强了学生使用类比思想来分析解决问题的能力。

四、教学流程图

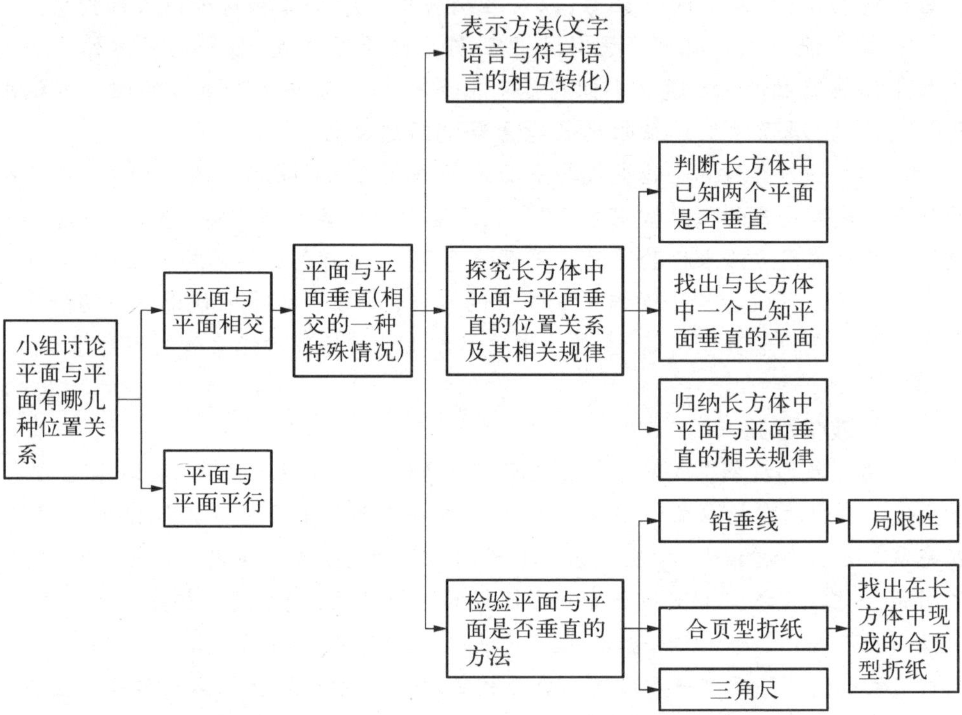

五、教学过程

（一）情景引入

1. 平面与平面的位置关系

教师用多媒体演示生活中的一些事物并提问，学生思考后回答。

（1）**观察思考：**课桌桌面、书的表面、平静的湖面、教室的墙面都能给我们怎样的形象？

（2）**小组讨论：**平面与平面之间有几种不同的位置关系？哪几种？请举例。

（3）**归纳总结：**平面与平面的位置关系：

1. 相交→垂直（相交的特殊情况）　　　　2. 平行

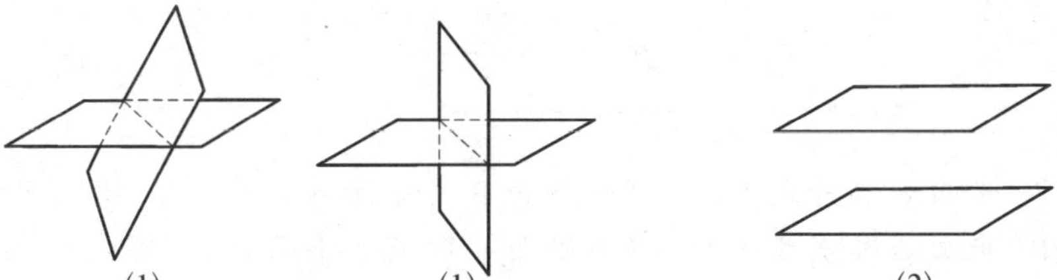

(1) 平面与平面相交　　(1) 平面与平面垂直　　(2) 平面与平面平行

【实录1】：

师：平面与平面之间有几种不同的位置关系？哪几种？

生1：我觉得这样的两个平面是异面的位置关系。（如右图）

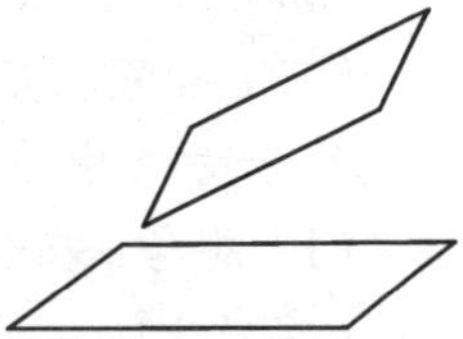

师：有不同意见吗？（生1话音刚落，就有学生争先恐后举手，想表达不同意见）

生2：平面是无边无际的，延伸后可以看到，这两个平面是相交的。

【实录2】：

生1：有三种位置关系，平行、相交和垂直。

师：有不同意见吗？

生2：我认为只有两种，因为垂直是相交的一种特殊情况。

师：你能来展示一下吗？

生2：学生利用书本抽象成平面进行了展示。

（演示垂直是相交的一种特殊情况的动态图——由非垂直关系的两相交平面逐渐改变角度转化为垂直关系的过程，加深感悟）

【设计意图】

学生观察生活中实例，小组讨论“平面与平面的位置关系有哪几类”，比较分析垂直与相交，理解垂直是相交的一种特殊情况，增强学生分析比较、分类，帮助学生培养提高分析事物的能力、比较事物差异的能力和正确合理分类和形成概念的能力。同时在小组合作学习的过程中，学生的积极性被充分调动，这不仅提升了学生在课堂上思维的参与度，也提升了学生思维的主动性、质疑能

力，以及对待别人见解的正确态度。（目标1）

2. 平面与平面垂直的表示方法

教师利用实物演示平面与平面垂直的情况，PPT中投影下图，并板书平面与平面垂直的表示方法，学生朗读并记录。

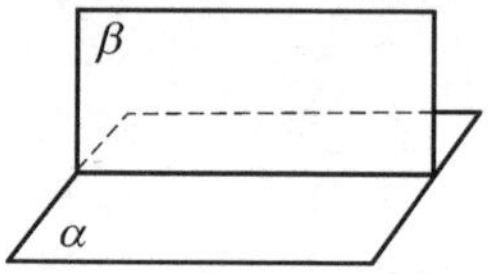

记作：平面α⊥平面β　　（或平面β⊥平面α）

读作：平面α垂直于平面β（或平面β垂直于平面α）

【设计意图】

理解平面与平面垂直的位置关系，掌握一般表示方法，正因为垂直是一种相互的位置关系，因此这两种表示方法的含义是一致的，提高学生准确转化文字语言和符号语言的能力。

（二）探索新知

1. 长方体中平面与平面垂直的位置关系及其相关规律

（1）**思考**：在长方体中平面与平面的有几种位置关系？哪几种？请举例。

【实录3】

师：在长方体中平面与平面的有几种位置关系？哪几种？请举例。

生：相交、平行。

师：能否更确切？

生：垂直、平行。

【设计意图】

刚才之前的小组讨论，学生已经感悟、分析、归纳了空间内面与面的位置关系，此时再借助观察长方体中面与面的位置关系检测学生是否能运用所学概念做出正确与合理的判断，若不能，可利用追问等方式（如上述实录），帮助学生进行正确的判断，并进一步感悟空间面与面的位置关系，培养空间想象力。

（2）**活动**：

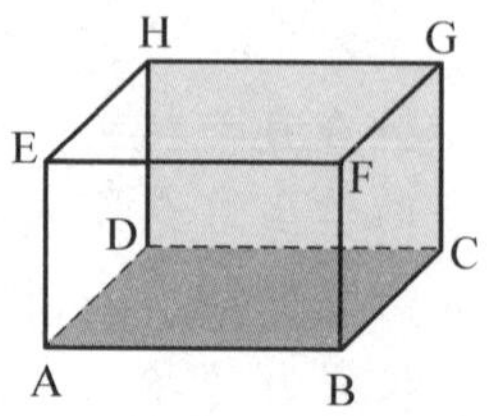

问题1：在长方体ABCD-EFGH中，面CDHG与面ABCD有怎样的位置关系？

（若学生回答垂直，则追问能否用规范的表示方法：面CDHG⊥面ABCD或面ABCD⊥面CDHG.）

问题2：是否还有其他平面与面CDHG垂直呢？

问题3：请同学两人一组，利用长方体模型，一人指出一个面，另一人回答与之垂直的面有哪些。（全班结束后，选择一组上讲台演示）

问题4：根据刚才的题目和互问互答活动，你能得出哪些结论？请小组讨论后分享。

（1）长方体中相邻的两个面之间的位置关系是垂直的。

（2）长方体中每一个面都与4个面垂直。

（3）长方体中一共可以写出12对面与面的垂直关系。

【实录4】

师：根据刚才的题目和互问互答活动，你能得出哪些结论？（提问）

生1：长方体中相邻的两个面之间的位置关系是垂直的。

生2：长方体中每一个面都与4个面垂直。

师：怎么找？（追问）

生2：找与这个面相邻的面。

师：很好，还有其他方法吗？（追问）

生3：去掉与这个面平行的面，剩下的面都与这个面垂直。（掌声）

师：很好。同学们还有什么其他的结论或者疑问吗？（提问）

生4：长方体中一共可以写出多少对面与面的垂直关系？

生5：（学生对所列式子加以分析解释）

$$4 \times 6 \div 2 = 12\text{对}$$

每个面与4个面垂直　共6个面　重复计算了2次

师：为什么会重复，还要除以2？（追问）

生5：比如在计算与红色这一面有关的垂直关系时，它与绿色这面的垂直关系被计算了一次，而在计算与绿色这一面有关的垂直关系时，它与红色这面的垂直关系又被计算了一次，而垂直是一种相互的关系，因此每一对垂直关系都被重复计算了两次，所以要除以2。（学生手持模型说明）（掌声）

请同学们说出生活中还有哪些平面与平面垂直的例子。

那么请问车顶与车窗是否垂直？（学生七嘴八舌）

那么我们如何来检验呢？

【设计意图】

（1）让学生观察手中的长方体模型，通过具体实物感知，体验平面与平面垂直的关系，增加学生对两个平面垂直的直观印象，并在此基础上进行问题的思考和对长方体中面与面垂直的相关规律的归纳。

（2）利用问题1～4层层递进的问题链，通过有效追问（如以上实录）引发学生进一步地深入思考，从判断两个已知面是什么位置关系，到与一个已知面垂直的面有哪些，再到长方体中怎样的两个面之间的位置关系是垂直，长方体中一共可以写出多少对面与面的垂直关系，层层递进，引导学生不断进行更深入的思考，去探寻本质上的、规律上的东西，以此逐步培养学生思维的深刻性，提高学生的归纳能力和增强学生的探究意识。

（3）最后回到从生活中的具体实例感知平面与平面平行的位置关系，学生能到体会检验平面与平面垂直的必要性，又能引出下一个知识点。

2. 检验平面与平面垂直的三种常用方法：

（1）类比检验直线与平面垂直的三种常用方法

学生回忆检验直线与平面垂直的方法——铅垂线、合页型折纸、三角尺

（2）实验操作检验直线与平面垂直的三种常用方法

说明：① 教师同样对每一种检验方法进行介绍，同时让学生进行实践操作。

② 学生归纳每一种方法的操作、现象与结论。

–1–铅垂线：

操作：使铅垂线悬空、静止。

现象：若铅垂线能紧贴被测平面，那么被测平面就垂直于水平面；反之，则不垂直。（在日常操作中，由于重物有一定体积，通常观察铅垂线与被测平面之间的距离是否处处相等）

提问：关于使用铅垂线检验面与面是否垂直，同学们是否还有其他的想法或者疑问？

追问：是否能检验所有平面与平面垂直？

–2–合页型折纸：

操作：将合页型折纸直立于其中一个被测平面。

现象：若折痕能紧贴另一个被测平面，那么两个平面互相垂直。

提问：通过之前的学习我们知道长方体中任意两个相邻的面都能组成一个合页型折纸，那么它是否能用来检验长方体中面与面是否垂直，又该如何寻找呢？

例题：如图，检验：面ADHE ⊥ 面ABCD

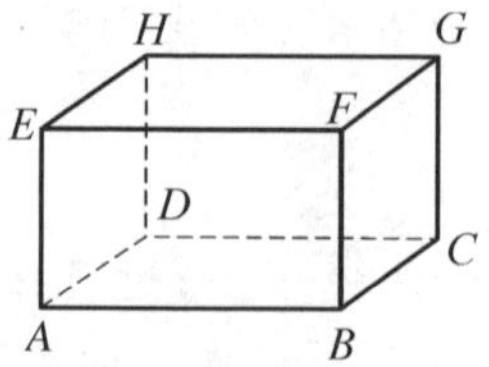

把面ABFE和面ADHE组成的图形看作是直立于平面ABCD上的合页型折纸。折痕AE紧贴面ADHE，说明面ADHE ⊥ 面ABCD。

（从找垂直于被测平面的折痕出发寻找）

【小组讨论】

能说明面ABFE ⊥ 面ABCD的现成的合页型折纸是面______和面______。还有无其他的？（共有4个，介绍另两个）

-3-三角尺：

思考：可以用三角尺检验平面与平面垂直吗？

追问：几把三角尺？一把可以吗？如何检验？

3. 检验平面与平面的垂直关系，这三种常用方法仍然适用。对这三种常用方法进行分析，铅垂线的局限性，合页型折纸与三角尺的相同之处——本质都是由于存在2个相交位置上的直角，以及合页型折纸的便利性。

【设计意图】

通过类比“检验直线与平面是否垂直的三种常用方法”得到“检验平面与平面是否垂直的三种常用方法”，并且在这个过程中，学生对检验平面与平面垂直的三种常用方法进行实验操作，让学生亲身体验获得感知，而教师通过有效的提问来引导学生在实验操作的过程中观察操作方式、产生的现象等，从而发现问题、进而解决问题、最终归纳结论——知道这三种常用方法是什么；掌握如何使用这三种常用方法来检验平面与平面是否垂直，又有怎么样的局限性；理解这三种方法为什么可以检验平面与平面垂直的本质；并能在长方体中找出现成的检验平面与平面垂直的合页型折纸。在实验操作中解决问题，增强了学生使用类比思想来分析解决问题的能力。

此外，在此过程中，可能有的空间想象能力比较强的学生，教师可给予他们肯定，鼓励他们运用自己的直觉推理，以此提高学生直觉推理的能力。学生理解有困难的鼓励他们利用实物进行直观想象，例如学生所处的教室就是一个现成的大长方体，以此举例，学生更易理解，以此不但可提高学生学习兴趣，提高学生思维的参与度和主动性，同时也可促进学生的空间想象力。

（目标3）

*只需学生能找到一个合页型折纸，通过追问的方式主要为了打开学生思路与考虑问题的严谨性。

（三）练习

1. 如果把骰子看作是一个正方体，点数1的对面是6，点数2的对面是5，点数3的对面是4：

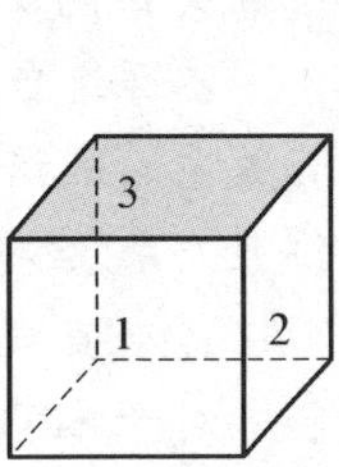

（1）与点数1的面垂直的面有哪些？

（2）哪些面与点数4的面垂直？

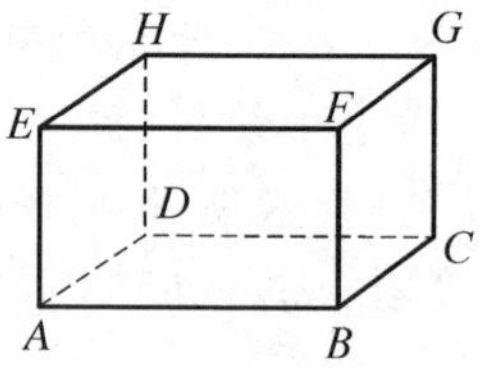

2. 如图，在长方体ABCD-EFGH中，

（1）请写出与面BCGF垂直的平面。

（2）请画出能说明面BCGF ⊥ 面ABCD的现成的合页型折纸。

3. 拓展练习：

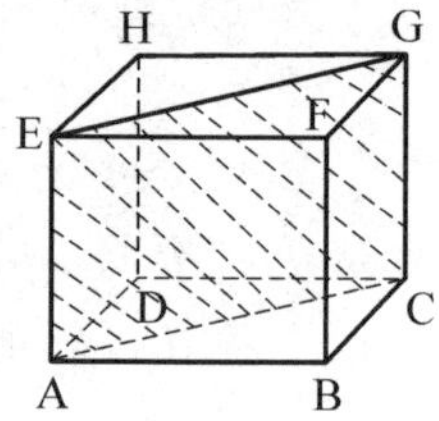

在长方体ABCD-EFGH中，

（1）面ACGE与面ABCD是否垂直？如果垂直，请在图中画出现成的合页型折纸。

（2）有没有其他的面能与面ACGE垂直？

【设计意图】

通过对本题的思考，为学生提供概念运用的机会，诊断学生对于面与面垂直关系的本质属性的掌握的情况，观测学生概念的运用能力及思维的灵活性，能够运用旧知（即对长方体本身的面之间的垂直关系的判断）解决新问题。

（四）课堂小结：

今天我们学习到了什么？

（五）布置作业：

练习册8.5（1）　校本8.5（1）

六、教学反思

学生是学习的主体，我们一直在研究学生该如何来学习，教师该如何来上课，不仅是为了学生更好地去获取知识的，更是为了培养学生研究问题的思维品质与思维方式，那些看不见的、那些在知识被淡忘之后所留下来的东西，才是学生今后长远发展所需要的，如何在课堂中，关注学生的学习进程、思维过程就显得尤为重要。那么问题就是教师该如何在课堂教学中进行有效地教学设计来进行提高学生的思维能力，培养思维品质呢？

正所谓“纸上得来终觉浅，绝知此事要躬行”，我想让学生自身更充分地参与知识获取的过程，培养其思维能力。以下是我在8.5（1）长方体中平面与平面位置关系的认识（第一课时）中所做的尝试：

本课选自六下第八章“长方体的再认识”中，教材中对长方体中平面与平面位置关系的认识一共安排了两课时，分别学习长方体中平面与平面垂直以及平行的位置关系。第一课时也就是本节课主要学习长方体中平面与平面垂直的位置关系。

1. 从直观到抽象

对于本章学习学生虽然具备一定的生活经验，知道一些立体图形，对长方体也有一定的感性认识，但长方体是空间图形，而六年级的学生对空间的感受不明显、缺乏一定的空间想象力，对长方体的进一步理解其实是有困难的，因此在解决长方体相关问题的时候，要给予学生更多的直观感受，每一位学生都自备一个长方体模型——牙膏盒、铅笔盒，甚至就是教室等日常生活中常见的长方体以及多媒体技术来进行感受。

学生在回答平面与平面的位置关系时说道："平面与平面的位置关系有平行、相交、垂直。"我一听就知道学生思考得不全面，错把垂直当成了独立的一种情况，把它与"相交"割裂开来看了，我便引导学生去比较分析垂直与相交："同学们，请问现在这两个平面是怎样的位置关系？（如图1）"学生很快回答："相交。"我慢慢地变换角度后（如图2）又问："那么现在是什么位置关系呢？"学生毫无障碍地回答道："垂直。"我紧接着趁热打铁引导他们思考："那么你认为相交和垂直是什么关系呀？"学生略加思索就答道："垂直是相交的一种特殊情况，特殊在夹角是90度。"我接着继续问："那么你认为平面与平面的位置关系有几种？"学生恍然大悟："两种，平行和相交。"最后我利用PPT再次演示了动态图——由非垂直关系的两相交平面逐渐改变角度转化为垂直关系的过程，加深理解。从直观到抽象，逐步地培养学生的空间观察和空间想象的能力。

平面与平面的位置关系：	
（1）相交→垂直是相交的特殊情况	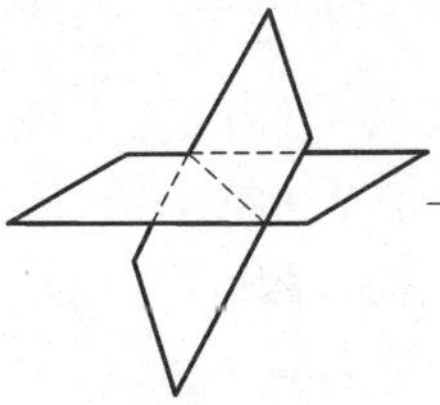 图1 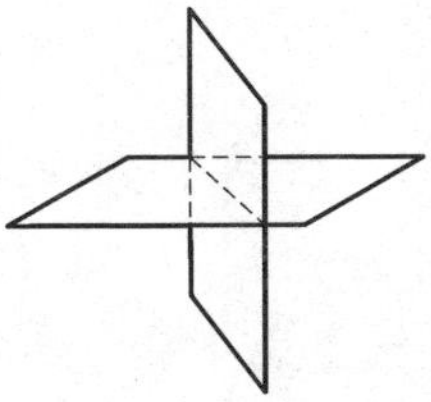 图2
（2）平行	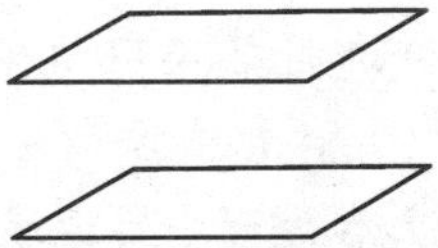

2. 变列举告知为辨析发现

在让学生们观察生活中一些平面的实例之后，我要求学生借助实物思考并小组讨论"平面与平面的位置关系有哪几类"，在小组代表发言时，学生很顺利地陆续回答出了"平行""相交"，接着有一位学生一边用书本代表平面，一边说：

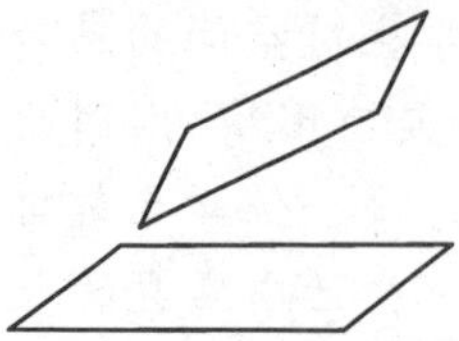

“这样的两个平面(如左图)看上去既不平行也不相交,是异面关系。”(其实,平面与平面之间是不存在所谓异面关系的,是直线与直线异面的负迁移)。我问道:“有不同意见吗?”立刻就有其他小组的成员争先恐后地举手表示有不同的意见,我立刻请了其中一位同学来回答,这位学生边演示边说道:“平面是无限延伸,两个平面延伸后能够相交,就像这样……”这一下,在一片“噢……”的恍然大悟声中,原来还不太理解的一些同学立刻就明白了。

变列举告知为辨析发现,这样的形式引发学生去比较相同与差异,进而准确分类,明确平面与平面有两种位置关系——相交、平行,培养提高分析事物的能力、比较事物差异的能力和正确合理分类、形成概念的能力。

同时在小组合作学习的过程中,学生个体对不同的面与面的位置关系进行比较,学生之间还会对彼此之间不同观点有一个比较的思维过程,进而进行相异构想的交流,并且学生的积极性被充分调动,这不仅提升了学生在课堂上思维的参与度,也提升了学生思维的主动性、质疑能力,以及对待别人见解的正确态度。

3. 层层递进的问题设置

学习长方体中平面与平面垂直的相关规律时,教材中较为简单地直接以文字形式给出了一部分,为了抓住机会培养学生的思维能力,我设计了问题1～4的问题链——

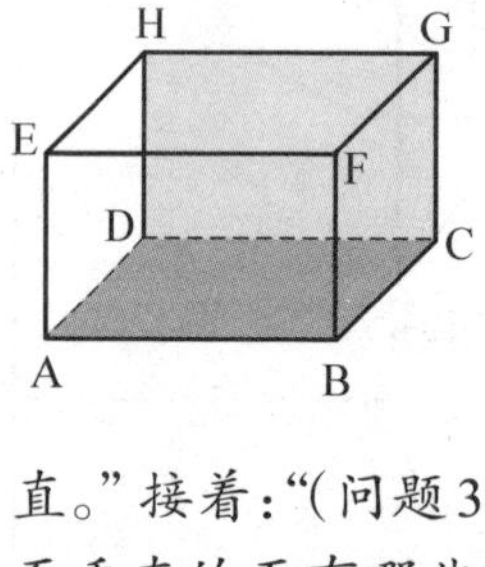

我先抛出一个问题:“(问题1)在长方体ABCD-EFGH中面CDHG与面ABCD有怎样的位置关系?”学生回答“面CDHG⊥面ABCD”。紧接着,我又问“(问题2)是否还有其他平面与面CDHG垂直呢”,学生略加思索也能回答:“还有3个人面与面ABCD垂直,分别是面ADHE、面ABFE、面BCGF,也就是说一共有4个面与面ABCD垂直。”接着:“(问题3)请同桌两位学生开展互问互答,指出与长方体中一个已知面垂直的面有哪些?”学生非常积极地拿出了自己准备的长方体开始了活动,我邀请了其中两组上台演示,最后我提出了:“(问题4)根据刚才的题目和互问互答活动,你能得到哪些结论?请小组讨论后分享。”学生有了解决刚才三个问题所得的经验,热火朝天地讨论起来了,学生归纳道:“长方体中相邻的两个面之间的位置关系是垂直的。”“长方体中每一个面都与4个面垂直。”我追问道:“那么我们该如何找到这4个面呢?”学生立刻回答:“找与它相邻的面就看可以了。”我又问道:“还有其他方法吗?”在我的追问下,学生稍加思考就回答道:“去掉与它平行的面，剩下的就是了。”掌声响起，学生的思维得到了发散。接着学生似乎陷入了沉默，好像没有其他规律了。我循循善诱：“你们有什么问题想要提的、想要知道的都可以说一说。”在我的引导下，慢慢有学生举手了：“长方体中一共可以写出多少对面与面的垂直关系呢？”这引发了学生的思考，我便顺势而为，让学生进行小组讨论，很快经过学生的回答和补充，我们得到了长方体中平面与平面垂直的位置关系的相关规律。

层层递进的问题，引导学生不断一层层深入思考，不断拓展思维的范围，让学生的思维变得开阔起来，从而使学生能够多角度、多方面去对长方体中面与面的相关规律进行更为深入和全面的思考。在潜移默化的过程中，让学生的思维能力得到有效的培养，提高学生归纳推理的能力，增强探究意识。

4. 在实践操作中发现问题、解决问题

在解决新问题时，借助已知的旧知识来进行研究是值得学习的思维方式。在学习检验平面与平面是否垂直的三种常用方法时，首先我提问：“检验直线与平面是否垂直的三种常用方法有哪些？”“那么检验平面与平面是否垂直是不是还可以使用这些方法呢？”学生若有所思，接着由学生对三种常用方法进行实验操作，而我则提问：“操作方式是什么、产生什么现象？”“两把三角尺可以用来检验平面与平面是否垂直，那么一把可不可以？”“在长方体中有现成的检验平面与平面垂直的合页型折纸，又该如何来寻找呢？”学生陆续得出了结论，接着我并没有直接询问“铅垂线是否能检验所有平面与平面垂直”，而是询问道：“关于使用铅垂线检验面与面是否垂直，同学们是否还有其他的想法或者质疑？”引导学生自己发现问题。很快有学生就提出铅垂线只能用来检验平面与水平面是否平行等。

学生在实验操作中，主动发现问题并解决问题，增强了分析解决问题的能力。

在教学过程中，教师要充分地让学生参与课堂，做课堂的主人，调动学生思维，学生主动地发现问题，然后解决问题，变列举告知为辨析发现，变直接接受为主动参与，关注思维过程，才能提高思维能力，培养思维品质。

七、点评

1. 善于设计发散性问题，培养学生发散性思维

初中数学课程中包含了大量的知识，学生对于这些知识的学习伴随着一个不断探索的过程，我觉得应当要让学生的思维得到有效的发散，这样才能让学生具备一定的灵活思维能力。所以教师在课堂教学中不仅要对整体教学过程进行合理的设计，还要多向学生抛出一些发散型的问题。例如徐老师在本节课中设计的几处层层递进的问题链：第一个是在探索新知中，问题1：“在长方体

ABCD-EFGH中面CDHG与面ABCD有怎样的位置关系?”问题2:“是否还有其他平面与面CDHG垂直呢?”问题3:“是否以同桌两位学生互问互答的形式开展的?”问题4:“根据刚才的题目和互问互答活动,你能得到哪些结论?”层层递进,逐步引导学生不断深入思考,不断拓展思维的范围,逐步将思维的对象扩大,从而逐步呈现和归纳长方体中面与面垂直的相关规律。我们可以看到徐老师通过问题让学生的思维变得开阔起来,从而使学生能够多角度、多方面去对长方体中面与面的相关规律进行更为深入和全面的思考。在潜移默化的过程中,让学生的思维能力得到有效的培养。

第二个是在检验平面与平面垂直的方法的讲授过程中,问题1:“铅垂线、合页型折纸、三角尺这三种检验法可检验直线与平面垂直,在检验平面与平面垂直时,是否仍然适用?”问题2:“关于使用铅垂线检验面与面是否垂直,同学们是否还有其他的想法或者质疑?”问题3:“铅垂线是否能检验所有平面与平面垂直?”问题4:“合页型折纸能够用来检验长方体中面与面是否垂直,又该如何寻找呢?”问题5:“可以用三角尺检验平面与平面垂直吗?”这些也是在不断引导学生深入思考和不断进行思维的拓展。这样的例子其实也出现在了第三部分的练习题中。

所以在具体的教学中,可供我们进行发散式问题设计的内容随处可见,只要教师对教材进行全面的把握,并对教材进行充分的挖掘,那么就可以发现知识之间的内在联系,从而能够将对应知识更为有效地向学生进行呈现。

2. 着重通过类比思维方式,培养学生演绎推理能力

我们都知道,新知识的学习需要建立在学生已有的知识结构上,需要与旧知识进行类比,这样才能使新知识的学习更加牢靠,又有支撑点。在本节课中徐老师类比检测直线与平面垂直的方法来分析和讨论了检测平面与平面垂直的方法。另外徐老师在讲解这部分内容时,肯花时间,逐步引导学生去操作、观察,发现问题和规律,师生的问答也很精彩。我认为在这过程中,既突出了类比的思想,又体现了演绎推理的严谨,通过类比结论的判定,同时也提高了学生的演绎推理能力。

3. 运用数学实验方法,培养学生积极的思维态度

在本节课的教学中,徐老师很注意接收学生发出的反馈信息,并及时地做出了相应的控制调节,例如,何时追问,何时给予启发,何时给予鼓励,等等。徐老师在启发学生思维的同时,非常细心倾听学生的回答和发问,及时地捕获准确的反馈信息。同时,对于学生的回答和发问,徐教师也做出了适当且合理的评价,以强化学生思维操作,充分调动了学生思维的积极性。所以让我也更深刻地体会到了教师恰到好处的表扬或赞许,会使学生的思维活动得

到积极强化;教师恰如其分的批评或否定,会使学生及时改正思维过程中的错误。

本节课,徐老师采用了数学实验的教学模式,不仅能激发学生学习的兴趣,提高学生思维的参与度和主动性.在教学中,通过创设情景,引导学生熟悉要研究的问题,学生带着研究问题有意识地在实验中学习,以自主性、探索性学习为基础,对获得的信息进行选取,加工处理来主动地获取知识、应用知识,是学生由被动的、接受式的学习转为主动的、探索式的学习。通过讨论和交流,展示了学生思维过程,鼓励学生从多角度、多层面去思考问题,培养思维空间的广阔性;鼓励学生进行联想,培养思维的灵活性;鼓励变式引申,培养思维的深刻性,把培养学生的多种思维能力应用在数学实验教学中,从而使学生的思维层次得到提高。

此外徐老师运用数学实验,向学生展现了知识的形成过程,提供数学概念形成的有效情景,引导学生根据已有知识、经验与实验背景材料,主动操作体验或引导学生认真观察教师的演示,使学生初步产生对概念的感性认识,再通过教师启发,引导学生理性思考,概括出概念的本质特征,还让学生在动手操作、探索反思中掌握概念。

徐老师还运用数学实验,展现了规律被揭示、方法被发现的过程.如果这节课教师只是将知识和规律告知学生,会使学生失去思考的乐趣和机会,教学结果往往使学生仅仅获得了几条枯燥乏味的结论。长此以往,学生就会产生厌学情绪。

○ 课例3:

19.2(1)证明举例1

上海市长江第二中学　周　怡

教材分析: 本节课是八年级第一学期《19.2证明举例》单元中的第一课时,而在学习本单元内容之前,学生通过直观几何和实验几何的学习,已经学习了一些几何知识基础,例如,平行线的判定与性质、等腰三角形的判定与性质、全等三角形的判定与性质等,而在七年级第二学期的学习中,也对形式化的说理有了一定体验。因此本单元的教学任务是以"证明两条直线相互平行"问题为载体,运用"顺逆交互法"引导学生运用逆向思维的方法,避免只知"从已知出发"的定式思维,从而培养学生思维的灵活性。通过对同一几何证明问题运用顺逆两种思维方法进行问题探究及顺逆两种思维方法思考过程的对比，使学生对于顺逆两种思维方法有了更深入的理解，同时使得学生对几何证明题的本身和思维方法的本身有了更深刻的认识与理解，从而培养了学生思维的深刻性。

学情分析：通过七年级第二学期的学习，学生对于几何说理有了一定体验，但是运用逆向思维的方法来进行几何证明思考的能力较弱，也缺乏运用逆向思维的意识，因此，大部分学生的思维缺乏灵活性。

教学设想：

本节课有两个主要教学任务，一是让学生掌握规范的几何证明书写格式；二是让学生掌握运用顺逆两种思维方法进行几何证明的思考。为了使学生掌握运用逆向思维方法进行几何证明的思考，在例题讲解的过程中运用“顺逆交互法”引导学生运用顺逆两种思维方法，鼓励学生多角度思考证题思路，以此活跃学生思维，发展逆向思维，培养思维的灵活性。

教学目标：

1. 掌握证明“有关两条直线相互平行”问题的方法，及因果关系的表述、规范表达的格式和符号语言的运用；

2. 经历证明“两条直线相互平行”问题的思考过程，掌握逆向思维方法，培养思维的灵活性。

教学重点：掌握运用逆向思维方法进行几何证明的思考。

教学难点：运用逆向思维的方法进行几何证明的思考。

教学过程：

一、课前练习

请你说明“三角形的内角和等于180°”

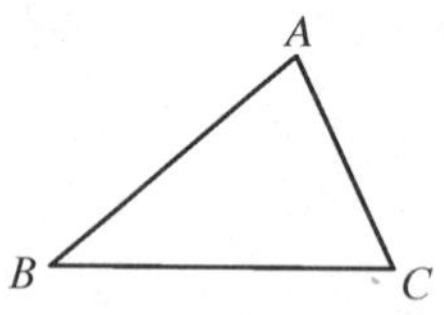

这种“说理”其实就是“证明”。

（1）在证明表述中，“因为”“所以”分别用符号“∵”“∴”表示，与其同义。

（2）因果关系的依据依然写在（　）内。

（3）若须添加辅助线，在证明开始时仍必须加以说明。

（设计说明：通过本题唤醒学生已有的平行线的知识及说理的经验，为引入几何证明做好准备，同时揭示证明表述的格式规范。）

二、新课探索

例1 已知：如图，AB//CD，∠B+∠D=180°。求证：CB//DE。

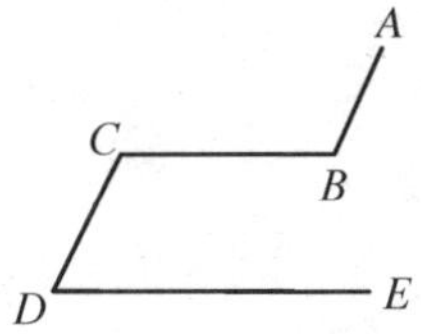

（1）已知即为已知的条件，求证即为需要求证的结论。

（2）让学生尝试探索证明思路。

（3）分析方法1：从“已知”开始，推导出“可知”，直到求证的“结论”，证明过程与其相同。

（4）分析方法2：从“要证什么”着眼，探寻“须知什么”，由此考虑“只要证什么”，一直追寻到“已知”，而证明的过程与其相反。

（5）要求学生独立书写证题的过程，并强调规范性。

（设计说明：通过例题1，使学生明确在几何证明问题分析过程中，既可以“从已知条件出发，直到求证的结论”，亦可“从结论出发，一直追寻到已知”顺逆两种思维方法来进行几何证明的思考。并通过顺逆两种思维方法与证明过程的对比，认识到，用顺势思维的方法是“顺着想，正着写”，用逆向思维的方法是“反着推，正着写”，使学生更好地掌握顺逆两种思维方法的思考途径。）

例2 已知：如图，点D、E、F分别是AC、AB、BC、上的点，DF//AB，∠DFE=∠A。求证：EF//AC。

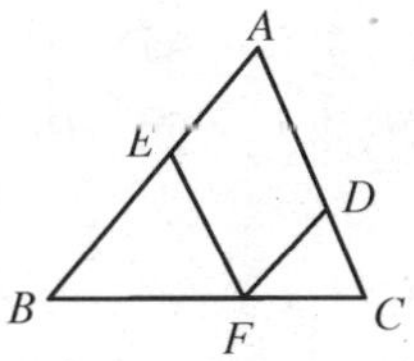

（1）探索整体思路。

（2）点评证题思考过程。

（3）要求学生独立书写证题的过程，并强调规范性。

（4）要求学生归纳证题分析中获得的体验。

（设计说明：通过例题2，让学生再次体验运用顺势思维方法从“已知DF//AB”出发，可知“∠A=∠FDC”，再由“已知∠A=∠DFE”，可知“∠DFE=∠FDC”，于是可得“EF//AC”的思考过程，及运用逆向思维方法从“结论要证EF//AC”出发，须知“∠BEF=∠A”，再由“已知∠DFE=∠A”，须知“∠BEF=∠DFE”，推至“已知DF//AB”。通过顺逆两种思维的交互运用，培养学生思维的灵活性。）

三、课内练习

1. 已知：如图，AC与BD相交于点O，∠A=∠AOB，∠C=∠COD，求证：AB//CD。

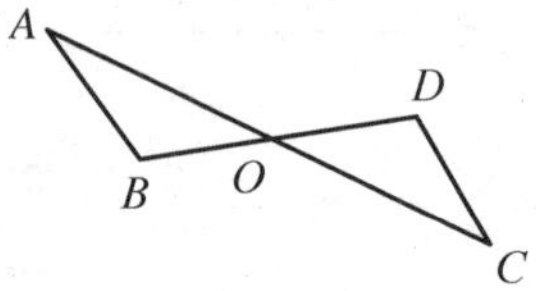

（1）要求学生独立思考问题。

（2）要求学生阐述证题思考过程。

（3）要求学生规范地进行证题表述。

（设计说明：通过学生从“已知∠A=∠AOB，∠C=∠COD”或“结论AB//CD”出发进行思考的过程陈述，检测学生是否能够正确和灵活进行应用。）

2. 如图：

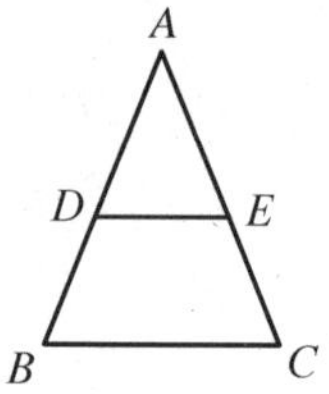

（1）已知：AB=AC，DE//BC，求证：AD=AE。

（2）已知：AB=AC，AD=AE，求证：DE//BC。

要求学生独立思考问题。

要求学生阐述证题思考过程。

要求学生规范地进行证题表述。

（设计说明：观察学生在本题的思考过程中会采用哪一种思维方法，了解学生运用思维方法的习惯，引导学生体会逆向思维法更具有针对性和指向性。）

3. 已知：如图，∠C=∠DAE，∠B=∠D。求证：AB//DF。

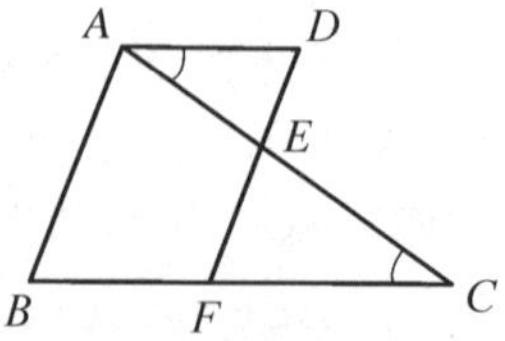

（设计说明：鼓励学生“一题多解”，运用顺逆两种思维方法进行思考，培养学生思维的灵活性。）

4. 证明：两条平行线被第三条直线所截，同旁内角的角平分线互相垂直。

（观察学生在本题的思考过程中会采用哪一种思维方法，引导学生体会逆向思维法更具有针对性和指向性。）

四、本课小结

回顾本节课所学知识内容，总结归纳证明“两条直线相互平行”的方法，以及运用顺逆两种思维方法进行几何证明的思考，强调逆向思维方法的重要性。

（设计说明：强调本节课学习重点是复习巩固证明两条直线相互平行的问题的方法，以及运用逆向思维的方法进行几何证明的思考方法可以使几何证明的思考方法更加灵活。）

五、布置作业

（设计说明：检测学生对于本节课知识技能的掌握情况。）

六、教学反思

1. 顺逆两种思维方法是超越知识教学的重点

《19.2证明举例》中所涉及的概念知识是学生已经习得的，而教材中所涉及的例题和练习题也都是大多数学生再熟悉不过的题目。所以很多老师心中有疑惑，教材的设置是何目的呢？虽然表面看上去，知识都是旧的，例题和习题也都是已经做过的，讲评过的。但我们要注意的是，六、七年级是实验几何，我们用的仅仅只是说理的方法，并没有对因果关系有非常严密和逻辑性的规定与要求。八、九年级是论证几何，而本单元的教学正是实验几何与论证几何衔接的过渡，因此，本单元的教学重点并不是知识的本身，真正的教学重点是教学学生如何进行几何证明的思维方法。

本节课的教学不应该把教学的重心放在解题，或是盲目地增加题目的难度上，而应该注重顺逆两种思维方法的讲解与提炼。例如例题1的分析讲解中，分别讲解了“从已知出发思考可知什么直到结论”和“从结论出发思考须知什么直到已知”的两种不同的思维方法，并明确证明的过程是“从已知到结论”的过程，在黑板上进行板书，使学生对于证题思路有了更形象的认识，也为今后解决较难和较复杂的几何问题提供了解决问题的方法和思路。

2.“顺逆交互法”提高思维的灵活性

数学的几何证明中，由于思维过程的不同，思维方法就有了“顺势思维法”和“逆向思维法”之分。所谓“顺势思维法”就是由命题的题设出发，以确立的定理、定义、公理为依据，逐步推理直到要证明的结论，即“由因导果”；而“逆向思维法”与“顺势思维法”相反，是从命题结论入手，承认它是正确的，寻求什么情况下结论才成立，再看它成立又需要什么条件，逐步逆溯，直至达到已知条件为止，即“执果索因”。

两种几何证明的思维方法都各有特点，“顺势思维法”由题设推理，思路很多，可以应用的定理也多，但就因如此，往往学生在进行判断与推理时容易感到茫然，这也是“顺势思维法”的缺点。“逆向思维法”先认定结论为正确的，倒推而上容易启发思考，每一步推理都有明确的目的，知道推理的依据，指向性比较明确，所以往往学生能得出合理的判断，判断的准确性也较高。另外，对一些比较复杂的问题，我们可以采用“两头凑”的思维方法，即从题设着手，看可以得到哪些结论，又从所要证明的结论出发，看需要哪些条件才能成立，再找它们的差距在哪里，从而得到证明的途径。因此在几何证明的教学中应当避免让学生形成只会从已知出发分析问题的定式思维，要让学生学会从结论出发分析问题的逆向思维，采用“顺逆交互法”利用顺逆两种思维方法，将两种思维方法相结合，发挥各自优势，使得学生的判断更具有合理性，推理的技巧更灵活，思维更活跃。

3. 逆向思维提高思维的深刻性

逆向思维是突破一般思维定式，从对立、颠倒、相反的角度去思考问题的思维方法。逆向思维具有普遍性、批判性和新颖性等特点，不仅可以优化学生思维的敏捷性、灵活性，也可以优化思维的深刻性。教学中可以从定义、公式、定理的互逆以及反例的运用等方面进行逆向思维的培养。本节课中引导学生从结论出发思考几何证明的思路，并提炼思考的方法，即“由结论出发，须知什么，至已知为止”，使学生更深刻地理解和掌握逆向思维的方法。

例如例题2中，通过顺逆两种思维方法的分析和讲解，引导学生灵活解题的同时，对几何图形和几何证明过程更深入地进行观察和思考。以此引导学生更深入地进行思考，提高学生思维的深刻性。

○ 课例4：

《竹节人》

上海市长江第二中学　葛　珮

一、教学分析

（一）教材分析

《竹节人》是语文（部编版）上海六年级第一学期第三单元中的一篇课文。

文章记叙了童年时代作者和同学们亲手制作竹节人，沉迷于斗竹节人。甚至在课上偷玩竹节人被老师没收，最后发现老师和孩子一样迷于竹节人。文章在孩子们的欢乐中戛然而止。

作为一篇回忆性的文章，本文以孩童的视角进行叙述，内容浅显易懂，较为贴近孩子们玩游戏时的情感。语言生动活泼、夸张有趣，读来自然而然激发了孩子们的阅读兴趣及学习的积极性。

教材课后作业中有一项是模仿《竹节人》，写一段“入迷”的场景，可见本文的内容、情感不是本课的教学重难点，本文的教学重难点在于“如何写”，所以在课堂上应该将教学重点放于分析作者如何表现“做之趣”和“斗之趣”。

结合上述的因素，本文旨在培养学生语文学科核心素养中语言的建构能力，思维的发展的能力和审美的鉴赏能力。而在思维的方法的训练上则需要培养学生的发散性思维、聚合性思维及辩证思维。

（二）学情分析

本节课的受教对象为六年级学生，这些学生刚刚进入初中。对于他们而言小学主要学习训练的是识字、书写及简单的分析句子能力。

初中学生在学习语文时，展现出各项思维能力都在迅速发展提升。这种思维的成长在思维过程中表现在抽象、概括、具体化方面。在思维形式上表现为判断、推理、想象。在思维方法上表现为发散性思维、聚合性思维、辩证思维。在思维态度上，语文教学应充分调动学生思维的主动性及思维独立性。所以，本节课的教学设计为了符合学生的逻辑思维、为了学生的思维成长发展。在分析文本内容时，按照“张弛有道”的“发散聚合式训练法”来学习。先调动起学生的思维主动性和思维的独立性，以“说说自己和玩具之间的故事”为导入，调动学生对于本课的情感认同、情感共鸣。再以“圈画体现竹节人之趣的语句”引导孩子进入发散性思维有意想象，随后从学生们圈画分析的语句中进行聚合性思维，归纳分类“表现趣的方法”。学生通过这种思考方式，在反复分析品读的过程中，不但突破了本节课的重难点，同时也提高了思维能力，使得思维成长发展。

二、教学目标

1. 运用发散性思维品读文中富有情感的语句、品析文中的标点符号、拟声词、短句，运用聚合性思维把握作者表达“趣”的方式。

2. 梳理文中的故事情节，进行推理，运用辩证思维把握文章的中心主旨。

三、思维培养思路

思维过程			举例说明	思维培养
品读想象	聚	提出核心问题	“竹节人”趣在何处	发散性思维
	散	品读罗列	多句分析“斗竹节人”之趣	聚合性思维 辩证思维
	聚	分类归纳	分析、归纳“趣”的种类层次	聚合性思维 辩证思维
		探究方法	归纳、总结体现“趣”的手法	
	散	迁移训练	多句分析做“竹节人”之趣	辩证思维
写作巩固	聚	实际运用	参照“词句段的运用”写一个入迷的情景	发散性思维 辩证思维

四、教学流程

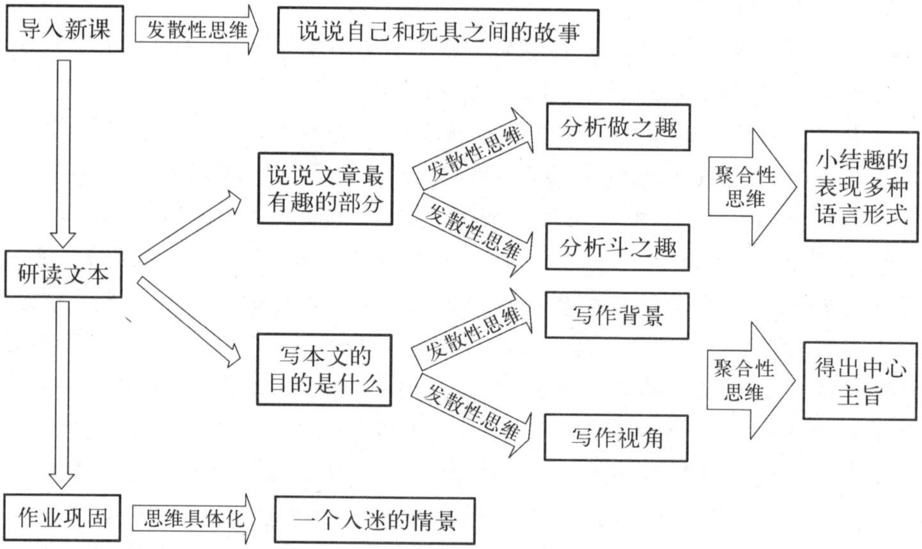

五、教学过程

导入：

师：请说说“竹节人”是什么，说说最喜欢哪个玩具，为什么。

学生活动：明确“竹节人”是一个玩具。说说自己与自己最喜爱的玩具之间的故事。明确无论是哪个玩具，都给自己带来了许多乐趣。

（设计意图：让学生明确“竹节人”是玩具，从而为全文奠定“趣”的基调。让学生说说自己最爱的玩具，并说说喜欢的原因，是提升学生在课堂教学活动中思想和感情的投入状态，最大限度地活跃学生的思维态度。并与下一环节的“竹节人”之趣形成一定的联系，遵循发散性思维中纵向思维法，由浅入深进行合理思维。）

环节一：初读课文，有意想象

师：文章中哪一部分最“趣”，请圈画相关语句说说“趣”在何处。

学生活动1：根据预习的情况和对文本的初步感知，找到文本中最有趣的部分。大部分学生认为“斗竹节人”最有趣。

学生活动2：根据学生的初步感知和结论，学生分为四人一组进行讨论，“斗竹节人”趣在何处？

学生活动3：各个小组交流讨论结果，根据学生的交流结果，归纳总结作者表现“趣”的各种语言形式。

（设计意图：这一部分的设计最能体现学生在课堂上分散性思维和聚合性思维结合的思维方法。学生的分组讨论、圈画是分散性思维，学生将每个人的独立见解能力发挥出来，在圈画分析的过程中进行有意想象，想象“斗竹节人”的过程、场景。各个小组之间的讨论是体现学生聚合性思维方法的过程，学生用各自圈画的语句进行分析、综合、比较、分类，抽出这些体现“趣”的语句共同、本质特征，在此基础上梳理现象，聚焦关键，继而总结出表现“斗之趣”的各种语言形式，让学生“知其然，更知其所以然”。）

环节二：迁移实践，练习方法

师：除了刚才提出的“斗竹节人”很有趣之外，还有一部分同学提出“做竹节人”也很有趣。请用刚才使用的分析方法，说说“做竹节人”趣在何处。

学生活动1：学生独立思考，圈画可以表现“做竹节人”之趣的语句。

学生活动2：学生交流结果，根据环节一中所学习的通过各种语言形式对所圈画的语句进行分析，品味出“做之趣”。

（设计意图：将环节一中学生们所归纳总结出的结论，再一次通过学生们的分散性思维及聚合性进行巩固，实践迁移。环节一是分组讨论汇报讨论结果，而环节二因为有环节一的铺垫，所以可以让学生们在圈画的时候，由小组讨论变为独立思考，同时在学生交流的过程中可以考察学生在思维活动中，会不会盲从，有没有自己的独立见解，培养孩子思维的独立性。将上一环节中掌握的方法运用到此环节，这也是思维具体化的过程。将通过抽象的概括而获得的概念、原理、理论去解决文本中仍然留有的问题。可以说在这一环节中学生的思维品质得到了提升。）

环节三：研读推理，把握主旨

师：作者写这篇文章仅仅是了告诉我们“斗竹节人”和“做竹节人”是有趣

的吗?

学生活动:齐读文章的第1段、第5段、第26段。分组进行讨论。

(设计意图:本环节围绕"作者为何而写"的问题进行设计,从学生朗读的语句中可以概括分析出当时的年代背景。继而引导学生进行推理,挖掘出作者写作的意图:回忆在物质匮乏年代下,孩子们美好快乐的童年生活及积极乐观的生活态度。)

环节四:总结收获,布置作业

师:参照书本P61"词句段的运用"写一个入迷的情景。

(设计意图:本环节是这节课思维环节的最后一个环节,将本节课的思维成果"具体化",同时也有一定的迁移,即将阅读中所掌握的知识运用到写作中,与环节二中的思维具体化相比,这个环节将思维具体化中的应用原理进行了提升。)

六、教学反思

1. 在思维方法方面体现了发散性思维及聚合性思维的提升

本课在解决核心问题"文章是如何体现趣"的过程中主要采用的是发散性思维和聚合性思维结合的思维方法,学生的讨论是发散性思维,学生交流找相同语言形式的句子是聚合性思维。这样的思维方式较为贴近六年级学生的思考方式,学生愿意思考也乐于思考,先发散性思维便是尊重了学生们都是为结果,而其后的概括、总结则是将学生们分散的答案进行概括,这体现了聚合性思维的优势,使得本节课的核心问题得到了妥善的解决。

2. 在思维过程方面体现了思维中的比较、分类、概括、综合

这节课在品读"趣"的语句这一学习过程中,通过圈画—讨论—品读—找同语言形式的句子—比较—概括—综合,在这一环节的思维过程中,让学生思维得到充分调动,活跃思维过程的各个环节,让学生在找—读—找—比的一环一环,感受"趣"就体现在这一个个动词、短语、特殊称号、感叹号、拟声词等中,感受作者语言形式的多样,写作语言的生动夸张。

3. 在思维形式方面体现了学生思维的想象和推理过程

现在的学生会玩"竹节人"吗?显然不会。这篇文章的写作具有一定的年代感,与现在的学生存在一定的距离,为什么学生会觉得有趣呢?为什么有的学生在读到关键语句时会会心一笑呢?因为在本节课的导入部分便创设了"趣"的基调,学生在随后的找"趣"、分析"趣"的过程中,都在大脑中进行了有意想象,将"竹节人"与自己脑海中的玩具进行了勾连,对文字表现中的"斗竹节人"与"做竹节人"在脑海中进行了想象创造。作者仅仅是要告我们"竹

节人”很有趣吗？引导学生从作者的写作视角，即这是成人后的一篇回忆性文章，以及故事发生的年代入手。朗读文中的个别段落进行推理得出本文的中心主旨。

4. 在思维品质方面充分体现了学生思维的灵活性与独创性

六年级孩子在语文课的表现往往都是敢说、愿意说。在这节课的开始，同学们纷纷举手发言，踊跃介绍了自己最喜爱的玩具，有的学生说的玩具是益智类玩具；有的是亲子类玩具；有的是和伙伴们一起玩的玩具……这个问题上体现了学生们思维的独创性。在环节二中，大部分同学提出文章最有趣的部分是“斗竹节人”，虽然这部分学生占绝对的人数优势，但是还是有小部分同学表示文中最有趣的部分是“做竹节人”，虽然品读分析的顺序不同，但是经过同学们的共同努力学习，这两部分的“趣”之所在都得到了解决，这一过程的突破体现了学生在认知过程中思维起点灵活、过程灵活、知识的迁移能力强的特点。

5. 在思维态度方面体现了学生的较高思维参与度同时也兼顾了学生思维的独立性

在问题的设置上，本节课的问题指向性明确，语言简洁，六年级学生易于理解，所以在本节课上学生的举手发言频率较高，基本上每个同学都参与到课堂的各个环节。分组讨论后的交流结果环节，则是通过小组合作的形式体现，小组中有的同学负责朗读，有的同学负责分析，各司其职。除了小组讨论外，本节课也考虑到了学生思维独立性的培养，在环节三中采用了独自圈画分析的方法，这样既培养了学生独立思考、不盲从的思维态度，同时也考虑了知识具体化的运用。

○ 课例5：

《橘逾淮为枳》

上海市长江第二中学　赵辛钰

一、教学分析：

（一）教材分析

《橘逾淮为枳》是六年级第二学期第七单元“先哲智慧”中的一篇课文。这篇课文通过叙述楚王试图羞辱晏子，却反被晏子羞辱的故事，展现了晏子的语言艺术，刻画了晏子的形象。

初中的文言文教学，首要的，当然是掌握一定量的实词虚词，能独立阅读短小浅显的文言文。因此，这篇课文的学习分成两个课时，其中，第一课时要完成的就是对文意的疏通。这篇文章中，主要完成以下文言词语的积累：使、坐、诣、善、其实、得无、病，在此基础上复习判断句式，学习“得无……”这一固定句式。第二课时在疏通文义的基础上，应该有进一步的提升要求，在《橘逾淮为枳》一文中，我认为至少应该有两方面的提升要求。本课例为第二课时。

首先是让学生体会文言文的精练性，从而提高文言文的阅读质量，提升学生思维品质。本文的主要人物是晏子，但作者对晏子的直接刻画只用了短短两行文字，因此教师必须引导学生紧紧抓住晏子的语言和动作，透过看似简单的语言、动作表面，尤其是其中文言文特有的判断句等，去揣摩人物内心，真正理解人物形象，提升自身思维的深刻性。

如果只从这两行文字入手对晏子这一形象进行分析，是不完整的，甚至会走进死胡同。因此我们还需要把眼光投向文章的次要人物：楚王，秉承辩证思维，充分认识到晏子与楚王这两位对立人物之间的关联，从楚王的语言技巧入手去体会晏子的语言艺术，从楚王的目的去认识晏子的善于辞令和爱国精神，从而提升思维的灵活性。

故事背景是分析晏子形象的另一个思考角度。从简单的“将使楚”三个字入手，才能进一步理解后文晏子的言行的合理性，从而深入理解晏子形象，进一步提升思维的深刻性和灵活性。

其次是让学生体会文言文的实用性，透过文言文去体会古人思维的精髓，古为今用，提高学习文言文的兴趣，提升学生的思维品质。本文中涉及的多角度分析人物形象的方法适用于大部分记叙类文章中对人物形象的分析，是作业布置的重点，以强化学生的知识迁移能力。

（二）学情分析

本文是一篇记叙类文章，对文中人物形象的分析是此类文章的一大学习重点。学生此前有一定的学习经验，具备了简单的分析能力，能抓住人物的语言、动作、肖像、心理对人物形象进行分析。但由于此前现代文的写作特点，学生往往只会针对局部内容进行分析，缺少整体意识，使思维过程不完整，影响了学生解释本质的能力和对因果关系的把握能力。

欠佳的思维品质对于学生阅读文字精练的文言文还会造成另外一重障碍，由于欠缺认知过程的灵活性和知识迁移的灵活性，面对一篇不足200字的文章，学生的分析容易产生不知从何入手，以及过程发生断裂的问题。本课是第二课时，在第一课时中，学生已经完成了使、坐、诣、善、其实、得无、病这些文言词语的积累，以及对判断句的复习，和对“得无……”句式的学习。但学生没有抓住这些文言词语和文言句式入手分析人物形象的意识，把文言词语和句式的学习，与进一步理解文章割裂开了。

二、教学目标

1. 通过朗读，体会使用不同的句式对刻画人物内心的作用。分析类比手法，感受晏子的“善于辞令”。分析楚王“以点破面”语言技巧，体会晏子“以面击点”的语言的艺术魅力。

2. 通过分析晏子语言中类比手法的运用和判断句、“得无……”句式的使用，“避席”这一动作，与对立面楚王的言行，尤其是“固”“善”等文言词语的运用相结合，最后联系对故事背景的分析，全面深入理解晏子这一人物形象。

3. 学习多角度分析人物形象的分析方法，学习抓住文言句式分析人物形象的方法，提升思维的深刻性和灵活性。

三、教学思路

本课重在引导学生掌握多角度分析人物形象的方法，以提升学生思维的深刻性和灵活性。主要设计了以下几个主要环节：首先，引导学生找准分析的起点。通过分析楚王对晏子态度的变化，思考其变化原因，找到直接描写晏子的段落，初步完成对晏子正面描写的分析。其次，建立对文章分析的整体认识意识，深入分析人物形象。找到与晏子相关的次要人物楚王，确定两者之间的联系，通过分析楚王的言行，结合晏子的正面描写，深入分析晏子形象。最后，把故事背景与对晏子的描写结合分析，全面分析晏子的形象。

四、教学过程

导入：

师：春秋战国时期，由于诸侯国林立，各国之间常因为各种原因，派遣使臣，也因此留下了许多脍炙人口的故事，让后人为此津津乐道。今天我们要学习的就是其中的一个故事《橘逾淮为枳》。

环节一：初读课文，找准人物分析的起点

1. 师：问：课文主要讲了什么事？

学生活动：独立思考后班级交流，最后确定文章主要内容。

2. 师：在事件的起点和终点，楚王对待晏子的态度分别是怎样的？

学生活动：默读课文，圈画能体现楚王心理的语句，分析楚王对待晏子的态度。

（说明：环节一的学生活动，都要求学生在独立思考的基础上再进行交流总结，这是出于培养学生思维独立性的考虑，这一环节老师抛出的问题，在前阶段记叙文阅读时有所涉及，学生有一定的解答思路，培养学生思维独立性应该避免因难度太大扼杀学生思考兴趣。

楚王对晏子的态度，可以从楚王对晏子不同的称呼上可以看出。这一知识点涉及前阶段教授的古人对他人的称呼这一知识点，学生能否回答，检测的就是学生的知识迁移能力。）

环节二：研读课文，体会晏子语言艺术，分析晏子人物形象

（一）师：楚王的态度怎么会有如此大的转变？晏子有哪些方面值得楚王敬佩呢？

学生活动1：以四人为一小组，朗读晏子的语言，体会“水土异也”和“得无楚之水土使民善盗耶”这两句不同句式对表现晏子心理的作用。班级交流朗读，感受晏子的“善于辞令”。

学生活动2：找出运用了类比的句子，分析类比双方的共同点，分析类比的作用，再次感受晏子的“善于辞令”。

学生活动3：找出晏子的动作“避席”，迁移课外知识：古人“避席”动作的含义，分析晏子的人物形象。

（说明：晏子的“善于辞令”，最直接的表现就是他的语言，但区区两行字，如何看出呢？这就需要学生透过现象看本质，分析其语言运用的各类技巧，才能真正体会他的“善于辞令”。

晏子的动作只有一个：避席，很容易忽视，但对揭示晏子形象有很大作用，所以，提高学生的阅读能力，就是要训练学生善于抓住各种表面现象发现问题本质，提高思维品质。）

（二）师：楚王是个怎样的人呢？能否从楚王的所作所为来反推晏子的人物形象呢？

学生活动1：以小组讨论的形式，分析楚王“做了什么”“怎么做”“效果如何”。

学生活动2：班级交流讨论结果，紧扣楚王语言中“固”“善”的意思，明确楚王“以点破面”的语言技巧，以及对齐国国家尊严的威胁。

学生活动3：带着对楚王分析的结论再读第五自然段，分析晏子的言行，紧扣“得无楚之水土使民善盗耶”所包含的语义和语气，体会晏子“以面击点”的语言艺术和临危不惧的人格风范。

（说明：分析人物形象，一般的思路是抓住对该人物的描写进行分析。但对于本文来说，对晏子的正面描写只有第五自然段，只针对该段进行分析显然不可能全面，分析过程也会断裂，遇到难以逾越的障碍，此时只能另辟蹊径，寻找

另外的分析路径。本课中的晏子和楚王分别是主要人物和次要人物，在整个分析过程中固然可以拆分开来分别分析，但他们之间关系密切，终究是一个整体，所以分析晏子的形象，不能离开分析楚王。）

（三）故事是在怎样的背景下发生的？这对晏子的言行产生了怎样的影响？从中还能看出晏子怎样的形象特点？

学生活动1：交流课前预习对故事背景查阅的结果。找出文中“将使楚”，分析短语中所包含的背景。

学生活动2：结合背景，第三次读第五自然段中晏子的言行，感受晏子在外交场合中展现的“有礼有节”。

（说明：对晏子形象的分析，还有一条不可缺少的路径，即故事背景。主要人物晏子的言行，次要人物楚王的言行，以及故事背景，构成了分析晏子语言艺术和人物形象的三条路径，学生在此次学习实践中能体会到分析起点和过程的灵活，也是对自身思维灵活性的提升。）

环节三：总结

师：从刚才的学习中，你们学到了哪些分析人物的方法？

学生活动：多人逐条总结。

（说明：上一环节是思维过程中的分析综合、比较分类，如果仅仅停留在此处，学生永远只会分析一篇课文，所以把本课学到的进行抽象概括，把具体的过程中的本质进行概括。）

环节四：作业布置

运用本课学习的分析人物的方法，分析《火焰山宝扇灭火焰》中“牛魔王”的形象。

（说明：本环节进入到思维过程的最后一个环节，即“具体化”环节，把本课概括的方法，在新课中进行具体运用。）

五、教学反思

1. 通过课堂教学设计中思维过程的完整性来推动学生思维过程的完整性

完整的思维过程应该包括三个环节。首先是分析与综合、比较与分类。其次是抽象与概括。最后是具体化。学生只有完整地完成思维过程，才真正掌握了一个知识点。在语文学习中，学生经常有这样的疑惑：上课听得津津有味，拿到阅读题为什么就傻眼了呢？上课能做到听得津津有味，说明学生在跟随老师展开对具体一篇文章的分析，但也仅仅如此，他的思维只停留在“分析与综合、比较与分类”这一环节中，只能“就事论事”，无法用学到的知识去解决具体的问题。在本课的教学设计中，我把整个教学分成了四大环节，其中环节一和环节二是对本课进行的分析与综合、比较与分类。环节三的设计摒弃了以往常规的总结模式，不再仅仅停留在对主要人物晏子形象的概括上，而是让学生概括本课运用的分析人物形象的方法，即从主要人物、次要人物、故事背景这三个角度综合分析人物形象，这种方法适用于大多数叙事类文章，让学生在今后阅读这类文章时有了一条明确的阅读路径，这也就推动学生思维进入"抽象与概括"。环节四是作业布置，以往语文作业的布置往往只是针对本课内容的练习，这就造成学生换篇文章不会做题的尴尬。此次在设计作业时，设计思路就是引导学生把学到的方法进行具体应用。《火焰山宝扇灭火焰》是一篇叙事类文章，与本课相同，本课学到的分析人物形象的方法，可以用在《火焰山宝扇灭火焰》中对"牛魔王"形象的分析上。学生完成作业的过程，其实也就是完成思维过程中的最后一个环节"具体化"的过程。从"分析与综合、比较与分类"到"抽象与概括"，再到"具体化"，学生在老师精心的课堂教学设计推动下，完成了一次完整的思维过程，而如果能坚持这样的推动，学生的思维过程也就能变被动地被推动，到主动积极完成思维过程了，那么学生的学习实效性也能大大提高。

2. 变孤立的分析思维意识为整体的分析思维意识，提升学生思维的深刻性和灵活性

本课中学习的三种角度分析人物形象的方法，其中第一种角度其实是学生颇为熟悉的一种方法，这也是学生在根据要求对晏子进行人物分析时首先找到的是对晏子进行直接描写的第五自然段的原因。但是，运用这种方法对课外阅读进行人物分析时，往往分析不完整。这其实是学生思考时没有整体意识的表现，把人物与文章整体割裂，不考虑人物与文章中其他因素之间的关系。长期进行孤立的分析，学生看似没有间断思维，其思维品质却是得不到提升。此次课堂教学，所谓三种角度对人物进行分析，其真实目的是要让学生意识到主要人物与次要人物，以及故事背景，是一个整体，只有找到了他们彼此间的联系，在整体认识的基础上进行的分析，才是完整的分析。例如对"避席"这个动作，学生最初从晏子角度分析，只得出了"有礼"这一结论，再分析了楚王的言行后，又理解了他"镇定"的特点，最后结合故事背景，学生才明白这个动作还源于晏子身为一国之使的使命，这样学生对晏子这一形象的理解才真正做到了全面、深刻。这一训练过程也就是提升学生思维深刻性和灵活性的过程。

3. 培养学生思维的独立性，提升学生思维的独创性和批判性

培养学生思维的独立性，首先需要给学生提供思维的时间与空间。本课学习过程中大量采用小组学习交流与班级交流相结合的形式，就是希望学生在小

组内能放开对自己思维的限制，有时间能提出自己的见解，有空间敢于提出自己的见解。班级交流时对学生的发言不急于下结论，鼓励学生多发言，创设较为宽松的课堂氛围，让学生敢于提出自己的观点。此次上课时，有一些学生对张欣悦同学对“避席”这一动作的分析提出了反对，不正是学生批判性思维的萌芽吗？

培养学生思维的独立性和批判性，还需要注意避免挫伤学生思维的兴趣。教师在设计问题时，要注意问题的难度。太简单的问题，无法激起学生思考的兴趣，时间一长，难免引起思维的惰性。难度太大的问题，学生无从入手解决，容易打消学生思维的积极性。本课中，我在设计分析人物的起点时，是通过分析楚王对晏子的称呼入手的，原因就在于古人对他人的不同称呼这一知识点是旧知识，但知识的迁移能力不是学生完全具备的思维品质。所以这个问题属于既有一点难度，又不是完全无从入手解决的。这样教师就能在引导学生提升自己知识迁移能力的同时，让学生保持对课堂思维过程的兴趣。

○ 课例6：

《密度》

上海市长江第二中学　吴文尧

一、教学任务分析

（一）教材分析

本节课是上海教育出版社九年级物理教材第六章《压力与压强》第一节《密度》的新授课。“密度”是初中物理教学中一个非常重要的概念，应用非常广泛。从初中的知识体积来看，密度是继“速度”之后第二次用比值定义物理量，由于概念本身较抽象，学生感性认识不足，密度也是初中物理教学中的一个难点。密度知识及应用常称为学生学习物理的分化点。密度知识是力学知识的基础之一，它对理解压强、浮力也非常重要。所以说，本节是本章的重点也是为后续章节的学习准备必要的知识。密度分为两课时，本节课为第一课时，学生通过亲身实验，理解密度的定义、物理意义，密度是物质的一种特性，并为第二课时密度的测定打好基础。

（二）学情分析

学生在日常生活中，对于物质质量和体积之间的关系已经有了模糊的概念，但是远未达到能够形成定性、定量概念的程度，在物理教学中用结合数据、函数图像的方法，让学生理解同种物质质量与体积的比值是定值的含义，仍有一定的难度。所以在授课时必须及时注意学生的反应，并适当放慢教学速度，引导学生运用已经学过的知识自主思考理解。

二、教学目标

1. 知道密度的定义、公式和单位，会查密度表。能用密度知识解决简单的实际问题。

2. 通过实验探究活动，找出同种物质的质量与体积成正比的关系。学习以同种物质的质量与体积的比值不变性来定义密度概念的科学思维方法。

3. 通过了解密度知识在生活、生产中的应用，感受物理知识在解决实际问题中的价值。

三、教学重点和难点

重点：探究物质质量与体积的关系。

难点：密度概念的建立。

四、教学资源

木块、水、量筒、电子天平等实验器材；多媒体课件。

五、教学思路

本设计的思路是：首先从“鉴别银币真伪”的情境导入，引起学生兴趣。再进行简单的鉴别活动，难度逐渐升高。引导学生发现物质的质量和体积存在关系。接着测量木块、水质量和体积的关系。引导学生通过分析数据，绘制函数图像，讨论归纳后共同总结出：同种物质质量和体积的比值是定值，而不同物质，质量和体积的比值有不同的规律。从而引入密度的概念，知道密度是物质的特性。最后利用新学的密度知识，解决银币的鉴别问题。

本设计主要突出的重点是：探究物质质量和体积之间的关系。方法是学生通过实验收集数据，分析实验数据中蕴含的变化关系，以及通过学习利用函数图像，最终归纳出物理规律。

本设计主要突破的难点是：密度概念的建立。方法是通过与过去学过的知识进行对比，帮助学生理解密度的物理意义。

六、教学流程

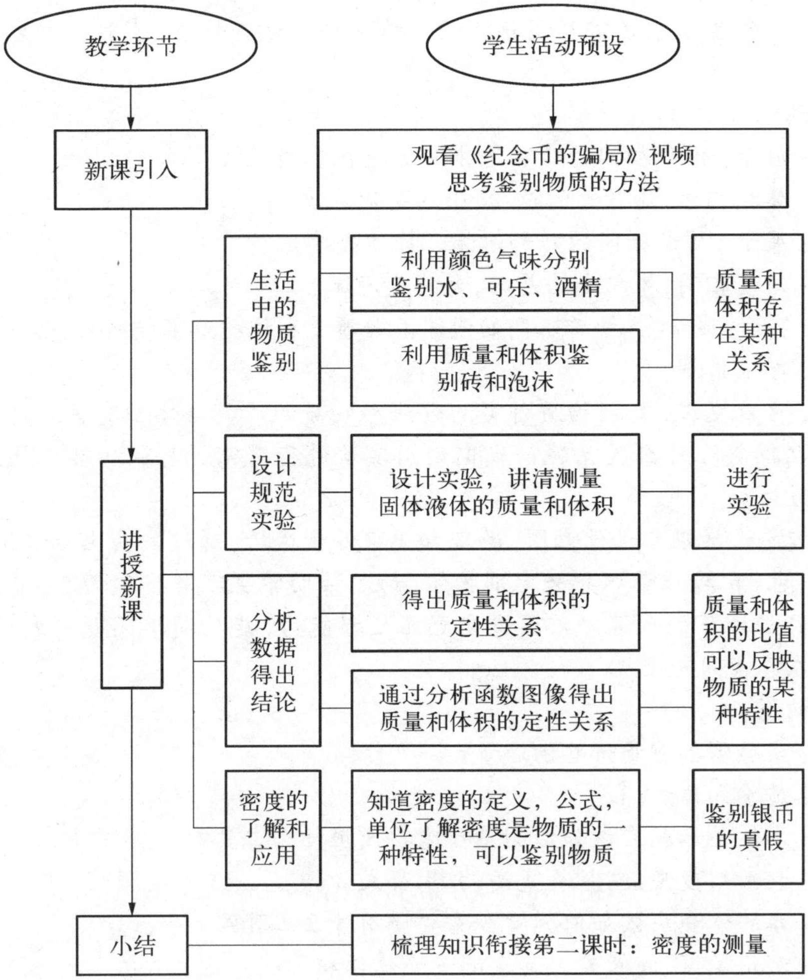

七、教学过程

情境引入：

师：观看视频《纪念币的骗局》；展示银币。

希望同学通过这节课的学习掌握鉴别物质的方法。

生：学生观看视频。

活动一：

师：展示：水和可乐；怎样区别？

生：水无色，可乐咖啡色。

师：展示：水和酒精；怎样区别？

生：水没气味，酒精有刺激性气味。

师：我们生活中常常利用物体的气味和颜色分辨物质，有时这种方法却无法奏效。

活动二：

师：展示：体积相同的砖和泡沫。你能否鉴别？

生：体积相同，质量大的是砖，小的是泡沫。

师：展示：质量相同的砖和泡沫。你能否鉴别？

生：质量相同，体积小的是砖，大的是泡沫。

师：展示：质量、体积都不同的泡沫。若质量和体积都不相同时，如何鉴别？

生：学生猜测。

讲：可以发现，鉴别物质种类的方法和物质的质量与体积有关。那么质量和体积之间存在什么关系呢？我们利用实验进行探究。尝试从其中找到鉴别物质的方法。

（活动一、活动二设计意图，物理知识来源于生活，通过一些生活常识，利用气味、颜色、比较质量体积来鉴别物体，为了帮助学生理解鉴别物质，需要一些独特的特性埋下的伏笔。培养学生思维迁移能力，能从简单问题中发现规律，并使用在复杂问题上。）

活动三：

师：实验需要测量哪些物理量？

生：质量和体积。

师：木块的体积应该如何测量？需要使用什么工具？

生：利用刻度尺，测量长宽高，并用公式计算。

师：水的体积应该如何测量？需要使用什么工具？

生：利用量筒、滴管等工具。测量液体体积。

师：讲解利用量筒测量体积的方法：注水方法、胶头滴管的使用、量筒读数的规范。

师：如何测量水的质量？

生：使用电子天平。

师：利用电子天平如何简单地去除烧杯的质量？

生：先将空烧杯放在电子天平上，并使用去皮功能。

师：好，现在大家开始实验，第一、第二组测量木块的体积和质量；第三组、第四组则测量水。为了方便统计数据，分别测量体积为10 ml、20 ml、30 ml和15 ml、25 ml、35 ml的水。

实验进行,教师指导并收集数据。

(设计意图:物理实验要能得出正确的实验结论,必须有合理的方案和严格的规范。对于学生来说,让他们回忆过去科学、物理学科中的测量规范,并对于其中的错误进行及时的纠正。符合学生思维的记忆曲线,潜在中培养学生的记忆能力和记忆方法,以及对知识的运用能力。)

分析实验数据:

师:分析比较实验1、7;2、8;3、9;……你能发现什么规律?

生:相同体积的不同物质质量不同。

师:观察表一或表二质量和体积的关系,你能发现什么规律?

生:同种物质,体积变大,质量也变大。

师:思考:你能猜测得到定量的规律吗?

生:同种物质质量和体积成正比。

师:是不是这样呢?我们可通过利用图像进行探究。(介绍横纵坐标含义,演示描点方法。)

师:观察数个点的分布,你能发现什么规律?(可画一条直线,点均匀地分布在直线周围。)

生:点排成一条直线。

师:我们发现点分布在直线的附近,有个别点差得较远为什么?怎么解决?

生:有误差,可以再次测量,减小误差。

师:我们进一步分析:正比例函数y=kx,k是个定值,说明什么?

生:同种物质,质量和体积的比值是个定值。

师:两直线倾斜程度不同说明什么?

生:不同物质,质量和体积的比值不同。

师:我们一同来计算质量与体积的比值是否符合规律?

生:进行计算,寻找规律。

(设计意图:数据的分析是本节课的重头戏,是物质质量和体积关系、密度概念形成的主要过程。从实验中采集的数据,由于存在误差,学生要从数据中发现质量和体积的关系,比较困难。所以我从简单的规律入手,给学生思考的大致方向,锻炼学生的抽象思维能力和分析能力。得出定性规律容易,得出定量规律则需要数学知识来帮忙。在之前的学习中学生对于数学在物理学科中的应用主要停留在计算和习题中,要学生把函数和实验数据的规律关联起来,需要学生具有较好的横向对比和思维水平。教师也需要在学生的思考过程中给予合理的引导,帮助学生自主发现同种物质质量和体积成正比;不同物质质量和体积的比值不同。从而发现质量和体积的比值能反映物质的某种特性。)

密度：

师：可以发现，质量和体积的比值反映物质的某种特点，为此我们引入一个新的物理量——密度。我们称：物质单位体积的质量。符号用 ρ 表示。公式：密度=质量/体积　　$\rho = m/v$

师：质量和体积的国际单位分别是？

生：千克、立方米。

师：国际单位：千克/米^3；常用单位：克/厘米^3。

师：阅读书本：常见物质的密度表。观察：不同物质的密度。你能发现什么规律？

生：密度是物质的一种特性，可以用来鉴别物质。

活动四：

师：回到开始的问题，如何鉴别银币的真伪？

生：测量银币的密度，与银密度对比。相同则为真。

师：如何测量银币的质量和体积？

生：电测天平测质量；排水法测体积。

小结：

师：这节课你有什么收获？

生：学生交流。

八、板书设计

密度

一、探究物质质量与体积的关系

1. 体积相同的不同物质，质量不同
2. 同种物质，质量与体积成正比
3. 同种物质，质量和体积的比值相同
4. 不同物质，质量和体积的比值不同

二、密度：物质单位体积的质量

1. 符号：ρ
2. 公式：密度=质量/体积　　$\rho = m/v$
3. 国际单位：千克/米^3　　常用单位：克/厘米^3
4. 密度是物质的一种特性，可以鉴定物质种类。

九、教学反思

本节公开课《密度》在初中物理当中处于承上启下的地位，是学生学习浮力、压强的基础内容，十分重要。并且这节课是学生第一次完整的经历："发现问题—讨论猜想—设计实验—进行实验—分析数据—得出结论—知识应用"的物理探究过程。这个过程本身就符合学生学习思维训练的规律。物理知识源于生活中的一些具体细节，学习者要从生活中点点滴滴现象的共同之处总结出规律。本堂课中，不光要传授学生物理知识，更可以通过这个过程提升学生各方面的思维水平。进行实验采集数据的过程中，学生必须严格按照实验要求，培养自身思维的严谨性。得到数据之后，面对抽象的实验数据，学生必须拥有较高的思维归纳水平。需要进一步得出定量规律的时候，利用到了函数知识。需要学生有能力将两门侧重点不同的学科关联起来。用数学工具解决物理问题，思维的关联能力，必不可少。在得出最后物理结论时，学生要用自己的语言，组织出规范、简洁、专业的物理术语。必须要参考过去学过的内容。思维的迁移能力相信会为他们帮上大忙。最后，课堂回到开始的"真假银币鉴别"环节。物理知识再次回归实际生活。学生要能把刚学会的知识运用起来，并开动脑筋，解决"银币形状不规则，怎么测体积"的问题。这是学生从未接触过的新问题。没想到学生的知识面和扩散思维非常优秀，想出了各种有趣的方案，有的虽然并不完美，但是令我很惊喜。

每个学生的基础各不相同，要培养学生思维的这些方面，我必须要让每个学生都能进入到这堂课的"思维维度"里。所以我在课程的设计上做了许多尝试。首先这节课是我的第一次在公开课的过程中使用学生实验，对我的课堂掌控能力是一个考验。其次在实验的选择上我尝试了使用自制的实验道具，利用函数图像的方式处理数据，帮助学生总结规律，最终完成教学任务。经历多次尝试、修改。最终在校内和区里进行了公开课的展示。在课后我总结反思了一下优缺点：

本节课的主线是物质的鉴定。在课程的导入部分，我使用银币真假鉴定的情境引入，学生很感兴趣。接着利用生活中常见物体的鉴定，难度逐层提升，最终引导学生探究物质质量和体积的关系。流程合理，顺畅。学生对于新知识的理解较成功。最终还可以利用新学的知识解决了实际的问题。总的来说，这节课较以往的公开课，水平有一定的进步。

利用直观应对抽象，利用熟悉对抗陌生。传统的物理探究实验必然少不了通过分析实验数据归纳定性和定量结论。尽管教师可以把实验数据尽可能设计得容易发现规律。但是通过数据分析得出结论的过程往往是学生跨不过去的障碍。

在教学设计过程中，我一直在思考，如何把传统实验的数据分析过程变得更加直观，让学生更加容易搞懂、接受。通过学习"和易以思"的思维训练体系，我发现，合理利用学生跨学科的横向思维模式，是解决这一难题的一把钥匙。既然最终的需要归纳的结论是数学当中的正比、比值是定值之类的关系，那何不就直接用上学生最熟悉的函数图像来帮助学生理解呢？

我在课堂中，当学生通过我引导完成了数据测定后，我不再让学生直接从有误差的数字当中找规律。而是让他们在已经非常熟悉的直角坐标系中进行描点。学生开始对我提出的这一要求有一些迷惑。也许是觉得物理课上怎么玩起直角坐标系了？但是当描点完成时，看着黑板上排成一列的点后，学生心理已经有所明悟。我再进行适当的引导：

师：过原点的直线大家熟悉吗，是什么函数？

生：正比例函数。

师：说明同种物质，质量和体积什么关系？

生：同种物质，质量和体积成正比。

师：正比例函数表达式$y=kx$，k是一个定值。说明什么？水和铝块对应函数k不同，说明什么？

生：同种物质，质量和体积的比值是定值。不同种物质，比值不同。

再对比当时得到的数据：

铝块

序　号	质量(g)	体积(cm^3)
1	2.8	1
2	11.6	4
3	23.6	8

由于实验的误差，从数据当中很难发现正比关系了。无形当中帮助学生利用熟悉的数学知识，克服了一个实际而又陌生的物理难题。

最关键的是，这个尝试不仅仅是解决了眼前的结论归纳问题。还是给学生的一次感受新方法，激活跨界思维模式的机会。这样利用函数的方法，不仅仅适用于密度，之前学习的匀速直线运动、重力和质量的关系和之后要学的压强和欧姆定律，都可以利用这种方法来解决。可以说是既解决了知识又增长了能力。

虽然这样的做法还存在着一些问题，科学性上还不够严密，但是经过改进，相信会是一种从传统课堂教学中衍生出来的好方法。

现代的教学理论总是告诉我们，学生是学习的主体。要能够体现出主体的作用，学生必须要有相当的思维能力。在传统的课堂中挖掘思维的培养方法，并不是颠覆原本的课堂教学。而是要求教师在原有的基础上，更加关注学生的思维水平和解决问题的能力。用启发式的提问，合理的教学环节，让学生自发地进行思考，让学生自己学会如何去学习。

○ 课例7：

《物质的量》

上海市长江第二中学　李　红

一、设计意图

（一）教材分析

本节课是上海教育出版社九年级化学教材第二章《浩瀚的大气》第三节《化学变化中的质量守恒》的第二部分物质的量新授课。“物质的量”是初中化学中的一个重要概念，并且体现了化学学科计量、计算的特点，但是由于其计量的是微观粒子的数目，比较抽象，更是初中概念教学中的难点。物质的量构建起了微粒个数与质量之间的关系，是一座联系宏观世界和微观世界的桥梁，也对之后初中化学学习中能更好地理解化学方程式系数的含义服务。此外物质的量是今后进入高中进一步学习有关气体摩尔体积、物质的量浓度的计算的基础。所以，关于物质的量的教学，不仅是本章的重点，也是整个中学化学教学的重点之一。本节课设计运用比较求同的思维方法，使学生体验并感悟“集合体”的意思明确要表示分子、原子的个数也要用集合体，形成物质的量的概念。利用生活接触的事物和分子模型把抽象事物具体化，便于学生理解，培养学生思维的比较性以及程序性。

（二）学情分析

之前的学习使学生对原子、分子等微观粒子以及相对原子质量有了初步的认识，“物质的量”这一概念涉及分子、原子等微观粒子，这些东西看不见、摸不着，初三年级的学生抽象思维的能力还不是很强，不同的学生个体间又存在很大的差异性，肯定会产生认知上的困难，其概念的抽象性是初中生掌握它的最大障碍。此外，“物质的量”四个字读起来很拗口，学生在学习过程中很难将其认识为一个整体。“物质的量”从字眼上很容易与“质量”等概念混淆或相互干扰，从而影响学生在头脑中形成清晰的概念。本课将学生这些已有的知识经验作为认知起点展开。

二、教学目标

1. 运用比较求同思维方法对生活中计量宏观物体个数进行探讨，认识计量集合体数目是简化计量个体数目的方法,从而认识物质的量的概念。

2. 通过对国际基本物理量类比知道物质的量的单位“摩尔”。

3. 用生活中的事例帮助理解物质的量和微粒数之间的关系,感受把理论性的知识具体化的思维过程,通过计算加深对其理解,形成合理的程序性思维方法。

三、教学重点和难点

重点:物质的量的概念

物质的量与微粒个数之间的关系

难点:物质的量的概念的形成

四、教学资源

米尺、学案、多媒体课件

五、思维导图

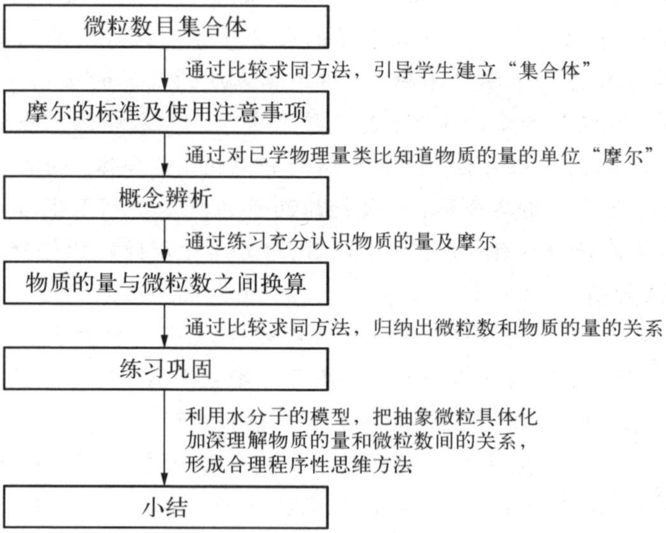

六、教学过程

引入

师:生活中你们要和自己的爸爸妈妈去超市买东西。如何购买下列物品?选用合适的量词(超市购物单) 1____餐巾纸 1____回形针 1____米

生:1包餐巾纸 1盒回形针 1袋米

活动一、构建“集合体”形成物质的量的概念

师：它们常用的计量词是餐巾纸包或盒、回形针盒、大米千克或袋，我们再找一下它们个体计量词是什么？

生：餐巾纸个体计量词是张，回形针个体计量词是个，大米个体计量词是粒。

师：超市里为什么不用多少粒米、多少张纸来计量呢？

生：物体太小计量不方便。

师：宏观中物体较大一般以个体来计量，物体较小个体没有实际的使用价值，计量不方便，一般以许多个体的集合体来计量。一包纸是一百张纸的集合体，一袋米是一定数目的米粒的集合体。大米至少还能看得见，还有比大米更小的分子和原子的肉眼都无法看见微粒，我们该如何计量？

师：就这么小小的一滴水中大约含有1.67×10^{21}个水分子，假如13亿人每分钟数100个，大约要两万年才能数完，所以微粒我们通常用集合来计量，一定数目微粒集合体就是我们今天要学习的物质的量。

化学上，把表示分子、原子等微粒的集合体称之为物质的量，符号：n；

（设计意图：通过生活中的宏观物体的计量，引导学生建立“集合体”。运用比较求同的思维方法，使学生体验并感悟“集合体”的意思明确要表示分子、原子的个数也要用集合体。形成物质的量的概念。）

活动二、概念辨析

师：物质的量是国际单位制中七个基本的物理量之一。你们还学过哪些物理量？

生：长度、时间、质量、物质的量。

师：还有你们以后会学习的热力学温度、电流强度和发光强度，这是国际单位制中七个基本的物理量。长度单位是米，质量单位是千克，物质的量作为一个物理量也有单位。单位为摩尔，简称：摩。

师：（举起米尺）1米是这么长，一摩尔标准是什么？国际上规定12克某种碳原子数目即为1摩尔，即阿伏伽德罗常数，近似等于6.02×10^{23}。1 mol任何物质约含6.02×10^{23}个微粒。请同学们回答。

生：1 mol水约含有6.02×10^{23}个水分子。

生：1 mol二氧化碳约含有6.02×10^{23}个二氧化碳分子。

生：1 mol氦气约含有6.02×10^{23}个氦原子。

生：1 mol铁约含有6.02×10^{23}个铁原子。

师：6.02×10^{23}这是非常大的数字，6.02×10^{23}粒米全球65亿每人每天吃一斤，要吃13万年。摩尔概念只适用于微观粒子（如分子、原子等）。接下来完成学习单练习一。

生：做练习一。

师：我请同学来判断下列说法是否正确，说明理由。

生：1. 摩尔是国际七个基本物理量之一　错误，摩尔是单位，物质的量是国际七个基本物理量之一。

生：2. 物质的量就是物质的质量　错误，物质的量和物质的质量是两个不同的物理量。

师：回答正确，物质的量和质量是不同物理量，他们的单位不一样，物质的量的单位是摩尔，质量单位是千克或克。

生：3.1摩尔大米　错误，摩尔只适用微观粒子，大米宏观物质不能用摩尔。

生：4.1摩尔氢　错误1摩尔氢不知道是1摩尔氢原子还是1摩尔氢分子。

师：回答非常好，这里的氢没有指明是氢原子还是氢分子，使用摩尔时必须指明物质微粒的名称或符号。例：1 mol氢气（我们默认是指它的构成微粒氢分子）、3 mol、5 mol二氧化碳分子等。

生：5.1摩尔物质约含6.02×10^{23}个分子　错误，构成物质的微粒不仅有分子还有原子，应该是1摩尔物质约含6.02×10^{23}个微粒。

（设计意图：通过回忆学过的物理量，认识物质的量是一个物理量。提高知识迁移思维品质。通过练习充分认识物质的量及摩尔，对概念形成较清晰的界定。）

活动三、物质的量和微粒个数的关系

师：（拿出一包餐巾纸）1包餐巾纸有几张餐巾纸？

生：10张。

师：2包餐巾纸有几张餐巾纸？

生：20张。

师：0.5包餐巾纸有几张餐巾纸？

生：5张。

师：1 mol水有多少个水分子？

生：6.02×10^{23}。

师：2 mol水有多少个水分子？

生：$2 \times 6.02 \times 10^{23}$。

师：3 mol水有多少个水分子？

生：$3 \times 6.02 \times 10^{23}$。

师：A mol水有多少个水分子？

生：$A \times 6.02 \times 10^{23}$。

师：你们找到规律了吗？你能写出已知物质的量计算微粒数目的计算式吗？

生：微粒数目＝物质的量 $\times 6.02 \times 10^{23}$。

师：10张纸为一包，那20张纸为几包，30张纸为几包？

生：2包，3包。

师：同样，如果已知物质的微粒数，能否知道它的物质的量呢？ 6.02×10^{23}个氦原子为几摩氦气？

$2\times6.02\times10^{23}$个氦原子为几摩氦气？ $3\times6.02\times10^{23}$个氦原子几摩氦气？ $A\times6.02\times10^{23}$个氦原子为几摩氦气？

生：1摩尔、2摩尔、3摩尔、A摩尔。

生：物质的量=微粒数/6.02×10^{23}。

师：完成练习二，结果用科学计数法表示。

生：做练习二。

师：看清单位和微粒，完成练习三。

生：做练习三。

生：1.1个水分子由2个氢原子和1个氧原子构成。

师：看水分子模型回答。

生：2.2个水分子含4个氢原子和2个氧原子。

师：氢原子的个数是水分子的2倍，就是下标。

生：3.1摩尔水含有6.02×10^{23}个水分子，1.204×10^{24}个氢原子6.02×10^{23}个氧原子，约含2摩尔氢原子，1摩尔氧原子。

师：氢原子和氧原子的个数比是多少？氢原子和氧原子的物质的量的比是多少？它们之间有什么关系？

生：氢氧原子的物质的量之比等于它们的原子个数比。

师：有关物质的量的计算一定要看清单位、微粒、次方。

（设计意图：利用生活中纸巾集体"包"和个体"张"的关系，通过比较求同方法，归纳出微粒数和物质的量的关系，把抽象事物具体化，便于学生理解。练习二利用表格方式对微粒数和物质的量进行计算，培养学生可逆思维。利用水分子的模型，把抽象微粒具体化，便于学生的理解。意在培养学生思维的比较性以及程序性。）

活动四、小结

师：这节课你有什么收获？

生：学生交流。

师：回家作业单练习四。

七、板书

§2.3（2）物质的量

物质的量(符号：n)

1. 物质的量是表示物质所含微粒数目的集合体，是个物理量。

2. 单位：摩尔，简称：摩，符号：mol。

3. 1 mol任何物质都约为6.02×10^{23}个微粒。

4. 摩尔概念只适用于微观粒子(如分子、原子等)

指明物质微粒的名称或符号

5. 物质的量与微粒数之间的换算

$$\text{物质的量}(n)\ \underset{\div(6.02\times10^{23})}{\overset{\times(6.02\times10^{23})}{\rightleftharpoons}}\ \text{微粒数}(N)$$

八、教学反思

1. “物质的量”是国际单位制中七个基本物理量之一，在中学化学中占有很重要的地位，正确理解其内涵并灵活运用该物理量进行计算是中学生必备的化学能力。但初学者常感到这一概念出现得很突然、很抽象，甚至难以捉摸。因此，做好该部分的教学显得尤为重要。许多教师对此已经进行了大量深入细致的摸索，形成了多种教学方案。有的先介绍常见的基本物理量，然后直接给出“物质的量”的概念及其单位，课堂效率貌似很高，但学生往往因“被填鸭”而“一知半解”，我利用生活中实物计量出发，运用比较求同的思维方法，引出“物质的量”的概念。学生比较容易理解接受。

2. 在建构物质的量这个概念时通过生活中的宏观物体的计量，引导学生建立“集合体”。运用比较求同的思维方法，使学生体验并感悟“集合体”的意思，明确要表示分子、原子的个数也要用集合体。形成物质的量的概念。物质的量这个词对学生来说比较陌生、抽象、难懂，很多学生初学时会将“物质的量”与“质量”混为一谈，在教学中通过类比学生学过的一些物理量，如质量、时间、长度等，这样便于学生真正体会“物质的量”这个物理量的意义。利用生活中纸巾集体“包”和个体“张”的关系，通过比较求同方法，归纳出微粒数和物质的量的关系，把抽象事物具体化，便于学生理解。

3. 我在建构集合体的时候量词的实例举得太少，可以多举例，这样加深了解学生对集合体和个体的关系，便于理解物质的概念。物质的量和微粒数第二个计算式推导可以先具体化10张纸是1包，20张纸是2包……学生自然想到6.02×10^{23}个氦原子为1摩尔氦气，$2\times6.02\times10^{23}$个氦原子为2摩尔氦气……推出计算式物质的量=微粒数/6.02×10^{23}。

4. 回家作业中还出现错误“1个CO_2含1个C原子，1 mol CO_2含1个C原子”,可见学生没有真正掌握物质的量的定义是“表示含有一定数目粒子的集合体”,概念模糊时,讲解时,让学生不要直接想微观粒子的情况,而是想想纸巾的集体“包”和个体“张”的关系。好在“物质的量”不同于其他化学概念或原理,没有讲透会产生“夹生饭”现象,“物质的量”及其衍生概念学生会在应用中逐渐深化,“物质的量”的应用需要渗透到化学教学的全过程,不宜一蹴而就,而重在逐渐形成,不搞一步到位,讲究细水长流,在应用中强化,随着教学深入逐渐加深而提高难度。

○ 课例8:

Mr. Wind and Mr. Sun

上海市长江第二中学 徐 健

一、教学分析

(一)教材分析

本课是七年级英语7BU9以“Mr. Wind and Mr. Sun”为主题的一节阅读课。之前的课主要以听说为主,阅读量比较少,由于本课的篇幅比以往要长以及课文中出现了(not) as...as的句型结构,所以本课对于七年级学生来讲在文本的理解和语言的表达上的要求更高。以往的教学中,简单的课文翻译和机械的句型操练还是采取的是英译中、中译英的思维模式,忽略了英语教学中思维的培养,即直接思维的培养。为了培养学生的直接思维,我在本节课中帮助学生们建立了两个英语思维的阶段。第一阶段是Memory and comprehension(记忆和理解),通过图片演示帮助学生记忆关键词汇:proud/show off his strength/sweat/take off等以及重点句型(not) as...as。通过对课文内容的预测和对课文段落的排序,帮助学生准确理解课文的内容,同时把课文分成三个段落进行教学,分别是Mr. Wind和Mr. Sun之间的比赛之前、比赛中、比赛后。第二阶段是应用(Application),表述与表达。比赛前,在理解文本的基础上,设计两个问题:why did Mr. Wind suggest having a competition? /How could they win the competition?以小组形式在组内进行快速回答,培养学生英语思维的灵活性。比赛中,让学生圈画出动词,目的是为了帮助学生能够根据情节的发展流利地复述本文内容。比赛后,通过两两分组,分别扮演Mr. Wind和Mr. Sun,模仿角色的语气进行对话操练,这种操练是以对人物角色的深刻理解为基础的英语语言能力的培养。

（二）学情分析

在以往的词汇教学中，学生已经习惯通过生动形象的图片来认知新的词汇，并能通过音标正确地朗读出单词的读音，同时部分基础好的学生能运用新授词汇进行简单的造句。学生具备了良好的对单词音、形、意的习得能力，为理解课文扫清了障碍，打下了扎实的基础。

学生能够从课文中找到问题的相关信息，即寻找信息的能力比较强，学生在寻找信息的过程中，把课文能够迅速地在脑海中翻译成中文，并能正确地锁定原句，但是根据问题内容重新组织语言的能力较弱，往往会发生一些语法上的问题，这是把中文翻译成英文的过程中出现了错误。为了避免类似错误的发生，需要培养学生的英语直接思维能力，即学生能够流利地用英语回答问题、复述课文，以及角色扮演。这就是本堂课需要尽力解决的问题，帮助学生Think and express in English.

二、教学目标

1. 观察图片内容，用已掌握的知识描述图片，通过旧知识引出新知识的方法掌握词汇和句型。以旧带新的同时为培养自己的英语直接思维打下基础。

2. 在规定的时间内快速回答两个问题why did Mr. Wind suggest having a competition? /How could they win the competition?掌握如何根据文本中的相关信息重新组织语言的能力，提高运用语言的灵活性。

3. 能够根据圈画的动词独立地按照故事情节的发展顺序复述本文内容，在有提示词的帮助下提高组织简短句子的能力。

4. 通过本文分析和归纳，知道Mr. Wind和Mr. Sun人物性格特点，并通过理解人物角色的语气，两两角色扮演Mr. Wind和Mr. Sun，提高在情境中运用语言的能力。

三、教学思路

本课是关于Mr. Wind和Mr. Sun之间的一场竞赛，看谁能把一个人的衣服脱下来。本课教学分两个阶段进行。第一阶段是对课文中词汇和句型的记忆以及对文本的理解。第二阶段是基于文本的英语语言的表达和表述，又称英语语言的应用。

第一阶段，以图片为载体，以旧带新为手段，帮助学生掌握词汇。例如在教授句型(not) as...as时，学生已经学过A is stronger than B这一比较级的句型，那么可以从这个句型中非常自然地引出B is not as strong as A这个新句型。这样做既能复习巩固旧知又能引出新知，起到事半功倍的作用。

第二阶段，始终以竞赛为主线，以竞赛前、竞赛中和竞赛后三个片段为主要内容进行设计，帮助学生提高英语直接思维的能力。竞赛前：设计了两个问题：why did Mr. Wind suggest having a competition? /How could they win the competition?要求学生快速回答这两个问题，目的是锻炼学生的思维反应，提高思维的灵活性。竞赛中：要求学生圈画文本中所有动词，圈出之后的动词能够帮助学生根据故事的情节复述文本内容，培养学生的语言的表达能力。竞赛后：设计了一个根据人物角色语气角色扮演Mr Wind和Mr Sun的任务，这个对话不是单纯的文本复述，而是可以对文本内容进行拓展和延伸，培养学生在创设的语境中灵活运用语言的能力。

四、教学过程

第一阶段：

T: I will show you some pictures about Mr. Wind and Mr Sun. Can you tell me who is stronger?

S: I think Mr. Sun is stronger than Mr. Wind.（板书）

T: Maybe. We can also say Mr. Wind is not as stronger as Mr. Sun. Right?（板书）

S: Yes.

T: The two sentences mean the same, but their structures are totally different. We should grasp both of them.

（设计意图：以旧带新，巩固旧知引出旧知，为英语的直接思维做词汇上的储备）

T: The fable is made up of five paragraphs. Would you please read the paragraphs and put them in the correct order to make a story?

S: The correct order is 1、3、5、2、4

T: Correct! You have done a good job since you have been familiar with the story.

（设计意图：理解课文内容，为第二阶段的文本表达做好铺垫）

第二阶段：

Before the competition

T: Since you are familiar with the first paragraph, I'd like you to answer two questions. *why did Mr. Wind suggest having a competition? /How could they win the competition?*

S1: He thought he was stronger than Mr. Sun.

S2: They should take the man's coat off in the shortest time.

T: Both of you are right. Your expressions are accurate.

（设计意图：要求学生快速回答这两个问题，目的是锻炼学生的思维反应，提高思维的灵活性。）

During the competition

T: Now Mr. Wind and Mr. Sun are having the competition now. Read the story again and underline some verbs to find out what happened during the competition.

T: Please say out the verbs and let's see whether you are right or not.

S: blew/became/began/held/felt/looked/shone/started/took off/said.

（设计意图：要求学生圈画文本中所有动词，圈出之后的动词能够帮助学生根据故事的情节复述文本内容，培养学生的语言的表达能力。）

T: Has Mr. Wind's face become red twice? Are the reasons why his face becomes red the same? If not, why?

S: The reasons are different. Mr. Wind's face first became red because of his hard blowing. Then his face became red again because he lost the competition.

（设计意图：教师循序渐进提问、抓住契机追问，引导学生思维持续不断发展。）

After the competition

T: If you were Mr. Sun, what would you say to Mr. Wind?

S: If let's see who can get the man put on his coat, Mr. Wind must be the winner. So I think we are as strong as each other.

T: Your answer is exactly what I would say.

T: What are Mr. Wind and Mr Sun like?

S: Mr. Wind is too proud and a bit rude. And Mr. Sun is confident and modest because he says you go first in the competition.

（设计意图：对两位人物角色的性格特点进行提问，帮助学生不断挖掘文本内涵，培养学生分析总结的能力。）

T: Since all of you have got familiar with the two characters in this story, let us form pairs to act out the story and of course you can add some more details to your role-play.

（设计意图：角色扮演其实是创设一种语境，将学生置于需要使用英语的对话情景中，鼓励学生 Think in English.）

五、教学反思

（一）记忆是英语学习的基础

学习英语需要大量的语言输入，词汇是语言输入的最小单位，记忆词汇是学习英语最重要的一环，也是语言学习的基础。本堂课教师采用以旧带新的教学方式展开词汇的教学。教师以复习提问的形式开始，设计一系列问题，在学生对与新知识相关的已知内容的“温故”中，让新知识的内容意义逐渐露出端倪，自然而然地“流淌”出来。比如在展示一幅小孩子流汗的图片时，教师说The boy is getting wet. 这里的get wet 学生都知道是流汗的意思，然后再出现sweat这个新词汇，学生就明白了这个词汇的词性和词义，与该词汇同时出现的还有国际音标，教师领读几遍都能掌握其读音。但是要培养学生英语的直接思维，单凭词汇的记忆是不够的，所谓“词不离句”，教师应该要求学生利用所学的新词汇开始组织简短的句子。比如He is sweating now. Sweating makes me wet. 等句子。这个阶段学生不需要把句子说得多漂亮和复杂，最重要的是用英文思考，用完整且准确的简单句清晰地表达出他的想法即可。

（二）理解是英语学习的关键

本堂课对文本的理解不只是停留在对段落的排序上。段落的排序只是对文章整体意思的大致理解。为了培养学生的英语直接思维，对文本的大致理解是远远不够的，这种理解是不能帮助学生形成本能的、条件反射式的思维方式。所以对文本要进行更加深入的理解。在随后的分段教学中，教师并没有采取逐句讲解、英译中翻译模式或者着重于词汇和知识点的讲解。而是教师把对文本的理解更加深入，在深入的过程中培养学生分析、归纳和总结的阅读能力，同时为之后用英语表达和表述做好铺垫。比如，一开始教师问Mr. Wind在比赛中有两次脸红是吗？问题的抛出必然激发学生的思维，随后又进一步追问这两次脸红的原因是一样的吗？学生的思维火花又一次迸发。通过对问题的深入思考后，学生进一步熟悉故事情节，为之后的根据故事情节复述本文打下扎实基础。

（三）应用是英语学习的目的

英语学习的最终目的是让语言回归于实际生活应用。英语学习者掌握英语的程度与母语一样，可灵活地使用流利的、纯正的英语表达所思所想，形成本能的思维方式，这正是本堂课的教学目标。把词汇句型的记忆、对文本的理解与语言应用有机地结合起来。本堂课设计了三个应用语言的环节。第一个是让学生进行对问题的快速反应，在吃透文本的基础上，对文本进行快速处理加工，培养学生用英语脱口而出的能力。因为在真实的交流过程中，是不可能先把英语翻译成中文，再把中文翻译成英文，这样做势必会造成交流上的不畅通，彼此的交流也无法得到顺利的展开。第二个是根据故事情节复述本文内容。复述是很重要的语言能力。在真实的生活中，我们可能会得到一次在公众面前演讲的机会或讲故事的机会，能否成功地完成这项任务，取决于是否理解语言材料以及自身具备的复述语言的能力。第三个是让学生角色扮演Mr Wind 和 Mr Sun，根据人物角色的特点朗读他们的语言也可以适当在语言上做一些拓展和延伸。当然学生对人物的理解是比较到位的，所以能够较好地完成这一个对英语思维能力要求比较高的语言活动。总之，语言的学习规律都是一样的，传统英语的学习方法，只是一种英汉互译式的英语掌握，缺乏英语思维的培养，与未来"用英语工作"的初衷背道而驰，所以教师在课堂上要有意识地培养学生对英语的直接思维能力。

○ 课例 9：

What would you like to be？

上海市长江第二中学　朱碧珺

一、教学分析

（一）教材分析

本堂课是牛津教材6A第一模块第四单元的第二课时。学生在小学已经学过一些工作的名称，另外在本课的第一课时也在对这些职业名称复习的基础上引入了工作内容，也就是这些职业具体是干什么事情的。"people's job"一直是牛津教材中的重要内容，也是学生比较感兴趣的一部分内容。教材中的重点句型："I Would like to be a"（I'd like），并在这句型基础上，形成"Would you like to be a...? — Yes, I would. Why? — I'd like to be a...because I want to..."语段框架。这是本课最后要生成的语言框架，学生只要掌握了这些语言框架，就能达到职业主题的陈述要求。因此这个内容的学习是运用教学步骤实现语言框架，培养学生求同性思维，从而实现学生直接用英语思维的目标。

从want to be的句型过渡到学习Would like to be，是同义异构，教师应该运用求同思维方法，帮助学生掌握Would like to be，并进行这两句型互换操练，在基于句型的语言框架下，让学生表达职业兴趣上达到顺畅。

上述语段框架的建构，教师要加以引导，通过一系列这样的句子，让学生运用求同思维，概括出以目标句型为基本结构的语段，即表达对职业兴趣的语段的语言框架。并组织学生借助语言框架进行操练，已达到用英语表达职业兴趣的熟练。

（二）学情分析

该班的大部分学生的英语基础处于中等水平，适合注重基础知识的教学。学生对职业这个话题比较感兴趣，在本课之前，学生已对一些简单的职业词汇有一定掌握，如doctor，teacher，nurse，driver，policeman等，对want to do，want to be的用法已经掌握。sb. Would like to be...?这个句型虽然没有涉及过，但学生借助已学过的want to be的用法，使“sb. Would like to be ...”成为可理解的输入，学生可以容易接受。

同时我在课堂教学中尽量创设有关职业表达的情境，调动同学的积极性，鼓励他们通过各种形式操练和强化短语，如teach us English，make sick people better，drive a bus，put out fires，cook food for people这些描述每种职业具体做什么的词组和句型：Would you like to be a...? — Yes，I would. Why? — I'd like to be a... because I want to...的运用，自己组织对话展开关于职业的讨论。在以往的词汇教学中，学生已经习惯通过生动形象的图片来认知新的词汇，并能通过音标正确地朗读出单词的读音，同时部分基础好的学生能运用新授词汇进行简单的造句。学生具备了良好的对单词音、形、意的习得能力，为理解课文扫清了障碍，打下了扎实的基础。情境的创设是培养学生用英语直接思维的重要方式。通过在情境中学习，学生今后可以本能地知道在特定情境中用特定的语言进行表达，这是直接运用英语的重要途径。

二、教学目标

1. 观看视频内容，用已掌握的有关职业的词汇a policeman，a driver，a drummer，a gardener，a trainer，a reporter，a clerk描述视频，通过旧知识引出新知识的方法掌握词汇。以旧带新的同时为培养学生的英语直接思维打下基础。

2. 熟练掌握“I would like to be...because I want to...”和“I wouldn't like to be...because I don't want to...”这一句型，培养求同性思维。

3. 强化学生在实际情境中运用一般现在时描述事件的英语语言思维和流畅的英语表达能力。

三、教学思路

1. 通过快速反应法，反复操练有关职业的词汇和具体职业是做什么的词组和句型，帮助学生形成语言框架，培养学生英语直接思维，达到语言流畅性。

2. 通过小组操练“I would like to be...”语段，学习的有关职业的表达，帮助学生运用语言框架：

S1: Would you like to be a secretary?

S2: Yes, I would.

S1: Why?

S2: I'd like to be a secretary because...

S1: Would you like to be a secretary?

S2: No, I wouldn't.

S1: Why not?

S2: I wouldn't like to be a secretary because...

培养学生英语直接思维。

四、教学过程

第一阶段：

1. Watch the video and recognize some jobs：policeman, waiter, driver, secretary, reporter, trainer

2. Look at the pictures and choose proper words about jobs to match the pictures.

（设计意图：以旧带新，巩固旧知引出新知，提高有关职业的词汇的复现率，加强学生对职业程度的熟练程度，为英语的直接思维做词汇上的储备。）

第二阶段：

1. Think and say the jobs they want to do in the future.

2. Read the sentences and guess what they do.

I am very strong.

I like helping people.

I make our city a safe place.

T: What does a policeman do?

S: A policeman makes our city a safe place.

I am very careful and patient（耐心的）.

I work in a hospital.

I look after people's teeth.

T: What does a dentist do?

S: A dentist looks after people's teeth

3. Look at the pictures and match them with different verb phrases. Then make the whole sentence one by one.（快速反应法）

A postman delivers letters to people。

A secretary writes e-mails and answers phones.

A shop assistant sells things to people.

A bank clerk works in a bank

4. With the help of some verb phrases and pictures, make the dialogues in pairs.

S1: What job does ... do?

S2: He/ She is a/ an...

S1: What does a/ an... do?

S2: A/ an...

（设计意图：通过提高一类句型的复现率以及快速反应法，让学生增强对此类句子的语感，形成语言框架，从而培养求同性思维。）

第三阶段：

1. Read the sentences and learn the new expressions.

T: Do you want to be an English teacher?

T: We can also say "Would you like to be an English teacher?"

2. Practice the short dialogue by asking and answering. One student asks the question and another one give his answer, and then take turns one by one.

S1: Would you like to be ...?

S2: Yes, I would./No, I wouldn't. I'd like to be a/an...

（设计意图：通过句型呈现以及教师的引导，用旧知识"want to be"引出新知识"would like to be"，意在培养学生用英语直接思维的能力，达到语言的流畅性。）

第四阶段：

1. Listen to the dialogue and fill in the blanks.

A: Would you like to be a policeman?

B: Yes, I would

A: Why?

B: I'd like to be a policeman because I want to make our city a safe place.

2. Listen and answer the questions.

A: Would you like to be a cook?

B: No, I wouldn't.

A: Why not?

B: I wouldn't like to be a cook because I don't like cooking. I'd like to be a nurse.

（设计意图：通过课文的学习，从文本中发现并找到谈论职业的句型进行模仿练习，形成此类对话的语言框架，意在锻炼学生聚合性思维中的求同性思维能力。）

3. Discuss with partner and make more dialogues with other jobs

S1: Would you like to be a/an ...?

S2: Yes, I would./ No, I wouldn't.

S1: Why? / Why not?

S2: I'd like to be a /an ... because I ...

/I wouldn't like to be a /an... because I ...

（设计意图：让学生将理想中的职业与目前的现实生活联系起来并流畅表达，体现了运用语言框架法提高运用表达能力的意图。）

4. Talk about "What should you do if you would like to be a/an..." .

T: What should you do now?

S: I should study hard and read more books/do well in.../be kind/helpful to others/ do more exercise/ make me strong/ be a hard-working person...

5. Write a short passage "My dream job"

Tip: What would you like to be in the future?

Why?（I like... / I want to...）

What should you do now?

（设计意图：让学生运用今天一节课所学的知识，运用生成的语言框架，有层次地谈论自己的理想职业，帮助学生提高用英语直接思维的能力。）

五、教学反思

（一）在英语学习中，通过句型的学习，形成语言框架，培养学生的求同性思维，提高语言的直接思维能力

本课有关职业的表达的较为重要的句型："What does a...do?" "A...does..." 其实是学生需要掌握的重要的语言框架。我在教授时通过大量的个例反复操练，让学生最终总结出这个句型，这个过程就是学生在教师引导下自然而然地形成语言框架的过程。这个过程实质培养了学生的求同性思维，帮助学生提高了语言的直接思维能力。在实际的课堂操作中，今后我应该更加注重让学生形成自己的语言，进一步让学生脱离书中的文本，与实际生活将结合，这将更加有利于英语直接思维的形成。

（二）在语段学习中，也要帮助和引导学生形成语言框架，从而达到语言表达流畅性的目的

本课的重要语段是

A: Would you like to be a policeman?

B: Yes, I would.

A: Why?

B: I'd like to be a policeman because I want to make our city a safe place.

A: Would you like to be a cook?

B: No, I wouldn't.

A: Why not?

B: I wouldn't like to be a cook because I don't like cooking. I'd like to be a nurse.

在这个语段学习中，我帮助学生提炼出了重要的语言框架，即：

Would you like to be a ...? — Yes, I would. Why? — I'd like to be a... because I want to... .

让学生运用这个语言框架结合本课所学的各种职业反复操练，帮助学生提高语言表达的流畅度。在今后的语言运用中，提高学生用英语来直接思维的能力。但在课堂实际操作中，我认为自己在帮助学生提炼语言框架时，太过于包办，多用呈现的方式，而没有充分发挥学生的主观能动性。如果能启发学生自己多提炼和总结的话，相信学生今后运用这个语言框架的能力会更强，形成自身语言表达系统的可能性将会更大。

○ 课例10：

感受点——像素化点画

上海市长江第二中学　项科生

一、教学分析

（一）教材分析

依据上海市美术课程标准，美术课程强调以视觉形象为载体，体验感悟为途径，审美教育为核心，美术知识和技能为基础，陶冶学生情操，提高学生美术素养和实践能力。因此，首先我在本课的教学过程中注重图例视觉形象的直观性，提高学生的视觉感悟能力。其次，结合本单元内容点和线的总体要求，在教授《感受点——像素化点画》这课时，我让学生明确美术是想象的艺术，创造是教学的主要内容之一。借助现代化多媒体教学手段，美术可以丰富学生想象力。我结合本节课知识点，设计运用多媒体软件来达成教学目标，通过运用

photoshop软件来制作点画调动学生参与学习的积极性，同时针对教学目标和重点、难点做必要的示范演示，设置一些教学环节引导学生参与其中，通过实践、交流互动形式更好地达成教学目标。

在美术课程理念中，不仅强调知识技能的传授，也注重强调学生的思维培养，即最大限度地开发学生的创造潜能，培养学生的创新精神和创造思维能力。因此，结合本节课《感受点——像素化点画》，我在教学中充分运用直观的图例形象来加强对学生视觉思维的引导，通过有针对性的问题设置和环节设计，具体来说：

1. 通过点的不同排列组合培养学生的发散性思维中的横向思维法。2. 通过学生运用电脑photoshop软件制作点画的过程，培养学生的聚散性思维中的程序性思维。3. 通过学生对图例和作品的评价，培养学生的批判性思维品质。

（二）学情分析

《感受点——像素化点画》这一课是美术（书画版）六年级第一学期第一单元点和线的内容，结合学生的身心发展特点：1. 六年级是人思维发展过程的黄金时期，在思维过程中具体形象成分仍然起主要作用，常常需要具体的、直观的、形象的感性经验的支持。2. 学生在上《感受点——像素化点画》这节课之前，对于点的概念和基本知识已有所掌握和了解，同时，因为本节课需要借助多媒体软件完成课堂教学，通过课前的调查，大多数学生已掌握相关的电脑操作技术，而对于photoshop软件操作，则可以通过课堂的教师示范演示来完成。3. 通过开学时的问卷调查和私下的学生交流，大多数学生没有上过电脑美术课，对于电脑美术课有浓厚的兴趣。

二、教学目标

1. 初步了解点及点的排列，运用photoshop软件滤镜中像素化工具制作点画。

2. 通过图例分析、观察发现、教师演示、实践展示等过程，初步了解、掌握、运用点的排列、点的排列制作点画的发散性思维方法和程序性思维方法。

3. 感受像素化“点”画的魅力，体验像素化“点”画带给我们的视觉感受，培养思维的灵活性、独创性和批判性。

本节课的重点是点的排列和滤镜像素化点画的基本方法，难点是体验点的排列带给我们的感受。

三、教学思路

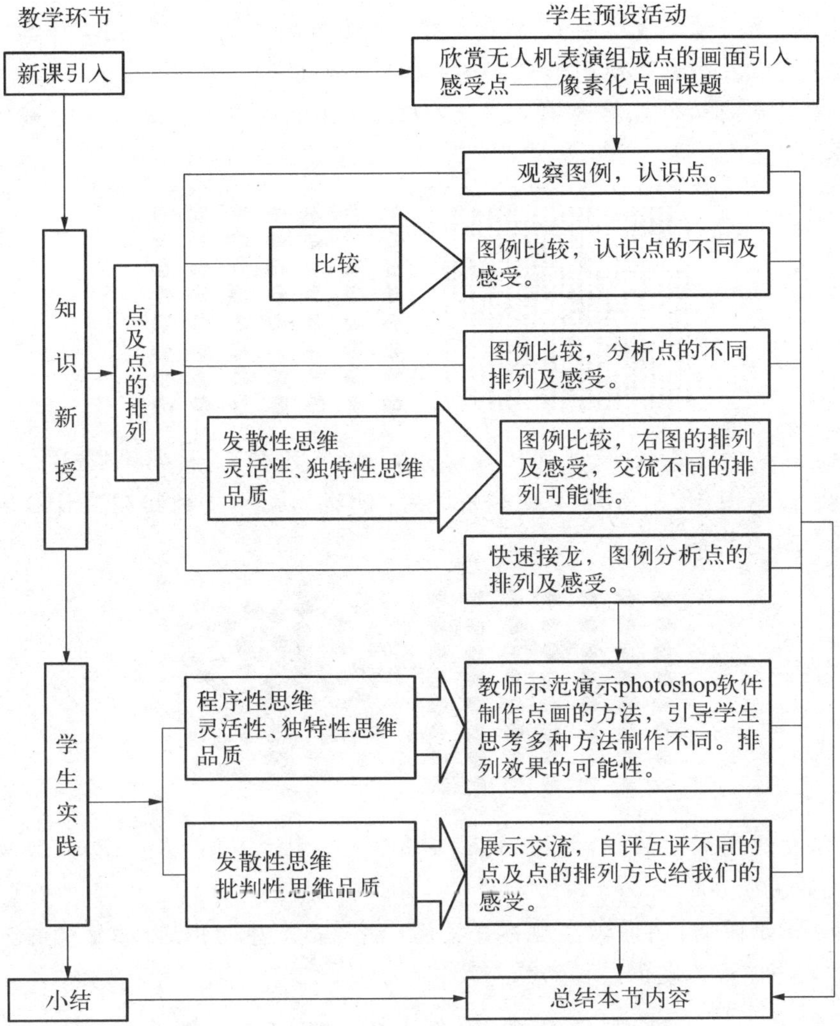

四、教学过程

导入：

师：请同学们欣赏一段视频，并回答问题：你从视频中看到了什么？

生：从视频中我看到了由很多无人机组成的点，这些点通过各种排列形成各种造型。

师：出示课题《感受点——像素化点画》

设计意图：通过播放视频，激发学生运用发散性思维方法培养思维独创性的兴趣。

知识新授：

师：引导同学们观察图例，提问：图例中出现的是什么？它们有什么不同？

生：是点。一种是规则形点；一种是不规则形点。

师：引导同学们观察图例并提问：两幅图中的点有什么不同？分别给你怎样的感受？

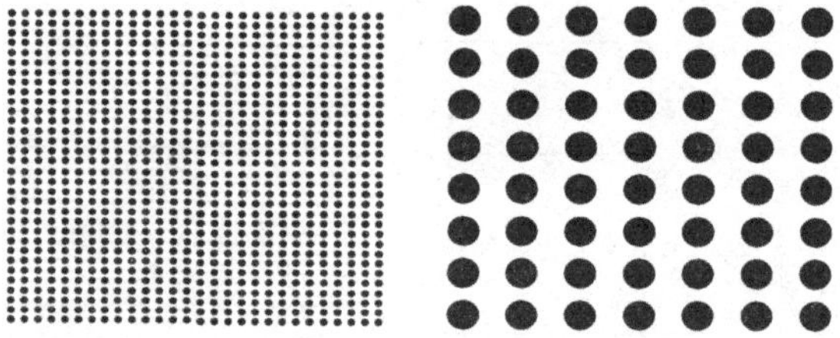

生：左边的点比较小，排列比较密；右边的点比较大，排列比较疏。

师：出示图例，引导学生观察并提问：两幅图例中点的排列有什么不同？分别又给你怎样的感受？

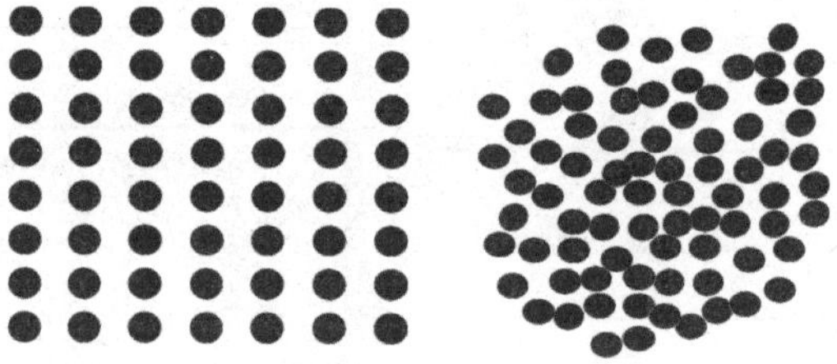

生：左边图例中的点排列比较整齐有秩序，右边图例中的点排列比较杂乱没有秩序。

师：出示图例，引导学生观察并提问：同样是有序的排列，右边的排列方式有什么不一样？给我们怎样的感受？

生：右边的点的排列是中间的点很小，越往旁边的点越大。有点像时空隧道的感觉。

师：我们把这种排列方式称之为放射式排列。(黑板上演示)

师：你能说说还有哪些排列方式吗？

生：螺旋式排列、波浪式排列等等。

师归纳：点有规则形和不规则形。点的排列有很多种方式。不同点的排列给人不一样的感受。

师：出示图例，引导学生“快速接龙”游戏，提问：下列图例中分别是运用什么点？什么排列方式？给你怎样的感受？

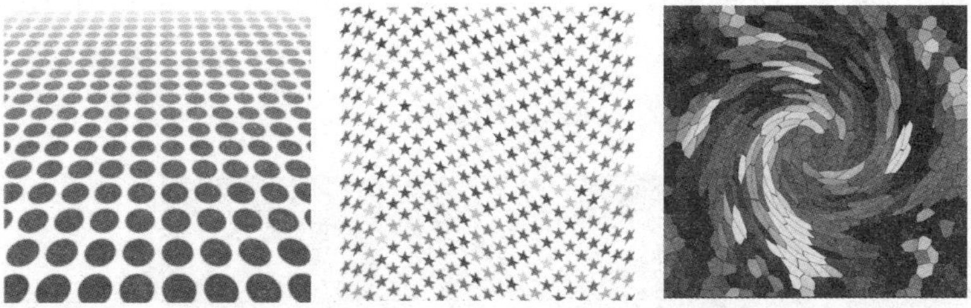

生：分别是运用了圆点、五角星点、不规则形点。运用了聚合式排列方式、波浪式排列方式、旋转式排列方式。

师：引导学生观察生活中点的排列和艺术作品中点的排列，并提问：它们是如何排列的？给你怎样的感受？

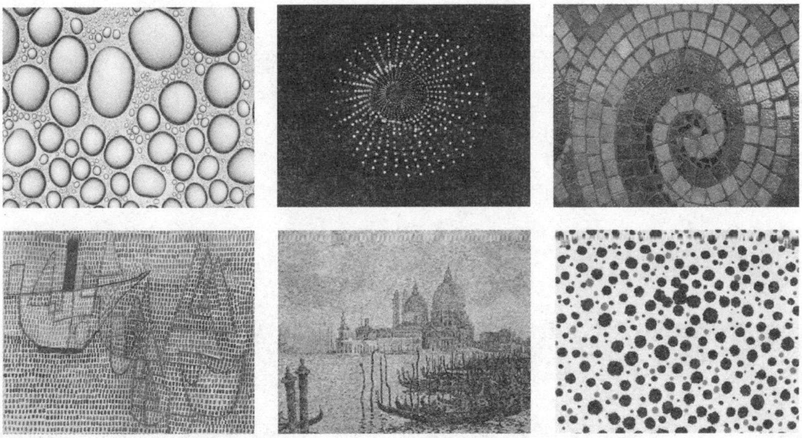

生：排列方式有不规则排列、螺旋式排列、放射式排列等等。有的感觉眩晕、有的感觉很整齐，有些感觉很杂乱，等等。

设计意图：通过图例分析、观察发现、教师演示，初步了解、掌握点的排列的发散性思维方法，培养思维的灵活性和独特性。

学生作业：

师：请同学们选择一幅图片进行点画的创作。

要求：1. 必须以点画的形式呈现。2. 选择自己喜欢的排列方式。3. 在运用滤镜—像素化工具的基础上发挥自己的想象和创作。

师：演示photoshop软件中的滤镜——像素化工具操作方法步骤。

方法步骤：双击电脑桌面photoshop图标—打开图片—点击滤镜—选择像素化—选择所需的点画效果（可以调整数值和多次选择效果类型）。

师：提问：你们还能做出其他的效果吗？

生：观察、交流，初步实践方法步骤。

师：示范运用photoshop软件中的滤镜——像素化工具，选择自己喜欢的点及排列方式制作点画并说出自己的感受。

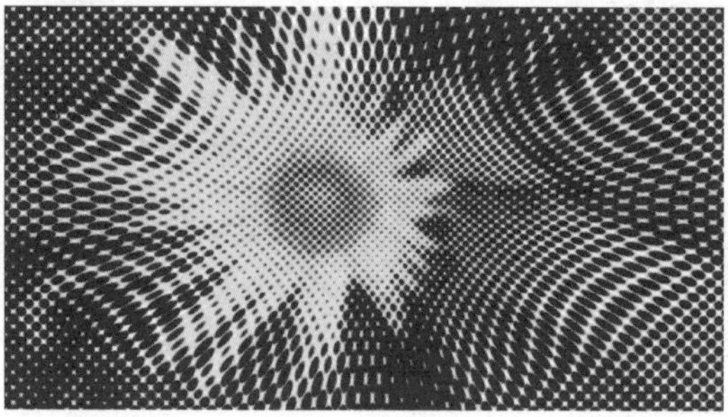

生：观察、创意实践。

设计意图：通过教师演示，观察发现、师生交流，在photoshop软件中制作点画的步骤中，初步掌握运用程序性思维方法，培养思维的灵活性和独特性。

作业展评：

师：展示学生的作业，引导学生互评、自评。

评价标准：1. 运用什么点？ 2. 运用什么排列方式？ 3. 这种排列方式给你怎样的感受？

学生甲：第一幅运用圆点，采用了很有秩序的排列方式，给我感觉画面很整齐、严肃。

学生乙：第一幅运用了彩色的圆点，用了整齐的排列方式，给我感觉很紧张。

学生丙：第一幅运用很密集的点，采用很密集有序的排列，给我感觉五彩斑斓。

学生丁：……

点画作者自评：我运用了很多不同颜色的圆点，虽然它们排列很密集，但是我就喜欢这种画面。

设计意图：通过作品展示，学生互评、自评，初步掌握运用发散性思维方法培养思维的独特性和批判性。

教学小结：

教师：哪一位同学可以帮我们回顾一下这节课的学习内容？

学生：本节课主要学习了以下内容：1. 点有规则形和不规则形。2. 点的排列方式有很多种。3. 不同点的排列方式给我们不同的视觉感受。

师：这位同学说得很准确，我们在下一节课，将继续学习点的内容。下课！

设计意图：承前启后，总结归纳。

五、教学反思

本节课，我主要是通过几个方面来培养学生的思维：

1. 通过视频引入、图例引导、多媒体软件互动，激发学生的发散性思维

六年级的学生是人思维发展过程的黄金时期，在这一阶段，发散性思维发展很快，发散性思维好的学生思维速度快，灵活多变并富有创造性。同时，这一时期，学生的想象力丰富，如何激发学生的想象，教师要创设好的教学环境和精心的教学设计与素材，只有在这样的环境之下，学生的想象力才能得到极大的迸发，发散性思维才有可能得到激发。在本节课中，我主要通过教学导入环节引发、知识新授环节图例引导和学生作业环节多媒体演示呈现。

在导入环节：我精心选择了适合本课内容的视频素材，视频的内容是时下非常流行的无人机表演，在很短的视频中，无人机做了各种花哨的空中排列，每次变化都是一次点的排列变化，并且出现了不同的视觉画面。学生在欣赏的过程中，想象力得到了极大的激发，连连发出惊叹的声音，原来点的排列还可以做出这么多的效果。

在知识新授环节，我通过以下几个步骤来完成：① 引导学生观察图例回答它们是什么，它们有什么不同。② 引导学生观察图例提问：两幅图中的点有什么不同？分别给你怎样的感受？③ 引导学生观察图例中两幅图中点的排列有什么不同，分别又给你怎样的感受。④ 引导学生观察图例中右图的排列方式又有怎样的不同，给你怎样的感受。在①步骤中学生在思维过程中能够依据老师提供的具体的点的形象的图例支持得出、点的概念、定义，并能够对其进行概

括。而在②和③步骤，我则通过引导学生观察具体、直观的图例来分析、综合归纳点的排列总是按照一定的形态排列的，经过②和③图例的直观分析和综合的基础上，而在④中，则是发散性思维培养的一个关键环节，学生说出了许多不同的点的排列方式，突破了原有的思维定式。

在学生作业环节中，教师运用多媒体软件photoshop示范点画演示步骤，photoshop软件在极短的时间里可以做不同富有想象力的点画，每一位学生在观察教师的演示过程中，呈现出不可思议的表情，都想去尝试做一做，photoshop软件为学生的想象提供了无限的可能，并把这种无限的想象在很短的时间变成自己想要的画面。学生在这种环境之下，想象的思维被极大激发起来。

2. 通过引导学生运用photoshop软件制作点画的步骤，培养学生的程序性思维方法

程序性思维通过程序化，可以把复杂的过程变得明晰可控；同时，程序化思维也有助于防范过程中可能出现的问题和差错。再次，程序化思维也是教师达成教学目标的重要策略。因此教学过程中，我主要通过运用photoshop软件制作点画的方法步骤示范讲解来体现。以本节感受点——像素化点画为例，学生在理解和掌握点的排列共性规则之下，开始运用photoshop软件制作像素化点画中的点的排列，如何来制作，操作步骤如何。我通过电脑主机边演示边讲解每一步步骤最后完成点的排列的制作过程和步骤：第一步：双击电脑桌面photoshop图标。第二步：打开对话框，选择一张图片。第三步：选择滤镜—像素化—点状化等（可调整数值和选项做不同效果），并选择确定。学生通过我直观的示范和讲解，对如何运用photoshop软件制作像素化点画的步骤和过程有了一个程序化的认识和感受，最后再去初步实践体验，这时候程序化的思维就得到了一定程度上的锻炼和培养。

3. 通过发散性思维方法，提高学生思维品质的灵活性和独特性

灵活性思维是指善于根据客观实际情况的变化而及时改变原来的工作计划或解决问题的思路，并提出新的符合实际情况的思路和方案的思维特征。

独特性思维是指观点新颖，别出心裁，能打破常规，不受习惯思维所束缚。

在本节课知识新授环节中，我通过发散性思维方法，提高思维品质的灵活性和独特性。① 引导学生观察图例提问：两幅图中的点有什么不同？分别给你怎样的感受？② 引导学生观察图例中两幅图中点的排列有什么不同，分别又给你怎样的感受。③ 引导学生观察图例中右图的排列方式又有怎样的不同，给你怎样的感受。你还能说出其他的排列方式吗？学生通过教师的引导，观察图例分析思考分别说出自己不同的理解和思路，并能根据前面图例的铺垫提出自己新的排列方式，思维的灵活性得到了提高。比如：点的排列方式有放射式

排列、螺旋式排列、聚合式排列等多种排列方式。又比如：学生观察图例中右图的排列方式又有怎样的不同，给你怎样的感受？这个问题，学生能够根据自己的理解做出独立的解释和选择。有的学生说这个点的排列是聚合式排列，有的学生说是放射式排列，有的学生感受是像很深的洞，有的同学感受是像时空隧道等。

4. 通过程序性思维方法，提高学生思维品质的灵活性和独特性

在这节课学生作业环节中，我主要通过程序性思维方法讲解运用photoshop软件制作点画的步骤，并通过程序性思维方法提高学生思维品质的灵活性和独特性。我通过运用photoshop软件制作像素化点画中的点的排列，如何来制作，每一步的操作步骤如何，学生在教师的一步一步的操作步骤演示和讲解的过程中，对像素化点画的程序性的基本操作过程有了一个直观的感受和理解。在如何运用photoshop软件制作不同的点画排列时，每个学生都能根据自己的理解说出自己想法，并能制作出不同的点画排列效果。例如：在示范演示点画基本操作步骤时，提问：你们还能说出其他的操作步骤吗？还可以做出其他的效果吗？这个环节中，学生可以说出根据操作步骤中某一个工具栏的重复选择和数值与功能键的灵活进而达到视觉效果的独特性。

5. 通过发散性思维方法，提高学生思维品质的批判性。

批判性思维有两层含义：① 它是一种基于充分的理性和客观事实来进行理论评估与客观评价的能力，其中包含着质疑、比较、鉴别、判断的过程，亦即通常所说的独立思考能力。② 它具有创造性和建设性的能力，能对一件事情给出更多可选择的解释。

本节课中我主要通过作业点评环节来体现。在美术教学中，经常会遇到学生有着不同的见解的时候，这个时候，我就先让学生自己充分思考，鼓励他们发表不同的看法，并说明自己观点的理由。在《感受点——像素化点画》这节课中，同学们运用photoshop软件制作像素化点画之后，我把几位学生的点画作业呈现在同学们的电脑屏幕上，然后引导学生运用简单的词语或者一句话来描述自己的感受，简单的词语可以降低学生发表观点的难度，每一位学生可以根据自己思维的判断和理解，说出自己个性化的感受。如，有一幅螺旋形排列的点画，有的同学说画面给自己的感受是像旋转的陀螺，而有的同学则认为螺旋形排列的画面给自己的感觉就像坐在迪士尼的旋转木马上，非常欢快和梦幻。而有的同学则感觉画面有点晕。

围绕着课前制定的教学目标，通过本节课中通过几个环节的设置，培养了学生的发散性思维、程序性思维、想象性思维，提高了学生的灵活性思维品质、独特性思维品质和批判性思维品质，通过课前精心的设计，学生在课堂上没有

负担，而是一种轻松的心情参与教学中的每一个环节中，每个学生可以自由发表自己的观点，避免走进传统、枯燥的教学模式，充分发掘学生自身思维潜能完成学习和创造过程。

○ 方法案例1：

“顺逆交互法”

——以《19.2证明举例（1）》为例

上海市长江第二中学　周　怡

几何证明是初中数学教学重点之一，也是学生学习的难点。很多的学生害怕学习几何，更怕做几何证明题，因为他们不知道该如何分析题意，更不要说解决问题了。很多人认为只要加强学生的解题训练，就能提高学生几何证明的能力，不可否认，这样做是会有一定的效果，可是题海战术之后，很多学生的几何证明能力提高不明显，留下的只是学生和老师苦不堪言的疲惫感。那么我们怎样才能给学生一些“能理解、易模仿、便记忆、可操作”的几何证明的思维方法呢？

其实几何的学习和研究时时刻刻都在概念、判断、推理过程中运动着，而概念、判断、推理是思维的基本形式。因此，要想提高学生几何学习的能力，关键是让学生掌握正确的思维方法，本次在初中几何证明中采用“顺逆交互法”，以此培养良好的思维品质，从而使学生自觉、深刻而牢固地理解和掌握几何知识。

所谓“顺逆交互法”是指综合运用逆向思维和顺势思维寻求解决问题的思路。其中顺势思维也可以称为常规思维和习惯性思维，而逆向思维与顺势思维相反，是从对立的、完全相反的角度去思考问题，往往会取得出乎意料的效果，可见逆向思维是一种重要的思考能力，“顺逆交互法”就是要让学生在掌握了常规思维的基础上，也掌握并能灵活运用顺逆两种思维方法进行思考并解决问题。

八年级第一学期“19.2证明举例”共七课时，其中所涉及的概念知识，例如，平行线的性质与判定、全等三角形的性质与判定、等腰三角形等概念知识都已在七年级的第二学期时习得，因此本单元教学目的之一是以这些已经学过的概念知识为载体，通过运用“顺逆交互法”对几何证明问题进行思考，使学生掌握几何证明的正确思维方法，提高学生思维的灵活性，培养良好的思维品质。

“顺逆”两种思维方法

数学的几何证明中，由于思维过程的不同，思维方法就有了“顺势思维法”和“逆向思维法”之分。所谓“顺势思维法”就是由命题的题设出发，以确立的定理、定义、公理为依据，逐步推理直到要证明的结论，即“由因导果”；而“逆向思维法”与“顺势思维法”相反，是从命题结论入手，承认它是正确的，寻求什么情况下结论才成立，再看它成立又需要什么条件，逐步逆溯，直至达到已知条件为止，即“执果索因”。

两种几何证明的思维方法都各有特点，“顺势思维法”由题设推理，思路很多，可以应用的定理也多，但就因如此，往往学生在进行判断与推理时容易感到茫然，这也是“顺势思维法”的缺点。“逆向思维法”先认定结论为正确的，倒推而上容易启发思考，每一步推理都有明确的目的，知道推理的依据，指向性比较明确，所以往往学生能得出合理的判断，判断的准确性也较高。另外，对一些比较复杂的问题，我们可以采用“两头凑”的思维方法，即从题设着手，看可以得到哪些结论，又从所要证明的结论出发，看需要哪些条件才能成立，再找到它们的差距在哪里，从而得到证明的途径。因此在几何证明的教学中应当避免让学生形成只会从已知出发分析问题的定式思维，要让学生学会从结论出发分析问题的逆向思维，采用“顺逆交互法”利用顺逆两种思维方法，将两种思维方法相结合，发挥各自优势，使得学生的判断更具有合理性，推理的技巧更灵活，思维更活跃。

因为19.2“证明举例”单元中没有教授新的概念知识，所以以往的教学中，我会将各课中涉及的知识复习回顾，对于教材中的例题与练习题不会深究，学生会做就可以算是通过了。当然我的教学不会仅限于此，为了同时提高学生的几何证明能力，我会另外增加题目，通过加强练习提高学生的几何证明能力，现在想来，其实是事倍功半。我没能很好地理解教材设计本单元的用意，所以没能很好地利用本节课帮助学生掌握正确的、有效的思维方法，影响了学生几何证明能力的及时巩固和提高，导致学生在处理较为复杂的几何证明问题时常常出现困难。

初中平面几何的内容是按“二二分段”的要求进行编排的，在六、七年级以实验几何为主，在八、九年级以论证几何为主。从实验几何到论证几何是数学内容发展过程中的一次重大转折，也是学生认知和思维发展的一次飞跃。因此在教学中要充分注意，学习论证几何主要是学习一种思维方法，强调要以教材内容为载体，引导学生学习演绎推理的方法，体会演绎思维和理性精神，要帮助学生建立必要的形式逻辑基础，指导学生在几何证明中符合逻辑地思考和规范地表达证明过程，不要盲目随意地拔高几何证明的难度，不能将“证明举例”的教学引向“证题术”的演练。“证明举例”这一单元的设计用意就是为了做好实验几何与论证几何之间的衔接，帮助学生掌握正确的几何证明的思维方法。

几何证明中的逆向思维

初中几何教学能培养学生的分析能力和思维推理能力，而思维能力的培养又是提高几何解题能力的关键，加强逆向思维训练是培养思维能力的重要方面。逆向思维是一种从问题的相反方面进行思维，反转思路，另辟蹊径的思维方法。学生会感到几何题无从下手，原因是缺乏分析能力，没有明确的思路，思考具有盲目性。逆向思维法能使学生思路清晰，从复杂的条件、图形理出头绪，也能让学生比较、选择最优方案。这种"倒过来思"的方法，能使学生在遇到难题时，通过分析因与果、条件与结论之间的联系，摆脱"山重水复疑无路"的窘境，到达"柳暗花明又一村"之佳境。

想培养学生的逆向思维，首先要让学生了解"何为顺，何为逆"。19.2(1)作为单元的起始课，应该明确地、规范地向学生展示几何证明的思维方法和过程。例如例题1因果关系较为简单，图形也不复杂，学生可以较容易地通过顺势思维法找到证题思路。因此，在例题1中设计了运用顺逆两种思维方法进行几何证明分析的教学环节，首先引导学生了解"何为顺，何为逆"，再通过对比让学生了解逆向思维法与顺势思维法的不同，通过学生的学习体验，了解顺逆两种思维方法，并知道这两种思维方法与证明过程的关系，懂得如何运用顺逆两种思维方法进行几何证明的思考。

此外，本节课另一教学重点就是解决"证明两条直线相互平行"的几何证明问题。其中所需要的知识基础就是"平行线的性质定理"和"平行线的判定定理"，而"平行线的性质定理"与"平行线的判定定理"互为逆定理，这里已经隐藏了顺逆的关系。

对于"要证明两条直线相互平行须知什么，然后寻找条件使结论成立"，也可利用逆向思维来帮助学生掌握此类问题的思考方法，如下图所示：

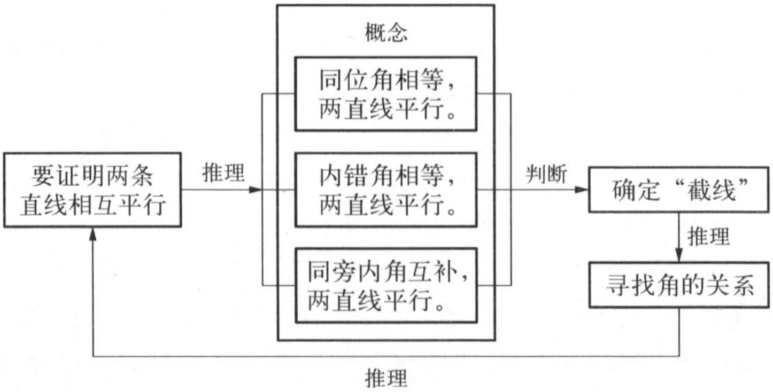

如图所示，要证两条直线平行，通常是通过平行线的判定定理，即“同位角相等，两直线平行”“内错角相等，两直线平行”或“同旁内角互补，两直线平行”来进行证明的，也就是通过三线八角中角的等量关系来证明两条直线的平行关系。那么判断用哪一个判定定理就要结合图形抓住三线八角中的“截线”来解决问题了，确定“截线”后就是通过相应的推理过程来寻找角的等量关系了，从而证明两条直线是互相平行的。

这样的讲解分析过程充分体现了逆向思维所具有的针对性和指向性，更利于学生掌握思考的路径和方法，简单、直接、明了。易于学生掌握、理解、记忆和操作。

顺逆思维方法的“起点”与“终点”不同

顺逆两种思考方法的起点与终点是不同的，要让学生知道这两种不同的思考方法的切入口，那么学生才能知道可以从问题的哪些地方切入，寻找问题的突破口，能够做出正确的判断和推理。

例1 已知：如图，AB//CD，∠B+∠D=180°。求证：CB//DE。

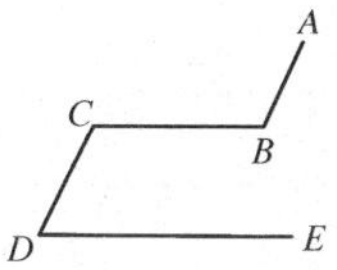

“由因导果”顺势思维法		几何证明的过程	“执果索因”的逆向思维法	
	由AB//CD	∵AB//CD	要证CB//DE	
	可知∠B=∠C	∴∠B=∠C	须知∠C+∠D=180°	
由已知出发 ↓ 可知什么 ↓ 至结论为止	又由∠B+∠D=180°	又∵∠B+∠D=180°	由∠B+∠D=180°	由结论出发 ↓ 须知什么 ↓ 至已知为止
	可知∠C+∠D=180°	∴∠C+∠D=180°	须知∠B=∠C	
	得CB//DE	∴CB//DE	由AB//CD可知	

如例题1中，可从已知条件“AB//CD”切入，学生根据平行线的知识就会进行判断得到可知“∠B=∠C”，至此无法再往下推，又由已知“∠B+∠D=180°”，可知“∠C+∠D=180°”，于是得到结论“CB//DE”，成功解决问题。并向学生强调这种“从已知出发，直至结论”的思考方法与证题过程相同，让学生体验正向思维的过程。同时，也从结论“CB//DE”出发，须知

“∠C+∠D=180°”，又由已知“∠B+∠D=180°”，须知“∠B=∠C”，此由已知“AB//CD”可知，也成功解决问题。将两种思考方法分别与证明的过程做比较，揭示顺逆性，强调思考的起点与终点不同，强调从“已知”出发和从“结论”出发进行思考都能成功解决问题，以此避免学生形成只会从“已知”出发思考问题的定式思维。

顺逆思维方法“思考过程”不同

除了要让学生知道可从“已知”或“结论”出发思考证题思路以外，还必须要让学生掌握顺逆两种思维过程中该如何进行思考。在这样的思考过程中培养的不仅有概念、判断和推理的思维形式，还培养了学生思维的灵活性，使学生的思维更加活跃。

在教学中分别请两位学生来讲述了如何运用“顺势思维法”和“逆向思维法”进行问题思考的思路。并捕捉学生表述语言中的关键词，对运用顺逆两种思维方法的过程中所蕴含的概念、判断和推理的思维方式进行了引导，同时对两种思维方法中的思维过程也进行了提炼、归纳和对比。

逆向思维法		顺势思维法	
学生语言	思考方法	学生语言	思考方法
因为要证明→	从结论出发	因为已知→	从已知出发
所以要证明→	须知什么	可以得到→	可知什么
……	……	……	……
由已知可以知道→	直至推至已知	所以得到→	直至推至结论
结论→须知什么→已知		已知→可知什么→结论	
反着推，正着写		顺着想，正着写	

鼓励“一题多解”，运用“顺逆交互法”

采用“顺逆交互法”的目的在于可避免学生形成只会从已知出发分析问题的定式思维，将两种思维方法相结合，发挥各自优势，丰富学生几何证明的思考方法，分析手段，使得学生几何证明的推理技巧更灵活，思维更活跃，更深刻。

在例题1的讲解分析之后，学生需要通过解题进一步获得顺逆两种思维方法运用的体验，因此在题目的设计上可以有意识地运用“顺逆交互法”进行教学，为学生充分体验提供机会，以此巩固学生对于顺逆两种思维方法的掌握。

例2 已知：如图，点D、E、F分别是AC、AB、BC、上的点，DF//AB，∠DFE=∠A。求证：EF//AC。

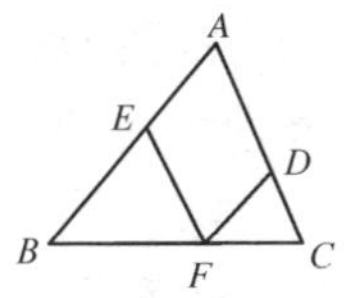

方法一	方法二
要证EF//AC 须知∠BEF=∠A 由∠DFE=∠A 须知∠BEF=∠DFE 由已知DF//AB可知	由DF//AB 可知∠A=∠FDC 由∠A=∠DFE 可知∠DFE=∠FDC 可得EF//AC

例题2的分析有学生思考后来完成，第一位回答的学生是这样陈述的“我通过结论‘要求证EF//AC’想到需要证明‘∠BEF=∠A’，又根据已知条件‘∠DFE=∠A’想到需要证明‘∠BEF=∠DFE’，这可以由已知条件‘DF//AB’得到。”本例题并不是一味由“结论”推至“已知”的，在分析到“须知∠BEF=∠A”时，需要结合已知“∠DFE=∠A”进一步思考需要知道什么。因此，学生灵活地运用了顺逆两种思维方法，可见运用“顺逆交互法”进行几何证明的教学初见成效。

在第一位学生陈述完解题思路之后，鼓励学生“一题多解”，追问学生“还有不同的分析思路吗”，马上就有学生举手示意，于是让第二位学生讲述了“从已知出发进行思考的过程”。通过“顺逆交互法”帮助学生巩固顺逆两种思维方法，并能灵活运用，体验丰富的几何证明思维方法。

“顺逆交互法”操作要点

通过本节课的尝试发现，运用“顺逆交互法”进行教学后，由于学生知道了可以从“已知”出发推至“结论”，也可以从“结论”出发推至“已知”来思考，因此在拿到几何证明后，学生能够进行思考，有了尝试的想法，有了努力的方向。

首先，教学中，不仅让学生明白了“什么是逆向思维法”，也通过与顺势思维法的对比，让学生了解了逆向思维法在思考过程上与顺势思维法的不同，以及与证明过程的关系等，突出了逆向思维法的作用。再引导学生通过练习体验逆向思维法指向性明确的特点，因此班级里部分几何证明能力较落后的学生课后表示，现在拿到几何证明题知道可以从题目的条件开始思考“可知什么……”，或是从结论开始思考“须知什么……”，不至于像以前一样一片空白。

所以“顺逆交互法”的教学中应当将两种思维方法“先分再合”，即先分开分别进行教授，然后通过对比，加强学生对它们的理解，最后通过学生解题练习题的体验，将两种思维方法再合在一起。

其次，顺势思维法是学生们的常规思维方法，在教学中可将两种思维方法进行对比，让学生通过对比的方式了解逆向思维法的思考过程，懂得如何从“结论出发”思考“须知什么”直至推至“已知条件”的每一个思考的细节。因此班级中一些中等偏上的学生大大受益，在几何证明的过程中，学生们的思路更直接、更清晰、更规范，学生不再兜圈子地进行证明。

所以“顺逆交互法”的教学中应当将两种思维方法进行对比，比较其“起点与终点的不同”，比较其“思考过程的不同”等。让学生对于顺逆两种思维方法的操作更加明确和清晰。

天赋只是起点，人的才智通过锻炼是可以提高的，只要努力就可以做得更好，我们可以通过教学给予学生这样的信心。例如像“顺逆交互法”一样，教会学生能理解、易模仿、便记忆、可操作的几何证明思维方法。引导学生从简单的分析开始尝试，逐步增加难度，即使遇到了挫折和失败，都不要放弃，用所学的方法从不同的角度去尝试，将挫折和失败看作是提高自己的机会，不断反思，不断改善，从而不断进步。相信和告诉学生只要付出不懈努力，他就会有无穷潜力，增强他的自信心，不断引导他往更好的方面发展，这也就是我们教育者进行教学研究的初心。

○ 方法案例2：

短剧训练法

上海市长江第二中学　徐　健

传统的英语教学模式的缺点是忽视了学生的口语教学，学生的语音语调差，不利于培养学生的英语直接思维。作为一名英语教师，决心在自己的课堂中，尝试新的教学模式，努力培养学生的语言思维品质——直接思维。我认为演英语短剧能够很好地培养学生的英语直接思维。在教授上海牛津教材7B时，正好遇到一篇课文，可以用来设计演剧活动。

英语短剧训练直接思维的指导策略

1. 营造氛围，调动情绪

这篇课文的内容是风先生和太阳先生之间的一次竞赛，看谁能够脱下人家的衣服。在短剧教学进行前，我提前告知学生准备一些道具，并且利用PPT和板书进行氛围的渲染，并开展小组之间的表演拼比。有意识地培养学生对英语短剧的热情。并且要求学生们自己做好剧中人物得头饰，自己准备好道具。任务布置完后的第二天，有些学生就把风先生和太阳先生的道具带到了学校。可以说班级的学生中没有一个不爱短剧表演的。

2. 互动评价，精神奖励

有的学生一开始很胆怯，不敢表演，只能按照剧本说台词，但是经过一段时间的练习，已经能够大声说出对白，并加上一点自己的表情和动作。在每组上台表演后，由教师或学生评价短剧中学生的表演。老师的点评注重语言的运用，学生的点评针对动作、表情和整体效果。学生点评时指出："在表演风先生'吹'的时候，应该表情再夸张一点，最好脸能够涨得通红。"学生已经能够考虑到表演时的语言、动作、表情等各方面的表现因素。表现突出的学生除了能够获得雷鸣般的掌声，还可以得到老师颁发的"表演之星"奖状。

3. 剧本语言，简单有趣

有趣的语言、生活化的语言，能使学生对短剧产生浓厚的兴趣。本课文本内容是一个寓言故事，贴近学生的生活，便于学生理解人物特点。教师在课堂教学中对剧中人物的神态、动作做出一些相应的提示，以便于学生表演留出思维的空间、培养语言运用能力。在表演的过程中，鼓励学生对文本的再创造，比如问学生："太阳先生赢得比赛后还会说什么？"有些学生回答："如果赢得比赛的条件改成'Who can make the man put on the coat?'有可能风先生会赢得比赛。"留出思维空间也就是留给学生更多的时间去进行语用能力的培养，切实提高直接思维的能力。

对英语短剧的反思

英语的直接思维能力涵盖了听、说、读、写。为了能够提升学生全方位的能力，在短剧表演过后，教师应该让学生有笔头的训练。写作短剧，是反馈课堂上语言运用结果的最佳途径。比如，可以要求学生续写这篇寓言故事。有的小组没有机会在课堂上展示，那么老师需要从学生的笔头的作业来了解学生在任务中语言使用的情况。老师在书面的短剧中给予学生批改反馈，能面向更多的学生。同时，从课堂上口头的对话练习再到输出书面的语句，学生的语言组织能力得到了两次不同层次的锻炼，这样可以有效地提升学生的语用能力。

当然，将短剧引入课堂的形式还存在时间不够、学生排演不够的问题。在没有老师的指导下，学生完成排演的独立性不强，一些学困生在排演过程中的积极性也有待提高。如果在课外学习中，能得到家长的支持，那么在课余时间的练习就更能促进课内语言的实践。

○ 方法案例3：

语言框架法

上海市长江第二中学　朱碧珺

英语学科是一门语言学科，学习一门外语，求同性思维是语言学习中需要培养的重要的思维模式。求同性思维是指从现有资料中找到解决问题的办法或答案的思维能力。在我们平时的英语教学中，我们常常通过大量的个别的例证的操练，帮助学生发现、总结出共性的词组、句型等，从而产生了具有运用意义的语言框架，产生了语言学习的一种较好的方法，即语言框架法。

所谓语言框架法，其实是语言学习中从个性研究探索出共性框架的过程。从语言框架法着手，有方向、有条理、有范围地培养学生的求同性思维，将会达到较好的效果。通过求同性思维，掌握语言框架，这对于促进语言的流畅表达有着重要的意义。

一、方法呈现

本课需要学生掌握的语言框架是：

A: What does a ....do?

B: A ... does....

A: Would you like to be a ....?

B: Yes, I would.

B: Why?

A: I'd like to be a ... because I ....

B: Would you like to be a ...?

A: No, I wouldn't.

B: Why not?

A: I wouldn't like to be a ... because I don't like .... I'd like to be a ....

下面以本课的两个重要片段来说明求同性思维的重要性。

片段一：本堂课*what would you like to be*中，*Pre-task*的第二步中，教师给学生呈现各种职业的图片，要求学生根据一些提示的句子说出这种职业具体做一些什么工作。

T: What does a policeman do?

S: A policeman makes our city a safe place.

T: What does a dentist do?

S: A dentist looks after our teeth.

T: What does a cook do?

S: A cook cooks food for people.

T: What does a postman do?

S: A postman delivers letters to people.

T: What does a fireman do?

S: A fireman puts out fires for people.

T: What does a shop assistant do?

S: A shop assistant sells things to people.

T: What does a bus driver do?

S: A bus driver drives a bus.

片段二：在*while-task*的学习中，从课文到句型的过渡，也是求同性思维的具体表现。本课的课文文本较简单，即两个主人公有关职业的两段对话：

— Would you like to be a policeman?

— Yes, I would.

— Why?

— I'd like to be a policeman because I want to make our city a safe place.

— Would you like to be a cook?

— No, I wouldn't.

— Why not?

— I wouldn't like to be a cook because I don't like cooking. I'd like to be a nurse.

这两段课文虽然非常短小，但包含着本课的两个重要句型。教师通过听力的方式帮助学生学习这两段对话，从而提炼出语言框架：

S1: Would you like to be a /an ...?

S2: Yes, I would./ No, I wouldn't .

S1: Why? / Why not?

S2: I'd like to be a /an ... because I ...

/ I wouldn't like to be a /an... because I ...

二、案例分析

片段一中教师运用语段中的一些相似的句子“What does a....do?”问学生，而学生也是用类似的句子回答教师。通过这样几个例子的操练，其实是让学生得出结论，知道问某种职业具体是做什么工作时，是要用“What does a ... do?”—“...does sth”这个语言框架的，学生也从每一个回答中知道，一般现在时主语是第三人称单数时，动词需要加上s，这也是这个语言框架中的一个要点。这个过程中，教师提供各种范例，即现有的资料，通过例子的操练，让学生找到共性，生成语言框架，即求同性。学生通过求同性掌握了一般现在时的句子表达规律后，在今后遇到类似的一般现在时的表达时，就知道动词后要加s。那么不管今后说什么内容的句子，学生都会运用语言框架把句子准确地表达出来，从而促进语言的流畅表达。

片段二中这个提炼语言框架的过程即求同性。学生通过这个过程熟记并熟练运用了语言框架：

S1: Would you like to be a /an ...?

S2: Yes, I would./ No, I wouldn't .

S1: Why? / Why not?

S2: I'd like to be a /an ... because I ...

/ I wouldn't like to be a /an... because I ...

今后遇到类似的情景，学生就知道运用这个主题表述所对应的语言框架。实质上，这个过程就是运用语言框架法，培养学生的求同性思维，达到语言的流畅性，即达到直接思维的要求，提高了学生的思维品质。但在本节课执行这一步骤的过程中，教师比较操之过急，没有把求同的机会让给学生。应该让学生自己通过课文的学习找到共性，得出结论，再让学生用自己得出的语言进行情境操练，这样会让学生对结论的印象更加深刻。今后在实际应用中则更加熟练自然，语言表达的流畅性能够进一步提高。

三、操作要点

1. 语言框架的生成可以通过多种方式，比如直接呈现语言框架，用于那些对学生而言较为简单并易于接受的语言内容，或者是已有过较多铺垫的语言内容，可以采用这样的方式。而对于学生而言较新的语言内容，则不提倡运用这样的方式。再如，根据学生的具体情况创设一定的情景让学生运用语言框架。对于层次较深的内容，可以采用图片、图表、思维导图等方式引导学生一步一步接近语言框架，这将会使语言框架的生成更加自然和易于接受。

2. 生成的语言框架要尽可能精炼和尽可能具有操作性。我们都知道，语言的学习需要大量记忆，但也不可忽视，任何一种语言都是有规律的，英语学科更是如此。然而，有规律的东西不能太烦琐，每一个语言框架都要具有一定的典型性，让学生尽可能多运用。而不是用语言框架去限制学生的思维。

3. 语言框架法是一种方式，而不是停留在具体的知识上。在课堂教学中，教师帮助学生整理出语言框架，目的并不只是要求学生掌握这些语言框架，而是通过这个过程，让学生掌握这个由个性探索出共性的方法。从而在今后的学习中，自己运用语言框架法进行“求同”。因此在平时的教学中，教师要大量地、有意识地培养学生的求同性思维，并且在这过程中教师不能代劳，要让学生自己从教师提供的各种个性的资料中摸索出共性的东西。因为教学不单是教给学生知识，更是教给学生求取知识的方式，这是更加有意义的教学。在语言学科方面，更是能大大促进语言表达的流畅性。

○ 方法案例4：

类比思维法

上海市长江第二中学　李　红

《物质的量》一课我利用生活中实物计量出发，运用比较求同思维方法对其进行探讨，引导学生建构“集合体”，从而形成物质的量的概念。另外通过回忆学过的物理量，运用类比思维，认识强化物质的量是一个物理量。利用生活中纸巾集体“包”和个体“张”的关系，通过比较求同方法，归纳出微粒数和物质的量的关系，把抽象事物具体化，便于学生理解。

类比思维是根据两个或两个以上具有相同或相似特征的事物间的对比，从某一事物的某些已知特征去推测另一事物的相应特征存在的思维活动。类比思维是在两个特殊事物之间进行分析比较，它不需要建立在对大量特殊事物分析研究并发现它们的一般规律的基础上。巧妙利用类比思维，能把陌生问题变得熟悉，复杂问题变得简单，把抽象变具体，从而达到触类旁通、事半功倍的效果，现在我就将类比思维在《物质的量》这节课的应用谈一下自己的做法。

《物质的量》是上海教育出版社九年级化学教材第二章《浩瀚的大气》第三节《化学变化中的质量守恒》的第二部分新授课。“物质的量”是初中化学中的一个重要概念，并且体现了化学学科计量、计算的特点，但是由于其计量的是微观粒子的数目，比较抽象，更是初中概念教学中的难点。物质的量构建起了微粒个数与质量之间的关系，是一座联系宏观世界和微观世界的桥梁，也对之后初中化学学习中能更好地理解化学方程式系数的含义服务。所以，关于物质的量的教学，不仅是本章的重点，也是整个中学化学教学的重点之一。之前的学习使学生对原子、分子等微观粒子以及相对原子质量有了初步的认识，“物质的量”这一概念涉及分子、原子等微观粒子，这些东西看不见、摸不着，初三年级的学生抽象思维的能力还不是很强，不同的学生个体间又存在很大的差异性，肯定会产生认知上的困难，其概念的抽象性是初中生掌握它的最大障碍。此外，“物质的量”四个字读起来很拗口，学生在学习过程中很难将其认识为一个整体。“物质的量”从字眼上很容易与“质量”等概念混淆或相互干扰，从而影响学生在头脑中形成清晰的概念。本课将学生这些已有的知识经验作为认知起点展开，运用比较求同的思维方法，使学生体验并感悟“集合体”的意思，明确要表示分子、原子的个数也要用集合体，形成物质的量的概念。利用生活接触的事物和分子模型把抽象事物具体化，便于学生理解，培养学生思维的比较性以及程序性。

求同类比——抽象概念具体化

我在引入物质的量这个概念时通过生活中的宏观物体的计量，引导学生建立“集合体”，运用求同类比的思维方法，使学生体验并感悟“集合体”的意思，明确要表示分子、原子的个数也要用集合体，从而形成物质的量的概念。过程如下：

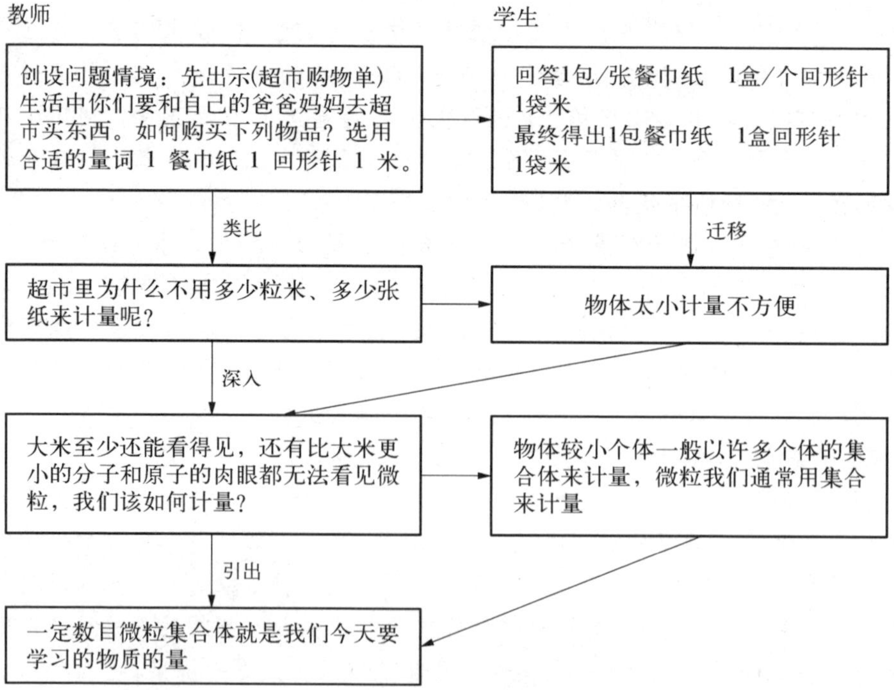

通过教师和学生的相互交流，使学生明确了本节课学习意义，建立微观粒子与宏观个体之间的关系，降低了物质的量的思维难度。

类比思维——陌生问题变熟悉

在学习物质的量和微粒数之间的关系时，我利用生活中纸巾集体“包”和个体“张”的关系，通过比较求同方法，归纳出微粒数和物质的量的关系，把抽象事物具体化，便于学生理解。我拿出一包餐巾纸提问：1包餐巾纸有几张？学生回答：10张。紧接着问：2包餐巾纸有几张？学生回答：20张。进一步问：0.5包餐巾纸有几张？学生回答：5张。我接着问道：同样，1 mol水有多少个水分子？2 mol水有多少个水分子？3 mol水有多少个水分子？A mol水有多少个水分子？学生顺理成章地回答：6.02×10^{23}，$2\times6.02\times10^{23}$，$3\times6.02\times10^{23}$，$A\times6.02\times10^{23}$个。我接着问道：你们找到其中的规律了吗？你能写出已知物质的量计算微粒数目的计算式吗？学生回答：微粒数目＝物质的量$\times6.02\times10^{23}$。我用同样的方法引导学生自己归纳出：物质的量=微粒数/6.02×10^{23}。

通过举生活中实例让学生明确集合体与个体关系，利用类比思维从而发现微粒数和物质的量之间的换算关系。

物质的量这个概念对初三学生来说初次接触，出现得很突然、很抽象，甚至是难以捉摸，难度很大。(原先这是高一学生学习的内容，二期课改编入初三化学教材。)原先教授这部分内容多先介绍常见的基本物理量，然后直接给出“物质的量”的概念和单位，课堂效率貌似很高，但学生往往因“被填鸭”而“一知半解”，对物质的量这个概念没有真正理解，只是为了应付考试机械记忆。我利用学生已有的生活经验，从学生熟悉的物质着手，将陌生、不熟悉的问题与已解决的熟悉问题进行类比，找到切入点解决问题。

我在建构集合体时举了好几个生活中常用的量词盒、袋、包等，并让学生说出它们的个体，凭生活经验学生能准确说出集合体与个体的关系，并且强化集合体和个体的关系。通过与大米的类比毫无疑问得出微粒更应该用集合体来计量，从而引出了物质的量概念，物质的量是表示物质所含微粒数目的集合体，在学生的头脑中形成了清晰的概念，并明确引入物质的量概念的意义。

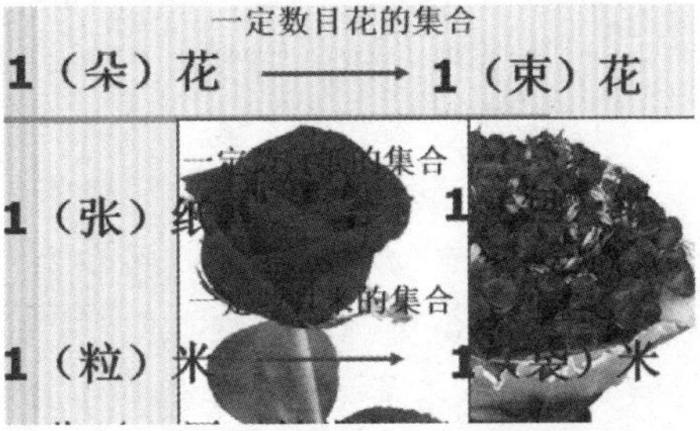

寻找物质的量和微粒数之间的关系时，让学生根据纸巾的集合体“包”和个体“张”的关系，与微粒的集合体“物质

的量”和微粒的个体类比，归纳出它们之间的关系。这样可以降低学生的思维难度，对概念理解更深刻，提高学生的学习效率，培养比较性思维。

教育学家瓦赫捷罗夫说得好：“类比像闪电一样，可以照亮学生所学学科的黑暗角落。”我们在化学教学中通过类比思维，可以简化教学，活跃课堂气氛，加深对知识的理解，这样可以降低学生的认知难度，提高教学效果，培养学生思维能力。

○ 方法案例5：

张弛有道法

上海市长江第二中学　葛　珮

很多人认为语文的学习是感性的，不存在思维上的训练。很多人认为语文的学习就是背背书，不存在思考的成分。真的是这样的吗？我一直坚持在我的语文课堂中培养训练学生的思维能力，长期的坚持也有一定的收获，可见语文的学习存在着思维方法，且有一定的思维训练方式可以遵循。

本文中提到的“张弛有道法”即在课堂中通过启发引导学生们先进行发散性思维，继而进行聚合性思维，最终提升思维品质。

此次在《竹节人》一课中，我设计了围绕核心问题，进行“散聚型”的思维训练。设计一个“核心问题”作为课堂教学的突破点，在学生的讨论中，完成发散性的思维的训练，但是仅仅学生发散性思维并不能解决“核心问题”，只是将学生的思维打破逻辑局限，将其思维引领向更广阔的模式中。所以在发散性思维之后，教学上要对学生发散思维的结果进行一定的分解、分类、概括、综合。再让学生进行聚合性思维解决类似的问题，从而提高学生的思维参与度、思维的主动性，培养其有路径地独立思考，最终提高学生的思维品质。本文的教学流程如下。

张弛有据——核心问题的确立

一篇课文的核心问题如何确立？一般存在这四个方法：

1. 在关联处确立“核心问题”
2. 在迁移处确立“核心问题”
3. 在难点处确立“核心问题”
4. 在整合中确立“核心问题”

《竹节人》是语文（部编版）上海六年级第一学期第三单元中的一篇课文。

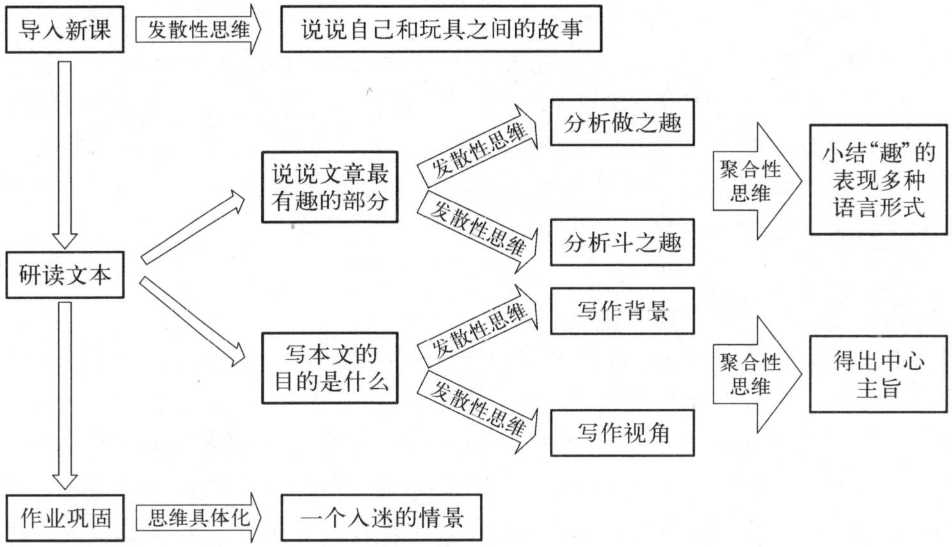

文章记叙了童年时代作者和同学们亲手制作竹节人，沉迷于斗竹节人。甚至在课上偷玩竹节人被老师没收，最后发现老师和孩子一样迷于竹节人。文章在孩子们的欢乐中戛然而止。作为一篇回忆性的文章，本文以孩童的视角进行叙述，内容浅显易懂，较为贴近孩子们玩游戏时的情感。语言生动活泼、夸张有趣，读来自然而然激发了孩子们的阅读兴趣及学习的积极性。教材课后作业中有一项是模仿《竹节人》，写一段“入迷”的场景，可见本文的内容、情感不是本课的教学重难点，本文的教学重难点在于“如何写”，所以在课堂上应该将教学重点放于分析作者如何表现“做之趣”和“斗之趣”。所以本课第一个核心问题我设计成“作者如何表达趣”。

本篇课文初读后，对于本文的写作目的六年级的学生的认知往往停留在作者喜爱竹节人上。这是根据自己的直观感受获得的答案，是没有经过一定的思维过程得来的，所以本课的第二个核心问题我设计为“为何而写”。

张弛有道——发散性思维的运用

在确立好核心问题后，围绕核心问题，引导学生进行发散性思维。让学生圈画相关语句说说“趣”在何处。

学生活动1：根据预习的情况和对文本的初步感知，找到文本中最有趣的部分。大部分学生认为“斗竹节人”最有趣。

学生活动2：根据学生的初步感知和结论，学生分为四人一组进行讨论，“斗竹节人”趣在何处？

设计意图：这一部分的设计最能体现学生在课堂上发散性思维。学生的分组讨论、圈画是发散性思维，学生将每个人的独立见解能力发挥出来，在圈画分析的过程中进行有意想象，想象“斗竹节人”的过程、场景。这样的思维方式较为贴近六年级学生的思考方式，学生愿意思考也乐于思考，先发散性思维便是尊重了学生们思维结果。本节课上学生的举手发言频率较高，基本上每个同学都参与到课堂的各个环节。

张弛有效——聚合性思维的运用

在学生发散性思维后，进行学生活动3：各个小组交流讨论结果，根据学生的交流结果，归纳总结作者表现“趣”的各种语言形式。设计意图：各个小组之间的讨论是体现学生聚合性思维方法的过程，学生用各自圈画的语句进行分析、综合、比较、分类，抽出这些体现“趣”的语句共同、本质特征，在此基础上梳理现象，聚焦关键。继而总结出表现“趣”的各种语言形式。让学生“知其然，更知其所以然”。这一部分的教学设置也训练了学生的一定思维路径，让他们明白以后在思考类似问题时，先做什么，后做什么，使问题的解决有章可循。

同时为了检验学生的辩证思维，我在解决第二个核心问题上也采用了先发散再聚合的思维过程，但是与之前不同的是，这次让学生们在圈画的时候，由小组讨论变为独立思考，并在学生交流时可以考察学生在思维活动中，会不会盲从，有没有自己的独立见解，培养孩子思维的独立性。将上一环节中掌握的方法运用到此环节，这也是思维具体化的过程。将通过抽象的概括而获得的概念、原理、理论去解决文本中仍然留有的问题。可以说在这一环节中学生的思维品质得到了提升。

○ 方法案例6：

多角度分析法

上海市长江第二中学　赵辛钰

近几年，上海语文教学一直围绕着“关注学生学习经历”这一研究主题开展研究。教师们对课堂教学的关注点，从“如何带领学生分析文章”，转向了“如何引导学生归纳掌握一定的分析文章的方法”，即各类文体的“阅读策略”。而从学生课堂思维培养的角度来看，其实就是更注重对学生思维过程完整性的培养，而不是停留在思维的“分析”阶段。但是据此设计的教学过程，却恰恰在

"分析"这一思维环节陷入僵局，以至于教师只能自己完成最后方法的归纳环节，如此一来，所谓的"阅读策略"难免成了空中楼阁。问题出在哪儿呢？其实是学生的思维方法有欠缺，导致学生只能用欠佳的思维品质去完成"分析"过程，结果自然不言而喻。

此次在《橘逾淮为枳》一文的教学中，我设计的"多角度分析"，摒弃了以往只从文章某一局部入手完成对人物进行分析的方法，而是分别从"主要人物""次要人物""故事背景"三个角度分别进行分析，理解这三者彼此关联，互相影响的关系，最终完成正确分析人物形象这一目标。这一教学设计是试图引导学生形成辩证思维的方法，从而使学生思维更深刻，提高学生思维品质。

"多角度分析法"的具体实施

一、"主要人物角度"分析

这篇课文的教学目标之一是分析晏子这一人物的形象特点。因此我抛出了主问题：晏子身上有哪些优点让楚王改变了对他的态度？课程的初始与以往并没太大不同。找到第五自然段后，有学生脱口而出：善于辞令。"为什么这么说？依据呢？"在我的追问下，学生按照以往学到的方法，在第五自然段中熟练地找出了晏子的语言描写和动作描写，以此为依据进行分析，正式给出了结论——善于辞令。

这一环节的顺利展开，其实是源于学生直觉推理的初步运用和逻辑思维的体现。

看着孩子们一一站起，就着晏子说的话和做的动作，侃侃而谈，分析着晏子的形象，我不免又高兴又遗憾。能通过这短短两行字，大致分析一个人物的形象特点，孩子们这一年，没白学，他们已经掌握了根据主要人物言行来分析人物的方法。可是，这一套用来分析一些浅显的人物自然不成问题，分析复杂人物呢？

二、"次要人物角度"分析

课堂讨论逐渐沉寂下来，孩子们的眼神中的困惑感越来越浓。也是啊，这两行字几乎都分析到了，可老师怎么还在问：还有吗？终于，课堂归于静默，没人再举起手，分析似乎走进了死胡同，不安的情绪开始蔓延。我故意停顿了几秒，收敛起了笑容，抛出了不同以往的问题：既然暂时分析不下去了，那就先去看看另一个人物楚王吧。

我知道孩子们是疑惑不解的，但还是按照我的要求去解读前面四段了。这难不倒他们，很快就有孩子照惯例找到了楚王说的话：齐人固善盗乎？在其他一些孩子的共同努力下，读出了楚王这句话背后的险恶用心：这是要借一个齐国人打击整个齐国啊！这个楚王，语言艺术不低啊！我顺势又把孩子们的视线拉回第五自然段，让他们再读晏子的话：得无楚之水土使民善盗耶！有了前面的铺垫，孩子们发现了以往不曾关注到的：原来晏子是在借打击楚国人，指责楚王的执政能力啊。我自然而然在黑板上晏子“善于辞令”这一归纳上敲了一敲，课堂上顿时响起了孩子们会心的笑声。

有意无意地，我提醒着孩子们：看来，我们还可以借助分析楚王来分析晏子啊。像是打开了一扇崭新的大门，孩子们又重新投入到对文章的分析中去了。打开了思路后的结果是喜人的，孩子们读到了楚王事前对阴谋的充分准备，实施计划的时机，对晏子施加的精神上的威吓，再联系晏子“避席”的动作，得出了晏子“沉着冷静”的又一分析结果。最终，晏子的形象真正变得丰满起来。

学生意识到晏子和楚王这两个角色之间存在密切关联，是辩证思维的萌芽。

三、“故事背景”分析

彼此之间相互关联相互影响的，不只是“主要人物”与“次要人物”，要达成深入分析人物形象的目的，还必须考虑另一个角度——故事背景。孩子们在经过上一环节的学习后，已经有了一定的辩证思维意识，因此当我带领他们读出了文章剩余文字暗含的“故事背景”信息后，学生自然将之与晏子的言行再次做了联系，从而补上了人物分析的最后一块碎片。

“多角度分析法”对学生思维的影响

此前学生对于文本的解读，首先是基于初步的直觉推理，这种直觉推理是建立在从小学开始的，大量课内外阅读积累的基础上的，对学生思维品质的培养有一定作用。但因为学生各自能力和态度的不确定性，导致了学生思维品质的提高受到了限制。

其次学生解读文本依靠的是逻辑思维，这是进入初中后教师有意识课堂训练的结果。但是学生在解读文本时，只善于抓住局部文本进行解读，从而得出分析结论。由于学生的解读目标是局部，最终的解读结果容易出现偏差或是浮于表面。学生思维深度的提高陷入了瓶颈。

要进一步开掘学生思维的深度，提高其思维品质，需要引入辩证思维。这节课我引导学生把视线由局部文本，即“主要人物言行”，扩展到了其余文本，即“次要人物言行”和“故事背景”，并在这三者之间建立了联系，让学生带着辩证思维的意识去解读课文，学生因此意识到了晏子这一人物形象并不是孤立存在于文本之中，他与楚王以及故事背景之间存在内在关联，彼此互相影响，辩证地看待这三者，才能对晏子有一个完整而且深入的人物形象认识。

逻辑思维和辩证思维的运用，对学生思维深度的开掘大有裨益。而思维品质的提高反过来能促进直觉推理能力的提高，使得思维品质能再上一个台阶。

学生在此基础上，才能真正完成对文本的解读，使“阅读策略”的真正建构成为可能。

○ 方法案例7：

总分总训练法

上海市长江第二中学　何雅琴

逻辑思维离我的课堂有多远？新课程改革的今天，现代教育的一个持久的、长期的目标就是帮助学生超越目前较低的思维能力，获得较高水平的思维能力。学生的逻辑思维能力就是高水平的思维能力。只要方法得当，学生的逻辑思维能力是可以培养和训练的。问题的关键就是，作为一名地理教师，如何培养和训练学生的逻辑思维能力，通过什么方法来培养？

我将以《美国》第1课时“农业大国”来论述我培养学生逻辑思维的方法。从结论开始叙述，提出核心观点“为什么”→然后分解罗列（归纳各因）→确定联系（执果索因）→设计形式（由因推果）→最后，回到结论，归纳概括核心观点，梳理笔记。推理的路径我简单概括就是“拿着结果找原因”→“分析比较已学知识新学知识”→“新旧知识形成关联”→“得出因果关系的结论”。这就是“总分总思维训练法”，发展学生的思维系统性。

借助“总分总”

美国著名教育心理学家、哈佛大学资深教授戴维·珀金斯（D. Perkins）认为，低层次的思维能力就像我们普通的行走能力一样是每个人与生俱来的。但是高层次的思维能力就像百米赛跑一样，是一种技术与技巧上的训练结果。赛跑选手需要训练才能掌握百米冲刺技巧。同理，高层次的思维能力如果得到相应的教学支持，包括一系列有针对性的练习、训练，只要方法得当，学生是可以养成正确的思维方式，逻辑思维能力是可以提升的。

六年级地理《世界第一经济大国——美国》设置了“领土组成”“典型的移民国家”“优越的自然条件”“地区分工明显的农业”“依托现代科学技术的工业”“汽车轮子上的国家”“世界能源消费大国”“著名城市和风景名胜”这几部分内容。以往我都是依照传统的教学方式——按照教材编排的顺序依次讲解这些知识，也就是“教教材”。这样的课堂教学，我发现我忽略了这些知识背后的生成过程，教材并没有帮助学生提升学习能力。因此，这次的设计我跳出教材自身的知识逻辑，根据学生学习的实际情况也就是最近发展区来重组与重构教材。

总：结论开始，提出核心观点“为什么”

在讲述“美国是农业大国”时，我先出示数据、表格“美国主要农产品产量、出口量、世界排名”，学生观察后都会感叹“哇，美国好厉害”“好多世界第一”，在学生一片赞叹中，顺势得出“美国是农业大国”。然后，我提出了核心观点“美国为什么能够成为农业大国”。

分：执果索因，分步落实“为什么”

第一步：分解罗列，归纳各因

问题一抛出，学生们都没有怎么思考，马上脱口而出：“他们经济发达，技术先进。”这个回答是非常片面的，我接着就引导他们先要考虑两个问题——“农业发展需要具备哪些条件？”“美国是否具备了这些条件？”这个知识储备在学习《印度》一课时已经具备。在我的提醒下，大家开始小声议论，纷纷补充：“耕地多不多”“有没有水灌溉”“热量是不是充足”。

<table>
<tr><th rowspan="2">总</th><th colspan="2">分</th></tr>
<tr><th colspan="2">1. 分解罗列</th></tr>
<tr><td rowspan="6">美国为什么能成为农业大国</td><td colspan="2">知　识　点</td></tr>
<tr><td rowspan="3">自然条件</td><td>水资源</td></tr>
<tr><td>耕地</td></tr>
<tr><td>热量</td></tr>
<tr><td colspan="2">技术条件</td></tr>
</table>

通过板书帮助学生回忆、归纳、罗列影响一个地区农业发展的条件。学生通过比较分类，马上可以和老师一起整理这些条件。

通过这样的比较分类有助于提高学生分类归纳能力。

<table>
<tr><th rowspan="2">总</th><th colspan="3">分</th></tr>
<tr><th colspan="2">1. 分解罗列</th><th>2. 确定联系</th></tr>
<tr><td rowspan="5">美国为什么能成为农业大国</td><td colspan="2">知　识　点</td><td>地理事物</td></tr>
<tr><td rowspan="3">自然条件</td><td>水资源</td><td>河流、湖泊、降水、海陆位置</td></tr>
<tr><td>耕地</td><td>地形</td></tr>
<tr><td>热量</td><td>纬度位置</td></tr>
<tr><td colspan="2">技术条件</td><td>机械化程度、地区专业化</td></tr>
</table>

第二步：新旧知识，确定联系

在板书罗列了“水资源、耕地、热量、技术”这些条件后，我又问学生：“美国是否具备了这些条件呢？”学生异口同声：“具备了。”我马上又抛出：“你们有什么证据来证明呢？我们能不能把这些条件转化成和它有关联的地理事物呢？”学生对于这个问题有点蒙。我笑着说：“老师来给大家示范一下。”大家抬头看着我，等我的示范。我告诉他们，如果我想知道：“美国农业发展的水资源情况，我是不是先要知道农业灌溉的水资源从何而来？”学生们若有所思，我继续：“我们是不是可以从美国的降水及它所处的海陆位置去了解呢？还有河流、湖泊的分布情况是不是也可以呢？”大家恍然大悟。“那剩下的条件谁来试试？”有同学就举手了，“耕地对应地形”“热量对应纬度位置”“技术条件对应机械化程度”。（板书梳理）

这样的设计有助于提高学生确定联系及分析的能力。

第三步：由因推果，设计形式

在学生们互相补充后，我又问道：“我们把农业具备的条件一一对应相关的地理事物后，我们就要证明美国是否都具备了这些条件”。当大家点头认可后，拿出事先下发的学习单（见下附）完成相关任务。

<table>
<tr><th rowspan="2">总</th><th colspan="5">分</th></tr>
<tr><th colspan="2">1. 分解罗列</th><th colspan="2">2. 确定联系</th><th>3. 设计形式</th></tr>
<tr><td rowspan="5">美国为什么能成为农业大国</td><td colspan="2">知识点</td><td>地理事物</td><td>证明依据</td><td>学习单</td></tr>
<tr><td rowspan="3">自然条件</td><td>水资源</td><td>河流、湖泊、降水、海陆位置</td><td>河湖众多
受海洋影响，降水丰富</td><td>水资源探究</td></tr>
<tr><td>耕地</td><td>地形</td><td>平原为主</td><td>耕地探究</td></tr>
<tr><td>热量</td><td>纬度位置</td><td>大部分北温带</td><td>热量探究</td></tr>
<tr><td colspan="2">技术条件</td><td>机械化程度、地区专业化</td><td>教材的补充材料</td><td>技术探究</td></tr>
</table>

凸显读图思维

为了体现出地理学科的特色，我主要设计成自然条件探究和技术条件探究。教会学生带着任务，从地图中去获取信息。有意识地教会学生拿到一幅图，必须先要读懂（识），然后分析图中表达了哪些地理信息（析），最后让学生描绘出来（绘），这是形成空间观念、巩固所学、提高读图能力的三个递进环节。

总：由因推果，得出因果关系结论

学生通过学习单的交流补充后，轻而易举得出“美国是农业大国”，回到开头所提出的问题上。

最后，帮助学生通过由因推果的思维过程梳理本节课的笔记，提高综合能力。

结构化与可视化

结构化思维就是根据某种限定的规则、规律进行有序思考的思维模式，目的是为了解决问题。

<table>
<tr><th colspan="3">思维过程</th><th>举例说明</th><th>思维能力</th><th>逻辑思维推理路径</th></tr>
<tr><td rowspan="5">执果索因</td><td>总</td><td>从结论开始叙述，提出核心观点“为什么”</td><td>美国为什么能够成为农业大国</td><td>独立思考能力</td><td>拿着结果找原因</td></tr>
<tr><td rowspan="4">分</td><td rowspan="2">分解罗列（归纳各因）</td><td>多个理由阐述“为什么”</td><td>归纳能力</td><td rowspan="2">分析比较新旧知识</td></tr>
<tr><td>整理多个理由</td><td>分析比较能力</td></tr>
<tr><td>确定联系（执果索因）</td><td>深究原因（分析法——写出能够证明理由的依据）</td><td>确定联系的能力、分析能力</td><td rowspan="2">新旧知识形成关联</td></tr>
<tr><td>设计形式（由因推果）</td><td>通过学习单形式展现探究形式（综合法）</td><td>综合能力</td></tr>
<tr><td>由因推果</td><td>总</td><td>归纳概括核心观点</td><td>尝试写笔记（综合法）</td><td>综合能力</td><td>得出因果关系结论</td></tr>
</table>

初中学生是抽象思维能力迅速发展的时期，在地理教学中，我们不但要教会学生掌握和运用地理知识，更重要的是要教会学生获得地理知识的思维方法。而“总分总训练法”就是在整个的教学中，把“海陆位置、河湖众多、纬度位置、地形等自然要素与农业生产之间的相互关系”为主线，使学生在领会知识的同时，重点分析、归纳、概括的逻辑思维方法的学习融合于潜移默化之中。教学中，通过阶梯设问，层层深入。教师做示范，设计学习单，引导学生通过这种方式去思考，最后梳理笔记。学生在反复练习的过程中，就会掌握这种逻辑思维方法，从而提高思维能力。

思维可视化就是把学习过程中的思考方法和思考路径通过图示呈现出来。思考方法主要包括在学习过程中常用的抽象、概括、分类、分析、综合等逻辑思考的方法。思维路径主要指思考过程中的思维发展线索。本节课可以通过以下图表来体现思维的可视化。

我相信，学生在反复练习的过程中，就会掌握这种逻辑思维方法，从而提高思维能力。可见，逻辑思维就在我们的课堂里。

○ 方法案例8：

问题引领法

上海市长江第二中学　薄云峰

【案例背景】

几何概念是学习几何的基础，也是培养学生思维品质的重要内容之一。在几何教学过程中，教师不仅要高度重视几何概念的教学，还要关注学生思维的培养。即不仅要讲清几何概念，使学生正确理解和灵活运用几何概念，还要充分利用几何概念教学培养。例如，知识的正确和深入的理解，可培养学生思维的深刻性与批判性；知识的灵活运用则可培养学生思维的灵活性。以知识的习得促进思维的活动提高思维的品质，以思维的活动加深知识的理解，这是知识与思维的互动，是真正实现了数学学科教学的意义。

初中生的心理发展特点是思想与情感上都日趋独立，而其思维却具有一个很明显的特点，就是片面性和表面性。初中生思维的片面性主要表现在其思想的偏激与极端，不能全面、辩证地分析问题、解决问题。初中生思维的表面性主要表现为，他们在分析问题时，还经常被事物的个别特征或外部特征所困扰，难以深入到事物的本质中。因此学生需要教师在其学习过程中从旁协助，给予必要和适时的帮助，因此本节课采用了“问题引领法”，在满足其心理和思维发展需求的前提下，更好地将知识与思维进行互动，锻炼学生的思维能力，培养提高学生思维的品质。

所谓“问题引领法”是指通过教师创设的“问题”引导学生深入认识、理解知识的本质，或通过教师创设的“问题”引导学生灵活运用知识解决问题。

【案例分析与反思】

24.3(3)三角形一边的平行线判定定理及其推论是三角形一边的平行线性质定理的逆定理，因此在本节课的授课过程中以此作为教学的起点，以问题为引领，激发和引导学生深入思考，正确认识判定定理及其推论的内涵，并能正确合理进行运用，同时在概念学习的过程中培养思维的深刻性与批判性，在概念应用的过程中培养思维的灵活性。

一、知识与思维的互动

传统的教学方式注重结果而弱化过程，因此，传统的概念教学中存在僵化教条地讲授概念的现象，概念的本质揭示不透彻，忽视概念间的相互联系及概念的综合应用发展等问题。例如，有的教师片面重视应用教学，而不重视概念教学，把注意力和精力过多地投入到应用教学上，在概念讲解时一带而过，不注意学生对概念的理解是否深刻，是否真正掌握了概念的内涵；有的教师在教学概念时往往把一些新概念和盘托出，强输硬灌，要求学生去记一些现成的结论，学生囫囵吞枣，导致学生要非常透彻地理解掌握几何概念存在一定的困难，往往只会死记硬背、照搬照抄，不会灵活应用。对于知识教授过程的轻描淡写，不仅会导致学生对于知识的认识与理解浮于表面，缺乏深入的理解和全面的掌握，也会导致学生思维的片面性，缺乏思维的深刻性和批判性，那么在知识应用的过程中自然也就缺乏了灵活性。因此知识与思维是互动的，彼此之间有分不开的联系，教学中切勿将其分隔开。

例如，在本节课之前，学生已经习得三角形一边平行线的性质定理及其推论，也知道了运用“同一法”“面积法”和“构造A、X型图”的证明手段，掌握了A、X型图的特征。所以，本节课可能会被简单地认为只要利用以上习得方法来证明三角形一边平行线的性质定理的逆命题也是真命题，然后运用三角形一边平行线的判定定理与其推论进行证明相应的几何证明问题就是完成了本节课的教学任务了。

知　识	关 键 词	思 维 形 式	思 维 品 质
三角形一边的平行线判定定理	三角形的两边	判断	思维的深刻性 思维的批判性
三角形一边的平行线判定定理的推论	三角形两边延长线在第三边的同侧	判断	思维的深刻性 思维的批判性
三角形一边的平行线的判定	由$\frac{DE}{BC}=\frac{AD}{AB}$，是否可以得到DE//BC	判断	思维的深刻性 思维的批判性

如上表所示，对于本节课的设计中紧紧围绕定理中的“关键词”展开问题的引领，将知识的传授与思维的培养进行有机的结合，实现知识与思维的互动。

例如，三角形一边的平行线的性质定理“平行于三角形一边的直线截其他两边所在的直线，截得的对应线段成比例”中，叙述的是“三角形两边所在的直线”，而判定定理“如果一条直线截三角形的两边所得的对应线段成比例，那么这条直线平行于三角形的第三边”中，叙述的是“三角形两边”。在判定定理的推论中再补充了“两边的延长线”。即便如此，教学中也不能因为结果是一样就忽视了概念的理解。因此在授课过程中提出了如下的问题“如果D、E两点在三角形两边的延长线上结论是否依然成立呢”，以此激发学生的思考，引导学生更深入地认识和理解三角形一边平行线的判定定理，同时使学生了解对于概念的认识和理解要正确与合理，对问题的思考需要深刻和有批判精神，不能课本说什么就是什么，看过读过就算了，因此，通过这样的问题引领可对学生的思维的深刻性和批判性有了一定的培养和提高。

再如，三角形一边平行线判定定理的推论中的关键词“同侧”的内涵，及“由$\frac{DE}{BC}=\frac{AD}{AB}$，能否得到DE//BC”问题的思考，不仅能帮助学生正确、合理地认识和理解概念，掌握概念正确和合理的判断标准，同时，对学生思维的深刻性和批判性培养与提高较为集中的一次机会。

由此可见，在对知识进行概念的教学过程中要注意对概念的深入认识和理解，设计问题激发学生思维，引导学生深入思考，正确认识理解概念的内涵，改善初中生思维片面性和表面性。

二、知识的理解和应用与思维的灵活性的关系

通过此次教学实践，意识到解题的灵活性来源于几何概念的实质性联系。而解题的过程中就是学生运用知识进行判断、推理的思维过程。因此知识的理解与应用直接影响着思维的灵活性。

让学生养成从基本几何概念出发思考问题、解决问题的习惯，解题训练应该针对几何概念的理解和应用。加强几何概念的联系性，从几何概念的联系中寻找解决问题的新思路，解题的灵活性来源于几何概念的实质性联系。以解题教学代替概念教学的做法严重偏离了数学的正规，必须纠正。否则，学生在几何习题上耗费大量时间、精力，结果可能是对几何概念的内容、几何学习的方法和解几何题的意义知之甚少，“教书育人”终将落空。

在本节课概念应用环节设计了由已知条件判断对应线段成比例，从而判断两直线是否平行的应用问题。

1. 在△ABC中，点D、E分别在AB、AC上，根据下列给定的条件，试判断DE与BC是否平行.

（1）AD=3 cm，DB=4 cm，AE=1.8 cm，CE=2.4 cm；

（2）AD=6 cm，BD=9 cm，AE=4 cm，AC=10 cm；

（3）AD=8 cm，AC=16 cm，AE=6 cm，AB=12 cm；

（4）AB=2BD，AC=2CE.

本题的难度不高，学生可通过所给的线段长度求出三角形被截两边所得的对应线段是否成比例，来进行判断DE与BC是否平行。因此，本题采取现由学生独立完成，然后进行集体交流。在交流的过程中，关注学生是否能够进行正确的判断，可从“判断的标准”“判断的合理性”“正确表述判断”三方面对学生的判断进行观测和点评。

从学生真实性的语言中发现学生对于知识的理解是否正确和全面，从学生的判断是否具有合理性可以发现学生对于知识的应用是否合理与正确，从学生表述判断的正确与否可以发现学生对于知识的理解程度及应用的灵活性。

例如，第(2)题中，线段BD与线段AC并不是对应的线段，以此可以判断，由条件无法得到DE与BC是平行的。第(3)题中，线段AD与AB的比值为$\frac{2}{3}$，而线段AE与AC的比值是$\frac{3}{4}$，所以对应线段不成比例，由条件也无法得到DE与BC是平行的。第(4)题中，是通过所给四条线段之间的数量关系来得到对应线段成比例的结论，从而判断得到DE与BC是互相平行的。在这一判断过程中需要学生关注线段是不是“对应线段”，对应线段是不是“成比例”了，以及不同形式的条件的处理分析，以此考查和训练学生思维为的灵活性。

接着设计了运用三角形一边的平行线判定定理的几何证明题，检测学生对于判定定理的内涵的理解掌握，以及对基本图形特征的掌握。

2. 已知：如图，点D、F在△ABC的边AB上，点E在边AC上，且DE//BC，$\frac{AF}{AD}=\frac{AD}{AB}$

求证：EF//DC.

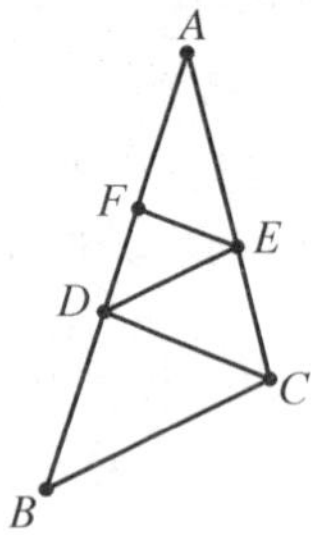

本题中通过对图形特征的分析发现图中共有两个A型图，且拥有一条公共边AC，其二发现所证明的四条线段在同一条线段上，因此引导学生想到需要运用“中间比”，这不仅培养了学生对于知识及图形的分析能力，同时也提高了学生思维的灵活性。

三、提高教师思维品质是前提

在实际教学中常常遇到部分畏惧几何学习的学生，导致形成几何学习课堂表现不佳及几何学习考试的成绩不理想的诸多因素可以分为三大类：教师、学生、其他因素，因此，教师也是影响学生几何学习的主要因素。那么是什么影响了教师的几何教学呢？主要是教师的教学理念和教学方式。

很多教师因多年的教学习惯早已根深蒂固，所以对于一些新鲜事物很难较快转变过来。而几何概念具有复杂性、抽象性等特点，初中生的思维发展虽主要以抽象思维为主，但仍依赖直观经验，逻辑性不足。此时如果教师在几何概念教学中存在几何概念的本质内涵理解不透彻、忽视几何概念间的相互联系、忽视几何概念的综合运用发展等问题，就会导致学生难以真正理解几何概念的内涵，大部分学生对几何概念的掌握是模糊的，从而对几何概念衍生的问题一筹莫展。

通过本次的教学实践，个人感悟教师在教学中可以关注以下几点：

第一，突出概念间内涵的差异，加深学生对概念的理解

数学是逻辑性极强的一门学科，数学概念之间存在着密切的联系，当新、旧概念联系十分紧密时，必须抓住它的内涵差异进行讲解，对概念进行逻辑分析。

例如，本课中抓住三角形一边的平行线性质定理的推论中可由“DE//BC”得到“$\frac{DE}{BC}=\frac{AD}{AB}$”，而反之不成立，这一点上，学生往往会因惯性认为反之亦然成立。在教学中要尤为注意，以免因教学上的忽视而导致学生对于概念的错误认识和理解。因此本课中设计了问题引领“由$\frac{DE}{BC}=\frac{AD}{AB}$是否可以得到DE//BC”激发学生的思维，引导学生深入思考问题，培养思维的深刻性。

第二，加强“文字语言”和“几何语言”的“互译”训练，提高学生对概念的深刻理解，培养思维的灵活性

初中学生的形象思维能力水平比较低，在学习几何时容易片面地、孤立地看问题，易把文字表述与图形表述脱节，能够背熟定义、定理，却不会转化成数学语言表述，不会识图，更难画图，这在几何概念的学习中表现尤为突出。因此，一般来说几何成绩较代数成绩起码下降平均10分。为此，在教学时，一方面要求学生从几何概念规定的图形特征出发，准确地画出图形来；另一方面要注意让学生结合图形把表述概念的文字语言翻译成配有图形的字母符号语言（哪怕是一根辅助线的添法，也要强调文字语言和符号语言的吻合），并进行简单的推理练习。在教学几何概念时，要求学生把每一条定理翻译成字母符号语言。

例如，在本节课中，“如果一条直线截三角形两边所得的对应线段成比例，那么这条直线平行于三角形的第三边。”结合图形写出字母符号语言（如下）

在△ABC中，$\frac{AD}{DB}=\frac{AE}{EC}$，$\frac{AD}{AB}=\frac{AE}{AC}$，$\frac{DB}{AB}=\frac{EC}{AC}\rightarrow$DE//BC

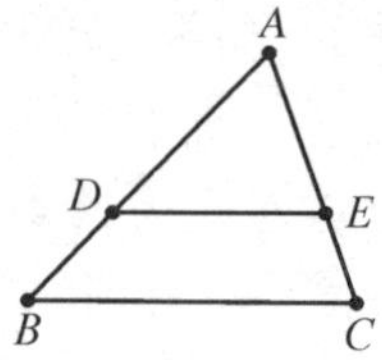

这种“互译”训练，可使学生对几何概念理解得更为深刻并能运用灵活，为应用几何概念去判断、推理打下坚实的基础。

第三，正确处理好学生“主体”与教师“主导”的关系，提高学生思维的深刻性与批判性

在课堂教学中，教师充分发挥其主导作用，培养学生的主体参与意识。只有“主体”与“主导”摆正位子、各尽其责，才能在教师的主导下，发挥学生独立思维的作用。学生认识和理解概念是一个主动的、复杂的心理过程，并不是老师把现成的概念简单地、原封不动地交给学生，而是结合他们自己已有的知识，运用较多的感性材料，通过观察、比较、分析、综合、抽象、概括等一系列思维活动，得出事物的本质属性。教师要善于抓住新旧知识的本质联系进行引导、启迪，真正主动积极地参与课堂教学中，在主动学习中使几何概念牢固把握。

本节课中就是以“问题引领法”正确处理师生在课堂教学中的关系，摆正教师的主导地位，引导学生思考问题，学习知识。

例如，三角形一边的平行线判定定理及其推论的推导过程中，引导学生运用“面积法”“同一法”“添置辅助线构造A、X型图”的方法来证明三角形一边的平行线的性质定理的逆命题是正确，其次对于判定定理及其推论中的关键词进行提问，引发学生思考。这一系列的“问题引领”都是在引导学生自行思考发现问题，解决问题。给学生提供充分的概括本质特征的机会，从概括共同本质特征得到概念的本质属性，因为概括是人们掌握概念的直接前提。概括是思维的速度、灵活迁移程度、广度和深度、创造程度等思维品质的基础。

随着现代社会的发展和教学理念的不断更新，人们对学校教育特别是课堂教学有了更高的要求。数学这门课程教学质量的提高,体现在使学生获得扎扎实实的基础知识和基本的技能技巧上,并且促使学生的思维得到提高和发展等方面。数学概念是数学基础知识的基石,培养学生良好思维品质的重要内容之一。所以在教学过程中,教师要高度重视概念的教学。切不可只重结果,而轻过程,要使学生正确理解和灵活运用概念,这才是提高教学质量和培养学生能力的前提条件。

第五章 学生成长性思维形式的培养

第一节 成长性思维形式的发展

一、思维形式

思维形式(form of thinking),思维借以实现的形式。思维形式指思维对特定对象及其属性的反映方式。思维形式的特点是对于思维内容具有相对的独立性。思维形式是人们进行思维活动时对特定对象进行反映的基本方式,即概念、判断、推理。具有不同结构的判断形式、推理形式、证明形式是不同的思维形式。概念是反映对象特有属性或本质属性的一种思维形式;判断是对思维对象有所断定的思维形式;推理是由已知判断导出新的判断的思维形式。概念是由语词或词组表达的,判断是由语句表达的,推理则是由复句或句群来表达的。在具体思维中,思维形式和思维内容总是结合在一起的,既不存在没有思维形式的思维内容,也不存在没有思维内容的思维形式。

在关于人类的思维活动现象的研究中,哲学家与其他的理论研究者分为两大派别:一派把人类的思维活动现象概括地归结为两种类型或两种层次,即形象思维和逻辑思维。这是比较悠久的分类法,我们可以把这称之为古典的分类法。也有一些人把人类的思维活动现象概括为三种类型:形象思维、逻辑思维和灵感思维。这种分类法是由钱学森在20世纪80年代初首先提出来的,见诸其著作《关于思维科学》,并在近几年来逐渐流行起来的理论观点。

思维形式就是思维在抽象出具体内容之后所具有的共同结构。人们也称之为思维的逻辑形式。形象思维、抽象思维、灵感思维是三种普遍的思维形式。具体人的思维,不可能限于哪一种。解决一个问题,做一项工作或某个思维过程,是多种思维并用。

思维障碍包括思维形式的障碍和思维形式建构障碍,前者可表现为联想的速度、结构和连贯性等方面的障碍,后者是指概念的运用和判断推理的理解紊乱。思维形式上障碍的主要症状有思维奔逸、思维迟缓、思维贫乏、思维散漫、思维中断、逻辑倒错性思维等,这些思维形式的障碍需要教师在教学中发现,并予以及时辅导矫正。

一般而言,思维形式有抽象思维、形象思维、灵感思维(直觉思维),还有动作思维。动作思维是指能直接感知思维对象,并通过思维者自身的动作去影响思维对象的那样一种思维活动。例如像幼儿的游戏中的动作思维、人们体育活动时的动作思维、劳动中的动作思维。

二、三种思维形式的培养

(一)抽象思维的培养

抽象思维是运用概念、判断、推理等来反映现实的思维过程，亦称逻辑思维。抽象思维是思维的一种重要形式，是学生学习活动赖以进行的重要依仗。抽象思维是人们在认识活动中运用概念、判断、推理等思维形式，对客观现实进行间接的、概括的反映的过程。许多问题的提出、概念的产生、规律的揭示、理论的形成等是抽象思维的结果。抽象思维属于理性认识，是以概念为思维材料，以概念、判断和推理的形式来反映自然界物质的形态、结构、性质、运动规律及物质间相互作用，达到对事物本质特征和内在联系的认识的过程。

教师在教学中培养学生抽象思维要关注以下四个方面：

1. 关注培养学生的抽象性与概括性

抽象性是形象思维最基本的特点。抽象思维的抽象性使它具有生动性、整体性的优点。在抽象思维过程中，必须将事物的本质属性或特征与非本质属性或特征区分开来，撇开事物的具体的本质属性而提取其本质，这就是思维的抽象性。思维的概括性，就是在抽象的基础上.把所有反映事物本质的属性结合为一个整体，形成关于事物的整体的、一般的认识，进而把这种认识推广到同类事物，把握同类事物的共同性和一般性。抽象性与概括性的统一，是抽象思维的一个重要特征，只有通过抽象与概括，才能形成概念，才能简化对象和过程，形成理想化模型和过程，才能在实验和理论分析基础上得出规律。

2. 关注培养学生的逻辑性和系统性

逻辑性和系统性的辩证统一也是抽象思维的重要特征。抽象思维的过程，是合理展开、科学抽取事物本质的过程，具有逻辑性。抽象思维是以概念、判断和推理的形式进行的思维。抽象思维对信息的加工一步一步、首尾相接地、线性地进行思维活动，即必须按照一定的形式、方法和规律进行。抽象思维按照一定的逻辑形式和逻辑方法，遵从一定的逻辑规律或规则，在思维过程中形成对事物的系统认识，从而表现出系统性的特征。抽象思维是或然性或似真性的思维，思维的结果有待于逻辑的证明或实践的检验。

3. 关注培养学生的思维的能动性和间接性

人们对事物的认识从感性认识上升到理性认识，从观察实验结果到得出科学结论，这并非一个被动的过程，而是一个能动的认识过程，当感性材料积累到一定程度的时候，思维能动地对这些材料进行分析、综合、比较、分类、抽象、概括等，从而使人们形成对事物的一般的、概括的认识。人们往往是先提出假设或者问题，然后再收集事实、捕获信息、立论解释，表现出有目的的、能动的思维活动。自然界中事物的本质和规律，大多蕴藏在现象之中，人凭借感官在感知之后，借助已有的知识和经验，才能认识事物之中的本质与规律，表现出了思维对事物的间接认识。抽象思维的能动性和间接性相互结合、相互促进，使我们能够借助已有的知识和经验，在认识现实事物的基础上拓展思维的广度与深度。

（二）形象思维的培养

形象思维主要是指人们在认识世界的过程中，对事物表象进行取舍时形成的，是只要用直观形象的表象，解决问题的思维形式。形象思维是以表象为思维材料进行的思维，是人们在认识事物过程中对表象进行取舍而形成的、以反映事物形象特征为主要内容的一种思维形式。形象思维是借助于具体形象来展开的思维过程，它用形象揭示事物的本质。形象思维以具体的形象或图像为思维内容的思维形式。学习思维是反映和认识世界的重要思维形式，在艺术、科学研究等领域人们也经常使用形象思维。高度发达的形象思维是激烈而复杂工作中获得成功的不可缺少的条件，离开了形象信息，离开了形象思维，人们所获得的信息就可能只是间接的、过时的，甚至是不确切的，就难以做出正确的决策或者采取正确的行动。

形象思维所反映的对象是事物的形象，思维形式是意象、直感、想象等形象性的观念，其表达的工具和手段是能为感官所感知的图形、图像、图式和形象性的符号。形象思维是对形象信息传递的客观形象体系进行感受、储存的基础上，结合主观的认识和情感进行识别（包括审美判断和科学判断等），并用一定的形式、手段和工具（包括文学语言、绘画线条色彩、音响节奏旋律及操作工具等）创造和描述形象（包括艺术形象和科学形象）的一种基本的思维形式。形象思维可以调用许多形象性材料，并把它们合在一起形成新的形象，或由一个形象跳跃到另一个形象。抽象思维对信息的加工过程不是系列加工，而是平行加工，是平面性的或立体性的。它对问题的反映是粗线条的反映，可以使思维主体迅速从整体上思考问题。

教师在教学中培养学生形象思维要关注以下三个方面：

1. 关注培养学生的思维形象性。形象性是形象思维最基本的特点。形象思维所反映的对象是事物的形象，思维形式是意象、直感、想象等形象性的观念，其表达的工具和手段是能为感官所感知的图形、图像、图式和形象性的符号。形象思维的形象性使它具有生动性、直观性和整体性的优点。形象思维以事物的具体形象为基础，运用直观、具体、生动的形象材料，通过事物的形象特征认识事物，并做出某种判断的思维。形象材料是形象思维的元素，离开形象材料，形象思维就不存在。人们在联想、想象的过程中一刻也离不开形象材料，因此形象性是形象思维的重要特征。例如鼓励学生以某种模仿原型为参照，在此基础之上加以变化产生新事物的方法。很多发明创造都建立在对前人或自然界模仿的基础上，如模仿鸟发明了飞机，模仿鱼发明了潜水艇，模仿蝙蝠发明了雷达。

2. 关注培养学生思维的动态性。形象思维的材料、过程和结果常是动态的，因此，动态性也是形象思维一个重要特征。形象思维不像抽象思维中的归纳和演绎那样直接，它的过程比较复杂。在教学中教师鼓励学生从两种或两种以上事物中抽取合适的要素重新组合，构成新的事物的思维，例如运用同物组合、异物组合、主体附加组合、重组组合等组合法学习形象思维。在教学中，教师也可以指导学生运用移植法，将一个领域中的原理、方法、结构、材料、用途等移植到另一个领域中去，从而产生新事物的方法，让学生掌握原理移植、方法移植、功能移植、结构移植等方法。

3. 关注培养学生思维的想象性。想象是思维主体运用已有的形象形成新形象的过程。想象性使形象思维具有创造性的优点，形象思维并不满足于对已有形象的再现，它更致力于追求对已有形象的加工，而获得新形象的输出。理想气体、多维空间、夸克、黑洞、宇宙大爆炸、DNA双螺结构模型都是富有创造性的形象思维的结晶。这也说明了一个道理；富有创造力的人通常都具有极强的想象力。形象思维必须从客观世界获取材料并且运用想象。形象思维的基本形式是表象、直感和想象。想象是人脑对已有表象进行加工、改造，并产生新形象的过程。

4. 运用多元语言发展学生的形象思维。我们利用各学科中的不同“语言”进行形象思维的培养。不同学科的“语言”不同，除了语言文字外，自然科学常用的“语言”有符号、图像等；音乐学科常以音符、旋律、节奏等语言进行音乐思维；美术学科常用色彩、线条、造型等进行美术思维，舞蹈以舞蹈语言表达主题或者人物情感。因此教师应该以学科语言为载体积极培养学生的形象思维。在运用图形符号进行形象思维活动中，我们要注意图形符号的鲜明性，用多种形式图形，例如PPT图像、彩色照片等来呈现事物真实感，易于学生对知识直接认知，提高知识的识记性，产生直接的认知效果。我们应该注意图形符号的指意性，对形象的选择变化、夸张表现都能引导学生思维的作用。还应该注意图形符号的象征性，用抽象图形来表达和暗示知识特征，使学生产生联想。

5. 关注表象，培养学生的形象思维。表象是指曾经知觉过的事物在头脑中留下的形象。因此表象是从具体知觉到概念形成的过渡和桥梁。表象是事物不在面前时，人们在头脑中出现的关于事物的形象。从信息加工的角度来讲，表象是指当前不存在的物体或事件的一种知识表征，这种表征具有鲜明的形象性。在心理学中，表象是指过去感知过的事物形象在头脑中再现的过程。

“若想真正地了解事物，必须透过表象，把握实质。”这句话把“表象”当成“表面现象”，显然是从词语的表层意思来错误理解了，这里的“表象”不应该用“表象”这个概念。对于词语，人们最常犯这样对概念的望文生义的错误。“表象”一词在心理学中的定义为客观对象不在主体面前呈现时，在观念中所保持的客观对象的形象和客体形象在观念中复现的过程。表象具有三个特征：一是直观性，表象是在知觉的基础上产生的，构成表象的材料均来自过去知觉过的内容；二是概括性片段不稳定性，表象是多次知觉概括的结果，它有感知的原型，却不限于某个原型，表象是经过感知的客观事物在脑中再现的形象，绝非表面现象的意思，因此表象具有概括性，但是对某一类对象的形象的概括性反映，这种概括常常表征为对象的轮廓而不是细节。三是感觉方式多样性，可以被操作。表象在多种感觉道上发生，可以是各种感觉的映象，有视觉的、听觉的以及嗅觉、味觉和触觉、动觉的表象等等。

表象在思维活动中的作用不容忽视。表象不仅是一个人对事物的映象，而且是一种操作，即心理操作可以以表象的形式进行，即形象思维活动。从这个意义上说，表象的心理操作、形象思维与概念思维可处于不同的相互作用中。表象思维（形象思维），即是凭借表象进行的思维操作。表象与词在心理操作中双重编码，在更多情况下，信息在脑中可以进行编码，也可以图像进行编码。在一定条件下，图像和词是可以互译的。具体的图像可以通过语言提取、描述和组织，例如，道德教育中学生对“帮助他人”的模拟情境通常进行图像编码，最后通过语言存储起来，获得这个帮助他人的道德概念；同时，学生按照这个帮助他人的文字概念再生图像，这就是道德践行，也就是通过语言使图像再现。表象是概念的思维操作的支柱，概念的思维操作需要表象的参与和支持，但可因思维任务之不同而异。例如，几何学在运算中，很大程度上依赖图像操作的支持，图形操作是几何运算的必要支柱。代数学、方程式，只用符号概念按照公式进行演算，完全排除了形象操作。

（三）灵感思维的培养

历史发展到今天，由于人们越来越清楚地看到灵感在创造活动中的重要作用。灵感思维是指人们在学习活动、科学研究、科学创造、产品开发或问题解决过程中突然涌现、瞬息即逝，使问题得到解决的思维过程。灵感思维是在不知不觉之中突然迅速发生的特殊思维形式，亦称顿悟思维。

灵感（inspiration）是人们思维过程中认识飞跃的心理现象，一种新的思路突然接通。这种状态能导致艺术、科学、技术的新的构思和观念的产生或实现。

简而言之,灵感就是人们大脑中产生的新想法(new idea)。灵感是新东西,即过去从未有过的新思想、新念头、新主意、新方案、新答案。

灵感思维产生于大脑对接收到的信息的再加工,储存在大脑中沉睡的潜意识被激发,即凭直觉领悟事物的本质。现代科学研究表明,灵感是大脑的一种特殊技能,是思维发展到高级阶段的产物,是人脑的一种高级的感知能力。正如著名科学家钱学森所说:"我认为现在不能以为思维仅有逻辑思维和形象思维这两类,还有一类可称为灵感。也就是人在科学和文艺创作的高潮中,突然出现的、瞬息即逝的短暂思维过程。它不是逻辑思维,也不是形象思维,这两种思维持续的时间都很长,以至人们所说的废寝忘食。而是灵感时间极短,几秒钟而已。总之,灵感是又一种人们可以控制的大脑活动,又一种思维,也是有规律的。"

灵感思维主要有三个特征:

1. 模糊性。灵感的产生往往是闪现式的,而且稍纵即逝,它所产生的新线索、新结果或新结论使人感到模糊不清。要精确,还必须有形象思维和抽象思维辅佐。灵感思维所表现出的这些特征,从根本上说都是来自它的无意识性。形象思维、抽象思维都是有意识地进行的,而灵感思维则是在无意识中进行的,这是它们的根本区别所在。

2. 突发性。灵感的产生往往具有突发性。灵感思维总是突然发生的,没有预感或预兆。灵感往往是在出其不意的刹那间出现,使长期苦思冥想的问题突然得到解决。这种灵感的顿悟既可以发生在为解决问题进行苦苦思冥想时那种受主体控制的"现实思维"之中,也可以发生在主体当时并未在思考所要解决的问题时,那种漫无目的的、不受主体控制的"潜意识"之中。在时间上,灵感不期而至,突如其来。在效果上,突然领悟,意想不到。这是灵感思维最突出的特征。

3. 随机性。灵感思维的随机性,亦偶然性,具有两方面的含义:一是灵感思维的出现是一种随机现象,灵感在什么时间可以出现,在什么地点可以出现,或在哪种条件下可以出现,都使人难以预测而带有很大的偶然性,往往给人以"有心栽花花不开,无意插柳柳成荫"之感。二是灵感思维的结果可能是正确的,也可能是错误的,它是对问题的猜测,其结论的正确性要靠实践来检验。

在教学中教师要关注学生的灵感思维的培养。

1. 引导关注平时积累,激发顿悟

灵感即使具有随机性、突发性,但是也不会无缘无故产生,其实是从人们的无意识层面跳跃到意识层面。这个转化的可能性是与人们的平时多方面的预备与积累相关的。因此教师在平时的教学中要引导学生多观察分析。在进行科技创新活动的过程中，自始至终都离不开观察分析。观察，不是一般的观看，而是有目的、有计划、有步骤、有选择地去观看和考察所要了解的事物。通过深入观察，可以从平常的现象中发现不平常的东西，可以从表面上貌似无关的东西中发现相似点。在观察的同时必须进行分析，只有这样才能引发灵感，形成创造性的认识。教师要启发学生联想。新认识是在已有认识的基础上发展起来的。旧与新或已知与未知的连接是产生新认识的关键，从联想中受到启发，引发灵感，形成创造性的认识。教师还要善于通过实践激发学生灵感。实践是灵感产生的源泉。在实践激发中，既包括现实实践的激发，又包括过去实践体会的升华。各项科技成果的获得，都离不开实践需要的推动。在实践活动的过程中，迫切解决问题的需要，就促使人们去积极地思考问题，废寝忘食地去钻研探索，探索的逻辑起点是问题。因此，在实践中思考问题，提出问题，解决问题，是引发灵感的一种好方法。

2. 触发学生的灵感，激发灵感思维

灵感与潜意识密切相关，灵感突发之前有一个酝酿过程，往往要用艰苦的脑力劳动来孕育，灵感的孕育不在意识的范围内，而在意识之前的、可以称为潜意识的阶段。灵感出现之前，先在潜意识范围内酝酿，一旦成熟，立即以灵感思维的形式涌现出来。潜意识不仅能进行信息的存贮与提取，甚至能在意识之外进行信息处理和加工，似乎存在一个独立的系统。灵感思维比形象思维更复杂，是一种多维的思维。教师要善于激发学生的灵感，首先要触发学生的激情冲动。积极的激情，能够调动全身心的巨大潜力去创造性地解决问题。在激情冲动的情况下，可以增强注意力，丰富想象力，提高记忆力，加深理解力。从而使人产生出一般强烈的、不可遏止的创造冲动，并且表现为自动地按照客观事物的规律行事。这种自动性，是建立在准备阶段里经过反复探索的基础之上的。激情冲动，也可以引发灵感。

3. 运用多种方法，增强学生灵感思维

在教学中教师要善喻，运用多种具体方法，引导学生善于思维开窍。从灵感思维的随机性与突发性，教师可以运用：

（1）久思暂搁方法。让学生在长期思考竟日不成的情况下，暂将思考对象搁置，转而进行与此无关的活动，然后在这个“不思索”的过程中，无意中找到答案或线索，完成久思未决的学习问题。其实这种思索的结果是留给那些“有准备的科学头脑”。

（2）自由遐想方法。引导学生自觉放弃墨守成规的思维习惯，让学生自由遐想围绕思维对象，依照一定的随机程序对自身内存的大量信息进行自由组合，经过数次乃至数月、数年的开放性思维间或的逻辑推理，在问题解决过程中产生灵感。

（3）豁然开朗方法。通过对事物顿悟的诱因来自外界的思想点化，通过语言表达的一些明示或隐喻获得灵感。豁然开朗这种方法中的思想点化，一般来说要有这样几个条件：一是“有求”，二是“存心”，三是“善点”，四是“巧破”。

（4）触类旁通方法。让学生从其他领域的既有事实中受到启发，在类比、联想、辩证中获得灵感。他山之石，可以攻玉。触类旁通往往需要思维主体具有更深刻的洞察能力，能把表面上看起来完全不相干的两件事情联系起来，进行内在结构与功能的类比分析。

（5）另辟新径方法。引导学生在学习过程中，将学习内容与兴奋中心都没有发生变化下，寻解定式，而是灵机一动或者急中生智，而转移到与原来思路相异的方向，或者情急之中想出了新的积极问题之灵感。

（6）见微知著方法。引导学生从别人不觉得稀奇的平常小事上，敏锐地发现新生事物的苗头，并且深究下去，直到形成一定的新创意灵感。见微知著必须独具慧眼，也就是在感知的同时，配合敏捷的思维。

（7）巧遇新迹方法。依靠平时积累的思维敏感度，由灵感而得到预设外的、意外的新成果。这类“正打歪着”或“歪打正着”虽然可以看作是“天赐良机”，但是与学生个体思维品质有关。

4. 指导学生把握灵感思维和直觉思维

灵感思维和直觉思维有着共同的地方，它们与抽象逻辑思维相比，都属于非逻辑思维，都表现出跨越推理程序的不连续的跃迁性的特点。灵感思维和直觉思维并非没有联系，灵感思维又常常需要借助直觉的启示而使问题得到突如其来的顿悟和理解。而直觉思维往往需要借助灵感思维来实现其对问题的直接的快速的抉择。这两种思维的主要区别是：灵感思维在产生之前往往有一段时间对思维对象的顽强探索，直觉思维则是在很短的时间内对思维对象的迅速而直接的判断；灵感思维的产生常常出现在思考对象不在眼前，或在思考别的对象的时候，灵感往往是在某种偶然因素的启发下使问题得以顿悟，灵感在出现方式上带有突发性，使人出乎意料。直觉思维是以由概念和表象结合而成的、具有整体功能的“知识组块”为思维材料进行的思维，指人脑不借助逻辑推理而是综合运用已有知识、表象和经验知觉，以高度省略、简化、浓缩的方式洞察事物的实质，并迅速做出猜测、设想或突然领悟。

5. 指导学生综合运用灵感思维、形象思维与抽象思维

灵感思维作为一种认识过程和思维的形式，与抽象思维和形象思维有密切的关系——它的思维材料是概念和表象，所以既可以以抽象思维的形式进行，也可以以形象思维的形式进行；既可以是由语言、符号构成的，也可以是图景

式的。从这个意义上来讲，灵感思维要精确，必须有形象思维和抽象思维辅佐。灵感思维从根本上说是来自它的无意识性，形象思维、抽象思维都是有意识地进行。

灵感思维不是与抽象思维和形象思维并列的一种独立的思维方式，而是抽象思维或形象思维活动发展到一定阶段的一种激烈的跳跃和升华，是常规思维过程渐进性中断后，滞塞的思维活动被突然接通而产生的飞跃。灵感思维在思维活动中有着特殊的地位和作用，从这个意义上讲，可以把灵感思维看作是抽象思维和形象思交叉作用而形成的一种客观存在的、新的、独立的思维方式。在教学中不仅要关注着三种思维形式的各自功能，而且要在教学中综合进行思维训练，关注形象思维与抽象思维运用中的灵感思维的培养。

三、思维形式的五个要素

（一）思维形式要素之一：概念

概念（Concept）是事物的本质属性在人脑中的反映的思维形式。概念是思维的基本形式之一，反映客观事物的一般的、本质的特征。人类在认识过程中把所感觉到的事物的共同特点，抽出本质属性加以概括而成，从感性认识上升到理性认识，就成为概念。我国GB/T15237.1–2000："概念"是对特征的独特组合而形成的知识单元。德国工业标准2342将概念定义为一个"通过使用抽象化的方式从一群事物中提取出来的反映其共同特性的思维单位"。

概念是人类所认知的思维体系中最基本的构筑单位。这种反映是以词来标示和记载的。概念是思维活动的结果和产物，同时又是思维活动借以进行的单元。表达概念的语言形式是词或词组。概念都有内涵和外延，即其含义和适用范围。

概念是意义的载体，以词来标示和记载。一个单一的概念可以用任何数目的语言来表达，例如"知识"在俄语中以"знания"表达，在日语中以"ちしき"表达，在英语中为"knowledge"。没有语言就不能形成概念，概念和语言是一个紧密相关的整体。一个人只有在反映客观事物的过程中，在丰富而合乎实际的知觉材料的基础上，凭借语言对知觉对象的抽象化和概括化作用，才能产生概念，即语言是概念产生的基础。语言有概括和调节的功能，而概括功能就成为概念赖以表达的支柱，即语言是概念存在的媒介。随着语言水平的不断发展，推动着一个人概念内容的日益丰富、深刻和系统化，促使它的概括水平更为抽象，即语言是概念完善的推进器。

在教学中教师经常涉及到概念的教学，要着力关注让学生正确把握概念与运用概念进行思维，具体而言就是单个问题：概念的形成、概念的理解与概念的运用。要让学生明确概念就是用某种符号所代表一类具有某些共同关键特征的事物；概念一般涉及以下三个要素：第一，名称，即代表概念的词语、符号；第二，内涵，即这类事物所共有的关键特征；第三，外延，即这一概念所代表的具体事物（实例）的范围。

教学中教师进行概念教学的要点：

1. 指导学生正确形成事物的概念

概念的形成是指通过一定的方法抽取事物或者现象的共同本质属性，并以概念形式表述的思维过程。概念的形成最主要的就是给事物定义。定义（Definition），对于一种事物的本质特征或一个概念的内涵和外延的确切而简要的说明；或是透过列出一个事件或者一个物件的基本属性来描述或规范一个词或一个概念的意义。被定义的事件或者物件叫作被定义项。一般地，能清楚地规定某一名称或术语的概念叫作该名称或术语的定义。定义是认识主体使用判断或命题的语言逻辑形式，确定一个认识对象或事物在有关事物的综合分类系统中的位置和界限，使这个认识对象或事物从有关事物的综合分类系统中彰显出来的认识行为。“定义”作为动词使用时，意指确定认识对象或事物的意义，是指人类的判断认识行为；作为名词使用时，是指认识对象或事物具有的确定的含义、位置、界限和规定。

教学中，教师首先要让学生学会正确定义，形成概念。属加种差是一种常用的定义方法，又称真实定义、实质定义。定义项是由被定义概念的邻近的属和种差所组成的定义。它的公式是：被定义项=种差+邻近的属。用属加种差方法下定义时，首先应找出被定义项邻近的属概念，即确定它属于哪一个类，然后，把被定义项所反映的对象同该属概念下的其他并列种概念进行比较，找出被定义项所反映的对象不同于其他种概念所反映的对象的特有属性，即种差，最后把属和种差有机地结合起来。要给“人”这个概念做定义，首先要找到与“人”这一概念最近的“属概念”——动物，然后找到种差，在这里与属概念“动物”之下的其他并列的种概念（如狼虫虎豹、鸡鸭牛羊等）所反映的对象的差别，即种差：“能够制造和使用生产工具”，人的定义就可表述为“人是能够制造和使用生产工具的动物”。

在学生概念形成过程中，要透过学习的内容，指导他们掌握定义的规则：一是属概念和种概念的外延要相应相称，不要犯“外延过宽”的逻辑错误；二是构成属种关系的概念，例如定义“椅子”时说成“家具是椅子”，把属说成是种必然犯了“以偏概全”的逻辑错误，而“椅子是家具”肯定符合逻辑；三是“种差”应尽可能详细确切，上例的“椅子是一种有靠背、有的还有扶手的供人坐着的家具”，对椅子做具体形态与功能表述就有了对其他家具的区分；四是并列的概念一般不应是否定的判断，比如说“人不是动物”，这样说毫无意义。除了上面的“属加种差”定义，学生还应该掌握“操作定义”。这种定义方法实际上就是对被定义事物发生过程或者操作过程的一种描述。

2. 指导学生掌握概念获得的方式

概念的获得，实质上就是理解一类事物的共同关键特征。个体获得概念的两种基本形式是：一是概念形成，个体从大量的例子出发，从他们的实际经验的概念的肯定例证中，以归纳的方式抽取出一类事物的共同属性，从而形成概念。二是概念同化，这是指将新概念纳入学生认知结构中原有的相关概念之中，从而使学生获得概念的方式。学习者也可以利用原有概念来理解一个新概念的定义，从而明确一类事物的共同关键特征，使学习者真正把握概念的方式。

在概念形成教学时，我们一般可以根据不同的概念，采取不同的方法，例如通过静态的或者动态的实物展现、图像呈现、逻辑推理、过程演示等方式帮助学生形成有关概念。

概念教学时要注意：

（1）教师应该以准确的语言明确揭示概念的本质特征。教师在概念教学中，一方面要指出新概念所隶属的更一般的类别；另一方面要指出新概念的定义特征。如等边三角形是一个平面的简单的封闭图形（一般）及三个相等的边和角（定义特征）。

（2）概念教学中要突出有关特征，控制好无关特征的数量和强度。大量的实验研究和教学经验证明，概念的关键特征越明显，就越容易学习；概念的无关特征越多，越明显，学习就越困难。因此，在概念教学中，教师要设法突出概念的关键特征，将其放在引人注目的位置，消除无关特征的干扰。如学习“鸟”这个概念，主要突出有喙而不是会飞，喙是关键特征，而“会飞”是无关特征。有些鸟不会飞，如鸵鸟，但它有喙，因此属于鸟。教师在教学开始时，必须注意强调有关特征，弱化无关特征，以使学生顺利把握概念的实质，然后逐渐增加无关特征，指导学生对无关特征和有关特征进行辨别和区分，使其获得的概念更加准确。

（3）教师要充分利用感性材料与经验帮助学生形成概念。科学概念是以语言形式来揭示事物的本质特征的，对学生来讲，它既抽象又难懂难记。如果概念的学习缺乏一定的感性材料或经验的支持，容易造成学生死记硬背定义，而未能理解和掌握其真正涵义。感性材料是概念形成的基础，感性材料越丰富、越全面，概念的掌握就越准确。教学中提供感性材料或经验的方法主要有：利用直观手段，包括：实物直观，即给学生观察实物、模型、标本等教具；模像直观，包括利用图画、幻灯、录像、电影等；语言直观，包括利用形象语言加以描述，用形体语言如手势表情、体态等动作加以表现。

3. 结合学生概念形成中的错误及时给予指导

在教学中，常见概念定义错误有以下五种需要教师指导：

（1）定义项的概念认知度高于被定义项

违反这一规则，称为晦涩定义。在知识系统中，要用已定义的概念定义未定义的概念，用来定义的项（对象）必须是比被定义项更为普及的，不能在定义项中使用认知度比被定义项低的概念，例如“健康就是非病非亚健康状态”，在此例中我们对“亚健康”这一概念的认知度低于对“健康”的认知度，因此该定义不符要求。

（2）定义项中不能直接或间接地包含被定义项

如果定义项直接包含被定义项，称为同语反复；如果间接包含，称为循环定义。例如对“聪明人”一词的定义是“聪明的人”，便是同语反复。“生命是有机体的新陈代谢”，是循环定义，因为“有机体”正是被定义为“有生命的个体”。

（3）被定义项要恰当归类

违反这一规则称为归属不当，主要是属种不适切。例如，“中国属于联合国”，应改为“中国属于联合国成员国”。

（4）定义项与被定义项的外延必须是全同关系

外延通俗地来说就是对某一对象进行分类，外延一词可以理解为范围，如“人”的外延是男人和女人。定义项与被定义项必须是全同关系。如果定义项外延大于被定义项，成为定义过宽。如“爱情是一种男女之间的感情”就是定义过宽，因为男女之间的感情很多，包括母子之间、父女之间、非婚姻的异性之间，也有感情但不一是爱情。反之则为定义过窄。如“单身汉是未婚男子”就是定义过窄，单身汉可以包括丧偶、离婚后当前未结婚的成年男人，仅指从未结过婚是单身汉范围缩小了。

（5）定义一般为肯定性陈述

当用否定性陈述时，即当A被定义为非B时，A、B必须互补。“健康就是非病状态”错误，因为它们只是互斥不是互补，因为还可以说处于亚健康状态。但定义时不是不能用否定性陈述，要尽量避免。

4. 指导学生学会概念的正确理解

教学中不是让学生背出概念的文字表述，而是要达到正确的理解。在概念教学时，在学生在概念形成的基础上，教师要引导学生展开把握概念的内部联系的思维过程，掌握内涵与外延，进一步理解概念的本质。

（1）引导学生关注概念的内涵与外延。在学生概念形成之后要进一步促进学生了解与事物概念的属性，将概念属性加以认同与清晰化，提高与容易相混淆的概念的区分，认知这些概念属性间的差异性。把握概念的内涵与外延是理解关键。内涵指一个概念所反映的事物的本质属性的总和，也就是概念的内在内容。概念的内涵是事物概念所共有的关键特征，例如：杯子是用来盛与喝水、酒或者其他液体的容器。概念的外延即这一概念所代表的具体事物的范围，具有该概念所反映的本质属性的一切事物。例如“杯子”的外延包括了“所有的杯子”，玻璃杯、瓷杯、酒杯等。更要让学生把握内涵与外延的关系，概念的内涵越大，外延越小；内涵越小，外延越大，即内涵与外延成反比的关系。比如扩大外延：玻璃材质的盛酒与喝酒的容器，其内涵则变小，不包括喝水的玻璃杯，也不包括银质酒杯等。对于一种事物的本质特征或一个概念的内涵和外延所做的简要说明，有利于交流中的识别及认同。

（2）引导学生把握理解的标志，提高理解水平。理解常以问题解决的方式来进行。对提出的问题所给予的回答，可以表现出理解的不同程度或不同水平。理解的标志之一，是对所理解的对象能用自己的话表达出来，包括对语言材料能加以改组，改变其表达方式。对某事物理解不确切，难以用自己的话表述，或仅能背诵原文，这说明对文句或事物并未有真正的理解。理解的另一标志，是根据对某一事物的理解，能独立完成所需要的动作。如仅能根据他人的指导来完成它，也不能认为有真正的理解。对客体进行实际操作常能帮助理解。在理解的过程中，言语表达和实际动作有时并不一致。良好的理解应是二者的结合。

（3）指导学生学会提高理解水平的方法。理解又可分为直接理解和间接理解。直接理解是不要求中介性的思维过程的，常和知觉过程融合在一起。如对本民族的语言和其他熟悉事物的理解等。间接理解须经过复杂的思维过程。常是从最初模糊的、未分化的理解逐渐过渡到明确的、清楚的理解，其间经历了不同的阶段。间接理解总是针对复杂的、陌生的事物，并带有问题解决的特点。帮助学生学会多种理解形式。根据理解的对象不同，可将理解分为不同的形式，如对人们的言语和行动、自然和社会现象以及科学理论的理解等。对人们的言语的理解是把握言语所表达的思想。对人们的行动的理解是把握其动机和效果；对自然现象和社会现象的理解常是把握其因果关系或其结构和功能；对科学理论的理解主要是为把握论据的逻辑联系。

（4）指导学生运用多种方式掌握概念

○ 注意采用变式和比较。变式是指概念的正例在无关特征方面的变化。凡是概念的正例都具有该概念的关键特征，而其无关特征可能各不相同。提供变式，使学生牢固掌握概念的关键特征，舍弃无关特征，使获得的概念更精确、稳定和易于迁移。变式是从材料上促进学生理解概念，而比较则是从方法上促进理解，让学生确定哪些是所有正例的共有的关键特征，哪些是个别正例所特有的变化着的不同的无关特征。通过比较，使学生更加清晰地理解概念的关键特征和无关特征。

○ 正确运用正例和反例。在概念教学中，为了帮助学生更好地理解概念，教师要同时呈现正例和反例。呈现正例，有利于概括出共同的规律或特征，使学生认清概念的关键特征。列举若干反例，有利于辨别，加深对概念的本质特征的认识，消除无关特征的干扰。如当学生知道蝙蝠不是鸟时，他会更清晰地明白“会飞”是鸟的无关特征。

○ 形成概念网络。概念是相互联系的具有层次结构的网络系统。概念教学的目标是让学生正确掌握所学概念的本质，并将所学概念和认知结构中已有概念联系起来，形成一个相互联系的概念网络。利用学生已有概念组成一个“概念地图”，来表示概念与概念之间的关系。概念网络可以由教师事先画好呈现给学生，也可以由教师用语言引导学生自己形成相应的想象。最好是让学生掌握概念网络的构成方法，形成能自主支配的独立知识体系。

5. 指导学生正确运用概念

学生概念学习中十分重要的是概念的运用。概念从一般到个别的过程就是概念的运用过程。概念学习的根本目的是能够在实践中运用概念，同时运用概念也是使概念具体化的过程。通过概念的运用，学生学习的概念会进一步丰富和深化，从而使学生对概念的理解更加全面而深刻。学生运用概念多采取做练习、阅读、写作和解决问题等活动，在这些活动中，教师要尽量启发学生，让学生积极主动地、独立地进行，促进学生更牢固地掌握概念。

概念的运用是指概念获得之后，就能在认知活动中发挥作用，并认知活动产生影响，它一般反映在知觉和思维两个水平上。在知觉水平上运用概念是指运用已经获得的概念，帮助识别具体的同类事物并将其归入这一类型。这也可以理解为概念的理解。在思维水平上运用概念是指运用概念对事物进行判断、推理或将概念进行重新改组，以满足解决问题的需要。这是重要的概念运用，指向解决问题。

概念的运用是把已经概括了的一般的东西，应用到个别的特殊的场合。但通常这不是一个简单的逆转过程。因为新出现的事件不一定与某一概念完全对应，新事物的各种特征不一定与某一概念的特征完全吻合，这时学生就会遇到概念运用上的困难。对概念的运用，要求人不但要掌握概念的内涵所包容的东西，还要求人把握有关概念相邻近的、相对立的、相反的有关知识。过于单调的经验往往使概念在应用时发生困难。而丰富的经验与知识则使人能从更广泛的角度把概念应用到新的情境中去。知识经验越丰富，对概念之间的联系、概念的系统化程度越广，运用一般概念去解释新的具体情况就更准确。上述例子表明，由于学生对概念的掌握过于呆板和狭窄，缺乏事物在变化了的情况下应用概念的应变能力。

概念的运用对掌握和理解有重要作用。实际地运用概念是概念的具体化，而概念每一次的具体化，都会使概念进一步丰富和深化，使人对概念有更全面、更深刻的理解和掌握，把新知识纳入已有的概念系统。

对于学生而言，概念的运用一般由两种情况：一是运用概念完成作业。作业由一个或者若干概念联系起来构成的。由概念形成的作业以及由作业表述的概念，都是被严格地规定了的。二是具有生活情境的问题，这些问题的解决需要依靠所学的概念，把握问题所涉及的概念本质特征等，以此解决实际问题。

指导学生运用概念要注意以下方面：

1. 掌握概念运用的两种方法

（1）从实例到概念。教师可先向学生呈现某个概念的各种例证，然后要求他们分析归纳，总结出一个概念，这叫作“实例—概念法”。例如，给学生呈现麻雀、喜鹊、鸵鸟，从中归纳出鸟的定义。

（2）从概念到实例。先给学生一个概念的定义，然后要求他们结合实例进行识别归类，这叫作“概念—实例法”。例如，先给学生鸟的定义，然后再让学生举出相应的例子。

2. 配合概念运用正例和反例

正例就是正面例子，是概念的肯定例证。即完全符合概念要求的例证。

比如：鸟是前肢为翼、无齿有喙，有羽毛的卵生脊椎动物。正例：所有的鸟，反例就是反面例子，是概念的否定例证。即完全不符合或部分不符合概念要求的例证。反例：蝙蝠、蛇。

3. 以变式启发学生运用概念

变式指概念的正例（肯定例证）在无关特征方面的具体变化，也就是通过保持概念的关键特征而变化那些非关键特征，从而构成表现形式不同的例证。即改变非本质特征突出本质特征。例如，教师在讲解杯子是能盛水等的容器（本质特征）时，还举出玻璃杯是玻璃材质、不锈钢材质（非本质特征）的盛水容器（本质特征），来帮助学生理解杯子。

4. 通过比较帮助学生正确运用概念

通过比较区分概念的本质与非本质的异同，或者不同概念的本质差异。它是概括过程中区分一般对象与特殊对象以及本质因素与非本质因素的必要条件。比较主要有两种形式：同类比较，即关于同类事物之间的比较；异类比较，即不同类但相似、相近、相关的事物之间的比较。

同类比较：鸟和鸵鸟。发现会飞是非本质特征。

异类比较：鸟和蝙蝠比较。都是前肢为翼，但其他特征不同。

5. 在实践中运用概念解决问题

利用实践活动，如组织学生进行调查访问、参观考察、实验研究等实践活动。例如，"水污染"这个概念，可以组织学生到被污染的河与没有污染的河进行调查，在对水污染获得感性认识的基础上形成"水污染"的概念。通过有目的地针对相关概念，或者运用有关概念去观察、体验事物现象或者解决问题，学生有了生动表象或感性经验做基础，就可以使抽象概念与之建立联系，有助于学生更为准确、全面和深刻地掌握概念，更好地运用概念。

（二）思维形式要素之二：判断

判断是重要的思维形式，是对于思维对象有所肯定或否定的思维形式。判断是对思维对象是否存在、是否具有某种属性以及事物之间是否具有某种关系的肯定或否定。判断思维是人的思维能力的核心部分，是人们根据一定的先知条件，通过自己拥有的知识、思维进行判定、推断，对事物得出自己的结论的能力。

"判断"一词有两种含义：一种是指人脑产生判断的思维过程；另一种是指人脑经过判断过程所产生的思想形式。判断是对事物的情况有所肯定或否定的思维形式，属于理性认识阶段。判断由概念组成。如果说概念是用词语来表达事物的本质的话，那么，判断则是用句子来表达事物的联系和关系的。

人通过判断，就可以对客观事物获得肯定的或否定的认识。判断和词语是密不可分地联系着的。判断是以语句来表达的。句中的主语是判断所指的事物，谓语是判断所确定的事物的情况或关系。判断句中的主语和谓语都是用相应的概念来表示的，所以，判断实质上也就是人在头脑中对某些已形成的有关的概念所进行的一种分析与综合的过程，也就是人的大脑两半球凭借语言的词句的刺激作用，在已形成的某些组的条件性联系之间形成新的联系的过程，或是把已形成的某些组的条件性联系加以分化的过程。

判断这种思维方式通常表现为两个或更多概念之间的联系，当人们以判断形式确定概念之间的特定关系时，就是在进行断定。人们在认识过程中运用判断形式，把认识的结果固定下来，没有判断思维，人们就无法进行正常的解释活动。

判断有两种形式：一是判断的表现形式，判断可表现出人的情感和愿望，以此可以考察学生学习的个人情感和愿望；此外判断也可表现出人对事物的评价，以此可以考查学生个人的语言表达能力。二是判断的表达形式，判断是以语句形式表达出来，但同一判断可以有不同的语句表达。判断按其结构可分为简单判断和复合判断两大类。

在思维形式的培养中,要关注思维的判断能力的培养:

1. 引导学生掌握判断的主要特征

对思维对象有所断定,是判断的基本特征,即判断对于对象必须有所肯定或否定。判断的第一个特征,就是它必须对事物的情况有所断定。如果对事物的情况既不肯定也不否定,而只是表示疑问,那就不是判断,而只能是问题。判断是对事物是什么或不是什么、是否具有某种属性的判明和断定,在内容上是对事物之间的联系或关系的反映,在形式上表现为概念与功能之间的联系。判断的特征之二,它有真假之分。由于判断总是有所断定,所以总是有真有假,断定本身存在着是否与实际相符的问题。如果一个判断所断定的,是符合客观实际情况、与事实相一致的,这个判断就是真的,就是真判断,反之就是假判断。例如,"地球是圆的"是真判断,"地球是宇宙的中心"就是假判断。检验判断真假的标准是实践。

2. 引导学生掌握判断的类型

判断按其结构可分为简单判断和复合判断两大类。判断必须用语句来表达,可是判断与语句又不是一回事。判断是语句的思想内容,语句是判断的语言表达形式,正确运用判断进行解释,要深入理解和掌握表达判断逻辑结构的词语。只有那些对事物有断定,从而有真假可言的句子,才能表达判断。一般来说,陈述句都表达判断,疑问句、祈使句、感叹句不表达判断。

判断可分为直接判断和间接判断,肯定判断和否定判断,单称判断、特称判断和全称判断,等等。凡此都是逻辑学所讨论的问题。

3. 透过教学内容,引导学生掌握多种思维判断

判断首先可分为"非模态判断"与"模态判断"两大类。

非模态判断又可分为"简单判断"与"复合判断"。简单判断又可再分为"性质判断"与"关系判断";复合判断又可再分为"假言判断""选言判断""联言判断""负判断"四种。

模态判断又可分为"必然判断"与"可能判断",模态判断也可以有许多复杂的形式。

一般思维中常见的判断有以下几种:

(1) 性质判断(也称直言判断):是断定事物具有或不具有某种性质的简单判断,也叫性质判断。例如,"小李是三好学生""苹果很甜"是性质判断。

(2) 关系判断:是断定事物间关系的简单判断,例如,"小刘和小杨是好朋友""0小于1"是关系判断。

(3) 联言判断:是断定几种事物情况共存的判断。例如,"小刘和小杨是好

战士”为联言判断。

（4）选言判断：是断定在几种可能情况下，至少有一种情况存在的判断。又分为相容选言判断和不相容选言判断。“这道题或者选A，或者选B”是选言判断。

（5）假言判断：它是反映事物之间条件关系的复合判断，例如，“如果明天下雨，我就不出门”是假言判断。表示条件的判断叫作前件，表示结果的判断叫后件。假言判断又分为充分条件假言判断、必要条件假言判断和充分必要条件假言判断。

（6）负判断：是通过否定某个判断所得的判断。

负判断与原判断成对立关系。如“并非一切产品都是商品”，就是负判断。

（7）模态判断：是指一切包含有模态词的判断。模态判断是包含有“必然”“可能”“应该”“允许”等模态词的判断。

模态判断分为两大类：一是可能模态判断，例如，“犯罪必然会受到法律的制裁”“张老师也许生病了”；二是必然模态判断，如“生物必然要新陈代谢”“在常态下水加热到100℃会沸腾”。

4. 思维判断培养中要注重三个要点的教学

（1）掌握判断的标准。对思维对象进行肯定或否定的标准。这个标准必须具有科学性，要去伪存真。

（2）注重判断的合理性。判断过程和判断的方法的合理性。没有合理的判断方法与过程，必然容易导致错误的判断。

（3）关注正确表达判断。判断是以语句来表达的。句中的主语是判断所指的事物，谓语是判断所确定的事物的情况或关系。判断句中的主语和谓语都是用相应的概念来表示的。

（三）思维形式要素之三：推理

推理（Reasoning），逻辑学指思维的基本形式之一，是由一个或几个已知的判断（前提）推出新判断（结论）的过程，有直接推理、间接推理等。推理是“使用理智从某些前提（Premises）产生结论”的行动。在有方向有目的解决问题情境中，思考与推理是分不开的，推理是以某种原则为基础，有已知之事项，推求未知之结果，其间经过的心理活动，就是推理。在人们面临问题情境时，经过合理思考推理，问题才能获得解决。推理常用为通过对一主题或材料的再三考查，而且通常不经实验证明或引入新资料而引申出概念或理论，或者通过一个或几个被认为是正确的陈述、声明或判断达到另一真理的行动，而这真理被相信是从前面的陈述、声明或判断中得出的直接推理。

思维的基本规律是指思维形式自身的各个组成部分的相互关系的规律，即用概念组成判断，用判断组成推理的规律。有效推理过程必须合乎逻辑，因此也称推理为逻辑推理。简单的逻辑方法是指在认识事物的简单性质和关系的过程中，运用思维形式有关的一些逻辑方法，通过这些方法去形成明确的概念，做出恰当的判断和进行合乎逻辑的推理。逻辑推理有四条定律：即同一律、矛盾律、排中律和充足理由律。同一律是指在同一思维过程中，使用的概念和判断必须是同一的，也就是“A是A，A＝A”。比如说：1+1＝2，它们在表示实际意义的时候是同一个或同一种对象，不能是前一个“1”表示苹果，后一个“1”是梨，“2”是橘子，一个苹果“加”一个“梨”是两个橘子，这明显是不合逻辑的。不矛盾律是指同一思维过程中，对同一对象不能做出两种矛盾的判断，即不能既肯定它，又否定它，也就是“A不是非A，A不能既是B又不是B”。比如我不能说“A既是正数又是非正数”“我们住的房子其实不是房子”。排中律是说这个命题是真和这个命题是假必居其一，也就是“A是B或者不是B”。比如说“这个矛是最锋利的，可刺穿任何盾，这个盾最坚固，任何矛都刺不破”就不符合排中律。同一律是要求我们在陈述过程中不能偷换概念，不矛盾律是要求不能有“公婆说法矛盾时，还坚持相信，公说公有理，婆说婆有理”的思想，排中律是说当我们可以否定一件事的时候就要承认这件事是错的。充足理由律是指：“任何一件事如果是真实的或实在的，任何一个陈述如果是真实的，就必须有一个为什么这样而不那样的充足理由，虽然这些理由常常不能为我们所知道的。”

学习形式逻辑知识，可以指导我们正确进行思维，准确、有条理地表达思想；可以帮助我们运用语言，提高听、说、读、写的能力；可以用来检查和发现逻辑错误，辨别是非。同时，学习形式逻辑还有利于掌握各科知识，有助于将来从事各项工作。

随着时代的发展，人类在各个行业的文化和资本累积，推理这个词的意义也在逐渐地被扩大化。在时代的作用下，推理的学术含义，即学术推理越来越受到重视。来自于这个词的根本——它是理性世界的产物，是极符合科学的一种象征，不带一丝幻想，不带一点艺术感。它所要求的极严密的逻辑性，被学者们奉为带动世界发展最有利的手段。其一是认为事件必定有其原因，事件背后必定有其真相。以这样的学术思维对事件尝试“推理”，必定能得到更多人们以前没有发现的答案。其二是通过推理学术性思维，甚至可以确定人类未来发展的明细。这不是不靠谱的预言技术，不是什么玛雅人那种含糊之言。举一个简单例子说明，假设我们今天，乘上了一辆非法运行的长途汽车，那么学者们也许就会这样分析，先行了解长途汽车的路线，然后了解地理状况，了解司机的日常开车习惯，了解司机的开车水平是个什么概念，了解到运行公司的种种明细，了解该车乘客的身体或文化素质，了解到出发时间等等一系列相关数据之后。他们或许就能够以100%肯定的语气说出，我们中的谁，会在汽车开到哪个位置出现晕车现象，或者我们中的谁会要求在半途中停车小便，抑或乘客中间，会有谁突然晕倒，或许会得出，当我们行进到某个位置时，山路会崩塌，或许是当汽车行进到某个距离时，司机会突然发难，造成危害。或者，他们会分析出更多我所没有介绍的可能，并且，在某种程度上，这样的分析将会精准到等同于事实的地步。

推理的目的是产生新判断、结论。推理所根据的判断叫前提，根据前提所得到的判断叫结论。任何一个推理都包含已知判断、新的判断和一定的推理形式。作为推理的已知判断叫前提，根据前提推出新的判断叫结论。前提与结论的关系是理由与推断、原因与结果的关系。例如"客观规律总是不以人们的意志为转移的，经济规律是客观规律，所以，经济规律是不以人们的意志为转移的"，这段话就是一个推理。其中"客观规律总是不以人们的意志为转移的""经济规律是客观规律"是两个已知的判断，从这两个判断推出"经济规律是不以人们的意志为转移的"这样一个新的判断。任何一个推理都包含已知判断、新的判断和一定的推理形式。作为推理的已知判断叫前提，根据前提推出新的判断叫结论。推理有直接推理、间接推理等。

推理与概念、判断一样，同语言密切联系在一起，推理的语言形式为表示因果关系的复句或具有因果关系的句群。常用"因为……所以……""由于……因而……""因此""由此可见""之所以……是因为……"等作为推理的系词。

有研究表明"在经过有组织的教学以后，儿童正确运用三段论式推理的人数起了变化"（朱智贤、林崇德：思维发展心理学，北京师范大学出版社，1986.9）我们在教学中要通过学习内容，让学生学会一些常用的推理：

1. 演绎推理

从一般到个别，通过推导，将理论、原则运用于具体，这是演绎推理。它对人的思维保持严密性、一贯性有着不可替代的校正作用。一般常用三段法、假言推理和选言推理等形式。

2. 归纳推理

在归纳推理时，从事实出发，加以概括，从而揭示观察到的事物之间的关系，得到一般结论。

3. 类比推理

根据两个或两类对象有部分属性相同，从而推出它们的其他属性也相同的推理。这是科学研究中常用的方法之一。在两个对象之间形成类比有助于人们理解掌握新的情境，推理解决新的问题，从而获取新的知识。

4. 直觉推理

在问题情境中，个人根据以往解决类似问题中积累的经验去推理思考，称为直觉推理。这种推理的特点是不按逻辑程序去思考。这是指对一个问题未经逐步分析，仅依据内因的感知迅速地对问题答案做出判断、猜想、设想，或者在百思不得其解之中，突然对问题有“灵感”和“顿悟”，甚至对未来事物的结果有“预感”“预言”等。这种推理在时间有限情境下，由经验老到的人使用，有时可收事半功倍之效，但结果未必保证成功。

直觉推理具有简约性，对思维对象从整体上考察，调动自己的全部知识经验，通过丰富的想象做出敏锐而迅速的假设、猜想和判断，省去了一步步分析推理的中间环节。因此，它可帮助人们迅速做出优化选择。直觉推理具有创造性，是基于研究对象整体上的把握，不专意于细节的推敲，是思维的手笔，因此它的想象才是丰富的、发散的，使人的认知结构向外无限扩展。因此，它可帮助人们做出创造性的预见。

（四）思维形式要素之四：想象

哲学家狄德罗说：“想象，这是一种特质。没有它，一个人既不能成为诗人，也不能成为哲学家、一个有思想的人、一个有理性的生物、一个真正的人。”不久前，教育进展国际评估组织对全球21个国家进行的调查显示，中国孩子的计算能力排名世界第一，想象力却排名倒数第一，创造力排名倒数第五。同时，美国一个权威咨询机构调查结果表明：孩子1岁时，想象力、创造力高达96%，可这种情况在7岁上学以后发生逆转。到10岁时，孩子丰富的想象力、创造力只剩下4%。

想象是在人脑中对已有表象进行加工改造而创造新形象的思维形式。想象是一种特殊的思维形式，是人在头脑里对已储存的表象进行加工改造形成新形象的心理过程。它能突破时间和空间的束缚。想象能起到对肌体的调节作用，还能起到预见未来的作用。

想象是指在知觉材料的基础上，经过新的配合而创造出新形象的心理过程，也可理解为对于不在眼前的事物想出它的具体形象。想象是人在脑子中凭借记忆所提供的材料进行加工，从而产生新的形象的心理过程。也就是人们将过去经验中已形成的一些暂时联系进行新的结合。它是人类特有的对客观世界的一种反映形式。它能突破时间和空间的束缚，达到“思接千载”“神通万里”的境域。

想象一般分为有意想象与无意想象。

1. 有意想象

有意想象是有预定目的、自觉进行的想象。有意想象中，根据观察内容的新颖性、独立性和创造程度，又可分为再造想象、创造想象、理想、空想。

（1）再造想象

再造想象是根据语言的描述或图样的示意，在脑中形成的相应的新形象的过程。再造想象使人能超越个人狭隘的经验范围和时空限制，获得更多的知识；使我们更好理解抽象的知识，使之变得具体、生动、易于掌握。要形成正确的再造想象，必须具备能正确理解词与图样标志的意义，有丰富表象的储备。表象是感知过的客观事物的外部特征在人脑中重现的形象以及由人的能动的想象力所创造的形象。是感性认识的高级形式，由直接感知过渡到抽象思维的中间环节。

再造想象在教学过程中具有重要的意义，它是理解和掌握知识的必不可少的条件。真正掌握知识必须有积极的想象参加，这是因为学校的知识多半是通过教师、书本用词或图表、模型介绍给学生的，只有使这种介绍让学生在头脑里形成与概念相应的形象，才能理解和掌握知识，否则只能停留在机械识记的水平上。可见，任何学科都要求学生具有丰富的想象力，才能深刻地领会教材，系统和牢固地掌握知识。

（2）创造想象

创造想象是不依据现成的描述而独立地创造出新形象的思维活动。创造想象是根据预定的目的，通过词对已有的表象进行选择、加工、改组，而产生可以作为创造性活动"蓝图"的新形象的过程。创造想象与创造思维密切联系，它是人类创造行活动的一个必不可少的因素。由于创造想象的参与，能够结合以往的经验，在想象中形成创造性的新形象，造成劳动最终或中间产品的心理模型，并提出新假设，所以是创造活动顺利开展的关键。

学生的学习活动与教师的教学活动都是一种复杂的脑力劳动，需要创造性想象。教师创造性地教，学生创造性地学，缺乏创造想象是不能很好地完成教学任务的。教师要充分利用教材，有意识地培养学生的创造想象。

2. 无意想象

无意想象是没有特定目的、不自觉的想象。无意想象，亦称不随意想象，是指没有预定的目的，不需要意志努力，不由自主、自然而然地在头脑中出现的想象，例如梦是一种无意想象。无意想象是在某种刺激下，人在无意当中进行的、不由自主的、无意识的想象。人们看到天空的浮云，会把看似相像的云朵想象成骆驼、老虎、小孩追赶羊群等。梦是无意想象中很重要的一部分，是无意想象最典型、最极端的例证。梦是人在睡眠状态发生的、不受人的高级意识支配的想象活动。常常是在意识减弱时，某种刺激下，不由自主、自然而然地在头脑中出现的一些新的形象。无意想象常由于某人或某种事物而想起其他相关人或事物的思维方式。它常由客观事物的某些外行特征所引起。比如，当我们抬头仰望天空变幻莫测的浮云时，脑中就产生起伏的山峦、柔软的棉花、活动的羊群、嘶鸣的奔马等形象；当我们看到北方冬季玻璃上的冰花时，就会觉得它像梅花、树叶等都是无意想象的表现形式。无意想象会引发印象的形成，如果在某个阶段过程中印象非常深刻，则在某些特定的时间内会显现出来。因此在教学中教师可以适度注意学生无意想象的监控发展。

在教学中我们要重视培养学生的想象思维，促进学生的想象力发展：

1. 要教会学生想象活动中的认知加工

在教学中教师要有意识关注想象方法的培养，促进学生在学习活动中的认知发展。培养学生想象的常用的方式：

（1）黏合（或称比拟）。黏合就是把两种或以上本无关系的客观事物的属性和特征结合在一起，构成新形象。

（2）夸张。夸张是故意增大或缩小客观事物的正常特征，使它们变形，《格列佛游记》中的大人国和小人国就是经典的例子。

（3）人格化。人格化就是对客观事物赋予人的形象和特征，从而产生的新形象。

（4）典型化。典型化就是根据一类事物的共同特征来创造新形象。作家、艺术家用以概括现实生活、创造典型形象的方法。就是通过收集、分析大量的生活材料，从中提炼出最能体现某种人物或某种生活现象特点的素材进行整合、虚构，在艺术加工的基础上创造出新的艺术现象来。（《文学理论导引》：高等教育出版社）

2. 激发学生的好奇心。同学们的想象特点是大胆、无拘无束，因为有着强烈的好奇心和很容易被激发的求知欲，好学、好问、好幻想。中学时是创造力的萌芽时期，也是决定一个人想象力好坏的关键时期。中学生朋友对周围世界有强烈的好奇心和浓厚的兴趣，特别富于幻想。鲁迅说："孩子是可敬佩的，他常想到星月以上的境界，想到地面下的情形，想到花卉的用处，想到昆虫的语言；他想飞到天空，他想潜入蚁穴。"因此，要抓住一切机会，扩大自己的视野，多参加各种课外活动，多读书，丰富自己的想象力。

3. 鼓励发现问题、提出问题的。巴尔扎克曾说过："打开一切科学的钥匙都毫无异议地是问号，我们大部分的伟大发现应该都归功于'如何'，而生活的智慧大概就在于逢事都要问个为什么。"敢于发现问题、善于发现问题和敢于提出问题，是一种极有价值的智力素质，这里包括观察、好奇、怀疑、爱问、追问等等。对于青少年来说，观察怀疑、想象思考以及永不满足的好奇心所产生的种种追求，可以引导他们去选择新的目标，连续进行学习和研究。

4. 引导学生参加创造活动。创造活动特别需要想象，想象也离不开创造活动，因此，积极参加各种创造活动，是培养想象，特别是创造想象最有效的途径之一。在学校的学科教学中有着很多创造活动，例如美术学科的创作作品、音乐学科的表演的艺术创新、数学与物理化学等学科的一题多解、语文的写作等都有着丰富的创造活动。

5. *引导学生培养正确幻想*。幻想是青少年的一种宝贵品质。幻想是想象的一个更高的层次，是一种合理的想象。但一个人必须把幻想和现实结合起来，并且积极地投入实际行动，以免幻想变成永远脱离现实的空想。同时，一个人还应当把幻想和良好愿望，崇高理想结合起来，并及时纠正那些不切实际的幻想和不良愿望等等。学生的幻想也是在从远离现实的幻想到接近现实的幻想发展的过程。例如可以引导孩子想象一下未来的交通会是什么样，未来的环境会是什么样？合理的幻想正是创造的开始，也是想象的一个最高境界。

6. *丰富学生的知识与经历*。发展想象力的基础是丰富的知识和经验，没有知识和经验的想象只能是毫无根据的空想，或者是漫无边际的胡思乱想。扎根在知识经验上的想象，才能闪耀思想的火花。经验越丰富、知识越渊博，想象力的驰骋面就越广阔。在运用想象的过程中，自然也就发展了想象力。生活经验的多寡，直接影响到想象的深度和广度。丰富的生活经验是提高人们想象力的重要因素。因此，我们应当广泛地接触、观察、体验生活，并有意地在生活中捕捉形象，积累表象，为培养想象力创造良好的条件。

7. *丰富学生生活经验，发展学生的表象*。想象是在学生大量的生活经验基础上积累起来的。别人说“苹果”，你的头脑中会浮现出一个“苹果”的具体形象，这个形象就是表象。正是依靠表象的积累，学生的想象才逐渐发展起来。我们要帮助学生积累的生活经验正是帮助学生在头脑中建立表象的过程，学生表象的积累越多，就越容易将相关的表象联系起来，这也就是想象发展的过程。鼓励学生走向大自然，与社会接触，目的就是让学生有机会丰富生活经验，在头脑中留下更多的表象，为想象的发展打下基础。

8. *给学生提供宽容的环境，激发学生想象的欲望*

要给学生一个良好的环境，帮助学生想象力的发展。孩子将想的说出来也是一个过程，他不但是将生活经验梳理的过程，也是将经验在头脑中组织、整理后表达的过程。我们既要鼓励孩子大胆地想，还要鼓励孩子大胆地说，像前面提到的例子中，学生想的就当成真的说出来时，我们不能简单地一句“瞎说”就将学生打发掉，而是应该仔细地询问学生到底是怎么想的。对学生提出的问题尽量地鼓励：“你想想为什么？”“你想会是什么样的？”

（五）思维形式要素之五：联想

联想是由于某人或某种事物而想起其他相关人或事物的思维方式。由当前感知的事物回忆起有关的另一件事物，或由想起的一件事物又想起另一件事物，都是联想。客观事物是相互联系的，它们在反映中也是相互联系着，形成神经中的暂时联系，联想是暂时联系的复活，它反映了事物的相互联系。联想在心理活动中占有重要地位，在思维中经常通过联想，想到有关的资料、原则，提供解决问题的可能。对学生的思维发展与人的发展有着重要的作用，经常采用自由联想（对于作为刺激的事物说出首先想到的事物）和控制联想（按一定的规则，如同义、相反、部分和整体等进行联想）来发展学生的联想能力。

按照所反映的事物间的关系不同，联想有多种分类方法。有的心理学家把联想分为简单联想和复杂联想两大类。一般按照联想产生的内容分为接近联想、对比联想和类似联想，有的再加上关系联想。接近、对比和类似属于事物外部关系的联想是简单联想。复杂联想即意义联想，如原因与结果、部分与整体、类与种、主和次等内在关系的联想。

在教学中教师要善于培养学生联想：

1. 引导学生掌握接近联想。接近联想是指时间上或空间上的接近都可能引起不同事物之间的联想，比如，当你遇到大学老师时，就可能联想到他过去讲课的情景。在空间或时间上接近的事物，在经验中容易形成联系，因而容易由一事物想到另一事物。例如提到天安门就容易想到人民英雄纪念碑，因为二者在空间上接近。“桃花流水鳜鱼肥”则是在时间上接近。空间上的接近和时间上的接近也是相联系的，空间上接近的事物感知时间也必定相接近。感知时间相接近的，空间距离也常接近。比喻和拟人修辞手法也都是联想。如：“远看长城，像一条长龙”，喻体“长龙”是由本体“长城”引发的联想；“骄傲的孔雀”，把孔雀当作人来写，这是把联想跟实在的事物写在了一起。还有借喻，也是把联想和实在事物写在一起的，如课文标题《沙漠里的“船”》。

2. 引导相似联想。类似联想是指由外形、性质、意义上的相似引起的联想。一件事物的感知或回忆引起对和它在性质上接近或相似的事物的回忆，称为相似联想。例如由春天想到繁荣，由劳动模范想到战斗英雄。相似联想反映事物间的相似性和共性。一般的比喻都是借助相似联想，如以风暴比拟革命形势，以苍松翠柏形容坚强的意志。作诗时用韵律，由一个字想到同音同韵的字，也是一种相似联想。相似联想是暂时联系的泛化或概括化的表现。泛化是对相似事物还未完成分辨清楚时所做的相同的反应，概括化则是对不同事物的共同性质所做的反应。

3. 引导学生掌握对比联想。对比联想是由事物间完全对立或存在某种差异而引起的联想。其突出的特征就是背逆性、挑战性、批判性。如由照片联想到本人等。由某一事物的感知或回忆引起和它具有相反特点的事物的回忆，称为对比联想。如由黑暗想到光明，由冬天想到夏天等。对比联想既反映事物的共性，又反映事物的相对立的个性。有共性才能有对立的个性。如黑暗和光明都是“亮度”（共性），不过前者亮度小，后者亮度大。夏天和冬天都是季节，不过一个炎热，一个寒冷。我国律诗中讲究对仗，对联的应用也非常广泛。我国心理学家的研究表明，我国儿童的对比联想比较丰富。对比联想使人容易看到事物的对立面，对于认识和分析事物有重要的作用。

4. 引导学生掌握关系联想。事物间的联系是多种多样的，反映事物种种联系的关系联想也是多种多样的。由于事物的他种联系而形成的联想，可通称为关系联想。例如：部分与整体或种属关系的联想，如由文具想到钢笔，或由钢笔想到文具。因果联想是指由于两个事物存在因果关系而引起的联想。这种联想往往是双向的，既可以由起因想到结果，也可以由结果想到起因。因果关系联想，如由寒冷想到冰雪，或由冰雪想到寒冷。

5. 引导学生借助回忆展开联想。回忆常以联想的形式出现，由当前感知的事物回忆起有关的另一件事物，或由想起的一件事物又想起另一件事物，都是联想。所以在识记时形成联想，也就可以帮助回忆。例如当一个新同志被介绍给我们的时候，如果把他的姓名和面容、举止特点、工作任务等联系起来，以后看到他或提起有关的工作任务等，就比较容易想起那位同志的姓名来。尽量多形成联想和利用联想，是促进记忆效果的一种有效的方法。

6. 提高学生的联想水平。联想的水平要在联想活动中不断增强。

（1）增强刺激的强度提高联想水平。如提到节日夜晚，可能想起焰火，因为那种美丽的景象是一种强烈的刺激。

（2）增加联想的联系次数提高联想水平。事物间的联系是经常重复的，常易彼此引起联想。如我们常把农业建设中的机械化和水利化相并提，因而提到机械化时可能就想到水利化。

（3）增加联想的联系形成的时间。新近形成的联系，常占优势。对一件事物的感知或回忆常可引起和它新近形成联系的事物的联想。例如提到小说，常会想起最近读过的一本小说。最初或最早形成的联系，也有时占优势。

7. 丰富学生活动，引发学生善于联想。活动任务对于联想有很大的影响。例如潜藏等待的猎人，风吹草动都可以引起关于猎物的联想，这是由于定向的作用。兴趣、情绪状态等，也可以使一类事物的联想较其他事物的联想处于优势。例如提起森林，植物学家可能引起关于林中各类植物的联想，动物学家则想到林中可能有的各种动物。对于同一个问题，一个人在处于积极情绪状态时常易想到它的积极方面，在处于低沉情绪状态时，常易想到它的困难、不利的方面。

第二节　成长性思维形式的培育案例

○ 课例1：

三角形一边的平行线判定定理及其推论

上海市长江第二中学　周　怡

教材分析

本节课是九年级第一学期第二十四章《相似三角形》中《三角形一边的平行线》的第3课时内容。第二十四章主要学习相似三角形的概念、判定和性质，而为了研究相似形，需要有比例线段及其性质、三角形一边平行线的性质与判定以及平行线分线段成比例定理做铺垫，因此本节课的内容是后续学习相似三

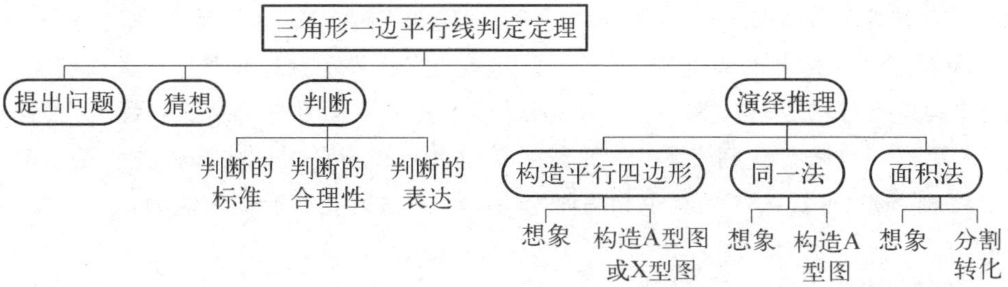

角形内容的知识和技能基础之一。

如上图所示，本节课的重点是导出三角形一边的平行线判定定理及其推论，并进行初步运用，是建立在学习了“三角形一边平行线的性质定理”的基础上的，从学生已有的认知基础（三角形一边平行线的性质定理及其推论）和学习经验（三角形面积比与线段之比的转化方法、同一法、构造A型图或X型图的方法）出发进行数学知识的探究和对几何问题的判断和推理。

教材中首先提出三角形一边的平行线性质定理的逆命题是真命题吗？引导学生通过问题探究，习得三角形一边平行线的判定定理及其推论。在对逆命题是否是真命题的思考中，正蕴含着思维的基本形式——判断。就此问题学生将给予的肯定或否定的判断是较为简单的判断——直言判断。

要做出正确的判断，就需要依据正确的标准和正确的判断方法，这就是判断的合理性。教材中通过构造A型图、X型图、分割三角形等手段，运用“同一法”“面积

法”“构造平行四边形”等方法证明得到三角形一边平行线性质定理的逆命题是真命题。这就充分体现了判断的合理性，运用演绎推理的方法通过证明来加以判断。

判断的正确与否、合理与否需要通过学生的表达才能进行判断，所以学生进行判断后一定要学生对其确定的判断标注及判断的过程和判断的方法进行阐述，只有通过这样的表达，才能暴露出学生判断思维中存在的问题和不足。因此依据教材中的设计，鼓励和引导学生在概念习得和概念应用的过程中都要尽可能用自己的语言交流表述自己的观点。而教师则要关注学生进行判断的合理性及能够正确地表达判断，纠正和完善判断及表述，使学生理解判断的合理性，提高判断能力。

在本节课的学习过程中不仅体现了“判断”的三要素，也体现了论证几何注重演绎推理的特点，可充分培养学生判断和演绎推理的思维形式。学生在学习的过程中，有了发挥和展示个人生思维的独特性与新颖性，以此培养和提高学生思维的深刻性。同时学生在此学习过程中，锻炼了个人知识迁移的能力，以此培养和提高学生思维的灵活性。

证明“三角形一边平行线的判定定理”的方法有“通过构建平行四边”“同一法”和“面积法”，证明的过程都十分简洁，但添置辅助线是教学的一个难点，需引导学生根据所要研究的结论联想构造平行四边形，或运用“同一法”和“面积法”，结合已知条件和图形的特征考虑构造“X型图”或“A型图”或“分割三角形”，形成证明思路。这里“构建平行四边形”“同一法”和“面积法”是学生已习得的知识和技能，因此证明“三角形一边平行线判定定理”的证明教学也可视为是对这些知识技能运用的巩固和检测，借此可提高学生对于相关概念、性质、方法的迁移和运用能力。

学情分析

八年级下的学生已具备了一定的数学知识、技能与方法，积累了一定的数学学习经历与经验，能够根据教师的引导，从数学的角度思考问题。但是学生在用数学的眼光观察事物，提出问题、探索问题、解决问题的能力还存在不足和差异，因此教师在教学中应当注意引导学生从数学本质属性的角度进行思考，提高学生揭示数学知识的本质的能力，培养学生判断思维能力，提高思维的深刻性。

此外，学生在以往的学习中，对于用语言概括或描述“已通过演绎证明获得的结论”存在不足，这也反映了学生思维的质疑和反思能力欠缺，缺乏批判性。例如在本节课中，学生对于推论中“同侧”这一关键词常常忽略，因此在本节课中需要引导学生发现问题，提出质疑，完善“三角形一边平行线的判定定理推理”。再如，“三角形一边平行线的性质定理”中可“由DE//BC，得到$\frac{DE}{BC}=\frac{AD}{AB}$”，那么反之成立吗？学生不会主动进行考虑，这也是学生思维深刻性和批判性缺乏的表现。由于年龄特点，很多学生是达不到这一要求的，因此，在教学中，需要对概念深入理解，只有这样学生概念应用时才不会出现一些对于细节考虑不周的问题，使学生掌握判断的正确标准，同时培养学生思维的深刻性和批判性。

教学设想

综上所述，数学教学不仅要重视知识与技能的传授，还要注重学生思维的培养，本节课将围绕思维的基本形式判断，以问题引领、逐步落实、判断三要素为手段，培养学生科学的判断思维。同时关注学生参与问题形成、问题探究和问题解决及数学活动中的体验与感悟，适时引导学生归纳总结，关注学生提出问题、探究问题的能力及思维品质的提高。

基于教材的分析和学生学情的分析，本教学内容将采用“问题引领”教学策略，引导学生进行学习。授课过程中，“问题引领”主要用于以下几个环节：

环节	具体内容	问题引领	思维培养
概念形成	三角形一边的平行线判定定理	问题1：思考三角形一边平行线的性质定理的逆命题是真命题还是假命题？如果是真命题请证明，如果是假命题请举出一个反例。 问题2：思考是否可以运用之前所学的方法（同一法、面积法、构造A、X型图）来证明	运用已有知识进行合理判断，培养思维的灵活性和深刻性
			通过思维的过程，促进对概念的深入了解和认识，培养思维的深刻性
概念形成	三角形一边的平行线判定定理的推论	问题3：圈画判定的关键词“三角形的两边”，由此提问“若截三角形两边的延长线时，结论是否依然成立”	通过概念的获得，培养演绎推理及思维的深刻性
			通过思维的过程，促进对概念的深入了解和认识，培养思维的深刻性
概念理解	推论中关键词“同侧”的理解	问题4：圈画推论的关键词“同侧”，由此提问“为什么要注明‘同侧’，如果不是‘同侧’会如何”	通过概念的理解，培养思维的深刻性和批判性
概念理解	$\frac{DE}{BC}=\frac{AD}{AB}$不可作为判定DE//BC的条件的理解	问题5：由性质定理想到，“$\frac{DE}{BC}=\frac{AD}{AB}$”是否可以作为判定“DE//BC”的条件	通过概念的理解，培养思维的深刻性和批判性
概念应用	可运用对应线段成比例证明两条直线平行	问题6：如何证明题中两条直线互相平行	通过概念的应用，培养演绎推理及提高思维的灵活性
			通过思维的演绎推理，巩固概念理解和应用

教学目标

1. 理解、掌握三角形一边的平行线判定定理及其推论，在定理推导过程中培养演绎推理能力和思维的严密性。

2. 能运用三角形一边的平行线判定定理及其推论，合理、正确地对图形、问题进行判断，并能正确地表达。

3. 以问题引领，通过对问题的思考、分析、解决，引导学生对三角形一边的平行线定理及其推论进行深入的思考，正确认识、理解三角形一边平行线定理及其推论的“题设”与“结论”，以及它们与三角形一边的平行线性质定理及其推论之间的联系与区别，培养和提高思维的深刻性与批判性。

教学重点

三角形一边的平行线判定定理及其推论的理解与应用。

以问题引领，培养和提高思维的深刻性和批判性。

教学难点

三角形一边的平行线判定定理及其推论的推导。

以问题引领，培养和提高思维的深刻性和批判性。

教学过程

一、复习引入

如图，在△ABC中，点D、E分别在边AB、AC上（或边AB、AC的延长线上，或边AB、AC的反向延长线上）上，且DE//BC.则由三角形一边的平行线性质定理可得比例式：__________________。

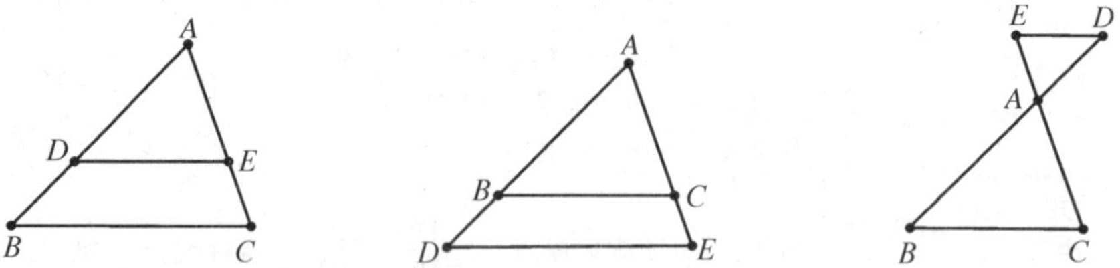

∵ DE//BC

$\therefore \frac{AD}{DB}=\frac{AE}{EC}, \frac{AD}{AB}=\frac{AE}{AC}, \frac{DB}{AB}=\frac{EC}{AC}$（三角形一边的平行线性质定理）

（设计说明：复习“三角形一边的平行线性质定理”，并以问题“三角形一边的平行线性质定理的逆命题是否正确”为载体展开探究“三角形一边的平行行线判定定理”的学习。)

二、新课探索

1. 概念形成：

问题：三角形一边的平行线性质定理的逆命题是否正确？

如图，在△ABC中，点D、E分别在边AB、AC上，且____________，则DE//BC吗？

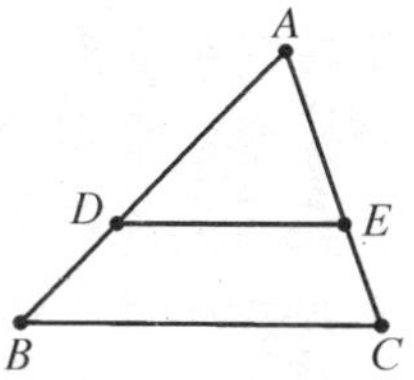

问题：当点D、E是边AB、AC上的中点时，结论是否成立？

问题：那么一般情况下，结论是否依然成立呢？

<table>
<tr><th rowspan="2">构建图形</th><th colspan="3">题设</th></tr>
<tr><th>$\frac{AD}{DB}=\frac{AE}{EC}$</th><th>$\frac{AD}{AB}=\frac{AE}{AC}$</th><th>$\frac{DB}{AB}=\frac{EC}{AC}$</th></tr>
<tr><td>同一法(构造A型图)</td><td colspan="3">过点D做DE′//BC，交AC于点E′
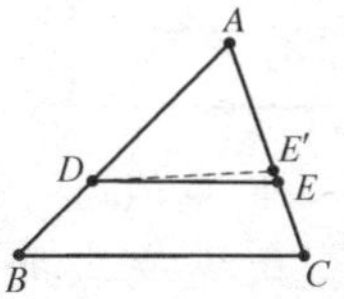</td></tr>
<tr><td>构造A型图或X型图</td><td>过点C做CF平行于AB，交DE的延长线于点F
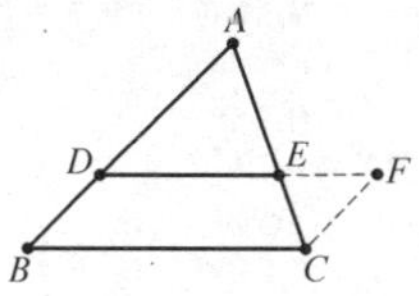</td><td>延长EA至点E′，使得AE′=AE，过点E′做E′D′//BC，交BA的延长线于点D′
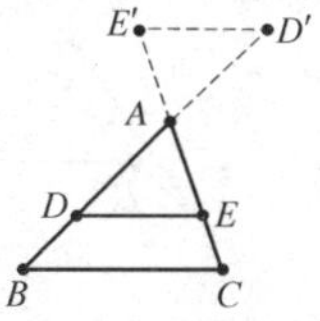</td><td>过点D做DF//AC。交BC于点F
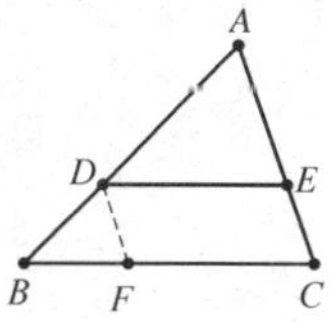</td></tr>
<tr><td>面积法</td><td colspan="3">联结BE和DC
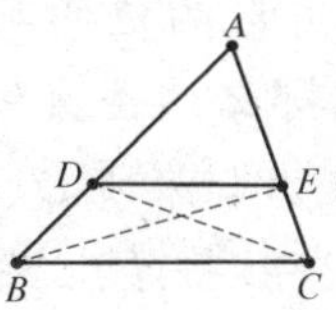</td></tr>
</table>

三角形一边的平行线判定定理：

如果一条直线截三角形两边所得的对应线段成比例，那么这条直线平行于三角形的第三边。

（设计说明：以特例三角形中位线引导学生进行直言判断，再思考一般情况下结论是否依然成立，问题需要可运用演绎推理通过证明进行判断。组织各学习小组任意选择比例式进行判断，并交流表达，说明判断的依据或标准。问题的探究设计为条件开放式，学生可任意选择比例式作为条件，进行演绎证明三角形一边的平行线性质定理的逆命题是正确的，以此获得三角形一边的平行线性质判定定理。同时使学生认识到，三个比例式中的任意一个作为条件均可以获得DE//BC的结论。）

2.思考

问题：如果D、E在边AB、AC的延长线或方向延长线上，结论是否依然成立呢？

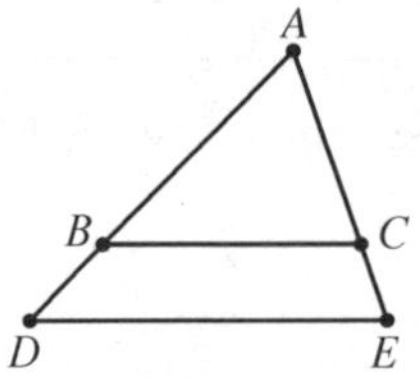

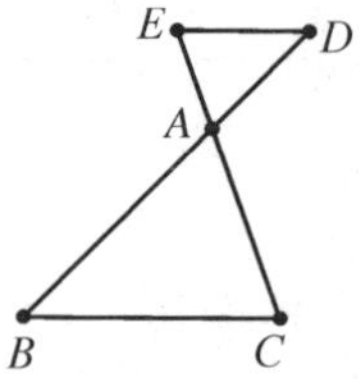

初步概括：如果一条直线截三角形两边的延长线所得的对应线段成比例，那么这条直线平行于三角形的第三边。

质疑：

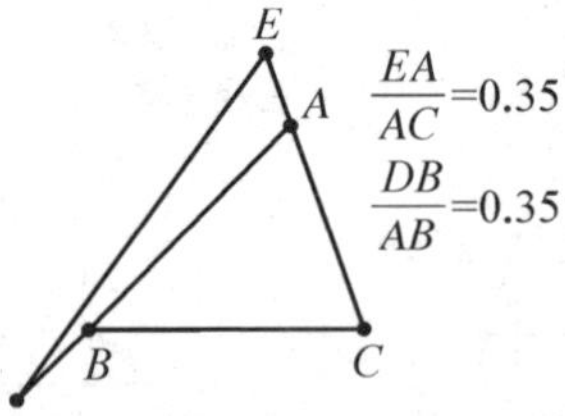

注意：这两边的延长线必须在第三边的同侧。

进一步完善**三角形一边的平行线判定定理推论：**

如果一条直线截三角形两边的延长线（这两边的延长线在第三边的同侧）所得的对应线段成比例，那么这条直线平行于三角形的第三边。

（设计说明：首先，提出如果点D、E在边AB、AC的延长线或反向延长线上，那么结论是否依然成立？引导学生思考，引起学生关注思考问题应当要严谨和全面，要学会自我反思，培养思维的深刻性和批判性。然后，通过叙述三角形一边的平行线判定定理推论，引导学生对概念内涵的正确理解和表述，再一次引起学生自我反思，培养思维的深刻性和批判性。）

3. 概念理解

议一议：如图，点D、E分别在△ABC的边AB、AC上，如果$\frac{DE}{BC}=\frac{AD}{AB}$，那么能够得到DE//BC，为什么？

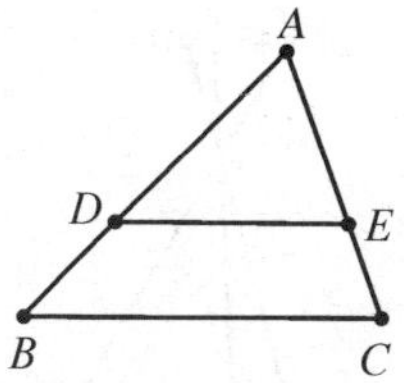

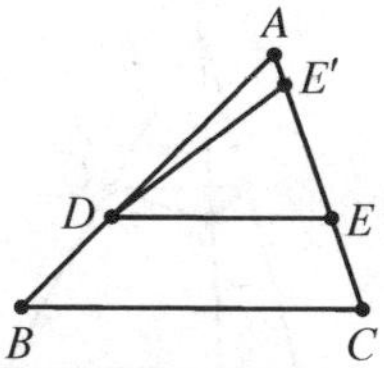

（设计说明：这里再一次提出"由$\frac{DE}{BC}=\frac{AD}{AB}$，能否得到DE//BC"，引发学生对"三角形一边的平行线判定定理"内涵的理解。）

4. 概念理解

（1）在△ABC中，点D、E分别在AB、AC上，根据下列给定的条件，试判断DE与BC是否平行。

（1）AD=3 cm，DB=4 cm，AE=1.8 cm，CE=2.4 cm；

（2）AD=6 cm，BD=9 cm，AE=4 cm，AC=10 cm；

（3）AD=8 cm，AC=16 cm，AE=6 cm，AB=12 cm；

（4）AB=2BD，AC=2CE.

（设计说明：本题的难度不高，学生可通过所给的线段长度求出三角形被截两边所得的对应线段是否成比例，来进行判断DE与BC是否平行，属于直言判断。因此，本题由学生先独立判断再做集体交流。通过本题使学生掌握判断的三要素，即判断的标准、判断的合理性、正确表述判断，在此过程中，通过学生真实性的语言，不仅可对学生判断技巧的掌握进行诊断，同时对概念的掌握情况也可进行诊断。）

（2）已知：如图，点D、F在△ABC的边AB上，点E在边AC上，且DE//BC，$\frac{AE}{AD}=\frac{AD}{AB}$求证：EF//DC。

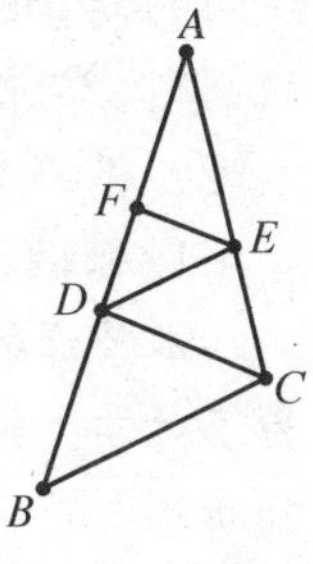

（设计说明：通过本题使学生体会三角形一边的平行线判定定理及其推论的作用是为证明两直线平行提供了又一个重要的方法和途径。其次本题中需要运用"中间比"，可培养学生的预见能力和灵活应变能力，提高学生思维的深刻性和灵活性。）

三、课内练习

已知：如图，点A_1、B_1、C_1分别在射线OA、OB、OC上，且$AB//A_1B_1$，$BC//B_1C_1$。求证：$AC//A_1C_1$。

变式：将上一题中的△ABC绕着点O旋转180°，其他已知条件不变的情况下，你觉得结论还成立吗？

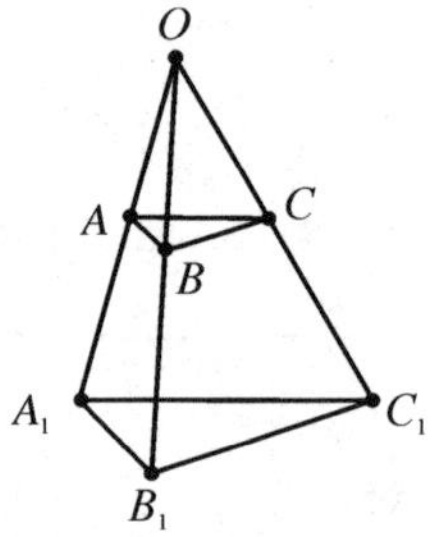

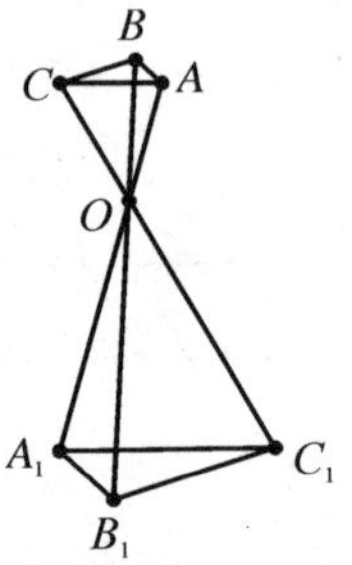

（设计说明：通过本题组的练习巩固，检测学生对于新知掌握的情况，同时利用题组变式的练习，使学生体会问题中的变与不变，培养迁移能力，提高学生思维的深刻性。）

四、课堂小结

证明两直线平行的新方法——三角形一边的平行线判定定理及其推论。

从定理的获得和运用角度，来谈谈你的学习体会。

五、布置作业

练习册24.3（3）

六、教学反思

本节课主要围绕判断这一思维形式的培养展开教学的实践，通过本节课可以看到，虽然八年级下的学生已具备了一定的数学知识、技能与方法，积累了一定的数学学习经验，能够在教师的引导下从数学的角度思考问题。但是，学生在几何学习中仍有不足，例如学生面对问题不知如何进行肯定或否定的判断，这是因为学生没有掌握判断的标准应当依据概念的内涵；有的学生常常出现错误的判断，这是因为没有注意判断的合理性；还有的学生不能正确地表达自己的判断，这是因为没有掌握好正确表达的方式。如何培养和提高学生的判断能力呢？根据本节课的尝试，进行经验总结如下。

1. 强调判断的标准，培养科学的判断思维

本节课的第一个问题是："三角形一边平行线性质定理的逆命题是真命题吗？"为了对学生判断有更多的了解，课后进行了部分学生的访谈，了解到对于此问题的判断基本是肯定回答，学生的判断大致为猜测，有个别学生认为如果这条直线与三

角形的第三边不平行的话,那么线段也就不会成比例了,因此给出了肯定的判断。

其实这个问题可以借助一个特例——“三角形的中位线”来判断给出肯定的回答,但是向学生强调真命题是要通过演绎推理来证明的,这就是对此命题是不是真命题的判断标准,培养学生科学的判断思维。

2. 强调判断的合理性,培养思维的批判性

在问题“由$\frac{DE}{BC}=\frac{AD}{AB}$,能否得到DE//BC”的思考中,学生也是一度出现了沉默,课后也是对部分学生进行了访谈。果不其然,很多学生就是盯着已给出的A型图在进行思考。此时判断不能根据已有的基本图形A型图进行判断,学生判断的标准出现了错误,所以提出:“是否存在满足条件,但DE与BC不平行的可能,你能否画出这样的图形?”试图引导学生找到反例说明由$\frac{DE}{BC}=\frac{AD}{AB}$,不能得到DE//BC。这样使学生掌握了判断过程和判断方法的合理性,同时层层递进引导学生逐步意识到判断合理性的重要性。通过对图形的观察,以及对问题条件与结论的反复推敲,不断深入进行思考问题,以落实判断的合理性,培养和提高学生思维的批判性。

此外,在本节课之前,学生已经习得三角形一边平行线性质定理及其推论,也知道了运用“同一法”“面积法”和“构造A、X型图”的证明手段,掌握了A、X型图的特征。所以,本节课可能会被简单地认为,只要利用以上习得方法来证明三角形一边平行线性质定理的逆命题也是真命题,然后运用三角形一边平行线的判定定理与其推论进行证明相应的几何证明问题就是完成了本节课的教学任务了。

如果我们从单元整体的教学任务与目标,从学生思维培养的角度来思考本节课,那么就会发现,本节课的价值远不仅有知识与技能的教学任务和目标。

第一,本节课三角形一边平行线的判定定理与推论的推导过程是对前期“同一法”“面积法”和“通过图中某一点,添置平行线,构造A、X型图”的问题处理手段的应用。可以此检测学生对其掌握的情况,同时也可利用其巩固以上技能。

第二,本节课三角形一般平行线的判定定理与推论是对证明两条直线平行的方法进行补充,又增加了一种证明两直线平行的方法,是通过比例线段来进行证明两直线平行。

以上两点都是从知识与技能的传授角度出发思考的,以下是从学生思维培养的角度出发思考的。

第一,本节课中紧紧围绕定理中的“关键词”展开问题的引领,紧扣判断的合理性。例如,三角形一边的平行线的性质定理“平行于三角形一边的直线截其他两边所在的直线,截得的对应线段成比例”中叙述的是“三角形两边所在

的直线”，而判定定理“如果一条直线截三角形的两边所得的对应线段成比例，那么这条直线平行于三角形的第三边”中叙述的是“三角形两边”。在判定定理的推论中再补充了“两边的延长线”。即便如此，教学中也不能因为结果是一样就忽视了概念的理解。因此在授课过程中提出了如下的问题：“如果D、E两点在三角形两边的延长线上，结论是否依然成立呢？”以此激发学生的思考，引导学生更深入地认识和理解三角形一边平行线的判定定理，同时使学生了解对于概念的认识和理解要正确与合理，对问题的思考须深刻和要有批判精神，不能课本说什么就是什么，看过读过就算了。因此，通过这样的问题引领可对学生的思维的批判性有了一定的培养和提高。

3. 强调判断的正确表达，培养思维的深刻性

在对本节课的知识充分和深入认识与理解的基础上，运用概念解决问题是对概念巩固的最有效的手段，同时也是检验学生能够正确表达判断的机会。

首先，在概念理解的授课环节中，设计了一道可由三角形中某些线段是否对应成比例，判断直线是否平行于三角形的第三边。以简单的直言判断问题，使学生掌握如何运用新知正确进行判断，强调判断标准的重要性，强化判断的合理性，并鼓励学生大胆表述自己的观点及判断的过程，教师根据学生真实性语言表达，利用反问、追问等手段引导学生进行正确的判断表达，培养思维的深刻性。

其次，紧接着又设计了一道利用“中间比”来解决两直线平行的证明题。通过对图形的分析，分离出基本图形“A型图”，发现图中的两个“A型图”拥有公共边，以此作为桥梁过渡，使问题得以解决。在授课中引导学生对此判断过程进行表述，并逐步完善。学生用其真实性语言对判断进行表述，是学生思维的充分体现，规范其判断的表述，也就是引导学生深入思考，不断完善思维，培养了思维的深刻性。此后，在课内练习中也同样设计了通过“中间比”作为桥梁来解决问题的题目，不仅巩固解题技巧，也是对其判断能力的培养。

○ 课例2：

初中地理学业考《区域地理——“结构图归因题”》专项复习

上海市长江第二中学　何雅琴

一、教学分析

（一）教材分析

目前，初中地理学业考是在初一下学期，考试内容包括初中五本书的知识

点。考试形式：10分“选择题”+90分“读图分析题”。“读图分析题”以区域空间为载体考查学生读图分析能力，即通过已学知识来认识未学内容，并且能够知道从哪些方面去了解、认识和解释这些地理现象与特征。

如果按照传统的复习模式——习题训练，订正错误，我们往往会忽略这些知识背后的内在联系，其结果是学生在应用知识时不能建构关联，遇到新问题就无从下手。为了更好地解决这个问题，我将地理知识进行重新排列、分类、归纳，编组成“地图篇”“地球篇”“区域篇”专题形式复习，重点复习比重90%的“区域篇”。分析近10年的地理学业考试卷，在90分的“读图分析题”中“结构图”的分析几乎每年都有，所占考卷分值近8%。由于“结构图”属于因果关系的“归因题”，对学生的因果推理、归纳推理、演绎推理的要求较高，失分情况严重。

基于此，我将《区域地理——“结构图归因题”》作为专项来复习，通过推理法，设计三环节来提升学生逻辑思维能力：

第一环节：设计例题，因果推理法突破“归因题”这类问题

例1：西双版纳傣族自治州为什么被称为“回归沙漠带上的绿洲”？

例2：台湾省为什么被称为“蝴蝶王国”？

思维形式：因果推理

↓

结论开始→执果索因→各因分析

第二环节：借助图表，归纳推理法总结“归因题”答题方法

区域定位where → 区域特征what → 区域差异why

思维形式：归纳推理

第三环节：强化训练，演绎推理法训练历年学业考“结构图归因题”

思维形式：演绎推理

↓

归因题解题方法→“结构题”就是归因题→练习历年会考“结构题”

（二）学情分析

学生经过近两年的地理学习，对于“区域地理”的“辨识空间要素”——自然地理要素、人文地理要素有一定了解，但是普遍存在一个问题：学生对于学到的地理知识只能零散了解，知识间逻辑关系不清晰，没有“由此及彼”“由表及里”的推理能力。所以在面对新的问题时，不能灵活地运用所学知识分析和解决相关问题。

为了更好地解决这个问题，对于《区域地理——“结构图归因题”》的专项复习，我将通过“推理法”来复习。先从实际例子开始，教会学生如何通过因果推理法解答“归因题”，再通过归纳推理法梳理“归因题”答题方法，最后用演绎推理法解答会考“结构题”。学生通过这种方式思考，在反复练习的过程中，就会掌握这种“推理法”，从而提高思维深刻性。

二、教学目标

1. 以西双版纳傣族自治州为什么被称为“回归沙漠带上的绿洲”、台湾省为什么被称为“蝴蝶王国”为例，知道“执果索因”“因果推理”是解决这两个问题的思考路径，增强确定联系、发散性思维的能力。根据活动单提示，读图梳理“各因”，提高归纳能力。

2. 根据实例归纳出“归因题”的思考路径、答题方法，明确区域地理的“地理位置”会影响“自然地理要素”，从而会影响“人文地理要素”，形成区域地理的差异。学会运用推理系词“因为……所以……”，掌握“前提”与“结论”的关系。

3. 明确“结构图”就是“归因题”，通过“归因推理法”，理解各地理要素之间内在的关联性，学会用演绎推理解答，提高思维深刻性。

三、教学流程、思维培养路径

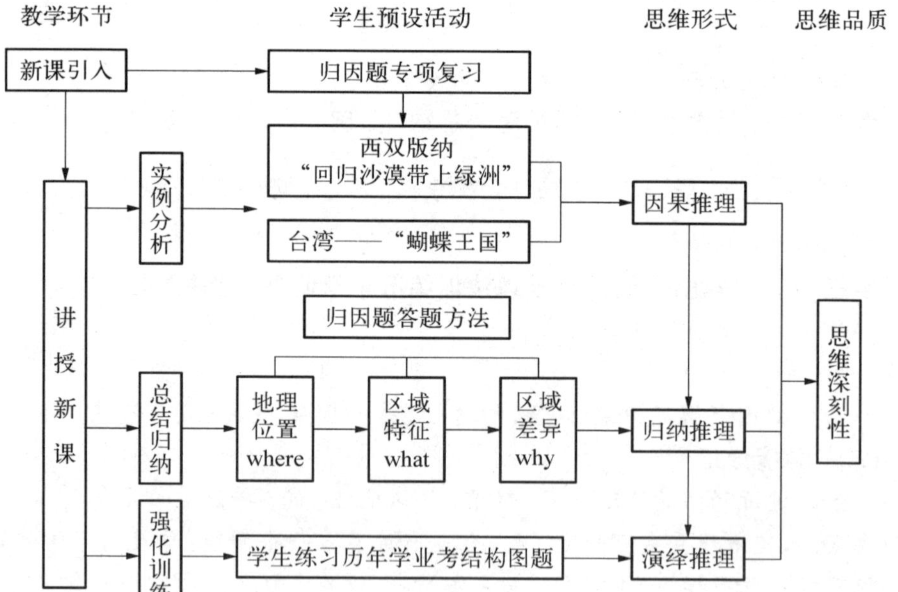

四、教学过程

导入：

师：请同学们看学习单4—6页，这是2010年至今的地理会考卷上的“结构图”，这类题目所占分值比较高，但是失分严重，直接导致会考成绩不理想。今天这节课我们就一起来探讨如何解答“结构图”。

师：要学会解答“结构图”，就必须先学会解答今天老师的两个问题：

第一个：西双版纳傣族自治州为什么被称为“回归沙漠带上的绿洲”？

第二个：台湾省为什么被称为“蝴蝶王国”？

师：我们先来看第一个问题——西双版纳傣族自治州为什么被称为“回归沙漠带上的绿洲”？

师：这个问题是问“为什么”，我们把这类问题统称“归因题”。归因题怎么解答呢？

师：有些同学可能会说“回归沙漠带”没学过，无法回答这个问题。其实，没关系，解答此类问题，我们先从结论——“回归沙漠带上的绿洲”开始思考。“沙漠”与“绿洲”与我们学过的哪些地理要素有关？

思维形式	
结论开始 执果索因	因果推理
	要素关联1
“回归沙漠带上的绿洲”	炎热→气温
	多雨→降水

生：“回归沙漠带”→气温、降水

“绿洲”→降水

师：那“气温”“降水”又与哪些要素有关呢？

生：“回归沙漠带”→气温→温度带

降水→海洋影响

“绿洲”→降水→海洋影响

思维形式		
结论开始 执果索因	因果推理	
	要素关联1	要素关联2
“回归沙漠带上的绿洲”	炎热→气温	温度带
	多雨→降水	受气压、季风影响

师：那“温度带”“海洋影响”又与哪些要素有关呢？

生：“回归沙漠带”→气温→温度带→纬度位置

降水→海洋影响→海陆位置

“绿洲”→降水→海洋影响→海陆位置

师：根据我们刚才的推理，“回归沙漠带上的绿洲”与“纬度位置”“海陆位置”有关系。

思维形式			
结论开始 执果索因	因果推理		
	要素关联1	要素关联2	要素关联3
“回归沙漠 带上的绿洲”	炎热→气温	温度带	纬度位置
	多雨→降水	受气压、季风影响	海陆位置

板书：

因　　　　　　　　　　果

纬度位置 ⇄ 温度带 ⇄ 气温 ⇄ 回归沙漠带

海陆位置 ⇄ 受气压影响 ⇄ 降水

海陆位置 ⇄ 受季风影响 ⇄ 降水 ⇄ 绿洲

师：我们以学习单形式来完成刚才的思考。

师：设计活动单。

生：学生完成活动单

（设计意图1：知识融入情境之中，才能更容易被学生所理解和掌握。而教学情境的创设就是要根据不同的教学内容特点和学生身心发展阶段特点，经过备课预设，通过语境渲染，运用文字材料、图片、音乐、视频短片等情境资料，为学生创设学习场景或者实验模拟，引入生活经验和已有知识储备，开展有效学习和探究。营造课堂教学情境的目的不是为了追求表面热闹的课堂氛围，而是在保证教学有序性的前提下，突破教学难点或者突出教学重点，提升课堂教学效果。根据维果茨基“最近发展区”理论，教学情境需要有一定的思维负荷，避免徒有形式而无实质内容的探究，问题指向要明确具体，不能似是而非。情境设计要符合学生的认知基础和心理发展规律。课堂情境设置是否新颖、是否多样，也是决定能否有效培养学生地理核心素养的因素之一。

设计意图2：执果索因，由因推果。归因题知识面牵连较广的事物，依据其因果关系，将其一个一个地按其内在联系，细细排列讲解，学生易于理解。）

【附1(见下)】

思维形式			
结论开始 执果索因	蝴蝶适合在什么样的环境中生长		
	要素关联1	要素关联2	要素关联3
“台湾省被称为蝴蝶王国”	温暖→气温	温度带	纬度位置
	雨水充足→降水	受海洋影响	海陆位置
	多山→地形		
	花草茂盛→植被	气温、降水	纬度位置、海陆位置

师过渡：从西双版纳傣族自治州为什么成为“回归沙漠带上的绿洲”的探究中，我们发现“优越的地理位置形成了西双版纳独特的气候特点，所以没有像世界其他地方一样，出现热带沙漠景观”。那是不是“归因题”的思考方式都是从“地理位置”出发呢？

师：我们来看这道题——台湾省为什么被称为“蝴蝶王国”？

第一步：从结论开始思考与“蝴蝶王国”关联的地理要素。

师：指导学生思考、归纳活动单。

【附2(见下)】

（设计意图：模仿教师独立解答归因题，在对知识整体之间的关系做了仔细的探究后，按地理的逻辑结构及知识之间的内在联系，把平时所学的各个框架的、局部的、分散的、零碎的知识及解题的方法和规律进行纵横联系，“以线串珠”，使之系统化、结构化。系统化、结构化的知识便于记忆、理解和应用。学生在对知识进行有机地整合的同时，学会构建地理知识的结构体系，以形成整体性的“认知框架”，提高归纳能力。）

师过渡：可见，“归因题”的思考方式：执果索因，就是拿着结果找原因。

思考路径：执果索因

师：答题方式都是从“地理位置”出发，一个国家或地区的“地理位置”会影响到这个国家或地区的“特征”，从而形成这个国家或地区的“差异”。把它公式化的话就是：3w法：where → what → why

答题方法：

师：有了路径和公式，我们就知道了“归因题”的答题方法。当然，在具体

解答时,我们还要进一步展开,见下:

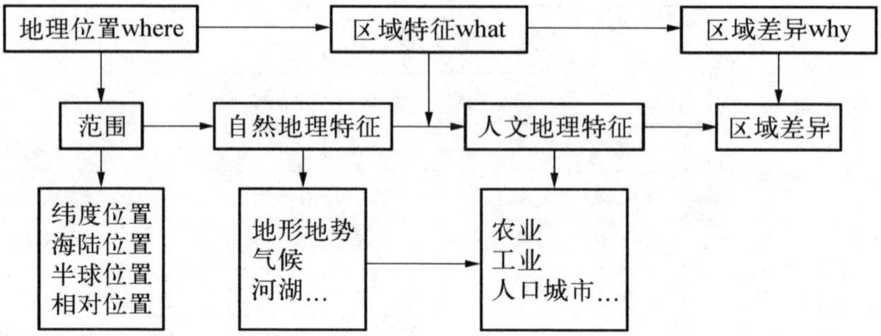

(设计意图:地理复习不仅仅是知识的传授,更重要的是学生能力的训练和学习方法的培养。近几年上海市的初中地理会考基本上以区域空间作为载体来考查地理综合分析能力。区域空间性是地理学科的重要特性,许多地理现象的发生和发展只有落实到某一区域中才能加以正确分析和评价。

目前,学生主要的问题就是不知道答题规律,在应用知识时不能建构关联,不能应用已有知识到新情境中解决问题。

所以,通过公式,教会学生明确原理、掌握规律,总结方法,能有效地促进学生的记忆力,增强其理解力,自我建构答题的思考路径,提高逻辑思维能力。)

师过渡:近10年的地理学业考试卷,在90分的“读图分析题”中“结构图”的分析几乎每年都有,所占考卷分值近8%。如何来解决这类结构图呢?仔细读题,我们发现结构图就是“归因题”的一种,我们可以按照“归因题”的“思考路径”和“答题方法”来解答。

生:练习历年学业考“结构图归因题”。

(设计意图:地理新课程理念要求在学习某一地理知识时,学生学习的主要目的不再是这一具体知识,而是通过已学知识来认识未学内容,并且能够知道从哪些方面去了解、认识和解释这些地理现象与特征。我校学生学习中普遍存在两个问题:一是学生学到的地理知识比较零散,知识间逻辑关系不清晰,没有良好的认知结构;二是思维能力较差,在面对新的问题时,不能灵活地运用所学知识与技能认识、分析和解决相关问题。所以,通过“实例分析”“总结归纳”的环节加强训练“结构图归因题”的练习,提高思维深刻性。)

师:总结归纳。

五、教学反思

初中地理学业考的“结构图”的分析是考查的难点,知识系统,综合性强,对学生逻辑思维的能力要求较高。所以在复习时要有针对性的方法指导，典型试题训练，这样才能突破会考中的难点，提升学生的思维品质。本节课就是想借助课堂教学专项复习的形式帮助学生归纳出“结构图”的思考路径、答题方法。

1. 因果推理，认清“结构图”的本质

专项复习是对同一种类型的会考题目进行的有针对性的复习。在教学设计时，先大量读题、做题，然后思忖这种类型题目的本质，通过什么样的方法来突破。本节课设计的是“结构图归因题”这个题型。第一步，让学生明确“结构图”也是归因题的一种，只是通过图表形式表现出来。要解答“结构图”就是要学会解答“归因题”。“归因题”是回答“为什么”，对于学生所学知识的相互关联性要求较高。第二步，教会学生认识“结构图”的本质，即根据各地理要素的因果关系构成的图表，考查学生是否能分辨其“因”和“果”。第三步，基于学生实际，帮助他们梳理零散的地理知识，强调知识间逻辑关系，从而提高“由此及彼”“由表及里”的能力，使他们在面对新的问题时，也能灵活地运用所学知识分析和解决相关问题。

2. 执果索因，探求“结构图归因题”思考路径

基于本校学生实际，使他们明白学会分析各地理要素的因果关系就是突破了“结构图”的答题方法。原因和结果是揭示客观世界中普遍联系着的事物具有先后相继、彼此制约的一对范畴。“结构图”的考查一般都是把结论告知，原因空缺。解答这样的题型如果一味从“因”到“果”，学生往往会手足无措。因为原因太多，各个原因之间还有互为因果的关系。一旦考虑不仔细、不周详，就容易出错。

所以，为了避免这一情况发生，换一种思考方式，即逆推理——执果索因。因为因果关系是由先行现象引起后续现象的一种必然联系，它是普遍的、客观存在的。只要把握好“结果”，找出与之关联的“原因”，然后再以这个“原因”作为“结果”，找出与之相关的“原因”，以终为始，以此类推。

3. 形成公式，突破“结构图归因题”瓶颈

通过具体的实例训练，我们就可以指导学生去思考解这类题的规律，帮助他们发现“结构图归因题”都是可以从“地理位置”开始思考，教会学生懂得区域地理的“地理位置”会影响“自然地理要素”，从而会影响“人文地理要素”，形成区域地理的差异。

这样公式化以后，形成人脑中已有的知识经验的网络，有助于学生逻辑思维的能力的提升，从而促进思维的深刻性。

【附】

探知：台湾省被称为“蝴蝶王国”

思考路径：

结论开始 执果索因	蝴蝶适合在什么样的环境中生长		
	要素关联1	要素关联2	要素关联3
“台湾省被称为‘蝴蝶王国’”	温暖→______		
	雨水充足→______		
	多山→______		
	花草茂盛→______		

归纳方法：

地理位置

⇩

____

____

地形

⇩

____

总结：

台湾省由于所处的地理位置，纬度______(高/低)，气温 ______(高/低)，深受海洋影响______(大/小)，降水______，再加上______的地形，植被丰富，为蝴蝶的生长提供了优良的环境。所以，被称为“蝴蝶王国”。

○课例3：

外婆的手纹

上海市长江第二中学 葛 珮

一、教学分析

（一）教材分析

《外婆的手纹》是语文上海教材中的一篇课文。它所处的单元主题是“生命的沉思”，作者围绕着“外婆的针线活”，写出了三类人对外婆手艺的评价，同时也在这三类人的评价中暗含了作者对外婆手艺的解读。从“我”的解读中表现出作者的写作目的，即写外婆的手艺其实是为了表现出外婆生活的不易以及外婆对生活的态度。

本文在写作上有一些关键性的议论、抒情句，其中隐含着作者对外婆的情感以及作者对外婆的理解。

本文的核心问题是将题目中的“手纹”和文中多次出现的“手艺”相联系，从而读懂作者真正的写作意图。

在课堂教学中，要让学生体会写外婆手艺背后的深意，便要借助于分类、对比、联系、归纳等思维过程。并最终通过归纳推理突破教学重难点。所以本文在品读关键语句的教学环节中可以着重培养学生的分类、对比思维，在挖掘主旨的教学环节着重培养学生的归纳、推理思维。

（二）学情分析

本节课的受教对象为七年级学生，这些学生进入初中已有一年。在初中的一年时间里他们已经初步具有了分析文本、品读关键语句的能力。

初中学生在学习语文时，展现出各项思维能力都在迅速发展提升。在思维过程上表现为分类、对比、联系、判断、推理、归纳等。所以，本节课的教学设计要符合学生的逻辑思维，要让学生在思维过程中得以成长发展。在分析文本内容时，先调动起学生的思维主动性和思维的独立性，以“说说看到题目，你会怎么写”为导入，调动学生对于本课的情感认同、情感共鸣。再以“作者为什么在文中不具体写和手纹有关的内容而选择写手艺呢”引导孩子进入判断、推理思维有意想象，随后从学生们分析的语句中进行分类、对比、联系归纳，归纳“外婆为人处世的原则”。学生通过这些思维方式，在反复分析品读的过程中，通过想象、归纳、推理，不但突破了本节课的重难点，同时也提高了思维能力，使得思维成长发展。

二、教学目标

1. 通过分类、对比、联系，感悟外婆身上真、善、美的精神品质。

2. 品读文中重点语句，通过推理，归纳作者对外婆生命态度的解读。

三、教学过程

师：出示课题，齐读课题。从题目中同学们读到了哪些信息？

生：朗读课题，解释课题中所包含的信息，写作对象是“外婆的手纹”。

师：如果是你，会怎样写这篇文章？

生：介绍和外婆手纹有关的事情或者描写外婆手纹的样子。

师：同学们，通过预习，本文作者大多在写什么呢？

生：写外婆的手艺。

师：那么为什么题目不换成“外婆的手艺”？手纹和手艺之间有怎样的联系吗？

（设计意图：让学生明确题目和写作内容的不同，形成本节课的核心问题，由题目入手，使学生尽快融入课堂教学。整体感知、走进课文。从写作角度入手，引起学生思维的主动性及积极性。提升学生在课堂教学活动中，思想和感情的投入状态，最大限度地活跃学生的思维态度。并与下一环节的“三类人对外婆的手艺有何评价”形成一定的联系，遵循思维的连续性，由浅入深进行合理思维。）

环节一：初读课文，合理分类

师：文章中有哪些人对外婆的手艺进行了评价？

学生活动1：根据预习的情况和对文本的初步感知，圈画文中的关键信息，进行概括归纳得出：周围的人、舅舅、妻子和女儿。

师：他们的评价分别是什么呢？

学生活动2：根据学生的预习和初步感知，学生分为四人一组进行讨论，根据文本关键句推理出结论。

学生活动3：分析完后，每组同学进行汇报。

师：对于这些评价，作者认可吗？

学生活动4：根据学生的预习和初步感知，学生分为四人一组进行讨论，根据文本关键句推理出结论。

（设计意图：这一部分的设计最能体现学生在课堂上归纳思维和对比思维结合的思维方法。学生的分组讨论、圈画是分散性思维，学生将每个人的独立见解能力发挥出来，在圈画分析的过程中进行有分类、联系、对比，各个小组之间的讨论是体现学生推理、归纳思维方法的过程。）

环节二：挖掘主旨，归纳推理

师：文章结尾处作者追问“注定要失传吗？这手艺，这手纹”。请同学们说说你们的看法。

学生活动5：根据学生之前的讨论结论，学生分为四人一组进行讨论，通过推理、归纳总结本文的写作意图，完成之前留下的核心问题。生交流的过程中可以考查学生在思维活动中，会不会盲从，有没有自己的独立见解，培养孩子思维的独立性。将上一环节中的结论运用到此环节，这也是思维具体化的过程。将上一环节中得出的结论去解决文本中仍然留有的问题，在这一环节中学生的思维品质得到了提升。

环节三：总结收获，布置作业

师：请你用“母亲的微笑”为题，写一段你对母亲的认识理解（300字左右）。

（设计意图：本环节是这节课思维环节的最后一个环节，将本节课的思维成果具体化，同时也有一定的想象和迁移，即将阅读中所掌握的知识运用到写作中。）

四、教学反思

建立问题联系，挖掘文本深意。

《外婆的手纹》是语文上海教材中的一篇课文。它所处的单元主题是“生命的沉思”，作者围绕着“外婆的针线活”，写出了三类人对外婆手艺的评价，同时也在这三类人的评价中暗含了作者对外婆手艺的解读。从“我”的解读中表现出作者的写作目的，即写外婆的手艺其实是为了表现出外婆生活的不易以及外婆对生活的态度。

本文在写作上有一些关键性的议论、抒情句，其中隐含着作者对外婆的情感以及作者对外婆的理解。

本文的核心问题是将题目中的“手纹”和文中多次出现的“手艺”相联系，从而读懂作者真正的写作意图。

在课堂教学中，要让学生体会写外婆手艺背后的深意，便要借助于分类、对比、联系、归纳等思维过程，并最终通过归纳推理突破教学重难点。所以本文在品读关键语句的教学环节中可以着重培养学生的分类、对比思维，在挖掘主旨的教学环节着重培养学生的归纳、推理思维。

在问题的预设上，我关注到了问题之间的联系。本文的预设问题存在这样三个联系：

1. 题目“手纹”和写作内容“手艺”的联系

2. 写三类人对外婆手艺的评价与我对外婆手艺评价的联系

3. 外婆的手艺和她做人态度的联系

这个三个问题的讨论思考有助于我们对《外婆的手纹》写作主旨的理解与挖掘。

这些问题之间的联系在课堂上我用不同的思维形式引导学生思考从而提高他们的思维质量。

1. 如何解决“手纹”和“手艺”之间的联系

对于这个导入性问题的探讨，在课堂上我先让学生说说如果是自己写这篇文章，那么对于这样的一个题目将会如何写作。学生根据自己的写作经验和生活经历会给出自己的答案，这里的思维有学生的想象，也有学生的思维运用。同时让学生质疑“为什么作者要用手艺体现手纹”。在这个基础上，我追问学生“手纹”在生活中除了是一个看得见、摸得着的事物，是否还有其他的一些象征含义，对我们而言是否还有一些隐含的意义。这是一种联系和对比思维，将具体的事物和其抽象的象征意义构成联系，提升学生思维的参与度和灵活性，并最终得出正确的理解。

2. 如何理解三类人和我对外婆手艺评价的区别

文本的构建应是针对整篇文章而非局部，所以不仅仅每个环节中的小问题要有所联系，各环节之间也要有所联系。在三类人对外婆手艺的评价中其实也隐含着我的态度看法。

“外婆的针线活做得好，周围的人们都说：她的手艺好。”

“读过中学的舅舅说过，你外婆的手艺是从天上学来的。”

“妻子说，商店里多的是鞋垫，电脑画图也很好看。现在，谁还动手做这种活。这早已是过时的手艺了。女儿在一旁附和：早已过时了。”

可见周围人对外婆的手艺仅仅停留在工艺上，舅舅的认识更进一步，关注到了这手艺的灵感来源，而妻女则是从实用角度做出了评价。

对此，我是否认同呢？通过对比后我们可以发现我的认识比他们更进一步，这与我较他们而言更亲近外婆有关。

“外婆说，人在找一件合适的衣服，衣服也在找那个合适的人，找到了，人满意，衣服也满意，人好看，衣服也好看。她认为，一匹布要变成一件好衣裳，如同一个人要变成一个好人，都要下点功夫。无论做衣或做人，心里都要有一个‘样式’才能做好。”

“现在回想起来，在那些打满补丁的岁月里，外婆依然坚持着她朴素的美学，她以她心目中的‘样式’缝补着生活。”

“然后，我一针一线地绣起来。我静下来，沉入外婆可能有的那种心境。或许是孤寂和悲苦的，在孤寂和悲苦中，沉淀出一种仁慈、安详和宁静。”

从这些语句中，学生可以发现作者用了较有特色的言语形式，与其他的人评价对比联系后，从中可以读出作者对外婆的理解，即懂得外婆一生维护着自己做人的尊严，坚持做一个真、善、美之人。同时也传递出作者对外婆的情感，自己也要传承外婆的人生态度，坚持用积极的心态面对自己的人生。

3. 如何从外婆的手艺中看外婆的人生

这个问题之间的设计关注到了本文的写作目的，作者本文真的仅仅是介绍外婆的手艺吗？明显不是。当第一个导入性问题解决后，学生思维会自觉得提高，在思考其他问题时，会将外婆的人生态度这一写作目的考虑在内。这样有助学生全文思考，前后文进行勾连，用联系、对比、继而推理、归纳的思维形式完成本文的解读。

就本文而言，课堂设计的连贯性，围绕一个核心问题继而产生的一系列问题都有其一定的联系，这样的课堂思维训练有助于学生的思维的参与度与深刻性。

本节课在思维培养方面体现了以下四点：

1. 在思维品质方面充分体现了学生思维的灵活性与独创性

七年级孩子在语文课的表现往往都是敢说、愿意说。在这节课的开始，同学们纷纷举手发言，说出了自己在本文写作上的看法，这一过程的设计既导入了新课，为后面的联系、对比思维打好了基础，也体现了学生在认知过程中思维起点灵活、过程灵活的特点，有效调动了学生思维的积极性。

2. 在思维过程方面体现了思维中的比较、分类、对比、联系

这节课在品读作者议论及抒情语句时，运用了大量的特殊的言语形式，因此在教学时需要引导学生发现不同言语形式下的深意，通过比较、分类品读句中的深意，再通过讨论让学生将分散的理解进行归纳。

3. 在思维形式方面体现了学生思维的想象、推理过程

课文中的外婆所处的年代距离学生有一定的距离，因此想象思维在课堂教学中很重要，同时学生还要结合外婆所处的年代和语句中隐含的一些信息进行推理，感悟外婆的生活态度。

4. 在思维态度方面体现了学生的较高思维参与度的同时也兼顾了学生思维的独立性

本节课的问题指向性明确，大量运用小组讨论及发言交流，让每个同学都参与到课堂的各个环节。通过小组合作的形式，小组中有的同学负责朗读，有的同学负责分析，各司其职，每个学生的思维参与度都较高。除了小组讨论外，本节课也考虑到了学生思维独立性的培养，在导入部分鼓励学生根据课题说说自己觉得本文应该怎么写，也提高了学生的思维参与度。

○ 课例4：

“Open Day”教学中直接思维的培养

上海市长江第二中学　黄佳璟

一、教学分析

（一）教材分析

本堂课是牛津教材6A第二模块第五单元第一课时。单词教学部分entrance, noticeboard, programme, finally, project为常用词汇，较重要。choir和craft相较而言使用频率较低。句式教学部分，在第一模块第三单元中已经学过用be going to的形式表达将来时，学生在小学期间已经学过will的用法，在本课时中在巩固sb. will do sth.的基础上，引导学生完成特殊疑问句的转变，即What will sb. do? 同时，能够在加入时间副词What will sb. do first? 后，将整个开放日的流程能够进行简要的概括。本课时的话题是Open Day，引导学生从理解文本的基础上，加以词汇和句式学习的辅助，能够用一般将来时，按照时间顺序，对Open Day的流程和事件进行简要的叙述，从而实现学生直接用英语进行思考的目的。

（二）学情分析

该班大部分学生的英语基础处于中等水平，适合注重基础知识的教学。学生对于开放日的概念比较熟悉也比较感兴趣。在本课之前，学生已经学过用be going to do sth. 来表达将来时的形式，对于will do sth. 也有一定掌握。但对于What will sb do的形式掌握还不完全，加入时间副词的What will sb do first? 这个句型没有涉及过，将会是本课教授的重点。从听文章汲取信息到根据提示复述，再到文本的理解和朗读，路线的规划等，调动了学生的积极性，鼓励他们通过各种形式操练和强化句型和短语，如They will visit the classroom first. Finally, they'll have tea and cakes with the teachers in the Music room at four twenty-five. 在此基础上，对Open Day的整日流程进行表达。情境创设是培养学生用英语直接思维的重要方式。学生今后可以本能地知道在相似情境中用英语去思考，用英语去表达。

二、教学目标

1. 熟练掌握entrance, noticeboard, programme, finally, project，知道了解choir和craft，通过图片法和构词法，鼓励学生采用直接性思维理解和掌握单词的含义。

2. 熟练掌握时间副词的使用，以及时间的另一种表达方式，half past two也可以用two thirty来表示，从而使学生能够用时间副词和时间，按照时间顺序表达事件的流程。

3. 熟练掌握sb. will do sth. 以及What will sb. do first? 这两种句型。

4. 强化学生采用直接性思维，在实际情境中用一般将来时描述事件的英语语言思维和流畅的英语表达能力。

三、教学思路

1. 给出对于Open Day的描述和海报等图片，自然引出话题Open Day。

2. 以图片为载体，以以旧带新和比较对比为手段，帮助学生掌握词汇，例如在教学noticeboard时采用构词法和对比法，从blackboard入手，将noticeboard拆分为notice和board，这样既可以加深学生对于该词的理解，同时培养学生的直接性思维，从相似构成方式的单词入手。从已经学过的be going to do sh.入手，引出will do sth. 以及特殊疑问句What will sb do? 并在此基础上，加入时间副词first，next，then，after that，finally。

3. 依据时间的发展顺序，按照时间副词和不同的时间点进行分解，帮助学生提高英语直接思维的能力。首先，引入文本，提出：What are they doing? 其次，按照不同的时间点，将不同的活动呈现，使学生完成配对。配对完成后，要求学生用一般将来时复述整句话，培养学生的语言表达能力。最后，加入时间副词，帮助学生对于Open Day整日的流程进行简单的复述。

4. 创设相似情境，对文本内容进行拓展和延伸，培养学生在创设的语境中直接用英语思考以及灵活运用的能力。

四、教学过程

第一阶段：

Lead in.

Guessing：What is it?　It’s the Open Day.

1）It is a special day.

2）On that day, parents will visit the campus.

3）Students will prepare for some programmes.

4）There will be many activities on that day.

（设计意图：导入主题，在课程刚开始就进行Open Day的输入，为后面的活动进行铺垫。根据各项开放日的描述来推测描述，是英语直接性思维的体现。）

第二阶段：

1. Learn new words. Programme, entrance, choir, noticeboard, craft, invitation.

1）Choir: Be quiet. Let's listen to the choir. (The pronunciations of choir and quiet are similar.)

2）Noticeboard: noticeboard= notice + board. (blackboard= black+ board)

3）Entrance, invitation, Arts and Crafts Room: (Show a picture and help students realize the meanings of this word.)

4）Programme= plan

2. Show a poster of Rose Garden School.

Sentence structure.

1）Parents *are going to visit* Rose Garden School on the 5th of November.

=Parents *will visit* Rose Garden School on the 5th of November.

2）Parents will visit Rose Garden School on the 5th of November.

What will parents do on the 5th of November?

（设计意图：在单词教学的过程中，采用了比较法、构词法、图像结合法，体现了直接思维的培养。）

第三阶段：

1. Listen and answer.

Listen to the first part of passage and answer the question.

T: What are Miss Guo and her students doing?

S: They are planning the programme for their Open Day.

2. Look and read.

T: Speak out the description of time according to changes of the clock. And pay attention to the use of preposition at.

S: at two o'clock; at two fifteen=at a quarter past two; at two thirty=at half past two; at three ten=at ten past three; at four o'clock; at four twenty-five=at twenty-five past four.

3. Listen to the passage and match.

The given verbal phrases, arrive at the entrance, look at the class projects, etc.

4. Make up the whole sentences. Parents will...

5. Add adverbs of time to the sentences.

eg: First, parents will visit our classroom.

S: Then, parents will look at the class projects in the Arts and Crafts room.

Next, parents will listen to the school choir in the hall.

After that, parents will look at the English Club noticeboard in the library.

Finally, parents will have tea and cakes with teachers in the Music Room.

6. Read the whole dialogue after the cassette. And then read it again.

7. Fill in the blanks.

T: Try to complete the whole sentence with the given phrases.

S:

	Open Day Programme		
	Activity	Place	Time
	arrive	at the school entrance	2.00p.m.
First	visit the classroom	in the classroom	2.15p.m.
Next	look at projects	in the Arts and Crafts room	2.30p.m.
Then	listen to choir	in the hall	3.10p.m.
After that	look at noticeboard	in the library	4.00p.m.
Finally	meet the teachers	in the Music room	4.25p.m.

（设计意图：从单词到词组再到句型，层层推进，实现了从部分到整体，思维的扩展。通过be going to do 引出will do。同时也通过不同的练习提高了重点句型，Sb. will do sth.的复现率）

第四阶段：

1. Review the route, order six pictures.

2. Pair work. Make up dialogues with the given pictures.

T: On that day, parents will arrive at the school entrance at two o'clock.

S: Miss Guo: What will they do first?

Student: Frist, they will visit the classroom.

Miss Guo: What will they do next?

Student: Next, they will look at the class projects in the Arts and Crafts room.

Miss Guo: What will they do ...?

Student: ..., they will ...

3. Review the route according to the dynamic animation. Invite students to speak out the whole route according to the pictures by themselves.

4. Suppose there will be an Open Day in our school next Friday. Please make the programme for it. Three parts should be included, activity, place and time.

Group work

You can begin like this,

The Open Day is coming. It will be held on ...
On that day, parents will arrive...
First... Next... Then... After that... Finally...

Useful phrases

- listen to the speech
- chat with other parents
- share interesting things of children
- visit the labs, music rooms and so on
- listen to a choir
- have a great time
- ...

（设计意图：将言语转化为语言，将前阶段的活动联系起来，给出语言框架，鼓励学生连接起来，不只是单纯看图说话。）

五、教学反思

在英语教学中复现率也是英语直接思维中很重要的手段。教师应注意该思维方法的运用，比如在从be going to do sth. 引出will do sth. 的过程中，可以再多造句，使得学生对于这个语法的理解和掌握能更透彻。

在教学中教师运用比较法、构词法、同义词法和图像法将新词汇简单教授，通过这样的方式促使孩子们用英语去直接学习单词的英文释义，而且这种方式可以使单词的教学更形象化，加以后面活动中单词的不断复现，可以更好地掌握单词。

在matching活动设计，从简到难，从分散的词组到完整的句子，再到用时间副词连接成整篇文章，帮助学生一步步分析整合，再到最后的综合，使他们能通过一步步的活动熟记并熟练运用时间副词等。

在教学中通过动画形式用自己的话阐述整个流程，是学生在之前的一步步练习后的输出部分，且是将他们联系起来，完整地整合，这一部分更多反映了英语中直接思维的能力，也同时体现了分析与综合中的综合运用。今后遇到此类活动设计或安排等，学生就知道该怎样一步步地进行分析拆分，并且通过加入时间副词等，一步步地具体化阐述。

英语作为一门语言的学习，需要重视的并不单单是语音、语法、语调等，而是应该将其进行具体化，将文本转换为理解，将语言转化为言语，形成成套的知识体系，着重于对学生能力的培养。分析与综合法可以更好地帮助剖析文本的内在联系，从而完成对于整个文本的复述和运用。

英语的直接思维涵盖了听、说、读、写四个方面，对于六、七年级而言，着重于提高他们的听说技能，在一步步地完成对于整个开放日流程叙述后，应该留下足够的时间给free talk，让学生能单独完成对于整个开放日活动的叙述，从而形成整个概念。

○ 课例5:

如意结的制作
——实践性思维在劳技课堂的运用

上海市长江第二中学　徐　敩

一、教材分析

饰结是我国优秀的民族民间艺术之一，其千姿百态的造型为我们的生活增添了一份温馨、一份祝福。本单元通过对饰结的制作，开拓学生的创新思维和提高解决实际技术问题的能力，激发学生学习“劳技”的兴趣，并使这种兴趣转化为持久的情感态度，培养学生对祖国优秀民族民间文化的热爱。

饰结单元的内容主要分为两部分，先从七环结、如意结、盘长结这三个单结入手，让学生充分掌握基础的编制，能看懂绳结符号图，熟悉整形的方法；然后学习一些简单的组合结结型，如云雀结，让学生体验结与结之间组合的原理。如此一来，其实单结的制作便是学生掌握饰结编制的基础。

如意结在饰结单元中是学生体验尝试的第二个单结作品，在难度上也恰好位于上一个吉祥结与下一个盘长结之间。在学生学会吉祥结的简单识图与制作方法之后进一步熟悉饰结制作的技术，并且如意结也可以看作一个简单的盘长结。许多盘长结的技术基础都会在如意结的制作中有所体现，为之后单元的一个难点打好基础。同时其总体的难度上虽然适中，但确实开启学生对于略微复杂绳结符号图的认识。绳结符号图中同一步骤里同一段线多次穿压也是学生第一次尝试，故具有一定承上启下的作用。同时如意结这一结型作为常用的基础单结，在未来的组合结中也多次出现。所以让学生熟练掌握如意结的制作有相当的意义。

二、教学分析

“实践是检验真理的唯一标准”。在劳技学科教学中培养学生的核心素养就是探究与创新的精神，而实践就是为了在探究中发现问题，是创造性思维的动力与基础，同时创新性的思维反过来也是为了更好地实践。于是实践性思维，即凭借直接感知伴随实际动作进行的思维活动，在劳技课堂中如何有效运用便是我本次“和易以思”实践课想达到的目的。

从内涵上来说，实践性思维是对学生程序性、方法性、结果性思维的培养，所以我在教学设计上不以传统的教师演示指导引领学生制作的方式，而更多地让学生进行尝试实践，并在过程中不断引导学生进行比较思考，重点不在于学生做什么，而是怎么做与为什么这样做。

（1）程序性思维：学生通过看图掌握标准化的绳结符号图含义，明确制作的要求，以此来提高学生非连续性文本阅读的能力；与学生一起分析制作流程，体会“做前先思考”的好处。

（2）方法性思维：通过尝试思考出现的问题；通过交流将问题具体化；通过比较探究出解决问题的方法。

（3）结果性思维：通过对错误作品评价讨论，将出现问题的原因暴露出来，并找到在实践中纠错的方法。

在实际教学过程中，采取不断让学生表达问题与想法的方式将学生的思维过程具体化，并以让学生多比较“自己制作部分与书本已完成部分”“自己制作方法与老师视频中的制作方法”的手段，激发学生的思维。同时在对于如何解决制作中第一步可能会出现的问题时，引导学生利用正向与逆向的思维方式，意图来激发学生心中创新的火苗。

三、学情分析

本课对应的学生是六年级新生，依据以往的经验学生会对初中劳技学科的教学方式有一定的陌生，同学之间也是刚认识，所以准备利用小组学习的方式，同时多调动学生的积极性，尽可能让课堂更加活跃一些。

根据实际教学对象来说，这个班级的学生各方面的素质都相对较高，包括理解能力也很强，虽然个体动手能力上也有层次上的高低，但总体差别不算太大，所以准备让学生更多主动探究、学习、分析问题。同时根据对教学对象以往的接触发现该班级学生通过引导能够做到多对课堂内容进行有效的思考，但对与思维过程的表达能力比较欠缺，故预计多让学生能对自己的想法有具体化的表现。

四、教学目标

1. 掌握绳结符号图，巩固学生识图能力。
2. 能够通过思考总结出实践过程中遇到的问题。
3. 学会运用比较的方法找到解决问题的方法。
4. 掌握如意结的制作方法。
5. 了解通过实践性思维达到创新目的的过程。

五、教学重难点

教学重点： 理解绳结符号图和如意结操作流程，学会编制如意结。

教学难点： 正确编制如意结。

六、教学流程

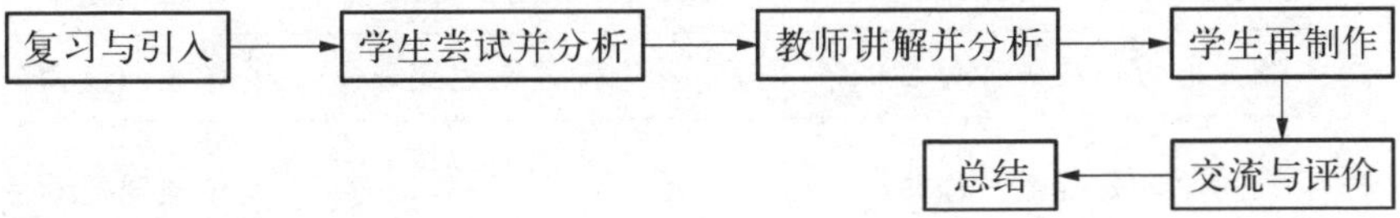

七、教学过程

（一）新课导入，明确要求

1. 复习

出示绳结符号图，并提问学生其中所展示的意义：(1) 不同的线条表示什么。(2) 分析交叉点的位置关系判断编制动作。

设计意图： 巩固知识，在复习的过程中调动学生思维，并让学生在表述与分析问题上进行"热身"，锻炼其将思维过程具体化的能力。

2. 揭示课题

展示如意结图片，讲解寓意，并让学生说说如意结的特征。

设计意图： 揭示课题的同时要让学生明白需要学习制作的主体是什么。相较于教师告知，通过学生自己的口述如意结外形能让他们对其特征印象更加深刻，也为最后制作完成后启发学生的结果性思维做好铺垫。

（二）尝试制作，找到问题

直接让学生尝试制作，并让学生尝试后小组讨论遇到的问题，最后交流。

学生问题举例：1. 在制作过程中绳子长度不够用了；
2. 制作第1、2步时绳子穿进穿出容易散、乱；
3. 第3步绳结符号图有些复杂，容易做错；
4. 第4步发现绳耳太多不知道该收哪几个绳耳；
5. 收线时绳子散乱导致结型无法收紧。

设计意图：通过初步实践，充分暴露学生对于实践制作活动喜欢不分析直接上手制作的不良习惯，学生在实践过程中的思考往往仅在于最后做得对不对，而实际整个实践活动是一个程序化的，每一个步骤都需要分析其内涵与制作逻辑。在学生制作完之后让学生不仅仅只是知道自己做错，更要求他们把各自遇到的问题困难具体化，能够描述出来，以此来让他们对问题有更加清晰的认识，并且也可以根据各自不同的问题找到针对性的解决方法。

（三）步骤讲解，分析问题

播放视频，指导学生比较教师做法与自己做法。

步骤	学生做法	教师做法	解决问题
第一步	起始制作从中间开始	左短右长，右侧多留线	学生问题举例之1
	绳头先向左穿压再向右压穿	捏出一个绳耳向左穿压一次	学生问题举例之2
	第一步完成后无动作	第一步完成后将绳耳向上推到顶	学生问题举例之4
第二步	绳头先向左穿压再向右压穿	捏出一个绳耳向左穿压一次	学生问题举例之2
	第二步完成后无动作	第二步完成后将中间收紧	学生问题举例之4
第三步	完成后不比较书上图示	完成后比较书上图示，保证与红线部分一致	学生问题举例之3
第四步	所有绳耳和绳头同时拉紧	每次收线拉紧只拉一根线，并保证其他部分没有变动	学生问题举例之5

设计意图：通过比较视频做法与自己做法的不同，不断追问学生对于教师做法的意图是什么，并且观察教师的每一步做完之后与书上的图示比较是否一致，突出两点：一是在自己制作时要不断比较自己做的和书本的图示是否一致；二是教师做法是在思考书本步骤程序的内在逻辑基础上而来的。在这个过程中每个学生都针对性地思考自己需要改进的地方。

(四)完善制作,解决问题

请学生再一次尝试制作。

设计意图: 巩固制作流程与制作方法,并将具体的原理融入实践中去。

(五)交流评价总结

拿出学生作品展示并请学生说一说展示作品的优点与缺点,并且对于做错的作品要学生思考怎么研究哪步做错了,引出一个判断:把错误的作品从最后一步向前倒推,同时比较绳结符号图,直到发现与绳结符号图一致,知道刚才的一步是错误的。

设计意图: 通过交流评价,加深对实践过程中出现问题原因的理解,并且明白在实践活动中对结果的判断方式:比较思考,将自己的成品与课本上的成品进行比较,即是结果性思维的重点。

八、板书设计

1. 复习绳结符号图

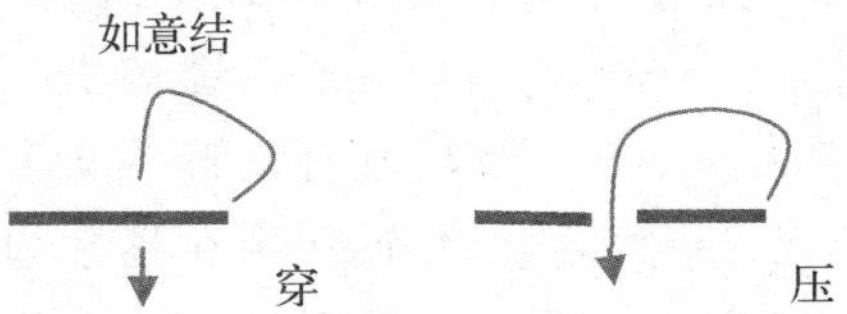

2. 制作

九、反思

对于实践性思维在劳技教学中的思考,我觉得要做到以下几点:

1. 程序性的思维,对步骤的分析

程序性思维是学生比较欠缺的部分,学生甚至成人往往在实践的过程中喜欢凭借自己主观的经验去进行尝试,哪怕有清晰的步骤也不愿意多去分析,其结果就是实践的成果容易发生偏差。

就像在本次的教学内容上,以往都是教师先教步骤,学生由于对制作的新鲜感使得动手尝试的欲望非常强烈,导致学生真正制作时更加迫不及待去尝试,忽略了步骤的分析,使得前期教师的讲解事倍功半。那么这次我就选择让学生在步骤上先吃个亏,让他们在后续的步骤分析时能沉下心来。

举个例子,大部分学生在制作如意结时最容易发生的问题是做到后面绳子不够用了,其实这就是一个没有程序性思维最好的表现。如意结所有的步骤需要制作的对象都在绳子的右侧,这点其实非常清晰,只要所有的示意图都看一眼就能知道。但是出现此问题的学生那么多就说明这些学生在制作之前一定没有把所有的制作步骤都看过，而是只知道看着自己当前的步骤。这样一个教训可以引发他们的思考：对于步骤是需要有一个程序性的思考，不仅仅是每个步骤这么做的原因的分析，还要有整个流程顺序的内在逻辑的理解。

2. 方法性思维，"怎么做"的创新

有了一个程序性思维的理论分析基础之后，开始进入实际操作的环节。劳技教学过程中的制作其实带有很明确的主观色彩，通过观察发现每个学生即使教授他们制作的方法都一样，但各自使用的手法和动作也不会相同。有的学生对于教师教授的方法很容易接受，动作很流畅，但有的学生由于习惯问题，可能就是不习惯某一种动作。

那么在这个过程中，学生对于制作方法的自主思考就显得特别重要。我相当提倡在制作中学生能有自己的想法与创新，最好能在教师教授的方法上基于成果要求有适合于自己的改进。为此在本次教学活动中我利用学生遇到的一个问题（学生问题举例2）作为一个"火种"，试图启发他们对于方法创新的欲望。学生在做第1、2步时由于绳子单线走法需要各种穿进穿出，整个结型容易散乱，我给到学生一个我的做法，直接捏出绳耳穿压一次即可。学生在观察视频时发现了这点不同，然后我再实际演示——用学生做法做第一步，做完后左侧出现了绳耳，然后把这个绳耳直接拿出。演示完之后问学生发现什么没有，引起他们逆向的思考，得到结论：既然这个绳耳可以直接拿出，那它也一定可以直接穿进。以此发现教师的做法也是可以的，而且更加方便。

这种方法上的创新让学生感觉到步骤简化的同时，还让他们发现其实优化方法并没有想象中复杂，更多的是在实践过程中由方便制作的欲望而激发出来的。

3. 结果性思维，操作成果的判断

本节课在引入阶段就出示了如意结成品的图片，并让学生总结归纳了其外形特征，目的就是为了让学生清楚制作完成之后的成品是怎么样的，有一个比较的对象。其实在劳技学科实践过程中，对结果的判断不像其他学科有各种各样的评分标准，就很简单的一点：比较，比较成果和制作要求与图示是否相同。

在成果的比较中，需要避免两个误区：一是这里所说的成果不单单指的是最后成果，更多的每一个步骤每一个细节完成后的成果；二是比较的目的不仅仅是知晓自己做得对不对，更多为了激发思考，为什么做得不对。为了让学生做到这两点，我在课上不断利用比较的方式进行教学：学生的做法与老师的做法；老师每一步完成的样子与书上的图示；学生的作品与书上的图示；学生与学生之间的作品；等等。其实在这个比较的过程中才不断引出了学生对程序性思维和方法性思维的思考。

○ 叙事故事：

以判断三要素，培养学生的判断思维

上海市长江第二中学 周 怡

判断是思维的一种形式，是指对思维对象是否存在、是否具有某种属性以及事物之间是否具有某种关系的肯定或否定。判断的三要素分别是判断的标准、判断的合理性及判断的正确表达。判断的标准是指对思维对象进行肯定或否定的标准。判断的合理性是指判断过程和判断的方法的合理性。判断的正确表达是指将判断过程和判断的方法用语言进行表述。

本节课采用“问题引领”的方法，逐步落实判断的三要素，使学生认识到判断的标准、判断的合理性及判断的正确表达对于培养科学的判断思维是非常重要的，并以此培养和提升学生思维的深刻性和批判性。

课堂沉默了

24.3(3)三角形一边的平行线判定定理及其推论是三角形一边的平行线性质定理的逆定理，因此在本节课的授课过程中以此作为教学的起点，以问题为引领，激发和引导学生深入思考，正确认识判定定理及其推论的内涵，并能正确合理进行运用。然而随着问题的提出，学生沉默了，陷入了沉思。

问题1:“三角形一边平行线性质定理的逆命题是真命题吗?”学生接到问题沉默了，我在教室里四处寻找能够勇敢给予我肯定回答的学生，但是遇到的是一个个不自信，躲闪的眼神，陷入沉思的眼神，充满迷惑的眼神。

问题2:“三角形一边平行线判定定理的推论中‘同侧’二字能省略吗?”学生接到问题再次沉默，微微皱起了眉。课后对部分学生进行了访谈，想了解当时他们心中的具体想法，很多学生告诉我，他们当时在想:“这两个字肯定不能去掉啊，那为什么不能去掉呢? 怎么说明呢?”

问题3:“由$\frac{DE}{BC}=\frac{AD}{AB}$，能否得到DE//BC ?”学生接到问题3开始有些蠢蠢欲动，出现了肯定和否定两种判断结果，于是请持否定观点的学生谈谈自己的想法时，没有学生愿意，大家再次沉默了，显然他们无法确定自己判断的合理性或者有的学生知识凭借直觉。

不出所料

对本节课的分析发现，难点有对“三角形一边平行线判定定理”的推出与理解，即“如何推导出三角形一边平行线判定定理”“判定定理中关键词‘同侧’”“判定定理中关键词‘截得的线段对应成比例’”的认知与理解。

第一个难点“判定定理的推导”，大部分学生会做出肯定判断，但是对于判断的标准是模糊的，甚至没有标准，这是意料之中的事。因此设计了以三角形中位线的特例引导学生以此作为标准进行判断特殊情况下结论是成立的，再进一步提出一般情况下结论是否依然成立的问题，引导学生意识到要运用演绎推理对其加以证明。逐步引导学生意识到判断标准的重要性，做出判断之前首先要确定判断的标准，判断的标准可以是依据条件的某一些特例，或者是根据已有知识运用推理的方法加以证明。

第二个难点“对于关键词‘同侧’的理解”，在新授课时若不是教师引导，大部分初中生往往会忽略概念中的一些关键词，而这些关键词往往就会导致学生在知识应用过程中对一些细节问题忽略出现纰漏和错误。所以对于关键词“同侧”易被忽视也是意料之中的，因此为了帮助学生正确认知概念，设计了“如果不是‘同侧’会怎样呢？”引起学生对于概念中此关键词的重视，使学生意识到这是运用此定理进行判断的标准，不仅如此，举反例也是进行合理判断的一种方法。

第三个难点“由$\frac{DE}{BC}=\frac{AD}{AB}$，能否得到DE//BC”，难点采用的方法类似，设计了“你能够找到一个反例？”引导学生通过画图寻找反例。

所以本节课学生的三次沉默是意料之中的事，学生在这三个问题上出现判断的困难和思维的阻碍是意料之中的事，所以经过反复思量设计了三个问题引导学生推开眼前的迷雾，走出自己的沉默。

胸有成竹

面对学生的沉默，沉思的表情，我是胸有成竹的，按照预先设计的我逐步展开问题引领，一一落实判断的三要素，以此培养学生的判断思维。

看着因问题1陷入沉思的一双双眼睛，我开始引导他们利用三角形的中位线这一特例来进行判断，学生们得出结论，看来当D、E为两边中点时，可以给出肯定的判断。紧接着我又提出“那么当D、E不是中点时，结论是否依然成立呢？”引导学生更深入地运用演绎推理进行证明，从而给出肯定的判断。

而问题2的处理中，我引导着满是疑惑的学生尝试思考“那么如果不是同侧会怎么样呢？”“你能画出不在同侧时的图形吗？”部分学生受到这两个问题的启发，开始慢慢尝试着画出图形，渐渐地舒展了皱起的眉毛，微微地露出了欣喜的笑容。根据所画出的反例，对于关键词“同侧”的认识目标达成，同时也引起了学生对于定理中关键词的重视，这也是今后进行正确判断的标准之一。

问题3提出后，虽然有些学生蠢蠢欲动，但还是没有学生勇于表达自己的观点，或是不知道如何进行表达。根据学生的反应，于是提出“你能否画出一个满足条件但结论不成立的反例？”学生跟随着引导开始尝试摸索着画起了图，希望通过画图寻找反例。个别学生成功画出的反例，以此说明给予否定判断的依据。问题3中也是就定理中的关键词“截得的线段”而DE和BC并非截得的线段，再次强调定理中关键词的重要性，判断标准的重要性。

学生的眼睛亮了

经过对三角形一边平行线判定定理及其推论的一番探究，经历了难点重重，一波三折的学习，到了验收成果的时候了。学生真实性的语言是其思维的充分表现，因此在应用环节采取以学生表述观点为主，充分给予学生表述自己判断过程的机会。从学生真实性的语言中发现学生对于知识的理解是否正确和全面，从学生的判断是否具有合理性可以发现学生对于知识的应用是否合理与正确，从学生表述判断的正确与否可以发现学生对于知识的理解程度及应用的灵活性。

1. 在△ABC中，点D、E分别在AB、AC上，根据下列给定的条件，试判断DE与BC是否平行.

（1）AD=3 cm，DB=4 cm，AE=1.8 cm，CE=2.4 cm；

（2）AD=6 cm，BD=9 cm，AE=4 cm，AC=10 cm；

（3）AD=8 cm，AC=16 cm，AE=6 cm，AB=12 cm；

（4）AB=2BD，AC=2CE.

本题的难度不高，学生可通过所给的线段长度求出三角形被截两边所得的对应线段是否成比例，来进行判断DE与BC是否平行。因此，本题采取先由学生独立完成，然后进行集体交流。在交流的过程中，关注学生是否能够进行正确的判断，可从“判断的标准”“判断的合理性”及“正确表述判断”三方面对学生的判断进行观测和点评。

第（2）题中，学生对问题进行如下表达：“线段BD与线段AC并不是对应的线段，所以无法判断DE与BC是平行的”，点评“紧扣判定定理中，截得的线段对应成比例进行判断，非常好”。

第(3)题中，学生对问题进行表达是"线段AD与AB的比值为$\frac{2}{3}$，而线段AE与AC的比值是$\frac{3}{4}$，所以对应线段不成比例，由条件也无法得到DE与BC是平行的"。点评"紧扣判定定理中，对应成比例进行判断，做得好"。

第(4)题中，学生的表达是"根据所给线段的长度，可以判断它们是对应成比例的，所以DE与BC是互相平行的"。点评"通过计算对应线段的比值寻求判断的标准是否达成，很好"。通过练习可以看学生掌握了如何利用今天所学的概念作为判断的标准，进行合理的判断，也能够较准确地表达出来，这是值得对学生的学习加以肯定的。几个回答的学生也非常高兴，露出了笑容，那一刻学生的眼睛是明亮的。

接着设计了运用三角形一边的平行线判定定理的几何证明题，通过学生逻辑语言表述检测学生对于判定定理的内涵的理解掌握，以及对基本图形特征的掌握。

2. 已知：如图，点D、F在△ABC的边AB上，点E在边AC上，且DE//BC，$\frac{AF}{AD}=\frac{AD}{AB}$

求证：EF//DC。

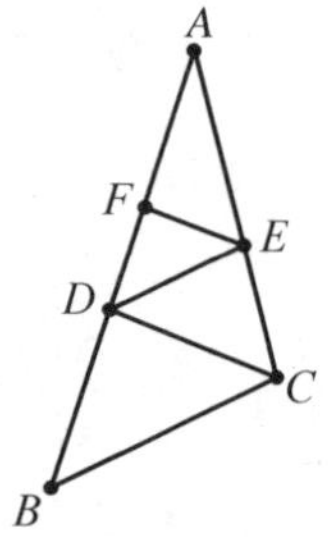

本题中通过对图形特征的分析发现图中共有两个A型图，且拥有一条公共边AC，其二发现所证明的四条线段在同一条线段上，因此引导学生想到需要运用"中间比"，这不仅培养了学生对于知识及图形的分析能力，同时也提高了学生思维的灵活性。

感悟

本次教学实践最大的感悟就是对于判断思维有了进一步的认识，同时对于判断思维及判断的三要素的作用有了深刻感悟。例如判断的三要素可能我在之前的教学中也会运用到，但那时的运用是无意识的，那么教师的无意识对于学生的作用又会有多大呢？所以作为教师对于自己的教学应该要苛求，要求自己的每一个教学行为的背后都有明确的目标，要求自己的每一个教学手段都要用到实处，要求自己的每一个教学策略都要尽可能发挥作用。因此对于本次的教学实践，我总结经验，反思不足，具体如下所述。

第一，加深学生对概念的理解，落实判断的标准

数学是逻辑性极强的一门学科，数学概念之间存在着密切的联系，当新旧概念联系十分紧密时，必须抓住它的内涵差异进行讲解，对概念进行逻辑分析。

例如，本课中抓住三角形一边的平行线性质定理的推论中可由“DE//BC”得到“$\frac{DE}{BC}=\frac{AD}{AB}$”，而反之不成立这一点，学生往往会因惯性认为反之亦然成立。在教学中要尤为注意，以免因教学上的忽视而导致学生对于概念的错误认识和理解。因此本课中设计了问题引领“由$\frac{DE}{BC}=\frac{AD}{AB}$是否可以得到DE//BC”激发学生的思维，引导学生深入思考问题，培养思维的深刻性。

第二，加强数学语言的互译训练，落实判断的合理性

初中学生的形象思维能力水平比较低，在学习几何时容易片面地、孤立地看问题，易把文字表述与图形表述脱节，能够背熟定义、定理，却不会转化成数学语言表述，不会识图、更难画图，这在几何概念的学习中表现尤为突出。因此，一般来说几何成绩较代数成绩起码下降平均10分。为此，在教学时，一方面要求学生从几何概念规定的图形特征出发，准确地画出图形来；另一方面要注意让学生结合图形把表述概念的文字语言翻译成配有图形的字母符号语言（哪怕是一根辅助线的添法，也要强调文字语言和符号语言的吻合），并进行简单的推理练习。在教学几何概念时，要求学生把每一条定理翻译成字母符号语言。

例如，在本节课中，“如果一条直线截三角形两边所得的对应线段成比例，那么这条直线平行于三角形的第三边。”结合图形写出字母符号语言（如下）

在△ABC中，$\frac{AD}{DB}=\frac{AE}{EC}$，$\frac{AD}{AB}=\frac{AE}{AC}$，$\frac{DB}{AB}=\frac{EC}{AC}\longrightarrow$DE//BC

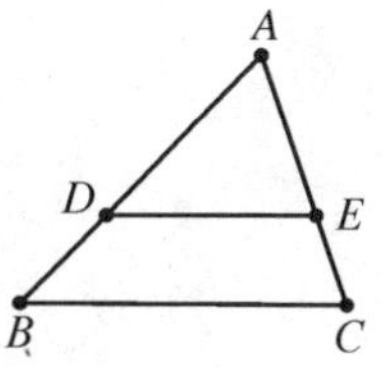

这种“互译”训练，可使学生对几何概念理解得更为深刻并能运用灵活，为应用几何概念去判断、推理打下坚实的基础。

第三，正确处理好学生“主体”与教师“主导”的关系，落实判断的正确表达

在课堂教学中，教师充分发挥其主导作用、培养学生的主体参与意识。只有“主体”与“主导”摆正位子、各尽其责，才能在教师的主导下，发挥学生独立思维的作用。学生认识和理解概念是一个主动的、复杂的心理过程，并不是老师把现成的概念简单地、原封不动地交给学生，而是结合他们自己已有的知识，运用较多的感性材料，通过观察、比较、分析、综合、抽象、概括等一系列思维活动，得出事物的本质属性。教师要善于抓住新旧知识的本质联系进行引导、启迪，真正主动积极地参与课堂教学中，在主动学习中使几何概念牢固把握。

本节课中就是以“问题引领法”正确处理师生在课堂教学中的关系，摆正教师的主导地位，引导学生思考问题，正确进行判断。

例如，三角形一边的平行线判定定理及其推论的推导过程中，引导学生运用“面积法”“同一法”“添置辅助线构造A、X型图”的方法来证明三角形一边的平行线的性质定理的逆命题是正确的。其次对于判定定理及其推论中的关键词进行提问，引发学生思考。这一系列的“问题引领”都是在引导学生自行思考发现问题、解决问题。给学生提供充分的概括本质特征的机会，从概括共同本质特征得到概念的本质属性，因为概括是人们掌握概念的直接前提。概括是思维的速度、灵活迁移程度、广度和深度、创造程度等思维品质的基础。

第六章　学生成长性思维过程的培养

第一节　成长性思维过程的培养

一、什么是思维过程

思维是人类所具有的一种高级心理现象，思维过程（Thinking process）是人们运用概念、判断、推理的形式对外界信息不断进行分析、综合、比较、抽象和概括、具体化等过程。

思维是一个复杂的、高级的认识过程，反映了事物的相互联系及其发展变化的规律，并且具有间接认识和概括认识的特性。其中，分析与综合是思维的基本过程，它贯穿于人的整个思维活动之中。分析是将事物的组成部分和个别特征通过神经活动区分开来；而综合则是将事物的各个成分和个别特征联系起来，结合成为一个整体。比较是将几种有关事物加以对照，确定它们之间相同和不同的地方。抽象是抽出同类事物的一部分共同主要特征，摈弃该类事物的其他特征。概括是事物的某类共同特征在脑中的结合。对客观事物的观察，通过分析、综合、比较、抽象和概括，借助于词的作用，就可以形成概念；反映事物关系的、概念之间的联系称为判断。把两个判断联系起来，从而获得一个新判断的过程，称为推理。通过推理，获得事物的现象和本质、原因和结果之间内在联系的过程称为理解。

思维过程如同一台计算机的输入、加工和输出三个环节。思维过程大致可以对应三个环节，本质上是理解、重构和呈现等三个思考过程。

理解：收集信息阶段，目标是“隐性思维显性化”。

重构：思维加工阶段，目标是“显性思维结构化”。

呈现：思维的输出阶段，目标是“结构思维形象化”。形象化表达是结构化思考以后最有效的输出方式。

思维过程是几千年来困扰人类的最大难题，揭开思维过程的秘密将会揭开人类认识自己的新纪元。思维过程虽然复杂，但只要充分掌握现代各相关学科的知识，就不难揭开这个秘密。

思维过程在于大脑细胞的工作。大脑细胞与普通细胞的不同之处就是，脑细胞不能进行分裂，即不能进行生长。在大脑细胞中，DNA的作用与其他细胞中的作用有一个根本性的不同，那就是脑细胞中的DNA是不能指导脑细胞进行分裂的,被取代的这一功能由思维过程所代替。了解大脑细胞中的工作过程,才能揭示思维过程的秘密。脑细胞无法进行细胞分裂,也就无法再生。无法再生并不能说脑细胞丧失了功能,在脑细胞中,绝大部分染色体是处于常染色体的状态,也就是说处于活跃的状态,它的功能只有思维才能解释。正因为脑细胞的功能被思维过程所取代,因此人类脑细胞中的DNA具有指导人类进行思维活动的全部遗传密码,DNA指导合成蛋白质(或肽链)的过程就是思维的过程,所合成的蛋白质(或肽链)是思维的结果,如果所合成的蛋白质(或肽链)能够在大脑中留存就构成了记忆,记忆时间的长短取决于留存时间的长短和留存的状态,如果被封存或被清除就形成了遗忘,处于封存状态的是暂时遗忘,处于清除状态的是永久遗忘。在封存状态的蛋白质(或肽链)只有被激活,才能被回忆。上述过程的揭示也解释了为什么人类的思维结果不能被遗传,而人类的思维过程是可以遗传的,因为思维过程是DNA指导合成蛋白质(或肽链)的过程(当然如果所需要合成的蛋白质已经存在就会立即被使用)。指导思维过程的指令性物质是DNA,思维的结果性物质是蛋白质(或肽链),因此DNA可以随生殖产生遗传,代表思维结果的蛋白质(或肽链)不能随生殖过程将所代表的信息传递到后代的肌体中,这也说明人类发展的事实,再聪明的父母,所生出的孩子不一定是聪明的,先天要和后天结合才能发挥作用。

在对人类的思维进行研究时,可能在对蛋白质(或肽链)的结构进行研究时,对不同的蛋白质(或肽链)是否代表不同的思维结果时,总是得不到解,其原因就是,在不同的个体中蛋白质(或肽链)所代表的思维结果是不一样的,这与每个个体在记忆时参与组成记忆的环境、影响因素不同而不同,比如说在记忆"地球"这个名词时不同的人在学习这个词时可能用不同的教材,A教材是从地球上生活着几十亿人和不同的生物的角度来学习的;B教材则是从地球是宇宙大爆炸后所产生的一个星球来说明。这样尽管同是"地球"这个词,在今后的学习中也知道了A、B教材的全部知识,但由于不同的个体学习环境的不同所代表的思维结果所组成的蛋白质(或肽链)就会不同。因此人类在研究思维结果时,机械地用不同的蛋白质(或肽链),代表不同的思维结果进行研究就会得不到解,而导致思维过程的研究就总是一个谜。(思维过程简述http://www.360doc.com/content/20/0121/09/52898107_887266355.shtml)

"思维过程,一方面是以特定的方式展开,例如以分析与综合、抽象与概括、比较与分类、具体化与系统化方式展开思维过程;另一方面也是思维方法、思维形式在思维活动中展开的过程。"(王鋐,2017)因此思维过程具有综合特征,是个体思维水平的重要反映,更是个体思维品质的展现。同时在思维过程中,个体的思维品质才能得以发展。(ibid)

二、基本的思维过程

（一）分析与综合

分析与综合是思维的最基本过程，其他的过程都是由此派生出来的。分析与综合是思维过程的基本环节，一切思维活动，从简单到复杂，从概念形成到创造性思维，都离不开头脑的分析与综合。任何一个事物，不论是简单还是复杂的，总是由各个部分组成，而且具有各种不同的特征。因此，我们在思考一事物时就要不断地对它进行分析和综合。

分析是指在头脑中把事物的整体分解为各个部分、方面或各种属性、特征的思维过程，是将事物的组成部分和个别特征通过神经活动区分开来。简而言之，分析就是从整体到部分的过程。例如，我们把生物分解为动物、植物、细菌、真菌、古细菌、病毒等。把几何图形分解成点、线、面、角、体；分析一篇文章由哪些段、句、词、字语言成分构成等，都属于分析过程。看一个学生，常会从身高体重、长相、学业、品德、能力、为人等各个角度去评价对方，这就是分析的过程。思维过程一般常用的分析，一是分解整体，这是指在头脑中把事物的整体分解为各个组成部分，或者把整体中的个别特性、个别方面分解出来。二是个别认识，对分解出来的各个部分或者个别特性有一个客观的了解。

综合是在头脑中把事物的各个部分、各种特征和属性结合起来进行考虑的思维过程，即把搜集整理分析的结果加以整合，形成对事物的整体认识或者结合成为一个整体。综合是在头脑里把事物的各个部分、方面、各种特征结合起来进行考虑的思维过程。例如，把单词组成句子；把文学作品的各个情节联成完整的场面；把一个学生的思想品德、智力水平、学业成绩、健康状况等方面联系起来，加以评价，做出结论等，都属于综合过程。也就是部分到整体的过程。例如，通过对某学生的各方面情况的分析，我们通常会说“这个学生整体上不错”，或是“这个学生在某方面还欠缺点，不适宜担任某工作”等之类的结论，这就是综合的过程，通过对各个方面进行考察之后，从整体上去考虑事物，得出结论。思维过程常用的有：确定联系，分解出来的各个部分或者个别特性在客观了解的基础上确定它们之间的相互联系。完整（整体）认识，对分解出来的各个部分或者个别特性之间的相互联系的认识，找到解决问题的方法。

分析与综合是同一思维过程中不可分割的两部分，分析与综合是同一思维过程中彼此相反而有紧密联系的过程，是相互依赖、互为条件的。分析是以事物综合体为前提的，没有事物综合体，就无从分析。综合是以对事物的分析为基础的，分析越细致，综合越全面；分析越准确，综合越完善。例如，学生读一篇课文，既要分析，也要综合。经过分析，理解了词义和段落大意；经过综合，掌握了文章的中心思想，便获得了对文章的整体认识。

分析与综合在人的认识过程中有不同作用。通过分析，人可以进一步认识事物的基本结构、属性和特征；可以分出事物的表面特性和本质特性，使认识深化；可以分出问题的情境、条件、任务，便于解决思维问题。通过综合，人可以完整、全面地认识事物，认识事物间的联系和规律；整体地把握问题的情境、条件与任务的关系，提高解决问题方式。对事物只有分析而没有综合，只能形成片面的、支离破碎的认识；只有综合没有分析，只能形成表面的认识。分析与综合是辩证统一的，只有把分析与综合有机地结合在一起，才能发现事物的联系和关系，更好地认识事物。

分析与综合可以在不同的水平上进行。学生可以在直接操作物体的情况下进行分析与综合，例如，学生用散装的零件自己组装成舰模或航模的过程；也可以在直观形象的水平上进行分析与综合，例如通过PPT屏幕显示分析问题等；还可以在思想上对抽象的事物进行分析与综合，例如，对语文作品的分析、解数学、物理题等，这是分析与综合的较高水平。分析和综合是相反的过程，分析是整体到部分，而综合是部分到整体，两者都为思维的基本过程。教师在教学中应该根据学生的年龄特征和个性特点，进行教学。为发展学生的综合能力应该把学生的注意力引向整体，多做综合练习。为发展学生的分析能力应该把学生的注意力引向细节部分，不要时可以图解或者实物拆分。

（二）比较与分类

比较与分类在人认识世界时起着重要作用，是重要的思维过程的展开方式。人们为了进一步认识和辨别某一事物，还需要在分析、综合的基础上，对事物进行比较和分类。

比较是在头脑中把各种事物或现象加以对比，确定它们之间的异同点的思维过程。人们认识事物，把握事物的属性、特征和相互关系，都是通过比较来进行的。比较是将几种有关事物加以对照，确定它们之间相同和不同的地方。只有经过比较，区分事物间的异同点，才能更好地识别事物。例如，教师要讲清“思维”这个概念，必须与相近的“思想”这个概念相比较，找出它们的共同点和差异点。它们的共同点是，二者都是理性认识；它们的差异点在于，思想是理性认识的内容，思维是理性认识的形式。通过比较，对思维这一概念的认识就更加准确了。黑格尔说：“假如一个人能看出当前极显而易见的差别，比如，能区别一支笔与一头骆驼，我们不会说这人有了不起的聪明；同样，另一方面，一个人能比较两个近似的东西，如橡树与槐树，或寺院与教堂，而知其相似，我们也不能说他有很高的比较能力，我们所要求的，是要看出异中之同和同中之异。”比较的重要任务就是寻找“异和同中之异”，在具有一定关系的事物对象中进行比较，需要依赖于思维过程中的比较。一个人比较能力越强，则他对事物对象的异中之同把握得越好。

比较是把各种事物和现象加以对比以确定它们的相同点和不同点及其相互关系的思维过程。比较的最终目的是找到相同点和不同点。比如说皮球和西瓜的相同点有形状圆圆、表面光滑等，而不同点是皮球内部是气体，西瓜内部是果肉，皮球是玩的，西瓜是吃的，等等，这就是比较。比较既可以是同中求异，也可以是异中求同。例如，在教学中，教师为了帮助学生清楚地了解某个对象，就把这个对象与它十分相似的各种对象进行比较，找出它们的不同点；又把这个对象与它差异很大的对象进行比较，找出它们的相同点。这样，学生就较容易地明确这个对象的本质特征。比较则是把各种事物和现象加以对比，确定其异同，发现其关系的思维过程。比较是以分析为前提的，只有在思想上把不同对象的各个部分或特征区别开来，才能进行比较，而比较的结果又是一个综合过程。

比较是在思想上把对象和现象的个别部分、个别方面或个别特征加以对比，确定被比较的共同点和区别及其联系。两类对象表现具有一定的关系才能进行比较，任何比较都是在一定关系上，按照一定标准进行的，没有一定的关系无法进行比较，没有一定的标准液无法进行比较。任何事物无论它们多么相近，但仍然会存在差异，异中求同的比较，同中求异的比较，同异综合的比较等思维方法组合而成为比较的方法。我们常用的比较有对比异同，在头脑中确定对象之间差异点和共同点；还有明确特征，确定对象的差异点和共同点的特征。对象中进行比较，需要依赖于思维过程的比较能力。一个人比较能力越强，则他对事物对象的异中之同和同中之异的探求就越深入、越细致，因而也就越有利于区别事物对象间的不同点或探求事物对象间的共同点。在比较两个对象时，要着力去比较它们的本质特征，而不去比较它们的非本质特征。例如：在比较两种液体的浮力大小时，其本质特征是它们的密度不同。

分类是在头脑中根据事物或现象的共同点和差异点，把它们分为不同种类的思维过程。分类，是在头脑中根据事物或现象的共同点和差异点，把它们区分为不同种类的思维过程。分类是在比较的基础上，将两者归为不同种类的过程。根据上一例子的表述，皮球和西瓜是不同的两个事物，皮球属于玩具，而西瓜属于水果，这是分类的过程。分类是在头脑中根据事物或现象的共同点和差异点，把它们区分为不同种类的思维过程。分类是在比较的基础上，将有共同点的事物划为一类，再根据更小的差异将它们划分为同一类中不同的属，以揭示事物的一定从属关系和等级系统。例如，学生掌握数的概念时，把数分为实数和虚数；又把实数分为有理数和无理数；有理数又可分为整数、小数和分数等。由于学生年龄的差异，思维发展水平不同，分类的水平也不同。分类能力薄弱的学生往往不是根据事物的本质特征，而是根据事物的外部特征和事物的功能进行分类；少年期学生容易把本质特征与非本质特征并列来进行分类，青年期的学生则会按事物的本质特征进行分类。

分类是在比较的基础上，依据事物的性质异同，把相同性质的事物归入一类，不相同性质的事物归入不同类的思维方法。要引导学生把握分类的原则：一次分类应按同一标准。如果不按同一标准，就可能造成分类混乱；分类应该是完备的，分类应是纯粹的。分类是以比较为基础，比较识别出事物之间的异同，然后根据共同点将食物分为较大的类，根据差异点将食物分为较小的类，从而将事物区分为具有一定从属关系的不同等级的系统。例如将有相同性质的物体归为一类，将不同于这类物体性质的物体归为一类。我们思维过程常用分类有分门别类，根据对象的共同点和差异点的特征，把它们区分为不同类别，例如动物与植物的分类。还有揭示关系，根据事物不同类别，揭示出它们之间的关系、类关系，例如，种属关系，家人与朋友。

比较和分类是递进的关系，面对两个或两个以上事物时，先是特征上的比较，进而是类别上的分类。比较与分析、综合是紧密联系的。比较总是对事物的各部分、各种属性或特性的鉴别与区分，因此没有分析就谈不上比较，分析是比较的前提。然而，比较的目的是确定事物间的异同，因此比较也离不开综合。要比较事物，既要对事物进行分析，又要对事物进行综合，离开分析与综合，比较难以进行。

（三）抽象与概括

抽象与概括是指从具体共同性的事物中揭示其本质意义的两种思维活动。二者有区别又有联系，不可分割。任何事物都有多重属性。仅属于某一类事物，并能把这类事物和其他事物区别开来的属性，称之为本质属性。与之相对应的称之为非本质属性。经过抽象与概括可以清晰事物的本质属性或特征与非本质属性或特征的界限，认识跃升到了理性阶段。

抽象是重要的思维过程，抽象是在思想上抽出各种事物与现象的共同的特征与属性，舍弃其个别特征和属性的过程。抽象是在头脑中把同类事物或现象的共同的、本质的特征抽取出来，并舍弃个别的、非本质特征的思维过程。抽象就是从多个特征中找到本质特征，是由多到一的过程，即找本质。例如，我们对人的认识，人可以分为男性、女性；大人、小孩；工人、农民、军人、学生、教师、商人；高个、矮个；白种人、黄种人、黑种人；人能吃饭，能睡觉，能喝水，能活动，能知觉，能记忆，能说话，能思维，能制造工具，会使用工具等。我们在肤色、身材、身高、国籍等方面具有类似特征，但是人的本质特征，区别于动物的特征是这些吗？我们可以发现虽然具备很多这些共同特征，但是只有其中一部分才属于本质特征，即能说话、有思维、能制造与使用工具。通过分析、比较，抽出人类具有的共同的、本质的属性，舍弃能吃饭、能睡觉、能喝水、能活动等其他动物也有的非本质属性，这就是抽象过程。

在教学中，我们引导学生关注思维过程可以常用抽出本质特征，在分析、综合、比较的基础上抽取同类事物共同的、本质的特征。我们还引导学生学会舍弃非本质特征，在分析、综合、比较的基础上，舍弃同类事物的非本质特征，积极培养学生抽象能力。

概括是在头脑中把抽象出来的事物共同的、本质特征综合起来并推广到同类事物中去，使之普遍化的思维过程。概括是在抽象的基础上，把刚刚的本质特征进行推广，是由一到多的过程，只要具备这个本质特征的就属于此事物，即下定义。例如，我们把“人”的本质属性——能言语、能思维、能制造工具综合起来，推广到一切人身上，“凡是能言语、能思维、能制造和使用工具的动物都是人”。这就是概括。如果具备这三个本质特征，那就是属于人，这就是概括的过程。

学生的概括可以分为两种水平：

（1）初级形式的感性的概括。这种概括形式是根据事物的外部特征，对不同事物进行比较，然后对它们的特征加以概括。如，小学生根据鸟会飞这一外部特征得出“会飞的动物就是鸟类”，从而错误地认为鸭、鹅不会飞，所以不是鸟类。这种是属于知觉和表象水平的概括。

（2）高级形式的科学概括。这是根据事物的本质特征进行的概括。如，学生通过学习有关动物学的知识，能准确地概括出鱼的本质特征，即“用鳃呼吸的脊椎动物是鱼类”。这种水平的属于思维水平的概括。

概括就是把分析、比较、抽象的结果加以综合，形成概念。概括的作用在于使人的认识由感性上升到理性，由特殊上升到一般。只有通过概括才能把思想引向神话，更正确、更完全、更本质地反映事物。

抽象和概括是彼此紧密联系着的。抽象是概括的基础，如果没有抽象就不可能界限概括。抽象是在思想上抽出同类事物的本质特征，舍弃非本质特征的思维过程。概括是在思想上把同类事物的本质特征加以综合并推广到同类事物的思维过程。在抽象的基础上，人们就可以得到对搜集整理事物的概括的认识，从而形成事物的概念。概念在心理学上是指反映客观事物共同特点与本质属性的思维形式，是经过抽象和概括等思维活动得到的。抽象和概括也是递进的过程，先找本质，先抽象，随即下定义，进行概括。抽象与概括的关系十分密切。如果不能抽出一类事物的本质属性，就无法对这类事物进行概括。而如果没有概括性的思维，就抽不出一类事物的本质属性。抽象与概括是相互依存、相辅相成的。抽象是高级的分析，概括是高级的综合。抽象、概括都是建立在比较基础上的。任何概念、原理和理论都是抽象与概括的结果。任何一个概念、一条规律、一个公式或原则，都是抽象和概括的结果，人类的各种科学知识都是抽象和概括的产物。

在教学中，我们重视在学科教学中，引导学生关注思维过程的综合结果，在分析、综合、比较的基础上，把事物的共同点、本质特征综合起来。引导学生形成概念，在分析、综合、比较的基础上，把事物的共同点、本质特征综合起来以后形成的概念。学生从感知具体事务的表象上升到理性思维的阶段，主要是通过抽象与概括来实现。抽象能力与概括能力成为衡量学生思维发展的重要标志。

（四）具体化

同抽象相反的思维过程是具体化。具体化是指在头脑里把抽象、概括出来的一般概念、原理与理论同具体事物联系起来的思维过程，也就是用一般原理去解决实际问题，用理论指导实际活动的过程。具体化是把理论与实践结合起来，把一般与个别结合起来，把抽象与具体结合起来，可以使人更好地理解知识、检验知识，使认识不断深化。

美国图论学者哈里认为："千言万语不如一张图"（*The pictrue is worth a thousand words*），就表明了思维过程的具体化的作用。例如数形结合思想作为数学最重要的思想方法之一，可以使复杂问题简单化，抽象问题具体化。著名数学家华罗庚说过："数缺形时少直观，形少数时难入微，数形结合百般好，隔裂分家万事休。"这句话深刻地揭示把抽象的概念转化为具体化的思维过程的重要性，用以对抽象问题的认识、处理和解决。

这是从一般到具体的过程。例如为了了解学生平行四边形特征掌握的情况，教师可以问：平行四边形有哪些种类？并请学生画出示意图表明特征，学生会罗列与画出一般平行四边形、正方形、长方形、菱形。这类题目就是引导学生展开具体化思维过程，从平行四边形基本性质这一理论入手，分列出具体图形，这就是具体化思维过程。通过具体化加深、加宽对各种事物的认识。在教学中，我们可以运用引证实例，通过引证具体事例来说明概念、原理、理论问题。例如，量变到质变，可用水的沸点来说明。也可以运用应用原理展开思维过程，运用已经获得的概念、原理、理论去解决问题，例如黄金分割定理来解决窗的高与宽的合理问题。

系统化是指在头脑里把学到的知识分门别类地按一定程序组成层次分明的整体系统的过程。系统化是在复杂的分析、综合、比较、抽象、概括和具体化的基础上实现的。例如，生物学中按界、门、纲、目、科、属、种的顺序，把世界上所有的生物分了类，并揭示了各类生物间的关系和联系，这就是人脑中对生物系统化的过程。又如，学生掌握数的概念，在掌握整数、分数、小数知识之后，可以概括归纳为有理数；当数的概念扩大，学习了无理数之后，又可把有理数和无理数概括为实数；掌握了虚数之后，又可把实数和虚数概括为数，从而掌握了系统的数的知识。系统化的知识便于在大脑皮层上形成广泛的神经联系，使知识易于记忆。也只有掌握了系统的知识结构，才能真正理解知识，才能在不同条件下灵活运用知识。系统化是把学到的知识分门别类地按一定程序组成层次分明的整体系统的过程。我们要引导学生善于把所学知识系统化。知识点原先是琐碎的、零散的，为了方便记忆和理解，需要将零散的知识点整合成一个整体，以形成知识体系，就是系统化。在教学中教师要通过一些作业，要求学生运用划分、分类、形成框架、编写提纲、绘制图表、编制单元小结和系统复习等展开思维过程，对知识点进行整合，把知识系统化。

第二节　成长性思维过程的培育案例

○ 案例1：

《马来的雨》

上海市长江第二中学　葛　珮

一、教学分析

（一）教材分析

《马来的雨》是语文上海六年级第二学期第六单元中的一篇课文。作者从听觉、触觉、视觉三个角度描绘了高脚屋、街上和海上的马来雨，生动形象地刻画出马来雨爽爽快快、干脆利落的特点，展现了马来西亚特有的魅力和风情。

本文的作者是上海作家胡绳梁。本文用了丰富的修辞、动词、叠词，形象生动地以二千字左右刻画了马来雨与江南雨的不同，并细腻描绘了马来的雨的特点，给人以身临其境的美感！

教材课后作业中有一项练习是理解“雨来开的是幕，是风景，也是风情”这句话，结合本课所在的单元，其单元主题是“域外风情”，可见本文教学重难点应设定在“风情”两字上。

在课堂教学中，要让学生体会“风情”两字，便要借助于想象这一思维形式，从品读文字中进行有意想象，最后通过归纳推理突破教学重难点。所以本文在品读关键语句的教学环节中可以着重培养学生的想象思维，在挖掘主旨的教学环节着重培养学生的归纳、推理思维。

（二）学情分析

本节课的受教对象为六年级学生，这些学生刚刚升入初中。对于他们而言小学主要学习训练的是识字、书写及简单的分析句子能力。

初中学生在学习语文时，展现出各项思维能力都在迅速发展提升。这种思维的成长在思维过程中表现在抽象、概括、具体化等方面。在思维形式上表现为判断、推理、想象。在思维方法上表现为发散性思维、聚合性思维、辩证思维。在思维态度上，语文教学应充分调动学生思维的主动性及思维独立性。所以，本节课的教学设计要符合学生的逻辑思维，要让学生的思维成长发展。在分析文本内容时，先调动起学生的思维主动性和思维的独立性，以“说说自己在上海经历过怎样的雨”为导入，调动学生对于本课的情感认同、情感共鸣。再以“马来的雨给作者怎样的印象”引导孩子进入发散性思维有意想象，随后从学生们圈画分析的语句中进行归纳，归纳“马来雨的特点”。学生通过这种思考方式，在反复分析品读的过程中，通过想象、归纳、推理，不但突破了本节课的重难点，同时也提高了思维能力，使得思维成长发展。

二、教学目标

1. 品读文中关键语句，通过不同的语言形式进行有意想象，把握马来雨的特点。

2. 归纳马来雨的特点，进行推理，把握“风情”的含义。

三、教学流程

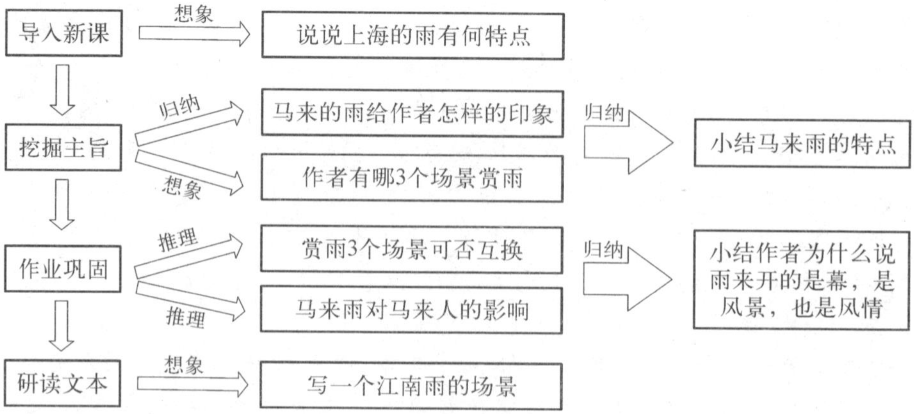

四、教学过程

导入：同学们，你们可以说一下前一阵子上海雨有什么特点吗？这雨你喜欢吗？是不是所有的雨都给人一样的感受呢？就让我们一起走进今天的课文《马来的雨》。

师：出示课题，齐读课题。从题目中同学们读到了哪些信息？有谁可以介绍一下马来西亚吗？

生：朗读课题，解释课题中所包含的信息，例如：马来西亚的相关介绍以及马来西亚雨季的资料。

师：马来的雨给作者怎样的印象？同样是雨，作者却为马来的雨写了一篇文章，是什么原因造成了这种不同？

生：马来的雨：铺天盖地、爽爽快快、干脆利落。“同样的雨，落在不同的土地上，会绽出不同水花的。”

师：“同样的雨，落在不同的土地上，会绽出不同水花的。”那么在马来西亚，雨又落在了哪里？作者是从哪些场景来写雨的？在这三个场景中，作者通过哪三种不同的感官来感受雨？

生：高脚屋、街道上、海上。作者是通过三种不同的感官，多角度来表现马来的雨。“听”“淋”“观”（听觉、触觉、视觉）。

（设计意图：让学生明确“马来雨”的与众不同，从而为全文奠定“风景即风情”的基调。由生活入手，使学生尽快融入课堂教学环节。整体感知课文，走进课文。从写作角度入手，从不同角度去感受马来雨的特点。提升学生在课堂教学活动中思想和感情的投入状态，最大限度地活跃学生的思维态度。并与下一环节的“分析马来雨的具体特点”形成一定的联系，遵循有意想象的形式，由浅入深进行合理思维。）

环节一：初读课文，有意想象

师：在高脚屋，作者听雨，听到了雨怎样的特点？文中是怎么体现这个特点的？

学生活动1：根据预习的情况和对文本的初步感知，圈画文中的关键语句，进行概括归纳得出：交响成曲、刚柔相济、平民的音乐。

学生活动2：根据学生的初步感知和结论，学生分为四人一组进行讨论，分析语句中的关键字词：“大珠小珠落玉盘”——韵味、曲调、节奏、清脆悦耳；“金戈铁马声盈屋”——气势浑厚、大气；“大雨点落在铁皮上”——重音；“雨打在芭蕉叶上”——圆润、轻音。

学生活动3：分析完后，女生朗读表现轻音、韵味的语句，男生朗读重音节、表现气势的语句。感受马来雨带来的声韵之美。

师：如果说高脚屋听雨是一种声乐美的享受，那么走出高脚屋在街道上淋雨，给作者带来了更直接的感触体验。同学们说说马来雨落在街道上有什么特点？文中是怎样体现这一特点的？

学生活动1：根据预习的情况和对文本的初步感知，圈画文中的关键语句，进行概括归纳得出：很劲、清凉、急(可以尽情享受，是奢侈品)。

学生活动2：根据学生的初步感知和结论，学生分为四人一组进行讨论，分析语句中的关键字词："突来的骤雨如幕，望过去似是风也吹不破的。"(第九段)比喻，形象地把"骤雨"比作"幕"，写出了雨的大而密，突出了雨的"劲"。"路上水来不及排走，雨点上去溅出硕大的水花，此起彼伏，是雨的舞蹈。"(第九段)比喻，形象地把溅起的水花比作"舞蹈"，突出了雨的"劲"。

学生活动3：分析完后，男生朗读，读出爽快淋漓、无比快意之感。

师：一路走来一路感受，离开街道后，作者来到了海上，选择用观雨的方式来感受马来的雨。为什么作者选择在海上观雨呢？海上观雨带给作者怎样的感受？(作者是怎样形容这种壮观之感的？)

学生活动1：根据预习的情况和对文本的初步感知，圈画文中的关键语句，进行概括归纳得出：马来西亚素有"海洋公园"之称。海景与雨景是马来的两大特色，也是马来一个较为普遍的风景，雨与海构成了一种壮观之景。海天一体，波澜壮阔；爽快透彻，惊心动魄。注意这里有一个"；"，这两部分是并列的，"海天一体，波澜壮阔"仅仅是观雨。而"爽快透彻，惊心动魄"是作者更进一步在雨中观雨的感受。

学生活动2：根据学生的初步感知和结论，学生分为四人一组进行讨论，分析语句中的关键字词：无论雨天还是烈日当空，雨似乎将海天连在一起，给人波澜壮阔之感。"远处的岛时隐时现，像是五线谱中的蝌蚪，雨声涛声中变成了可视的音符。"(第十段)比喻，马来西亚群岛比作五线谱中的蝌蚪，比作音符，生动形象地写出了从海上从雨中所见的马来群岛的渺小灵动，烘托了海上雨景的波澜壮阔，作者登上快艇游海，在海上雨中飞驰，令人震撼，感受极大。

学生活动3：分析完后，让一个声音浑厚的男生与一个感情充沛的女生来朗读这一海上观景的场面，一起来感受这一波澜壮阔、惊心动魄。

(设计意图：这一部分的设计最能体现学生在课堂上归纳思维和想象思维结合的思维方法。学生的分组讨论、圈画是分散性思维，学生将每个人的独立见解能力发挥出来，在圈画分析的过程中进行有意想象，各个小组之间的讨论是体现学生归纳思维方法的过程，学生用各自圈画的语句进行分析、综合、比较、分类，抽出这些体现“马来雨特点”的语句共同、本质特征，在此基础上梳理现象，聚焦关键。继而归纳出马来雨的特点，让学生“知其然，更知其所以然”。)

环节二：挖掘主旨，归纳推理

师：同学们读得非常好，你们想想为什么作者要这样安排这三个场景呢？它们之间的顺序可以互换吗？

学生活动：学生独立思考，归纳三处赏雨地点的区别。从高脚屋—街上—海上，作者感受马来雨的范围越来越大，可见来到马来西亚，马来雨是无处不在的，正像文章中说的那样，它是“铺天盖地”的。

师：既然马来雨是“铺天盖地”而来，作者也用这三个场景为我们介绍了马来雨的魅力，为什么还要在第六节与第九节的最后写道“据说有钱的马来人……但这听雨的享受却没有了”“驾车乘车的人在空调里没有暑苦……现代文明有时离大自然是远了些”，这似乎与马来雨的特点无关啊，作者为什么要这样写呢？

学生活动：读出这两句话中作者的一种惋惜、一种遗憾，表达了淋雨、听雨都是一种舒适的享受、一种别样的生活体验。而住进高楼瓦屋会令人失去听雨的乐趣，驾乘私车会令人失去淋雨的凉意，所以在高楼瓦屋、私家车中的人们仅仅欣赏的是雨景，失去的是在雨中的一种怡然自得的享受之情。

师：对于作者而言，马来的雨已经不仅仅是一种雨景、一种风景，更是一种别样的享受。那么对于当地居民而言，马来的雨又意味着什么呢？

学生活动：根据全文分析的马来雨的特点和赏雨的特点，归纳和推理得结论：“雨拉开的是幕，是风景，也是风情。”

明确“风情”即“风土人情”，分析时应将马来的雨与马来人、马来生活相结合。马来的雨影响着当地人的生活，例如：住高脚屋，不带雨伞，街道两边大多有骑楼。同时结合马来西亚的地理因素：马来西亚和国内不同，不分四季，只分雨季和旱季，雨季代表滋润生长孕育，马来西亚的雨给马来人、马来的生活带来生机活力。

师：对于这别具风情的雨，作者又是怎样评价的呢？

学生活动：“马来西亚的魅力，在雨季”；“马来西亚的魅力，应在雨季”。朗读并区别，解释“魅力”。

师：同学们，本单元的单元主题是“域外风情”，在本单元中同学可以领略到不同国家不同地区的风情，本课《马来的雨》为我们展现了一种马来雨季独有的魅力，正像胡绳梁先生自己说的那样：“同样的雨，落在不同的土地上会绽出不同的水花；而同样的雨，在不同的场景里会生发出不同的情。”因为马来雨渗透影响了当地人的生活，日积月累便构成了别具一格的当地文化，也因马来的雨给当地人带来了生机，所以作者虽为一个游客，但也从内心深处表达了对马来雨的喜爱，赞叹“马来西亚的魅力，在雨季”。

（设计意图：将环节一中学生们所归纳总结出的结论，再一次通过学生们的分散性思维及聚合性进行巩固，实践迁移。环节一是分组讨论汇报讨论结果，而环节二因为有环节一的铺垫，所以可以让学生们在圈画的时候，由小组讨论变为独立思考，同时在学生交流的过程中可以考查学生在思维活动中，会不会盲从，有没有自己的独立见解，培养孩子思维的独立性。将上一环节中掌握的方法运用到此环节，这也是思维具体化的过程。将通过抽象的概括而获得的概念、原理、理论去解决文本中仍然留有的问题。可以说在这一环节中学生的思维品质得到了提升。）

环节三：总结收获，布置作业

师：文中作者曾用对江南雨的思维模式联想到马来雨的情景。住在上海的你，是否能运用多角度写景的方法，写一段上海的雨。（80字左右）

（设计意图：本环节是这节课思维环节的最后一个环节，将本节课的思维成果“具体化”，同时也有一定的想象和迁移，即将阅读中所掌握的知识运用到写作中，是环节二中的想象思维的延伸巩固，这个环节将思维具体化中的应用原理进行了提升。）

五、教学反思

1. 在思维品质方面充分体现了学生思维的灵活性与独创性

六年级孩子在语文课的表现往往都是敢说、愿意说。在这节课的开始，同学们纷纷举手发言，说出了自己心中上海雨的特点，也踊跃地发表了自己对于上海雨的感受，这一过程的设计既导入了新课，为后面的有意想象打好了基础，也体现了学生在认知过程中思维起点灵活、过程灵活的特点，有效调动了学生思维的积极性。

2. 在思维过程方面体现了思维中的比较、分类、概括、综合

这节课在品读体现马来雨特点的语句时，作文运用了大量的修辞，标点的使用也有很多变化，因此在教学时需要引导学生发现不同语言形式下的深意，通过比较、分类品读句中的深意，再通过概括、综合让学生将分散的内容进行整合。

3. 在思维形式方面体现了学生思维的想象和推理过程

课堂中的所有学生都去过马来西亚吗？都亲身感受过马来的雨吗？答案

显然是没有。所以想象思维在课堂教学中很重要，学生通过作者的语言去想象马来雨的特点，最终将这些特点进行推理，感悟作者的情感。

4. 在思维方法方面体现了发散性思维及聚合性思维的提升

本课在解决核心问题“马来雨为什么是风情”的过程中采用的是发散性思维和聚合性思维结合的思维方法，学生的讨论是发散性思维，学生交流找相同语言形式的句子是聚合性思维。这样的思维方式较为贴近六年级学生的思考方式，学生愿意思考也乐于思考，先发散性思维便是尊重了学生们都是为结果，而其后的概括、总结则是将学生们分散的答案进行概括，这体现了聚合性思维的优势，使得本节课的核心问题得到了妥善的解决。

5. 在思维态度方面体现了学生的较高思维参与度，同时也兼顾了学生思维的独立性

在问题的设置上，本节课的问题指向性明确，语言简洁，六年级学生易于理解，所以在本节课上学生的举手发言频率较高，基本上每个同学都参与到课堂的各个环节。分组讨论后的交流结果环节，则是通过小组合作的形式体现，小组中有的同学负责朗读，有的同学负责分析，各司其职。除了小组讨论外，本节课也考虑到了学生思维独立性的培养，在环节二中鼓励学生独立思考以把握主旨，这样既培养了学生独立思考、不盲从的思维态度，同时也提升了知识具体化的运用。

○ 案例2：

《漫画人物的表情》教学案例

上海市长江第二中学　项科生

一、教学分析

（一）教材分析

《漫画人物的表情》是上海书画出版社七年级第一学期（试用本）第二单元内容，本节课的教学目标是了解、知道眉毛、眼睛和嘴巴的简化、夸张、变形在漫画人物表情中的作用，通过对漫画图例观察、分析抽象、概括和实践操作具体化的思维过程，初步理解、学会运用简化、夸张、变形的发散性思维方法塑造表情。并能够做到表情塑造具有独创性，感受漫画人物表情的独特艺术魅力。重点是眼睛、眉毛、嘴的简化、夸张、变形，难点是运用简化、夸张、变形的

方法塑造漫画人物的表情，要解决这个重难点：1. 把它先具体化为几个简单的图例问题，从高兴、生气、伤心、恐惧四种基本表情的漫画呈现，让学生在分析具体图例的过程中，逐步抽象和概括出人的表情变化，主要是通过五官来表现特别是眼睛、眉毛、嘴来表现。2. 通过问题引导学生思维能力的培养：（1）漫画人物高兴、生气、伤心、恐惧时，眼睛、眉毛、嘴呈现怎样的形态？和我们真人的五官有何不同？（2）同样是高兴、生气、伤心、恐惧时，眼睛、眉毛、嘴又有哪些形态的差异？ 3. 通过表情作业单形式展现抽象与概括思维过程的具体化应用。

（二）学情分析

处于初中阶段的学生对于漫画的兴趣很高，但认知水平还很肤浅，平常仅限于临摹、模仿漫画，能够根据要求画出基本的表情特征。但还不具有在思维过程中掌握正确的思维方法，更不要谈思维品质的培养。与此同时，初中阶段又是思维能力迅速发展的黄金时期，在美术教学中，我们不但要教会他们掌握和运用美术知识，更重要的是教会学生在思维过程中获得美术知识的逻辑思维方法。因此，在本节课的设计过程中设置了符合学生思维发展的教学，让他们会看、会听、会画，在学习漫画的表情时，按照发散性思维的方法来学习，先从图例开始导入，提出开放性问题：你看到了什么？从而引出本节课内容：漫画的表情，在知识新授部分，通过设置一些难度适中的问题和环节，如：引导学生观察图例分析思考交流，从图例中你看到他们是什么样的表情？你判断的依据是什么？和我们真人的五官有什么不同？学生在这个过程中已具备了基本的思维参与度和思维主动性，能够根据图例进行思维判断和分析，进而进行抽象与概括，学生通过这种方式思考、学习，在分阶段的表情作业单练习过程中，学生通过成语表情包的具体化的应用，在抽象与概括的思维过程中运用发散性思维方法，提高学生思维的独创性能力。

二、教学目标

知识与技能：了解、知道眉毛、眼睛和嘴巴的简化、夸张、变形在动漫人物表情中的作用，并初步学会运用简化、夸张、变形塑造不同的表情。

过程与方法：通过对图例观察、分析的抽象、概括和实践操作具体化的思维过程，初步理解、学会运用简化、夸张、变形的发散性思维方法塑造表情。

情感态度价值观：能够独创性地运用简化、夸张、变形五官的方法塑造不同表情，感受简化、夸张、变形的方法塑造漫画人物表情的魅力。

三、教学思路

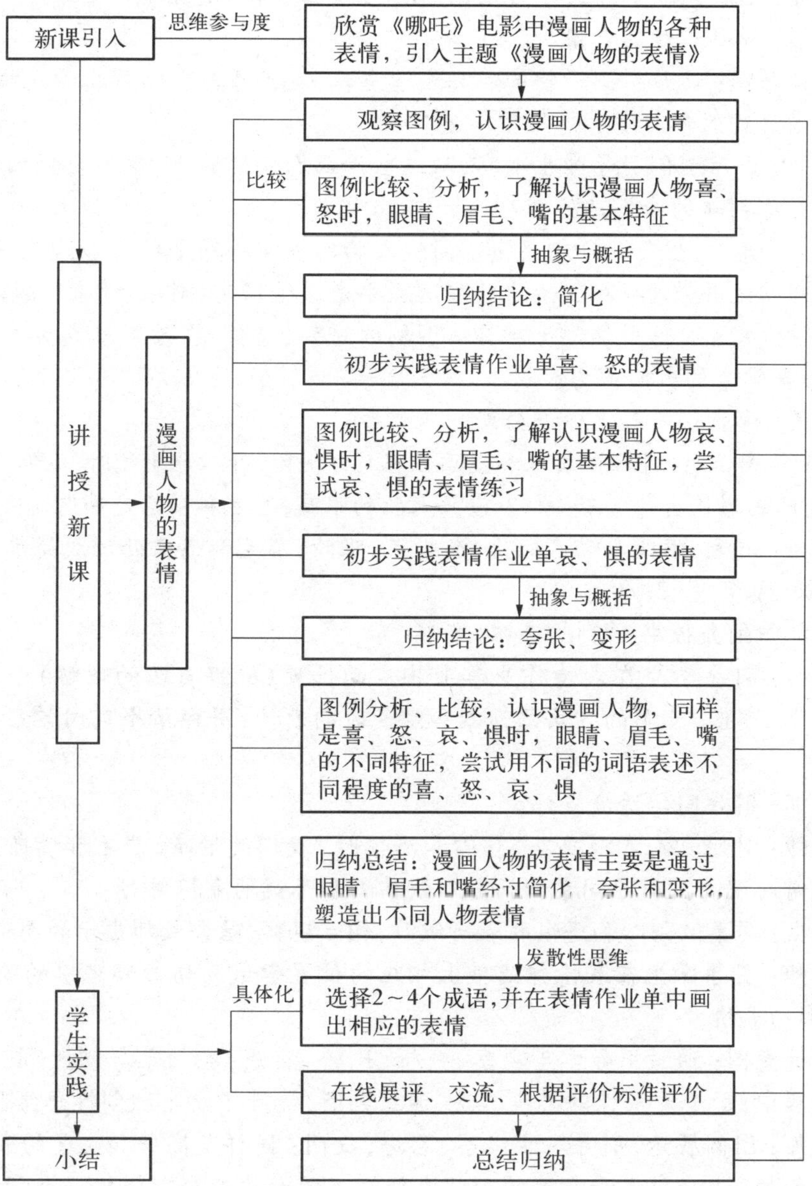

四、教学过程

导入：

教师：出示《哪吒之魔童降世》主人公的表情图例，引导学生观察，并提问：

你看到了什么？学生：各种表情。

教师：这就是我们今天学习的内容——漫画人物的表情

板书：漫画人物的表情

设计意图：通过漫画人物的各种表情呈现，在抽象与概括的思维过程中，激发了学生思维的参与度和思维主动性。

教师：出示图例引导学生观察，从这些漫画人物的脸上，你发现他们有怎样的情绪？你判断的依据是什么？

学生：开心、生气、伤心、恐惧。通过人物的五官特别是眼睛、眉毛、嘴。

教师归纳并板书：人物情绪的表达主要是通过眼睛、眉毛、嘴来体现。

设计意图：通过引导学生对具体图例的观察、分析，在抽象与概括的思维过程中，提升学生的判断能力。

过渡：那我们一起来逐一分析

教师：出示对比图例（真人和漫画五官），并提问，开心和生气时，他们的眼睛、眉毛、嘴巴的形状有什么不一样？漫画人物的眼睛、眉毛和嘴巴是如何处理的？

学生：眉毛、眼睛和嘴巴简化、夸张了，眼睛、眉毛和嘴巴处理成简单和变化的线条和图形。

教师归纳并板书：简化、夸张、变形

教师：引导学生在表情作业单上相应的位置（根据自己的理解）分别尝试运用简化、夸张、变形的方法画开心和生气时的表情，并邀请个别同学在黑板尝试画出。

教师：引导同学适度点评。

教师：对比真人和漫画，那伤心和恐惧时，我们的眼睛、眉毛和嘴巴的形状又是如何处理的？引导同桌相互分别做伤心和恐惧的表情练习。

学生：同桌做伤心和恐惧的表情练习，相互观察、结合教师出示的图例交流。

教师：引导学生在表情作业单上相应的位置尝试画伤心和恐惧的简化、夸张、变形的表情。

设计意图：通过引导学生观察、分析、比较、实践，在抽象与概括、具体化的思维过程中，运用发散性的思维方法，通过判断，提升了学生独创性思维品质。

教师：图例展示，引导学生观察、思考，提问：同样是高兴和生气的表情，你发现他们的眼睛、鼻子和嘴巴的形状有什么不同？你能分别根据一个词判断高兴和生气的程度吗？例如微笑、大笑，痛恨、愤怒等。

学生：观察交流回答。

教师：引导同桌之间根据词语的提示（如忧伤、难过，悲伤，胆怯、畏惧、恐惧等）做伤心和恐惧的表情练习，提问：同样是伤心和恐惧，你发现他们的眼睛、眉毛和嘴的形状又有什么不同？

学生：观察讨论交流回答。

归纳小结：漫画人物的表情主要是通过眼睛、眉毛和嘴经过艺术的简化、夸张和变形，塑造出不同人物表情。

设计意图：通过引导学生观察、分析、比较，在抽象与概括的思维过程中，运用发散性的思维方法，通过判断，提升了学生的深刻性思维品质。

作业实践

主题：成语表情包

要求：在下列成语中，选择2～4个成语在表情作业单中画出相应的表情。

大惊失色　目瞪口呆　勃然大怒　开怀大笑　没精打采

愁眉苦脸　眉开眼笑　怒气冲天　泣不成声　胆战心惊

作业展评。

评价标准：能否根据词语的意思，通过简化、夸张、变形的方法塑造相应的表情。

教学小结

设计意图：通过引导学生在抽象与概括的思维过程中，在具体化的实践应用中运用发散性的思维方法，通过概念、判断、推理和想象，提升了思维的深刻性、灵活性和独创性。

五、教学反思

本节课我主要是通过以下几个方面来培养学生的思维。

1. 兴趣激发学生的思维参与度

现代教学理论认为，教学过程既是学生在教师指导下的认知过程，又是学生发展能力的过程。这一过程必须是学生积极参与的过程。美术课程标准突出强调学科课程的直观性、审美性和吸引力。这就需要教师在课堂教学中，不断创设情境和条件，引导学生积极思维，增强学生的参与意识，提高学生的课堂参与度。本节课的重难点是眼睛、眉毛、嘴的简化、夸张、变形，并能够运用简化、夸张、变形的方法塑造漫画人物的表情，要解决这些问题：①我选择了今年暑期反响热烈的动漫电影《哪吒之魔童降世》中哪吒的各种表情图作为课堂教学的切入点，学生根据教师的开放性问题，即你看到了什么？激发了学生的思维参与度。②知识新授部分的图例大量选择了学生感兴趣的漫画人物喜怒哀惧几种基本表情，学生能够做到思维的积极参与，根据图例分析、综合、比较的基础上抽取漫画表情中共同的、本质的特征。例如：在讲漫画人物在高兴、生气、愤怒、恐惧时，眼睛、眉毛、嘴巴的形状基本是什么样子的？学生是通过观察漫画人物图例、分析图例，通过分析、比较出人物在四种表情状态下本质的特征。③ 在作业部分，通过漫画表情单，学生能够积极思维，根据教师提供的成语及对成语语境的理解画出相应的表情符号，很多学生能够在作业环节中积极参与，展评环节中积极发言。

2. 作业单培养学生的思维独创性

思维品质的独创性是人类思维的高级形态，是智力高级的表现，它是在新异情况或困难面前采取对策和独特、新颖的解决问题的过程中表现出来的智力品质。独创性可以从三个方面显示出来，① 独特性、有自己见解、判断。② 新颖性、思维有新想法、新结论、新观点。③ 质疑能力、对别人的观点等发表不同意见，提出怀疑、求证、辨明。而这种独创性的思维在本节课中是通过具体化的思维过程完成。

本节的具体化是通过抽象的概括而获得的，关于漫画人物的表情主要通过眼睛、眉毛和嘴巴的简化、夸张、变形等方法这一概念、原理、理论，之后，学生把这一概念、原理、理论运用到具体的作业实践中，以加深、加宽对其认识。我在教学中通过子因子应用原理加以分析检测。比如：首先，我通过图例让学生观察漫画人物和真人在喜、怒、哀、惧时眼睛、眉毛、嘴巴的不同，学生通过分析、比较、综合能够容易得出漫画人物的表情主要通过眼睛、眉毛和嘴巴的简化、夸张、变形等方法这一概念、原理、理论。其次，我通过同一表情（如微笑、大笑、傻笑）图例，引导学生观察分析思考，同样是笑，他们的眼睛、眉毛、嘴巴有什么不同？你能用一个词来表达吗？学生在这个过程中根据自己的判断给出新颖性的表述。

最后，在成语表情包的作业单中，我通过出示成语，引导学生思考如何根据成语画出相适应的表情符号，学生在理解成语的思维过程中，依靠自己的智力判断和见解，画出不同于其他同学的表情符号，在成语表情包的点评环节，学生针对其他同学画的成语表情包作业提出自己的质疑和观点，通过这些环节，学生的独创性的思维得到了发展。

3. 图例的分析与比较中培养抽象与概括能力

抽象是在思想上抽出同类事物的本质特征，舍弃非本质特征的思维过程。概括是在思想上把同类事物的本质特征加以综合并推广到同类事物的思维过程。在本节课中，我通过子因子抽出本质，概括能力等方面分析检测。

① 抽出本质

在本节课中，我们围绕着漫画人物的表情展开，通过出示图例并提问：漫画人物在高兴、生气、愤怒和恐惧时是主要是通过什么体现出来的？学生在具体直观图例进行分析、综合、比较的基础上抽取了漫画人物表情在高兴、生气、愤怒和恐惧时共同的、本质的特征，即人物的表情主要是通过眼睛、眉毛和嘴巴来表现的，而鼻子和耳朵作为非本质的特征被舍弃。

② 概括能力

围绕本节课形象思维到理性思维的过程，学生不仅仅要学会基本的漫画人物的表情等美术知识和基本技能，更要掌握在分析、综合、比较的基础上梳理漫画人物表情的表面现象，聚焦问题的关键，把漫画人物表情的本质特征即人物的表情主要是通过眼睛、眉毛、嘴巴的简化、夸张、变形来体现的，并且能够把这个本质特征推广到实践中去。在本节课中，我们通过出示图例引导学生问题思考分析，漫画人物在高兴、生气、愤怒、恐惧时，眼睛、眉毛、嘴巴的形状是怎样的？和我们真人的五官形状有什么不同？学生能够在图例分析、比较、综合的基础上，概括出漫画人物的五官是通过简化、夸张、变形的方法完成的。

围绕着课前制定的教学目标，通过本节课中几个环节的设置，激发了学生的思维参与度，在发散性思维方法的引导下，提高了学生的独创性思维品质，提升了学会抽象和概括能力。但本节课中在教学中也暴露出一些问题，如：教师重教材分析轻学情分析，课堂当中学生在有老师听课的情况下不敢大胆发言，即使老师通过各种方法引导他们积极思维，同时，教师在课堂中尽量少讲、精讲、大胆放手，让学生多讲、多练、积极思维。

○ 案例3：

利用几何基本图形，助力学生思维发展

——以《全等三角形专题——一线三等角》为例

上海市长江第二中学　张　艳

《上海市中小学数学课程标准》中指明，图形与几何是所有学生必备的、共同的数学基础中的一部分，而几何的学习更是训练人类思维的最好方式之一，新课程改革曾提出：学生学习几何，既能锻炼思维能力，又能学会理性分析。因此，几何图形既是初中数学的重要学习内容之一，更是初中阶段数学的重要考查内容。然而，学生往往“畏惧几何”，而教师也常常感觉“教不会”的教学窘境，让不少教师陷入教学困境，多年的教学实践让我发现几何基本图形变式教学可能是解决目前教学难题的途径之一。

数学教育的意义并不是仅仅在于教会学生使用数学，而是在于培养学生的

思维习惯，塑造数学文化修养。可见通过几何基本图形、层层递进的逻辑结构等方面的学习，学生会学会多角度的思考解决问题，严密推理，养成全面缜密思维习惯，从而提高学生的思维能力。

构建基本图形，提升几何图感

几何图形看似变化多端，但事实上，诸多复杂的图形都是由一些基本的几何图形组合而成的。如果我们能够洞察出其中的基本图形，而且对基本图形中的基本结论了如指掌，我们就可通过自己思维的加工，运用观察、比较和归纳等方法构建出几何模型，也就找到了解题的关键。如果学生心中没有几何基本图形，很难想象学生会有较高的图形认知能力和认知兴趣。反过来，如果教师在教学活动中能够让学生认知并理解一些几何基本图形，建立一些基本的图形模型，不仅能提高学生的几何素养，还有利于他们更深刻地认知并探索更复杂的几何图形。一般地说，一线三等角指的是题目直接或间接给出的三个相等的角的顶点恰好在同一直线上的情形。但如何精心设计教学环节，激发学生的主动思维，让他们充分理解“一线三等角”这一基本图形，“知形，懂形，用形”，从而提升学生对图形的感知能力，我设计了下面的引入。

思考：如图，△ABC中，D是边BC上的一点，以D为顶点作∠EDF，∠EDF的两边分别与射线BA、CA交于点E、F，且∠EDF=∠B。

（1）将∠EDF绕点D旋转过程中，你感到图中还有哪两个角相等？（如图1）

（2）当点D在BC边上运动时，（1）中的结论仍然相等吗？（如图1）

1. 上图中，若∠B=∠C，再添加怎样的一个条件，则△BED与△CDF全等？（如图2）

2. 在（3）的条件下，若△BED与△CDF全等，联结EF，则△DEF一定是一个怎样的三角形？（如图3）

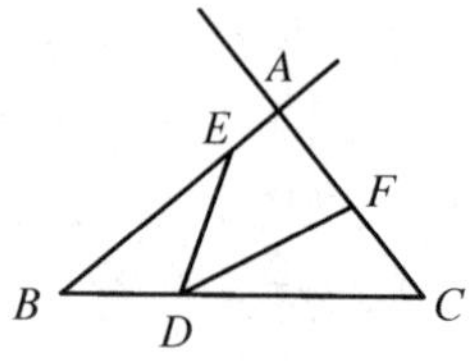

图1

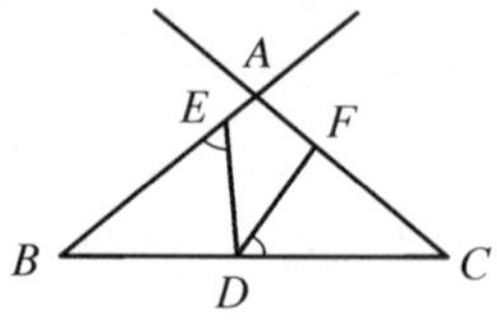

图2

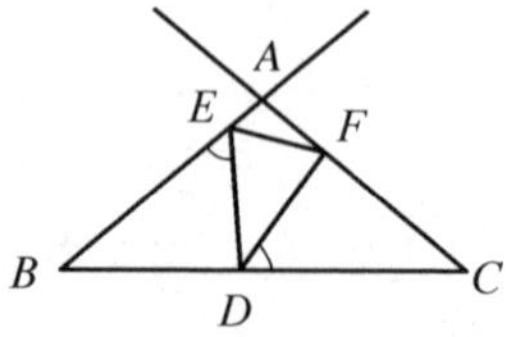

图3

首先,第(1)、(2)问从学生非常熟悉的三角形的外角入手,发掘出当一对角相等,另一对角必相等这一结果。同时借助多媒体的帮助,将抽象的过程形象化,帮助学生将文字语言转化为图形语言及将动态过程直观化,因此可以帮助学生很快入题,给学生以信心,便于不同层次水平学生的稳定发挥,充分体现了数学课程标准中“不同的人在数学上得到不同的发展”的理念,激发学生有意识地思考问题。

其次第(3)、(4)问是“一线三等角”形成后基本图形的应用,几个问题环环相扣,在图形的变化过程中,“一线三等角”一个基本图形贯穿始终。学生通过这一环节,由表及里逐步分析和概况出“一线三等角”这一图形的基本特征和规律,让学生加强了基本图形的感悟。感悟就是对图形进行分析、抽象、提炼与概括的过程,感悟就是从复杂图形中分解出基本图形,借助于基本图形,使解题思路产生在学生的最近发展区,从而能轻松得到解决图形问题的办法。通过这个基本图形,引导学生探索图形中边之间、角之间以及边角之间的数量关系或位置关系,从而建立起几何基本图形的数量模型才能算是真正地理解几何基本图形。前两问对后面问题的解决起着铺垫作用,也是后两问的思维突破口,对学生的能力和思维是螺旋上升式要求,这样的基本图形的形成过程彰显思维形成中分析与概况的作用。

运用基本图形,提升思维高度

抢答:如图,在$\triangle ABC$中,$AB=AC$,$\angle A=40°$。点D、E、F分别在BC、AC、AB上,且$\angle FDE=70°$,$FB=DC$,则$\angle DFE=$____度。

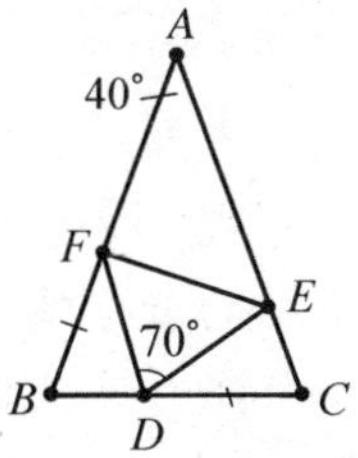

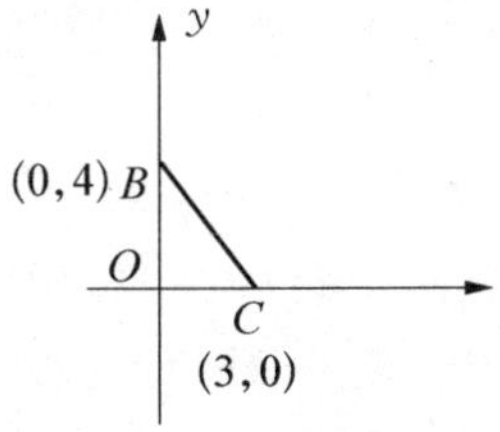

问题:如图,在平面直角坐标系中,B的坐标(0,4),C的坐标(3,0),以BC为一边作等腰直角$\triangle ABC$,且$\angle C=90°$,请求出点A的坐标。

通过以上的观察、分析和概况,学生对“一线三等角”这个基本图形有了初步的认识。我设计了一组有梯度的题组练习让学生感受基本图形在解题中的作用，实现学生对基本图形的内化，逐步达到能够将基本图形作为一个思维单元运用到解题过程中去。

抢答中含有显性基本图形，这样既便于学生从复杂背景中迅速抓住基本图形，又能够有助于学生理解复杂的题目是由基本图形、基本问题构成的；同时还能够使学生体会到将基本图形作为一个思维单元给解题带来的便捷，获得成功体验。通过解决这个问题，学生获得了初步的解题经验，即抓住基本图形，能够促进有效解题。问题中不含显性基本图形，但问题中隐藏着基本图形，在解题时通过添加辅助线，学生会发现这些基本图形的“影子”，并把这些基本图形挖掘出来，适当补充完整，再应用相应的结论来解决问题。通过这组练习，学生对利用基本图形解题有了更加深刻的认识。将复杂问题的图形转化为基本图形就变成了我们所熟悉的简单问题，由此激发学生更深层次的探究，即挖掘数学知识、图形间的内在联系，透过变化的现象看到不变的本质，更加提高了学生解题能力。

重视基本图形的积累和感悟是提升学生解题能力的关键。这里主要是基本图形的组合体，在平时头脑中多积累这些基本图形，并通过对图形的感悟，从而培养学生的几何直观与推理能力。借助几何直观，可以把复杂的数学问题变得简明、形象，有助于探索解决问题的思路，预测结果。所以我们说强化对基本图形的感悟是提升学生解题能力，提高解决问题效率的关键。

通过基本图形的教学，建立基本图形与几何知识的双向关联，是分析、解决问题的先决条件，没有这种基本的关联，训练思维能力就缺少了必要的载体。教师在平时的课堂教学中，要渗透这种理解、记忆几何知识的方法。在教学时要求学生能够做到由定理（或概念）联想图形，由基本图形联想图形与图形之间的相互联系，实现直观与抽象的有机转换，从而促进学生几何思维能力的提升。

感悟

本次教学实践最大的感悟就是对于“和易以思”的教学有了进一步的认识，更对教师如何教有了更深刻的感悟。作为教师对于自己的教学应该要苛求，要求自己的每一个教学行为的背后都有明确的目标，要求自己的每一个教学手段都要用到实处，要求自己的每一个教学策略都要尽可能发挥作用。因此对于本次的教学实践，我总结经验，反思不足，具体如下所述。

第一，不惧展示学生错误，思维的碰撞更精彩

本节课的授课过程中，由于时间的限制，在基本图形运用过程中的问题环节，我选择的是请思维正确学生的进行演示或分析。其实，在画出点A的位置时，还是有学生遗漏了另一个点。又如，在求点A'的坐标时，有不少学生受困一时难以展开下一步操作。

课后的反思和专家的评课过程，让我想到，其实请错误的学生进行板演，激发思维的冲突，引起大家的思辨，在不同见解同学之间的交流过程中，使那些正确的思维过程显现出来，使得错误的学生有了顿悟的机会，能使更多的学生能力有提升的空间。

学生深入思考的积极思维活动是教师"开而弗达"的结果。教师应该通过设疑、提示、点拨、开导等方法为学生的思维提供多种刺激源，但不要急于告诉学生问题的答案或结论。以此打开学生的心扉，激活学生的思维，使其处于高度兴奋和活跃状态，积极主动地去想去思考去探索。

第二，加强文字语言与几何语言的转译，使得思维过程显性化

在进行几何教学时，经常会遇到学生很难形成分析推理能力，不会独立思考，遇到陌生的问题就束手无策，这样的思维能力是非常弱的。通过题目中的文字部分转译成相应的几何语言，进而培养学生的思维能力。特别是在思维过程中借助基本图形建立已知量与未知量之间的联系，有利于问题的解决。比如问题中如何画出点A，用怎样的几何语言叙述画点的过程；求点A的位置时所添辅助线所起的作用，通过相应学生自己发言，让其他的学生"看得到"他们的思维过程，更有利于他们体会对图形应进行分析、抽象、提炼与概括，从图形中寻找基本图形；若不能找到，则看有没有某个基本图形的一部分，然后根据条件或结论思考怎样添加辅助线构造出基本图形。当图形比较复杂，不能把注意力集中在图形的某个部分进行思考时，可以考虑把图形中对解决问题有用的一部分分离出来，在图形的旁边重新画出，以便更方便地进行思考分析。这样的学生自己讲，同伴相互学的过程，在今后的教学中我应多多加强。

第三，重视"学生"的主体，使思维训练更优化

在教学过程中，教师不仅要认真研究教材，明确教学目标，精心设计各个教学环节，更应该充分重视与利用学生的主体地位。教师应该认真分析学生已有的知识基础和思维特征，激发学生主动参与到观察、比较、分析、综合、抽象、概括等一系列思维活动，得出事物的本质属性，进行有意识的思维。问题情境有多种营造方式，可以是教师提问，也可以是学生互问，还可以是学生自问。

在本节课中问题引入部分的最后一步，我让学生小组讨论，"一线三等角"这一基本图形在运动变化过程中的变与不变，提炼基本图形的本质特征。

在求点A'的坐标时，可以让学生再次以小组合作的形式展开讨论和交流。这不仅让做表达的同学有机会清晰完整地阐述自己的想法，也能使其他的学生能不断结合别人的想法进行在思考，逐步完善自己的思维，使能力强的学生通过帮助同伴，将内在的思维过程通过几何语言外显，得到进一步的锻炼与提高，也使更多的学生在小组内得到更多的帮助。

教师和学生的核心活动是思维，要让学生听中思、看中思、做中思、说中思，使整个课堂弥漫着浓浓的“思”氛围，促进课堂达成“思”的高质量、高效率。在思维型课堂教学模式中，教师善教，能够做到精讲和适时启发；学生善问，从而使“思”得以升华，让传统“和易以思”在当今课堂落地生根结果。

第七章 学生成长性思维态度的培养

第一节　成长性思维态度的培养

一、思维态度是思维发展的内动力

当前学生思维培养中存在着把思维本体的发展与思维态度提升割裂的现象，建构一种新的培养学生思维发展模式是现实的需要。这种模式要把思维的这两个维度融合起来，这就需要我们进行探索与研究。我们通过“和易以思：学生成长性思维的培育”课题研究，探索如何以我国关于思维的“和易以思”传统经典教育思想与当今国外关于思维模式的融合，继承与发扬我国优秀的教育思想和方法，借助“成长性思维”模式，激励学生在学习中做出积极的改变，同时以一种新的思维方式看待学习，增强学生积极发展的内部动力，培养学生的思维能力与提升思维品质，从而建构起新的“成长性思维”，最大限度地开发每一个学生的思维能力。

成长性思维（Growth Mindset）由斯坦福大学心理学教授卡罗尔·德韦克（Carol S. Dweck）于2006年提出，发表在《Mindset：The New Psychology of Success》一书。在该书中，德韦克提出了两种思维模式，即成长性思维模式与固定性思维模式（fixed Mindset）。拥有成长性思维模式的人，认为个体的能力能够通过自身的努力得到提升，每个人也都可以通过努力和个人经历来改变和成长，并要求人们改变固定性思维模式。德韦克认为，心态在童年和成年时期展现，驱动着我们生活的方方面面，从工作到运动，从人际关系到养育子女。她揭示了音乐、文学、科学、体育、商业等各个领域的创造性天才如何运用成长心态来取得成果。也许更重要的是，她向我们展示了如何在人生的任何阶段改变我们的心态，从而获得真正的成功和实现。她浏览了广泛的应用程序，并帮助家长、教师、教练和高管了解如何促进他们的成长心态。高度吸引力和非常实用，心态开辟了新的领域，因为它引导你改变你对自己和未来的看法。

人与人之间只有很小的差异，但这种很小的差异却往往造成了巨大的差异！很小的差异就是具备的心态是积极的还是消极的，巨大的差异就是成功与失败。著名的成功学家拿破仑·希尔提出，一个人能否成功，关键在于他的心态，即PMA（positive mental attitude）积极的心态。而与此相反的是消极的心态NMA（negative mental attitude）。积极的心态是由“正面”的特征组成，例如信心、希望、乐观、进取、诚恳等；而消极的心态则由悲观、颓废、失望、虚伪等不正确的心理态度所支配。不要让消极的心态使你成为一个失败者。要成为一个成功者得拥有“你认为你行，你就行”这样的积极心态。成功是由正确的思考加上信念，加上行动。在心理上做好准备，使自己了解自己，要成为一个思想方法正确的人，具备顽强坚定的性格。由此可见，积极的心态是学生思维发展的重要内动力，有了积极的心态去思考问题，则有了成功的可能，在思考正确的前提下践行，成功就会变成现实。

成长性思维的积极意义在于作为一种思维的哲学，肯定了学生的思维态度将影响学生的智力与能力的发展，乃至人的发展。我们认为，成长性思维从教育范畴看，还应该关注思维本身的成长性，即思维本身也具有成长性。思维的发展以思维品质为标志，思维品质的发展又以思维能力发展为支撑，同时思维发展需要内动力，即思维态度的积极推动。

二、指向成长性思维态度的转化

德韦克的研究是针对个体能力增长观（incremental view of ability）的研究，她把人们对于能力不同的内隐观分为了两大类：固定性思维模式（fixed mindset）与成长性思维模式（growth mindset）。相较于将智力和能力视为一成不变的“固定性思维模式”，相信智力和能力可改变、可培养的“成长性思维模式”更看重努力而非聪明的作用，是学生积极发展的内部动力（Dweck，2006）。

我们认为成长性思维是指以积极的思维态度，通过思维方式、思维方法与思维过程的培养与优化，促进思维能力发展，实现思维品质不断成长的一种思维模式。因此思维态度就是研究的重要内容，也是教学中重要的教学内容，是教学的要素。积极的思维态度并不是与生俱来的，是需要不断培养与增强的，而且在很多情况下是需要转化固定性思维，让学生成长性思维不断增强。

固定性思维模式认为，成功是由天赋和智商决定的，相信才能是一成不变的。固定性思维模式让你更关心别人如何看待你；成长性思维模式让你更关心你是否提高自己。固定性思维模式者只会对反映其能力高低的反馈展现出兴趣。成长性思维是为了个人的良好发展，而不是为了争第一、变成最优秀的。成长性思维模式关注走到更高更远的地方，但并没有想过要攀上顶峰。顶峰是很多固定性思维模式者渴望达到的地方，却是很多成长性思维模式者的工作激情带来的副产品。成长性思维模式者并不仅仅需求挑战，他们还会在挑战中成长；固定性思维者只对尽在掌握的事情感兴趣，如果事情变得具有挑战性——当他们感觉不到自己聪明且富有天赋的时候，就会丧失兴趣。对于固定性思维模式者而言，失败会从一种“我失败了”的行为转变成一种“我是一个失败者”

的身份，对其影响可能是永久性的、弥散的创伤。固定性思维模式者不会从失败中学习并纠正自己的失败。相反，他们可能只是去尝试着修复自己的自尊。

“成长性思维”与“固定性思维”具有转化性。每个人都有两种基本心态。如果你有固定的心态，你相信你的天赋和能力是坚固如石的——不管你有没有天赋。你必须一遍又一遍地证明自己，不惜一切代价努力让自己看起来聪明和有才华。这就是停滞之路。然而，如果你有一种成长心态，你就会知道天赋可以发展，伟大的能力会随着时间的推移而建立。这是机遇和成功的道路。很多人身上都带有这两种思维模式的成分，甚至是同一个人在面对不同事情的时候，他的思维模式也会是不同的。人与人之间的性格、能力，面对困难和挑战的反应有很大不同，这些不同并非与生俱来、不可改变，而是基于不同的思维方式造成的。实际上，每个人的确可以在不同的领域展现出不同的思维模式。比如，我可能认为我的美术才能是固定的，但智商是可以发展的；我认为我的个性是固定的，但创造力是可以发展的。在某一个领域里，你持有哪种思维模式，那么这种思维模式就会影响你在这个领域内的发展。很重要的是，你要了解固定性思维模式的缺点。可能在某个领域，你因为低估了自己的才能而失去了好机会；而在另一个领域，由于自认为天赋可以带领自己走向成功，反而破坏了成功的可能。

斯坦福教授德韦克根据多年研究，开创性地提出了固定性思维和成长性思维的差别，推动了学习科学中研究非智力因素的一场革命，并指出：“美国教育史上曾对IQ非常重视，觉得学生智能决定学习成绩，认为人的智力因素是一个不变的常数。”成长性思维则认为人的智力和能力会随着努力的增加不断提高，最后成功。成长性思维的学习者勇于探索，把失败看作成功的必由之路。固定性思维的学习者会把失败悲观地归结于个人能力的缺失，为防止被认为能力差，会尽量少地或者根本不去付出努力。德韦克还指出，“自己已经具备成长性思维，而且一直都有”这是一种误解。人们经常会把成长性思维与灵活、开明、乐观这些品格混在一起。然而，实际上，每个人常常会同时具有固定性思维和成长性思维，这种情况会随着经历的变化而变化。“纯粹”的成长性思维是不存在的。成长性思维与固定思维相对，是指教师在教学过程中坚信头脑是可塑的，智力或聪明可以通过后天努力获得的一种思维模式。成长性思维的明智之处在于对于低水平和高水平的学生都同样适用。拥有成长性思维的孩子一致认为，“努力”比“天赋”更重要。在遇到困难和挑战时他们更加乐观积极，他们相信，自己的不懈努力能够帮助自己克服困难，最终走向成功。相信智力和能力可改变、可培养的成长性思维是学生积极发展的内部动力。具有成长性思维的人勇于直面挫折、善于自我管理。向学生传授大脑具有可塑性等相关知识，对培养学生的成长性思维具有至关重要的作用。

我们认为“成长性思维”有着其合理的、积极的价值。“成长性思维”是关于如何看待人生发展的思维哲学，认为每个人都有无限可能，并认为“成长性思维”与“固定性思维”具有转化性。我们的“成长性思维”价值在于承认思维的成长性，但是又不只是局限在思维的人生哲理上思考，“成长性思维”提示了可以借鉴其“对人生的成长性”。我们认为，思维也存在成长性这个问题，我们要解决当前学生思维培养中的把思维本体发展与思维态度的提升割裂现象，建构一种新的培养学生思维发展模式——成长性思维。这个模式的关键在于思维不仅有着思维本体上的成长性，而且在思维态度上也有着转化性，思维本体与思维态度之间有着双向互动的转化作用，从而增强思维的成长性。因此，我们的成长性思维不同于德韦克的成长性思维，而是具有三个方面成长与转化的成长性思维。

三、成长性思维态度的三个方面

思维态度是个体对思维这个特定对象所持有的稳定的心理倾向。这种倾向性蕴含着个体的主观评价以及由此产生的行为倾向性。思维态度是人进行思维活动的基本动力，也是思维结构中最活跃的因素。一个人的经验往往与其态度的形成有着密切的联系，生活实践证明，很多态度是由于经验的积累与分化而慢慢形成的。思维的态度直接影响思维活动，而思维活动的状态也可以对思维态度起着反作用。因此，我们的成长性思维包含了思维本体的成长性与思维态度的成长性，以及这两者之间的成长性。我们为了把思维本体与成长性思维集成为一体，称之为“成长性思维”，并进一步明确成长性思维不仅指对人生与学习的积极态度，也指对思维的态度。

我们这个关于成长性思维的思维态度有了以下三个方面的新观点：

1. 我们挖掘了我国优秀的传统教育思想“和易以思”中关于思维态度的内涵，拓展了德韦克的成长性思维原有的观念，即不仅思维态度有固定性思维模式与成长性思维模式，而且思维态度应该包括具有思维的方法、思维的形式、思维的过程与思维的品质乃至思维能力上都能发展的心理态度。

2. 在思维态度上我们从教学实际，便于观察与培养角度提出了思维态度的三个方面：思维参与度、思维主动性、思维独立性。

（1）思维的参与度。这是指学生在学习中是否参与思维活动，包括以自身为主的思维活动的技能型活动表现，以及与他人互动的思维活动的参与。思维活动参与度可以反映学生的思维态度，体现了思维态度的情感因素，即个人对思维态度对象的情感体验，如喜欢—厌恶、尊重—蔑视，关注—冷淡等。

（2）思维的主动性。这是指学生参与思维活动的积极性与被动性、肤浅性与深度性上的态度表现。思维态度的主动性体现了思维态度的认知因素，个人对思维这个态度对象带有评价意义的表征，反映了个人对思维的认识、理解、相信、怀疑以及赞成或反对等，从而在思维（机能）行为上表现出主动与否。

（3）思维的独立性。这是指学生在思维活动中的场独立性还是场依赖性的心理倾向性。场独立性在思维活动时，倾向于利用自己内部的参照，不易受外来因素影响和干扰，在思维活动方面独立于周围的背景，倾向于在更抽象和分析的水平上加工，独立对事物做出判断。场依存性者在思维活动时，思维倾向于把外部参照作为信息加工的依据，难以摆脱环境因素的影响。思维独立性体现了思维意向因素，个人对思维的反应倾向或行为的准备状态，也就是个体准备对思维做出何种反映的反映。

成长性思维“相信智力和能力可改变、可培养的成长性思维是学生积极发展的内部动力”，这与当前的课程教学改革方向是一致的，特别是与绿色指标所强调的学生的“学习动力”相吻合。

我们曾组织了全校规模的学生思维现状调查。我们原创地设计了学生思维框架中的第五块——学生的思维态度，包括思维活动参与度、主动性与独立性三个维度六个方面。本校调查报告的有关阐述如下：

调查发现，本校学生在思维态度这个维度上，独立思考的能力以及课堂中思维的情绪状态表现得相对较好，超过半数。但是，数据提示课堂上的思维态度不够积极，遇到问题喜欢跟着老师或别人的思路走。建议教师在课堂教学中，要注重改变学生等待教师传授知识的思维方式，着力营造宽松、平等、和谐的课堂教学氛围，让学生自由探讨，自己发现并大胆提出问题、揭示问题。

调查发现，全校学生中七年级学生课堂的思维表现最好，其次是九年级，而六、八年级学生课堂思维表现欠佳。因此建议六年级和八年级的班主任要狠抓学风，从培养学生的思维习惯入手，而不是忙着抓学科成绩，事倍功半。

调查显示，本校学生思维上普遍比较注重结果，而不是注重学习讨论交流的过程。数据提示教师在课堂中，要注重了解学生在学习中的“相异构想”，关注“相异构想”的发现与解决，进行“成长性思维”培养，才能有效提高课堂教学效果。

调查报告显示了本校的“学生思维发展框架”与“成长性思维”理论互为循证。

“成长性思维”应该丰富其内涵，我们认为成长性思维不只是对人生应该用发展的思维方式看待，而且应该包括思维本身是可以发展的，思维的方法、思维的形式、思维的过程与思维的态度都可以影响思维品质的形成与发展。

四、成长性思维态度的培养

（一）成长性思维态度的培养策略

在学生积极的思维态度培养中我们的主要策略是："积极培养成长思维，消解固定思维。"正面积极培养学生成长性思维，树立思维是可以提高的信念，发展学生思维品质。同时消解学生的固定性思维，改变失败就是失败者的心态，改变思维是一成不变的观念，要把学生的思维定式转化，转化为成长性思维学会思维。

在运用"积极培养成长思维，消解固定思维"策略时，教师注意把握两个要点：

1. 鼓励——思维的发展需要鼓励，但也不是替代，不是把结果告诉学生，而是要求学生努力。关注学生思维过程中的点点进步，善于抓住学生思维中的火花，善于发现小生态思维中的缺陷。重在鼓励学生的思维努力。

2. 支持——对学生思维发展要提供支持。一要具体，不要对学生的思维笼统发表看法，要具有诊断意义。二要具有针对性，针对具体作业等上面的具体思维问题（思维方法、思维形式、思维过程等），加以引导。三是差异性，具体学生具体对待，同一问题不同学生对如何思维会有不同的表现。

（二）成长性思维态度提升的六种方式

1. 志存高远，积极乐观

一个人的抱负决定了他的潜力。远大的志向会驱使我们看得更远些，让我们更有勇气，表现出更多的韧性，也能更积极乐观地面对一切。拥有远大的志向首先就是要设想一个未来，并为之奋斗。志向不受现实所束缚，只需养成一些简单的习惯，我们就将会梦想成真。

积极乐观的思维模式的核心是要创造能量、专注未来，把别人看作问题的事情转变为自己的机会。积极乐观的思维模式与厌恶风险的思维模式恰好相反，它能让你充满活力。通过一些简单的方法养成简单的习惯，人人都可以拥有积极乐观的思维模式。

2. 勇于行动、坚韧不屈

追逐梦想需要勇气。没有勇气，梦想便仅仅是梦想。勇气并非先天遗传特性，引导学生确立我们都可以成为有勇气的人，敢于面对挑战与困难。

勇于行动之后就需要坚韧不屈，因为克服困难势必意味着要另外承受一些挫折。要善于从每一次的挫折中汲取经验，让自己变得更加强大。坚韧不屈意味着要学会如何应对逆境并从中获得力量。

3. 自我反身，不断成长

取得了成功的人很容易成为自身成功的"囚徒"，要走出"美颜阴影"，有的学生长期被认为是“成绩好的好学生”后，忘了自己是“高分低能”的人。有的教师、“专家”在“光环”之下时间长了，也迷失了自己，真的认为不学习、不研究，自己也可以指指点点，忘乎所以。因为他们往往会固执地坚守自己成功的模式，直到被变化了的世界所淘汰或者被真知实学所嘲弄。教师要引导学生不断学习、不断成长、不断适应新的变化，拥有继续前进的谦虚与勇气。在困难面前承担责任，绝不认命，充满自信，掌控自己的命运。对于学生个人感受的困境，教师要引导学生改变自我暗示的方法，转变看待自己的态度。

4. 提高学生思维的参与度

提高学生课堂中的思维活动参与度，教师要注意给予学生自主的思维权利和与思维时间。学生思维积极参与的课堂一定是拥有一定自主权利的课堂，因此课堂教学一定要给学生留下一定的时间与空间，把一些学生能够做的活动留给学生自己去完成。教师要关注师生积极的情绪状态，课堂教学应注重创设情境，激发学生的学习热情，从而学生才会去深入思考。

5. 提高学生思维的主动性

提高学生的思维主动性，教师要关注学生完成“课堂学习任务”的主动性，包括主动设定与明确学习目标，采取多种方式和渠道，依靠多次主动行为最后实现目标。教师要善于运用小组讨论交流，来激发学生思维活动的主动性，鼓励学生主动与人交流，发表自己的观点，对别人的观点进行分析评说，最终使别人接受自己的观点。

6. 提高学生思维的独立性

在教学中教师要鼓励学生独立思考，遇事总要问一个为什么，善于用自己的头脑去思考，不容易受他人的暗示和影响，决不盲从。鼓励学生提出自己的见解，不易受别人观点的影响；不人云亦云，也不容易迷信权威，应服从科学真理。鼓励学生发现问题，懂得分析和解决问题，提出新的解释和结论，创造性地去认识现实。引导学生善于合作，一个人要想成功，必然离不开他人的帮助。善于合作思维模式的关键在于要赢得追随者的信任与尊重，而不是把成为明星作为自己的目标。

（三）帮助学生养成良好的成长性思维态度

在学生的学习与成长过程中，总会遇到各种各样的困境和挑战。但是思维习惯却对学生应对这些困难与挑战起到了看不见的推手作用。帮助学生养成一种思维习惯——成长性思维，以积极的思维方式去应对，会让学生充满信心，而不是一片茫然。我们都无法庇护他们一生，想让孩子走得更远，就要培养孩子的成长性思维，关注思维态度。成长性思维态度的养成需要潜移默化，需要长期培养，更不是灌输式教育能够达到目的的，而是思维态度从行为逐步养成习惯过程中持之以恒地培育。

教师要从转变自己的教育言语着手，改变学生对待学习与生活的言语开始，培养积极的思维习惯，达到养成学生成长性思维态度的目的。

1. 从正面对待自己不足的思维态度

当学生说“我真的不懂”，应该引导学生说：“我忽略了什么吗？”把总是抱怨“这对我来说太难了，根本没法理解”转换成“只要把我漏掉的、忽略的找出来，肯定能搞明白”。

当学生说“我阅读不太好”，引导他们改成说：“我要训练我的阅读能力。”如“我没有数学的天分，我就是个数盲。”转换成“只是训练不够而已，不如坚持练习一段时间看看！”

当学生说“我不擅长这个”，引导他们改成说：“我正在提高。”如“我做不了这些。”转换成“我现在可能做不好，但没关系，慢慢往这个方向努力，我就会越来越擅长啦！”

当学生说“我犯错误了”，可以引导他们改成说：“犯错能让我变得更好。”把犯错后总是说“我做错了，我很沮丧”的思维方式转换为“虽然这次错了，但以后我就知道这么做是错的，又得了一招，正好！”

当学生说“我不可能像他一样聪明”，要引导学生思考，并换成“他是怎么做的，我也要试试看。”再如，“别人比我聪明，没办法了，我就是不如他。”转换成“只要学习他的方法，然后认真去做，我也有戏！”

把那些总是轻易自我否定、轻易向别人认输的思维方式，转换成努力去改变的思维方式。

2. 从“总是有办法”转变消极的思维态度

当学生面临困难时说“我放弃了”，应该鼓励他们说：“我得试试我学过的别的方法。”把那些轻易说出的“我的能力达不到，只有放弃了。”转换成“问题没有方法多，此路不通，换个方法就好了”。

当孩子说“这太难了”，应该引导他们改成说：“我可能需要更多的时间和精力。”如“这太复杂了，我不可能完成。”转换成“只要花足够的时间和精力，一切皆有可能。”

把那些轻易向困难低头的思维、那些轻易放弃的思维方式，转换成可以找到办法解决的。

3. 从更高更好的角度转变思维态度

当学生常说“已经挺好的了”时，要注意引导学生思考：“这真的是我的最好成绩吗？”再如“我做得足够好了，已经达到我的上限了。”引导他们思考：“没有最好只有更好，也许再努力一些，我就能再提高一点儿。”

当学生说“我不能做得更好了”，要引导学生思考：“我还能做得更好，我要继续试试！”再如，有的学生说：“我的能力只能做这么多，这件事这样就足够完美了。”要引导学生转换思考角度：“我还要看看这件事有什么可以完善的，只要不断尝试和努力，肯定还能再提高！”

把学生那些轻易满足的思维以及那些对完美认知不足的思维，积极引导拓宽视野，站得更高一点思考。

第二节 成长性思维态度的培育案例

○ 叙事故事1：

让跨学科教学跨得成、跨得好

上海市长江第二中学 何雅琴

缘起：新中考背景下跨学科教学的探索实践

积极探索跨学科教学是深化课程改革的重要方向，也是优化育人方式、提升学生核心素养的重要途径。随着上海中考的改革，初中地理学科将在七年级进行学业合格考，在九年级与生命科学以跨学科案例分析的形式考核，并且记入中考总分。目前，初中地理考核内容包括初中五本书的知识点。“跨学科案例分析题”以区域空间为载体，以文字、地图的表现形式考查学生读图、提取信息的综合分析能力，即通过已学知识来解答未学内容，并且能够知道从哪些方面去了解、认识和解释这些地理现象与特征。

丰富多彩的知识怎能以固定模式传授

突破瓶颈一：老师的教

如果按照传统的复习模式——习题训练，订正错误，我们往往会忽略这些知识背后的内在联系，其结果是学生在应用知识时不能建构关联，遇到新问题就无从下手。对于这样枯燥的课堂，学生思维呆板，兴趣缺失，效率低下。

为了更好地解决这个问题，我给这次的跨学科教学设计了一个情境，取了一个学生感兴趣的名字——《“热”不可挡的海南》。

“热”不可挡的海南

案例情境：

横卧在碧波万顷的南海之上，像一个椭圆形雪梨，这就是海南岛。

航空航天领域的发展目前在海南发展势头强劲。北有文昌航天发射、南有三亚卫星应用，与我国现有的酒泉、西昌、太原 3 个发射中心相比，你知道海南文昌发射中心有什么优势吗？原来，作为我国首个滨海发射中心，第一，它靠海港，运输方便。火箭可以海上运输，箭体直径不再受铁路桥梁涵洞限制，进一步释放了火箭设计的潜力。第二，纬度低，发射效率高。第三，射向宽，安全性好。从东射向到南射向，1000 公里范围均为海域，航区及落区安全性好。

海南岛是中国仅次于台湾岛的第二个海岛省份，每年的旅游旺季，游人如织，那你知道哪个季节是海南岛的旅游旺季呢？

目前，海南已发展成为我国重要的热带作物生产基地、南繁育种基地、天然橡胶生产基地、国家冬季瓜菜生产基地、南海渔业生产基地。这又是什么原因呢？

从经济特区到自贸试验区，从国际旅游岛到海南自贸港，山海环抱的海南，“热”不可挡。

案例情境涉及到了海南省的“地理位置”“气候”“农业”“科技”“旅游业”。学生经过近两年的地理学习，对于“区域地理”的“辨识空间要素”——自然地理要素、人文地理要素有一定了解，但是普遍存在一个问题：对于学到的地理知识只能零散了解，知识间逻辑关系不清晰，没有“由此及彼”“由表及里”的能力。在面对新的问题时，不能灵活地运用所学知识分析和解决相关问题。

为了突破这一瓶颈，我先从《“热”不可挡的海南》中有关“农业”的问题引出，帮助学生一起梳理影响农业发展的因素，再整理我国各农业带发展的优势，最后利用整理的知识与技巧解答不同情境下有关“农业”的题目。

突破瓶颈二：学生的学

初三学生学习紧，任务重，课堂教学就简单灌输，不需要参与互动吗？就要减少思考交流的时间吗？答案显然是否定的。个性鲜明的学生岂能用整齐划一的目标来要求？！

在“梳理影响农业发展的因素”这一环节，鼓励学生通过思维导图形式归纳总结，当他们犹豫不决，不知道如何写时，作为老师帮助他们搭建梯度，降低难度。

1. 先从“自然因素”思考，再从“人文因素”思考：

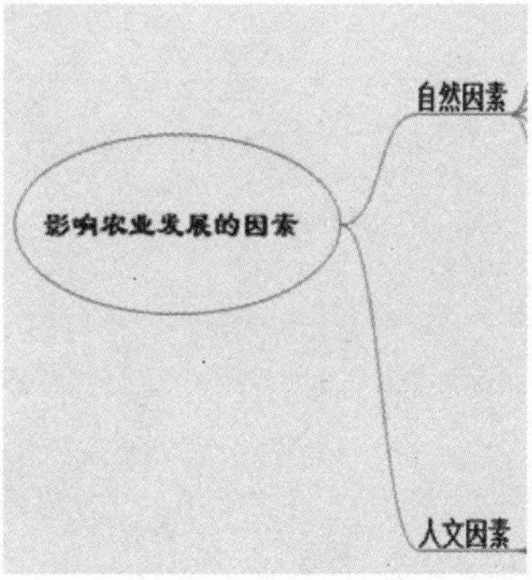

2.“自然因素”可以从四个字思考：“光”“热”“水”“地”：

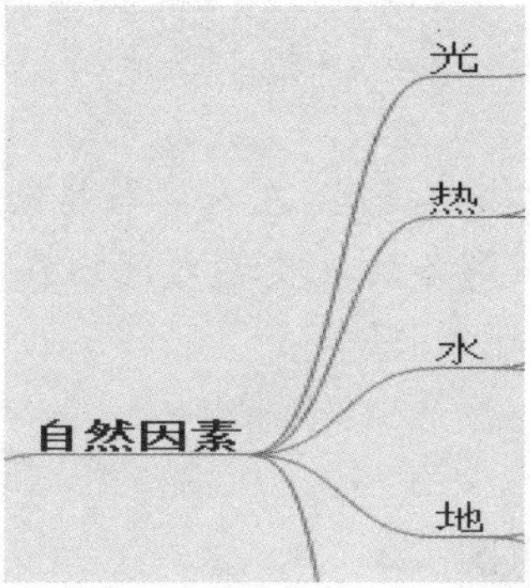

3. 安排四人一组讨论，完成思维导图，派代表展示思维导图并讲解：

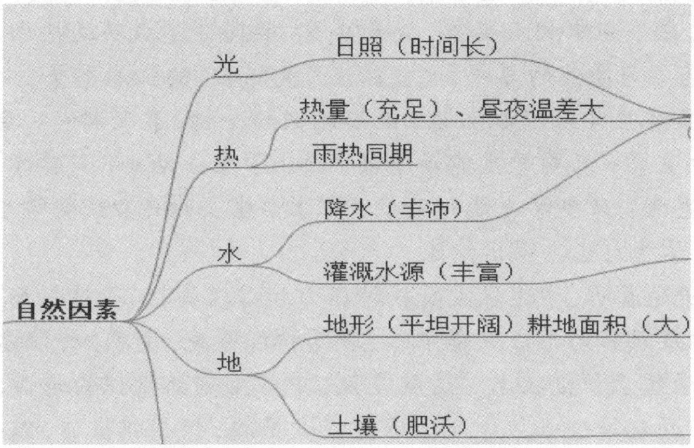

4. 老师继续追问：这些因素与哪些地理要素相关？请发言的代表补充完成，也可以请同学帮忙一起完成：

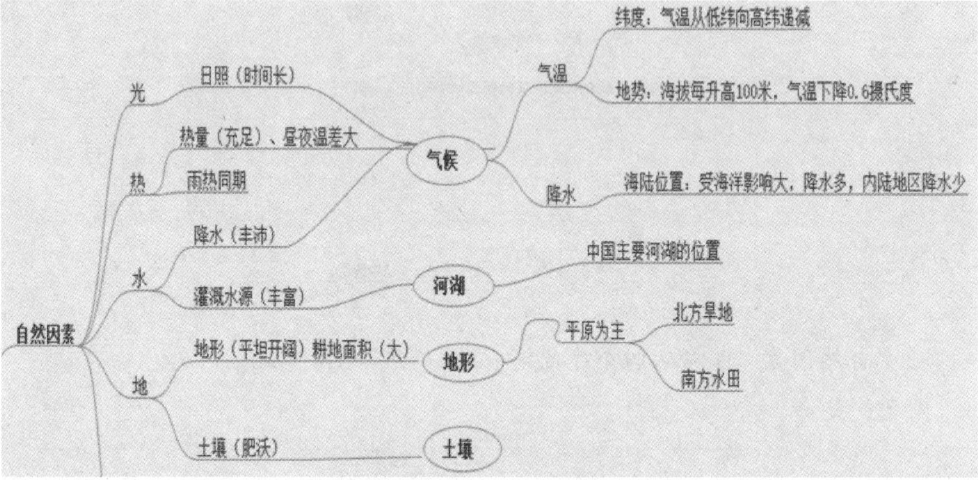

学生在教师引导下，积极性提高，人人参与起来，讨论交流比较热烈。通过"要素关联法"，帮助学生理解各地理要素之间内在的关联性，学生学会用演绎推理解答，有助于提高思维深刻性。

反思：

创设宽松温馨的教学氛围

美国心理学家、学生行为咨询专家格拉塞通过调查指出，学校是满足学生需要的最主要场所。学生到学校里学习和生活，主要的需要是自尊和归属。在教学中我创设小组合作学习的教学组织形式，给学生提供开展互助学习的场所和机会，使之在小组中相互交流，彼此尊重，共同分享成功的快乐，从而真正体现了学生作为学习主体的尊严，使之产生"我要学"的强烈愿望。

为了提高学生学习的积极性，张扬他们的个性，我坚持：只要学生能学会的，就让学生去学；只要学生能动手的，就让学生去动手；只要学生能思考的，就让学生去思考；只要学生能讨论的，就让学生去讨论；只要学生自己能得出结论的，就让学生自己去得出结论。

心理学研究表明，学生在没有精神压力和心理负担、心情舒畅、情绪饱满的情况下，大脑皮层容易形成兴奋中心，激活神经系统，使感知、注意力、记忆、想象等心理活动处于积极状态。这就是说，中学生创新意识的形成，特别需要一个宽松、和谐的环境。如果学生上课时提心吊胆，怕想错说错，缩手缩脚，就不可能闪现创新的火花，产生创新的冲动。

所以，在教学中，努力营设一个宽松温馨的教学环境，允许学生说错、做错是我的第一大收获。

宽松温馨的教学氛围还需要纪律吗

好动是学生的天性，尤其是男孩子。如果我们的课堂是一个能让学生充分发挥全身能量的学习场所，如果教师能引导学生向着正确的方向宣泄他们旺盛的精力，并让他们看到积极的结果，那么，遵守不遵守纪律就不是什么大问题了。在课堂中我尽量给学生充分的自主活动、实践活动、亲身体验的机会，引发学生主动学习。

但如果课堂活动有量无质，则活动的价值也就丧失殆尽。课堂中学生活动是为了更有效地完成教学目标而采取的教学方式，因此流于形式的“活动”是形同虚设的。为了能使全体学生参与课堂活动并提高其有效性，应努力提高活动的“质”的水平。

所以，在教学中，主要通过以下几个方法来引导学生主动学习。

1. 问题设疑，层层递进法

在研读课标与教材的基础上，把握好设疑的时机，层层创设诱人深思的问题情景，充分发挥学生的主体地位。好的设疑能提高课堂教学质量，提高学生学习主动性。

2. 任务合作，确定关联法

跨学科教学有两个特点：一是涉及面广，它涉及地形、地势、地理位置、气候、人文、经济等许多方面；二是各地理要素相互作用，相互影响。所以在教学时，既不能用数学的教学方法进行严密的逻辑推理，也不能用语文的教学方法进行形象思维或想象。通过任务单的形式，引导学生分析各要素之间的关联，是突破难点的一个好方法。

教育是指导学生进行主动、积极学习和创造性的工作。学生在互动学习中获得知识，体验到互动学习的乐趣。在课堂中我都会深入到各小组中间，进行具体的指导，及时了解、掌握和纠正学生在争论过程中出现的知识错误、疑惑区。引导学生走出争论误区，使他们有一个明确的目标进行探讨学习。作为学生探究学习的引路者，我要求自己做到：爱护而不排斥、帮助而不责难、说明而不压服、启发而不包办。

我认为纪律不是不要，在他们不知道应该怎么做的时候，适当地提醒让他们知道自己应该做什么，怎么做是重要的。

所以，在教学中反对遏制学生个性发展，阻碍学生自然地、积极地学习和创造的纪律。课堂上，比规矩刻板更重要的什么？更重要的是启迪学生飞扬的个性、活跃的思维，这是我的第二大收获。

○ 叙事故事2：

“善变”的历史

上海市长江第二中学　施佳馨

又到了一年开学季，但是今年对我来说有点不一样。今年的我成为一名历史学科教师重新走进校园，既新奇又深感责任重大，新奇作为教师的校园生活，也深知作为初中学生历史学科的引路人，需要不断尝试才能顺利带他们走近历史。

经过一个月的学习和实践，学生和我都渐入佳境，而我们的学习内容也从史前时期走入先秦，最后来到了秦汉时期，中国社会也从分裂割据走向了大一统。但是作为我国的第一个专制主义中央集权国家，对于秦朝的评价却总是充满争议、非常“多变”，是否在教学过程中加入这样的不同视角的评论？又如何引导学生理解并掌握这样的评价方式呢？

教学设计初尝试

由于本学科的核心素养包含史料实证和历史解释，同时又是在新中考的大背景下，在教学设计过程中，我有意识地加入不少史料作为课堂的补充材料出现，培养学生的相关能力。在本课中也不例外，为了能够让学生更直观地看到秦朝建立大一统后产生的短期和长期的影响，课前我搜集并准备在教学过程中出示以下五则材料：

1. 并吞战国，海内为一，功齐三代。

——班固《汉书·主父偃传》

2. 至此，自西周以来的分崩离析的分裂局面宣告结束，天下重新归一，大秦帝国诞生于世。

——马平安《走向大一统》

3. 秦人统一，此间有极关重要者四事：一、为中国版图之确立；二、为中国民族之抟（tuán，同“团”）成；三、为中国政治制度之创建；四、为中国学术思想之奠定。

——钱穆《国史大纲》

4. 及至秦之季（最末的，指时间）世，焚诗书，坑术士，六艺从此缺焉。

——司马迁《史记》

5.

阿房宫复原图

秦始皇陵

秦长城遗址

以上这五则材料非常直观，可直接获取的信息并不少，且可以将后世对秦的统一的评价分为正面、负面等多方面，甚至有部分材料本身可提取的信息也可以提供将该事件一分为二进行评价的依据。设计这样的步骤正是希望学生通过对这些信息的检索、提炼、归纳总结得出对秦实现大一统的评价，甚至可以发展站在历史宏观发展的角度，辩证地看待问题的能力。

然而，当我站在学生的视角模拟课堂时，产生了困惑：学生仍然是初学者，处于历史知识储备有限，总结归纳能力、整体思维还在逐渐培养形成过程中，只是如此简单一次性罗列史料，真的能让他们掌握这部分内容吗？应对有一定难度的文言文材料，是否水平不一的学生都能掌握关键信息并理解材料所要表达的内容？课前，我陷入了思考……

思维态度理念雪中送炭

为了解决这一难题，我尝试借鉴其他老师的经验，也翻阅了部分文献。在这个过程中，了解到关于成长性思维的应用。当我在脑内的模拟课堂中给自己不具变化的预设时，就已经进入误区。七年级的学生充满活力、好奇心，初具独立思考能力，在面对过去不曾接触的新信息时，有着自己独特的处理和理解方式。我不能把学生当成一成不变的对象，他们思维活跃且在不断发展和进步，作为老师应当认识他们的思维观点是可以改变，可以借助不同方式培养和发展的。所以，我准备尝试在课堂中给予他们足够的时间，或者借助不同探究模式，引导他们从被动学习向敢于尝试、主动参与探讨研究转变。

思考后再出发

新想法出现后，我开始着手修改教案。如何将这样的新结论运用到我的课堂中呢？我想，这部分内容是本课难点，如果要求每一位学生独立思考确实有些难度，要引入适合全体学生的方法。我决定将全班分为11个历史研究小组，在面对这类难题时，让他们学会借助合作的力量解决问题。除此之外，我调整了教学过程中操之过急的问题，为了帮助学生层层深入的理解，完成从易到难教学任务，培养从单一到多面的评价方式，我将五则材料分为两部分出示。

首先出示以下三则材料：

1. 并吞战国，海内为一，功齐三代。

——班固《汉书·主父偃传》

2. 至此，自西周以来的分崩离析的分裂局面宣告结束，天下重新归一，大秦帝国诞生于世。

——马平安《走向大一统》

3. 秦人统一，此间有极关重要者四事：一、为中国版图之确立；二、为中国民族之抟（tuán，同“团”）成；三、为中国政治制度之创建；四、为中国学术思想之奠定。

——钱穆《国史大纲》

提问：结合材料和教材，我们如何解读这些材料？透过这些材料我们如何看待秦的统一？

由于这个部分的内容较为直观易懂，学生可以通过与同桌探讨进行归纳总结，得出结论：

秦统一天下结束了东周以来的分崩离析，完成了天下统一，建立了第一个君主专制中央集权的统一多民族国家；

秦的统一为中国版图奠定了最初的基础；

秦建立的君主专制中央集权制度延续了整个封建时期。

在完成初步分析后，通过语言过渡，引导学生转变视角，在评价历史事件时不能仅仅关注它的较为积极、起推动作用的一面。

此时，再出示另外两则材料：

4. 及至秦之季（最末的，指时间）世，焚诗书，坑术士，六艺从此缺焉。

——司马迁《史记》

5.

阿房宫复原图

秦始皇陵

秦长城遗址

提问：参考以上材料，我们对秦的统一又有怎样不同的看法？

由于这个问题相较之前的问题完成了进阶，在课堂中引导学生以历史研究小组为单位展开讨论，说说从这些材料中能够提取的关键信息，并由此总结自己小组的最终结论。

秦为了统一天下思想，焚书坑儒，破坏了中国先秦时期思想的重要组成；

秦朝大兴土木，修建宫殿、帝王陵、长城，耗费民力……

完成教案修改后，我非常期待能在真正的课堂中印证成果。

思维是这样转变

在正式的课堂中，学生面对大量的历史资料表现得非常兴奋，他们对于未接触过的新信息展现出非凡的好奇心，期望能从中收获新知识。课程顺利进行到评价环节，我开始出示帮助评价的材料。

与这些史料初次见面，学生们并不觉得陌生，正如预期，他们结合我给出的提示，凭借独立思考、合作探究等方式，顺利完成对前三则材料的分析。随后，我提醒大家不能仅用单一思维看待问题，并出示后两则材料。同学们开始以小组为单位进行讨论。对于这样的进程，我感到非常满意，一切在我的预期之中。

但是，在后续讨论过程中，出现了小小的状况。针对“材料5”，有小组代表按照我的预期给出了“大兴土木、浪费民力”的答案。此时，有不同小组的代表举起手，想要提出自己的看法：不管是阿房宫还是秦始皇陵，抑或是长城都体现了秦王朝统治下气势恢宏的大一统王朝的风范。面对这样出乎意料的答案，我一时感到震惊，但是很快欣慰之感涌上心头，这不就是我本课想到达成的目标吗？我自己下意识地进入了固定的思维模式，将材料4、5限制在了负面影响，而同学们通过相关内容的学习已经冲破了思维模式的限制，站在多重视角、辩证地认知史料所体现的信息。

思维就是这样在实践中变化着……

师生共同进步

这节课结束了，但我还是久久在想，这堂课学生收获了什么？作为教师的我收获了什么？

一、思维观念的培养

谈到思维，很多人会认为这是不可改变的，这样就导致了在课堂中，教师忽视对学生思维方式的引导，按部就班完成教学任务。其实，思维方式是可以改变、后天培养和发展的，这就需要教师在课堂中适当引导。

二、在参与中培养思维

要培养学生的思维，实践是唯一的途径，因此要在课堂上提高学生的参与度。提高参与度的方式可以选择提问之外的方式，尤其是涉及课程难点，可以通过合作探究等方式引导学生更深入参与课堂讨论。

三、将思维主动权还给学生

在历史课程中，我们很容易忽视学生的独立思维。实际上，教师自身也容易陷入固有的思维模式，因而在主导课堂时，要把思维主动权还给学生，给他们自由发展的机会。

总之，在课堂教学过程中，要帮助学生形成思考的习惯，注重培养理性思维，学会辩证评价历史事件。

○ 叙事故事3：

教学中的“分久必合，合久必分”

上海市长江第二中学　葛　珮

本课《藤野先生》的受教对象为八年级学生。八年级学生经过了两年的初中学习，有一定的解读文本的能力。但是这样的能力还是受限于其年龄及人生阅历的限制。

学生在学习语文时，展现出各项思维能力都在迅速发展提升。这种思维的成长在思维过程中表现在抽象、概括、具体化方面。在思维形式上表现为判断、推理、想象。在思维方法上表现为发散性思维、聚合性思维、辩证思维。在思维态度上，语文教学可以充分调动学生思维的主动性及思维独立性。

本文中提到的“分久必合，合久必分”即是在语文课堂上以关注学生的成长性思维为目标，对学生进行思维的培养与提升。

分易合难

《藤野先生》是鲁迅先生的一篇回忆性散文。本文篇幅4 000字左右，这为学生的阅读制造了第一个难点。第二个难点就是来源于作者了，众所周知，鲁迅的文章难懂，含蓄的语言背后往往是深含情感。第三个难点自然是来自于本文的主旨之深刻，虽然题目是《藤野先生》，但是本文的教学远不是分析“藤野先生”的形象那么简单。

因着以上难点的考虑，我首先便想到了要“化难为简”。在语文教学上的“化难为简”常常是老师将文章整体化为部分，依次分析解读各部分的内容后再进行整合，从而把握文章的人物形象或者思想主旨。对于长文、难文，这样的常规处理是很容易在课堂上被学生所接受，也可以说是推进课文最有效的方法。出于这样的考虑，在备课时，我的第一稿采用的教学流程如下：

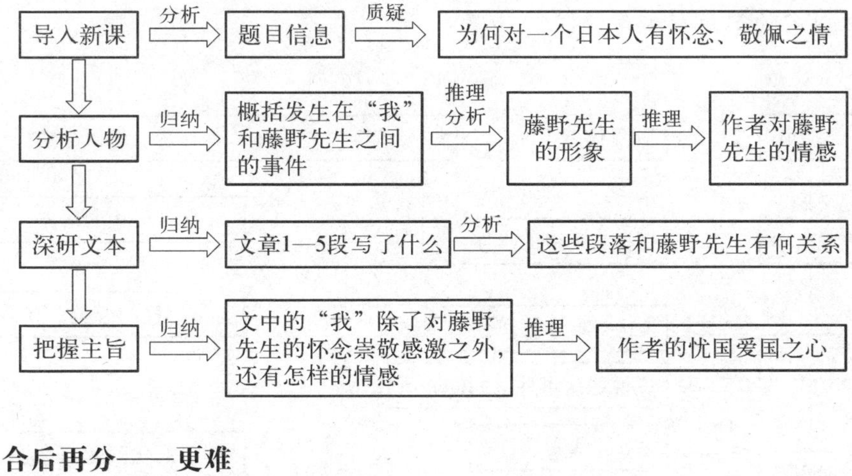

合后再分——更难

写完第一稿后，本想着这节课就在我的拆分再整合过程中平稳度过。直到有幸听了王所的关于“成长性思维的思维态度”的讲座后，我改变了我原来的教学想法。

在王所的讲座报告中提到“成长性思维模式认为，人的能力是可以通过努力来培养的。即使人们在先天的才能和资质、兴趣或者性情方面有着各种各样的不同，每个人也都可以通过努力和个人经历来改变和成长。对于成长性思维模式者来说，失败虽然很痛苦，但不会给失败下定义，也不会被失败下定义，他们会把失败当成拓展、经历和经验，他们会认为改变和成长有很多种可能，通往成功的道路自然也就有很多条。”

我想每个老师在课堂教学中都想将难点化为易点，这样学生更容易吸收。这样的教学理念就好比父母将食材做成果泥米糊等辅食喂养幼儿。这样的确可以使幼儿吸收营养成长，但是我们都知道牙齿是需要咀嚼的，咀嚼食物才有利于幼儿牙齿的发育。同样折分后的文本固然使学生更易接受知识，但是长此以往学生的自主思维呢？学生的思维又如何成长呢？以后学生自己阅读长文难文的时候他要如何思考呢？

基于以上的考虑，我决定在这节课上，放弃一稿教案。因为“相信智力和能力可改变、可培养的成长性思维是学生积极发展的内部动力。培养学生的成长性思维，最大限度地开发每一个学生的潜能，真正促进学生的健康、积极成长。”（梅海燕等：基于脑科学的成长性思维培养发展每一个学生的潜能，中小学管理，2018.06）

我想在这篇课文的分析上让学生自主参与长文的分析解读，让他们感受挫折，激起其思维的主动性，鼓励学生敢于探究，敢于尝试，从而驱动学生思维的成长。培养其思维的独立性，而不仅仅是在老师的规划下学步。

所以我的第二稿教案的流程如下：

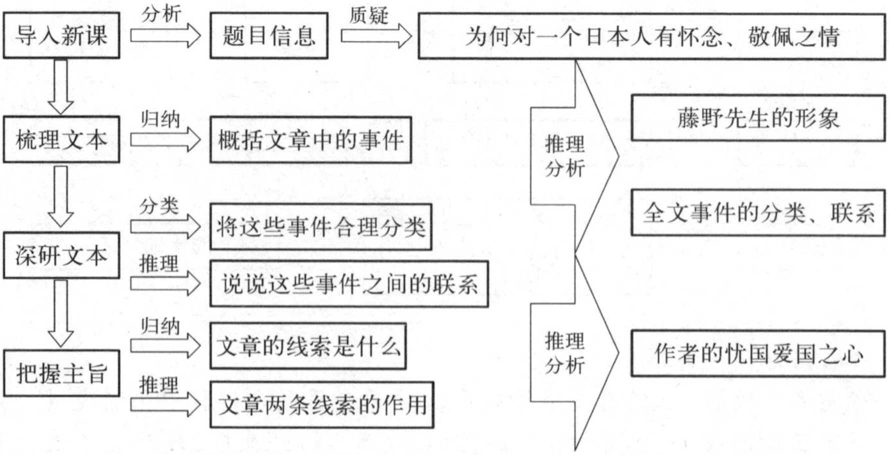

分后终合——难上难

最终，我用了第二稿教案开展了成长性思维的教学实验课。课上学生在全文的事例的概括上便遇到了挫折。因是回忆性的散文，所以事件之间虽有时间顺序，但是事件的繁多给学生造成了梳理概括上的障碍。对于这样的困难，我想如果采用第一稿的教案进行教学，应该是不会有的。但是如果没有这些思维上的障碍，学生又怎会去揣摩，怎会在自己独立思考和小组讨论的基础上，将众多事件之间的关联有意识地进行梳理呢？

按着时间线索梳理好事件的概括后，我让学生尝试着将这14个事件进行分类，并说说自己分类的理由。这是本节课的又一个思维难点，因为学生在上一环节的梳理概括时是发散的，在这一基础上进行归纳分类上有一定困难。所以我在课堂教学中，通过设置问题帮助孩子聚合性思维将全文14个事件概括后找到合适的角度进行归纳分类，从而把握事件之间的联系。以往的教学老师在概括事件后便进行人物形象的分析等教学，但是在“和易以思”课堂上我想打破学生的思维逻辑局限，将其思维引领向更广阔的模式中。从而提高学生的思维参与度、思维主动性，培养其有路径的独立思考，最终提高学生的思维品质。

通过事件的分类，学生们对文本在以时间为序的基础上，又进而得出了作者忧国爱国的情感，以及和藤野先生相遇相交分别过程的明暗两条线索。这一环节的教学设计让学生主动思考，将原本老师的化繁为简的教学转为自主化整为零的过程，充分提升了课堂学生的思维参与度。

一篇文章是一个整体，所以课堂文本解读的最后我们还是要将文章作为一个整体解读才可以真正把握作者的写作意图、文章的中心主旨。所以课堂上我设置的最后一个难点便是让学生将明暗两条线索合一的过程。这个环节相当有难度，学生们经过激烈的讨论后终把握住了作者强烈的爱国之心以及对藤野先生的怀念之情。

分合中现思维成长

通过先全文概括事件，再通过分类把握事件之间联系、梳理明暗线索，最终把握情感主旨。第二稿教案的用时明显高于第一稿教案，课堂上学生的蹙眉思考、冷场时间也高于第一稿不少。但是最终学生对于课文的整体把握及学生的发言讨论时间明显是高于第一稿的。

我想对于学生思维的培养，我们要舍得花时间。“罗马不是一天建成的”，学生的思维提高也不是一蹴而就的。

老师们要先改变原有的观念，要相信思维是可培养、课改变、课发展的，在我们的课堂上，有意识地进行思维的培养，不仅老师提问要有深度，同时也要让学生遇到真正值得他去思考的难点，正所谓“棋逢对手将遇良才”，这样才能让学生真正提升思维的参与性，让学生迎难而上主动思维。我想长期处于思维训练的孩子，在他们遇到困难和挑战时会更加乐观积极。因为他们相信，自己的不懈努力能够帮助自己克服困难，最终走向成功。

○ 叙事故事4：

思维态度的教学设计改进

——以《26.2(1)特殊二次函数的图像》为例

上海市长江第二中学　张力维

思维态度主要分为三个方面：思维参与度、思维主动性和思维独立性。思维参与度：学生在课堂教学活动中，思想和感情的投入状态。思维主动性：指学生在面对具体事物或问题时候，拥有主动的目的，形成主动想法的能力，通俗讲就是做事的主动性和创新性等。思维的独立性：善于独立思考，绝不盲从、人云亦云，更不迷信权威。

以《26.2(1)特殊二次函数的图像》为例，在课堂中用追问激发学生思维的火花，体现思维参与度和思维主动性培养学生的思维态度。

把握教学内容中的思维态度

本节课是上教版九年级第一学期第二十六章第二节《二次函数的图像》第一课时《二次函数$y=ax^2$的图像》，学生在八年级学习了函数的概念和表示方法，研究了一次函数、反比例函数的图像和性质，也掌握了研究函数的一些基本方法，具备了进一步学习函数的认知基础。在学习二次函数概念后进一步研究其函数图像的基本性质，九年级的二次函数的学习同时为高中阶段的函数学习埋下伏笔，成为学习高中函数的纽带。

九年级的学生在八年级已经学习了正比例函数、反比例函数和一次函数，具备了函数的相关知识。并且在一次函数的研究中，学生知道是围绕概念、图像、性质，采用了从特殊到一般的方法，经历了利用图像直观地探索函数基本性质的过程，在已有经验的基础上，研究二次函数对学生来说也是水到渠成的事。

九(1)班的学生能够根据教师的引导多角度思考问题，有一定的类比迁移能力，会根据一次函数的研究过程类比研究二次函数。但是学生在用类比学习时往往略显死板，需要老师引领，在独立提出问题、探索问题的能力方面还存在不足和差异，因此本节课教师在教学中应当注意通过列表表格数据特征的观察，追问引导学生从函数本质进行思考，提高学生从数据特征出发揭示函数图像特征的能力，培养学生从函数图像中得到二次函数的特征。

另外学生在学习中，对于用语言概括或描述所观察到的数据之间的关系存在困难，例如自变量x取互为相反的两个数时，它们所对应的函数值相等，那么以x为互为相反数，y的值相等的两对数，作为点的横坐标、纵坐标描点，描出的点关于y轴对称等（在后续的课中，专门把这两句话让学生重复，学生依然困难，这也给我们老师提了一个醒：对学生的数学表达的训练迫在眉睫）。学生不会主动进行质疑，是本节课中暴露出来的数学思维独立性上的缺陷，也是学生思维深刻性和批判性缺乏的表现。

本节课通过学生学习二次函数$y=ax^2$的图像是一条抛物线，会用描点法画出$y=ax^2$的图像，经历观察、分析和归纳抛物线$y=ax^2$的特征的过程，掌握二次函数$y=ax^2$的性质，并在运用图像研究二次函数性质的过程中，领会数形结合的思想方法，提高观察、分析、归纳的能力，增强学生发展性思维态度。

思维态度的教学设计改进

以探索新知的第一部分操作为例：

（一）原来的设计

操作1：画出$y=x^2$的图像。

问：画函数图像一般是哪几个步骤？

列表：取自变量的一些值，计算出相应的函数值y；

x	…	-2	$-1\frac{1}{2}$	-1	$-\frac{1}{2}$	0	$\frac{1}{2}$	1	$1\frac{1}{2}$	2	…
$y=x^2$	…										…

想一想：

① x为什么不取3？不取$\frac{1}{3}$？适当取值；

② 这里为什么有省略号？定义域

描点：分别以所取x的值和相应的函数值y作为点的横坐标和纵坐标，描出这些坐标所对应的各点。

连线：用光滑的曲线把所描出的这些点顺次连接起来，得到函数图像。

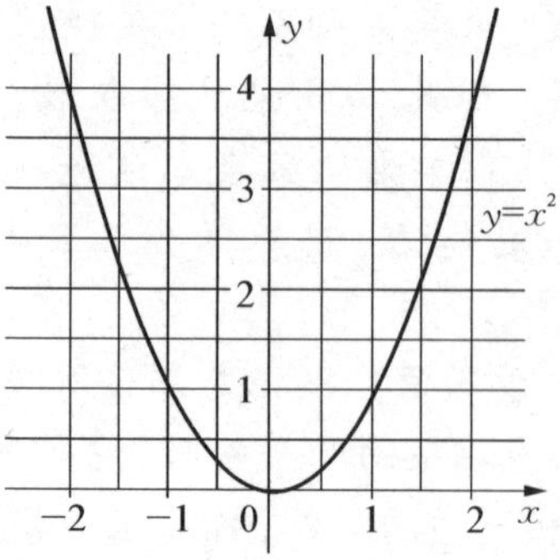

教学反思： 最开始设计的时候只是单纯按照教材教学，通过列表、描点、连线画出二次函数$y=x^2$的图像，由此再开始通过图像观察其特征等，没有把列表中的数据和描出的点之间联系起来，从数到形的结合没有做好，学生的思维也没有得到锻炼。整个片段一的教学中，学生思维参与度没有调动起来，学生的思维主动性也没有体现，学生对函数相关知识的类比迁移也没有得到发挥，是为了讲知识而讲知识，感觉课堂教学的有效性差强人意。教师在备课的时候没有自己深入思考教材意图，没有认真思考每一部分要培养学生哪个方面的思维态度，没有想清楚以哪个问题为切入点。整个画函数图像步骤中的列表、描点、连线是割裂的，学生对整个部分知识和后续知识的理解也是割裂的，最后这种割裂也体现在学生的作业中，没有利用好函数的对称性来画图。

（二）修改的设计

操作1：在平面直角坐标系xOy中，画二次函数$y=x^2$的图像。

问：画函数图像一般是哪几个步骤？

（1）列表：取自变量的一些值，计算出相应的函数值y；

x	…	−2	$-1\frac{1}{2}$	−1	$-\frac{1}{2}$	0	$\frac{1}{2}$	1	$1\frac{1}{2}$	2	…
$y=x^2$	…										…

老师问： 观察表格中的数据，你有什么发现？

学生回答： 函数值y是非负的。

老师追问： 那么以每一对数为点的横坐标、纵坐标描点，你感到描出来的这些点都在直角坐标系中的哪里？

学生回答： 在y轴上方。

教师追问： 每一个点都是在y轴的上方吗？（本题学生稍有困难，可以给点时间思考或寻求其他同学帮助）

学生略作思考回答：除原点外。

教师追问：原点(0,0)这点你感到是所有点中的最高点，还是最低点？

学生回答：最低点。

教师追问：还有其他的发现吗？

学生回答：自变量x取互为相反的两个数时，它们所对应的函数值相等。

老师追问：以x为互为相反数，y的值相等的两对数，作为点的横坐标、纵坐标描点，你感到描出来的两点有怎样的位置关系？

学生回答：关于y轴对称。

教师追问：由具备这样特征的点所组成的图像有什么特征？

学生回答：整个图像也是关于y轴对称的。

教师追问：还有其他发现吗？（预设学生没有其他发现了，教师继续追问）

教师追问：这里为什么有省略号？

学生回答：二次函数定义域为一切实数。

教师强调：我们在列表取值时只取了其中的一些值，用省略号来表示二次函数的定义域为一切实数。

（2）描点：分别以所取x的值和相应的函数值y作为点的横坐标和纵坐标，描出这些坐标所对应的各点。

（3）连线：用光滑的曲线把所描出的这些点顺次连接起来，得到函数图像。（此处强调二次函数图像分别向左上方和右上方无限伸展，与上面所说的定义域为一切实数呼应）

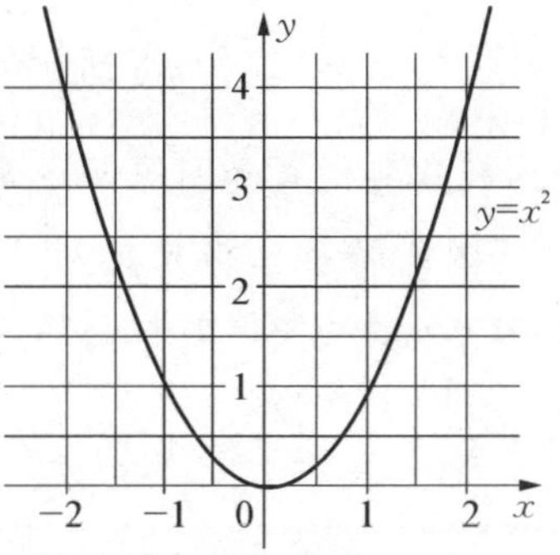

上课中的体现：这次教学中把对表格中数据的认识做到了极致，教师不停地追问调动了学生思维的参与度和思维的主动性。教师的不停追问，引起学生深度思考，使学生沉浸中求知的情绪状态中，刺激他们不断思考，积极举手回答问题，从而很好地提高了学生的听课效率。当然，学生中思考和回答问题的时候，也不一定都能答对，当老师说“还有其他想法吗”，暗示学生自己的回答不正确或不完全正确，这也引起他们的思考。课堂反应热烈,学生思考积极,思维的火花在不停地被激发。

我的感悟

和修改前的教案相比,在修改后的教学中,教师在列表这一步中,增加了大量的追问,让同学们对表格中的数据进行观察和思考,引导他们思考以x为互为相反数,y的值相等的两对数,作为点的横坐标、纵坐标描点,描出的点关于y轴对称,由此猜想这个函数图像也关于y轴对称,在描点时确认了这样的点确实是关于y轴对称的,连线中确认了图像确实是关于y轴对称的,最后从数和形两个方面说明了y轴就是对称轴,让学生对这个函数的对称性有了深刻的印象。在整个追问的过程中,很好地体现了学生思维态度的培养和训练。本节课对片段一的修改,整个画函数图像步骤中的列表、描点、连线是连贯的,学生对整个部分知识和后续知识的理解也是连贯的,最后这种连贯也体现在学生的作业中,学生很好地利用了函数的对称性来画图。当然,思维态度中的思维独立性在本节课中没有很好体现,这也可能和是公开课有关,学生还有些拘谨,在平时的课堂中,九(1)班的学生还是很敢于在课堂中提出自己的见解。

对学生思维态度的培养并非一朝一夕可以完成的,有时候往往就是教师教学手段的改变,这节课中教师通过追问,激发了学生对知识的探索兴趣,调动学生思维的参与度和思维的主动性。在整个过程中,教师同样很好地体现了学生对于数学语言:文字语言、符号语言、图像语言的应用来促进学生的思维训练。从画$y=x^2$的图像,并从图像中总结图像的特征,到画$y=-x^2$的图像,并从图像中总结图像的特征,从而对这两个函数进行对比,从解析式上看,这两个函数有什么异同,再从图像上看这两个函数有什么异同从而得到相关的结论。再到画$y=\frac{1}{2}x^2$和$y=-\frac{1}{2}x^2$的图像,对这两个函数从解析式和图像两方面分析异同,层层递进,然后归纳出特殊二次函数$y=ax^2$的图像特征体现了思维过程中的演绎推理和类比推理,最后,学生把特殊二次函数$y=ax^2$的图像特征总结后以表格的形式呈现。

○ 叙事故事5:

学生成长性思维培养

上海市长江第二中学　李栋寅

现在的我们生活在一个信息爆炸的时代,信息技术已经在我们的生活中占据了极为重要的地位。而作为一个信息科技的教师，我常常在想对于现在的学生来说，教会他们信息技术的知识，不如让他们学会使用信息技术来解决问题，因此在我的教学中我也常常在思考如何培养学生这样的能力。在一次关于计算机硬件的课上，我对于这个问题有了一些新的启发。

原有的教学设计

在信息科技学科的教学中，计算机硬件这一部分的教学内容一直是重点也是难点，对于在初中开始系统认知计算机系统的学生来说，了解计算机硬件的构成对于他们今后的学习有着绝对的影响力，因此这一部分内容其重要性是不言而喻的，而学生们往往会带有一些固有的一知半解的印象来学习计算机硬件，因此学生知道硬件的组成但是对于其中各个部件的关键内容有时候却还是一知半解，这也成为教学的难点。其中关于存储器的内容给我的印象尤为深刻。

在刚开始的教学中，针对计算机存储器的教学，我的教学设计是这样的：首先通过课件讲述了何为计算机的存储器，其功能主要是存储计算机内的信息的，其次引出存储器的分类，分别是内存和外存，然后描述它们的区别，并列举出常用的内存和外存。主要是讲授为主，着重教学目标为让学生了解计算机内存储器的功能是存储信息，分类为内存和外存，区别是内存信息断电就丢失而外存信息是可以永久保留的。然而这样的教学设计，看似可以将教学目标不错地完成，但是实际上还是有一个很重要的问题我们当时没有思考到的。

发现问题

在一次课堂中，当我让学生看课件中的图片对内存和外存分类时，学生把硬盘当作内存，这个错误其实是我有设想到的，因为学生固有思维的认知，他们认为在机箱内部的就是内存，机箱外部的就是外存。所以他们理所当然地认为在机箱内的硬盘是内存，解决方法其实也很简单，我通过告诉学生内存和外存并不是按照它们在机箱内外来区分的，而是根据它们的功能，内存是短暂保存信息的，而外存是永久保存信息的，所以硬盘作为可以长久保存信息的存储设备应该是外存。显然对于这一解释学生也可以理解，因此在此之前我对于这样的教学设计还是比较满意的，认为通过这样的解释，学生已经可以理解内外存的分类和功能区别了。直到这一次，当学生回答错误硬盘是内存后，我还是通过课件解释了这个我预想之中的错误，紧接着由于之前这个班级有学生提问过手机和计算机是否一样也算计算机的问题，我灵机一动，想巩固一下这个知识点。我问学生，那之前我们同学有说到过手机也是一个微型计算机，它同样是有内存和外存的，我想问问同学们，如果我用手机拍一段视频，然后系统提示我存储空间不足，那么同学们，请问你们认为这个存储空间是内存还是外存。于是学生的回答出乎我的意料。我本以为他们可以通过刚才的学习认识到这是外存空间不足。但是仍然有将近半数的同学选择了内存。这时我才意识到，固有思维对于学生学习的限制性远远超出了我的想象，他们仍然是习惯性地认为手机空间不足就是手机内存不足，他们也并没有学会融会贯通，通过计算机的内外存的知识，来理解之后再来分析手机的内外存。所以，我开始思考，哪里出了问题，我该怎么办。

我认为导致这一问题的主要原因是我对于学生的思维方式的了解还是不够，我知道学生在内外存理解的问题上常常会被固有的思维理解所左右，但是我没有进一步思考如何培养和转变学生的思维方式，而是简单粗暴地告诉他们你们这样的理解是错的，正确的是怎么样的，然后就指望他们能够融会贯通相关的知识，显然这样的想法是错误。当我意识到这一问题后我开始研究学生的思维方式，以及如何从根本上培养和训练他们的思维。

对症下药

对症下药，针对如何培养学生成长性思维修改教学设计。

有了方向以后，我开始研究文献和材料，我发现一般来说，人的思维模式分为两种：成长性思维和固定性思维。固定性思维，实际上是因为自己的认知受到局限所造成的一种固化的思维方式。打破固定思维，培养成长性思维，可以让我们在平常的生活中更加能够适应环境的变化。固定性思维的人面对失败和难题时沮丧和拖延，成长性思维的人面对失败和难题时坚持和挑战。显然，培养学生的成长性思维可以让他们受用终身，一个小小的内外存的知识点居然引出了如此重要的思维模式的养成也是远远出乎于我的意料的，虽然我也知道仅凭这一点小小的尝试很难真正改变学生的思维方式，但是我想从这个小点尝试一下，如果真的可以有哪怕一点点小小的突破也是我以后继续研究下去的动力，于是我便着手于如何改变我的教学设计，思考如何让学生从内外存这个知识点的思维方式上可以摆脱固定性思维发展出成长性思维。

那么如何来培养学生的成长性思维呢？经过研究和查阅资料，我发现：

(1) 我们的大脑和肌肉一样，可塑性很强。大脑中神经元之间负责传递信息的组织叫作“突触”，突触会根据环境的刺激不断生长。当我们每次突破自己的舒适区去学习新的知识，迎接新的挑战，就会产生新的突触。当强化已有的知识和技能时，突触就会得到巩固。而让我们变得更加聪明的大脑灰质，就是从这些新的突触中形成的。也就是说，经常通过思维训练，你会变得更加聪明。根据研究结果显示，出租车司机的大脑往往会比公交车司机的大脑产生更多的灰质，这是因为公交车司机都是常年行驶在固定的路线上，而出租车司机会经常去到不同的地点，走不同的路线。

（2）与结果相比，我们更应该注重努力的过程。如果你在做事时听到别人对你说“你真聪明，做得太棒了”，或者是“你很努力了，但你可能并不适合做这件事”，这些以能力和结果为中心的评价往往会使你在后续呈现固定性思维特征。因为你会无意间把自己和结果联系在一起，如果自己努力过但没有获得好的结果，就会选择回避挑战，从而避免失败。但如果你在做事时听到的是“你对这件事很负责任”“你做的这些尝试很有效果”，这些以行动和努力为中心的评价往往会使你在后续趋向于成长性思维。因为你会把自己和努力挂钩，并对自己的努力过程进行反思，做出一些优化和改善。所以不妨经常在做事的过程中肯定自己、鼓励自己，认为自己一定能行。

（3）为了训练和强化成长性思维，我们就必须经常跳出自己的舒适区。那些不愿意跳出舒适区的人，往往会把取得的成果归功于自己的天分。这样的话一直成功还好，一旦遭遇失败，他们就会认为自己天生没有这个能力，根本不会去思考做事的过程，去反思究竟为什么会失败。经常跳出舒适区，会促使我们从固定性思维转化为成长性思维。因为你原本不会做或者不敢做的事才能称之为挑战，一旦你尝试去迎接这些挑战时，你就会把目光聚焦于努力的过程，想方设法来提升自己，从而赢得这些挑战。比如平时你是一个不愿意多走一步的人，但你为了挑战自己，决定三个月后参加42公里的马拉松赛跑。为了完成比赛，这三个月里你会坚持训练，不断让自己可以跑得更快更远。所以即使三个月后你没有在比赛中取得名次，这个努力迎接挑战的过程也会使你获得成长。

修改教学设计

通过以上三点我有了修改教学设计的方向。

（1）根据大脑具有可塑性这一特点，加大思维训练的量，来培养和发展学生的成长性思维。原先关于内外存的知识点，我基本上通过课件上图片展示和口述的环节来讲授给学生听，学生的思维训练量其实并不多。因此我重新设计，将这存储器的知识点设计如下，共5个环节，首先通过微课学习什么是存储器以及它们的主要功能，然后设计一个任务来练一练将存储器和其他的输入输出设备等混在一起让学生分类，接着再通过微课学习内存和外存的区别，然后设计两个任务，分别是画一画和练一练，来巩固内外存的区别和分类，特别是练一练设计了内外存断电丢失和断电不丢失的问题让学生从根本上思考内外存的区别。这样从原先的一大段教师讲授学习，变成了5个环节2个微动画的学习新知识和3个小任务来加大学生思维的训练。

（2）根据过程远比结果重要，在学生整个学习和完成任务的过程中，我需要始终注意评价学生的思考和学习的过程，不以结果为评价目标，进一步以此帮助培养学生的成长性思维。

（3）根据跳出舒适区可以培养成长性思维这一特点，我设计准备一些旧电脑让学生亲自拆机来观察计算机内部构造，直接看到内存和硬盘等外存，因为之前学生虽然对机箱内部构造有一定了解，但是真正拆开机箱看过内部的学生还是有限，而在学习这些硬件知识时学生和老师也往往会选择更舒适轻松地以PPT课件来展示这些内容，但是让学生亲手拆开机箱虽然会更烦琐，但是这样跳出舒适区的行为可能更有利于培养学生的成长性思维。

思维养成

有了这些设计理念，我修改完教学设计后，便迫不及待想在课堂上实践这些内容，来验证我的想法到底是不是正确的。

（1）在思维训练的环节中，这5个环节2学习3任务的过程中，我明显发现学生的思维比以前活跃了，他们会提出各种各样的想法，在练一练环节中，有同学提问，除了这些存储器，他认为生活中有的一些设备比如相机的存储卡应该也属于存储器，显然这个同学说得太好了。并且在后面练一练和画一画中，学生对于内外存的区分也更清晰了，他们能清楚地概括出内外存最大的区别不是它们是否安装在计算机机箱内部还是外部，而是它们保存信息的时间是否长久。

（2）在画一画的任务中，我特别请了平时比较调皮的A同学来回答，显然他的答案还是有些问题的，这个环节是我给出了一张不完整的图片，让学生将图片中内外存的知识点补充完整，A同学，在外存储器中遗漏了一项，并且也填写不出内存储器的英文缩写，以结果来说他并不成功，但是，我要肯定他的学习过程，对于他已经回答出的内容进行了充分的肯定，并且告诉他已经做得很好了。显然在回答完问题之后一向调皮的A同学可能是因为受到了表扬，在后面的学习中格外认真。

（3）到了学生拆机观看机箱内部构造认识内外存的时候，学生们的活跃度达到了顶峰，大家都非常积极想一探究竟，而且同学们的思维活跃度也让我觉得这样的设计成功了，不少学生能直接找出内存和外存硬盘，也有很多学生好奇其他的硬件如CPU在哪里。大家都在积极地讨论和提问。

显然这堂课比起之前的设计，更加锻炼了学生的思维，这也让我在对于培养学生的成长性思维上更有信心了，当然我也知道，思维的养成绝不是一朝一夕的事情，我也要更加努力地研究和设计自己的课堂教学，更关注培养学生发展思维的能力，相信只要我们都能坚持这样的理念，对于学生的成长性思维能力的培养也一定会取得更好的成果。

○ 实践与思考1：

基于"概念扫描"培养学生思维

上海市长江第二中学　张伟进

对于九年级学生来说，化学是一门新的学科。与其他学科不同，在化学教学中，化学是一门基于实验的自然科学，同时又有繁多的概念，而且有些十分抽象，根据初中学生的认知水平，领会和完整掌握这些概念具有一定的难度，学生只有准确地把握了概念的本质和内涵，才能灵活应用。学生在学习化学时，思维是不断在发展的。化学学习主要在分析与综合、比较与分类和具体化的思维过程使学生的思维成长，主要以概念、判断和推理等思维形式，通过聚合性思维和辩证思维的思维方法，提升思维的深刻性、灵活性、和批判性等思维品质。在思维态度上，由于化学基于实验，教学中可以通过实验教学调动学生的积极性，提升思维的主动性和参与度。

其中化学概念不仅是基础知识的组成部分，还承载着发展学生思维能力的功能。概念是人类在认识过程中，从感性认识上升到理性认识，把所感知的事物的共同本质特点抽象出来，加以概括，是自我认知意识的一种表达。直接对抽象的概念具体化对于九年级学生是有一定难度的。在概念教学中，经常遇到的问题就是抽象化的概念不利于学生理解，从而只能死记硬背。在以往的概念教学中，往往以展示事实并直接给出学生概念，再拆分讲解的形式进行，没有关注到学生概念形成的过程，不利于学生纵向思维的培养，也不利于学生对概念的理解，同时降低了学生学习主动性。

《溶液》一课的授课对象为九年级学生。九年级学生在初中三年的学习中已经接触到不少其他学科中涉及的概念，有一定理解概念并运用的能力，但是对于概念的理解还是受年龄和生活经验的限制。

在以往的教学中，教师往往担心学生先入为主的习惯，把概念形成过程中产生的偏差进行记忆，最终出现错误，所以在教学中一般在客观事实的基础上直接给出正确概念，防止学生"误入歧途"。但是在这样的教学中也往往固定了学生的思维，剥夺了学生"犯错"和"改错"的体验，教学也变得重视结果而忽略了过程。正确的结论是在不断地错误中总结改进从而获得的，而教师应当作为引导学生发现错误并改正的引路人，而非带领学生参观“正确之景”的导游人。

关注学生的思维误区，敢于“犯错”

在日常教学中，我发现学生对于概念经常是逐字记忆，例如纯净物、混合物、单质和化合物，对于这些概念如何形成的大多不理解。所以在教学设计中一直在思考，如果能将学生概念形成的过程放大体现出来，对于概念的体会定会更深。

在化学的课堂中教师应该关注到学生概念的形成过程，关注到学生在形成概念时会形成的误区，引导学生进行判断并完善，得出正确的概念。基于以上问题，我尝试运用概念形成策略中的继时性扫描策略强化学生概念形成的过程。

继时性扫描策略即把首次获得的肯定例证中的全部属性作为初始假设，每次试验只采取一种假设，并逐一验证。本课中出现了悬浊液、乳浊液、溶液、溶质和溶剂这五个概念。在溶液、溶质和溶剂的概念的形成过程中，我尝试了这一策略。

学生在实验一中制得了食盐溶液，通过对食盐溶液分析，很容易得出初步概念：溶液是由一种物质溶解在另一种物质中，得到的均一、稳定的无色液体。这就是犯的第一个“错”。所以我对错误的初步概念进行拆分，分为四个语句：“① 均一、稳定、透明的液体一定是溶液。② 溶液一定是无色、均一、稳定、透明的。③ 溶液一定是混合物。④ 溶液一定是两种物质形成的均一、稳定的混合物。”学生对于溶液是混合物比较确定，但对① ② ④存有疑问，所以在这里绝大多数学生出现了错误。出现错误后学生马上注意到桌面上的蒸馏水和硫酸铜溶液，自然帮助否定了① ②的说法，对于④通过实验进行证明。在三个错误的基础上，学生可以通过自己的认知，基本描述出溶液的概念，也更清晰地体会到了易错点。

通过对溶液概念进行分析与综合，学生把溶液的概念分析得出两个部分：被溶解的物质和溶解其他物质的物质。在此，根据已有的食盐硫酸铜溶液，学生很容易认为溶质只能是固体，溶剂只能是水。在此同样采用概念扫描策略，先提出问题引导学生建立假设：水可以溶解固体、液体和气体形成溶液；物质可以溶解在除水以外的物质中形成溶液。通过实验和例证，从而完善溶质和溶剂的概念：溶质溶液中被溶解的物质（固液气均可）；溶剂是溶液中能溶解其他物质的物质（水、酒精、汽油等），同时也通过分析与综合确定溶质、溶剂和溶液之间的关系。我认为概念教学中，要善于为学生创造条件，引导他们通过观察、思考、探求概念的含义，沿着由感性认识到理性认识的认知过程去掌握概念，培养学生的逻辑思维能力。

从问题出发，在解决问题的过程中强化

在教学过程中，如果学生对教师设置的问题产生了好奇时，那么他总会想方设法地去提出种种猜想和质疑寻求问题的原因，这些认知活动的展开一定是建立在同学们对教师提出的问题感兴趣基础上的。在课堂中通过一个问题"水能溶解所有物质形成溶液吗"展开探究，通过实验一让学生制得食盐溶液、悬浊液和乳浊液，再提出问题：它们都是溶液吗？引导学生观察浊液与溶液的区别，然后通过对已有溶液分析，不断对溶液的已有概念提出问题，溶液一定无色吗？溶液一定是混合物吗？均一稳定的液体就是溶液吗？溶液一定由两种物质组成吗？最后得出正确溶液概念。紧接着对溶质和溶剂提出问题：水只能溶解固体吗？只有水才能溶解其他物质形成溶液吗？通过实验得出溶质可以是固体、液体或气体；溶剂可以是除水以外的物质。在一系列的问题链中，学生不断对已有的认知提出质疑，在通过实验和客观事实去论证，强化了学生概念形成的过程，也增强了学生思维的深刻性和主动性，利于激发学生学习兴趣。

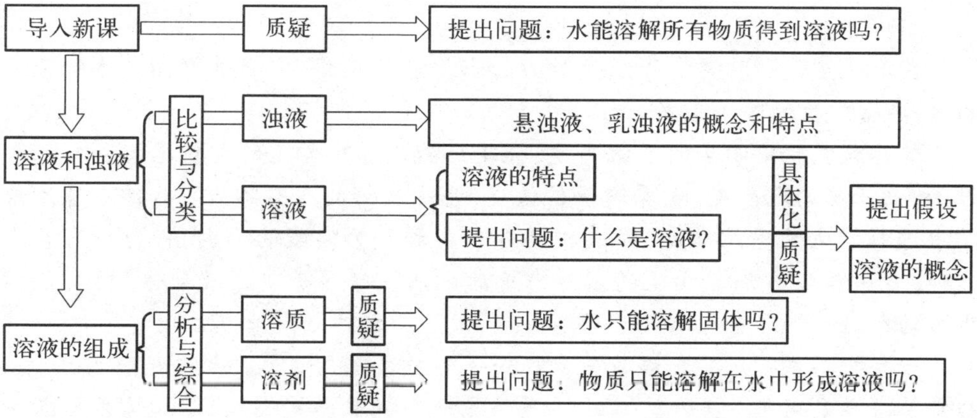

注重概念形成对学生思维的影响

尝试注重概念形成的教学明显比以往传统概念教学用时更长，学生思考、反思自己的思维时间更长，回答的难度也变大。但是学生对于最终形成的概念的理解明显是强于以往教学的。这说明关注学生概念形成的过程的确是有必要的，给予学生思考的时间、犯错纠错的时间是很需要的。

要将学生的思维调动起来，提高思维品质，优化其思维态度，需要让学生的手和脑都动起来。在概念教学中结合实验教学，不仅让学生动手，有意培养了学生的实验操作能力，提升了思维参与度，同时也丰富学生概念形成的过程，在实验中通过观察现象得出结论，由浅入深完善概念的同时强化纵向思维，在不断质疑中反思监督自己的判断是否正确，通过将结果综合进行概括，从而形成整体认识的思维过程，提高思维的批判性和主动性，提升思维参与度。

学生的思维品质的提升不是一蹴而就的，学生思维的培养与日常教学中老师的有意引导分不开。教师应当先克服自己恐惧学生犯错的心理，让学生意识到遇到错误是可以积极解决的，遇到的挑战可以帮助自己学习和成长。挑战越大也就意味着成长的空间越大。即使挑战失败了也不会轻易否定自己，而是从过程中寻找存在的问题，从而不断改进，这就是成长性思维的体现。相信在长期的实践中，无论是教师还是学生，都会有很大的裨益。

○ 实践与思考2：

音乐课堂教学中“思维态度”的培养

上海市长江第二中学　钟丽娟

音乐教学是一种具有强烈感染力的审美艺术教育，它通过感知来体验音乐的美，丰富学生的精神世界。

培养和发展中学生的思维态度，能更好地培养中学生的逻辑思维和创新思维，树立正确的人生观、世界观和价值观，形成良好的人格品质。如何在音乐教学中培养学生的思维态度，是我校课题研究和努力实践的方向.作为一名音乐教师，我来谈谈我培养学生的思维态度的方法——注重实践活动体验，引导学生主动参与。

六年级第四单元《民族花苑》中有一个内容是“欣赏蒙古族音乐作品《八骏赞》”，我采用了“以听觉领先，以动觉切入”的教学策略，以学生为发展的主体，引领学生端正思维态度，去体验和探索音乐，感受传统的民族音乐文化。我将从思维参与度、思维主动性和思维独立性三方面来说明：

一、发挥想象，增加思维参与度

首先，让同学们一起来欣赏作品《八骏赞》，欣赏完之后，我提出问题：“音乐中，让你印象最深的是什么？”此时，虽然刚才的音乐还深深地留在同学们的记忆里，但他们还是不大自信，同学们有的小声说“叮”，有的说“嘀哩”，我立即道：“是啊，老师也对这些声音印象很深刻。”我继续问：“你们知道这些‘叮嘀哩’描写的是什么吗？”由于上个问题的回答得到了肯定，同学们自信了些，抢答道：“马蹄声！”我表扬道：“对，非常正确！音乐中的‘嘀哩嘀哩’是模拟的马蹄声，

‘叮’模拟的是马铃声。”我补充道：“蒙古族的勇士，他们几乎个个会骑马，所以蒙古族又被称为是马背上的民族。你们能模拟一下骑马的动作吗？”骑马大家几乎都见过，于是同学们开心地坐在凳子上，手臂和身体一起模拟出骑马的动作。德国著名音乐教育家卡尔奥尔夫认为：“音乐来自动作，动作来自音乐。”它可使音乐教学增添生动活泼的气氛，发挥学生的个性。随着同学们模拟骑马的动作，同学们逐渐褪去一开始的拘束感和不自信，在不知不觉中他们的动作和作品的节拍吻合在一起，自然而然地感受到音乐带来的那种轻松、跳跃，充满活力的节拍，加深了对作品的理解，为接下来的环节打下基础。从同学们参与活动的频率和积极的情绪上来看，体现出学生高度的思维参与度。

二、实践体验，提高思维主动性

节奏韵律感是音乐旋律的最有表现力因素，为了让同学们更容易理解该作品中的典型节奏，我出示“叮啼哩”节奏图谱。

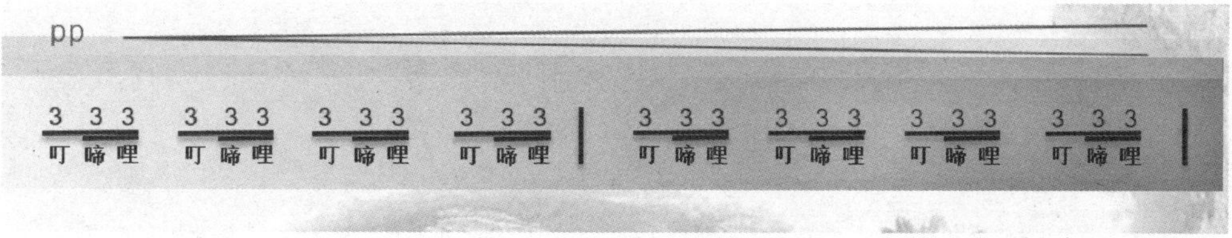

我带领学生们模唱这首乐曲中的典型节奏——后十六分音符节奏，有些同学在模唱节奏的时候，手臂和身体自动模拟着骑马的动作，我看到后，立马也跟着同学们模拟起来，并带动同学们一起模拟“骑马”，一边“骑马”，一边模唱象声词“叮啼哩”的节奏，整个课堂生动活泼，同学们既得到艺术的享受和熏陶，陶冶了情操又提高了音乐素养。用积极的态度，活学活用，充分体现了学生思维的主动性。

三、创设情景，激发思维独立性

我继续引导同学们：“图谱上还有一个什么样的记号呢？”这些是小学阶段已经学习过的音乐基础知识，同学们立即说了：“还有渐强记号。”“对，这是一个渐强记号，表示这段节奏从弱到强的变化过程，由轻到响的过程，你们能想象出它表现的是什么场景呢？”同学们想了想，马上有同学举手：“老师，像马儿从很远的地方向我们跑来，由远到近。”同学们给出了我要的答案。随后，在我的指挥下，同学们紧跟着我，声音由小到大，一起用声音模拟出草原上，马儿由远到近的场面，仿佛是广袤无垠的草原上，一阵阵急促的马蹄声由远到近，万马奔腾，声势浩大，气势磅礴……同学们用艺术的语言来表达，独立思考，有独特的见解，很好地将思维的独立性展示出来。

整个教学环节，学生通过层层递进的实践体验，掌握了音乐的节奏、力度等知识，抓住学生对音乐本能的反应，切实增强了学生的思维参与度，提高思维主动性和激发思维独立性。

由此可以看出，学生已经能用正确的“思维态度”去学习音乐，它可使音乐教学增添生动活泼的气氛，发挥学生的个性，体现学生直接参与音乐活动的能力。促进学生记忆力、想象力和创造力的发展.不仅能培养学生的专注力，而且能培养与他人合作的良好个性心理品质。它在音乐教学中是非常重要的。

第八章　发展成长性思维的“和易以思”课堂教学

第一节　“和易以思”课堂教学模式

一、“和易以思”的课堂教学模式

成长性思维发展的“和易以思”课堂教学。我们基于促进核心素养中的学生思维能力的发展问题，提出了以“和易以思”为思维培养方法论，以成长性思维态度为内动力，通过优化与发展学生思维方式、思维方法与思维过程，从而达到提高学生思维能力，实现学生思维品质的提升的课堂教学模式，简称为“和易以思”课堂教学。“和易以思”课堂是以“善喻”为主要特征，以发展学生成长性思维为目标，通过学习融通（和）、师生融洽（易），使学生独立思考（以思），达到学生思维品质提升的一种教学模式。

这个课堂教学模式的要素是思维内容方面的三个维度（思维方法、思维形式、思维过程）、思维态度方面的三个维度（参与性、主动性、独立性）、“成长性思维”发展水平的三个维度八个方面品质，即思维品质的反应维度（包括思维的速度、灵活、深度等）、价值维度（包括思维的独创性、批判性等）、整体维度（包括思维主动性、系统性、独立性等），也就是“和易以思”课堂教学有三方面要素群，并以此构成思维本体与思维态度的整合结构，实现发展学生思维能力，并逐步固化与增强为良好的思维品质的功能。“和易以思”课堂教学模式体现了成长性思维要素—结构—功能的系统论。这个模式是基于思维要素的成长性，从而使成长性思维在课堂教学中运用具有可操作性。我们紧紧抓住与思维要素的培育与整合，对学生思维品质的形成与发展产生作用，实现思维的整体提升。

“和易以思”课堂教学有着三个方面的重心转换与再构：

1. 要实现从教师为中心转换到学生为中心的教学主体重心转换。传统课堂教学在教学主体上以教师为中心，缺乏和易以思的“易”的环境，即师生融合，有利于学生思维独立性、创造性发展的环境。“和易以思”的课堂需要彻底改变这些传统强制的做法，消除教师和教材对教学的控制，强调以学生为中心的参与。以学生为中心参与课堂是影响学生思维发展的一个关键因素。“和易以思”的课堂支持学生公开表达观点，强调学生自己主动对思维实践的经常性参与，能够提供有效的思维过程建模，发展思维能力，激发学生自主学习。“和易以思”课堂的实现要求以合理的定位师生角色以及师生间积极交互做支撑，从而为培养学生高品质的思维能力发展提供良好的环境。

"和易以思"课堂上构建"和"的情感场，我们主要从两个方面入手：

（1）师生激情飞扬。做到相互激励、相互愉悦、相互帮助、相互启迪。

（2）师生灵动自如。我们要求师生课堂活动有三种：学生自动、小组互动、师生联动，其中学生自动是基础，小组互动和师生联运是手段，是促进。

（3）师生互动交融。学生在课堂里活动着，体验着，思维着；教师在课堂里成为引导者、服务者、支持者。

2. 实现从关注知识传递到关注思维的教学重心转换。传统课堂教学关注重点在于知识的掌握，目标是将这些知识产物或结果传递给学生，并确保他们能够复制这些产物。传统教学在教学内容上强调标准性、确定性，教学方式上通常采用照搬教科书和定期测验的方法，课堂教学是主要以传授方式教给学生教材上的概念、定理和解题步骤，而后学生进行大量、反复的练习以巩固和增强他们对教师所教内容的熟练掌握。在这个过程中以死记硬背为主，机械学习，忽视学生的思维表现与思维能力发展。传递知识结果的教学方式是学生思维发展的首要障碍。普林斯顿大学的卡尔（Carl Schorske）曾指出："你认为'学习'是一个名字还是一个动词？如果是个名词，是一件能被持有和传递的东西，那么你把你的真理整理后包装起来，呈现给你的学生。但是如果你认为学习是个动词，那么过程就不一样了。"（Onosko, Joseph J. Barriers to promotion of higher order thinking in social studies[J]. Theory and Research in Social Education, 1991.）

"和易以思"课堂教学强调把关注重点从知识结果的传递和掌握转变为对思维的学习与运用。教学的重心应该定位在教会学生思维方法、思维形式、思维过程与思维态度上，教会学生思考。"和易以思"课堂上实现从关注知识到关注思维的教学重心转换有三个可以观察的特征：

（1）能听到学生在解释、推测、陈述观点或交流他们的看法。

（2）能听到教师询问学生有关为什么、是什么的问题，需要学生具体阐述，蕴含着教师对意义和理解的强调。

（3）能观察到学生对解决问题的选择：使用哪些程序，如何将知识整合到新的、非常规的任务中。

这些反映出鼓励学生自主、独立思考的教室氛围。

3. 实现以开放式替代封闭式的课堂教学方法再构。杜威指出，思维一定是由"难题和疑问"或"一些困惑、混淆或怀疑""引发"的，"问题的本质决定了思考的结果，思考的结果控制着思维的过程"。因此构成课堂教学内容的"问题"性质会对学生思维的发展产生直接影响。传统构成教学内容的问题往往是孤立的、封闭的,缺乏开放性的问题,在很大程度上忽略了与真实生活情境的联系,局限了学生在新旧知识上的串联与重组,很难引发学生展开有意义的思维活动,论证、批判、创新等思维活动。使用开放性问题来重新建构教学内容,促进高阶思维技能的发展已经在许多国家的课程教学中出现。

课堂开放性有三个要求:

(1)能给所有学生表达对知识、技能理解的机会。问题要有"层次性",要为学生提供适当的台阶。这样有利于学生找到思考问题的切入点和思维的连续性,这样的问题对学生吸引性极强。层层递进,步步深入,使学生在分析问题、解决问题的过程中训练了自己的思维。

(2)能促进学生进行超出能力范围的推理、思考。问题要具有"挑战性",也就是说"要能抓人",对于直白或索然无味的问题,即学生可以用"是"或"不是"就可以回答的问题,学生会不屑一顾;难度过大的问题会使学生无处下手,从而放弃尝试思考。

(3)允许学生使用广泛的解决方法和策略。没有现成答案的问题对学生更具有吸引性,更具有挑战性,学生的思维不易受到限制,其思考的过程才更能锻炼学生的思维。

通过使用开放性问题,能够突破孤立的知识或问题呈现带给学生的思维禁锢,打开学生的分析、论证、创造之窗。事实上,开放性问题的提出并不困难,在日常课堂教学中,教师完全可以通过个人智慧,结合具体的生活情境,将教材上的固定练习题拓展为开放性问题。通过对封闭、孤立的教材习题加工改造而成的开放性问题,有助于激发学生的好奇心和想象力,锻炼学生思维能力。

二、"和易以思"课堂教学指向

"和易以思"的课堂价值取向是成长性思维:提升思维品质,发展思维能力。弘扬"和易以思"教育精神,促进学生的成长性思维的发展。《学记》把"和易以思"作为重要的教育原则。我们应该继承我国优秀的教育思想,发扬"以学生为本"的教育理念,结合当代教育的情境,建构以"和易以思"的课堂,促进师生融洽,学习安易,学生独立思考,做到善于诱导。

"和易以思"课堂的价值取向是培育学生的核心素养。"以思"体现了核心素养的价值,也抓住了思维是学习的核心。把课堂教学的价值指向"以思",特别是培养学生的良好的思维品质,充分体现了核心素养的培育要求,强调"独立思考"。在促进学生一般思维(思维方法、思维形式、思维过程)的基础上发展学生的思维能力、思维品质,特别是独立思考与创新思维。不仅我国的素质教育十分重视学生思维培养。"和易以思"的本义就在于课堂教学关注学科的育人价值，关注学生的思维发展，关注学生的独立思考。学生综合素养的培养，离不开高品质的思维培养。学科教学，特别是课堂教学是学生教育的基本渠道，关注课堂教学中培育综合素养是必然之路。"和易以思"课堂教学指向综合素养，关注学生的思维品质和思维能力，是实现五育融合学生全面发展的必然要求。

同样，国际上也是关注课堂教学中的学生思维培养。在1960年，美国教育协会就在《美国教育的中心目的》一文中声明"强化并贯穿于所有各种教育目的的中心目的——教育的基本思路——就是要培养思维能力"（郅庭瑾：为何而教[D].上海，华东师范大学，2001）。哈佛大学心理学教授戴维（David Perkins）也曾明确指出：日常思维，就像日常行走一样，是我们都具备的自然行为表现。但是良好的思维能力，就像是100码冲刺，是一个技术或技巧上的训练结果……短跑运动员需要教练教给他们冲刺100码的技巧；同样，良好的思维也需要经过相应良好的教学实践和练习才能获得。

第二节 "和易以思"课堂教学的要求

一、"和易以思"课堂的基本要求

"和易以思"作为教育思想启发与指导我们在教学实践中培养学生成长性思维。在教学实践中我们应该不断学习领会"和易以思"的实质，加深理解我国优秀的传统教育思想的精髓，并在教学中发扬光大。同时我们又应该在教学实践中把"和易以思"教育思想转化为教学行动，在实践基础上归纳出一些体现"和易以思"的教育要求，使之具体化，可操作，以便教师通过教学行动，正确地应用这些传统的优秀教育思想。我们通过几年来的教学实践，归纳了"和易以思"课堂的基本要求：

1. 易：和谐的教学氛围

"和易以思"中的"易"是师生融洽为易，课堂中教师的教与学生的学和谐，以师生教与学中真正的交互为操作点，达到融合为目标。

在教与学中让学生有安全感、温馨感，教师与学生之间彼此接纳与欣赏。以建设性、激励性语言给予学生正面的、准确的反馈，不断强化学生学习的自信心，每个学生每星期至少得到一次表扬，而不是受到经常批评。教师注意聆听学生的表达与想法，用较多的时间倾听，与学生坦率交流，使学生感到自己有价值和被尊重。教师在教学中要积极鼓励学生提出有深度的、与别人不一样的问题，并鼓励学生同伴互相回答。

2. 和：善喻的课堂教学方式

“和易以思”中的“和”是学习融通为和，以激发学生自主学习的教学为操作点，以善喻为要点。

“善喻”一是“道而弗牵”，“道”即“导”，要求教师在教学过程中遵循学生的认知、心理发展规律起到引导作用，激发学生学习兴趣，引导学生主动地展开思维活动，促使他们进行分析综合，找寻探求知识结论的方向，而不是牵制束缚学生的思维，牵着他们的“鼻子”学习；二是“强而弗抑”，“强”即鼓励、督促，要求教师在教学过程中，不断给学生以鼓励和督促，给学生以足够的自信心，产生探求知识的强烈愿望，激发他们思维活动，在愉快的学习过程中，使学生感到我能我行，而不能压抑学生的思维，妨碍思维发展；三是“开而弗达”，“开”即“开端”，指提出问题或者疑惑；“达”即“到达”“通达”，指问题的结论、答案。要求教师在教学过程中，对学生提出问题后，不必马上提供答案，要给学生留下独立思考的空间，引导学生展开积极的思维，启发学生打开思路，独立思考，促进学生自己去钻研、去探究，得出自己的解答。

3. 思：高质量的思维品质培养

“和易以思”中的“思”是指善喻导思为“以思”，即通过教师的善喻达到学生的解决思维。以“经历”“思考”“活动”“再创造”这些基本元素构成“思考链”为操作点。

以思维的基本要素构成的思维形式，运用适当的思维方法，并通过积极的思维态度展开思维过程，这就是“思维链”。“思维链”的高稳定巩固与发展，长此以往养成良好的思维习惯，逐步培养起良好的思维品质，成为学生个体的思维个性特征，实现人的培养，人才的培养。优秀的人才，特别是创新人才必须具备优秀的思维品质，优秀的思维品质来源于高品质的思维能力。

二、提升以成长性为特征的思维品质

“和易以思”课堂强调以成长性思维发展为目标，即以思维品质为表征。思维品质本身具有价值性，思维品质的高与低、好与坏等区分。我们在实践中把成长性思维品质分为三个维度八个方面，并以此来引领师生的教与学，使“和易以思”课堂营造有明确的方向和具体的要求。

（一）思维的反应维度

1. 思维的敏捷性

敏捷性是指思维活动的反应速度和熟练程度，它反映了智力的敏锐程度。思维的敏捷主要表现在两个方面：一是思维的流畅，它要求从一个已知信息立即想出尽可能多的思维目标，为高质量思维提供选择创造条件；二是思维的变通，它要求能随机应变，不断开拓新的思路，寻求新的方法，不为某种思维习惯和思维模式所束缚；三是思维的直觉，它要求能根据直观感觉当即做出判断，要求不经过逻辑推导，在非自觉的情况下就能做出正确的反应。有了思维敏捷性，在处理问题和解决问题的过程中，能够适应变化的情况来积极地思维，周密地考虑，正确地判断和迅速地做出结论。比如，思维敏捷的人在问题思考时较快，反应速度快；相反，有的人往往迟钝，反应缓慢，也就是思维速度不同的人反应是不一样的。

思维敏捷的人善于迅速地发现和解决问题，可以表现在用词的流畅性、观念的流畅性、表达的流畅性和联想的流畅性等方面。思维敏捷性的人常常显出多谋善断，反应迅速，应变果断，即使在某种紧急情况下，也能积极地进行思维，周密地考虑，正确地判断，迅速地做出决定。

思维的敏捷性在一定程度上还表现在一个问题出现后，能不能马上把它与以往的知识、信息和经验联系起来，能不能很快从其他貌似不相关的问题中寻找相关的因素并从中获取启示，得到解决问题的方法。这实际上反映了一个人的思维是否敏捷。苏联心理学家哥洛万斯和斯塔林茨做过实验：任何两个概念都可以经过三四个中介概念使之联系。如，圆柱体和长方形是两个不同的那物，但通过一定的媒介完全可以构成相关的事物：圆柱体—圆柱表面积—圆柱的侧面积—长方形。在平常的教学中，教师可以出些不相关的概念或者条件，要求学生通过快速的中介联结，以培养他们的联系能力，提高思维敏捷性。

培养思维的敏捷性应注意熟能生巧，熟练掌握在思维过程中运用思维方法、思维方式，鼓励学生课堂听讲主动思维，把课堂接受知识的过程变成思维训练的活动。教师要鼓励学生有意识地限定时间完成学习任务。

2. 思维的灵活性

灵活性是指思维活动的灵活程度，善于根据客观实际情况的变化而及时改变原来的工作计划或解决问题的思路，并提出新的符合实际情况的思路和方案的思维特征。它的特点包括：一是思维起点灵活，即从不同角度、方向、方面，能用多种方法来解决问题；二是思维过程灵活，从分析到综合，从综合到分析，全面而灵活地做“综合的分析”；三是概括—迁移能力强，运用规律的自觉性高；四是善于组合分析，伸缩性大；五是思维的结果往往是多种合理而灵活的结论，不仅仅有量的区别，而且有质的区别。灵活性反映了智力的“迁移”，如我们平时说的“举一反三”“运用自如”等。灵活性强的人，智力方向灵活，善于从不同的角度与方面起步思考问题，能较全面地分析、思考问题、解决问题。

思维的灵活性表现为：不囿于过时的方案，善于根据实际情况的变化灵活地改变原有的方案，采用新的方法、途径去解决问题。因为客观事物总是处于不断运动、变化之中。一切都以时间、地点和条件为转移。所以需要人们的思维活动具有高度的灵活性以适应人们的生存与发展。

思维的灵活性决定于高级神经活动过程的灵活性，但这种灵活性不是固定不变的，而是能够通过教育或自我教育的作用，得到发展或发生变化的。思维的灵活性也受制于个体已有的定型。如有的人在生活中总是反复使用一种固定不变的方式去处理问题，便会形成某种定型，阻碍思维的灵活性得到发挥。“因地制宜”“量体裁衣”是思维灵活性的表现，而“削足适履”“按图索骥”则是思维缺乏灵活性的表现。思维的灵活性与思维的深刻性相结合，就表现为机智、敏锐、富有独创性。

3. 思维的主动性

思维的主动性促进积极思考，激发积极的进取态度。人们可以新的角度来看待这些经验，从不同的角度重新审视每一个经验，寻找新的教训去增强自己能力。在面对挫折或困境时也更为乐观，更容易找到应对之策。与此相对的是，那些具有“固定思维”的学生则倾向于在失败或犯错时主动放弃，认为“我天生不是这块料”。下次，他们就会主动逃避挑战性较强的任务，去做那些较为容易、他们认定自己能胜任的事情。

思维的主动性常与思维定式相对应。心理定式指心理上的“定向趋势”，它是由一定的心理活动所形成的准备状态，对以后的感知、记忆、思维、情感等心理活动和行为活动起正向的或反向的推动作用。思维定式（Thinking Set）也称“惯性思维”，在环境不变的条件下，思维定式使人能够应用已掌握的方法迅速解决问题。而在情境发生变化时，它则会妨碍人采用新的方法。消极的思维定式是束缚创造性思维的枷锁。先前形成的知识、经验、习惯，都会使人们形成认知的固定倾向，从而影响后来的分析、判断，形成“思维定式”——即思维总是摆脱不了已有“框框”的束缚，表现出消极的思维定式，要以主动的思维冲破思维定式。

主动思维对问题解决有着积极的一面，而消极的思维定式容易使我们产生思维上养成一种呆板、机械、千篇一律的习惯。当新旧问题形似质异时，或者当问题的条件发生质的变化时，消极的思维定式会使得人们墨守成规，难以涌出新思维，造成知识和经验的负迁移，要克服传统定式、书本定式、经验定式、名言定式、从众定式和麻木定式的消极作用。要改变思维定式的消极需要有思维的自觉性，克服习惯性思维。

思维的主动性在很大程度上体现为学生在解决问题时思维的多向性，在教学中设计一些多结论、多途径的开放性问题，有利于激活学生的思维，广开学生的思路。由于开放性问题结构不完整，思路不明确，解题途径有多条，思考容量大，可培养学生从多方向、多角度认识问题和解决问题的习惯，有助于学生积极主动思维习惯的形成。排除学生思维定式的干扰，从而提高学生的思维主动性。培养学生的积极思维要关注培养学生“乐意接受挑战和积极应对学习过程中遇到的种种困难，引导学生积极钻研问题、发现规律，培养学生以创造性为主”的主动性思维能力。

学生通过对思维方法的不断掌握、积累和熟练运用，逐渐产生思考问题的敏感性，进而能够迅速抓住问题的实质，找到解决问题的方法和途径。这种思维活动就是典型的主动性思维。许国泰先生认为：“用神奇的大脑思考大脑的神奇，才能结出新的、奇特的果实。”因此，我们要充分挖掘和努力开拓学生的主动性思维空间，提升他们的思维能力。主动性思维活动是一种精神行为，受知识、智力、兴趣、意志、情感及性格等诸多因素的影响。将主动性思维训练与能力培养有机结合、相辅相成。

（二）思维的整体维度

1.思维的系统性

思维的系统性是指思维活动的有序程度，以及整合各类不同思维方式的能力品质的反映。思维系统性体现了思维活动是把思维对象当作一个整体加以思考的思维习惯，表现出思维活动从整体出发，先综合，后分析，最后复归到更高阶段上的新的综合，具有整体性、综合性、定量化和精确化的特征。思维系统性品质注重从结构和功能的统一性上去把握事物的整体效应；从物质系统内部诸要素的相互联系和相互作用中，从它与外界环境的相互关系中，把握物质系统的整体结构。

思维系统性首先体现在思维的整体性上。思维首先要有明确的思维对象，如果只是各种杂乱无章的条件反射或紊乱的想法，没有指向性，不能在大脑中形成一个完整的映像，就难以系统思考问题。思维活动中从事物的整体的要素、属性和功能，依据相互联系、相互作用的方式教学思考。通过对系统要素的思维方式分析中间环节，再回到系统综合的出发点。

思维系统性表现为从系统的结构去思考系统的整体功能，所形成的思维结果系统化，不是杂乱无章的，形成思维的系统最优结构。在头脑中把思维指向的重点放在结构上，在此基础上，再考察中心要素与其他要素的联系，形成系统的优化结构。思维系统性品质还表现在思维的综合性上，在思维时能否综合思考、考察和处理问题，把综合贯穿于思维逻辑进程的始终，在综合的指导和统摄下进行分析，然后再通过逐级次综合而达到总体综合，而不是孤立的、静止的分析习惯，使分析和综合相互融合“同步”进行，每一步思考都顾及综合、映现系统整体。具有这种思维品质才能使人们站在全局的高度上，系统地综合地考察事物，着眼于全局来认识和处理各种矛盾问题，达到最佳化的总体目标。

思维的系统性本质上更是思维逻辑性的体现。没有思维逻辑性本质上是没有真正的思维。思维的逻辑性强调思维活动应遵循逻辑的方法和规律，按照逻辑的程序进行。思维的逻辑性来自客观现实变化的规律性。它反映出思维是一种抽象的理论认识。思维的逻辑性主要表现在思维过程能遵循严格的逻辑规则，按照逻辑顺序。无论是思维的过程，还是思维的形式、方法，总是有根有据，条理分明，层次清晰，前后连贯一致，不自相矛盾、混乱、跳跃或含糊不清。人们的思维主要是依赖语言的高级抽象的理性思维。它要求思维主体自觉地遵循思维的规律来进行，能够使概念明确，判断恰当，推理合理，思维的结果正确。

2. 思维的独立性

所谓思维的独立性是指善于独立思考，遇事总要问一个为什么，善于用自己的头脑去思考，决不盲从、人云亦云，更不迷信权威。思维的独立性表现为一个人能够独立地进行思考，不容易受他人的暗示和影响，对别人提出的原理和结论，不盲目接受，而要经过自己的独立思考和评价，创造性地去认识现实，寻求解决问题的新途径和新方法，从而提出新的解释和结论。

思维独立性表现为善于根据客观标准，从实际出发，严格地、科学地、批判地看待自己和别人的观点，严密而细心地权衡正、反两方面的理由和假设，并从各方面来检查这些理由和假设，以明辨是非。缺乏思维独立性和批判性的人，往往思维具有惰性、依赖性、因袭性和固执性。思维独立性强调不是人云亦云、盲从迷信，也不自以为是、固步自封。思维独立性以思维的批判性为前提，离开了根据客观标准而进行的“独立思考”，就会迷失方向。一人假如偏听偏信，就会误事。有的人思维依赖性较强，不善于独立思考，常依赖别人，习惯靠别人，当遇君子，如临贵人；当遇小人，顷刻覆亡。

具有思维独立性的学生不满足于成年人对事物现象的描绘和解释，不轻信别人或书本上的现成结论，而是喜欢独立地探索事物的根源，敢于发表独特的见解。独立性思维的人不易受他人的影响，有较强的独立提出和实施行为目的的能力，其思维反映其行为价值的内在稳定性，遇事有主见，有成就动机，不依赖他人就能独立处理事情，积极主动地完成各项实际工作的思维方式。独立思维者有自己独立的思想，会努力践行自己的想法，去证明自己思维结果的正确性。当一个人有了独立思想，他就不会轻易受人蛊惑。会主动去学一些对自己有用的知识和技能，从而去完善自己，使自己可以很好地去适应社会去适应人群。

3. 思维的深刻性

思维的深刻性集中地表现在善于深入地思考问题，抓住事物的规律和本质，预见事物的发展进程。思维的深刻性体现在人们在感性材料的基础上，经过思维过程去粗取精，去伪存真，由此及彼，由表及里，在头脑里即产生一个认识过程的突变，产生了概括，进而抓住事物的本质、整体与内在联系，认识事物的规律性。个体在这个过程中，表现出深刻性的差异。

人类的思维主要是言语思维，是抽象理性的认识。个体在这个过程中，表现出深刻性的差异。思维的深刻性集中表现为在智力活动中深入思考问题，善于概括归类，逻辑抽象性强，善于抓住事物的本质和规律，开展系统的理解活动，善于预见事物的发展进程。超常智力的人抽象概括能力高，低常智力的人往往只是停留在直观水平上。

培养思维的深刻性应鼓励学生追根究底，凡事都要先问为什么，坚决摒弃死记硬背。鼓励学生积极开展问题研究，撰写小论文，养成梳理思路与深钻细研的习惯。

（三）思维的价值维度

1.思维的独创性

思维独创性是在新异情况或困难面前采取对策，独特地和新颖地解决问题的过程中表现出来的思维品质。任何创造、发明、革新、发现等实践活动都是与思维的独创性联系在一起的。思维的创新性是人们在探索未知领域的过程中，充分发挥认识的能动作用，突破固定的思维通道，以灵活、新颖的思维方式和多角度探求事物运动内部机理的思维特征。思维的创新性的本质在于求新，而不是重复，不是墨守成规。

在实践中，除善于发现问题、思考问题外，更重要的是要创造性地解决问题。人类的发展、科学的发展，要有所发明，有所发现，有所创新，都离不开思维的独创性品质。

思维的独创性，突出地表现出三个特点：一是独特性，它具有个性的特点，自觉而独立地操纵条件和问题，找出解决问题的关系、层次和交结点；二是发散性，它从某一给定的信息中，产生各种各样的为数众多的信息，即找出两个或两个以上的可能的答案、结论、方案或假设，等等，可见它的活动方式的复杂和结构的复杂；三是新颖性，它的结果，不论是概念、理解、假设、方案或是结论，都包含着新的因素，它是一种探新的思维活动。新颖程度是思维独创性的最重要的指标，但是，这种新颖性，不是脱离实际的、荒唐的，而是具有一定的社会价值的。

思维的独创性源于主体对知识经验或思维材料高度概括后集中而系统的迁移，进行新颖的组合分析，找出新异的层次和交结点。概括性越高，知识系统性越强，伸缩性越大，迁移性越灵活，注意力越集中，则思维的独创性就越突出。人们在日常生活和工作中，正是借助思维的独创性，适应千变万化的现实世界。培养学生思维的独创性要重视加强思维的独立性，保持应有的好奇心，增强问题意识,在课堂听讲和读书学习中注意发现问题,提出问题。

2. 思维的批判性

“批判的”(critical)源于希腊文kriticos(提问、理解某物的意义和有能力分析,即“辨明或判断的能力”)和kriterion(标准)。从语源上说,该词暗示发展“基于标准的有辨识能力的判断”。思维的批判性是指根据客观标准进行思维并解决问题的思维品质。思维具有批判性的人,有明确的是非观念,善于根据客观指标和实践观点来检查、评价自己和他人的思维活动及结果。

具有思维的批判性的人善于从实际出发,严格地根据客观标准评价和检查自己和他人的思维成果。思维的批判性是思维活动中独立发现和批判的程度的表现。做一个墨守成规的跟随者,或者做一个独立的思考者和发问者,是思考过程中的一个重要品质。思维的批判性来自于对思维活动的各个环节和各个方面进行调整和纠正的自我意识。它具有分析性、战略性、全面性、独立性和正确性。只有思维的批判性,人类才能对思维本身有自我认识,即既认识客体,又认识主体,在改造客观世界的过程中改造主观世界。

最初的起源可以追溯到苏格拉底。在现代社会,批判性思维被普遍确立为教育特别是高等教育的目标之一。是循规蹈矩、人云亦云,还是独立思考、善于发问,这是思维过程中一个很重要的品质。思维的批判性品质,来自于对思维活动各个环节、各个方面进行调整、校正的自我意识。它具有分析性、策略性、全面性、独立性和正确性等五个特点。正是有了批判性,人类才能够对思维本身加以自我认识,也就是人类不仅能够认识客体,而且也能够认识主体,并且在改造客观世界的过程中改造主观世界。

思维的批判性,这是指思维活动中善于严格地估计思维材料和精细地检查思维过程的智力品质。它的特点包括:(1) 分析性。在思维过程中不断地分析解决问题所依据的条件和反复验证业已拟定的假设、计划和方案。(2) 独立性。不为情境性的暗示所左右,不为已有想法所左右,按照正确的逻辑思维追求合乎规律的认识或者结论。(3) 全面性。在思维活动中善于客观地考虑正反两方面的论据,认真地把握课题的进展情况,随时随地坚持正确计划,修改错误方案。(4) 反思性。在思维活动中“能动、持续和细致地思考任何信念或被假定的知识形式,洞悉支持它的理由以及它所进一步指向的结论”。

第三节　“和易以思”课堂的教学策略

我们在教学实践中归纳了“和易以思”课堂的教学策略,以便增强学生成长性思维培养的操作性。我们通过循证实践研究，以“思维要素的成长性”维度，依据教师对思维培养的实践难易度，逐一从思维方法，然后思维形式，最后从思维过程分别开展对思维品质培养的落实。我们又通过循证实践研究，以“和易以思”课堂的“易：和谐的教学氛围”为主，结合“和：善喻的课堂教学方式”实践研究，关注思维态度的转变与发展，并对“和易以思”整体上循证对学生成长性思维培养的促进。

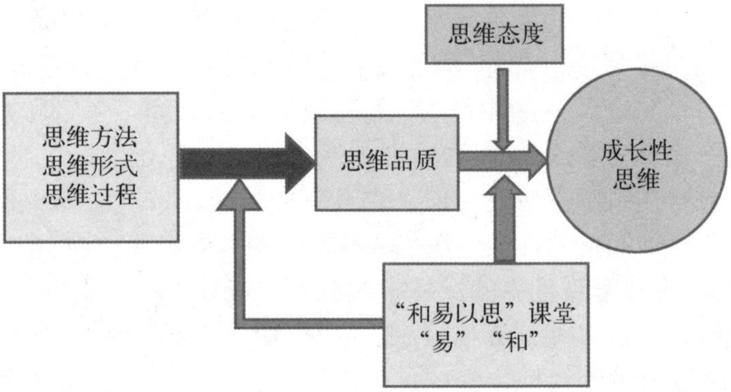

我们基于“和易以思”的基本含义，确立“和易以思”课堂的基本要求，明确“和易以思”课堂中师生的具体表现，并以此推进“和易以思”课堂的建构。

实施“和易以思”课堂教学需要一定策略实施，而实施策略更需要其策略思想来引领。“和易以思”是学生思维培养的教学策略思想。而成长性思维是学生思维发展的内容，解决思维发展什么的问题。“和易以思”课堂教学的策略思想是教师将“和易以思”思维培养方法思想论与成长性思维培养的内容融合应用于课堂教学之中，对学生思维培养起着引领作用。“和易以思”成长性思维课堂教学策略思想体现了学生思维发展与培养的规律与原则在教学实施中普遍适用的方法思想。成长性思维培养的课堂策略思想从方法论角度看，是体现“和易以思”的教育思想，并以此引领课堂实践的较为宏观的方法，对解决成长性思维培养指出一种路径，一种预先的思考。

策略不同于策略思想，策略是具体的操作形态，而策略思想是直接影响学生思维培养的总体思路。策略思想制约策略，进而制约具体的方法，方法是为实现策略服务的。把握“和易以思”课堂教学策略思想有助于从整体上把握成长性思维的培养策略与方法。在这“和易以思”策略思想基础上，我们又着重研究工作了“和易以思”培养成长性思维的教学策略。“和易以思”课堂建构的策略思想对培养学生成长性思维的科学认识和实践中起着重要作用。

“和易以思”课堂建构的实施策略是指教师在教学中在和易以思教育思想指导下，为培养学生成长性思维而有意识和有目的地所采取的措施概括。我们通过实践研究归纳、提炼，形成了四项“和易以思”课堂建构的实施策略：课堂教学善喻化策略、激发学习自主性策略、和易教学支持性策略、教学行为生态化策略。这些策略是策略思想的具体化，具有操作性。这些策略的建构，一是突出建构方式上的操作性，不是概念化的；二是运作方式上多元要素整合性，发挥综合功能；三是作用方式上强化持续性，在工作坊双向建构过程中稳定地表现出来。这些策略便于把握“和易以思”课堂营造的操作。

“和易以思”课堂建构的实施策略

● 策略一：课堂教学善喻化策略

教师课堂教学善喻化是指将“和易以思”的“善喻”作为教学原则与方法，贯穿整个教学过程之中的策略。在教学中，“善喻”是一条十分重要的教学原则，也是优秀教师必备的一项教学能力。善喻既要对学生诲人不倦，又要教诲注重引导方式。《学记》中提到“君子之教，喻也”“能博喻，然后能为师”。教师不应仅把自己的责任局限于“受业”使学生获得更多的知识，更应该“传道、解惑”，把对学生学习能力的培养、学生个性发展的引导作为教学目标。

“善喻”有三个要点：一是“道而弗牵”，“道”意为“导”，要求教师在教学过程中起主导作用，遵循学生的认知、心理发展规律，激发学生的求知欲望，引导学生主动地投入学习，使其思维活动活跃起来，主动进行思维活动，而不是牵制束缚学生的思维，牵着他们的鼻子走，简单地接受知识的结果。二是“强而弗抑”，“强”即鼓励、促进，要求教师在教学过程中，不断给学生以鼓励，增强学生自信心，产生探求知识的强烈愿望，激发他们思维活力，而不能压抑学生的思维，阻碍他们的自主学习。三是“开而弗达”，“开”即“开端”，指提出问题；“达”即“通达”“到达”，指开启学生对学习对象的思考，引导他们思考，不必马上提供答案，要给学生留下独立思考的时间，引导学生打开思路，自主学习，使学生自己去钻研，去探究，得出问题的解答。

孔子倡导“不愤不启，不悱不发”。朱熹认为：“愤者，心求通而未得之意；悱者，口欲言而未能之貌。启，谓开其意；发，谓达其辞。”都强调了教学中教师启发的作用。这都强调教师的主导作用，教师应该“善喻”，要“道”，要“强”，要“开”，而不能逼迫、压抑、包办代替学生的学习。教师要善于引导学生质疑、调查、探究，在实践中学习，促进学生主动地、富有个性地学习。

教师要不断激发学生的求知欲，学会独立学习，把学生从消极被动的学习状态中解放出来，使之成为学习的主人。

善喻即善教，从“授之以鱼”向“授之以渔”的方向转变，在强调教师主导作用的同时突出学生的主体性地位，注重对学生的引导，让学生多发问，多思考，充分调动学生的积极性和主动性。

● 策略二：激发学习自主性策略

“和易以思”教育思想强调教育过程中学生的主体性。这个教育思想反对只重视教师教而忽视学生学；只把学生当作教育的客体，不注重学生学习的主体性。最通常的表现就是“学生成绩好是教师的功劳，学生成绩差就是学生不努力”，这是一个悖论，学生学得怎样，都存在师生两个方面的因素。没有学生的学，不存在教师的教。“善教”是通过学生“善学”来表征，一定要抛弃当前存在的“教学表演”，这种“教学表演”并没有培养出优秀的人才。优秀教师一定是以善喻涌现出优秀学生来表征。因此，和易以思强调了学生的“以思”。

要达到“以思”，就必须“道而弗牵，强而弗抑，开而弗达”。这就强调我们的教学要积极引导学生自主学习，独立思考，不能只注重追求统一而忽视学生学习的个体差异。正如德国教育家第斯多惠说过：“一个坏的教师奉送真理，一个好的教师则教人发现真理。”德国教育家斯普朗格认为：“教育中的本质因素不是‘限制’而是‘解放’，在教育过程中首先要考虑的问题是解放成长者内在的力量。”这正是“和易以思”课堂的基本思想和基本实践方式。我们希望通过“和易以思”课堂改变压抑学生自主学习的非生态课堂教学，使学生的学习方式由单一接受性学习转变为学生的自主性学习，营造师生平等的对话氛围，在对话中达到促进学生学会学习、自我实现，使学生内在性得以觉醒。

“和易以思”课堂强调“善喻”的“不愤不启，不悱不发”所要求的自主学习对所有学生适用，不仅是学习成绩良好的学生需要着力培养创生性学习，而且对成绩困难的学生也要激发他们的“要学习”的愿望，增强他们的自主学习意识与能力。自主学习是培养学生成长性思维的重要方式，着力解决学生的成长性思维态度和思维能力的发展，尤其是独立思考、创新思维等，这是每个学生都要着力发展的关键能力。“和易以思”课堂强调的是以思维品质评价课堂教学质量，不是简单地努力学习，因为努力学习知识，而不发展思维能力的学习，最终导致高分低能的学生。

● 策略三：和易教学支持性策略

“和易”支持性教学策略是以“和易”的方式支持学生达到“以思”目的的策略。“和易以思”中的“以”这个字的意蕴，表示目的，即通过“和易”达到“思”这个目的。“支持”的价值——“以思”。“和易以思”课堂的教学支持目的在于“思”，即提高学生的思维品质，包括教师的教学思维能力。

“和易以思”的课堂要达到学生“思”就必须提供条件——“和易”。“支持”

是“和易以思”的核心思想。“和与易”是支持学生达到“思”，是条件，思是结果。“支持”也体现了教师对学生思维成长的引导作用。“和易以思”强调通过支持性教学发展学生的成长性思维。首先灵活运用资源展现学生思维过程，不能用标准答案限制。在学生的思维结果生成前，如果教师按照标准答案给予回应，会诱导学生思维的惰性。如果学生在某次作业中的答案不符合正确答案，下次学生会因为害怕再次犯错而回避思考问题，只是等着老师直接给出答案，反复几次之后就会遏制学生思维的发展。这会导致学生的习得性思维挫折感。学生再一次碰到问题时，会不自主地按照常规的思维方式去寻找解决问题的方法，以求得到认可，那么这样的情况下“我是怎么想的”又被付之东流，而“答案是这么说的”会占据主导。因此，忽略学生的思维过程和追求唯一的标准答案，意味着限制了学生的思维方式，避免犯错误的背后其实是一把无形的刀扼杀了学生的想象力和创造力。“和易以思”课堂要注重挖掘课堂教学中的思维因子提高学生思维能力，支持学生获得积极的思维成功感。

“支持”是“和易以思”的操作性表述。通过课堂教学中的支持，通过课堂教学的载体——作业，例如问题、活动、例题、实验、考察、调查等提供思维活动展开的内容客体，并积极营造宽容、活跃的“和易”学习环境，促进学生的高质量“思”的实现。

● **策略四：教学行为生态化策略**

教师课堂行为生态化是将“和易以思”的原则融合于教师的课堂行为之中，用人和人、人和教学、人和学习协调发展的理念去思考和认识课堂中师生关系中的教与学的关系问题的策略。“和易以思”充分体现了教师课堂行为生态化这个教育思想。“和易以思”强调了教与学的和谐，强调了学生的可持续发展——学会学习，而学会学习的核心是学会成长性思维。教师课堂行为生态化的提出就是要正确地解决教师行为与学生成长环境的关系，只有课堂学习环境富有学生思维发展的适宜性、丰富性、开放性、共生性等生态课堂特征，学生的成长性思维才能充分发展。教师课堂行为生态化直接影响“和易以思”的课堂环境。教师的教学行为应该遵循课堂人际关系与教学要素关系的自我调节、生态平衡等生态学基本原则和原理，表现出师生关系、生生关系的民主性、公平性、和谐性。

我们从师生关系以及教师教学活动这两个维度，关注教师课堂行为生态化，从而使课堂建立和谐的教学氛围，让学生有安全感、温馨感，教师与学生之间彼此接纳与欣赏。以建设性、激励性语言给予学生正面的、准确的反馈，不断强化学生学习的自信心。鼓励学生提出有深度的，起码是与别人不一样的问题，并鼓励学生同伴互相回答。教师课堂行为生态化在相当程度上，表现在教师的教学活动上，教师的作业实施、提问的应答、学习活动展开的充分度等直接影响学生思维活动的质量。

第四节 “和易以思”课堂教学的实践思考

○ 实践与思考1：

初中《道德与法治》学科学生成长性思维培养

上海市长江第二中学 张 琼

最近几年来，随着课程与教学改革的不断深入与精细化，更加注重学生成长中素质提高的适应性，要求学生具备自我学习、自我创新的能力，实现学习方式从过去的接受性、积累性向探索性、创造性相转变，最终实现自身的成长与全面发展。因此，培养学生成长性思维，培育学生学习积极性、主动性、探索性、创新性思维意识，就显得至关重要。初中《道德与法治》作为培育学生思维意识的重要学科，能否把握与遵循学生成长特点与规律，从学生立场出发，走进学生生活世界，创设学习情境，引导学生获得成长性思维，促进学生成长与全面发展，已经成为初中《道德与法治》积极落实立德树人教学任务的必然要求。鉴于此，本文在相关理论分析的基础上，根据初中《道德与法治》学科的特征，对促进学生成长性思维培养与发展的教学提出了几点策略。

一、成长性思维与《道德与法治》

成长性思维这一概念由美国斯坦福大学行为心理学教授卡罗尔·德韦克提出，其认为人的思维模式有固定性思维与成长性思维两种，其中成长性思维是指相信通过自己的能力与努力可以不断实现成长的思维方式，具有成长性思维的个体认为世界上的各种有趣挑战都可以帮助个体实现自我学习与自我成长，而实现自我成长离不开个人的探索与努力。具有成长性思维的学生相信自己的潜力是未知与巨大的，秉承即使遇到困难与失败也是“成功之母”的积极理念，相信可以通过积极、主动、探索与创新的努力不断激发、挖掘自己的潜力，促进自己能力与智商的有效提升，帮助自己进步与成长。

这与部编版初中《道德与法治》课程标准倡导坚持学生独立思考、积极探究和实践相统一、立德树人的教学目标是不谋而合的。部编版初中《道德与法治》继初中《思想品德》改革后，在教材中增加了更加系统的法律知识内容，更加注重学生思维意识的培养，帮助学生客观、全面、发展地看待周边环境与自我发展，逐渐培养学生以辩证思维、法治思维、系统思维、创新思维为主的科学思维，其中创新思维就是要求学生勇敢面对挑战、激发潜能、增强创新思维、热爱创新并自觉投身到创新实践中去，从而获得创新体验、改变自我、超越自我。

综上所述，在初中《道德与法治》教学中，必须引入成长性思维培养策略，这是落实初中《道德与法治》课程标准与服务于初中生全面自由发展与成长的必然要求。

二、初中《道德与法治》学科成长性思维的培养

（一）创设趣味教学情境激发学生学习积极性

兴趣是学生学习的第一动力，只有通过趣味性教学情境的创建，才能激发学生积极提出、探索问题的兴趣与欲望，这是培育学生成长性思维的重要路径之一。具体来说，初中《道德与法治》的教学不能是一味、传统地知识灌输，让学生坐在那里听“天书”，这样不仅会导致学生丧失学习兴趣，也会导致学生自主学习的途径变得狭窄。为了有效激发学生学习初中《道德与法治》的兴趣与积极性，任课教师应该善于创设趣味教学情境，通过提出趣味性的问题，激发学生对道德与法治知识的疑问，产生好奇心与欲望，从而积极地进行思考与探讨。以《道德与法治》八年级上册第二单元的“遵守规则”模块教学为例，在进行知识教学之前，教师可以播放来源于学生现实生活中的“重庆公交车坠江事件”视频（如图1所示），并提出“是谁违反了规则而引发了这一严重后果？我们应该怎样正确对待生活中的规则呢？”等问题来激发学生思考、参与的热情与欲望。

重庆公交坠江事件微课截图

（二）营造和谐教学环境发挥学生主动性学习地位

学生作为初中《道德与法治》学科的学习主体，必须充分保证学生的主动性学习地位，才能确保学生通过自由的讨论、自己的探究努力解决自己所提的问题，进而实现自我道德与法治知识的有效掌握与发展。具体而言，教师在初中《道德与法治》学科教学中，应该营造一个和谐、民主、宽松的教学环境，在合理引导学生自主学习与探究后，不要直接给出固定答案，也不要过多干涉学生的自主学习过程，只需要适宜地进行引导、点拨、启发即可，让学生通过自身的独立思考、选择与应用，将道德与法治知识转化为自身的知识与能力，避免学生沦为学习客体，被动地接收枯燥、乏味、抽象的道德与法治知识。以《道德与法治》八年级上册第一单元第二课的“网络生活新空间”模块教学为例，任课教师可以在教学中引入辩论赛教学模式，以“网络对初中生的影响是利大于弊还是弊大于利”为辩论主题，将学生分为正方与反方两组，进行自主辩论与讨论，通过学生思维火花的有效碰撞，最终独立总结出学生都服从、认可的学习结论，达成“网络改变世界、合理利用网络”的共识，这比教师强行灌输知识更具效果。

（三）引领深度探究深化学生法治认识

学生即使具备了探究的兴趣与主动性，但是如果缺乏自我学习、自我探究的能力，对初中《道德与法治》教材知识的把握不准，就很难提出高质量、有助于学习的问题，自然就无法进行有效的探究。这就需要任课教师引导、引领学生构建清晰的探究方案思路，实现深度化的探究学习，最终深化学生对道德与法治知识的认识，实现自我道德与法治素养的有效提升与发展。以《道德与法治》八年级下册“依法行使权利”为例，可以引进“高某遛狗未拴狗绳、路人欧某受惊摔倒九级伤残”这一真实法律案件设置“不文明养犬行为”主题情境，根据该事件民事纠纷起因、解决的顺序，依次引导学生提出“欧某受伤是谁的责任”“欧某可以通过哪些方式维权”“欧某要求高某赔偿遭拒将其诉至法院，法院为什么判高某负全部赔偿责任”“欧某先后通过哪些方式进行了维权”等一系列不断发展、深入的问题链，引领学生在不断地案件深入剖析、探究中，深度理解教材中“依照法定程序行使和维护权利”的观点以及“协商、调解、仲裁、诉讼”的维权方式，提高学生对法治的认识，实现自我法治素养的提升与成长。

（四）敢于质疑与创新健全知识结构

批判、质疑、创新并不是全盘否定，而是秉承建设性、探索性的态度，不拘泥于已给出的、固化的答案或者思维，不局限于“他人告诉我”，而是冷静、理性对待客观事物的发展，敢于质疑与创新，独立与思考问题，积极寻求自我“验证”，在不断验证与修正的动态中发展上升，筑牢思想底线，积极引导自身成长与发展。具体到初中《道德与法治》，学生应该敢于尝试通过“问题是否解决”“我听到的是否为真”“还有其他办法吗”等方式对知识结构建构过程进行质疑，进而进行创新性的独立思考、探究与验证，最终实现思维观念与知识把握的不断健全与优化。再以《道德与法治》八年级下册“依法行使权利”为例，通过引进“高某遛狗未拴狗绳、路人欧某受惊摔倒九级伤残”这一真实法律案件，学生都深入了解与分辨了“协商、调解、仲裁、诉讼”的维权方式，取得了较好的教学效果。但是笔者在进一步的教学中发现，大部分学生都片面地认为法律效力由高到低依次是诉讼、仲裁、调解与协商，这种看法是片面与固化的。此时，可以引导学生大胆质疑，再引进相关案例进行进一步验证，彻底打破单一事件案例带来的固化思维，通过不断质疑与自我验证，建立新的知识结构，打破过去的认识平衡，重组观念，筑牢思想地位，让学生在今后面对复杂的周身环境以及类似维权事件时，可以根据具体的情形合法、灵活地选择适宜的维权方式，将法治知识有效转化为法治实践。

○ 实践与思考2：

“和易以思”的语文教学中思维品质培养

上海市长江第二中学　葛　珮

一、“和易以思”的理解

《学记》有云：“君子既知教之所由兴，又知教之所由废，然后可以为师也。故君子之教喻也：道而弗牵；强而弗抑；开而弗达。道而弗牵则和；强而弗抑则易；开而弗达则思。和易以思，可谓善喻矣。”

所以“和易以思”就是要引导学生明白道理，但是绝不牵着学生的鼻子走，学习才会融通。严格要求学生，但是决不使学生感到压抑，学生才会感到和悦。启示问题决不把最终结果端给学生，则能引发学生思考。

可见“和易以思”的关键就是对学生思维品质的培养，即所谓的“故君子之教喻也”，而“和易以思，可谓善喻矣”。

二、“和易以思”课堂的特点

基于以培养学生思维品质为目标，“和易以思”课堂应以善喻为教学方式，所谓的“和”便是让学生学习融通为和，以激发学生自主学习的教学为操作点。

要改变以往满堂灌，教师为主的教学模式，改变学生被动学习的模式为主动求实求知。

因此，“和易以思”的课堂有融洽的师生关系，让学生在课堂中有安全感，有畅所欲言的语气与自信。教师通过激励性质、正面肯定的话语引导学生积极思考。

“和易以思”的课堂在和谐的师生关系中，以“善喻”为落脚点，让学生在思考中经历，在思考中活动，在思考中创造，从而提升学生的思维品质。

三、“和易以思”课堂中的高质量思维品质培养

思维品质反映了每个个体智力或思维水平的差异，主要包括深刻性、灵活性、独创性、批判性、敏捷性和系统性六个方面。而这六方面又形成了“成长性思维”发展的三个维度，这三个维度分别是反应维度（包括思维的速度、灵活、主动性等）、整体维度（包括思维深度、系统性、独立性等）、价值维度（包括思维的独创性、批判性等）。

“和易以思”的课堂就是要在和谐的师生关系上，调动学生的学习积极性、思考的积极性，有明确的思维形式、适用的思维方法、可行的思维过程、积极的思维态度来训练学生的思维，最终提升学生的思维品质。

四、语文课堂中的思维品质培养

长久以来，“语文不用补”“语文只可意会，不可言传”“语文不会就是不会”“语文要看自身的领悟”……诸如此类的话不绝于耳，这些观点的共同点便是“语文课堂中缺少思维训练，学生在语文课堂中的思维得不到提高”。

的确，提到思维大部分人第一反应就是数学、物理等理科学科，想当然地认为文科类的学习只是简单诵读记忆，只需花工夫，无须花心思。

其实语言的背后就隐含着每个人的思维模式和思维习惯，不同的语言形式正是不同的思维体现。语文课堂教师通过问题的设置、对学生发言鼓励与引导、课后作业的训练巩固都是学生思维品质的培养的途径。

在“和易以思”的课堂中，我寻求语文课堂中学生思维品质的培养与提高。梅海燕在《基于脑科学的成长性思维培养发展每一个学生的潜能》一文中曾指出：“相信智力和能力可改变、可培养的成长性思维是学生积极发展的内部动力。培养学生的成长性思维，最大限度地开发每一个学生的潜能，真正促进学生的健康、积极成长。”语文课堂就是要让孩子的思维有无限的可能，而这思维的提升便隐藏在语文课堂言语的点滴间。

五、语文课堂中的“和易以思”

（一）“和”——倾听、鼓励

语文课堂要“和”，“和”的关键是教师首先要学会倾听。在课堂中，老师们往往提出问题等待学生们举手发言回答，若是学生的思考路径与老师的预设之间存在某种差异，老师们往往为了节省课堂时间或者赶教学进度，就打断学生的发言。其实在课堂中学生的答案若与老师的形成偏差，不妨多听一会儿。更可以在学生发言结束后，询问学生“能否告诉老师你为什么会这样思考？”因为与预设不同的回答也是学生的思维体现。多一分时间做倾听者，学生便会觉得自己多了一分价值和被尊重。以倾听为无声的鼓励，这样也有利用鼓励学生们以此为榜样，多思考，多发言，这样的课堂才是真正的“和”。老师们要遵循着“和亦不同”的原则。“道而弗牵则和”，就是要求老师在课堂上要倾听，以此鼓励激发学生的自主学习，并将此为教学的操作点。佐藤学先生在《学习的革命》中写道：“没有学会倾听的教师，就没有学会倾听的学生；哪个教室里有不会倾听的学生，一定有不会倾听的教师。要想让学生学会倾听，教师首先要懂得倾听学生。除此之外，再也无法找到其他更好的办法了。”显然，教师必须是善于倾听的表率。这样的课堂氛围才更利于学习。

（二）“易”——激发、肯定

“和易以思”的课堂明确提出“强而弗抑则易”，这样就要求“和易以思”的课堂中教师要用正面、准确的反馈来强化学生的学习自信心。教师在课堂上应关注到每个学生，并且要保证每个学生在某一阶段的学习中受到至少一次的表扬。“和易以思”课堂中教师的表扬不应是泛泛而谈的，诸如此类：“你说得很好”“你近期有很大进步”等。老师的表扬应该是有明确的针对性，并且可以精准地肯定学生某方面的优点，并以此激发起学生学习的积极性。例如对于学生概括类问题的发言，老师可以肯定学生文本层次梳理能力；对于学生中心主旨问题的发言，老师可以肯定学生文本的整体把握能力；对于学生人物特点的分析，老师可以肯定学生的文本分析及把握人物形象的能力；对于学生超出文本的理解，老师可以肯定学生的思考的深度和广度。只有教师对于学生做出准确的表扬反馈，才能让学生感受到老师对其真心的接纳与欣赏，以此激励学生积极思考，自信思考。正如威廉·詹姆士所说的那样：“人类本质中最殷切的需求是渴望被肯定。”

（三）“思”——思考、创造

学生在学习语文时，展现出各项思维能力都在迅速发展提升。这种思维的成长在思维过程中表现在抽象、概括、具体化方面。在思维形式上表现为判断、推理、想象。在思维方法上表现为发散性思维、聚合性思维、辩证思维。在思维态度上，语文教学可以充分调动学生思维的主动性及思维独立性。所以在“和易以思”的语文课堂，我注意到课堂问题的设定对于学生思维培养的重要性，以下是我得出的一些经验总结：

1. 整体性问题代替琐碎的追问

在语文课上，许多老师希望将文章“化难为简”以便于推进课堂。处于这样的考试，老师们所设置的问题往往会较为琐碎，往往是一个问题跟着一个问题，最终得出一个课堂的核心问题。这样往往不利于学生们思维品质的提高，尤其是在灵活性及独创性方面。在思维过程中学生的分析与综合能力也有欠训练。而“和易以思”下的语文课关注于需要培养学生的思维品质，以整体性问题代替一连串的琐碎追问。这里的整体性的问题指的就是针对全文的理解性问题，区别与文章局部理解性的问题。

在《藤野先生》一文中，我最初的教学设计是“化难为简”，即依次分析解读各部分的内容后再进行整合，从而把握文章的人物形象或者思想主旨。教学流程图如下：

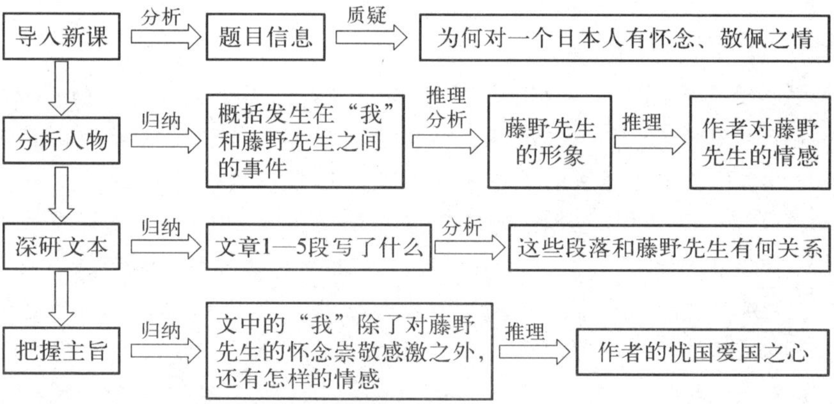

流程图一

对于长文、难文，这样的常规处理是很容易在课堂上被学生所接受，也可以说是推进课文最有效的方法。

但是我想在这篇课文的分析上让学生自主参与长文的分析解读，让他们感受挫折，激起其思维的主动性，鼓励学生敢于探究，敢于尝试，从而驱动学生思维的成长。培养其思维的独立性，而不仅仅是在老师的规划下学步。

基于这样的思考，教学流程图修改为：

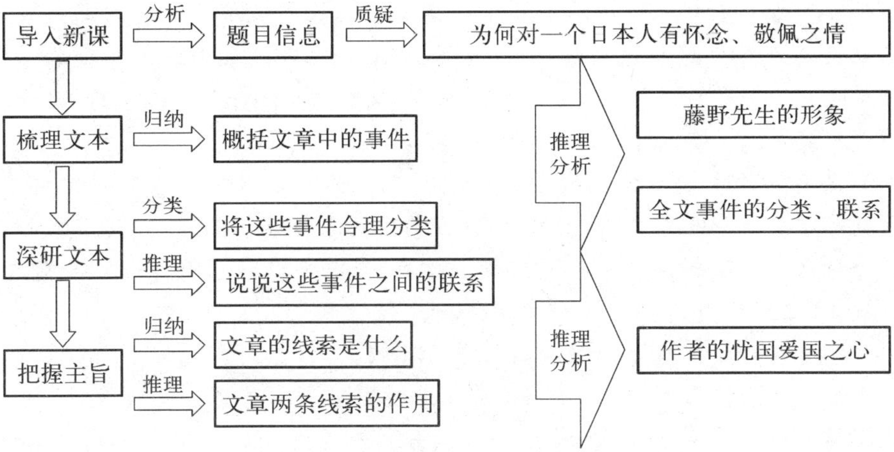

流程图二

两份流程图进行对比后，不难发现流程图一中的教学过程可以帮助学生流畅地走进文本从而把握文章的主旨。而流程图二的教学过程对学生提出了更高的文本整体把握的要求。在课堂上，我使用了流程图二中的过程进行教学，学生在“概括文中的事件”及“将事件进行分类”的问题上都遇到了阻碍，但是如果没有这些思维上的障碍，学生又怎会去揣摩？怎会在自己独立思考和小组讨论的基础上，将众多事件之间的关联有意识地进行梳理呢？这些阻碍恰恰打破了在以往教学时，老师在概括事件后便进行人物形象的分析等教学常规思路。

在“和易以思”课堂上我想打破学生的思维逻辑局限，才能将学生的思维引领向更广阔的模式中。从而提高学生的思维参与度、思维的主动性，培养其有路径的独立思考，最终提高学生的思维品质。

先通过全文概括事件，再通过分类把握事件之间联系、梳理明暗线索，最终把握情感主旨。流程图二中的教学过程用时明显高于流程图一，课堂上学生的蹙眉思考、冷场时间也高于流程图一不少。但是最终学生对于课文的整体把握及学生的发言讨论时间明显是高于流程图一的。在这些时间中，学生的思维能力得到了提升。

我想对于学生思维的培养，我们要舍得花时间。“罗马不是一天建成的”，学生的思维提高也不是一蹴而就的。老师在设计教学过程时，不应只想着将课堂推进是否顺利、学生是否可以答出作为标准，而是应将学生会有怎样的思维过程、思维形式，最终的思维品质是否有所提高作为“和易以思”课堂的标准。

2. 比较性阅读代替单篇的解读

学生的思维品质是一成不变的吗？答案毋庸置疑是否定的。在“和易以思”下的语文课堂中怎样让学生的思维得到较大的成长提高呢？我想每篇课文的结束并不是学生思维过程的结束，在语文课堂上可以采用比较阅读的方法来代替单篇文本的解读，在比较的过程中，让学生的思维过程得到延续，让学生的思维动态发展。

那么怎样的文本适合比较性阅读呢？我认为文本之间存在着一定联系的，可以训练学生辩证思维能力的，并且打破学生的思维逻辑局限，通过发散性思维及聚合性思维方法将思维带入更广领域拓展前进的，都可以进行比较性阅读。

基于此，我们可以从这几个角度进行比较性阅读：

（1）同册中自读篇目和讲读篇目进行比较

例如：部编版七下《黄河颂》和《土地的誓言》内容都与抗战有关，可以在比较阅读中使学生对于“批注”这一阅读方式有更全面的了解，更加具体化。

（2）不同册中自读篇目和讲读篇目进行比较

例如：部编版七上的《走一步，再走一步》与八上的《背影》可就“父爱”这一主题进行比较及表现“父爱”的手法进行比较。

（3）同册同单元篇目进行比较

例如：部编版七上朱自清的《春》和老舍的《济南的冬天》可以从两者写景手法上的异同进行比较。

（4）不同册同一作者篇目进行比较

例如：部编版材料六上宗濮的作品《丁香结》与七上的宗濮作品《紫藤萝瀑布》可就同一作者相似中心主旨进行探究区别。

（5）不同册同一主题篇目进行比较

例如：部编版七上的《咏雪》、九上的《湖心亭看雪》《沁园春·雪》、九下的《白雪歌送武判官归京》可就同一主题“雪”进行比较赏析。

（6）同册同课中选取的篇目进行比较

例如：部编版八上《唐诗五首》一课中的五首唐诗，分别是王绩的《野望》、崔颢的《黄鹤楼》、王维的《使至塞上》、李白的《渡荆门送别》、白居易的《钱塘湖春行》。可就五首唐诗的体裁、押韵、平仄、对仗进行比较区分。

综上可见，所谓的比较性阅读即在各篇目、各单元、各册语文书之间进行整合，在整合的过程中促使学生在学完单篇篇目后继续有思维的可能性，优化学生的思维，提升学生的思维品质。

如对于宗濮的两部作品《丁香结》和《紫藤萝瀑布》可以通过比较性阅读来深化学生对于文章主旨的理解和认识，优化学生的思维。

《丁香结》是学生在六年级上时所学的一篇课文，此时学生刚进初中，对于他们而言小学语文主要学习训练的是识字、书写及简单的分析句子能力。所以这节课旨在通过作者对于丁香花的描写表达自己面对人生困境时坦然、积极乐观的心态。结合作者自身的经历，六年级的学生对于这样的主旨中心是可以理解的。

《紫藤萝瀑布》是学生在七年级上时所学的一篇课文，此时学生已经进入初中一年多，其思维水平与六年级时是有区别的，在初中的一年时间里他们已经初步具有了分析文本、品读关键语句的能力。所以，本节课的教学设计要符合学生的逻辑思维，要让学生的在思维过程中得以成长发展。作为同一作者的作品，一篇描写的是丁香花，一篇描写的是紫藤萝花。如果分析本文也只点到通过对《紫藤萝瀑布》一文中对紫藤萝花的描写来表达作者对生命积极的态度为止，那么学生的思维水平可和六年级学习《丁香结》是相同的。所以本文我设置了一个问题：请同学们比较《丁香结》与《紫藤萝瀑布》情感上的异同。在课堂上，学生们通过小组讨论、分组朗读、作者写作背景的分析得出了结论，那就是《丁香结》的情感更偏向于个人，即作者表达的是在个人的困苦面前的积极乐观。而《紫藤萝瀑布》作者则强调的是生命、人生、时代的美好，相信一切都充满着希望。较之《丁香结》的内容，《紫藤萝瀑布》中的情感、主旨从广度和深度上都有了提高。同时通过两者的比较，学生对于这两篇课文的认识也有了一种调整及优化，这就是一种辩证思维的体现。在寻求答案的过程中，学生的发散性思维及聚合性思维也得到了训练。

如在八上《唐诗五首》中，教材选取了五首唐诗，分别是王绩的《野望》、崔颢的《黄鹤楼》、王维的《使至塞上》、李白的《渡荆门送别》、白居易的《钱塘湖春行》。这五首古诗的中心主旨各不相同。分别学完五首诗后，我布置了一个周末作业，请学生们找找为什么教材要将这五首诗放在同一篇目中的理由。这对于八年级的孩子来说不是一个简单的任务。学生们通过小组的分工合作，课堂讨论交流，同时结合该单元的单元导语及练习册的相关练习，得出了这五首诗在写作手法上的相同及在体裁上的不同。经过这一比较性的阅读作业，学生们明白学习古诗不仅仅是要读懂诗里写了什么，还须知道诗人是怎样写这首诗的，这首诗是律诗、绝句，还是古体诗。这样的比较性阅读得到的结果较老师课堂灌输的答案显示出了学生思维品质在灵活性上的提高。

部编版七上的《咏雪》、九上的《湖心亭看雪》、《沁园春·雪》、九下的《白雪歌送武判官归京》，这四篇文章，老师以“雪”为主题做比较阅读，训练辩证思维能力，既提高了学生对立统一的思维方式，也调整优化了学生的思维。同一主题的比较性阅读无论在横向还是纵向，以及在逆向思维法上对学生的发散性思维都起到了关键性作用。

由此可见，“和易以思”下的语文课堂比较性阅读代替单篇的解读可以更好地强化学生的思维过程，多角度训练学生的思维方法，较大化调动学生的思维态度，最终更好地提升学生的思维品质。

3. 合作分享交流代替蒙头苦思

一个好的课堂氛围应是怎样的呢？约翰密尔曾说："在压抑的思想环境下，禁锢的课堂氛围中是不可能产生创造性火花的。"可见一个可以调动学生积极思考，提升学生思维的课堂氛围不应是禁锢的，应是可以让学生自由思考的。

"和易以思"下的语文课堂我尝试着让学生们合作分享交流自己的想法，以此模式来代替学生们"单打独斗"式的蒙头苦思。

当学生遇到难题无法得出正确的结果时，老师们不妨转变一下方法，变"你再想一想"为"你们再讨论一下""你们分角色朗读一下"……通过小组成员之间的交流讨论，提高每个学生的思维参与度。同时老师也应在布置小组讨论任务时，要求小组中的每个同学都相应承担一个任务，例如：发言者、记录者、组织者等，这样可以使每个学生的参与频率和情绪状态表现都得到提高。

《马来的雨》是语文上海六年级第二学期第六单元中的一篇课文。作者从听觉、触觉、视觉三个角度描绘了高脚屋、街上和海上的马来雨，生动形象地刻画出马来雨爽爽快快、干脆利落的特点，展现了马来西亚特有的魅力和风情。

在这节篇文章的授课环节，我设计了一个小组朗读讨论的环节。如下：

师：在高脚屋，作者听雨，听到了雨怎样的特点？文中是怎么体现这个特点的？

学生活动1：根据预习的情况和对文本的初步感知，圈画文中的关键语句，进行概括归纳得出：交响成曲、刚柔相济、平民的音乐。

学生活动2：根据学生的初步感知和结论，学生分为四人一组进行讨论，一名同学组织讨论，一名同学进行记录，一名同学做总结发言。四人小组共同分析语句中的关键字词："大珠小珠落玉盘"——韵味、曲调、节奏、清脆悦耳；"金戈铁马声盈屋"——气势浑厚、大气；"大雨点落在铁皮上"——重音；"雨打在芭蕉叶上"——圆润、轻音。

学生活动3：分析完后，小组同学中的女生朗读表现轻音、韵味的语句，男生朗读重音节、表现气势的语句。感受马来雨带来的声韵之美。

在此环节设计小组讨论及交流后的组内朗读，是为了训练学生在课堂上归纳思维和想象思维结合的思维。学生的分组讨论、圈话是分散性思维，学生将每个人的独立见解能力发挥出来，在圈画分析的过程中进行有意想象，各个小组之间的讨论是体现学生归纳思维方法的过程，学生用各自圈画的语句进行分析、综合、比较、分类，抽出这些体现"马来雨特点"的语句共同、本质特征，在此基础上梳理现象，聚焦关键。继而归纳出马来雨的听雨特点。让学生"知其然，更知其所以然”。同时小组内的每个学生都有各自的任务，这样提升了每个学生的思维参与度，在交流中，也有利于学生反思、监督自己的思维是否正确，加强了其思维主动性。通过各小组留下的每个学生小组内的发言内容，体现了其在思维态度方面既有学生较高思维参与度，同时也兼顾了学生思维的独立性。所以在本节课上学生的举手发言频率较高，基本上每个同学都参与到课堂的各个环节，学生敢于参与课堂辩论，敢于发表自己的观点，这也是学生批判性思维的提升。

“和易以思”下的语文课堂中我不仅仅重视每个学生在课堂上的思维过程、方法、态度，也关注学生间思维碰撞的火花，碰撞的思维更将激发学生的辩证思维，在讨论中学生的思维变静止为运动的、调整性的，在交流中不断优化了思维，这正是训练了学生的辩证思维能力。

4. 自寻问题解惑代替等候问题

“和易以思”下的语文课堂不仅仅要注重学生思维过程、思维形式，思维品质的提高与否，还要考虑到学生的思维起点和方向。鼓励学生自寻问题解惑代替等候问题，这是更深层的“和”与“易”的体现。

《贤人的礼物》是欧·亨利的名篇，主旨显豁，文笔畅达，此文历来为人所津津乐道的是故事的结尾——意料之外，情理之中。

作为一篇沪教版九年级的课文，本文所处在单元其主题为“爱情如歌”，通过文中的男女主人公黛拉和吉姆互送礼物的这一举动来看，学生完全可以自己归纳出文中有关爱情的这一主旨。本单元中苏霍姆林斯基《给女儿的信》体现了真正的爱情是经得起磨砺的忠诚、能超越死亡的心灵追求。舒婷的《致橡树》传递给我们独立平等、互依互助，既尊重对方存在，又珍视自身价值崭新的爱情观。那么本文要表达的是爱情的哪一方面呢？这篇文章要教什么？要深入分析什么？这些都是老师值得思考的问题。

但是仅仅是老师想解决的文本难点就是学生想解决的问题吗？

“和易以思”的课堂告诉我们思维品质中有一项灵活性因子，就是要求学生可以从不同的角度、方向思考面临的问题，例如一篇文章的主题可以从不同的角度去理解，那么对于一篇文章学生同样可以有自己不同的问题，而不仅仅是等待接受教师预设的问题。

在正式上课之前，我下发了问题单，让学生写下阅读《贤人的礼物》一文后心中的疑问。

从回收的126张学生针对本文所提的问题看，学生的主要疑问也的确不在本文主旨的理解，而是集中在对于文章题目与文章最后一段话的理解。有83位同学都对文章的题目《贤人的礼物》中“贤人”两字提出了疑问。最后我将学生提出的问题归纳如下：

（1）文中的贤人是什么意思？

（2）为什么说黛拉和吉姆是贤人？

（3）他们卖了宝贵的金表和长发换来了没法用的礼物，值得吗？

故本文的教学重点与教学难点均设定为从文章情节中挖掘“贤人”的内涵，并也以此作为本文的切入点进行阅读与学习。

第一步，探讨文章题目中的“贤人”含义。帮助学生明确本文中“贤人”的内涵——设计目的：以学生的中心问题为教学突破口，体现学生的课堂主体地位。

第二步，根据第一步研讨，明确贤人就是聪明人为前提，以文本为依据，以黛拉为主要例子，紧扣“聪明”，探讨文本的行文思路与布局——设计目的：回归文本，把握人物，培养学生思维过程中的分析能力。

第三步，承接吉姆的略写，探讨本文写法特点。黛拉和吉姆都是聪明的，但是作者为什么不写吉姆的内心活动，主要体现黛拉内心变化过程？由这个问题导入挖掘聪明人情感的起伏变化——设计目的：把握作者写作手法，让学生进入人物的内心，培养学生的抽象与概括能力。

第四步，咀嚼涉及全文的关键句：“生活就是由啜泣、抽噎和微笑三者组成的，而抽噎总是占优势”的含义，揭示“聪明”的深刻内涵——设计目的：由关键句把握全文主旨，指导学生走出局部，达到高层次的整体理解，培养学生的判断和推理能力。

正如美国教育学家杜威所认为的那样：思维是探究、调查、熟思、探索和钻研，以求发现新事物或对已知事物有新的理解，总之思维就是疑问。传统上既定的讲课的特点是由教师提出问题，让学生解答。但这种提问常常以取得答案为满足，而不是引起疑难，由师生共同讨论。

而“和易以思”的课堂就是不仅仅要取得答案，而是要学生提出问题，由师生共同思考得出结论。

这节课的最后，学生们通过分析，得出了对本文“贤人”的判断：贤人就是敢于面对生活的困难与不幸，还能让对方感动，给对方带来希望与更美好生活的人。这个答案是学生思维独创性的体现，这是人类思维的高级形态，是智力高级的表现。它是在新异情况或困难面前采取对策和独特、新颖地解决问题的过程中表现出来的智力品质。同学们最后得出的结论正是体现了学生们有自己的见解，自己的判断，反映了学生思维品质的提高。

“路漫漫其修远兮，吾将上下而求索”，在“和易以思”的视野下，语文课堂是可以学习、可以转变、可以进步的，每个语文老师将培养学生的思维、提升学生的思维品质作为课堂努力的长远目标，我相信在语文课堂上学生们收获的不仅仅是知识，更是一种能力，而这样的能力必将使其受益终身。

○ 实践与思考3：

在物理教学中培养学生的思维品质

上海市长江第二中学　黄　燕

传统教学"为知识而教"的模式已经不符合时代发展的要求，因此，"新课标"提出了促进每个学生得到最大限度的发展的目标，课程教学改革迫切要求教师改变旧的教学方法，培养学生自主学习能力，培养学生的思维品质成为当务之急。因此，培养学生思维品质是时代的要求，也是新课标的基本理念，符合"终身教育，终身学习"的教育思想。

那么，在物理课堂教学中如何培养学生的科学思维品质呢？我做了如下几个方面：

一、增强思维的自觉性

思维总是在一定的问题情境中产生，思维活动就是不断地发现问题、解决问题。利用实验，创造问题情境，激发学生去观察和思考，调动其思维的积极性，有效培养其思维的自觉性。

案例一：在引入"大气压强"这一节时，我通过用吸管吸饮料，利用一个硬质的玻璃瓶，瓶内装有学生喜欢喝的可乐，瓶口用一个木塞塞紧，中间插入一根吸管，请学生上来喝。学生们都认为这是一件美差，争着要上来喝，但实际上怎么用力都吸不上来，吸得面红耳赤，下面的学生哈哈大笑。为什么这么简单的事情在物理课上就做不了了呢？和平时用吸管有什么区别？到底是哪里出了问题？自然而然激发了学生的求知欲，引发了学生的思考。

案例二：在"平面镜成像"中，通过一个小小的魔术，激发学生的兴趣。将一块透明玻璃板竖直放置在讲台上，玻璃板前面放一支点燃的蜡烛，在后面放一个空烧杯，烧杯中放一支没有点燃的蜡烛，但移动到让所有同学都感觉也是点燃的，然后见证奇迹的时刻出现了。我往后面这个空烧杯中慢慢倒入水，最终没过蜡烛，后面的这支蜡烛居然没有被水浇灭，依然燃烧着。同学们都惊呆了，感觉老师真的好厉害，会变魔术，从而激起了想一探究竟，也要学会这个魔术的欲望。

二、提高思维的灵活性

思维的灵活性反应在思考问题或遇到困难时，能及时改变思路，把旧知识灵活运用到新的领域，解决新的问题。具备了灵活性的学生能从不同角度运用不同知识和方法解决物理问题，以探求“一题多解”“一题多变”。在实验教学中教师应遵循思维规律，因势利导，循序渐进，可以有意识地将物理实验进行多角度“变式”，用多种方法，从不同的角度和途径去寻求问题的答案，最终提高学生思维的灵活性。

案例三：在学习了“测量的历史”后，我给学生布置了一个课后作业，用不同的方法测量出学校旗杆的高度。课后，学生分成了不同的小组进行了实验。有小组同学利用了直接测量的方法，将卷尺绑在绳子上，升到旗杆顶，直接读取度数。有小组同学利用了影子，在旁边树立一把1米长的木尺，分别测出木尺和旗杆的影子长，再利用比例将其计算出来。也有小组同学利用仰角，再通过三角函数计算。更有同学想到了在旁边竖一根一样长竹竿来进行测量。当然，有些方法可操作，有些方法可能只是理论上可行，但通过这次活动，同学们的思维一下子打开了，还将物理和数学知识结合起来运用，感受到了知识的有用性。

三、发展学生思维的独创性

物理实验思维性是指：思维的过程和结果能独树一帜，有新的观点、新的方法，集中表现为能独立提出新的实验问题，会用新的方法、方案解决实验问题。初中学生刚接触物理不久，知识水平相对比较低，但我们老师在平时的实验教学中，根据具体的情况有意识地培养学生的独创性思维，引导、鼓励学生大胆发表新观点、新想法，从而最大限度激发学生蕴含着的无限创造力。

案例四：在《热机》这一课的教学中，我设立了层层疑问，最后学生“设计”出了内燃机。通过演示实验：用酒精灯加热试管中的水，看到瓶塞冲了出去，提出疑问：在这个过程中能量是如何转化的？瓶塞具有的机械能，我们怎样来利用它？这里给了学生设计的一个空间：有的提出连接一根绳子，有的提出连接一根弹簧，有的提出连接一根木棒，等等，甚至还有同学画出了设计的简图。我又提出，用酒精灯加热试管中的水，能量的利用实际上是很低的，很多能量都散发到了周围空气中，怎样提高能量的利用率呢？这里又有学生提出了不同的设计：把周围围起来、把它放进一个铁罐子里等等。虽然有些同学的答案可能很可笑，但是同学们的创造性被激发了出来，提出了很多的奇思妙想，让学习变得更有趣，课堂变得更活跃了。

学生思维品质的培养是一件艰巨的、长期的任务，需要我们教师在教学实践中不断摸索、总结，根据不同学生的特点进行设计不同的教学环节。路漫漫，我将不断探索，加强学生的思维训练，结合自己的学科特点帮助学生。

○ 实践与思考4：

成长性思维培养的初中地理课堂教学方式初探

上海市长江第二中学　何雅琴

斯坦福大学心理学教授卡罗尔·德韦克（Carol S. Dweck）于2006年提出成长性思维（Growth Mindset），他认为每个人的思维模式可以通过努力和个人经历来改变和成长。现代教育的一个持久的、长期的目标就是帮助学生超越目前较低的思维能力，获得较高水平的思维能力，即成长性思维。《学记》中提到"道而弗牵则和"，我们应该通过什么样善喻的课堂教学方式来转变学生固定思维，增强他们的成长性思维？

一、促进学生思维结构化的课堂教学方式

结构化思维即面对问题的时候你可以通过某种结构，把它拆解成一个个你能解决的部分。也可以根据某种限定的规则、规律进行有序思考的思维模式，目的是为了解决问题。

以六年级地理《美国——农业》为例，构建结构化思维过程如下：

总
先从结论开始，提出**核心观点**"美国为什么能够成为农业大国"。

然后分三步走，

<table>
<tr><th colspan="2">分</th></tr>
<tr>
<td>第一步：分解罗列。在回答这个问题时，我们把它分解成与核心观点紧密联系的简单问题——"农业发展需要具备哪些条件？""美国是否具备了这些条件？"这两个问题。学生在回答这两个问题时，要有一个知识储备，要知道"水资源、耕地、热量、技术"这些都将会影响一个地区农业发展的水平，而这个储备在学习《印度》一课时已经具备，只要帮助学生回忆、归纳、罗列即可。通过比较分类，整理多个条件</td>
<td>辅助板书
<table>
<tr><th rowspan="2">总</th><th colspan="2">分</th></tr>
<tr><th colspan="2">1. 分解罗列</th></tr>
<tr><td rowspan="5">美国为什么能成为农业大国</td><td colspan="2">知识点</td></tr>
<tr><td rowspan="3">自然条件</td><td>水资源</td></tr>
<tr><td>耕地</td></tr>
<tr><td>热量</td></tr>
<tr><td colspan="2">技术条件</td></tr>
</table>
</td>
</tr>
</table>

美国发展农业的水资源状况
美国发展农业的耕地状况
美国发展农业的热量状况
} 自然条件如何

美国发展农业的技术状况——技术条件如何

↓

提高学生分类归纳能力

第二步：确定联系。 在罗列了“水资源、耕地、热量、技术”这些条件后，我们就要认真仔细地逐一判断，选择出与“水资源、耕地、热量、技术”相关的地理事物。水资源对应河流、湖泊、降水、海陆位置；耕地对应地形；热量对应纬度位置；技术条件对应机械化、专业化程度。可以通过表格形式帮助学生思考

辅助板书

总	分		
	1. 分解罗列		2. 确定联系
	知识点		地理事物
美国为什么能成为农业大国	自然条件	水资源	河流、湖泊、降水、海陆位置
		耕地	地形
		热量	纬度位置
	技术条件		机械化程度、地区专业化

再分析美国这些地理事物——“河流、湖泊、降水、海陆位置、地形、纬度位置、机械化、专业化程度”的情况，写出证明以上地理事物都具备的依据。因为河湖众多，受海洋影响，降水丰富，所以农业发展的水资源情况具备。依此类推，可以得出耕地、热量、技术都具备。这样的设计有助于提高学生确定联系及分析的能力

总	分			
	1. 分解罗列		2. 确定联系	
	知识点		地理事物	证明依据
美国为什么能成为农业大国	自然条件	水资源	河流、湖泊、降水、海陆位置	河湖众多受海洋影响，降水丰富
		耕地	地形	平原为主
		热量	纬度位置	大部分北温带
	技术条件		机械化程度、地区专业化	教材的补充材料

第三步：设计形式。在上述证明的依据一一分析出来后，可以设计“学习任务单”。(见下)为了体现出地理学科的特色，我主要设计成自然条件探究和技术条件探究。教会学生带着任务，从地图中去获取信息。有意识地教会学生拿到一幅图，必须先要读懂(识)，然后分析图中表达了哪些地理信息(析)，最后让学生描绘出来(绘)，这是形成空间观念，巩固所学，提高读图能力的三个递进环节

辅助板书

<table>
<tr><th rowspan="2">总</th><th colspan="5">分</th></tr>
<tr><th colspan="2">1.分解罗列</th><th colspan="2">2. 确定联系</th><th>3. 设计形式</th></tr>
<tr><td rowspan="5">美国为什么能成为农业大国</td><td colspan="2">知识点</td><td>地理事物</td><td>证明依据</td><td>学习单</td></tr>
<tr><td rowspan="3">自然条件</td><td>水资源</td><td>河流、湖泊、降水、海陆位置</td><td>河湖众多受海洋影响，降水丰富</td><td>水资源探究</td></tr>
<tr><td>耕地</td><td>地形</td><td>平原为主</td><td>耕地探究</td></tr>
<tr><td>热量</td><td>纬度位置</td><td>大部分北温带</td><td>热量探究</td></tr>
<tr><td colspan="2">技术条件</td><td>机械化程度、地区专业化</td><td>教材的补充材料</td><td>技术探究</td></tr>
</table>

总

最后，再回到开头所提出的问题上，“美国是农业大国”。

并且教会学生用由因推果的思维过程梳理本节课的笔记，提高综合能力。

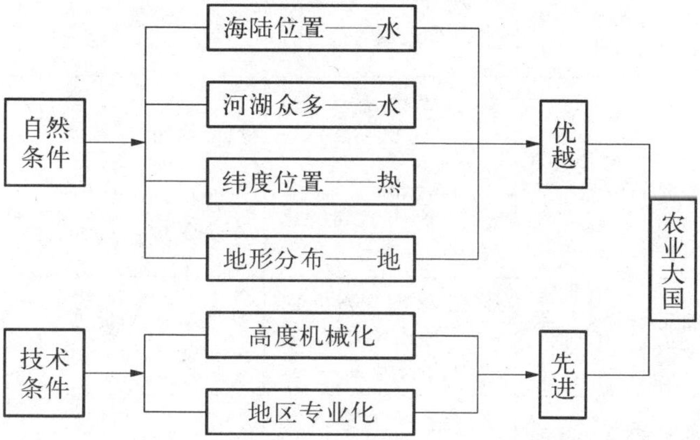

我把这个思考过程称之为“**总分总思维训练法**”。先从结论开始叙述，提出核心观点“为什么”—然后分解罗列(归纳各因)—确定联系(执果索因)—设计形式(由因推果)—最后，归纳概括核心观点，梳理笔记。推理的路径我简单概括就是“拿着结果找原因”—“分析比较已学知识新学知识”—“新旧知识形成关联”—“得出因果关系结论”。

初中阶段是抽象思维能力迅速发展的时期，在地理教学中，我们不但要教会学生掌握和运用地理知识，更重要的是要教会学生获得地理知识的思维方法。而“总分总训练法”就是在整个的教学中，把“海陆位置、河湖众多、纬度位置、地形等自然要素与农业生产之间的相互关系”为主线，使学生在领会知识的同时，重点分析、归纳、概括的逻辑思维方法的学习融合于潜移默化之中。教学中，通过阶梯设问，层层深入。教师做示范，设计学习单，引导学生通过这种方式去思考，最后梳理笔记。学生在反复练习的过程中，就会掌握这种逻辑思维方法，从而提高思维能力。

二、促进学生思维可视化的课堂教学方式

思维可视化就是把学习过程中的思考方法和思考路径通过图示呈现出来。思考方法主要包括在学习过程中常用的抽象、概括、分类、分析、综合等逻辑思考的方法。思维路径主要指思考过程中的思维发展线索。

比如，刚才提到的《美国为什么能够成为农业大国》这节课，可以通过下图来体现思维的可视化。

<table>
<tr><th colspan="3">思维过程</th><th>举例说明</th><th>思维能力</th><th>逻辑思维推理路径</th></tr>
<tr><td rowspan="5">执果索因</td><td>总</td><td>从结论开始叙述，提出核心观点“为什么”</td><td>美国为什么能够成为农业大国</td><td>独立思考能力</td><td>拿着结果找原因</td></tr>
<tr><td rowspan="4">分</td><td rowspan="2">分解罗列（归纳各因）</td><td>多个理由阐述“为什么”（归纳法一一列出）</td><td>归纳能力</td><td rowspan="2">分析比较已有知识新学知识</td></tr>
<tr><td>整理多个理由（比较法一一分类）</td><td>分析比较能力</td></tr>
<tr><td>确定联系（执果索因）</td><td>深究原因（分析法一一写出能够证明理由的依据）</td><td>确定联系的能力、分析能力</td><td rowspan="2">新旧知识形成关联</td></tr>
<tr><td>设计形式（由因推果）</td><td>通过学习单形式展现探究形式（综合法）</td><td>综合能力</td></tr>
<tr><td>由因推果</td><td>总</td><td>归纳概括核心观点</td><td>尝试写笔记（综合法）</td><td>综合能力</td><td>得出因果关系结论</td></tr>
</table>

再如：结构图归因题是我们地理学科学业考题型之一。在100分的试卷中，此种题型所占考卷分值近10%。由于每年都是以结构图表的形式出现，所以我

就叫它“结构图”。因为“结构图”的题目考查的不是独立的某个知识点，而是知识背后的内在联系。这对学生系统分析问题、综合归纳能力要求非常高。而我们的学生在应用知识时不能建构关联，遇到新问题往往连蒙带猜，无从下手，所以考试失分情况比较严重。

那究竟如何教会他们解答这种题型呢？仔细研究了近10年的学业考“结构图”题，发现貌似复杂的图表，实际上都是把结论告知，原因空缺，各空缺的各要素间都是互为因果关系，原因之间的分析是本题型的考查目的。可见，归根结底都是回答“为什么”。我们把问“为什么”的题目统称“归因题”。所以“结构图”也是归因题的一种，只是通过图表形式表现出来。要解答“结构图”就是要学会解答“归因题”。

帮助同学们归纳出归因题的解答方法——一个国家或地区由于“地理位置”的差异，会影响到这个国家或地区的“自然、人文特征”，不同的“自然、人文特征”会形成这个国家或地区的“差异”。为了便于记忆，把它公式化的话就是3W。在解答题目时，详细展开：

3W公式法　建构答题技巧

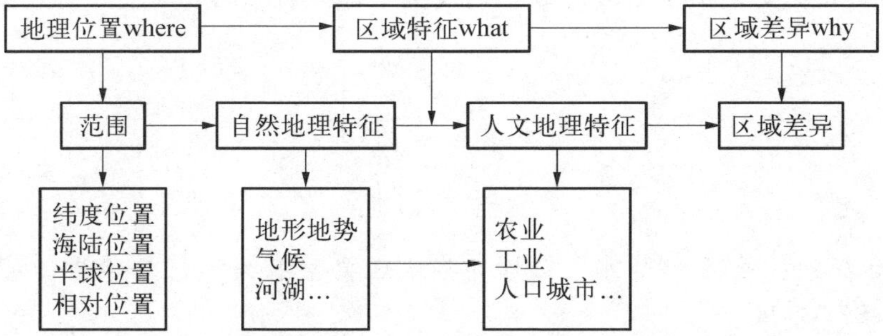

在传统教学模式中，“知识加工”和“问题解决”的思考过程往往是不可见的，而且教师和学生都更多关注答案，忽视答案的生成过程。然而，学生思维的发展并不来自于“答案的累积”，而来自于“生成答案的思维方法和过程”。“答案的累积”只是增加学生的“感性答题经验”，而不能提高学生的“理性解题能力”，所以当题目或题型一变，学生便无法应对，因为“感性经验”对不上号了。

因此，要提高教学效率，我们就必须变“强调答案”为“强调答案的生成过程”，变“依靠感性经验答题”为“运用理性思考解题”，而这就要求我们必须要把“看不见的”思维的过程和方法清晰地呈现出来。3W公式法帮助学生在应用知识时建构关联，应用已有知识到新情境中解决问题。教会学生明确原理、掌握规律，总结方法，能有效促进学生的记忆力，增强其理解力，自我建构答题的思考路径，提高思维能力。

三、促进学生思维逆向化的课堂教学方式

当大家都朝着一个固定的思维方向思考问题时，而你却敢于“反其道而思之”独自朝相反的方向思索，这样的思维方式就叫逆向思维。人们习惯于沿着事物发展的正方向去思考问题并寻求解决办法。其实，对于某些问题，尤其是一些特殊问题，从结论往回推，倒过来思考，从求解回到已知条件，反过去想或许会使问题简单化。

以七年级地理《西双版纳傣族自治州》一课为例，设计问题——西双版纳傣族自治州为什么被称为“回归沙漠带上的绿洲”？在看到事例的时候，学生可能会觉得“回归沙漠带”没有学过，无法解答。

思考路径——结论开始　执果索因

我们在教学中告诉学生，不要着急，先找出这个问题的结论——“回归沙漠带上的绿洲”，再从结论中划出关键词——“回归沙漠带”“绿洲”。然后从“回归沙漠带”“绿洲”开始思考是什么原因导致出现“沙漠”“绿洲”的景观；与我们学过的哪些地理要素有关。学生根据已有的知识储备，可以回答出与“气温”“降水”有关。

此时，我就要把刚才思考的过程通过板书在黑板上写出来：

气温、降水 ←—— “回归沙漠带”

降水 ←—— “绿洲”

然后提问：“气温”“降水”又与哪些地理要素有关？引导学生回答“温度带”“气压”“季风”

温度带 ←—— 气温
气压 ←—— 降水
（气温、降水 ←—— “回归沙漠带”）

季风 ←—— 降水 ←—— “绿洲”

继续追问：“温度带”“气压”“季风”又与哪些地理要素有关？引导学生回答“纬度位置”“海陆位置”。

纬度位置 ←—— 温度带 ←—— 气温
纬度位置、海陆位置 ←—— 气压 ←—— 降水
（气温、降水 ←—— “回归沙漠带”）

海陆位置 ←—— 季风 ←—— 降水 ←—— “绿洲”

最后，通过黑板上罗列的板书，学生显而易见就可以从刚才的推理中了解到"回归沙漠带上的绿洲"与"纬度位置""海陆位置"有关。

此时，就要帮助学生归纳这种题型的思考路径：执果索因（即拿着结果找原因），也就是我们思维形式中的因果逆向推理。

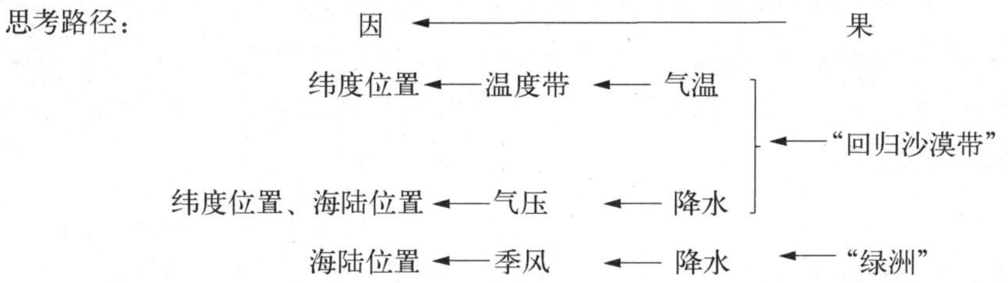

那怎么才能验证我们的思考是正确的？

验证路径——由因推果　各因分析

那就是"由因推果"，这是思维形式中的因果正向推理，可以来验证"执果索因"的思考路径是否正确，是否需要补充。

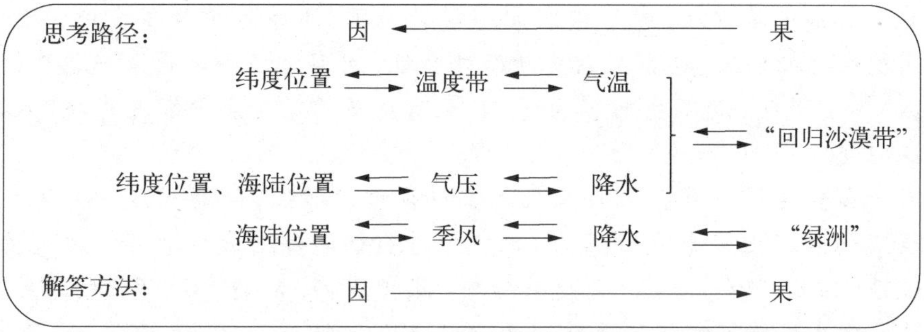

通过板书帮助学生理解——"虽然西双版纳地处回归沙漠带，但是优越的海陆位置形成了西双版纳独特的气候特点，所以没有像世界其他地方一样，出现热带沙漠景观，而是出现了绿洲的景观"。

本节课的教学帮助学生认识到"反过来思考"即因果逆向推理去思考，通过因果正向推理去验证更简单。让学生明白原因和结果是揭示客观世界中普遍联系着的事物，具有先后相继、彼此制约的一对范畴。解答这样的题型如果一味地从"因"到"果"，往往会手足无措。因为原因太多，各个原因之间还有互为因果的关系。一旦考虑不仔细，不周详，就容易出错。所以，为了避免这一情况发生，换一种思考方式，即逆向推理——执果索因。因为因果关系是由先行现象引起后续现象的一种必然联系，它是普遍的、客观存在的。只要把握好"结果"，找出与之关联的"原因"，然后再以这个"原因"作为"结果"，找出与之相关的“原因”，以终为始，以此类推。

美国著名教育心理学家，哈佛大学资深教授戴维·珀金斯(D. Perkins)认为，低层次的思维能力就像我们普通的行走能力一样是每个人与生俱来的。但是高层次的思维能力即成长性思维就像百米赛跑一样，是一种技术与技巧上的训练结果。赛跑选手需要训练才能掌握百米冲刺技巧。同理，学生的成长性思维如果得到相应的教学支持——思维结构化、思维可视化、思维逆向化课堂教学方式的构建，经过一系列针对性训练，他们的固定思维是可以改变的，成长性思维可以大大提升。

○ 实践与思考5：

创建课堂良好思维环境，促进学生思维成长

上海市长江第二中学　陈子安

学生上了中学以后，学习内容比小学更难了，思维性更强了。中学生课堂回答问题应更加踊跃，气氛应该更活跃才合理，可实际情形却是事与愿违，学生越大，越不爱提问、越不愿回答问题，甚至有更多的学生上课容易走神、人在课堂心在别处。

为什么会这样？有人认为人长大了自我意识增强，问题难度上升了，怕回答错误或回答不上带来羞耻压力，本能地进行回避和自我保护等。这些看法，不无道理，但从“和易以思”角度来分析，课堂压抑，无趣，不“易”的思维环境也是造成学生思维不积极的重要因素。

一、环境影响人的思维，思维应有良好的思维环境

我们都知道环境是重要教育资源，对教育会产生重大影响。中国有“孟母三迁”的故事，有近朱者赤、近墨者黑的生动比喻；柏拉图说他有移山的本领，弟子向他请教，他说：既然山不过来，那我就走向山去；卢梭认为教育与环境必须适应天性的发展，否则就无法实现教育的效果；近现代学术研究充分表明所有生命都是环境的产物。

就人而言，环境不仅只影响人的形态构造，而且也深刻地影响人的内心活动。在现实生活中，我们容易发现每个人到什么山头唱什么歌：到了一个干净的商场，就知道最好不要乱扔垃圾；到了剧院、博物馆就知道默声观赏；到了菜场就知道讨价还价；到了过年过节就知道祝福问好；回到家了就知道无拘无束，

与家人真心交流；等等这一切，无不说明环境对我们人类的言行不仅有重大影响，甚至一定程度上有决定作用。

因此，要影响学生的思维，有助于学生获得了思维训练和思维成长，仅重视教学方法改进(有效的教学方法一定程度上也可理解为教学环境的一部分)，教学技能提高，还是不够。就算有了合理的教学目标，精心的教学设计、结果也不会如你所愿，思维训练的效果也要大打折扣，我们还必须关注课堂的思维环境，构建出良好的课堂思维环境来。

二、和易以思，努力创建良好的课堂思维环境

良好的课堂思维环境是什么？思维环境和自然环境不同，是无形的、看不见的，但从人的感受上是宽松、不压抑的，甚至是愉悦的；从内在要求来描述是师生融洽、能展现学生智慧、开放包容、内外共生共振的环境；从结果上看是学生注意力能集中一些，脑子会动起来，思维能主动或被动地活跃起来的环境。

(一) 良好的课堂思维环境，要能生动有情、开放思维空域。课堂生动是指教师的语言丰富、形象、具体、有趣，不照本宣科，不教条死板；课堂有情是指老师有人情：语言动作、语气音调给人温度，给学生友好、善意、正能量的体验。

在我上高中时，碰到一个很厉害的数学金教师，多数情况下能把让人害怕、乏味的数学课上得活起来，生动有情，记得讲无理数、复数概念是以数的发展故事来开始、讲椭圆是从他与别人在灯下下象棋棋子的投影来调动课堂气氛，学生不回答问题、回答错了，肯定鼓励多，批评指责也讲究方法，让被批评的人心服认错不伤面子。又如科学课上，除实验、活动本身就轻松有趣外，把地球比作大号鸡蛋、说呼吸的本质不是气体呼出吸入、光年如何计算等有刺激性的问题等，那都能掀起课堂思维的波涛。不论是语数外还是政史地或音体美，大学科还是小学科，生动有情的课堂始终是让学生不压抑的关键，让学生保持兴奋、好奇，能开放学生思维的巨大空域。

(二) 良好的课堂思维环境，精准真实的赞美表扬绝对不可或缺，它能点燃学生思维的火光。表扬和赞美是用语言表达对人或事物优点的喜爱之意，喜欢表扬和赞美是人性，是像需要空气一样正常的心理需求。表扬和赞美不仅能使人的自尊心、荣誉感得到满足，更能让人感到愉悦和鼓舞，从而会对赞美者产生亲切感，相互间的交往互动也会大大改善。表扬和赞美大致有三种情形：一是空乏虚假的，二是礼节性的，三是精准真实。精准真实的表扬和赞美是最好最智慧最真诚最动人的表扬和赞美。

在中学阶段，课堂提问也好、发言也罢，小红花、五角星对学生思维成长是起不到什么大作用的，如果课堂上只会说你很棒、你真聪明、为你点赞、大家为

他鼓掌等，那么学生会麻木无感，不想听。学生是渴望教师的表扬和赞美，但不需要这类没有质量的表扬和赞美，这种表扬和赞美起不到展现学生思维价值、放飞学生思维翅膀、为思维竞赛加油的作用，还会适得其反。

但是，若能针对性很强、表达方式多样，像收视率极高的综艺节目评委点评节目中的每一位或一群选手那样，对节目的内容、过程、亮点、服装、道具、风格、音乐、舞蹈、背后的故事等全方位无死角，看准后真实、准确、可信、与众不同地肯定、说好话，那效果就完全不一样了。如：一般性问题如果能力一般的学生回答出来了，可以夸他很厉害。如果是能力强的同学回答出来可以调侃式地表扬说老师知道这种问题难不住这个家伙；如果思维强度大问题能力一般的学生站起来没有回答出来，可以夸他很有勇气挑战，能力强的同学回答出来可以夸他脑子比问题还狡猾，表扬可以肯定、可以正话反说、可以重复、可以夸张……不一而足，而且，赞美和表扬学生不要怕花课堂时间，不要怕进度完不成，这样精准真实的赞美表扬的课堂，学生的思维热度能持久，不易降温，精准真实的赞美才能有效激发学生思维的愿望。

（三）良好的课堂思维环境，需要友爱向上的同学关系卸除思想负担。同学之间情感上有同学之谊，生活和学习上友好互助，风气上比好不比坏，相互欣赏、求同存异、取长补短，态度上包容大气、乐观向上。有了这样的同学关系，课堂上就有不怕说错、做错的健康外部环境，更重要的是形成看待自己对错和别人对错的正确观念。

没有谁喜欢错误，没有人是完美的，没有谁愿意出洋相，这些道理其实大家都懂，有时我们还是嘲笑别人错误。比如：曾经数学课上有学生回答4 200元的商品打八折，现价是5 250元，存款1 500元半年的利息990元，科学课上脑的主要构造有小肠等让学生哄堂大笑的错误，有个别学生当面讥笑犯错的同学弱智、脑残，让犯错的学生自尊深受伤害，这种环境不仅让学困生不敢回答问题，就是中上水平的学生对许多问题不敢轻易说出想法，课堂互动只能在较低水准的问题上进行，不利于学生思维训练，不利于促进学生思维成长。从错误中学习才是变坏事为好事的途径，这对不论学习好还是坏的学生都一样，就如上面事例中，对答题者和坐在下面听的学生，如能从中分析原因，哪怕所犯错误很荒唐，都将各有所获。

“和易以思”的教育原则指明了教育成功的途径和方法，虽然，现实中普遍都是以成绩好坏论英雄成败，分数很重要，一分能遮百丑，但真正教育的成败，不能只以学生分数高低衡量，还有教学无法量化具体化的目标，比如促进学生的思维训练和思维成长，相比传授学科知识对人的发展也很重要。

构建和易以思的课堂，促进学生的全面发展，是我们每一个老师希望所在和努力方向。在遵循“和易以思”的大教之法时，“和”和“易”都要下力气，花工夫练就，“和”与“易”才不至于纸上谈兵，现实中，我们对“和”重视得较多，对“易”关注不够，其实两者不可偏废，就像我们的左右手，各有不可替代的作用，相辅相成，才算完美。有了对“易”的重视，我们就有更多构建课堂良好思维环境的方法和手段，更好地促进学生的思维训练和思维成长。

○ 实践与思考6：

以“和易以思”课堂培养学生思维品质

上海市长江第二中学　杨　超

孩子的思维品质，包括思维的深刻性、灵活性、独创性、批判性、敏捷性和系统性这六个方面的内容，要想确保孩子在课堂学习的过程中能够形成优秀的思维品质，就必须采用一定的方式和方法。且这些方法必须能够促使孩子在学习的过程中，主动自发地就其思维的品质进行塑造和提升，如此这样的一种方式才是合理的，才是有效的，才是值得推崇的。

近年来，随着我国古代传统文化的不断复兴，很多教育界人士也开始意识到我国的很多古代教育思想即使在今天也一点都不过时，比如出自《学记》当中的“和易以思”就是一种非常好的教育方法。所谓“和易以思”在《学记》中是这样描述的：“道而弗牵则和，强而弗抑则易，开而弗达则思，和易以思，可谓善喻矣。”也就是说要引导学生明白道理，但决不牵着学生的鼻子，学习才会融通；要严格要求学生，但决不使学生感到压抑，学生才会感到和悦；要启示问题决不把最终结果端给学生，则能引发学生思考。笔者认为使用“和易以思”的教学方法也可以进一步塑造和提升孩子的思维品质。

判断一个孩子的思维品质，可以从三个具体的维度进行判断，即反应维度、整体维度和价值维度。笔者在实际的教学工作当中，发现使用“和易以思”这种教育思想，的确可以很好地提升孩子的思维品质。

一、从反应维度的角度出发，利用“和易以思”思想，提升孩子的思维品质

从反应维度的角度就一个孩子的思维品质进行评价，需要从孩子的思维主动性、灵活性以及思考的速度这三个方面进行考查。显然，从反应维度的角度就一个孩子的思维品质进行判断是很容易的一件事情，因为一个孩子在具体的课堂学习当中，是否能够主动思考，是否具有很好的思考速度，是否足够灵活思

考，等等，几乎一眼就可以看出来。

那么如何才能够让孩子在具体的课堂学习当中主动起来呢？如何才能够充分调动他们学习和思考的积极性呢？笔者在实际的教学过程中，使用了“和易以思”这样的一种教育思想，发现教育指导思想的确具有很强的适用性。

在“和易以思”思想的指导下，为了能够提升孩子们的专注力，帮助孩子进入主动和活跃的思考状态，笔者采用了一些合理的方式营造出了一个相对轻松的环境，此即为“和”。其次，我们都知道大部分孩子都有得到老师认可的愿望，都有着超越其他同学的想法，如此，如果我们在实际教学的过程中，充分遵循了“易”这样的一种教学原则，在实际的教学过程中，针对不同的孩子提出了不同的要求，而且这些要求的制定都遵循了一个原则，那就是所有的目标都必须是孩子们经过努力之后才可以达到的，所有的要求都存在一定的难度，但这些要求绝对没有超过孩子的能力范围，此即为“易”。

以二元一次方程的课堂练习为例，笔者在每次布置完题目之后，都会就不同学习能力和水平的孩子的作业质量进行检查，并给予内容不同但绝对真实的肯定。尤其是遇到一些想法比较新奇的解题方法，笔者更是会给予非常大的鼓励和支持。更为关键性的一点就是，笔者每次布置的课堂作业，都考虑到了不同孩子的实际学习情况，并提出了不同的要求，比如对于一些学习能力较差的同学，笔者给他们提出的要求是只要他们能够把课堂上老师讲的内容理解充分就可以了，只要他们能够做到，笔者就会及时给予鼓励，比如二元一次方程的解法，他能够掌握最简单的代入消元和加减消元就可以了；其次，对于那些成绩较好的同学，笔者则会在解题速度和解题方法的多样性等方面提出更多的要求。

之所以要这样做，最为根本性的原因就在于鼓励让孩子更加主动和专注，孩子只有在足够专注的状态下才能够让自己进入一种主动和活跃的思维状态；同时如果总是能够在经过自己的努力之后达到相应的目标，或者说取得形成的成就，就很容易形成针对目标的成就动机，如此可以激发他们主动思考的动力和灵活性，进而表现为更加优秀的思维品质，如此就足以说明“和易以思”在今天的课堂上也同样具有极强的适用性。

二、从整体维度的角度出发，利用“和易以思”思想，提升孩子的思维品质

从整体思维的角度就一个孩子的思维品质进行评价，需要从三个具体的方面来进行，即评价其思维的深度、系统性以及独立性。显然，从整体思维的角度就一个孩子的思维品质进行判断评价并不是一件非常困难的事情，同时我们也可以明显感觉到不同的孩子在思维整体性能力方面的差距。

那么该怎么样才能够充分提升和塑造孩子的思维整体性呢？显然，如果我

们能够使用“和易以思”这样的一种教育思想，就很容易可以解决这个问题。

之所以这样讲，是因为导致不同的孩子之间出现思维的整体性差异的原因有很多，比如对于已学知识的掌握程度不够，逻辑思维能力差异，理解能力差异，记忆能力差异，等等。如此在具体的教学过程中，就必须对导致孩子出现整体性思维能力差异的原因进行排查，并在此基础上，制定针对性的思维训练活动，如此确保孩子整体性思维能力的提升，并最终表现为孩子思维品质的提升。

依然以二元一次方程为例，任何一道题目都会有很多不同的解题方法，而这些不同的解题方法背后就是不同孩子整体思维能力的表现。同时考虑到不同孩子的能力差异，笔者也会经常提醒孩子们注意自己的短板，并鼓励孩子们积极地面对自己的短板。比如就记忆能力较差的同学而言，笔者就会建议其采用重点记忆的方式来帮助解题；针对逻辑思维能力较差的同学，笔者采用的方式是，经常性地和这部分同学进行一些与逻辑思维能力有关的游戏。

之所以这样讲，首先是因为我们充分尊重了不同孩子之间的差异性，就不同孩子的思维特点以及导致其整体思维能力存在差距的原因进行了排查，此即为“和”；其次，为了提升孩子的整体性思维能力，我们针对不同的孩子制订了不同的培养计划，此即为“易”。最终我们发现，利用“和易以思”的教育思想，可以非常迅速地提升孩子的整体思维能力，具体表现为孩子的思维深度、思维的系统性和独立性都有了更好的表现。

三、从价值维度的角度出发，利用“和易以思”思想，提升孩子的思维品质

从价值维度的角度就一个孩子的思维品质进行评价，需要从两个方面来进行，即评价其思维的独创性和评判性。显然，从思维的角度来讲，每一个孩子都会有自己的特点，都会有自己不同之处，在针对同样的一个问题的时候，不同的孩子必然也都会有自己的独特见解和想法，作为教师，也只需要鼓励孩子们把他们的想法和对于相关问题的看法表达出来，就可以进一步促进其独创性和批判性思维的发展，进而表现为整体思维品质的提升。

那么如何才能够让孩子积极、主动和大胆地就他们对于相关问题的独特见解和看法表达出来呢？显然，“和易以思”是一种非常适用的用于进一步提升孩子独创性思维和批判性思维的教学思想。

在具体进行二元一次方程的教学过程中，笔者给予了孩子们以充分的自由，告诉孩子们任何时候都可以就老师的解题方法提出质疑，同时也让学生之间对于彼此的想法给予评价与质疑，不仅如此，针对一些错误的质疑，笔者也能够认真对待，并能够给予提出相关质疑的孩子以更多的鼓励。

之所以这样讲，首先是因为“和”给予了孩子充分的自由，给予了孩子勇敢

地表达不同意见的勇气；其次“易”能够有效地降低孩子对于个人表现和观点是否能够得到老师以及同学认可的压力。在实际的教学过程中，笔者也的确是这样做的，不仅会经常鼓励大家积极地发表各种不同的意见和看法，同时在听到孩子们的反馈之后，始终都能够做到无论好坏，都给予积极的肯定的做法。如今在笔者的课程当中，大部分孩子都敢于积极地发表不同意见，而且很多时候，笔者也真的可以听到很多让人眼前一亮的观点和想法，如此就足以说明“和易以思”是一种非常不错的教育思想，是一种依然适用的教学思想。

总之，“和易以思”这样的一种教育思想，直到今天依然具有很强的适用性，如此就足以说明我国古代圣人思想的伟大。当然，这也充分说明从孩子的思维品质的角度来讲，古人其实早就已经意识到了不同的孩子存在思维上的差距，并且认为针对不同的孩子应该采用不同的教育方法，制定不同的标准，如此才能够最大限度促进孩子思维品质的发展。当然，在此次的研究过程当中，让笔者体会最深的其实是，笔者发现所谓的“和易以思”其实是一个整体，也就是说“和”中有“易”，“易”中有“和”，“和”与“易”不能割裂开来，这也给笔者带来了巨大的震撼，没有想到如此简单的四个字，居然如此博大精深。

○ 实践与思考7：

完善思维过程，提升思维品质

上海市长江第二中学　赵辛钰

什么是“和易以思”？这四个字来源于《礼记·学记》：“故君子之教喻也，道而弗牵，强而弗抑，开而弗达。道而弗牵则和，强而弗抑则易，开而弗达则思，和易以思，可谓善喻矣。”意思是：所以君子的教化是善于晓喻，让人明白道理，只加以引导，而不去强迫别人服从；对待学生严格，但并不抑制其个性的发展；加以启发，而不将结论和盘托出。只引导而不强迫，使学习的人容易亲近。教师严格而不压抑，使学生能够自由发挥，得以充分发展。只加以启发而不必全部说出，使学生能够自己思考（以免阻碍了学生独立思考的能力）。使人亲近又能自动思考，这才是善于晓喻了。所以真正有益于学生发展的课堂应该采用善喻的课堂教学方式，以激发学生自主学习的教学为操作点，鼓励学生提出有深度的，起码是与别人不一样的问题，并鼓励学生同伴互相回答。教师有较多的时间倾听，与学生坦率交流，使学生感到自己有价值和被尊重。应当具备和谐的教学氛围，以教师课堂行为生态化为操作点。让学生有安全感、温馨感，教师与学生之间彼此接纳与欣赏。以建设性、激励性语言给予学生正面的、准确的反馈，不断强化学生学习的自信心，每个学生每星期至少得到一次表扬，而不是批评。但"和"与"易"只是条件，最终的目的是在此条件基础上达成"思"的目的，即提升学生思维品质。

学生的思维品质不是与生俱来、一成不变的，可以通过改变思维形式、完善思维过程等来提高思维品质，最终获得成长性思维。为此，我尝试了"替代比较法""小组学习与班级交流相结合""抽丝剥茧法""从分解到整合"等方法。

一、借"替代比较法"提升学生思维深度

语文学科的核心素养之一是思维的发展和提升。语文教学为什么要以思维发展与品质为核心素养？因为语文课程是学生学习运用祖国语言文字的课程，重在培养学生听说读写等多项综合的实践能力。而要在实践中体会、把握运用语文的规律本身就是一个很艰难的过程，因为汉语的内部结构、包含的各种信息都很复杂，这项工作的进行离不开思维的发展。语文教师要根据学生的身心特征以及思维发展的特点来改进教学内容、改变教学方法，抓住初中阶段是从初级思维向抽象逻辑思维过渡的关键时期，进行有效的教学，培养好学生的思维品质。但思维的发展与语言的发展是相互依存、相辅相成的。提升学生的思维品质，离不开语言文字，借助对语言文字的品读，能有效地提升学生思维的深度。

以《邹忌讽齐王纳谏》一课的教学为例。首先可以是对字词的品读。学生可以比较邹忌的经历与齐威王的处境中的相同之处，紧扣"私""畏""求"这三个关键字，理解邹忌的劝谏艺术。其次可以是对句式的品读。教学中，我设计了这样一个问题："王之蔽甚矣"可以用"甚矣，王之蔽"这一句式代替吗？在这一问题的启发下，学生尝试从不同句式的角度去理解邹忌的语言艺术，思维的深度也随之得以提升。最后，还可以品读段落的构成。例如在对第二段文字的品读时，我仍然采用了比较的方法，对"分—总"结构和"总—分"结构进行了对比，引导学生从段落结构角度的邹忌的语言艺术进行了深入分析。这样，通过不同角度的替换比较，学生在品读文字的同时，也达到了提升思维的目的。

二、借"小组学习与班级交流相结合"提升学生思维的独创性和批判性

培养学生思维的独立性，首先需要给学生提供思维的时间与空间，在这方面，"小组学习与班级交流相结合"的形式是相对比较合适的。

以《橘逾淮为枳》为例。本课学习过程中大量采用小组学习交流与班级交流相结合的形式，就是希望学生在小组内能放开对自己思维的限制，有时间能

提出自己的见解。班级交流时对学生的发言不急于下结论，鼓励学生多发言，创设较为宽松的课堂氛围，让学生敢于提出自己的观点。

培养学生思维的独立性和批判性，还需要注意避免挫伤学生思维的兴趣。教师在设计问题时，要注意问题的难度。太简单的问题，无法激起学生思考的兴趣，时间一长，难免引起思维的惰性。难度太大的问题，学生无从入手解决，容易打消学生思维的积极性。本课中，我在设计分析人物的起点时，是通过分析楚王对晏子的称呼入手的，原因就在于古人对他人的不同称呼这一知识点是旧知识，但知识的迁移能力不是学生完全具备的思维品质。所以这个问题属于既有一点难度，又不是完全无从入手解决的。这样教师就能在引导学生提升自己知识迁移能力的同时，让学生保持对课堂思维过程的兴趣。

三、借“抽丝剥茧法”完善思维过程，锤炼思维品质

学生能否在学习的过程中同时实现思维品质的提升，这取决于学生是否能积极参与一个完整的思维过程。而对于语文的阅读教学，尤其是小说阅读来说，最容易被忽视的其实是最初阶段，即找到合适的阅读契入点。找到阅读契入点，即抽丝，沿着找到的“线头”分析材料，整合材料，即剥茧，将这些环节整合在一起，才是一个完整的阅读过程，也是学生一个完整的思维过程。对一篇小说的阅读，其实就是由一到多个抽丝剥茧的过程构成的，而学生也是在这一个个逐步深入的抽丝剥茧式阅读过程中完成了一个个思维过程，在不断运用辩证思维解读小说的过程中，锤炼自己的思维品质，让自己的思维得以不断成长。

以《智取生辰纲》为例。学生在阅读以情节见长的小说时，往往看得眉飞色舞，一旦问起阅读感受，总能说出几条来。可是再要追问下去，就只能茫然以对了。可见，学生在阅读此类小说时，只能读其“表”，而不能读其“里”。思维品质的不足是导致其阅读不能深入的重要原因。在本课的学习中，我引导学生采用“抽丝剥茧”式的阅读。

首先以“课文的题目为什么用了一个‘取’字”作为开端。这个教学环节对于学生思维品质的要求并不高，但它的重要性就在于，引导学生明白，要读懂一个有着复杂情节的故事，首先要找到一个合适的阅读契入点，就像要把整个蚕茧完好地剥出来，得先找到那个线头一样。而寻找合适的阅读契入点，其实就是思维品质逐步提升的过程。

教学的第二个环节是围绕着讨论“取生辰纲”之“智”展开的。学生从晁盖等人选择动手的时间、地点、具体的措施这三部分入手，再详细解读了相关的环境、语言、动作描写，最后对“取生辰纲”之“智”做了概括总结。

紧接着我提出了一系列有一定难度的问题：晁盖等人的计谋真的没有破绽

吗？杨志中计是说明他"不智"吗？课堂教学完成了第二环节后，在表面上，学生已经读懂了故事。但如果停留在此处，学生的思维显然是得不到提升的。这第二次"抽丝"的目的是为了推动阅读的深入，也是为了给学生思维品质的提升提供方法，即运用辩证思维去进一步解读故事。

随着第二阶段阅读的契入点确定，学生也因此得以进入深层阅读。因为这一环节确实存在一定难度，我采取了分组讨论的形式。学生在对杨志的"智"与"不智"的分析中，将杨志的出身、性格、遭遇，和老都管以及他所代表的梁中书的地位立场做了联系，再将杨志、押送小分队其他成员、晁盖等人联系在一起，分析了他们彼此的影响，最后得出结论：杨志的失败既有外因也有内因，杨志最后落草为寇的悲剧既有他性格的因素，更是整个社会的影响结果，是社会的悲剧。在这一环节中学生充分运用了辩证思维，思考了同一故事中不同人物之间的连接、依赖、影响、作用。同时在分组讨论过程中，随着讨论的深入，学生思维的主动性也得到了提高。

四、借"从分解到整合"的形式强化学生思维过程的完整性

语文教学的核心问题是要解决"为什么说"的问题。而要解决这一核心问题，就需要解决"说什么"和"怎么说"这两个下位问题。每次语文教学都要在这两个问题上纠缠许久，但教学效果却未必如意，更关键的是，学生很难将这次学习的成果迁移到下一次的学习中去，更不用说自主学习了。问题出在什么地方呢？我认为其中一个原因就是学生在整个学习过程中没能培养出思维的完整性，他们的思维是碎片式的。

以《邹忌讽齐王纳谏》为例。过去的教学中，我们的教学重点一般会放在两个地方：其一是第二自然段，着重分析邹忌的讽谏艺术；其二是第三、四自然段，着重分析齐王采取的措施和效果。学生在完成了对上述内容的分析之后，往往很难进一步去理解全文的写作目的，即无法明确文章"为什么说"这一根本问题。因此，本节课的设计采用了"从分解到整合"的形式。首先，先分解整体，分别解读课文的四个段落，明确第一自然段讲述了邹忌自己受蒙蔽的事实，得出"吾之蔽甚矣"这一结论；第二自然段讲述了邹忌采用类比告诉齐王事实，推出了"王之蔽甚矣"这一结论；第三段描述了齐威王对这一结论的赞同，以及对应的改变措施和在国内的成效；第四段描述改变的最终结果。但本课的设计并未终结，而是在此基础上引导学生逐步理解这四者之间的关系。设计时通过预设学生在"分解"环节无法解答的问题，目的就是逐步让学生明白"分解"之后"整合"的重要性。随后，学生在老师的引导下，明确了第一段为第二段中的类比做铺垫，从而推导出"王之蔽甚矣"这一结论，这为第三段齐威王简洁有力

的同意之词“善”埋下伏笔。同时顺理成章地展开了对齐威王具体的改进措施和改变成效的描写。这样，很明显可以看出最后“战胜于朝廷”的结果是源于上述内容。最后做到整体认知，从而最后得出结论：君王应该广开言路，虚心接受批评意见并积极改正，才能使国家做到“战胜于朝廷”，而君王能做到这些，离不开臣子“讽谏”的语言艺术。直至此处，学生自然就对文章“为什么说”有了清晰的认知，而思维的完整性也就得到了培养。

当然，学生要想真正获得成长性思维，不仅需要教师有意识地引导，还需要学生自身的态度，只有“和易以思”的课堂加上学生正确的思维态度，才能真正培养成长性的思维。

○ 实践与思考8：

发挥想象　创境拓思　学之有径
——音乐课堂教学中“和易以思”

上海市长江第二中学　钟丽娟

“和易以思”出自《学记》——“道而弗牵则和，强而弗抑则易，开而弗达则思。和易以思，可谓善喻矣。”

思维在音乐教学中的作用十分重要。音乐教育的目的不仅仅是要让学生掌握一定的音乐基础知识、基本技能，更重要的是在掌握基本知识和基本技能的同时，不断提高学生的艺术鉴赏力和艺术思维能力，促进艺术文化与音乐教学之间的有效渗透。

思维态度体现学生在课题教学活动中，思维和感情投入的状态；学生在面对具体事物或问题时，拥有主动的目的，形成主动想法的能力，是做事的主动性和创新性；善于独立思考，决不盲从，人云亦云，有自己独特的见解。在“和易以思”课题的引领下，现将音乐课堂教学中学生思维态度端正和培养，进行如下几点总结。

一、发挥想象，以思达意

想象是音乐欣赏的心理过程，是音乐与人之间的密切联系，充分激发学生的音乐审美想象力和思维能力。

七年级上册维瓦尔第的《四季》《春》是一首小提琴协奏曲，乐曲虽然无文字依托，但他有音乐音响的外部形式和思想感情的丰富内涵，与大自然微妙的联系。

同学们一起在聆听音乐作品时，从小提琴演奏出的一连串颊音，能联想到群鸟啼鸣；从乐曲中十六分音符的节奏中，能想象出微风拂泉流水淙淙的诗意；从乐队低沉的同音重复和三连音中，想象出乌云笼罩电闪雷鸣的场景。感受乐曲特有手法表现的春天气息。描绘了春天降临后的鸟语花香、美丽春光的景象，想象音乐表现的“春”的意境，感受作品对春天和大自然的赞美之情。

同学们通过联想、想象去感受美的景色，体会乐曲丰富的内涵，用艺术的语言来表达独立思考、有独特的见解，很好地将思维独立性展示出来。

二、创设情景，以思临境

音乐是由人的情感引起的，“情”牵动着无数人的心，“境”也是艺术创作的灵魂所在，在音乐教学中创设相应的教学情景，学生更会深入思考，努力了解音乐作品的内涵，事半功倍。

在作品《八骏赞》的教学中，欣赏完乐曲之后，我问：“你们知道这些‘叮啼哩’它描写的是什么吗？”生抢答道：“马蹄声！”我表扬道：“对，非常正确！音乐中的‘啼哩啼哩’是模拟的马蹄声，‘叮’模拟的是马铃声。”我补充道：“蒙古族的勇士，他们几乎个个会骑马，所以蒙古族又被称为是马背上的民族，你们能模拟一下骑马的动作吗？”骑马大家几乎都见过，于是同学们开心地坐在凳子上，手臂和身体一起模拟出骑马的动作。德国著名音乐教育家卡尔奥尔夫认为：“音乐来自动作，动作来自音乐。”它可使音乐教学增添生动活泼的气氛，发挥学生的个性。随着同学们模拟骑马的场景，在不知不觉中他们的动作和作品的节拍吻合在一起，自然而然地感受到音乐带来的那种轻松、跳跃，充满活力的节拍，加深了对作品的理解，为接下来的环节打下基础。

教学中，渲染了学生的情绪，激发学生的灵感、思维和感情全情投入，把同学们带入情境，有效调动学生的主体能动性，体现出学生高度的思维参与度。

三、实践体验，以思增效

实践体验能够激发学生的创造性，发挥学生想象力和思维潜能，对于培养创新人才具有十分重要的意义。捷克教育家夸美纽斯指出：“教学要使学生亲身参加实践。”

我从音乐课堂中拿出5分钟，作为“才艺大比拼环节”，每一节音乐课内安排1～2个学生表演节目，节目的内容、形式都不限，唱歌、器乐、跳舞、说相声、演小品、朗诵等等都可以，你有什么特长就表演什么：表演的人数没有规定，可以一人，也可以多人自由组合。总之就是八仙过海，各显神通。

在这个可以充分展示自己才能的平台上，学生更愿意主动参与整个音乐课的学习活动中，发挥各自的个性，有时，学生的奇思妙想会让老师意想不到，同样的内容学生能用不同的形式表演出来，充分调动了学生的积极性，培养、锻炼了学生的创造力和想象力。

整个课堂生动活泼，同学们既得到艺术的享受和熏陶，陶冶了情操，又提高了音乐素养。用积极的态度，活学活用，充分体现了学生思维的主动性。

总之，由此可以看出，用正确的“思维态度”去学习音乐，它可使音乐教学增添生动活泼的气氛，发挥学生的个性，体现学生直接参与音乐活动的能力。促进学生记忆力、想象力和创造力的发展，不仅能培养学生的专注力，而且能培养与他人合作的良好个性心理品质。这在音乐教学中是非常重要的。

○ 实践与思考9：

数学实验法培养学生成长性思维的实践

上海市长江第二中学　周　怡

2017年，斯坦福大学卡罗尔·德韦克教授摘获全球奖金最高的教育奖项“一丹奖”的教育研究奖。德韦克教授提出人的思维方式分为两种，一种是成长性思维，一种是固定性思维。在她看来，一个拥有成长性思维的人，将乐于接受挑战，并会积极地去扩展自己的能力，未来更有可能取得成功。更为关键的是，德韦克教授的研究结果证实，一个人的思维模式是可以改变的，成长性思维模式是可以教育和培养的。

随着新时代的到来，我们国家的建设和发展需要不畏挑战，积极主动学习，不断探索，勇于创新的人才，我们国家需要拥有成长性思维的接班人。因此，作为一线教师，如何培养拥有成长性思维的学生是值得我们思考的课题。

那么如何培养学生的成长性思维呢？笔者认为可以在日常的教学中落实以下几点：注重学习体验，鼓励创新性思维；鼓励学生质疑，激发批判性思维；规范数学语言，培养逻辑性思维。

以“探究圆的周长计算公式”的内容为例，对数学实验法培养学生成长性思维进行实践研究。

一、注重学习体验，鼓励创新思维

大多数小学生学习数学轻而易举，而进入初中后，随着知识的加深，概念的

抽象化，学习要求的提高，代数和几何的相继出现，以及学生的已有生活经验和知识经验的储备明显缺乏，对数学学习产生一定畏惧感。学生学习的体验需要被关注，可创造更多适合学生体验知识发生发展的机会，让数学学习不再抽象，难以理解，为激活学生创新思维提供机会，并鼓励学生大胆发挥他们的想象力，激发创新性思维。

数学实验教学所设计的实验操作活动，让学生亲身经历知识发生和发展的过程，让学生更深入、更形象地了解知识的本质，这会令学生感到异于传统数学课堂教学的更开放、更自主的发挥空间，从而可培养学生开阔的思维，勇于创新的精神，为学生形成成长性思维模式提供了必要的环境条件，有助于学生形成成长性思维模式。

以下为第一次教学实践课设计的实验操作及学生工作单：

1. 用绕线法测量硬币的直径和周长，并计算圆的周长与直径的倍数关系；

2. 用滚动法测量圆形纸片的直径和周长，并计算圆的周长与直径的倍数关系。

测量：

测得圆的直径是________；测得圆的周长是________。

验证：圆的周长与直径之间的数量关系

周　长	直　径	周长 ÷ 直径

通过教学实践，发现课堂教学气氛非常好，更多的学生被吸引到动手操作探索新知的数学学习中来，学生的表现更主动、更积极。在实验过程中，学生通过合作学习，思考测量圆的直径和周长的方法，通过求周长与直径的比值，讨论圆的周长与直径之间的倍数关系。学生自主处理各种信息，交流和探索知识的本质，归纳、研究问题应用旧知获取新知。通过这样的学习过程令学生对知识形成过程有了一个较完整和较真实的体验，使学生对于知识的形成过程和知识的本质有了更深的理解。

实验操作过程中，学生积极思维，同桌两位同学互帮互助探索学习，并在某一些问题的交流中得到了很多种不同的想法。例如，在测量圆的直径的问题探究过程中，有同学在纸上画下硬币的轮廓，然后剪下，对折纸片进行直径的测量；有的同学用一把直尺和两把三角尺进行直径的测量等。当然也有一些错误的想法，例如直接用一把尺放在硬币上测量直径等，也激起了学生之间的思考和讨论，学生积极思维，大胆创新。

二、鼓励学生质疑，激发批判性思维

实验操作的过程中学生的合作学习是激发思维的最好时机，在合作学习相对轻松的环境中，学生更容易放松，在这样的环境中，教师可鼓励学生大胆质疑同伴的观点，并阐述自己质疑的理由，给出自己的方案。在与同伴相异构想的碰撞下，学生之间更容易激发批判性思维。

以下是第二次教学实践，在本次教学实践中对于之前的教学方案进行了一定修改。

第一，设计了正方形和正方形内最大圆的情景问题，利用正方形的边长与正方形内最大圆的直径的相等关系来猜测、验证、操作和观察总结得到圆的周长与其直径的倍数关系。

第二，利用“小钢珠实验”进一步锁定圆的周长与直径的倍数关系的范围。

第三，完善了学生实验操作的要求和内容，设计了学生实验报告。

《4.1 圆的周长》实验报告

【目的】

通过操作实验，经历圆的周长计算公式的推导过程和圆周率的意义，感悟课本中“化曲为直”的数学思想。

【步骤】

实验一　测量圆的直径

将被测物体按如图所示方式放置，可测量出它的直径

实验二　测量瓶盖的周长

材料：瓶盖　一把直尺　透明胶带

(1) 如图所示，将透明胶带沿着瓶盖缠绕一周

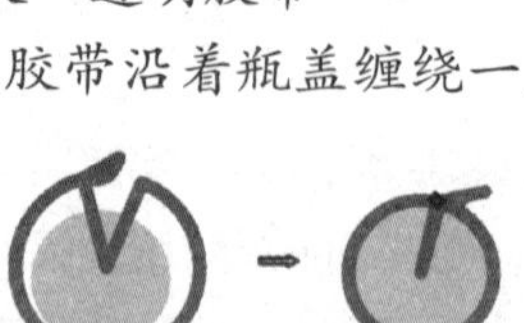

（2）如图所示，取下胶带，用直尺测量出长度，即瓶盖的周长

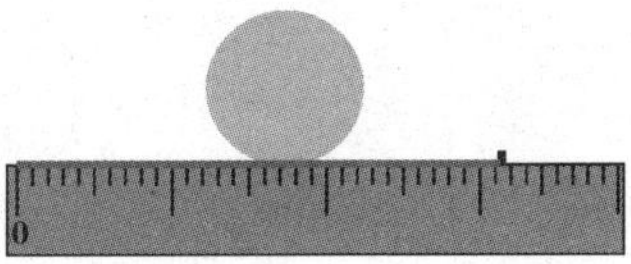

实验三 测量自制圆的周长

材料：用硬纸板剪一个大小自定的圆 一把直尺

步骤：（1）将自制圆对折，并用彩色笔沿折痕画一条带箭头的线

（2）将准备好的圆按如下位置放置在直尺上

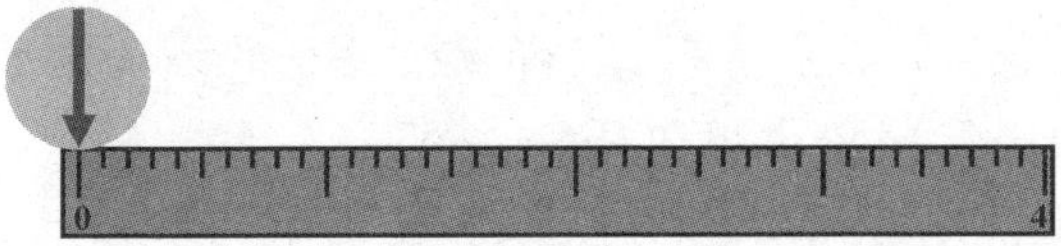

（3）沿直尺缓缓滚动圆一周（如图所示），测量出它所走过的距离，即圆的周长

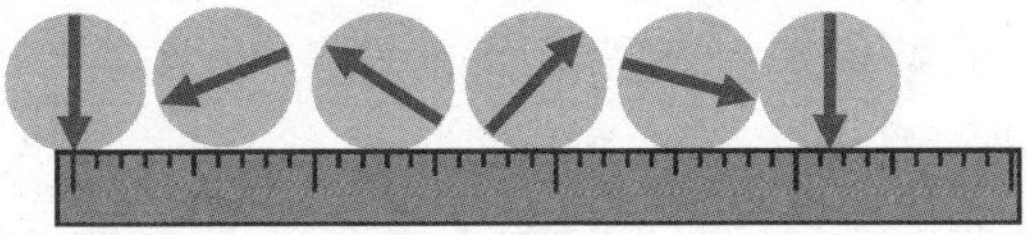

记录数据并填写表格

测量对象	圆的周长（厘米）	圆的直径（厘米）	周长与直径的比值

在实验过程中，不仅学生的求知欲得到了最大的调动，学生的思维也得到了很大程度的激发，他们更愿意与同伴交流自己的观点，这也就为培养批判性思维提供了很好的机会。在如何测量圆的直径问题的探索过程中，孩子们交流了很多自己测量直径的方法，其中有很多错误的，例如有学生认为将直尺放在圆形的纸片上就能够测量出直径，这时老师可以引导学生提出质疑，并给出质疑的理

由，引导学生通过直径的概念来说明此操作错误的原因。虽然操作实验会占用大量的课堂教学时间，但是它能够让学生的思维更自然和自觉地被提升。我们要教给学生的不是单纯做题，应该是良好的思维品质和科学的思维方式。

三、规范数学语言，培养逻辑性思维

规范使用数学语言进行描述实验现象和结论并不容易，需要学生有一定的思维能力，有一定的语言组织能力，有一定归纳总结的能力。因此教会学生用数学的语言描述，有利于培养学生正确的思维方式和提高学生的思维水平，形成较为严密的逻辑思维。

《圆的周长》作为典型的数学实验教学内容，在初中教学中有着重要的地位。教材要求“通过操作实验，得出圆的周长与直径的数量关系，形成圆的周长公式；在操作实验中，发展学生合作、交流的意识”。但圆是学生学到的第一个曲线图形，学生对于圆的一些相关概念认识和理解的不足，圆的周长与直径的数量关系的不确定性，学生不易猜测，获得数量关系的方法也具有多样性，所以使得本实验性学习的进行频繁出现阻碍。

以下为第三次教学实践，本次教学实践在前两次的基础上又做了调整。

1. 呈现知识本质，培养对原有认知的理解和运用能力

根据以往经验，学生在实验操作中最大的问题是测量直径时忽略了“直径过圆点”，操作错误的学生都是把直尺放在圆上接近圆的直径的位置进行直接测量，这样的测量不能够保证所测量的线段就是圆的直径。因此，利用实验报告让学生用自己的语言将测量圆的直径的过程写下来，可以非常清晰地知道学生对于“圆的直径过圆心”知识的理解和掌握的情况。

完成实验报告

（1）测量圆形物体的直径(请在下面的横线上，详细说明你是如何测量圆的直径)

____

（2）测量圆形物体的周长（请在下面的横线上，详细说明你是如何测量圆的周长）

____

（3）记录数据并填写表格

测量对象	圆的直径d（厘米）	圆的周长C（厘米）	$\frac{C}{d}$的比值（精确到0.01）

根据学生实验报告反馈信息进行分类汇总，针对汇总结果做出初步的诊断，明确课堂教学诊断的主要问题和解决问题的主要方法。

汇总实验报告

项 目	操 作 方 法	人数	诊 断 结 果
圆的直径测量	把刻度尺放在圆形物体的中间	29	概念理解和应用错误
	先测出圆的半径，再把半径乘以2，就是直径了	5	操作描述不清晰
	一把直尺和两把三角尺	5	概念理解和应用正确
圆的周长测量	绕线法	30	曲线图形认识正确
	滚动法	4	曲线图形认识正确
	测量圆的长和宽	1	对曲线图形认识错误
	计算	3	"实验操作"理解错误
	其他	1	认知和应用混乱
实验结论归纳	圆的周长是直径的三倍多一点	10	实验误差小
	圆的周长是直径的3.14倍	18	缺乏实验的真实性
	圆的周长是直径的3倍左右	1	实验误差小
	其他倍数关系	1	实验误差较大
	圆也是可以测量的	1	实验认识不够深刻
	圆的周长不容易测量	1	实验认识不够深刻
	圆的周长是整数	2	对现象没有深入思考
	其他	5	与本实验内容无关

将实验操作中学生存在的问题进行聚焦，由学生代表进行详细描述操作过程中的思考及解决方法，以学生的真实性语言为资源，揭示学生对原认知理解和应用中的错误，将学生的主要内隐问题揭示出来，帮助学生逐步明确自身的问题。

2. 呈现思维路径，培养科学的思维方式

在本次数学实验中有"怎么找到圆的直径"和"怎么找圆的圆心"两个难点阻碍了学生的实验操作。为突破难点，需要梳理和表述，呈现思维过程和方式；通过反思和讨论，发现思维方式内隐问题；清楚诊断和总结，培养正确思维方式。

学生进行自我梳理并将自己思考和操作的过程表述出来，呈现出自己的思维过程，教师提问引导将学习注意力聚焦到实验性学习的难点上，激发学生进行质疑和反思。

抓住难点，突破关键点“怎么找直径”“怎么找到圆心”，鼓励学生将自己的思维过程进行整理并尽可能用自己的语言表述出来，出现了两种思维路径：“用圆规的一头贴着圆的边，用另一头来找圆心”和“将圆对折再对折”，第一种是错误的，而第二种就是利用了圆的对称性，我们的实验操作必须是正确的、科学的，这样的正确性和科学性应当是建立在我们已有的一些数学经验之上，学生的数学思维路径中就应当包含一定原有知识的触发点。

抓住学生思维路径中的关键错误，运用“建议反思”“提出质疑”等方式让学生对自己的思维方式进行诊断。学生在找圆心时出现了“用圆规的一头贴着圆的边，用另一头来找圆心”的想法，是他认为用圆规可以画圆，那么反之就可以画圆心，而逆向的操作是否可行，是否可以解决问题，学生其实没有认真思考过，这样的“逆向亦正确”的想法在学生中普遍存在，因此也是学生的一种不严谨、不科学、不正确的思维方式。

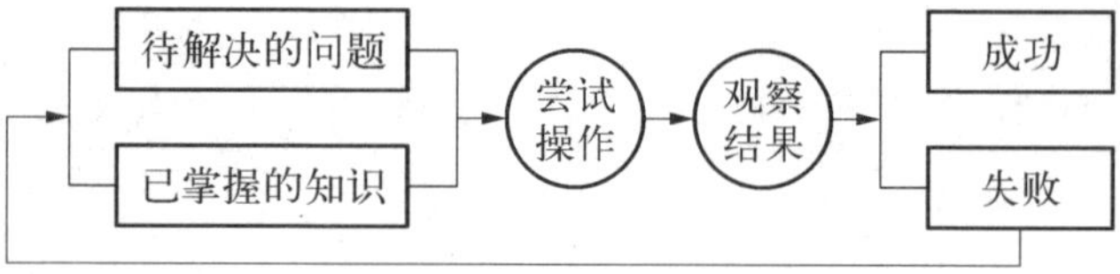

四、总结

由于受到教学进度和中考指挥棒的影响，现在的数学教学客观地追求教学的成绩，导致很多数学实验类教学内容都是以演示实验、多媒体播放实验，甚至是黑板实验代替学生做实验。学生通过观察老师的演示实验，然后快速地总结实验的规律，得出实验的结论，接下来就是用大量的练习来巩固之前所学的知识。这样的教学不仅忽视了知识形成的规律，磨灭了学生学习的主动性，也错过了培养学生的机会。

因此，我们要坚持鼓励和引导学生简单的实验人人做，“勿因小而不为”。现行课本为体现与学生生活密切联系，各章都安排了许多简单实验，在教学时就要求我们教师充分调动学生的积极性，组织全体学生进行探究，使每一位学生都有亲身体验和成功喜悦，促进学生各方面思维能力的培养与发展。使学生成为拥有积极探索精神、科学严谨思维方式、坚定信念永不放弃的有用人才，也就是培养我们的学生成为拥有成长性思维的人。

○ 实践与思考10：

立足课堂　启迪思维　引领价值

上海市长江第二中学　吴　颖

"道而弗牵则和，强而弗抑则易，开而弗达则思，和易以思，可谓善喻矣。"（见于《学记》）意思是：引导学生明白道理，但决不牵着学生的鼻子，学习才会融通；严格要求学生，但决不使学生感到压抑，学生才会感到和悦；启示问题决不把最终结果端给学生，则能引发学生思考。这是"和易以思"课堂的追求目标。

顺应学校"和易以思"课堂教学实践，在道德与法治的课堂教学中，融合落实立德树人的课程根本任务，努力在实践中依托研讨、探究型的课堂教学模式，创设教学情境，培养学生愿思、想思、善思的思维品质，营造尊重、互动、信任、和谐的课堂氛围，进而落实引导学生树立正确的世界观、人生观和价值观，习得良好的思维方式，养成良好的行为习惯，最终将品行积淀为自身的人格。

一、以学生为中心，主动构建有利于提升学生思维品质的学习环境

"和易以思"的教学实践，努力打造和谐、和悦的课堂氛围，让学生在愉悦的心境之下，无压抑地学习。

实践中，教师调整了角色定位，以学生学习的引导者、激励者和点拨者，即做到教师在课堂中既是积极参与者，又是导学者；既是课堂的开发者，又是学生潜能的发现者。教师通过平等地参与学生活动，并贡献个人的经历和意见，使师生关系更加密切融洽，提升学生思维的积极性、主动性。

实践中，教师以丰富多样的教学活动、形式来提升学生主动思维、学习的激情和热情。如七年级《憧憬美好集体》一课教学中，以《中国航天事业的丰功伟绩》的视频导入教学，意图让学生在科学家团队为国家科学事业蓬勃发展中的团结协作的团队精神，激发学生学习的兴趣。然而事与愿违，由于科学家团队距离学生的生活实际距离较大，所以对学生的感染力未达到教学预设的效果。后改为《2019年中国女排以十一连胜夺冠为新中国成立70周年献礼》视频导入新课。由于此事在新中国成立70周年之际，在全国范围内引起了较大的社会效应，在学生中有一定的关注度，学生中的情绪反响好于之前的航天事业的视频，较好地提升了学生对教学内容的求知欲。

二、着力凸显思维启迪，大胆创设有利于提升学生思维品质的学习情境

“和易以思”的教学实践，在道德与法治课堂中注重学生良好思维能力和思维习惯的养成，凸显思维启迪。

1. 问题开路，启发教学

学起于思，思起于疑，疑解于问。学生思维的求新、求活、求变，源自教师的教学行为。在“和易以思”的道德与法治课堂教学中，教师创设问题情境，让学生在不断生疑、探疑、解疑中形成良好的思维品质。

问题是纽带，是思维的导火线。教师在巧妙设计问题，以猜想性问题、争辩性问题、开放性问题，引导学生大胆猜想、小心求证，拓展学生思维的广度、深度、梯度和灵敏度。在八年级“网络生活新空间”之“网络改变世界”的教学内容中，打破简单化的供养教学方式，组织学生举行了“生活中的网络”大调研，通过观察生活，小到周边自己和家人生活，扩展到社区、社会生活，甚至是国家、国际交往等，收集、交流网络的作用。基于网络已经涉及到全民生活的方方面面，而中学生又是网络的忠实粉丝和生力军，所以在此议题中，学生乐意主动探究，有利于提升学生的思维品质。

学生在问题的引领下，思维变得开阔、见解变得深刻、眼光变得敏锐、想法变得独到。

2. 活动体验，主动思维

“和易以思”的道德与法治的教学，是与时俱进的课堂，紧跟时代步伐，在新形势、新任务、新局面、新事物面前，培养学生独立、主动、正确、辩证的思维能力。

大胆采用体验式教学，鼓励学生在活动中体验和感受，获取直观、直接经验。大胆放开学社功能授教，不仅让学生在课堂上动起来，同时，也鼓励学社功能走出教室，到广阔的社会中去体验。还是在八年级“网络生活新空间”的教学中，承接“网络改变世界”的教学内容中学生所展开的“生活中的网络”大调研，在了解了学生所认知的网络对生活的影响的基础上，引导学生梳理、认识到“网络是把双刃剑”；同时举行“中学生网络生活利弊”的大讨论，在课堂内小型的辩论赛上，通过唇枪舌剑，使学生在参与、争辩、质疑、讨论中明白“合理理性利用网络，避免网络不良侵害”的道理。

这样的体验式学习，让学生的思维变得主动、灵活，逐步学会学习、学会求知、学会探究。

3. 大胆质疑，多元思维

“和易以思”的道德与法治的课堂教学，充分尊重学生，在遵守、尊重道德与法治的价值取向基础内，鼓励学生不唯书、不唯上、不唯标准答案，要敢于思维、质疑，要敢于向教师挑战，向自己挑战，突破常规，互道问题多思、多问，让学生的思维自由驰骋。在九年级“与世界共同发展”之“新风险、新挑战”的教学内容中,让学生回家查看家中生活物品的制造商,发现由原来众多的“中国制造”,变成了现在的“柬埔寨制造”和“越南制造”,或其他国家制造,让学生畅谈各自的想法。鼓励学生发散性思维,他们从人力成本的提高、人民生活水平的提高、国家经济整体实力的提升等多方面思考得出自己的观点和结论。跳出了书本知识体系的框架,敢于自我思维,提炼自我观点。

在“和易以思”的道德与法治的课堂教学中,鼓励学生反弹琵琶,培养逆向思维能力;鼓励学生敢想敢问,培养学生批判思维能力;鼓励学生不苟同,培养学生求异思维能力;鼓励学生理性判断,培养学生逻辑思维能力;鼓励学生多角度考虑,培养学生发散思维能力;鼓励学生普遍联系,培养学生辩证思维能力。

以“和易以思”课堂的“易:和谐的教学氛围”为主,结合“和:善喻的课堂教学方式”实践研究,关注思维态度的转变与发展,并对“和易以思”整体上循证对学生成长性思维培养的促进。“和易以思”的道德与法治的课堂,要成为学生思维培养的发源地,教师要做学生思维培养的引路人。

图书在版编目（CIP）数据

为思维而教 / 陈利斌主编．—上海：文汇出版社，2022.8

ISBN 978－7－5496－3842－0

Ⅰ．①为…　Ⅱ．①陈…　Ⅲ．①初中－教学研究　Ⅳ．①G632.0

中国版本图书馆CIP数据核字（2022）第131365号

为思维而教

主　　编 / 陈利斌

责任编辑 / 熊　勇
封面装帧 / 薛　冰

出版发行 / 文匯出版社
上海市威海路755号
（邮政编码200041）
经　　销 / 全国新华书店
排　　版 / 南京展望文化发展有限公司
印刷装订 / 启东市人民印刷有限公司
版　　次 / 2022年8月第1版
印　　次 / 2022年8月第1次印刷
开　　本 / 720×1000　1/16
字　　数 / 550千
印　　张 / 32.25

ISBN 978－7－5496－3842－0
定　　价 / 58.00元